Klaus Polkehn
Das war die *Wochenpost*

Klaus Polkehn

Das war die
Wochenpost

Geschichte und Geschichten einer Zeitung

Ch. Links Verlag, Berlin

Für Margot

Die Deutsche Bibliothek – CIP-Einheitsaufnahme

Polkehn, Klaus:
Das war die Wochenpost : Geschichte und Geschichten einer Zeitung /
Klaus Polkehn. – Berlin : Links, 1997
ISBN 3-86153-141-0

1. Auflage, Oktober 1997
© Christoph Links Verlag – LinksDruck GmbH
Zehdenicker Straße 1, 10119 Berlin, Tel. (030) 449 00 21
Umschlaggestaltung: KahaneDesign Berlin unter Verwendung eines Werbeplakates von
Hannes Hegen aus dem Jahre 1953 (Archiv des Deutschen Historischen Museums)
Satz und Lithos: igs GmbH, Berlin
Druck- und Bindearbeiten: Wagner GmbH, Nördlingen
ISBN 3-86153-141-0

Inhalt

Das Nischenblatt mit Verdienstorden – Ein Vorwort   7
Weihnachten 1953: Die Premiere   9
Die *Wochenpost* – ein Zeitungs-Kind des 17. Juni   12
20. November 1954: Morgenschlacht am Bahnhofskiosk   19
Die erste Redaktion   21
26. März 1955: »Perlonsiebe und Picknicktische«   27
ZK-Kritik an Till Eulenspiegel   29
21. Juli 1956: Von Paris bis Poznan   31
Staatstreues Aufbegehren   34
22. Juni 1957: Das erste deutsche Turbinenflugzeug B 152   49
Die Chefredaktion   52
15. Februar 1958: Sputnik und Wundertäter   58
Doch das Sagen hat die Partei...   61
17. Januar 1959: Meine Rakete ist größer   66
Wandel zur »Roten Post«?   70
30. Januar 1960: Ulbrichts Brief an Adenauer   73
»Aber die Presse lief ohne Zensur« ... aber mit Nachzensur   77
29. Juli 1961: Kroboth, der Fischkoch   85
»Jetzt schlug's Dreizehn!« – Frontlinie *Wochenpost*   88
15. September 1962: Neues aus Kasachstan   97
Aus Propaganda wird Schweigen – Mauerberichterstattung   100
15. Juni 1963: »Wie kann ein Mädchen sich so benehmen?«   106
Wer las die *Wochenpost*?   109
8. August 1964: Das FBI wird überlistet   117
Für die von Fernweh geplagten: Reiseberichte und Außenpolitik   120
31. Juli 1965: Meister, ich kündige   131
Die Oppenheimer-Connection – der Umgang mit der »West-Presse«   135
21. Oktober 1966: Kindermode und Amigaplatten   139
Über die Russen und über uns   142
11. August 1967: Das Geheimnis »Schwarzenberg«   150
Zwischen Prag und Peking – Nachbarn und ferne Verwandte   153
26. April 1968: »Alabama auf dem Kudamm«   159
Soliaktionen – Zwei »Wartburgs« für Algerien   162
1. August 1969: »Und was träumt ein Leutnant der Volkspolizei?«   173
Deutschland-Ost sieht Deutschland-West   176
3. April 1970: Amerikaner zählen – ein Spiel für den Redakteur   182
Gummi statt Blei – die neue *Wochenpost*   184
26. Februar 1971: Stichwort »Eingabe«   190
Zitieren statt Kritisieren: »Sport ist Walter Ulbricht ein Lebensbedürfnis«   192
17. März 1972: Ausweg Geschichte   199

Der Fall »Ontario« – Apfelbrause mit Pfefferminzgeschmack	202
18. Mai 1973: Ein Plüschbär für Breschnew	205
Das Klebevermögen von Briefumschlägen – ein Fall für die *Wochenpost*	208
21. Juni 1974: Flugasche in Bitterfeld	212
Der Zeuge auf dem Wochenposten	215
14. Februar 1975: Wie Kyritz an die Knatter kam	222
Ein »Sehhilfeprogramm«: Keine Brillen in Sicht	226
16. Januar 1976: Alltag DDR	228
Die »Seite 18«	231
22. Juli 1977: Lenin in Afrika	237
Leserbriefe als Demokratieersatz	240
22. Dezember 1978: Die Sache mit Meyers Lexikon	243
Die *Wochenpost* als Arbeiterbildungsverein	246
24. August 1979: Pflichtübungen	252
»Wie baue ich mir ein Schnurregal?«	255
2. Mai 1980: Ein Haus am Prenzlauer Berg	259
Tauschgeschäfte und Heiratsanzeigen	262
25. September 1981: Der Leser am Werderschen Markt	271
»Arbeite mit, plane mit, regiere mit!« – die Wirtschaftsberichterstattung	274
16. April 1982: Mobbing im Politbüro	280
Die »Firma« in der Redaktion	283
22. Juli 1983: Erich für Erich – Propheten unter sich	290
DEFA-Stars und -Streifen	292
21. September 1984: Körperkultur und Sport	300
Ngoc Tan aus Vietnam und »Familie Silly« in der Kartothek	303
22. Februar 1985: Dagmars Lampe	307
Café *Wochenpost*	309
8. August 1986: Friedrich der Große wieder an seinem Platz	313
Geschichte und Menschen – Aus der Arbeit einer Chefreporterin	316
18. Dezember 1987: Madonna in der DDR	321
Die *Wochenpost*-Chemie	323
1. Juli 1988: Ein Boxer mit Chancen	328
Kein Licht am Ende des Tunnels	331
17. März 1989: Markus Wolf auf Schleichwegen	342
Die Wende – der Abgesang	347
29. Juni 1990: Neues Geld, alte Welt	356
Das war die *Wochenpost*	359
Anhang	
Danksagung	365
Anmerkungen	368
Personenregister	372
Abbildungsnachweis	375

Das Nischenblatt mit Verdienstorden
Ein Vorwort

»*Dabei sind wir jahrzehntelang ohne Mattscheibe weltkundig gewesen. Gewiß nicht dank erschöpfend berichtender Zeitungen, denn selbst die mir gewohnte ›Wochenpost‹ hielt strenge Diät.*«

Günter Grass: Ein weites Feld

Spätestens gegen Ende des Jahres 1990 erfuhr der interessierte Zeitungsleser westlich der Elbe von der Existenz eines Blattes namens *Wochenpost*. Das erschien mittlerweile schon seit 37 Jahren im Osten Deutschlands und verkaufte allwöchentlich die – bei einer DDR-Bevölkerung von 17 Millionen erstaunliche – Auflage von 1,25 Millionen Exemplaren.

Den Überlebenskampf und das Überleben der vormaligen »realsozialistischen Gartenlaube«[1], des »einstmaligen Renommierblatts der DDR«[2], der »realsozialistischen Unterhaltungspostille«[3] im wiedervereinigten Deutschland begleitete man seit 1989 mit mehr oder minder erstaunten Rückblicken: »In der einstigen DDR war die *Wochenpost* heiß begehrt. Wenn das Blatt am Kiosk erschien, dann bildeten sich lange Schlangen, und ein Abo wurde gleichsam von Generation zu Generation weitergereicht.«[4] Die *Wochenpost* habe »im Osten einst nahezu Kultcharakter« gehabt, denn sie sei »die einzige Alternative zum *Neuen Deutschland*« gewesen. In der *Wochenpost* gab es »keine großen Taten, aber kleine wichtige Gesten, auch wenn sie heute nicht mehr viel gelten«.[5]

Also alles bestens? Wohl nicht so ganz. »Schon das Vorbild war ungewöhnlich: die *Grüne Post* der Weimarer Zeit ... Trotzdem zog auch in die *Wochenpost* nicht Weimarer Geist, sondern jener der realsozialistischen Betonköpfe ein. Alles ein bißchen lockerer, ein bißchen listiger, freier und kulturvoller – es sei denn, jemand wagte sich zu weit vor.«[6] Nicht nur dies. »Die Fähigkeit zur Analyse ... vermochte sich in der Nische kaum zu entwickeln. Die *Wochenpost* war reich an Anschauung, aber arm an Begriffen.«[7] Dennoch wird bescheinigt: »Die *Wochenpost* ließ sich nie ganz zum kruden Propagandaorgan degradieren. Ein Widerstandsblatt war sie freilich auch nicht; davon zeugt ein Vaterländischer Verdienstorden in Gold, verliehen 1978 an die Redaktion.«[8]

Was also war die *Wochenpost*?
War sie eine Nische für Redakteure wie für Leser? War sie als

Ohne mongolischen Vizeaußenminister
Es war aber so, erzählten viele neue Landsleute, daß die *Wochenpost* ein unglaublich wichtiger Teil ihres Lebens war. Großvater und Enkel und Nachbarn haben nacheinander in dem Blatt gelesen ...
In einem Land, dessen Tageszeitungen die Begrüßung des mongolischen Vizeaußenministers durch E. Honecker geschlossen mit dreispaltigen Artikeln würdigten, hatte die *Wochenpost* schon deshalb vergleichsweise begeisterte Leser, weil sie in der Regel mit solchem Schrott nicht behelligte und ihnen im Zweifel lieber mitteilte, wie man mit einfachen Mitteln ein Schnur-Regal baut ...
Natürlich war das kein Oppositionsblatt, es gab nämlich keine Oppositionsblätter in der DDR. (...) Ansonsten war es wohl das Geheimnis des Blattes, daß es das Lebensgefühl des Landes ziemlich genau widerspiegelte und auch nicht viel opportunistischer war als die meisten seiner Leser.
Herbert Riehl-Heyse
Süddeutsche Zeitung
21./22.3.1992

Sympathie
Die *Wochenpost* hatte schon vor der Wende tabuisierte Themen behandelt. Das machte das Blatt so sympathisch.
Leserbrief von
Walter M., Berlin
Wochenpost 24.7.1991

Ohne Parallelen
Das Marketingkonzept (eine Zeitung für die Putzfrau und den Professor ...) dürfte wenig Parallelen haben in der Welt.
Süddeutsche Zeitung
21./22.3.1992

Lesersicht
Die *Wochenpost* mag heute vielleicht als »gemütliche Stube im Pressehaus der DDR« erscheinen – vor zehn, zwanzig Jahren war sie es nicht, sondern machte bewußt, daß man das Leben anders als offiziell sehen kann. Heute eine Banalität, damals nicht.
Dr. Norbert J.
Wochenpost 31.10.1996

tückisches Werkzeug des ZK der SED für eine allgemeine Gehirnwäsche gedacht?

Von Anfang 1954 bis Ende 1991 habe ich in der Redaktion gearbeitet, zuerst als Wirtschaftsredakteur, später erst für Tatsachenberichte und dann für die Auslandsseiten zuständig, schließlich seit 1968 als Stellvertretender Chefredakteur. Als ich kam, war ich mit 22 Jahren der jüngste Mitarbeiter der Redaktion. Als ich ging, stand ich kurz vor der Rente. Die *Wochenpost*, das ist der größte Teil meines Berufslebens. Ein Blick in ihre Geschichte ist also ein Blick auf mein Leben. Soll ich voll Nostalgie zurückschauen oder im Zorn? Ich werde versuchen, weder in das eine noch in das andere Extrem zu verfallen.

1970 hat Heinz Knobloch in der *Wochenpost* in einem Feuilleton eines liebenswerten Menschen gedacht, des Herrn Musil, der uns Übersetzungen aus tschechischen Zeitungen in die Redaktion zu bringen pflegte. »Er wählte selbst aus, was er übersetzte«, schrieb Knobloch, »suchte sich den Redakteur, dem er es zeigte, und wenn er ein Manuskript übergab, sagte er: ›Sie lesen selbst. Sie urteilen selbst.‹ «

Das Knoblochsche Feuilleton endet so: »In mein Zimmer kommen viele wegen des gedruckten Wortes. Keiner sagt zu mir: ›Sie lesen selbst. Sie urteilen selbst.‹ Also werde ich es sagen von nun an.«

Das, finde ich, ist ein guter Vorschlag.

Editorische Anmerkungen

Ich habe zunächst aus jedem Jahr der *Wochenpost* eine beliebige Ausgabe vorgestellt, um die Themen der Zeit noch einmal in Erinnerung zu rufen (Kapitel mit kursiven Überschriften). Daneben finden sich bunt gemischte Marginalspaltentexte aus *Wochenpost*-Beiträgen, die den Geist der Zeit wiederspiegeln sollen, auch wenn man über manche Äußerungen heute nur noch den Kopf schütteln kann.

Als Kontrast und Ergänzung habe ich hier auch – zum Teil unveröffentlichte – Leserbriefe aufgenommen, die die Kluft zwischen offiziellem Journalismus und den tatsächlichen Problemen im Land deutlich zu Tage treten lassen.

Den Hauptteil des Buches bilden 39 Kapitel aus heutiger Sicht (geradstehende Überschriften), in denen ich versuche, aus meiner Wahrnehmung die unterschiedlichen Aspekte der Arbeit in der *Wochenpost* zu beleuchten. Anmerkungen und Quellenverweise zu diesen Kapitel finden sich am Ende des Buches.

Weihnachten 1953:
Die Premiere

Wenige Tage vor Weihnachten 1953 bieten die Zeitungskioske in Ostberlin und Leipzig, in Rostock und Erfurt zum ersten Mal die *Wochenpost* an, 24 Seiten im sogenannten »Berliner Format«, zu dem damals normalen Preis von 30 Pfennigen. Auf der Titelseite bläst ein pausbäckiges Kind eine Weihnachtskerze aus, unter dem Foto stehen Verse von Ernst Wiechert mit der möglicherweise programmatischen Überschrift »Denen, die guten Willens sind«. In der Spalte links daneben, dort, wo eigentlich die Redaktion der neu gegründeten Zeitung ihr Credo, ihre Absichten und Ansichten mitteilen müßte, stellt sich »Der Gast um Mitternacht« vor, eine »seltsame Person, gekleidet, wie man es auf alten Kupferstichen sieht«. Es ist, eine Vignette am Rand läßt keinen Zweifel, Till Eulenspiegel, der weise Schalk aus Mölln, der seit dem 14. Jahrhundert durch die deutsche Sagen- und Märchenwelt tingelt.

Dieser Till Eulenspiegel, geschrieben und in das neue Blatt eingeführt von Hilde Eisler, stellt der Runde der Redakteure einige recht ungewöhnliche Fragen: »Können Sie lachen, wenn man weinen soll? (...) Können Sie die Wahrheit sagen, so daß man nicht gähnt? (...) Haben Sie Augen, die alles sehen, Ohren, die alles hören, und ein Herz, das alles fühlt? Werden Sie über die große Stadt das kleine Dorf nicht vergessen und nicht über den großen Mann den kleinen?« Und da riefen die Redakteure der *Wochenpost*: »Ja, das können wir, ja, das wollen wir.«

Die neue Zeitung, die sich so als kritisch und menschlich präsentiert, die mit grüner Titelzeile und mit 500 000 Exemplaren um Leser wirbt, kommt unterhaltsam daher, aber nicht unpolitisch oder politikfrei. Die zweite Seite enthält neben Meldungen aus dem In- und Ausland einen Kommentar des Chefredakteurs zu der für den Beginn des Jahres 1954 nach Berlin einberufenen Außenministerkonferenz der vier Großmächte, und sie bringt ein Porträt von Pastor Martin Niemöller, dem, wie es in der Wochenpost heißt, »Künder des Friedens und der Einheit Deutschlands«.

Die dritte Seite ist – von nun an für ein Jahrzehnt – der Reportage vorbehalten. In der ersten Ausgabe – vor Weihnachten – berichtet sie aus der »Heimat des Nußknackers«, von den Schnitzern im erzgebirgischen Seiffen, von den Anfängen und dem Niedergang des mittelalterlichen Silberbergbaus, von der Suche der Bergleute nach einem Auskommen. Der Artikel ist

Die allererste Titelbildschönheit
Was wurde aus dem pausbäckigen kerzenauspustenden Kind auf der allerersten *Wochenpost*-Titelseite? Fünfzehn Jahre später, im Januar 1969, gaben ein neues Titelfoto und eine kurze Bildunterschrift eine erste Auskunft: Birgit Voland hatte gerade das erste Semester an der Humboldt-Universität hinter sich gebracht. Sie studierte Gartenbauarchitektur.

Ein Pawlowscher Journalistenreflex

»Er hat himmelblaue Augen ...« Mit diesen Worten begann die erste Reportage der *Wochenpost*. Es war indes nicht die erste und nicht die letzte, die zu diesem Thema je geschrieben wurde. Ganze Reporter-Generationen haben irgendwann einmal die »Heimat des Nußknackers« entdeckt, und mit schöner Regelmäßigkeit erscheint alle Jahre wieder irgendwo ein Artikel über das erzgebirgische Seiffen.
So gesehen war die erste *Wochenpost*-Reportage nicht gerade ein kühner Einfall, mehr ein Pawlowscher Journalistenreflex. (...) Immerhin wäre es gar nicht so uninteressant, die verschiedenen Seiffen-Reportagen miteinander zu vergleichen. (...) Wenn der Reporter der 20er Jahre noch zu »Heimarbeitern eines traditionellen Notstandsgebietes« kommt und sich meine Seiffener Schnitzer-Familie noch gut an diese Zeit erinnern konnte, ist diese Information heute nur noch eine historische. Die »Heimat des Nußknackers« wäre 1973 eine Betriebsreportage, aber immer noch eine, die die journalistische Phantasie beflügelt, weil das zu beschreibende Produkt aus himmelblauen Augen auf Traditionen blickt, die einst auch die *Wochenpost*-Reportage begründeten.
Margot Pfannstiel
Wochenpost 14.12.1973

unterhaltsam und transportiert Information. Er gibt damit eine Idee davon, wie diese Redaktion ihre Zeitung will.

Die Weihnachtsgeschichte auf Seite 4 stammt von Hans Fallada, und auf Seite 6 schreibt der Domprediger Kleinschmidt über »Weihnachten im Wandel der Jahrhunderte«. Auf zwei Seiten – auch dies ein »Standard« für die folgenden Jahrzehnte – wird aus Wissenschaft und Technik berichtet: Die Redaktion erklärt, wie Infrarotherd und Mikrowelle funktionieren, man schreibt das Jahr 1953, und da ist das fast Futurologie. Im Wirtschaftsteil verweist der Artikel »Wie wir Stromsperren vermeiden« darauf, daß das tägliche Leben in der DDR seine Tücken hat. Es schließt sich eine Seite über »Großväterchen Frost« in der Sowjetunion an, auf der auch – apropos »Väterchen« – ein Beitrag zum Geburtstag Stalins steht. Stalin, wir erinnern uns, ist gerade erst einmal neun Monate tot und noch längst nicht vom Denkmalssockel gestürzt. Eine Seite weiter ist man bei »Asiens entfesseltem Riesen«, Foto und ein Gedicht verweisen darauf, daß am 26. Dezember 1953 Mao Tse-tung 60 Jahre wird.

Was gibt's noch? Eine Seite Leserbriefe. Das verblüfft – woher kommen Leser, bevor die Zeitung überhaupt erschienen ist? Natürlich sind die Zuschriften »organisiert« worden, nicht nur bei Freunden und Verwandten der Redakteure. Der Stellvertretende DDR-Ministerpräsident Otto Nuschke teilt mit, er sei schließlich auch nur ein gewöhnlicher Bürger, der findet, daß mehr Wegweiser an die Straßen gestellt werden müßten. Der Dirigent Hermann Abendroth steuert eine Anekdote bei, und der Dramatiker Heinar Kipphardt wünscht: »Möge die *Wochenpost* viele ihrer Spalten dem Lachen freihalten.«

Zwei Seiten, die sich in dieser ersten Ausgabe finden, werden nach einigen Jahren abgeschafft. »Feld und Garten« heißt die eine, die vor allem Tips für Kleingärtner bringt, die »Kinder-Wochenpost« ist die andere. Die übrigen Ingredizien werden die Jahrzehnte überdauern: Ein Ratgeberteil, anfangs als »Frauenseite« konzipiert, Humor und Sport, schließlich ein umfangreicher Anzeigenteil. In der DDR werden die Heiratsanzeigen der *Wochenpost* bald sprichwörtlich, und schon in der ersten Ausgabe suchen 13 Leute einen Partner – ein »Frisch-fröhliches Mädel« von 21 darunter, ein »Strebsamer Kaufmann, Mitte 30er«, ein »Diplomphilologe, 29/1,70, dunkel, Musikfreund«. Auf der Seite 19 wird dem Leser »Zeitvertreib am Feiertag« geboten, 13 knifflige Denksportaufgaben, wie zum Beispiel: »Als Günter Ingeborgs Freundin nach ihrem Vornamen fragte, sagte sie lächelnd: ›Ich heiße Winkelmann mit Nachnamen. Mein Nachname hat dreimal soviel Silben wie mein Vorname. Kein Buchstabe meines Vornamens kehrt in meinem Nachnamen wieder.‹ Wie lautete der Vorname?« Vier Seiten weiter findet sich übrigens die Auflösung, die ich hier meinen Lesern vorenthalte. Statt dessen sei enthüllt, wer sich hinter dem Autorenzeichen »-och.« dieser allerersten *Wochenpost*-Rätselseite verbirgt: Sie ist Heinz Knoblochs Debüt in der *Wochenpost*.

Auf der Rückseite der allerersten Ausgabe schließlich der – wie man in der Redaktion später sagen wird – »Leitartikel des kleinen Mannes«, der Beitrag, der künftig von fast allen Lesern stets als erstes konsumiert wird: der Gerichtsbericht »Als Zeuge in dieser Sache«, von 1953 bis 1981 von Rudolf Hirsch geschrieben.

Silvester. Heulend und zischend steigen Raketen empor; Kaskaden tausendfältig schillernden Lichtes brechen sich in der dunklen Unendlichkeit des nächtlichen Himmels. Gläserklang und Menschenstimmen; und über allem warm und klangvoll das Klingen der Glocken.

Für eines Gedankens Länge läuft die Zeit pfeilschnell mit uns rückwärts, und der flüchtige Schmerz um unwiederbringlich Versäumtes mündet in der Hoffnung auf das Kommende. Ein wenig halten wir alle Gerichtstag über uns selbst in diesen Augenblicken. Doch von dieser heimlichen Abrechnung wollen wir hier natürlich nichts ausplaudern. Es gehen stets so viele unerfüllte Wünsche mit uns ins neue Jahr, deren Erfüllung durchaus nicht ausschließlich an uns allein liegt. Einige dieser Wünsche haben wir unseren Lesern abgelauscht — vielleicht sind es auch die Ihren?

Lang, lang ist's her

Wir freuen uns über das Erscheinen der Wochenpost. Hoffentlich bringt sie nicht nur viel Interessantes und Lesenswertes, sondern nimmt sich auch unserer Sorgen an, und davon haben wir Blankenburger ein ganzes Paket.

Vor über 30 Jahren schon wurde den Blankenburgern von der Reichsbahn versprochen, zwischen Blankenburg und Karow eine Haltestelle zu schaffen, da die jetzige von Blankenburg 20 Minuten entfernt ist. Auf ein erneutes Schreiben der Einwohner wurde ihnen im Jahre 1950 von der Generaldirektion zugesagt, die Haltestelle werde eingerichtet, sobald man wieder zum „guten Ton". Vielleicht macht uns die HO die Freude und ändert das bald!

Gisela Schmidt
Berlin-Niederschönewide

Der Urlaub zu zweit

Meine Frau ist berufstätig, und ich arbeite an verantwortlicher Stelle — jeder von uns in einem anderen Betrieb. Meine Frau verlebt ihren Urlaub und ich verlebe meinen Urlaub — jeder von uns zu einer anderen Zeit in einem anderen Ferienort. Letzteres seit Jahren. Schön ist anders!

und die Lehrlinge nur bis 15.30 Uhr. Hinzu kommt, daß einige der Lehrlinge einen ziemlich weiten Anfahrtsweg zum Betrieb haben und die Eltern es nicht wünschen, daß sie spät nach Hause kommen.

Da ist nun guter Rat teuer. Unsere Tanzgruppe, bis jetzt trotz allem ein schönes Kollektiv, droht auseinanderzugehen.

Was kann man tun? Welchen Ausweg gibt es da? Haben andere Tanzgruppen schon vor ähnlichen Schwierigkeiten gestanden, und wie haben sie sich geholfen?

Resi Retter
Berlin O 112

Wo gibt es was?

Hiermit begrüße ich das „Neugeborene" und hoffe, daß es uns auch bei der Beseitigung von Mängeln und Mißständen helfen wird.

Da hätte ich gleich der HO-Industriewaren etwas vorzuschlagen. Im Jahre 1951 brachte die HO-Industriewaren Berlin eine Postwurfsendung heraus, in der, unterteilt nach Bezirken, die einzelnen Verkaufsstellen mit Adressen, Telefonnummer und Warenangebot aufgeführt waren.

Dieses Heftchen ist eine sehr brauchbare Sache, und ich habe es oft zu Rate gezogen, wenn ich einkaufen ging. Doch leider ist das Heft nicht mehr zu gebrauchen, da es vollkommen überholt ist. Es stimmt keine Telefonnummer mehr, es ist unvollständig.

Liebe Wochenpost!
Schon die erste Ausgabe der Wochenpost enthielt erstaunlicherweise eine Leserbriefseite. Natürlich waren diese Zuschriften bestellt, denn Programmatisches war gefragt, so wie dieser Text: »Hiermit begrüße ich das ›Neugeborene‹ und hoffe, daß es uns auch bei der Beseitigung von Mängeln und Mißständen helfen wird.«

Die *Wochenpost* – ein Zeitungskind des 17. Juni

Die Vorgabe
Im Sinne des neuen Kurses ist eine Verbesserung des Inhalts unserer Presse nötig. Sie muß in populärer Weise ... die Fortschritte bei der Durchführung des neuen Kurses erklären, aber gleichzeitig die Fehler und Mißstände aufzeigen. Die Presse muß prinzipieller gegen falsche und feindliche Auffassungen kämpfen. Für die Beantwortung der Fragen der Werktätigen ist mehr Raum zur Verfügung zu stellen. (...) Die regelmäßigen Kulturbeilagen und Kurzgeschichten, Abhandlungen über Wissenschaft und Technik, Humor sind interessanter zu gestalten bzw. wieder einzuführen.
Walter Ulbricht: Rede auf dem 15. Plenum des Zentralkomitees der SED vom 24. bis 26. Juli 1953

Am 5. August 1953 fand in der Redaktion des *Neuen Deutschland* eine Versammlung statt, auf der Fred Oelßner, damals der für Propaganda zuständige Sekretär des Zentralkomitees der SED, über die letzte ZK-Tagung informierte. In Oelßners handschriftlichen Notizen für diese Versammlung heißt es: »Welche Fehler gemacht? 1. Massen zu wenig zu Wort gekommen ... 2. Mängel übertüncht – Schönfärberei ... 3. ungenügende Überzeugungskraft – lederne Sprache ... 4. nur auf Vorhut eingestellt, wenig für breite Massen ...«[9]

Das war eine durchaus zutreffende Beschreibung der Medien der DDR im allgemeinen und von denen der SED im besonderen. Die lederne Sprache der Zeitungen, die Tatsache, daß die Massen in der Presse nicht genügend zu Wort kamen, das waren sicherlich nicht die Ursachen für die Streiks und Demonstrationen am 16. und 17. Juni 1953, für die Unruhen, die nur durch das Eingreifen sowjetischer Truppen beendet werden konnten. Aber es stand außer Frage, daß die Medien zu reformieren waren, wollte man überhaupt Gehör bei der Bevölkerung finden, wollte man das Verhältnis zwischen Regierten und Regierenden halbwegs wieder reparieren.

Es scheint, daß dieser Zusammenhang in Moskau (oder bei den Emissären Moskaus in der DDR) schon vor dem 17. Juni begriffen worden ist. Rudi Wetzel, damals Chefredakteur der von der Gesellschaft für Deutsch-Sowjetische Freundschaft herausgegebenen Wochenzeitung *Friedenspost*, erinnerte sich jedenfalls so: »Im Frühjahr 1953 ... bat mich Gen. Semjonow, Botschafter der UdSSR in der DDR[10], einen Plan für eine neue Wochenzeitschrift, die sich etwa an der vor 1933 viel gelesenen *Grünen Post* orientieren sollte, aufzustellen, einschließlich Struktur der Redaktion und Stellenplan. Er bat mich ausdrücklich, großzügig heranzugehen, ausgehend von der Zielsetzung, ein interessantes und vielseitiges Organ für breite Schichten der Bevölkerung zu schaffen. Offensichtlich war dieser Auftrag in Zusammenhang mit der Absicht zu sehen, die *Tägliche Rundschau*« – die von sowjetischen Stellen herausgegebene Tageszeitung – »in absehbarer Zeit einzustellen und die große Kapazität dieser Zeitung für eine Wochenzeitung zu nutzen«[11]. Semjonows Vorschlag war sicherlich Teil der allgemeinen Umorientierung der Politik in der DDR, die von Moskau ausging und Anfang Juni 1953 in die Verkündung des »Neuen Kurses«,

Die *Wochenpost* – ein Zeitungskind des 17. Juni

also der Rücknahme allzu überzogener Schritte beim »Aufbau des Sozialismus« durch die SED-Führung mündete.

Der bereits hier und später wiederkehrende Bezug auf die *Grüne Post* bedarf einer Erläuterung. Diese »Sonntagszeitung für Stadt und Land«, so der Untertitel, war seit 1927 im Ullstein-Verlag in Berlin erschienen. Ursprünglich für die Landbevölkerung gedacht, erreichte sie unter dem Chefredakteur Ehm Welk bald eine Auflage von über einer Million. Das Blatt erregte weithin Aufsehen, als Ehm Welk unter dem Pseudonym Thomas Trimm am 29. April 1934 einen Leitartikel mit dem Titel »Herr Reichsminister – ein Wort bitte!« veröffentlichte. Der oberste Nazi-Presselenker Joseph Goebbels hatte in einer Rede demagogisch von den Medien mehr Mut bei der Kritik gefordert, Ehm Welk entgegnete ihm mit Blick auf die Realitäten: »Unsere Grenzen sind enger gezogen.« In der Tat, das waren sie. Welk wurde gefeuert, landete für einige Zeit im KZ Oranienburg, erhielt nach der Freilassung Berufsverbot und schrieb in dieser Zeit den Roman, der ihn weithin bekannt machte: »Die Heiden von Kummerow«. Die *Grüne Post* wurde für drei Monate verboten, existierte dann aber noch bis in den II. Weltkrieg hinein, bis sie am 31. August 1944 eingestellt wurde.

Die *Grüne Post* war gewissermaßen Prototyp eines Wochenblatts für einen sehr breiten Leserkreis, sie wurde deshalb nach Kriegsende auch in Westdeutschland Vorbild für eine ganze Anzahl von Wochenzeitungen, von denen heute kaum noch eine existiert.

In seinen Aufzeichnungen schrieb Rudi Wetzel weiter, Semjonow habe mit ihm über den Entwurf gesprochen und um Ergänzungen vor allem hinsichtlich des Stellenplans gebeten. »Ich tat dies, hörte aber längere Zeit nichts mehr davon ..., bis ich ins ZK gerufen wurde, wo man mir mitteilte, daß das Politbüro

Gesucht...
Gastwirt, 50, sucht tüchtige, energische Büffetfrau bis 45, spätere Heirat nicht ausgeschlossen.
Wochenpost Weihnachten 1953

Die Schlange in Warta
Als ich jetzt meine im Ostsektor wohnenden Angehörigen besuchte, habe ich mich unendlich gefreut über all die positiven Veränderungen. Nur eines hat mir gar nicht gefallen, nämlich der Grenzübertritt bei Warta. Auf ostdeutscher Seite mußte mit wenigen Ausnahmen (Gebrechliche, Mütter mit Kindern) alles aussteigen und etwa anderthalb Stunden zur Gepäckkontrolle Schlange stehen. Die natürliche Folge war eine allgemeine Verärgerung unter den Reisenden.
Leserbrief von Susanne E., Frankfurt/M.
Wochenpost 23.1.1954

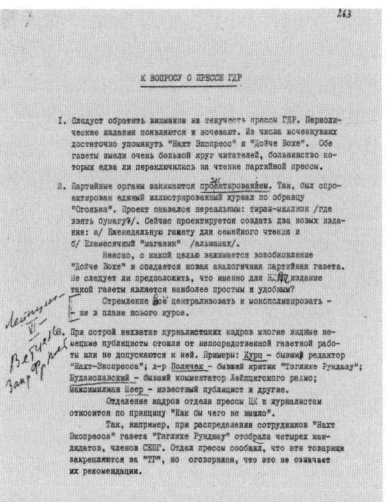

Das erste Blatt des russischen Strategie-Papiers zur Gestaltung des Pressewesens der DDR vom 10. September 1993

Sowjetische Hygiene
Jeder Kunde, ohne Ausnahme, wird (wenn er sich beim Friseur rasieren läßt) mit ein- und demselben Pinsel eingeseift ..., was einfach unhygienisch ist. Sehen wir uns an, wie man das in der Sowjetunion macht! Dort hat der Friseur mehrere Pinsel, die in Zellophantüten eingepackt sind. Für jede Rasur nimmt der Friseur einen neuen Pinsel aus der Tüte ... Kann das nicht auch bei uns angewandt werden?
*Leserbrief von
Siegfried V., Berlin
Wochenpost 1.1.1954*

Liebe Leserbriefredaktion – entweder habt Ihr alle einen Vollbart, oder das Ewig-Weibliche dominiert bei Euch absolut. Sonst würdet Ihr wissen, daß man schon vor 20 Jahren in den Herrenabteilungen der großen Warenhäuser das Desinfizieren der Pinsel nach jedem Gebrauch sowie ihre Aufbewahrung in keimfreien Cellophantüten kannte ... Wir haben gute Beispiele also auch im eigenen Land.
*Zuschrift von
Kurt W., Merseburg
Wochenpost 16.1.1954*

einen entsprechenden Beschluß über die neue Zeitung ... gefaßt und mich zum Chefredakteur ausersehen habe.« Rudi Wetzel hat mir einmal erzählt, bei jenem Gespräch im ZK habe ihm Fred Oelßner ein Papier mit Stichworten zu einem Konzept für die neue Zeitung übergeben. Das aber sei wundersamerweise identisch gewesen mit jenem Konzept, das er zuvor Semjonow gegeben habe.

Die Akten im ehemaligen Parteiarchiv der SED erzählen, was in der »längeren Zeit« geschehen war. Daß und wie *sowjetische Stellen bei der SED-Führung* einen neuen Kurs auch in den Medien *für nötig hielten*, ist aus einem im Nachlaß Fred Oelßners erhaltenen, nichtadressierten zwölfseitigen Papier in russischer Sprache vom 10. September 1953 – Überschrift »Über Fragen der Presse der DDR«, Unterschrift leider unleserlich – ersichtlich.[12] Darin werden »Farblosigkeit und Einförmigkeit der Materialien über das Leben in der Republik« beklagt. Und, so der sowjetische Beobachter: »Die Presse beachtet nicht die Probleme der verschiedenen Bevölkerungsschichten, insbesondere der Frauen. Fast gar nicht erscheinen Beiträge zu Themen wie Dienstleistungen, Hauswirtschaft, Gartenbau, Medizin usw. Die Anwendung der verschiedenen journalistischen Genres läßt sehr zu wünschen übrig.« Die Zeitungen seien »überladen mit trockenen Materialien wie Resolutionen, Erklärungen usw.« Bemängelt wurden überdies die »schlechte graphische Gestaltung der Zeitungen« und »mangelhafter Druck«.

Ganz im Sinne dieser sowjetischen Mängelliste machte Oelßner am 13. August 1953 in einer Beratung der Abteilung Presse und Rundfunk des ZK der SED zur »Verbesserung der Presse- und Rundfunkarbeit« bemerkenswerte Feststellungen: »Denn was geschieht mit unseren Zeitungen?« fragte er rhetorisch und antwortete gleich: »Die Zeitung kommt in die Familie, der Vater liest sie, und die Mutter betrachtet sie als Einwickelpapier, weil für sie gar nichts Interessantes in der Zeitung steht, was sie lesen möchte. Was soll sie denn lesen? Die langweiligen Funktionärsberichte? Vielleicht liest sie nur den Roman.« Fred Oelßners Medienverständnis ließ außer acht, daß womöglich auch »der Vater« nicht die »langweiligen Funktionärsberichte« mochte oder daß die Mutter sich unter Umständen für Politik interessieren könnte. So fuhr er fort: »Das heißt, man muß in der Zeitung auch etwas für die Hausfrau bringen, denn wenn der Vater zur Arbeit gegangen ist, dann bleibt die Zeitung liegen, und die Mutter guckt dann auch einmal schnell hinein.« Und wie weiter in dieser kleinbürgerlichen Familienidylle? Der Sekretär des Zentralkomitees meinte, »wenn sie auf der vierten Seite für sich Interessantes gefunden hat, dann schaut sie auch mal auf die zweite Seite, wo sie etwas darüber erfährt, was sich gegenwärtig in Frankreich ereignet. Man muß also für

Titelkopf der Grünen Post, des Vorbilds der Wochenpost

die Frau bestimmte Reportagen bringen, meinetwegen auch über einen Gang durch die HO oder durch den Konsum.« Schließlich müßten »auch Unterhaltung und Humor in der Zeitung ihren Platz finden«. Wozu das Ganze? »... damit die Presse auch den politisch auf niedrigem Niveau stehenden Massen zu einem Bedürfnis wird und wodurch wir sie zugleich zu einem wirklich fortschrittlichen Bewußtsein erziehen. (...) Die Zeitung muß den Menschen notwendig sein wie das tägliche Brot.«[13]

Damit war gewissermaßen die Grundlinie auch für die *Wochenpost* vorgegeben, sie brauchte nur noch von einer Redaktion intelligent umgesetzt zu werden.

Zunächst einmal scheint es hinter den Kulissen noch Gerangel im Vorfeld der *Wochenpost*-Gründung gegeben zu haben. Das Papier aus der sowjetischen Botschaft vermerkte: »Es sind weitere Parteiorgane im Projektstadium. So etwa eine Illustrierte in der Art des *Ogonjok*. Dieses Projekt erwies sich als unreal: Woher das Papier nehmen?« Es sei aber, so hieß es weiter, »unklar, weshalb die *Deutsche Woche* eingestellt und die Herausgabe einer analogen Parteizeitschrift vorbereitet wurde. Die Zentralisierung und Monopolisierung gehört nicht zu den Zielen des neuen Kurses.« Zur Erläuterung: *Ogonjok* war das bunteste Pflänzchen im sowjetischen Pressegarten, ein Mittelding zwischen Illustrierter, Magazin und Kulturzeitschrift. Die *Deutsche Woche* war wöchentlich im Verlag der von der National-Demokratischen Partei (einer 1948 gegründeten Blockpartei) herausgegebenen *Nationalzeitung* erschienen. Ihr Kopf war in grüner Farbe gehalten, auch trug das Blatt Züge der alten *Grünen Post*. Im Zuge der allgemeinen Verschärfung des politischen Kurses im Jahre 1952 war die Zeitung ohne nähere Erklärung eingestellt worden.

Als Kuriosum sei am Rande erwähnt, daß noch in den 60er Jahren Leserbriefe mit der Anrede »Liebe deutsche grüne *Wochenpost*!« eintrafen – ein geradezu atemberaubendes Zeugnis historischer Kontinuität. Als wir 1973 Ehepaare, die sich durch eine Heiratsanzeige in der *Wochenpost* gefunden hatten, baten, sich bei der Redaktion zu melden, erhielten wir drei Briefe, die sich auf die *Deutsche Woche* bezogen. So erinnerte sich Frau Elisabeth S. in Beeskow: »Sie hatte die gleiche

Schmerz und Stolz
Wenn wir Deutsche jetzt den 75. Geburtstag dieses genialen Naturwissenschaftlers feiern, so erfüllt uns die Tatsache mit besonderem Schmerz, daß die Nazibarbarei diesen großen Mann aus seiner Heimat vertrieb. Wir sind stolz auf diesen großen Sohn unseres Volkes. Nicht nur als Wissenschaftler ragt er hervor. Auch als aufrechter Demokrat und Kämpfer für den Frieden und die Völkerfreundschaft hat er immer wieder seine Stimme erhoben, auch drüben in den USA.
*Robert Havemann über Albert Einstein
Wochenpost 13.3.1954*

Die kluge Hausfrau
Quietschen die Schuhsohlen, dann reibe man sie mit Rizinusöl ein und stelle die Schuhe in eine Schüssel mit etwas Salzwasser, das nicht über die Sohlen gehen darf.
Wochenpost 13.3.1954

H. Bicht: Kommentare mit einem Zweizeiler
Im *Magazin* stand zu lesen: Rauhe Hände werden beseitigt, wenn man sie in überbrühten Haferflocken badet.
Aber wer in großer Eile
der versuch's mit
einem Beile.
Wochenpost 20.3.1954

Zum IV. SED-Parteitag
Vom Tage der Heimkehr an verbanden wir uns und unsere Arbeit mit ihr, nicht hinter dem Schreibtisch als Schanze sitzend, sondern hinter ihm als kämpferischer Batterie des Friedens und beständigem Auslug in den Bereich von Verbesserungen von Tag zu Tag, von Brücken nach jenen größeren, volkreicheren Zonen der seit der Niederlage zersplitterten Heimat, auf deren Wiederzusammenwachsen wir nie verzichteten.
Für diesen schaffenden Motor bot die SED den magnetischen Kern.
Arnold Zweig
Wochenpost 27.3.1954

Aufmachung, war der gleiche Typ und hatte den gleichen Stil. So hat sich doch sicher aus der *Deutschen Woche* die *Wochenpost* ergeben.« Frau Klara K. aus Welzow schrieb: »Auch ich gehörte zu denen, die ihren Mann durch die *Wochenpost* kennengelernt haben. Am 18. April 1943 haben wir uns das erste Mal gesehen und am 17. Juli desselben Jahres geheiratet ...« Und Herr Karl S. war echt verunsichert. Er habe schon 1970 seine Silberhochzeit gefeiert; da er seine Frau durch eine *Wochenpost*-Heiratsanzeige kennengelernt habe, sei es doch sehr verwunderlich, daß die *Wochenpost* »erst im 19. Jahrgang steht«.

Am 2. September 1953 befaßte sich das Sekretariat des ZK der SED unter Leitung Walter Ulbrichts mit Medienfragen. Das Protokoll Nr. 5/1953 hielt unter Punkt 5 fest: »Herausgabe einer Familienwochenzeitung und eines Magazins«[14]. War dies gewissermaßen der Zeugungsakt, so wurde nur einen Monat später schon die Geburtsurkunde der *Wochenpost* ausgestellt. Am 8. Oktober 1953 beschäftigte sich das Sekretariat des Zentralkomitees zunächst mit dem Stand der Hackfruchternte und der Lage in der Stromversorgung. Es beriet über Auszeichnungen als »Held der Arbeit« und über das Fernstudium an der Parteihochschule »Karl Marx«. Die Staatsexamensordnung des Instituts für Gesellschaftswissenschaften wurde verabschiedet, die vorgesehene Rede auf einer geplanten Großkundgebung zur 140-Jahr-Feier der Völkerschlacht in Leipzig gebilligt und die Lieferung einer gebrauchten Rotationsmaschine im Wert von 15 000 Mark an die Bruderpartei in Luxemburg beschlossen. Uns aber soll Punkt 15 des Protokolls Nr. 11/1953 interessieren:

»Herausgabe einer Wochenzeitung ab 1.12.1953
1. Die Wochenzeitungen *Deutschlands Stimme*, *Friedenspost* und *Welt des Friedens* stellen mit dem 30. November 1953 ihr Erscheinen ein.
2. Ab 1. Dezember 1953 erscheint im Berliner Verlag eine 24 Seiten starke Wochenzeitung im Berliner Format. Der Name der Zeitung wird noch festgelegt.
3. Genosse Wetzel, bisheriger Chefredakteur der *Friedenspost*, wird als Chefredakteur der neuen Wochenzeitung bestätigt. Er ... beginnt ab 1. Oktober 1953 im Berliner Verlag mit der Vorbereitung der neuen Wochenzeitung ...
4. Die neue Wochenzeitung beginnt mit einer Anfangsauflage von 500 000 Exemplaren. Ihr Ziel muß sein, im Laufe des Jahres 1954 die Auflage auf 800 000 Exemplare zu steigern. Der Verkaufspreis beträgt 30 Pfennig.
5. Die Abteilungen Presse und Rundfunk und Schöne Literatur, Kunst und kulturelle Massenarbeit werden beauftragt, gemeinsam mit Gen. Wetzel die notwendigen redaktionellen Kader festzulegen ...«[15]

Danach ging das Sekretariat des ZK unter Punkt 16 noch mal an die Einbringung der Hackfruchternte, widmete sich (Punkt 17) der bevorstehenden Festveranstaltung zum 36. Jahrestag der Oktoberrevolution und ganz zum Schluß der Sitzung – Punkt 36 – den »Maßnahmen zur Kartoffelversorgung der Bevölkerung« – Brot und Spiele also für die Republik.

Rudi Wetzel standen gerade drei Monate zur Verfügung, um eine Redaktion zusammenzustellen, gemeinsam mit den nach und nach eintreffenden neuen Mitarbeitern Konzeptionen für das Blatt auszuarbeiten und die erste Ausgabe fertigzustellen. Zu einer »Nullnummer« nur für den Hausgebrauch, wie bei solchen Vorhaben allgemein üblich, reichte die Zeit nicht. In Wetzels schriftlichen Erinnerungen heißt es: »Gemessen an den Erfahrungswerten für eine neue Zeitung war die Frist, die uns zur Verfügung stand, außerordentlich kurz. Dabei war die Kaderfrage am schwierigsten zu lösen ...« Am 19. Oktober 1953 bezog die Redaktion Räume in einem in der Zimmerstraße gelegenen Haus, das nur über einen Hof von der Mauerstraße aus zu erreichen war. Die andere Straßenseite gehörte schon zu Westberlin, und ab 1961 verlief durch die Zimmerstraße die Mauer. (Erst 1956 zog die *Wochenpost* in ein wiederhergestelltes Haus in der Mauerstraße 58–60). Am 22. Oktober 1953 waren bereits so viele Mitarbeiter gefunden, daß die erste Redaktionssitzung stattfinden konnte. Man produzierte zunächst einmal konzeptionelle Papiere für einzelne Seiten der geplanten Zeitung.

Das neue Blatt hatte zu dieser Zeit noch keinen Namen und firmiert deshalb auf den alten Dokumenten immer als »Objekt 5«. Denn der ZK-Beschluß hatte das neue Blatt dem Berliner Verlag zugeteilt, der brachte damals erst vier Blätter heraus: die *Berliner Zeitung*, die *BZ am Abend* (die nach der Wende zum *Berliner Kurier* gewendet wurde), die *Neue Berliner Illustrierte* (*NBI*, unter dem gewendeten Namen *extra* 1991 eingestellt) und das Satireblatt *Frischer Wind* (später in *Eulenspiegel* umbenannt und noch immer erscheinend). Der Berliner Verlag war 1945 im Auftrag der KPD als GmbH gegründet worden und durch die Gesellschafter de facto ein parteieigener Betrieb der SED. Die *Wochenpost* war also eine Zeitung, die der SED gehörte. Es lag in der Logik von Gründung und Besitzverhältnissen, daß das ZK der SED hinsichtlich des Blattes letztlich das Sagen hatte. Wetzels Partner bei der Lösung technischer und kaufmännischer Fragen war der Verlagsdirektor Hermann Leupold, der seit 1927 in der Kommunistischen Partei als Journalist tätig gewesen war und ab 1932 als Chefredakteur der legendären *AIZ* (*Arbeiter Illustrierte Zeitung*) vorstand. Leupold hatte die *AIZ* von 1933 bis 1938 im Exil in Prag geleitet, war dann nach England emigriert und 1946 nach Berlin zurückgekehrt.

Wie kam die *Wochenpost* zu ihrem Namen und zur grünen Farbe ihrer Titelseite? Darüber gibt es keine gesicherten Erkenntnisse, keine Protokolle oder Beschlüsse, nur Anekdoten

Ohne Maschine
Eiswaffeln lutschte man schon im Jahre 1254. Der berühmte Reisende Marco Polo schilderte bereits die Herstellung von Speiseeis in China. Es wurde genauso hergestellt, wie wir auch heute unser Speiseeis produzieren. (Für ganz kritische Leser: es wurde natürlich nicht mit der Eismaschine umgerührt.)
Wochenpost 30.1.1954

Im Frühjahr 1954: Lotto-Reklame mit einem Hauch von Politik

Entwürfe für Namen und Kopf der im Herbst 1953 noch in der Planung befindlichen neuen Wochenzeitung

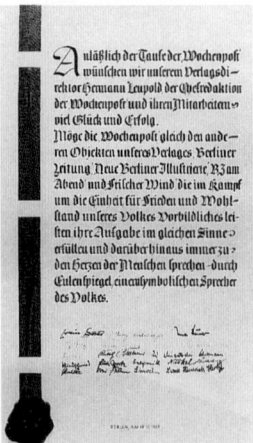

Mitarbeiter des Berliner Verlages überreichten am 18. Dezember 1953 diese Urkunde. Man formulierte darin ganz in Geist und Stil der Zeit den Wunsch, das neue Blatt möge wie die anderen Zeitungen des Verlages »im Kampf um die Einheit, für Frieden und Wohlstand unseres Volkes Vorbildliches leisten« und »immer zu den Herzen der Menschen sprechen«.

und Legenden. In einem Konvolut voller Vorschläge und Konzeptionen aus jenen Wochen finden sich Titel wie »*FÜR ALLE*« und »*MEIN BLATT*«. Eine Version lautet, die aus England zurückgekehrten Journalisten hätten den Namen vorgeschlagen, dort habe es ein Mitteilungsblatt für die deutschen Kriegsgefangenen mit Namen *Wochenpost* gegeben. Was die Farbe angeht, so lag das Grün schon angesichts des inhaltlichen Bezugs zur *Grünen Post* nahe. Welcher Grünton? Die Fama behauptet, am Ende eines endlosen Streits der Beteiligten habe Rudi Wetzels Stellvertreter Erich Böhm seine grüne Krawatte auf das gezeichnete Layout gelegt und bestimmt: So wird es!

Die Titelzeile der *Wochenpost* hatte Johannes (oder auch Hannes) Hegen gezeichnet, der damals im Berliner Verlag als Grafiker angestellt war. Er hieß ja eigentlich Johannes Hegenbarth, doch da es in Dresden den gleichermaßen als Illustrator tätigen berühmten Josef Hegenbarth gab, arbeitete er unter einem Pseudonym. Unter diesem wurde er einige Jahre später nicht minder berühmt als Vater der »Digedags« und der legendären Comic-Zeitschrift *Mosaik*.

Am 17. Dezember 1953 wurde die erste Ausgabe der *Wochenpost* angedruckt. Es versammelte sich – so erinnerte sich später die erste Kulturchefin der *Wochenpost,* Hilde Eisler – »die ganze Redaktion zusammen mit den Kollegen der Druckerei, die sich im Hof unseres Redaktionsgebäudes in der Mauerstraße befand, und ich durfte mit einer Flasche Sekt die Rotationsmaschine begießen«.

Erst fünf Tage später, am 22. Dezember 1953, ist vom Presseamt beim Ministerpräsidenten der Deutschen Demokratischen Republik die Lizenz Nr. 700 für den Herausgeber der *Wochenpost* Hermann Leupold ausgestellt worden. An den Berliner Litfaßsäulen erschienen die bunten Plakate von Johannes Hegen mit einem freundlichen Schneemann und einer strahlenden Sonne. Darunter stand:

»Ob Sonnenglut, ob bittrer Frost, ein jeder liest die *Wochenpost*.« Der Vers stammte von *Wochenpost*-Redakteur Karl-Heinz Deregoski, der in einer Redaktionssitzung auch diesen selbstverständlich nicht verwendeten Vers zum besten gab:

»Sogar der große Russe Schostakowitsch liest die *Wochenpost*.«

20. November 1954:
Morgenschlacht am Bahnhofskiosk

Wochenpost-Reporter Erwin Bekier hatte ein Erlebnis der besonderen Art. Er war ganz früh am Morgen auf den Leipziger Hauptbahnhof gegangen, um mal nachzuschauen, wie dort die an diesem Tag erscheinende *Wochenpost* verkauft würde. In der Redaktion berichtete er dann von einem Sturm auf den Kiosk, von Handgreiflichkeiten, von einem Wutschrei, als die Verkäuferin mitteilte, das Blatt sei nun ausverkauft. All das um sechs Uhr morgens. Wer später aufstand, würde wohl nie von der Existenz der Zeitung *Wochenpost* erfahren.

Verstehen wird man das nur, wenn man in die allgemein triste Medienlandschaft der DDR in den frühen 50ern schaut. Wer aber hochmütig von der Warte der 90er hinabblickt und in dem neuen Blatt belustigt Mief oder Kleinbürgerlichkeit zu entdecken glaubt, hat versäumt, die westdeutsche Presse jener Zeit zu betrachten.

Deutschland ist seit sechs Jahren de facto gespalten, seit fünf Jahren gibt es zwei deutsche Staaten, aber man ist einander noch ungemein nahe. In der *Wochenpost*, die das Datum des 20. November 1954 trägt, beklagt man mehrfach die Teilung und beschwört die deutsche Einheit. In der Reportage auf Seite 3 wird eine Fahrt mit der Ostberliner Straßenbahnlinie 87 unternommen: »Überall schießen neue Häuser in die Höhe, hell und luftig, Wohnungen mit Bad und Balkon für die Menschen, die in den großen Fabriken in Schöneweide arbeiten.« Früher, so vermerkt der Reporter, durfte die Bahn bis zum Döhnhoffplatz fahren. »Jetzt aber ist an der Wiener Brücke plötzlich Schluß. Die Schienen laufen weiter ... Wieso gibt es jetzt zwei Berlins?« Ein paar Jahre später wird man solche harmlosen Bemerkungen in der *Wochenpost* nicht mehr finden. »Till Eulenspiegel« schildert indessen auf Seite 1, wie er in Paris in die Seine und in London in die Themse geworfen wird, weil die Leute sich über sein Ansinnen empören, Paris zu teilen, London zu spalten. Die Westberliner, so der optimistische Till, würden bei der bevorstehenden Wahl den »giftigen Spaltpilzen« eine Abfuhr erteilen.

Doch zugegebenermaßen schlagen sich die Leute nicht wegen solcher Artikel in aller Herrgottsfrühe um die *Wochenpost*. Einige Wochen vorher ist als Reaktion auf Leserbriefe in einem Kommentar die rhetorische Frage gestellt worden: »Zuviel Politik in der *Wochenpost*?« Gewiß, hieß es in der Antwort, der Wunsch der Leser, unterhalten zu werden, sei

Tanzorchester Kurt Henkels

Ganz allgemein grassiert ja wohl die Auffassung, daß die Musiker eines so beliebten Tanzorchesters eine ziemlich verrückte Gesellschaft sind, in allen Städten über 100 000 Einwohner zwei bis drei Freundinnen haben und also ein herrliches Leben unter möglichst weitgehender Verwendung von Wein, Weib und Gesang führen. Freunde der Tanzmusik, ich muß euch diese Illusion grausam zerstören! Auch Henkels Musiker sind völlig normale, hart und konzentriert arbeitende Menschen. Normal jedoch nur bis zu dem Moment, da Henkels den Taktstock hebt. Dann allerdings ist es, als ob der Teufel in alle diese Familienväter gefahren wäre.

Wochenpost 3. Juli 1954

20. November 1954: Morgenschlacht am Bahnhofskiosk

Stolz oder nicht stolz
Westdeutschland hat im Finale Ungarn mit 3 : 2 besiegen können, ist Weltmeister geworden ... Das ist die Sensation, zugleich auch die größte Tragödie einer Klassemannschaft ...
Bei aller Freude, die die deutschen Sportler über diesen schönen Erfolg empfinden, vergessen wir nicht, daß den Männern um Fritz Walter, Toni Turek und Jupp Posipal die Dame Fortuna hold gelächelt hat ...
Wochenpost 10.7.1954

Ihr Artikel über die Weltmeisterschaft hat mir nicht gefallen. Weshalb sollten wir nicht auch darüber stolz sein, daß deutsche Fußballer – und seien es westdeutsche – in einem fairen Kampf eine Mannschaft besiegten, die ... haushoher Favorit war. Daß nationalistische und faschistische Kreise in Westdeutschland aus diesem Sieg auf dem grünen Rasen einen Straßenrummel im Stile der Nazis machten, sollte uns doch nicht davon abhalten, die sportliche Leistung der westdeutschen Mannschaft anzuerkennen und auf diesen Erfolg stolz zu sein.
*Zuschrift von B.E., Berlin
Wochenpost 7.7.1954*

legitim. Aber Politik sei schließlich notwendig. Schließlich mögen doch – demagogischer Schlenker – »auch die Leser, die nichts von der Politik in der *Wochenpost* lesen wollen, die *Wochenpost* nicht in Luftschutzkellern lesen«. Jetzt ein positives Echo auf der Leserbriefseite: »Bleib, wie du bist«.

Es ist die Mischung aus viel Unterhaltung und Bildung auf den folgenden Seiten, die Leser aus den Federn treibt. Es ist selbstverständlich der Gerichtsbericht von Rudolf Hirsch – in diesem Falle geht es um eine niedliche Bagatelle, Mundraub sozusagen, geahndet mit fünfzig Mark Geldstrafe, gefolgt von einem Happy End: Der Bestohlene heiratet die Diebin.

Eine ganze Seite ist den »Fliegenden Untertassen« gewidmet. Der Autor unternimmt den Versuch, rational und wissenschaftlich zu erklären, wie es immer wieder zu den UFO-Phänomenen kommen kann. Ein längerer Vorabdruck aus dem später berühmt gewordenen Science-fiction-Roman »Planet des Todes« von Stanislaw Lem findet sich in dieser Ausgabe, das Haus des Klassikerverlegers Göschen in Grimma wird besucht, und ein Glasermeister schreibt über »Das Fenster im Volksglauben«. Auf zwei Seiten werden Ratschläge erteilt – Motto: »Was SIE interessiert und auch IHN nicht kalt läßt«. Hier singt man »Das Hohelied der Großmütter«, berät über »Maßnahmen gegen den Krebs« und gibt Kochrezepte für Vegetarier. Ratschläge für Kleingärtner werden auf einer ganzen Seite erteilt. Ein Artikel, dem *France Observateur* entnommen, berichtet vom antikolonialen Aufstand in Algerien, der drei Wochen zuvor begonnen hat. Es wird an den gerade verstorbenen Henri Matisse erinnert und an den 260. Geburtstag Voltaires.

Auf der Leserbriefseite weckt ein Einwurf eines Herrn Weißflog aus Leipzig die Erinnerung an eine DDR-Merkwürdigkeit. Da hatte sich die Leitung der Jugendorganisation FDJ eine einheitliche Kopfbedeckung für ihre Mitglieder ausgedacht, eine Art »Südwester«. Der Leser schreibt nun, daß, als in der DEFA-Wochenschau von der Produktion dieser Schlapphüte berichtet wurde, die Leute im Kino lauthals gelacht hätten. Aber die Sache sei doch nicht zum Lachen. Alle möglichen Stellen hätten Einwände gegen den Hut vorgebracht, einschließlich der Arbeiter, die ihn herstellten. Der Zentralrat der FDJ aber habe sich über alle Meinungen hinweggesetzt. Nun aber sei der Hut inzwischen wieder abgeschafft. Herr Weißflog schreibt deshalb: »Der Volkswirtschaft ist beträchtlicher Schaden zugefügt, Arbeitskraft wurde vergeudet. (...) Wir können und dürfen hierzu nicht länger schweigen.«

Die erste Redaktion

»Mit viel Mühe gelang es uns, wenigstens einen Stamm an Mitarbeitern zusammenzustellen«, schrieb Rudi Wetzel in seinen Erinnerungen an die Gründung der *Wochenpost*. Denn: »Die gesamte Presse der DDR litt sehr am Mangel an Journalisten, insbesondere an befähigten, so daß auch die Presseabteilung des ZK wenig helfen konnte.« Wetzel besaß die Klugheit und den Mut, sich unabhängige Geister heranzuholen, die meist zuvor irgendwo angeeckt waren, so daß man bald über die *Wochenpost*-Redaktion zu spotten pflegte, sie sei eigentlich eine »journalistische Strafkompanie« voll politisch »Vorbestrafter«. Was natürlich auf keinen Fall heißt, daß sich hier Feinde der DDR oder der SED versammelt hätten.

Rudi Wetzel hat die Redaktion von 1953 bis Ende 1956 geleitet, nur dreieinhalb Jahre lang. Aber er war es, der die Zeitung und die Redaktion für die folgenden Jahrzehnte geprägt hat, denn er gab den Kammerton vor.

Rudi hatte vielen in der Redaktion und vor allem uns Jüngeren ungeheuer viel voraus, an Erfahrenem und an Erfahrungen. 1909 im Erzgebirge, in einem von Deutschlands Armenhäusern, geboren und aufgewachsen, als Schuljunge begeistert von Max Hölz, dem roten Robin Hood Mitteldeutschlands, als Student der Pädagogik in Dresden erst Mitglied der SPD, dann Eintritt in die Kommunistische Partei. Das Studium kann er nicht abschließen. Bald nach Hitlers Machtergreifung wird er verhaftet: zwei Jahre Zuchthaus wegen »Vorbereitung zum Hochverrat«. Aus dem Gefängnis schaffen ihn die Nazis ins Konzentrationslager, dann kann er nach Schweden entkommen. Über diese – seine – »Geschichten aus den Dreißigern« hat Rudi Wetzel übrigens später ein lesenswertes Büchlein geschrieben.[16]

Was für die *Wochenpost*-Equipe prägend sein sollte: Rudi Wetzel glaubte an die sozialistische Utopie, aber er glaubte nicht blind. Als Hitler und Stalin im August 1939 ihren Pakt schlossen, initiierte er in seiner Parteigruppe in Göteborg einen Beschluß: Moskau hin, Moskau her, für die deutschen Kommunisten sei auch weiterhin Hitler der Feind Nummer eins, nicht die britischen und französischen Imperialisten. Die nach Moskau emigrierte Parteiführung reagierte sofort: Walter Ulbricht wies an, Wetzel sei »abzuhängen«. Das hieß für den Exilanten, abgeschnitten zu sein, entsetzlich einsam. Doch die Geschichte gab Wetzel recht. Die Partei korrigierte 1941 ihre Linie. Der

---

Mode und »Westmode«
Gibt es eine ausgesprochene Westmode? Nein, es gibt sie nicht! Man muß sich davor hüten, die Entwicklung der Mode mit westlichen Dekadenzerscheinungen gleichzusetzen. Manche Menschen sehen, wenn sie das Wort »westlich« hören, die Halbstarken vom 17. Juni 1953 vor sich: schreiend gemusterte, überlange Hemdkittel, zu enge kurze Hosen, zu bunte Socken, noch buntere Schlipse, mit pornografischen Schmierereien bedruckt. (...) Die Herstellerfirmen schaffen künstliche Bedürfnisse, um Kleidung unmodern werden zu lassen ...
Wochenpost 24.7.1954

Man braucht sich nur die Modelle der ČSR und Ungarns anzusehen, um festzustellen, daß der Begriff ›westliche‹ Mode völlig überholt ist.
*Brief von
I. G., Berlin*

Ich hatte kürzlich Gelegenheit, die »Westmode« an Ort und Stelle zu betrachten. Ich war angenehm überrascht ...
*Zuschrift von
Hans-Joachim W.,
Rostock
Wochenpost 9.10.1954*

Berufsrisiko
»Es muß eine Reportage im VEB Weinbrand Wilthen gemacht werden«, verkündete unser Chefredakteur. Entsetzen malte sich auf den Gesichtern aller Kollegen. »In eine Schnapsfabrik fahren, um Gottes willen«, stöhnte es dumpf ringsum. »Liebe Kollegen«, nahm der Chefredakteur wieder das Wort, »ich weiß, ich mute Euch Schweres zu. Aber Journalist sein heißt: Vor nichts zurückschrecken!«
Wochenpost 1.1.1955

Rechtschreibreform
1945 tauchte die Frage der Rechtschreibreform fast unmittelbar mit Beginn der demokratischen Wiederaufbauarbeit auf ... Hierbei wurde von unserer Seite stets eindeutig erklärt, daß eine Reform der Rechtschreibung nur im gesamtdeutschen Maßstab durchführbar sei. Da in den westlichen Besatzungszonen damals die Reformvorschläge als eine »Sowjetisierung« der deutschen Sprache verleumdet wurden und es sich zeigte, daß dort keine ernsthafte Neigung zur Reform bestand, wurde die Frage bei uns von der Tagesordnung abgesetzt.
Wochenpost 8.1.1955

Unbotmäßige konnte zu ihr zurückkehren, er kam nach Kriegsende nach Berlin, war bis zu einem neuen Krach mit Ulbricht in der Presseabteilung der SED-Parteiführung tätig, wurde dann als Chefredakteur in die nicht gerade bedeutende *Friedenspost* abgeschoben.

Und nun die *Wochenpost*. Unter Rudi Wetzel entwickelte sich in der Redaktion eine damals durchaus nicht selbstverständliche demokratische Atmosphäre. Jeder konnte, ja sollte offen reden. Über Artikel wurde manchmal stundenlang gestritten. Die allwöchentliche Redaktionssitzung dauerte deshalb mindestens fünf Stunden. Kritik am Chefredakteur wurde selbstverständlich akzeptiert. Jeder wurde ernst genommen, Urteile und Vorurteile des verknöcherten Parteiapparats wurden beiseite geschoben.

Anfangs hatte der Chefredakteur der *Wochenpost* nur einen Stellvertreter. Das war zuerst Erich Böhm, der vom Rundfunk kam (und schon bald als Korrespondent der DDR-Nachrichtenagentur *ADN* nach Bonn ging; Anfang 1962 brach er im politischen Dissens mit der DDR). Ihm folgte noch 1954 Herbert Bergner, der in der Nazizeit einige Jahre im KZ Sachsenhausen hatte zubringen müssen. Für die Innenpolitik war Günter Stillmann zuständig, ein – wie Rudolf Hirsch später einmal zutreffend schrieb – »heiterer, immer freundlicher Genosse«. Stillmann hatte illegale Arbeit für die KPD geleistet, war 1939 nach Palästina entkommen, später Mitglied der Leitung der KP Palästinas in Tel Aviv geworden und 1948 in den Osten Deutschlands heimgekehrt.[17] Aus Palästina zurückgekommen war auch Rudolf Hirsch, dessen Laufbahn als Gerichtsreporter in der *Täglichen Rundschau* begonnen hatte.

Das außenpolitische Ressort leitete Gerhart Eisler, eine außerordentlich prägende Persönlichkeit. Der Bruder des Komponisten Hanns Eisler hatte seit 1918 in der kommunistischen Bewegung eine wichtige Rolle gespielt, zuerst in der KPD und später für die Kommunistische Internationale in China und dann in den Vereinigten Staaten. Einem Prozeß entzog er sich 1949 durch seine aufsehenerregende Flucht aus den USA auf dem polnischen Dampfer »Batory«. In der DDR leitete er bis Ende 1952 das Amt für Information, wurde aber abgelöst, erhielt ein Funktionsverbot, ein Parteiverfahren wurde eingeleitet. Erst später erfuhr man, daß Eisler, der bereits in den 20er Jahren Ärger wegen seiner Nähe zu den sogenannten Versöhnlern in der KPD-Führung gehabt hatte, als Hauptangeklagter für einen Schauprozeß nach dem Muster des Slánský-Prozesses in der Tschechoslowakei vorgesehen war; nur Stalins Tod und der 17. Juni bewahrten ihn davor. Es war ein Geniestreich von Rudi Wetzel, mit dem verfemten Eisler einen außergewöhnlich begabten Journalisten und Politiker in die Redaktion zu holen. Wetzel schrieb später in einem Brief: »Ich selbst schätze die Mitarbeit von G. E. sehr hoch ein und erzähle nicht selten darü-

Chefredakteur Rudi Wetzel zusammen mit vier der französischen Kinder, die die Wochenpost zu einem Ferienaufenthalt in die DDR eingeladen hatte.

ber. Seine leidenschaftlichen Diskussionsreden in den wöchentlichen Redaktionssitzungen waren voll von Anregungen für uns alle.«[18]

Dem ist eine persönliche Anmerkung anzufügen. Ich war damals der jüngste Redakteur der *Wochenpost* und gehörte zu jenen jungen Leuten, die sich des besonderen Wohlwollens Eislers erfreuten. Uns gab er Ideen, uns nahm er gegen allzu harte Kritik in Schutz. Sei es in der Redaktion, sei es auf der Straße – es war nicht selten, daß man von Gerhart Eisler herangewinkt wurde, er aus dem Portemonnaie einen aus der *New York Times* oder der *New York Herald Tribune* herausgerissenen Artikel (Eisler schnitt nie Artikel aus, er riß!) holte und ihn mit den Worten übergab: »Das ist interessant, mach mal was draus.« Nach dem XX. Parteitag der KPdSU wurde das Funktionsverbot für Eisler aufgehoben, er schied dann aus der *Wochenpost* aus und wurde erst Stellvertretender Vorsitzender und 1962 Vorsitzender des Staatlichen Rundfunkkomitees der DDR. Dort, so wurde erzählt, sei er allerdings nicht gerade durch Liberalität aufgefallen.

Die Leitung der Kulturredaktion übernahm in der Anfangs-

Gerüchtemacher
Es ist unbegründet, von Versorgungsschwierigkeiten in der DDR zu sprechen. Wo in der letzten Zeit örtlich und zeitweilig gewisse Nahrungsmittel schwer zu haben waren, liegen andere Ursachen als ein genereller Mangel vor. Beispielsweise können Hamsterkäufe, zu denen verantwortungslose Gerüchtemacher die Menschen verleiten, zu solchen zeitweiligen Stockungen führen. Das gilt besonders für das Mehl, das, wie uns unsere staatlichen Stellen versicherten, in genügenden Mengen zur Verfügung steht. Daß wir uns mit dem Zuckerverbrauch einschränken mußten, hat die Regierung der Bevölkerung offen erklärt.
Wochenpost 26.3.1955

Kartoffeln im Quadratnest
Die Ernteergebnisse haben bewiesen, daß auch in unserer Republik eine Steigerung der Erträge durch das Quadratnestpflanzverfahren möglich ist. Es wurden Mehrerträge von 30 bis 40 Doppelzentner je Hektar erzielt. Man braucht kein Fachmann zu sein, um sich auszurechnen, daß auf diese Weise jeder Bauer die im letzten Jahr des Fünfjahrplanes vorgesehene Steigerung der Kartoffelerträge erreichen kann und daß noch genug übrig bleibt, um manches Schwein zusätzlich zu mästen.
Wochenpost 23.4.1955

Kein Sonntag ohne Waggon!
Liebe *Wochenpost*, kannst Du in Erfahrung bringen, wie andere volkseigene Baubetriebe ihre Waggons entladen? Du würdest der Entladekolonne des VEB Bau Forst einen sehr, sehr großen Dienst erweisen. Kein Sonntag ohne Waggon!
Am letzten Sonntag: ein Waggon Steine, ein Waggon Bunakalk. Für die Steine haben sich zwei Leute gefunden, für den Bunakalk keiner, und so mußte der Betrieb Standgeld bezahlen...
Brief von Ruth N. Forst
Wochenpost 2.7.1955

zeit Hilde Eisler, die 1949 mit Gerhart in die DDR zurückgekommen war. Sie wechselte später als Chefredakteurin in das zugleich mit der *Wochenpost* gegründete *Magazin*, das sie bis 1976 leitete.

Zu den »alten Genossen«, die zumeist so alt noch gar nicht waren, gesellte sich eine nächste »Generation«, von Krieg und Nachkrieg geprägt. Chefreporterin wurde Margot Pfannstiel, die bis zum Sommer 1953 im *Neuen Deutschland* gearbeitet hatte und dort wegen »Zugehörigkeit zur parteifeindlichen Gruppierung Zaisser–Herrnstadt« entfernt worden war. Aus gleichen Gründen hatte Rosemarie Rehahn, die langjährige Filmkritikerin der *Wochenpost*, das *ND* verlassen. Der außenpolitische Redakteur Günter Linde kam aus dem Reifenwerk Fürstenwalde in die Redaktion. Er war während des Krieges zu den Engländern übergelaufen und hatte bis Kriegsende am Londoner Rundfunk erste journalistische Erfahrungen erworben. In der DDR wurde er 1951 als Chefredakteur des Landessenders Potsdam abgesetzt: England war die falsche Seite zum Überlaufen gewesen. Die »richtige Kriegsgefangenschaft« hatte hingegen Reporter Erwin Bekier hinter sich, er war bald nach dem Überfall Deutschlands auf die Sowjetunion zur Roten Armee übergelaufen. Rudi Wetzel brachte ihn aus der *Friedenspost* mit. Wissenschaftsredakteur und Reporter Arno Schmuckler hatte als Jude die Nazizeit mit viel Glück in einem Zwangsarbeiterlager überlebt. Beim DDR-Rundfunk endete seine Tätigkeit wegen seines frechen Mundwerks. 1958 ging er zum *Magazin*, ein Jahr später verließ er die DDR und war dann viele Jahre beim ZDF tätig. Heinz Knobloch hatte den II. Weltkrieg für sich auf eigene Initiative beendet, er war 1944 in der Normandie in amerikanische Kriegsgefangenschaft desertiert.[19]

Eine ganz persönliche Anmerkung sei gestattet: Ich hatte bis zum Januar 1954 in der Gewerkschaftszeitung *Tribüne* gearbeitet. Im März 1953 war mein Vater wegen des mittlerweile zu trauriger Berühmtheit gelangten Druckfehlers, der Stalin aus einem »Freund des Friedens« zu einem »Freund des Krieges« gemacht hatte, verhaftet und im Dezember 1953 unter der falschen Anschuldigung der »Agententätigkeit« verurteilt worden. Damit endete auch meine Tätigkeit in der *Tribüne*. In der Abteilung Agitation des ZK sagte man mir, da ich nicht bereit sei, Beschuldigung und Verurteilung meines Vaters zu akzeptieren, dürfe ich künftig nicht wieder als Journalist arbeiten. Auf den Rat des Rechtsanwalts F. K. Kaul hin bewarb ich mich dennoch bei der *Wochenpost*. Erst einmal torpedierte das ZK meine Einstellung, Kaul erklärte den damals mit ihm befreundeten *Wochenpost*-Redakteuren Günter Stillmann und Rudolf Hirsch den Hintergrund, Rudi Wetzel machte sich gegenüber dem ZK stark, kurz, ich durfte nach einigen Monaten erzwungener

Arbeitslosigkeit bei der *Wochenpost* einsteigen. Man wird verstehen, daß das helfende solidarische Verhalten dieser Kollegen mein Verhältnis zu dieser Zeitung für immer geprägt hat.

Es war ein weiterer Geniestreich Wetzels, einen losen Kreis der Freunde der *Wochenpost* zu bilden. Als Anreger und Autoren wurden für diesen Freundeskreis hervorragende Schriftsteller gewonnen: Arnold Zweig, Ludwig Renn, Erwin Strittmatter, Bruno Apitz, Walther Victor, Lily Becher und viele andere mehr. So etwa alle drei Monate traf sich dieser Kreis zu Diskussion und Abendessen bei einem guten Wein, zu kritischen Hinweisen und interessanten Vorschlägen.

Von diesem Zusammenwirken mit den bewunderten Größen in und außerhalb der Redaktion haben besonders wir Jüngeren unendlich viel profitiert. Heinz Knobloch hat 1982 in der *Wochenpost* in einem »Blättchen für Peter Nell« aus jenen Tagen berichtet:

»Als die Dinge Ende 1953 so weit gediehen waren, daß eine neue Zeitung erscheinen konnte, die *Wochenpost* heißen sollte, fand im Zentralhaus der DSF (der Gesellschaft für Deutsch-Sowjetische Freundschaft) am Festungsgraben eine kleine Feier statt, zu der, wie die Weisen aus dem Morgenlande, drei Schriftsteller erschienen. E. R. Greulich, Walther Victor und Peter Nell. Als gute Feen umstanden sie das Ungeborene und versprachen ihm, was sie später getreulich hielten: Mitarbeit. Nell gehörte dann einige Monate lang zur Redaktion. Er war der erste Schriftsteller, den ich aus der Nähe besichtigt habe. Ehe die Nummer 1 in die Setzerei ging, las er die Manuskripte für den umfangreichen Kulturteil, darunter mein erstes« – es war die Seite mit den Rätseln. »Er besaß Sprache und Stil, strich Füllwörter, die sich erst unter seinem Blick als solche offenbarten, ließ Einwände gelten, setzte einen Punkt oder ließ den Satz offen ...«

Die Liste der anfänglichen Redakteure und Mitarbeiter, der Freunde und Mitstreiter ist bei weitem unvollständig. Aber sie vermag möglicherweise auch so Aufschluß darüber zu geben, wie das Selbstverständnis der Redaktion damals – und gewissermaßen fortzeugend auch später – war, daß hier Leute eine Zeitung machten, die aus der kommunistischen Bewegung kamen, die überzeugt, aber nicht dogmatisch waren, die an eine bessere Gesellschaft glaubten, die zum Entstehen dieser besseren Gesellschaft beitragen wollten. Das ist eine heute nicht mehr so populäre Feststellung. Doch man möge nicht vergessen: Es war erlebte Überzeugung, die sie das kapitalistische System ablehnen ließ. Die Bundesrepublik Adenauers, die sich bewußt als Nachfolgestaat des Dritten Reiches verstand, in der beispielsweise der Mitverfasser der antisemitischen Nürnberger Gesetze, Globke, Staatssekretär im Bundeskanzleramt sein durfte, sie konnte auch bei schärfster Kritik an Entwicklungen in der SED

In den Anfangsjahren gab die Wochenpost ihren Lesern allwöchentlich einen Tip fürs Fußballtoto.

Eine Nacht als Taxichauffeur
Ab 24 Uhr begann das, was man in Leipzig nicht als Nachtleben bezeichnen würde. Ein trautes Paar schwankte aus der »Melodie« mir direkt in den Wagen.
Herrschaften, das war Liebe! Ich traute mich gar nicht, in den Rückspiegel zu sehen. Mit leichtem Schaudern dachte ich an jene heikle Taxenfahrer-Prüfungsfrage, deren Antwort – ich bemühe mich, diskret zu umschreiben – also festlegt, daß der Fahrer laut Bürgerlichem Gesetzbuch das Pärchen nicht – auch dabei nicht – stören darf.
*Arno Schmuckler
Wochenpost 9.7.1955*

Die erste Redaktion

Ein Teil der ersten Wochenpost-Mannschaft bei einem Faschingsfest im Februar 1955, darunter Günter Stillmann (links mit arabischem Kopfputz), Herbert Bergner (ganz rechts vorn mit Baskenmütze), neben ihm Edith Nell, gleich hinter ihr Heinz Knobloch (mit Wochenpost-Kappe), hinter dem wiederum Rudi Wetzel (im Folklorehemd).

und in der DDR nicht als Alternative akzeptiert werden.

Hinzu kam, was Rudi Wetzel 1990 in einem Interview betonte, daß die Gründung der *Wochenpost* in eine Periode fiel, »in der es im Gegensatz zur vorhergehenden und zur nachfolgenden Zeit eine verhältnismäßig größere Freiheit für journalistische Arbeit gab. (...) Als ich damals den Auftrag bekam, das Gesicht und die Struktur einer neuen Wochenzeitung zu entwerfen, die in der Machart auf gute Traditionen in der deutschen Presse zurückgreifen sollte, erblickte ich darin eine große Chance. Es gelang, in der sich formierenden Redaktion eine offene demokratische Atmosphäre zu schaffen.« [20]

26. März 1955:
»Perlonsiebe und Picknicktische«

Die *Wochenpost* des Jahres 1955 ist unaufgeregt, von ruhiger Tonart, es gibt auf ihren Seiten viele erhobene Zeigefinger, kritische Rundumschläge und sehr viel Praktisches. Mißstände erscheinen der Redaktion behebbar, wenn die Betreffenden nur genug guten Willen zeigen und endlich mal begreifen, daß sie in einer anderen, neuen Gesellschaftsordnung leben. Da erzählt Georg Honigmann in der Ausgabe vom 26. März 1955 von seiner Jugendzeit als Buchverkäufer in Wien. Weil er einer pampigen Dame gegenüber nicht servil genug gewesen war, wurde er auf der Stelle gefeuert. Aber wie ist das mit unhöflichen Verkäufern in den Geschäften der HO, der staatlichen Handelsorganisation der DDR? Ihnen »ist die Angst genommen, daß sie etwa wegen eines unbedachten Wortes ihren Arbeitsplatz verlieren. (...) Das ist so, weil es bei uns mehr Arbeit gibt als Hände, die sie verrichten können.« Es habe in den volkseigenen Betrieben eine ganze Weile gedauert, ehe die Arbeiter begriffen hätten, »es ist ihr Betrieb. Im Handel dauert es noch länger. (...) Und drückt sich außerdem guter oder schlechter Verkauf finanziell aus, dann wird es gar nicht so lange dauern, bis die vielen guten und schlechten Witze über die HO so falsch und bärtig sind wie die Witze über die böse Schwiegermutter.«

In dieser Ausgabe vom 26. März 1955 gibt es, abgesehen von dergleichen Gesundbeterei, recht viel Informatives. Eine ganze Seite ist archäologischen Ausgrabungen in Magdeburg gewidmet. Ein Reporter hat die höchstgelegene Wetterstation der DDR auf dem Fichtelberg besucht. Der Schriftsteller Bernhard Seeger berichtet aus Vietnam, und zwar vom Bergvolk der Meo; der erste Vietnamkrieg (gegen Frankreich) ist erst vor einem Jahr beendet worden, der zweite Vietnamkrieg (gegen die USA) noch ein Dezennium entfernt. Auf der Seite »Feld und Garten« wird zum Zwischenfruchtanbau aufgefordert, aber auch Zaunkönig und Amsel werden vorgestellt. Eine Arbeitsgemeinschaft Junger Techniker in Hirschfeld erklärt in der Kinder-*Wochenpost*, wie man einen Wagen fürs Seifenkistenrennen baut. Auf einer ganzen Seite wird der Leser mit noch nicht oder bereits realisierten Vorschlägen für »Kleine Helfer für den Haushalt« bekannt gemacht – »Praktische Sachen, die das Leben leichter machen«: verschließbare Milchkännchen, Perlon-Tischsiebe und Picknicktische. Die 9. Fortsetzung des Tucholsky-Romans »Schloß Gripsholm« findet sich im Heft; im Jahr 1955 ist er als Buch

Einreise erleichtern!
Da nun, elf Jahre nach Beendigung der Hitlerepoche, das Bedürfnis der Menschen fürs Reisen über Grenzen wächst, wäre es an der Zeit, die Paßschwierigkeiten zu beheben. Während wir hier von Dänemark nach den verschiedenen Ländern ohne Visum, nur mit Paß versehen, ohne Stempelei und Kontrolle die Grenzen passieren können, verlangt die DDR für die Einreise einen ausführlichen Lebenslauf sowie vier Bögen mit über 20 Fragen, sorgfältig ausgefüllt, nebst vier Fotos. Daraufhin gebraucht man acht Wochen zur Bearbeitung ...
*Zuschrift von
B. Kreßner, Rorkaer,
Dänemark
Wochenpost 18.8.1956*

28 | 26. März 1955: »Perlonsiebe und Picknicktische«

Bis Mitte der 60er Jahre gab es allwöchentlich eine Seite für Kinder mit einem eigenen Logo – die Kinder-Wochenpost.

noch nicht wieder erhältlich. Im Kulturteil wird ein Artikel von Stefan Heym aus einer Tageszeitung nachgedruckt, eine Polemik anläßlich der Absage des Dirigenten Erich Kleiber, die musikalische Leitung an der gerade fertiggestellten Staatsoper Unter den Linden zu übernehmen. Die DDR will die alte Widmung für Friedrich II. nicht wieder über dem Eingang anbringen, Kleiber sieht dies als Anzeichen möglicher künstlerischer Bevormundung, Heym wiederum bedauert das (»... denn er ist ein Künstler, dessen Werk dazu beigetragen hätte, unser Leben zu bereichern ...«), hält es aber für eine Fehlentscheidung, zu der westliche Kreise Kleiber aus politischen Gründen gezwungen hätten. Gleichfalls im Kulturteil: Die Brechtmitarbeiterin und -gefährtin Ruth Berlau berichtet über das Berlin-Gastspiel des Pariser Théatre National Populaire. Rosemarie Rehahn rezensiert den DEFA-Film »Einmal ist keinmal«. »In Konrad Wolf,« heißt es da, »der hier seine Diplomarbeit als Regisseur vorlegt, gewann die DEFA einen begabten Künstler, der besonders gut die lyrischen Töne traf.«

ZK-Kritik an Till Eulenspiegel

Am 29. Juli 1955 stand auf Seite 4 des *Neuen Deutschland* ein langer Artikel mit der geradezu sensationellen Überschrift »Kühner das Neue fördern«. Als Autor unterzeichnete am Ende die »Abteilung Agitation/Presse-Rundfunk beim ZK der SED«. Eine Unterzeile brachte Klarheit, worum es ging: »Bemerkungen zur Arbeit der *Wochenpost*«.

Es war schon nicht alltäglich, daß sich die für die Medien zuständige Abteilung des ZK mit einem Artikel im *ND* über die Arbeit einer Zeitung ausließ. Aus der Lektüre des Beitrages ist eigentlich auch nicht so ganz klar ersichtlich, weshalb dieser für DDR-Verhältnisse ungewöhnliche Weg gewählt worden war, etwas Lob und etwas mehr Kritik unters Volk oder an die Redaktion zu bringen.

Man bediente sich der beliebten Methode des Wechselbades. Die *Wochenpost* habe sich, hieß es da, zu einer »bei allen Schichten der Bevölkerung anerkannten, allseitig beliebten und gern gelesenen Zeitschrift« entwickelt. Die Redaktion sei verpflichtet, »ihren Platz gut für die Überzeugung der Bevölkerung von der Richtigkeit der Politik unserer Arbeiter- und Bauernmacht zu nützen«. Dieser Aufgabe werde sie »schon weitgehend gerecht«, aber, aber ..., sie müsse beispielsweise »mehr über die politische, wirtschaftliche und militärische Stärke der Sowjetunion« berichten. Schlimmer noch: »Auseinandersetzungen mit feindlichen, falschen und rückständigen Auffassungen zogen sich nicht wie ein roter Faden durch die gesamte *Wochenpost*«. Auch müsse sich die Redaktion »davor hüten, die Form zu überschätzen«, was unter anderem der Till-Eulenspiegel-Spalte auf Seite 1 angekreidet wurde. Denn: »In der Ausgabe, die dem zehnten Jahrestag der Befreiung des deutschen Volkes vom Faschismus gewidmet war, ließ sich ›Till Eulenspiegel‹ lang und breit darüber aus, ob ein Straßenhinweisschild mit der Aufschrift ›Kraftfahrer, fahre vorsichtig an jede Kreuzung heran‹ sprachlich richtig oder falsch sei.« Der Eulenspiegel solle lieber Bauernregeln widerlegen, »die heute noch manche mögliche Ertragssteigerung verhindern ...« Außerdem könne man »viele Themen aus der Bonner Kriegspolitik ableiten«. Solchen Fragen aber würde man ausweichen, verschärfte die Abteilung Agitation nun den Ton, und das sei gepaart mit »Anzeichen von Objektivismus«. Als negatives Beispiel dafür galt eine Reportage aus der westdeutschen Stadt Heil-

In den Kinderjahren der Wochenpost stand auf Seite 1, linke Spalte oben, eine immer wieder neue Vignette des Till Eulenspiegel.

Die Kraft des Ginseng
Als einst ein gebildeter Chinese gefragt wurde, ob er an den Wert des Ginseng glaube, antwortete er: »Wie soll ich nicht daran glauben, da seine Wirkung seit 3 000 Jahren erprobt und nachgewiesen ist!« Für diese Auffassung spricht u. a. auch die eigentümliche Tatsache, wonach die therapeutische Kraft der Ginsengwurzel um so höher eingeschätzt wird, je mehr sie der menschlichen Gestalt ähnelt.
Wochenpost 19.5.1956

ZK-Kritik an Till Eulenspiegel

Kühner das Neue fördern / Bemerkungen zur Arbeit der „Wochenpost"

Vor eineinhalb Jahren wurde in der Deutschen Demokratischen Republik eine neue Wochenzeitung, die „Wochenpost", ins Leben gerufen. Sie entwickelte sich sehr rasch zu einer bei allen Schichten der Bevölkerung anerkannten, allseitig beliebten und gern gelesenen Zeitschrift.

Der Leserkreis der „Wochenpost" setzt sich zu einem großen Teil aus Menschen zusammen, die nicht unmittelbar politisch tätig sind, keine Parteizeitung lesen und sich am politischen Leben wenig beteiligen. Insgesamt gesehen ist der Leserkreis der „Wochenpost" aber haben das Bedürfnis nach einer unterhaltenden, belehrenden und allgemeinbildenden Lektüre.

Das verpflichtet die Redaktion, ihren Platz gut für die Überzeugung der Bevölkerung von der Richtigkeit der Politik unserer Arbeiter- und Bauern-Macht zu nützen, mit ihren Beiträgen das Denken der Leser zu beeinflussen und fortschrittlich zu verändern.

*

Ohne auf alle Seiten Ihrer Arbeit einzugehen, kann man feststellen, daß die „Wochenpost" dieser Aufgabe schon weitgehend gerecht wird. Sie benutzt jede Ausgabe, um die Leser vielseitig zu informieren und sie mit der Politik unserer Regierung und mit der Politik des Friedenslagers überhaupt vertraut zu machen. Besonders deutlich wird dieses Bemühen auf den „aktuell politischen" Seiten. Dort erklärt die Redaktion den Lesern in Leitartikeln und Kommentaren anschaulich die Lage, die sich aus der Kriegspolitik der westlichen Imperialisten ergibt.

Ebenso sorgfältig informierte die interessieren wie pädagogische Fragen, ärztliche Ratschläge, Modelldiskussionen, Kochrezepte, praktische Winke usw.

Einen breiten Raum nehmen in der „Wochenpost" die außenpolitischen Betrachtungen ein. Dort findet der Leser interessante, spannend geschriebene Abhandlungen über das Leben und die Lage der Arbeiterklasse, der werktätigen Bauern und der Intelligenz in den Ländern des Sozialismus, in den kolonialen und halbkolonialen Ländern und in den kapitalistischen Staaten. Sie geben Auskunft über die ökonomische und kulturelle Entwicklung der betreffenden Länder. Diese Artikel wecken das Verständnis für die Lage der werktätigen Menschen in diesen Ländern. In Zukunft sollte die Redaktion bei der Planung noch stärker jene Probleme berücksichtigen, die durch die außenpolitischen Ereignisse in den Vordergrund rücken. Zum Beispiel ist es notwendig, mehr über die politische, wirtschaftliche und militärische Stärke der Sowjetunion und der volksdemokratischen Länder zu berichten, um alle Menschen davon zu überzeugen, daß hier die in jeder Hinsicht „stärksten Bataillone" stehen.

*

Wer wünscht wohl nicht, die „Wochenpost" möge in Zukunft noch wirksamer helfen, das neue Leben in all seiner Vielfalt aufzubauen. Darum sind auch eine Reihe kritischer Bemerkungen zur Arbeit der Redaktion nötig.

Auseinandersetzungen mit feindlichen, falschen und rückständigen Auffassungen zogen sich nicht wie ein roter Faden durch die gesamte „Wochenpost". Auf der Frauenseite beispielsweise wurden zwar Diskussionen über die Frauen auf, die darauf drängen, in satirischer Form behandelt zu werden. Wie wäre es, wenn sich der „Eulenspiegel"-Artikel einmal des in vielerlei Gestalt und auf den verschiedensten Gebieten des Lebens auftretenden Aberglaubens annähme, oder wenn er helfen würde, unwissenschaftliche Bauernregeln zu widerlegen, die heute noch manche mögliche Ertragssteigerung verhindern? Schließlich gibt es allerorts noch Bürokratismus, Schlendrian, Gleichgültigkeit usw. auszurotten. Außerdem kann sie viele Themen aus der Bonner Kriegspolitik ableiten. Es ist also durchaus nicht so, daß es äußerst schwer sei — wie verantwortliche Mitarbeiter der „Wochenpost" meinen —, Themen für die „Eulenspiegel"-Artikel zu finden.

Das Ausweichen vor solchen Problemen ist in der „Wochenpost" verschiedentlich gepaart mit Anzeichen von Objektivismus. Die nachfolgend genannten Veröffentlichungen sind dafür charakteristisch. Da ist der Artikel „Nach zehn Jahren", der am 7. Mai veröffentlicht wurde. In diesem Beitrag schildert ein Reporterkollektiv die Entwicklung von 37 jungen Menschen, die vor zehn Jahren gemeinsam in Brandenburg (Havel) die Schule verließen. Recht erfreulich war das Ergebnis dieser Nachforschungen, es zeigte in aller Deutlichkeit die Fürsorge unseres Arbeiter-und-Bauern-Staates für die Jugend. Diese recht positive Arbeit aber wurde durch eine rein objektivistische Darstellung der negativen Entwicklung eines dieser jungen Menschen getrübt. Er war in den vergangenen Jahren einmal gestrauchelt. Trotz eines gesicherten und sehr gut bezahlten Arbeitsplatzes schielt er zum „goldenen Westen". Statt nun seine rückständige Auffassung zu kom- Leserkreises kennt. Die Leserbriefe bedeuten zwar eine sehr wertvolle Hilfe und Informationsquelle, aber erfahrungsgemäß vermitteln sie kein allseitiges Bild von der Meinung aller Leser einer Zeitung. Deshalb ist auch für die „Wochenpost" ein starker direkter und persönlicher Kontakt zu ihren Lesern unentbehrlich. Erst dadurch erhält die Redaktion die Möglichkeit, auf die unterschiedlichen Auffassungen einzelner Bevölkerungsschichten von der Politik unserer Regierung richtig zu reagieren und eine noch wirkungsvollere Überzeugungsarbeit zu leisten.

Wir schlagen der Redaktion vor, sich mehr auf namhafte Autoren zu stützen, die im In- und Ausland hohes Ansehen genießen. Zur Zeit hat die „Wochenpost" nur wenige solcher Autoren aufzuweisen.

Die Parteiorganisation trägt für die gesamte Arbeit der Redaktion eine hohe Verantwortung. Ihre Aktivität ist ausschlaggebend für die schnelle Verbesserung der Arbeit. Wenn objektivistische Tendenzen, die Neigung, Zugeständnisse an kleinbürgerliche Auffassungen zu machen oder ähnliche Erscheinungen diese schnelle Verbesserung der Arbeit hemmen, dann ist es notwendig, daß sich die Genossen in der Parteiorganisation damit auseinandersetzen.

Die Mitarbeiter der „Wochenpost" haben die Voraussetzungen, eine noch viel wirkungsvollere Arbeit zu leisten und ihre gute journalistische Form noch besser mit der politischen Aufklärungs- und Erziehungsarbeit zu verschmelzen.

Abteilung Agitation/Presse-Rundfunk beim ZK der SED

Am 29. Juli 1955 im Neuen Deutschland: Kritik an der Wochenpost

bronn, in der sich die *Wochenpost* auf einige polemische Bemerkungen beschränkt habe, anstatt den Ansichten des Oberbürgermeisters von Heilbronn »unseren prinzipiellen Standpunkt in den Fragen der Kommunalpolitik« gegenüberzustellen.

Fazit des vierspaltigen Artikels: Die Redaktion brauche mehr Kontakt mit den Lesern, mehr namhafte Autoren und mehr Auseinandersetzungen der Genossen in der Parteiorganisation.

Fortsetzungsroman
»Die schwarze Galeere« von Wilhelm Raabe: Hochauf richtete er sich von seinem Lager, hager und schwächlich, und stieß einen Ruf aus, der fast ein Schrei war: Fortsetzung folgt
Wochenpost, 23.7.1955

Was hat die Erinnerung nach mehr als vierzig Jahren von diesem Artikel und der zweifellos folgenden Debatte bewahrt? Wenig, wenig, muß ich bekennen, auch befragte Kollegen erinnern sich nur dunkel an dieses Ärgernis. Wie die Chefredaktion oder die Parteileitung reagierten, weiß ich nicht. Bedenke ich es aber recht, fühlten sich die Mitarbeiter mißverstanden oder zu Unrecht angegriffen. Auswirkungen der Attacke sind in den *Wochenpost*-Ausgaben des Sommers 1955 nicht zu bemerken. Es ging offensichtlich alles weiter seinen Gang.

21. Juli 1956:
Von Paris bis Poznán

Am 10. Juli 1956 steigen in Marienborn zwanzig übermüdete, aufgeregte Kinder aus dem Zug. Sie kommen aus Paris, die *Wochenpost* hat sie eingeladen, in der DDR zwei Ferienwochen zu verbringen. In der Ausgabe vom 21. Juli erfahren die Leser auf dem Titelblatt und auf der Seite 3 von dieser Reise unter dem Motto »Kennwort Paris«. Es sind Kinder aus einem Pariser Arbeiterviertel, Kinder die nie in die Ferien fahren können. In dem Bericht stehen Sätze wie dieser: »Alle Kinder werden ärztlich untersucht. Sie sind nicht gut ernährt und haben schlechte Zähne.« Der Auftakt zu dieser Reise ist schon im April gegeben worden, als auf der Leserbriefseite ein Brief des achtjährigen Maurice Hallé aus dem 20. Arrondissement abgedruckt wurde, ein Brief, der, wenn ich es recht sehe, von der Pariser Korrespondentin der *Wochenpost* beschafft wurde mit der Absicht, den Lesern ein bißchen tägliches Leben in Frankreich nahezubringen. Dieser Kinderbrief mit der so zurückhaltenden und selbstverständlichen Beschreibung der Lebensumstände in einem französischen Arbeiterhaushalt ist Auslöser für die Idee, eine Gruppe Kinder in die DDR einzuladen, was eine Art Tradition der *Wochenpost* bis in die 70er Jahre hinein begründet.

Der Bericht im Juli 1956 vermerkt auch all die Betriebe und Institutionen, die sich mit Spenden und Hilfsleistungen an dieser außergewöhnlichen Ferienaktion beteiligen. »Kennwort Paris« wird es übrigens auch in den folgenden drei Jahren geben, und dann mit einer zusätzlichen Attraktion: Jedes Jahr erscheint eine kleinformatige Sonderausgabe der *Wochenpost* mit Reportagen und Berichten von der Reise – in französisch.

Ansonsten ist die *Wochenpost* auch in dieser Ausgabe ihrer bewährten Mischung von Unterhaltung und Belehrung treu geblieben. Auf einer ganzen Seite wird über Penicillin informiert, die Herstellung von Schaumgummi wird beschrieben, eine Kurzgeschichte von George Bernard Shaw findet sich im Blatt, und Leonhard Franks Roman »Die Jünger Jesu« wird vorgestellt – in der folgenden Woche soll der Abdruck in Fortsetzungen beginnen. Es wird die Frage gestellt, ob Pferderennen überflüssig seien (Nein, lautet die Antwort). Ein Diplomchemiker beschreibt die Nützlichkeit des Fischessens – mit Rezepten; aber gibt es nicht ständige »Versorgungsengpässe« bei Fisch? Aus dem Ausland wird berichtet, eine Reportage

Ein Pariser Kind
Wenn Mama alle Betten abends aufgestellt hat, muß Papa über uns alle wegturnen, um in seins zu kommen. Wir sind aber trotzdem glücklich, denn die meisten Leute wohnen schlechter. Mein Freund Bouchet wohnt mit seinen Eltern und seinen drei Schwestern in einem einzigen Raum ... Der Winter ist nicht drollig, denn man friert. Besonders nachts. Mama hat nämlich nicht viel Geld und läßt jeden Abend das Feuer ausgehen. Ich esse sehr gern Beefsteak, aber Mama kocht immer Eintopf ... Ich würde auch gerne ins Kino gehen, aber das ist zu teuer. Wenn ich groß bin und Geld verdiene, werde ich oft ins Kino gehen und meinen kleinen Bruder mitnehmen.
Maurice Hallé, Paris
Wochenpost 14.4.1956

21. Juli 1956: Von Paris bis Poznan

Wochenpost — Juillet/Août 1958

Rappelez-vous de temps en temps de votre séjour dans la République Démocratique Allemande

NUMERO SPECIALE

KENN-WORT PARIS 1958

Page 3:
Besuch beim Patenonkel

Page 12:
„Kennwort Paris" an der Ostsee

Page 14:
Zwei Tage von vielen

Nous voilà! Nous sommes des enfants parisiens et contents de faire votre connaissance

Seit dem Juli 1956 kamen alljährlich Pariser Kinder als Wochenpost-Gäste nach Berlin. Als besondere Attraktion erhielten sie stets eine kleine Sonder-Wochenpost in französischer Sprache.

befaßt sich mit dem Wiederaufbau des kriegszerstörten Gdansk, eine andere erzählt vom Alltag italienischer Fischer.

Mit zwei Beiträgen in dieser Ausgabe vom 21. Juli 1956 kündigt sich ein heraufziehender Konflikt an. Das ist einmal ein Augenzeugenbericht aus Poznań. Ein polnischer Kollege schreibt über die Arbeiterunruhen vom Juni, die heute als das erste Glied einer Kette von Ereignissen gelten, die schließlich in den Ungarn-Aufstand vom Oktober/November 1956 mündeten. Der in der *Wochenpost* veröffentlichte Artikel (durchaus eine Besonderheit in der DDR-Presse, die die Unruhen in Poznań weitgehend ignorierte) polemisiert vor allem gegen die westdeutschen Medien, denen Übertreibungen und Fehlinterpretationen vorgeworfen werden. Aber er räumt eben auch ein, daß es durchaus handfeste Gründe für Unzufriedenheit gab und daß Demokratisierung und die Verbesserung der Lebenslage unbedingt notwendig seien.

Der andere Beitrag ist mit einer Frage überschrieben: »Wer wählt eigentlich den Bürgermeister?« *Wochenpost*-Redakteur Martin Böttcher schildert die Bürgermeisterwahl in seiner Heimatgemeinde Glienicke. Ohne Debatte hoben sich in der Gemeindevertretung alle Arme: Einstimmig gewählt! Nirgendwo, in keinem Kleingärtnerverein und keiner Sportgemeinschaft gehe die Wahl des Vorsitzenden so schnell vor sich. Woran liegt das? fragt sich Böttcher. Daran, daß die eigentliche Entscheidung schon vorher zwischen den Parteien im sogenannten Demokratischen Block abgesprochen war. Nun wird in der *Wochenpost* gefragt: »Ist es nicht an der Zeit, die demokratisch gewählten Gemeindevertreter ohne Bevormundung durch den Demokratischen Block ihr Gemeindeoberhaupt selbst wählen zu lassen? Selbst wenn die Wahl des Bürgermeisters von Glienicke nicht einstimmig erfolgen sollte, so gefährdet das den Aufbau des Sozialismus nicht und erschüttert auch nicht die Grundlagen unseres Staates.«

Auf dem Titel der Wochenpost vom 7. April 1956: Gina Lollobrigida

Ist das Fernsehen eine Konkurrenz für Bühne und Film?
Mag es sich auch in dem hart angespannten Lebenskampf der kapitalistischen Länder oft so auswirken, im Grunde genommen ist das Fernsehen ein ganz spezieller künstlerischer Faktor neben Bühne und Film im Kulturleben eines Landes. Hoffen wir also ruhig auf eine gute, farbige und interessante Entwicklung unseres Fernsehfunks.
Wochenpost 12.5.1956

Staatstreues Aufbegehren

Versteckte Kamera
»Ich bin beim Arzt. Bitte selbstbedienen, Wechselgeld hier.« Ein Pfeil zeigt an, wo der Teller mit den 140 Groschen steht, die wir hineingezählt haben. (...) Auf der gegenüberliegenden Straßenseite haben wir in einem Fenster im zweiten Stock unsere Kamera mit Teleobjektiv montiert ... Wieso hält denn der Mann die Zeitung so sorgsam über den Teller mit dem Wechselgeld? (...) An der Ecke bleibt er plötzlich stehen, geht noch einmal zurück, greift in den Teller ... 55 Leute hatten sich selbständig am Zeitungsstand bedient ... Unsere Kasse ergab ein Manko von 0,88 Mark. Rechnet man hinzu, was einige Kunden mehr hingelegt haben, dann hat unser »übler Kunde« vielleicht etwas über eine Mark »verdient«. Vielleicht hat er verdient, daß wir alle Aufnahmen, die wir von ihm machten, veröffentlicht hätten. Aber das wollten wir nicht tun. Letztlich handelt es sich hier nur um eine Reportage.
Wochenpost 4.8.1956

Am 24. Februar 1956 versammelten sich in Moskau die Delegierten des XX. Parteitages der KPdSU zu einer Sitzung unter Ausschluß der Öffentlichkeit. Generalsekretär Nikita Chruschtschow verlas seine nachmals berühmt gewordene Geheimrede: Enthüllung der Verbrechen Stalins, Verurteilung des Personenkults. Die Bevölkerung der DDR erfuhr ebenso wie die Mitglieder der SED nur tröpfchenweise von dem Unerhörten. Am 4. März veröffentlichte das *Neue Deutschland* einen Artikel Walter Ulbrichts »Über den XX. Parteitag der Kommunistischen Partei der Sowjetunion«. Ausführlich widmete sich der Erste Sekretär des ZK den in Moskau proklamierten Thesen über den friedlichen Übergang zum Sozialismus und die friedliche Koexistenz der Systeme. Der Denkmalssturz, die Verurteilung Stalins, kamen gar nicht vor. Diese Informationen sickerten erst aus dem Westen durch.

Am 17. März 1956 wurde in britischen Zeitungen über die Moskauer Geheimrede berichtet, die Zeitungen in Westberlin griffen die Angelegenheit sofort auf. Fünf Tage später wurden erstmals die Mitglieder des Zentralkomitees der SED von ihrer Parteispitze über der Inhalt der Chruschtschow-Rede ins Bild gesetzt, und erst danach begann die Information der Parteimitglieder mit oftmals tragikomischen Reaktionen, mit dem Abhängen und Zerschlagen von Stalinbildern beispielsweise. Als in jenen Tagen jemand in aller Stille einige Bände von Stalins Werken auf einer Toilette in der *Wochenpost*-Redaktion abgelegt hatte, sagte Gerhart Eisler in einer Sitzung: »Ein guter Journalist schmeißt nie etwas weg!«

In der *Wochenpost* wurde vom Moskauer Parteitag auf zwei Seiten in konventioneller Weise berichtet. Doch schon der Leitartikel des Chefredakteurs Rudi Wetzel ließ den aufmerksamen Leser der Ausgabe vom 25. Februar ahnen, daß ein neuer Wind im Anzug war. »Der XX. Parteitag der KPdSU ist durch eine Offenherzigkeit der Diskussion und der Kritik an Fehlern gekennzeichnet, wie seit langem nicht«, hieß es da. Die Ausführungen über die Wiederherstellung der Leninschen Normen des Parteilebens und über »prinzipielle Fehler« der Stalinzeit »haben eine sehr große theoretische und praktische Bedeutung für alle marxistischen Parteien«, schrieb Rudi Wetzel in der *Wochenpost,* noch bevor sich die Parteiführung von ihrer Überraschung erholt hatte.

Eine Woche darauf wurden auf Seite 2 Zitate aus Reden auf dem XX. Parteitag gedruckt, Worte gegen Bürokratismus, und dies mit dem Vorspruch: »Wenn wir klug sind, werden wir viele der Ergebnisse des XX. Parteitages auf unsere Verhältnisse übertragen, jeder auf seinem Gebiet, nie schematisch, immer von unserer Wirklichkeit ausgehend.«

Das war durchaus programmatisch gemeint. Die *Wochenpost* blieb, wenn man so will, auf dem Boden der Staatstreue. Aber sie hatte ein anderes Staatsverständnis als die bürokratische Führung. Nach der 3. Parteikonferenz der SED schrieb Rudi Wetzel (in der *Wochenpost* vom 7. April 1956), »natürlich« würde »der Gegner« unter den obwaltenden Umständen die DDR »zur Härte zwingen«. Aber er fügte hinzu: »Unser Staat ist nicht dazu da, um zu reglementieren und zu kommandieren, er soll im Gegenteil die breiteste Mitarbeit aller Bevölkerungsschichten gewährleisten, die Gesetzlichkeit wahren und die Rechte des Bürgers schützen.« Dergleichen Worte mögen heute wie abgestandene Selbstverständlichkeiten klingen, damals muteten sie fast wie Aufrufe zur Rebellion an.

Die Redaktion nahm sich und ihre Partei beim Wort. Der Leser fand im Blatt all das gewohnte Belehrende und Unterhaltende. Die Kritik aber machte nun nicht mehr bei unhöflichen Kellnern und nichtfunktionierenden Büchsenöffnern halt, die *Wochenpost* begann, prinzipielle Fragen aufzuwerfen.

Ein Tabu wurde in der Ausgabe vom 2. Juni 1956 angepackt. Margot Pfannstiel fragte: »Ist Schweigen immer Gold?« Sie schrieb: Das Schweigen um den Tatbestand Republikflucht aus der DDR »wurde in der Vergangenheit nicht nur geduldet, es war gleichsam der verhüllende Mantel für ein heikles Thema. Dieses Schweigen aber muß gebrochen werden, weil sich dahinter Dummheit, Feigheit und Gleichgültigkeit verbergen, die nur zu gern von den wirklichen Feinden unserer Republik ausgenutzt werden.« Weiter hieß es: »Die Gründe für die Republikflucht sind verschiedenartig, aber man kann sie keineswegs allein mit der Feststellung ›der Feind verstärkt seine Arbeit‹ verallgemeinern.« Nach der Schilderung einiger Fälle, wo Leute geärgert, verprellt, eingeschüchtert oder bedroht worden waren und deshalb in den Westen gingen, schrieb Margot Pfannstiel: »Wir können es uns erlauben, offen über unsere Fehler zu sprechen. Wir können es uns nicht erlauben, darüber zu schweigen.« In den folgenden Wochen erschienen zahlreiche Briefe von Lesern zu diesem brisanten Thema.

Dann veröffentlichte die *Wochenpost* am 28. Juli einen Offenen Brief des Reporters Arno Schmuckler an den zuständigen Abschnittsbevollmächtigten der Volkspolizei, der in der Nachbarschaft Auskünfte über Schmuckler eingeholt hatte. Das Unerwartete geschah: Die Volkspolizei entschuldigte sich, die Zeitung druckte – wohl eine DDR-Premiere – das polizeiliche

Straßenzustand
Es ist nur sehr schwer einzusehen, warum die Bürger Templins ihre Stadt mit einer hohen Stadtmauer umgeben haben. Wenn sich die Straßen in jener Gegend schon immer im heutigen Zustand befunden haben, dürfte es für marodierende Raubritter und die Landsknechte des 30jährigen Krieges schlechthin unmöglich gewesen sein, die Stadt heil zu erreichen.
Wochenpost 23.6.1956

Warum jetzt Marilyn?
Warum schreiben wir jetzt über Marilyn Monroe, nachdem wir es jahrelang nicht getan? Wir bilden uns nicht ein, sie für unsere Leser plötzlich entdeckt zu haben. Es dürfte kaum einen Jugendlichen geben, der sie nicht kennt; so mancher wird ihretwegen nach Westberlin ins Kino gegangen sein, und von den Älteren wird man getrost jeden dritten nach ihr fragen können. Warum schreiben wir also so spät? Als Sexbombe war sie uns wirklich nicht interessant. Nun aber, wo sie gegen ihre Typisierung durch Hollywood rebellierte, wo sie Qualitäten zeigt, wo sie statt der Bewunderung ihrer Figur Anerkennung ihrer künstlerischen Fähigkeiten verlangt, hat sie den ersten Schritt in jenes Amerika getan, das wir schätzen.
Wochenpost 28.7.1956

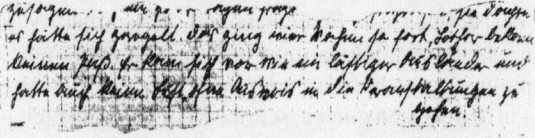

Thema »Republikflucht«. Leserbriefe in der Wochenpost vom 4. August 1956.

Staatstreues Aufbegehren

> **Ein mutiges Wort gegen Spitzel**
>
> w. d., Berlin
>
> Im Zuge der Entstalinisierung hat es der erste prominente Journalist der Sowjetzone gewagt, in einer kommunistischen Zeitschrift gegen das Spitzelwesen zu polemisieren! Und zwar fand diesen Mut der Auslandskorrespondent der „Wochenpost", Arno Schmuckler. Er schrieb:
>
> „An den Abschnittsbevollmächtigten der Volkspolizei, Abschnitt Berlin-Pankow, Clausthaler Platz.
>
> Werter Kollege Abschnittsbevollmächtigter! Ich wende mich auf diesem Wege an Sie, weil diese Geschichte mich etwas bewegt und man an Gefühlsregungen gern andere teilhaben läßt. Während ich Sie im Auftrage, dann legen Sie diesen Brief der betreffenden Dienststelle auf den Tisch! Aber schauen Sie, es gibt so viel ängstliche Leute. Man muß ihnen doch nicht noch mehr Angst einflößen. Vielleicht sind solche Recherchen nötig, wir begreifen nicht alles, was für die Polizei unumgänglich notwendig ist, und gut informiert muß die Polizei sein. Aber meine Kaderleitung im Betrieb (Anschrift 2 der ‚Wochenpost') weiß viel mehr über mich als unsere Hauswartfrau. Herzlichen Gruß Arno Schmuckler.
>
> PS. Im Augenblick bin ich im Urlaub, Adresse beim Bäcker an der Ecke!"

Bericht der Hamburger Zeit über Arno Schmucklers Polemik mit der Polizei.

Schreiben. Dieser Vorgang fand übrigens ein Echo westlich der Elbe. Die Hamburger *Zeit* druckte am 16. August 1956 Schmucklers Brief im vollen Wortlaut, allerdings unter der Überschrift »Ein mutiges Wort gegen Spitzel« und mit diesem Vorspann: »Im Zuge der Entstalinisierung hat es der erste prominente Journalist der Sowjetzone gewagt, in einer kommunistischen Zeitschrift gegen das Spitzelwesen zu polemisieren!« Damals gab es auch in der *Zeit* das Wort »DDR« noch nicht, man schrieb von der »Sowjetzone«. Das Echo aus Hamburg war der *Wochenpost* übrigens nicht angenehm, rückte es sie doch in eine oppositionelle Ecke, in der sie sich selbst nicht sah.

Aber die Redaktion ließ sich auch nicht entmutigen. Rudolf Hirsch ergriff das Wort. Ein Gerichtsbericht in der Ausgabe vom 4. August 1956 begann mit den Begrüßungsworten einer Richterin an den Berichterstatter: »Ich wünsche nicht, daß Sie über diesen Fall berichten.« Hirsch: »Bescheiden machte ich sie darauf aufmerksam, daß weder sie noch ich entscheiden können, welche Fälle in der *Wochenpost* erscheinen. Dieses Recht steht einzig und allein dem Chefredakteur und den Redaktionskollegium zu.« Die *Wochenpost* war auf den hier verhandelten Fall aufmerksam geworden, weil die Mutter des Angeklagten, ermutigt durch den Artikel »Schweigen ist Gold«, an die Redaktion geschrieben hatte. Es ging um einen Fall von Republikflucht, und die war das Resultat einer hochnotpeinlichen Befragung durch die Staatssicherheit. Rudolf Hirsch kritisierte das – vergleichsweise milde – Urteil, das nun gefällt wurde. Mußte man anklagen? fragte er. »Darüber muß man jetzt gerade sprechen, in aller Öffentlichkeit, und solche Dinge radikal beseitigen, gerade jetzt, denn der erste deutsche sozialistische Staat soll in jeder Weise vorbildlich sein.«

In der *Wochenpost* vom 1. September 1956 regte Rudolf Hirsch dann an, daß in der Volkskammer, dem DDR-Parlament, die Abgeordneten Anfragen an die Minister richten und diese unmittelbar antworten sollten. Hirsch nannte gleich einige Fragen, auf die er gern eine Antwort hätte: »Wird in allen Haftanstalten unserer Republik ein Unterschied zwischen Untersuchungshäftlingen und Strafgefangenen gemacht? Wie kontrolliert der Herr Minister für Volksbildung die Werkhöfe, in

Kleiner Brief an den ABV

Werter Kollege Abschnittsbevollmächtigter ... Während ich im Auftrag meiner Redaktion im fernen Island weilte, erschienen Sie bei unserer Hauswartfrau und fragten, wie ich mich so im Hause bewege ... Ferner wollten Sie hören, was ich eigentlich von Beruf bin, wohlan denn, nun wissen Sie es. Mich ehrt solch Interesse, denn Eitelkeit ist menschlich, aber ich wohne seit meiner Geburt in diesem Abschnitt, und jetzt plagen mich bange Fragen. Zum Beispiel: Wo sind alle die Dutzende von Fragebogen geblieben, die ich schon ausgefüllt habe? (...) Den alten Professor, der unter mir wohnt, plagen bange Träume, denn er fürchtet vermutlich, daß eines Tages auch über ihn Erkundigungen eingezogen werden. Sie fragten nämlich auch, ob ich in der Partei sei und Hausversammlungen besuche ... Vielleicht handelten Sie im Auftrage, dann legen Sie diesen Brief der betreffenden Dienststelle auf den Tisch. Aber schauen Sie, es gibt so viele ängstliche Leute. Man muß ihnen doch nicht noch mehr Angst einflößen ...

Arno Schmuckler, Wochenpost 28.7.1956

Volkspolizei-Antwort
Es ist natürlich nicht gut und widerspricht dem Sinn unserer Tätigkeit, wenn ehrlichen Bürgern durch die Fragen eines Volkspolizisten Angst eingeflößt wird ... So soll dieser Hinweis für uns Anlaß sein, verstärkte Anstrengungen zu unternehmen, um unsere Beziehungen zur Berliner Bevölkerung noch fester zu gestalten.
Der Leiter der Volkspolizei-Inspektion Berlin-Pankow
Wochenpost 11.8.1956

Die Losung der Woche
Noch immer hängen und kleben an allen möglichen und unmöglichen Stellen in unserer Republik »Zaubersprüche«, Losungen, deren Sinn Plattheit ist.
Aufruf an die Leser, der Redaktion solche Sprüche mitzuteilen in Wochenpost 11.8.1956

denen sozial gefährdete Jugendliche untergebracht sind? Kann der Herr Minister für Finanzen Auskunft geben, nach welchen Grundsätzen Verzugszinsen bei geringfügigen Versäumnissen in der Steuerzahlung berechnet werden?«

Damit kündigte sich keine Revolte gegen die DDR an. Einige Wochen später konnte die *Wochenpost* einen langen Antwortbrief des Volkskammerpräsidenten Johannes Dieckmann drucken, der Hirsch zustimmte und Fragestunden im Parlament ankündigte.

In der *Wochenpost* waren also im Herbst 1956 nicht Umstürzler am Werk, sondern Leute, die diesen Staat demokratischer und gerechter wollten. In einem Leitartikel zum sechsten Jahrestag der DDR-Gründung machte Rudi Wetzel am 6. Oktober 1956 der Republik eine Liebeserklärung. Er liebe sie auch deshalb, weil sie bereit sei, in einem wiedervereinigten Deutschland aufzugehen. Das mag dem heutigen Leser paradox erscheinen. Aber: Die Mauer war noch nicht gebaut. Die DDR bot der Bundesrepublik immer wieder Gespräche an, doch alle diese Vorschläge wurden von der Regierung Adenauer zurückgeschmettert. Ob die DDR-Angebote nur Taktik waren oder mehr, das mögen die Historiker herausfinden. Wir hielten sie für ehrlich gemeint. So konnte Wetzel in der *Wochenpost* schreiben, er halte die Verewigung der Spaltung Deutschlands für schlimm.

Zum offenen Konflikt zwischen *Wochenpost*-Redaktion und Parteiführung kam es kurz darauf. Seit dem XX. Parteitag hatte sich vieles aufgestaut. Die Redaktion erfuhr durch Leserbriefe und bei den Besuchen ihrer Reporter in Betrieben und Gemeinden, was die Bevölkerung drückte. Sie sah die Notwendigkeit, mit der Vergangenheit abzurechnen, neue Wege einzuschlagen. Sie war willens, dies mit der Partei zu tun. Die kritischen Töne waren »oben« zwar nicht gerade begrüßt, aber offenbar geduldet worden. Eine plötzliche Zuspitzung der Lage in Polen und in Ungarn wurde in der Redaktion zum Prüfstein, inwieweit man weiter zu den selbst gesetzten Maßstäben an Ehrlichkeit und Wahrhaftigkeit stehen konnte. Rudi Wetzel sagte später in einem Interview: »Der ›polnische Oktober‹ weckte bei vielen Hoffnungen auf eine Erneuerung des Sozialismus, er bewirkte zugleich Angst und Wut in Teilen des Parteiapparats der SED. Die Diskussionen in der Redaktion der *Wochenpost,* an denen sich nicht nur die Redakteure, sondern auch viele technische Mitarbeiter beteiligten, hatten zur Folge, daß die Forderung nach Artikulierung unseres Unwillens über die Politik der Partei immer stärker wurde. Das bewegte mich schließlich, der Redaktion den Vorschlag eines gemeinsamen Briefes an das Politbüro zu unterbreiten. Das fand allgemeine Zustimmung.«[21]

Am 27. Oktober 1956 schickte das Redaktionskollegium der *Wochenpost* dem Politbüro des ZK der SED einen Brief: »Wir wenden uns in großer Besorgnis an Euch. Das Redaktionskollegium ... sieht sich außerstande, in der bisherigen Weise seine Arbeit fortzusetzen. Es wird beispielsweise von uns verlangt, über die Vorgänge in Polen nur außerordentlich beschränkt zu berichten, das Wesen der Entwicklung wegzulassen. Wir sind jedoch der Meinung, daß die Leser der sozialistischen Presse ein elementares Recht auf wahrheitsgetreue Information haben, um so mehr, wenn es sich um Vorgänge in unseren Bruderparteien handelt.«

Am 19. Oktober war in Polen Władysław Gomułka, getragen von einer Welle der Begeisterung und der Hoffnung, zum neuen 1. Sekretär der Polnischen Vereinigten Arbeiterpartei (PVAP) gewählt worden, was eine Abkehr von stalinistischer Politik signalisierte. Den DDR-Medien wurde schon am nächsten Tag untersagt, die Vorgänge in Polen zu kommentieren und bei der Berichterstattung andere Quellen als die Meldungen der sowjetischen Nachrichtenagentur TASS zu benutzen. In Ungarn deuteten sich ähnliche Entwicklungen wie in Polen an. Am 24. Oktober wurde Imre Nagy Regierungschef, am 28. Oktober konnte er mitteilen, daß die Sowjetunion zugesagt habe, ihre Truppen aus Ungarn zurückzuziehen. Natürlich war man in Moskau über diese Entwicklungen alarmiert. Natürlich wußte die SED-Spitze, daß auch ihre Politik zur Disposition stehen würde. So empfand sie den Brief, der scharf kritisierte und doch zugleich eine Debatte, einen Dialog anbot, als einen Frontalangriff. Denn das *Wochenpost*-Kollegium war grundsätzlich geworden: »Die Auffassung, daß eine Parteiführung auswählen darf, was die Massen über diese Entwicklung im sozialistischen Lager erfahren dürfen und was nicht, verstößt nach unserer Meinung gegen die Leninschen Normen des Partei- und Staatslebens, gegen das Leninsche Prinzip, daß die Massen alles wissen müssen.«

Der »Aufstand« der Redakteure vollzog sich zunächst in völliger Diskretion. Im Westen erfuhr man jedenfalls nichts von dem Brief. Wo über die *Wochenpost* spekuliert wurde, lag man zu diesem Zeitpunkt falsch. Am 13. Oktober 1956 fand sich auf Seite 5 der in Westberlin erscheinenden (der SPD nahestehenden) Tageszeitung *Telegraf* die Überschrift »Sowjetzonale *Wochenpost* in Nöten / Wahrheit verboten«. In einem Eigenbericht teilte das Blatt mit: »Größte Bestürzung herrscht in der Redaktion der sowjetzonalen Wochenzeitschrift *Wochenpost*. Das Blatt hat in seiner letzten Ausgabe Nr. 41 vom 13. Oktober einen Bericht seines Warschauer Korrespondenten J. Kalina über die Posener Prozesse veröffentlicht, der von den sowjetzonalen Zensurstellen als politisch untragbar bezeichnet worden ist. Die gesamte Auflage von etwa 800 000 Exemplaren ist, soweit es noch möglich war, zurückgezogen worden. Der Berliner Verlag in Ostberlin, Jägerstraße 10/11, in dem die *Wochenpost* erscheint, hat sofort eine neue Auflage gedruckt, die

Republikflucht
Nach einigen Wochen wurde er, als er müde von seiner Arbeit nach Hause kam, abends zur Dienststelle der Staatssicherheit in Neuhaus bestellt. Was dort verhandelt wurde, ist dem Berichterstatter nicht bekannt. Die Verhandlung soll sieben Stunden gedauert haben. Es ist ferner erwiesen, daß sich diese sogenannten Unterhaltungen mehrmals wiederholt haben. Zu diesem Punkt heißt es in der Urteilsbegründung des Kreisgerichtes: »Staatliche Dienststellen haben im Fall des Angeklagten Unrechtmäßigkeiten vorgenommen ... Einige der Verantwortlichen sind inzwischen zur Rechenschaft gezogen worden.« (...) Lothar gab seine Arbeit auf, er bewarb sich in einem volkseigenen Betrieb. Man machte ihm anfangs Hoffnungen, er reichte auch eine schriftliche Bewerbung ein, auf die er nie eine Antwort erhielt. Unter diesen Umständen ist es nicht verwunderlich, daß Lothar in seiner alten Heimat sich nicht mehr heimisch fühlte. Er stellte den Antrag, die Republik verlassen zu dürfen. Auch dieser Antrag wurde ihm nicht genehmigt. Am 1. Mai 1956 versuchte er, illegal die Grenze nach Westdeutschland zu überschreiten.
Rudolf Hirsch
Wochenpost 4.8.1956

Die Losung der Woche

Bekämpft die fahrlässigen Brände
(VEB Blütenweiß, Berlin Spindlersfeld)

Träumen kann man, aber auch Schrott sammeln!
(Brandenburg/Havel)

Verwirklicht die Mechanisierung der Be- und Entladung in kollektiver Zusammenarbeit mit der verladenden Wirtschaft!
(Bahnhof Zeitz)

Verkaufsstelle des Friedens
(Konsum Lübben)

Vorwärts unter dem unbesiegbaren Banner des Marxismus-Leninismus dem Völkerfrühling der Menschheit entgegen!
(Eingang am Altersheim in Gera)

Unsere Losung: Jeden Waggon jeden Tag eine Stunde eher vom Bahnhof
(Bahnsteig 2 Freiberg/Sachsen)

Jeder verhinderte Brand ist ein Baustein zum Sozialismus!
(Bauzaun am Opernhaus Leipzig)

Unsere Mitropa-Gaststätte – ein Beweis der wirtschaftlichen Stabilität unseres Arbeiter- und Bauernstaates
(Mitropa-Gaststätte Wittenberge)

Jeder Leser einer politischen Tageszeitung ist ein Kämpfer für den Frieden
(Postamt Wünsdorf)

den beanstandeten Bericht aus Posen nicht mehr enthält. Der Warschauer Korrespondent der *Wochenpost* hatte geschrieben, daß sich die Posener Gerichtsverhandlung ›deutlich von dem, was bisher in unseren Gerichtsverhandlungen üblich war, unterscheidet, und das nicht nur, weil der Prozeß öffentlich stattfindet.‹ (...) Weiter wird in dem Artikel der *Wochenpost* die Posener Juni-Manifestation mit den ›tragischen Juni-Vorfällen‹, wie der Korrespondent den Volksaufstand in der Sowjetzone bezeichnete, verglichen.«

Es war durchaus bemerkenswert, daß der ja am 12. Oktober redigierte *Telegraf* vom 13. Oktober über die *Wochenpost* vom 13. Oktober zu berichten wußte. Nichtsdestoweniger – so ist heute nachzulesen – habe auch der Westberliner Rundfunksender RIAS am 25. Oktober 1956 gemeldet, die *Wochenpost*-Ausgabe vom 13. Oktober sei wegen des Berichts von J. Kalina eingezogen worden.[22]

Woher hatte der *Telegraf* seine Information? Der letzte Beitrag von Jan Kalina, einem Journalisten der Warschauer *Tribuna Wolnosci*, der hin und wieder für die *Wochenpost* schrieb, war in der Ausgabe vom 6. Oktober erschienen, wo Kalina zusammen mit anderen Korrespondenten zum Jahrestag der DDR gratulierte. Die *Wochenpost* vom 13. Oktober war wie gewohnt erschienen, sie enthielt keinen Artikel von Kalina, sie war auch nicht »eingezogen worden«. Der *Telegraf* taktierte hier (wie auch in den folgenden Wochen) so, wie es zu jener Zeit in den beiden Schützengräben des Kalten Krieges üblich war: Information plus Spekulation plus mehr oder weniger gezielter Fehlinformation, für den Leser am Ende nicht mehr durchschaubar.

Übrigens gab es in der Ausgabe vom 20. Oktober keinen Bericht über Polen oder Ungarn, was wahrscheinlich auch an dem Zeitraum zwischen Redaktionsschluß und Erscheinen liegen mochte – der betrug mindestens fünf Tage. Auch am 27. Oktober, an jenem Tage, als der Brief an das Politbüro ging: weder Polen noch Ungarn in der *Wochenpost*. Am 3. November aber veröffentlichte das Blatt eine ganze Seite dazu. Den Großteil nahmen ein gedrängter Bericht darüber, was in Polen vor sich ging, und ein längerer Auszug aus der Resolution des Zentralkomitees der PVAP ein – ein sichtbarer Verstoß gegen die interne Weisung zur Berichterstattung. Ein längerer Kommentar von Martin Böttcher brachte die Dinge auf den Punkt: »Einen schlechten Dienst erweist jedoch jeder dem Sozialismus, der da etwa unter Berufung auf die reaktionäre Gefahr glaubt, es sei besser, die nach dem XX. Parteitag der KPdSU auf der Tagesordnung stehende Analyse vergangener Fehler überhaupt nicht vorzunehmen. Im Gegenteil: Wer heute im sozialistischen Lager die Revision von Fehlern verhindert oder verzögert, leistet dem Alten Vorschub.« Gleichzeitig blieb die *Wochenpost* bei

„Meine Herren, ist Ihnen auch schon aufgefallen, daß es keine Oberhemden geben soll?"

Karikatur von Karl Schrader, Wochenpost vom 15.5.1954

Die Losung der Woche

Unsere Dahlienschau gibt uns neuen Auftrieb im Ringen um den Frieden und die Wiedervereinigung unseres Vaterlandes
(Konsum-Kaufhaus Arnstadt)

Einzelschafhalter! Schließt Euch zu genossenschaftlichen Herden zusammen!
(Ausstellungskatalog Potsdam Rehbrücke)

Freundschaft mit allen Gondelfahrern!
(Lohteich in Apolda)

Radfahrer! Durch Vermeidung von Verkehrsunfällen tragt Ihr zum Gelingen des Zweiten Fünfjahrplans bei!
(Hauptpostamt Halle)

Die Selbstausfertigung der Einzahlungsbelege ist ein Beitrag zur Erfüllung des Fünfjahrplanes!
(Kreissparkasse Torgau)

Das Vaterland darf jedes Opfer fordern! Nichts ist zu kostbar für das Vaterland!
(Über dem Toiletteneingang der HO-Schnapsprobierstube Falkensee)

Jede Tonne Zucker mehr – ein Schlag gegen die Kriegstreiber
(Zuckerfabrik Osterwieck)

Mit Fleiß und Zentrifugenkraft wird für den Frieden hier geschafft
(Molkerei Ershausen)

ihrer Abgrenzung. Auf Seite 2 der gleichen Ausgabe schrieb Günter Stillmann: »Wir brauchen keine Ratschläge von den ›Fachleuten‹ von Oradour, Lidice und Auschwitz. Was wir zu verändern haben, das tun wir ohne sie und gegen sie.«

Von dem Brief des *Wochenpost*-Kollegiums vom 27. Oktober drang auch weiterhin nichts über die Grenze. Aber man hatte in Westberlin mitbekommen: Es ist etwas im Gange. Der – unbekannt gebliebene – Informant des Westens kann kein Redakteur der *Wochenpost* gewesen sein, die Nachrichten im Westen waren zu ungenau. Am 4. Dezember 1956 fand sich im *Telegraf* die Überschrift »Meuterei in den eigenen Reihen / Ostberliner Journalisten gegen Diktatur der SED«. Diesmal hieß es im folgenden Eigenbericht: »Es gärt unter den Sowjetzonenjournalisten. Wie das Informationsbüro West am Montag meldete, sind starke Tendenzen vorhanden, sich von der diktatorischen Führung der SED und ihrer gelenkten Pressepolitik zu befreien. Die aufrührerische Stimmung scheint besonders stark in der Ostberliner *Wochenpost* zu sein. Mit sofortiger Wirkung ist der politische Redakteur Martin Böttcher (SED) von seinen Funktionen beurlaubt worden. Er hatte mehrfach gegen die einseitige Informierung der Bevölkerung durch die Presseorgane der Sowjetzone protestiert. Vor Walter Ulbricht mußte sich der Chefredakteur der *Wochenpost*, Rudi Wetzel (SED), Vorsitzender des Sowjetzonen-Presseverbandes, für die ›unverantwortlichen Erscheinungen‹ in der Redaktion verantworten. Ihm wurde energisch klargemacht, daß allein die Partei die Linie bestimmt, auf die die Informierung der Öffentlichkeit ausgerichtet wird.«

Was tat die Führung mit dem Schreiben aus der Mauerstraße, das ein Bote am 27. Oktober im Haus des ZK abgegeben hatte? Sie fertigte Kopien für die Mitglieder des Politbüros und versah

Demokratie
Eine sozialistische Gesellschaft, in der es ständig vorangeht und die Menschen sich wohl fühlen, kann man nur errichten, wenn die Demokratie immer weiter wird, das heißt, wenn die Werktätigen in Stadt und Land tatsächlich in immer höherem Maße Einfluß auf die Staatsführung nehmen, wenn sie die Entscheidungen mitberaten und durch ihre Kritik Fehler vermeiden helfen.
Rudi Wetzel
Wochenpost 8.9.1956

sie mit dem Stempel »Persönliche Verschlußsache«. Bereits am 30. Oktober 1956, in der nächstfälligen Sitzung des Politbüros, stand die *Wochenpost* zur Debatte. An der Sitzung nahmen Walter Ulbricht, Wilhelm Pieck, Otto Grotewohl, Hermann Matern, Fred Oelßner, Friedrich Ebert, Heinrich Rau, Willi Stoph und Karl Schirdewan sowie die Politbüro-Kandidaten Erich Mückenberger, Herbert Warnke, Erich Honecker, Bruno Leuschner und Alfred Neumann teil. Das Protokoll enthält nichts über eine Diskussion, sondern nur den Beschluß zu diesem Tagesordnungspunkt 13: »Dem Redaktionskollegium ist mitzuteilen, daß die von ihm aufgeworfenen Fragen nicht als Angelegenheit einer Zeitung, sondern der gesamten Presse behandelt werden.«[23]

Diese Reaktion war insofern bemerkenswert, als man in den Jahren zuvor (und vielleicht auch danach) dem keinesfalls so vergleichsweise zurückhaltend begegnet wäre. Aber das Politbüro hatte in jenen Tagen genug um die Ohren. Das Protokoll der Sitzung vom 30. Oktober verweist auf andere Tagungsordnungspunkte: auf einen Bericht über Wirtschaftsverhandlungen in Moskau; auf eine »Aussprache über die gegenwärtige Lage«, wozu ein neunseitiges Papier von Walter Ulbricht zur Situation in Polen, Ungarn und der DDR vorlag; auf »Fragen der Studenten« – das Politbüro stimmte der Bildung eines Studentenrats der DDR zu; auf eine »Vorlage über die Durchführung von Prozessen gegen Agenten ausländischer Geheimdienste, Berichterstatter: Mielke«. So erhielt die Redaktion nach der Sitzung des Politbüros lediglich einen Antwortbrief Ulbrichts: Der Eingang des Schreibens werde bestätigt, der Genosse Sindermann sei beauftragt, Weiteres mit der Redaktion zu klären.

Die »Klärung« begann später, als nach der Niederschlagung des ungarischen Aufstandes auch in der DDR »Ruhe« einkehrte. Am 13. Dezember 1956 referierte der für die Medien zuständige ZK-Sekretär Albert Norden auf einer vom Politbüro einberufenen Tagung »zu aktuellen Fragen der Pressearbeit«, an der u. a. die Chefredakteure teilnahmen. Das erhalten gebliebene Redeprotokoll[24] befaßt sich auf 12 von 46 Seiten mit der *Wochenpost*. Daneben wurde auch die kulturpolitische Wochenzeitung *Sonntag* heftig angegriffen, aber die »Kritik« an dieser Zeitung war inzwischen schon Staatsicherheit und Justiz übergeben worden (am 26. Juli 1957 wurden dann *Sonntag*-Chefredakteur Heinz Zöger und sein Stellvertreter Gustav Just zusammen mit dem Leiter des Aufbau-Verlags Walter Janka zu Zuchthausstrafen verurteilt). Die kritischen Äußerungen Nordens zur Satirezeitschrift *Eulenspiegel* sind als einziger Teil dieser Rede später in der Funktionärszeitschrift *Neuer Weg* (Heft 1/1957) veröffentlicht worden. Doch uns muß hier nur die *Wochenpost* interessieren.

Der Vorgang ist insofern lehrreich, als man an ihm recht gut die Methode studieren kann, mit der – wenn man nicht zum Knüppel des Sicherheitsapparates greifen wollte – ideologisch diszipliniert wurde. Zunächst galt es für Norden, die Konferenzteilnehmer darüber zu informieren, was es mit dem *Wochenpost*-Brief auf sich hatte. Dazu mußte Norden zur Verfälschung greifen. So erklärte er u. a., in dem Brief werde gesagt, »daß unser Politbüro nicht das Wesen der Entwicklung in Polen erfaßte«. Das Protokoll verzeichnet an dieser Stelle »Heiterkeit«. Doch das Redaktionskollegium hatte geschrieben, es werde von der Zeitung verlangt, »das Wesen der Entwicklung wegzulassen«. Es lebe der kleine Unterschied!

Norden weiter: »Die von einzelnen DDR-Journalisten bewunderte sogenannte polnische Pressefreiheit führte zur Freiheit der Verunglimpfung, der Entehrung und der Verjagung ehrlicher, der Sache des Sozialismus ergebener Menschen.« Dadurch war die *Wochenpost* schon in die Nähe der Konterrevolution gerückt. Doch damit nicht genug: Die »politische Forderung in dem Brief der *Wochenpost* deckt sich exakt mit dem Programm des Petöfi-Klubs, das er zu der Zeit gegeben hat, als es ihm gelang, die Ungarische Volksdemokratie aufzuweichen. Bekanntlich fing es dort u. a. auch mit der vom Petöfi-Klub erhobenen Forderung nach absoluter Pressefreiheit an. (...) Mit der Forderung nach Pressefreiheit begann es, und es endete ganz schnell mit der massenweisen Ermordung von Arbeiterfunktionären ... Es endete mit der Auslösung eines Bürgerkrieges ...«

Nun hatte ja der *Wochenpost*-Brief, ausgehend vom Problem der Information über die Ereignisse in Polen und Ungarn, einige prinzipielle politische Fragen aufgeworfen, die Norden nicht unter den Tisch fallenlassen konnte. Alles alte Hüte für ihn: »Auf der 3. Parteikonferenz wurde aber festgelegt ..., daß man die Fehler der Vergangenheit im Vormarsch korrigiert. (...) Natürlich wollen wir uns in Zukunft weiterhin selbstkritisch mit all unseren Schwächen auseinandersetzen. Aber wir tun das mit dem Blick auf die richtige Relation der Dinge, mit dem Blick darauf, daß unsere Fehler leicht wiegen im Verhältnis zu den Verbrechen des Imperialismus.« Und zu der Forderung nach Offenheit sagte Norden: »Aber welche Offenheit ist denn gemeint? Etwa das Herumlamentieren über die Vergangenheit? Aber wir sind keine alten Weiber! Wir verstehen unter Offenheit die Darlegung der Perspektiven und die Mobilmachung der Menschen zur Überwindung der Schwierigkeiten.« Diese Demagogie war wohlgemerkt nicht für die Öffentlichkeit bestimmt, sondern diente im Hausgebrauch der Disziplinierung der Chefredakteure.

Schließlich konkret zur *Wochenpost*. Norden sagte, die Parteiführung sei nicht damit einverstanden, daß in der Zeitung »unter dem Vorwand, ein Familienblatt zu sein ..., nur unzulänglich zu jenen politischen Ereignissen Stellung genommen wird,

Atomwolken über uns?
Eine gewisse Beeinflussung des Wetters auch in Gebieten, die vom Explosionsort einer H-Bombe weit entfernt gelegen sind, wie etwa Mitteleuropa, liegt im Bereich des Möglichen, kann aber zur Zeit noch nicht eindeutig nachgewiesen werden. (...) Auch die gegenwärtigen Witterungsanomalien liegen noch im natürlichen, schon immer vorhanden gewesenen Schwankungsbereich.
Wochenpost 22.9.1956

Sonnentag auf Helgoland
Nebenan, auf dem kleinen Friedhof, liegen die Gebeine von 600 Toten, Gebeine, deren Arm-, Becken- oder Beinskelette durchaus nicht mehr ein und demselben Verstorbenen angehören. Die Bomben wühlten auch diesen Friedhof um, hoben Särge an das Licht und ließen die Skelette einen schauerlichen Tanz durch die Luft vollführen. Später wurden die zerstreuten Gebeine wieder gesammelt und nach bestem Wissen sortiert ...
Ralph Giordano
Wochenpost 29.9.1956

Staatstreues Aufbegehren

An das Politbüro:
In den letzten Tagen, in denen unsere Presse außerordentlich spärlich und nicht korrekt aus Polen informierte, haben Millionen Menschen in der DDR am Radio gesessen und sich ihre Informationen aus den feindlichen Sendern geholt. Nicht die offene Information der Massen durch uns, sondern die Tatsache, daß wir die Information den Gegnern überlassen, stellt eine große Gefahr für unsere Partei und unseren Staat dar. Es gibt kein sichereres Mittel, das Vertrauen der Menschen zu unserer Partei zu untergraben, als ein solches Vorgehen. Nicht Offenheit, sondern das Bevormunden der Massen beschwört Gefahren herauf. Wenn beispielsweise der Justizminister der DDR, Genossin Benjamin, in einer öffentlichen Versammlung auf die Frage: »Nach dem XX. Parteitag wissen wir, daß Menschen unschuldig verurteilt worden sind, wie ist es damit bei uns?« – antwortet: »Nein, wir haben keine unschuldig Verurteilten!«, so ist das offensichtlich mit den Tatsachen im Widerspruch. Wir sehen die Frage des Vertrauens zu den Massen als die Kernfrage der weiteren Politik unserer Partei an ...
Die Partei kann in dem Kampf gegen unsere Feinde, ganz gleich mit welchen Mitteln er geführt werden muß, auf jeden von uns rechnen. Aber wir können es mit dieser unserer Meinung, mit unserem Gewissen

die heute im Vordergrund des Weltgeschehens stehen« – eine glatte Umkehrung der Dinge, vergegenwärtigt man sich den Ausgangspunkt des *Wochenpost*-Briefes!

Dann die große Keule: »In der Redaktion der *Wochenpost* hat sich ein ideologischer Sumpf breit gemacht. Von dort wurden interne Informationen und übersetzte Materialien aus Zeitungen des Auslands hinausgetragen. In dem im selben Verlag erscheinenden *Eulenspiegel* erschien aus diesen Materialien eine sogenannte ›Wopinform‹, d. h. ›Wochenpostinformation‹. Das Material dazu kam vom Genossen Böttcher. Der RIAS, SFB und der *Telegraf* waren in der Lage, genau über Diskussionen im Kollegium der *Wochenpost* zu berichten.« Norden fragte rhetorisch: »Ist das verwunderlich? Wir finden, es ist gar nicht verwunderlich, wenn das Kollegium selber die Positionen der Partei preisgibt.«

Norden hatte hier auf den bereits zitierten Artikel im *Telegraf* vom 4. Dezember 1956 zurückgegriffen. Dort hatte es auch geheißen: »Der Redakteur für Außenpolitik der *Wochenpost*, Günter Linde (SED), hatte dagegen protestiert, daß seine im Anschluß an eine Jugoslawien-Reise geschriebene Artikelserie nicht zum Erscheinen freigegeben wurde. Er hatte außerdem Auszüge der Gomulka-Rede vervielfältigen und verbreiten lassen. Dabei haben sich auch die Feuilletonredakteurin der *Wochenpost*, Eva Förster (SED), und der mit ihr befreundete Literaturredakteur der satirischen Wochenzeitschrift *Der Eulenspiegel*, Hansgeorg Stengel, beteiligt.« Man roch in Westberlin etwas, wußte aber nichts Genaues. Günter Linde war nicht in Jugoslawien gewesen, hatte also auch keine Artikelserie geschrieben, die nicht freigegeben worden war. Aber der *Telegraf* hatte ein Stichwort geliefert.

Um zu schrecken, blies nun Albert Norden eine Mücke zu einem Elefanten auf, wider besseres Wissen. Er war damit sogar erfolgreich, denn die »Wopinform« ging schließlich in die Mediengeschichte ein. Am 20. Dezember 1956 berichtete der *Telegraf* über eine angebliche Rede von Walter Ulbricht vor einer Versammlung der Chefredakteure – gemeint ist aber wahrscheinlich die Rede Albert Nordens vor den Chefredakteuren am 13. Dezember. Aber so genau kam es im Kalten Krieg keiner Seite auf die Details an. Der *Telegraf* meinte jedenfalls, Ulbricht hätte sich »über die schwankenden Tendenzen der gesamten Presse der DDR« beklagt. Und dann: »Besonders griff der Parteichef die sogenannten unabhängigen Zeitungen Mitteldeutschlands an. Diese hätten sich zum ›Sprachrohr negativer Stimmungen‹ gemacht. Unter anderem erwähnte er die WOP-Informationen, die von der *Wochenpost* herausgegeben werden. Wie gemeldet hatten sie Reden von Gomulka und Tito, Berichte westlicher Zeitungen über Ungarn und der SED abträgliche Artikel aus der polnischen Presse veröffentlicht und diese

Informationen an die übrigen Zonenblätter geschickt. ›Mit diesem Spuk haben wir sehr schnell Schluß gemacht‹, meinte Ulbricht dazu.«

Bei dieser Version blieb es. Der 1958 in den Westen geflüchtete *NBI*-Chefredakteur Rudolf Reinhardt, der es eigentlich besser wissen mußte, schrieb fast dreißig Jahre später: Nach der Wochenpost »war der ›Wopinformdienst‹ (*Wochenpost*-Informationsdienst) benannt, dessen Auftauchen im November 1956 allein eine Sensation bedeutete. Das Recht, einen Nachrichtendienst herauszugeben, ist im anderen Teil Deutschlands nur dem Staat vorbehalten. (...) Nur in einem Anflug von Verzweiflung konnte der Altkommunist Wetzel auf den Gedanken verfallen sein, aus eigener Macht in der DDR wirkliche Pressefreiheit zu praktizieren. (...) Der ›Wopinformdienst‹ war ein illegaler Protest gegen die einseitige Information der Bevölkerung.«[25]

Ach Gott, es war viel prosaischer – oder simpler, wie man will. Da lag der *Telegraf* schon richtiger. Der Ärger über die miserable Information war mit dem Wunsch einhergegangen, Genaueres zu erfahren. Die westlichen Medien, zu denen man Zugang hatte – die *Wochenpost*-Redaktion bezog ganz legal jeden Tag ein gutes Dutzend westdeutscher und Westberliner Zeitungen – waren weder objektiv noch besonders gründlich in der Schilderung dessen, was in Osteuropa vor sich ging und – noch wichtiger! – was diskutiert wurde. Also beauftragte der außenpolitische Redakteur Günter Linde einen freischaffenden Dolmetscher, einen Herrn Casperl, mit der Übersetzung interessierender (in der Mehrheit theoretischer) Artikel aus polnischen und ungarischen Zeitungen und Zeitschriften. Die Manuskripte waren in der Redaktion im Umlauf. In meiner Erinnerung war der weitere Gang der Dinge der: Die *Wochenpost*-Redakteurin Eva Förster war eng mit dem bekannten Satiriker Hansgeorg Stengel befreundet, der damals in der Zeitschrift *Eulenspiegel* arbeitete. Auf diese Weise kam auch Stengel in den Genuß der Lektüre der übersetzten Materialien. Zum Schutz gegen Verlust und Verschleiß befanden sich die manchmal recht umfangreichen Manuskripte in einem Pappdeckel. Der Satiriker kam auf die spaßige Idee, so privat für sich auf den Deckel »Wopinform« zu schreiben. Spätestens in dem Moment, wo jemand anderes dieses Werk zu Gesicht bekam, konnte die Legende »Wopinform« starten.

Norden wußte natürlich, daß es sich nicht um einen »Informationsdienst« handelte, der »im *Eulenspiegel* erschien«. Er wußte, daß in dieser angeblichen »Wopinform« nichts über die internen Debatten in der *Wochenpost* enthalten war. Er wußte natürlich genau, daß die Berichte über die *Wochenpost*-Affäre im RIAS, im *Telegraf* und in anderen westlichen Blättern ungenau und meist unzutreffend waren, daß dort aus durchsichtigem

nicht mehr länger vereinbaren, in unserer Zeitung den Lesern nur die halbe Wahrheit zu sagen, ihr Recht auf eine umfassende Information zu mißachten.
Wir fühlen uns als Genossen, aus unserer Verantwortung als sozialistische Journalisten und vor unserem eigenen Gewissen verpflichtet, Euch diese unsere Überlegungen rückhaltlos zu unterbreiten.
Das Redaktionskollegium der Wochenpost
Rudi Wetzel
Herbert Berner
Günter Stillmann
Martin Böttcher
Magda Trinkaus-Sendhoff
Wolfgang Laukant
Hans Kurzinsky
27. Oktober 1956

So sah die »Wopinform« aus: Übersetzung eines Artikels von Georg Lukács

Ägypten verstaatlicht den Suez-Kanal
In London und Paris bangen sie heute schon darum, daß das Beispiel Ägyptens in der gesamten Welt eine Kettenreaktion auslösen könnte. Weder in Afrika noch in Asien, das ist gewiß, werden die Menchen überhören, was Gamal Nasser in Kairo sagte: »Jeder reiche dem Bruder die Hand. Jeder nehme seinen rechtmäßigen Platz im Kampfwagen der Freiheit ein.«
Wochenpost 4.8.1956

politischen Kalkül hochgestapelt wurde. Aber Nordens Rechnung ging auf: Die »Wopinform« ist als Abschreckungsinstrument in die Geschichte eingegangen.

Ein Kuriosum am Rande der »Wopinform« sei erwähnt: Der notorisch zerstreute Günter Linde hatte zunächst einmal schlichtweg vergessen, daß Herr Casperl Anspruch auf sein Übersetzerhonorar hatte. Nun, mitten in den großen Krach hinein, platzte Casperl mit einer beträchtlichen Honorarforderung. Nicht genug der Konterrevolution, nun mußte sie vom Parteiverlag auch noch bezahlt werden!

Inzwischen hatte die angekündigte »Klärung« in der *Wochenpost* selbst begonnen, mit einer kaum abreißenden Kette von Parteiversammlungen, an denen der damalige Leiter der Abteilung Agitation und Propaganda des Zentralkomitees, Horst Sindermann, teilnahm. Mit den schier endlosen Versammlungen sollte erreicht werden, daß die Redaktion zu Kreuze kriecht und Selbstkritik übt. Um der Sache Nachdruck zu verleihen, sollte Rudi Wetzel als Initiator oder Verfasser des Briefes aus der Partei ausgeschlossen werden. Das aber bedurfte gemäß dem Parteistatut eines Beschlusses der SED-Grundorganisation der *Wochenpost*. Natürlich blieben die Aktionen der Inquisition nicht ohne Wirkung. Es gab Unterzeichner des Briefes, die schließlich erklärten, sie sähen ein, man sei zu weit gegangen mit der Forderung nach Informationsfreiheit. Andere, und vor allem Rudi Wetzel, beharrten darauf, das Schreiben habe seine Berechtigung gehabt. Die Parteiführung scheiterte letztlich mit ihrem Vorhaben, Wetzel aus der Partei auszuschließen: Die *Wochenpost*-Parteigruppe lehnte das ab. Nicht verhindern konnte sie, daß Wetzel als Chefredakteur abgelöst wurde. Zusammen mit ihm mußten Martin Böttcher, Hans Kurzinsky und Eva Förster die Redaktion verlassen.

Rudi Wetzels Absetzung wurde am 13. März 1957 vom Sekretariat des Zentralkomitees der SED unter Leitung von Alfred Neumann und in Anwesenheit von Karl Schirdewan, Paul Wandel, Gerhard Ziller, Kurt Hager und Albert Norden beschlossen. In der Beschlußvorlage Sindermanns hieß es: »Im Zusammenhang mit den Ereignissen in Polen und Ungarn ergaben sich im Redaktionskollegium der *Wochenpost* ernsthafte Schwankungen. Diese fanden ihren Ausdruck in verschiedenen, nicht der Politik der Partei entsprechenden Artikeln der *Wochenpost* und in dem bekannten Brief des Redaktionskollegiums an das Politbüro. Ausschlaggebend für die Einstellung des Redaktionskollegiums waren vor allem die Schwankungen und Unklarheiten des Gen. Wetzel selbst. Aus diesem Grunde war auch Gen. Wetzel nicht imstande, dem Redaktionskollegium wie der gesamten Redaktion der *Wochenpost* eine politisch klare Orientierung zu geben.«[26]

Rudi Wetzel wurde gleichzeitig als Vorsitzender des

Karikatur von H. Raum, Wochenpost 1. 9. 1956; Text: »Die Kleine paßt viel besser zu mir!«

Journalistenverbandes abgelöst. Er arbeitete nun in der Illustrierten *Freie Welt*, auch diese Tätigkeit endete (folgerichtig) mit einem Eklat. Danach war er freischaffender Wissenschaftsjournalist – auch immer wieder mal für die *Wochenpost*. Er begann, für schwedische Zeitungen zu schreiben, und besaß schließlich als einer der ganz wenigen DDR-Bürger eine offizielle Akkreditierung als ausländischer Korrespondent. 1977 geriet der Freund des sogenannten Regimekritikers Rudolf Bahro noch einmal in die Schußlinie. Als Bahro »Die Alternative« schrieb, war Rudi Wetzel sein heimlicher Lektor. Bahros – und damit auch Wetzels – fundamentale Kritik am »real existierenden Sozialismus«, sein Konzept einer erneuerten sozialistischen Gesellschaft brachten dem Autor des Buches die Verurteilung zu acht Jahren Gefängnis ein. Wetzel wurde von der Stasi verhört, seine Frau verlor ihre Arbeit an der Akademie der Wissenschaften. Schlimmeres geschah nicht. Die Staatsmacht war nicht daran interessiert, hinter dem »Einzelgänger« Bahro eine Gruppe kritischer Kommunisten ahnen zu lassen. Rudi Wetzels 80. Geburtstag im Januar 1989 ist nur von der *Frankfurter Rundschau* gewürdigt worden. Als Überschrift druckte die Zeitung seine Maxime: »Kopf hoch und nicht die Hände«. Der ist Rudi Wetzel treu geblieben, nach der Wende in der PDS, »aus Solidarität«, wie er sagte.

Rudi Wetzel ist bis zu seinem Tode im Sommer 1992 seinem Kind, der *Wochenpost,* mit Sympathie verbunden geblieben. Er

Zum Tode von Bertolt Brecht
Ungenauigkeiten ließ er nicht durchgehen, und als einer seiner Gäste einmal über den Sozialismus hierzulande sprach, und daß einiges nicht in Ordnung wäre, wurde Brecht zornig: »Was heißt, der Sozialismus macht das, der Sozialismus macht jenes? Das ist deutsche Mystik. Es gibt nur Sozialisten, und ob die gut oder schlecht arbeiten – daran liegt es.«
Günter Kunert
Wochenpost 25.8.1956

hatte das Blatt nur dreieinhalb Jahre lang geleitet. Doch manches von dem, was er zu seiner Zeit praktizierte, hat sich über die Jahrzehnte erhalten. Anfang 1990 sagte er in einem Interview: »... aus Gesprächen, die ich seither mit vielen Kollegen führte, und aus Artikeln habe ich das Bild gewonnen, daß revolutionäre Ideen bei Menschen, die sie einmal gepackt haben, nicht so leicht zu zerschlagen sind. Deshalb lese ich die *Wochenpost* immer noch mit großem Vergnügen.«

Der Brief des Redaktionskollegiums der *Wochenpost* vom 27. Oktober 1956 aber war der Parteiführung tief in die Knochen gefahren. Selbst zweieinhalb Jahre später, auf der 3. Pressekonferenz des ZK der SED im April 1959, hob Albert Norden den ganzen Vorgang noch eine Stufe höher, als er fragte: »Woran lag es, daß damals in der *Wochenpost* eine revisionistische Plattform ausgearbeitet werden konnte?« und er antwortete, die Journalisten in der *Wochenpost* hätten »keine dauernde Verbindung mit der Arbeiterklasse« gehabt, sie seien »zu intellektuellen Spießern entartet«, die »dabei waren, zum Feind überzulaufen«. Die Höherstilisierung diente der permanenten Einschüchterung, denn Norden schob auch noch »ein kritisches Wort ... besonders zur *Wochenpost*« nach: Sie könne »künftig nicht achtlos an den umwälzenden Aktionen der Werktätigen vorübergehen«.[27]

22. Juni 1957:
Das erste deutsche Turbinenflugzeug B 152

Die *Wochenpost* vom 22. Juni 1957 präsentiert auf der Titelseite eine Art Sensation. Eine Fotomontage zeigt einen Passagierjet über idyllischer Landschaft. Unterschrift: »Berlin – Odessa in zwei Stunden mit dem ersten deutschen Turbinenverkehrsflugzeug«. Weiter hinten im Blatt folgt ein ausführlicher Bericht über Konstruktion und Bau der »B 152«. »In ein bis zwei Stunden transportieren jetzt die silbergrauen Maschinen vom Typ IL 14 und Lufttaxis Urlauber mit Sack und Pack aus Thüringen und Sachsen an die Ostsee«, heißt es da. »In wenigen Jahren, höchstwahrscheinlich schon am Ende des zweiten Fünfjahrplanes werden vielleicht dieselben Fluggäste in gleich kurzer Zeit ... ihre Ferienplätze erreichen. (...) Neue, vierstrahlige Turbinenflugzeuge – von unserer Flugzeugindustrie für unsere Lufthansa und den Export gebaut – werden Fluggäste und Fracht im 800-km/h-Tempo und in 10 000 m Höhe sicher zu den Zielflughäfen bringen. Das ist kein Wunschtraum: In einem Entwicklungswerk für Turbinenstrahltriebwerke laufen die ersten Mustertriebwerke bereits auf den Prüfständen.«

Als diese Zeilen erscheinen, ist das noch Zukunftsmusik. Erst eineinhalb Jahre später, am 4. Dezember 1958, wird der Prototyp der in Dresden gebauten »B 152« den Erstflug unternehmen. Doch am 4. März 1959 stürzt die Maschine ab – aus der Traum vom eigenen Passagierjet der DDR. Er ist nur noch eine historische Marginalie, zu besichtigen in einer alten *Wochenpost*. Die DDR-Flugzeugindustrie wird noch eine Weile in Lizenz sowjetische Passagiermaschinen bauen, bevor man sie ganz einstellt.

Zwei Dinge stechen beim Blättern in der Ausgabe vom 22. Juni 1957 ins Auge: erstens eine gewisse Betulichkeit in der Sprache, zweitens der an vielen Stellen wiederkehrende Bezug auf Westdeutschland. Beides steht vielleicht sogar in einem gewissen Zusammenhang. Wer ein zur gleichen Zeit in Hamburg oder München gedrucktes Blatt in die Hand nimmt, wird eine nahezu identische, heute nicht mehr gebräuchliche Sprache finden. Bei der Betrachtung der Bundesrepublik gibt es aber in der *Wochenpost* andere Töne als noch einige Jahre zuvor. Das »Deutsche an einen Tisch«, das Thema Wiedervereinigung, hat sich offenbar bereits erledigt. Jetzt geht es um die Gegenüberstellung: Westdeutschland als der häßliche Antipode zur DDR. *Wochenpost*-Mitarbeiter reisten damals offenbar häufig in den Westen. Auf Seite 2 dieser Ausgabe vom 22. Juni 1957

Die Sonnenschlacht von Brno
Schon Stunden vor Spielbeginn begann in Brno eine Völkerwanderung zum Stadion. Eine großartige Länderspielatmosphäre in tropischer Glut ... Die katastrophale Schußunsicherheit der tschechoslowakischen Stürmer, die überragende Leistung eines Herbert Schoen, der in den unablässig anbrandenden ČSR-Angriffen der Turm in der Schlacht war, das alles ließ uns in den ersten Minuten trotz einer wirklichen Überlegenheit der Einheimischen nicht ganz hoffnungslos dreinsehen ...
Herbert Gast über das Fußball-Länderspiel DDR–ČSR (3:1), Wochenpost 22.6.1957

22. Juni 1957: Das erste deutsche Turbinenflugzeug B 152

Start der RAK 34 (3)

Ein Comic des populären Berliner Karikaturisten Erich Schmitt, die sciencefiktive »Reise zu den Proximanen«. Serie in der Wochenpost des Sputnik-Jahres 1957.

An- und Verkäufe
Wir suchen 1 mechan. Ballenpresse für Altpapier und Alttextilien. Angebot erbittet Konsumgenossenschaftsverband Kreis Hildburghausen
Wochenpost 22.6.1957

gibt Chefredakteur Hans Otten seine Beobachtungen zur Kommunalpolitik im Bergischen Land wieder. Ausführliche Preisvergleiche hinsichtlich der Mieten und der kommunalen Dienstleistungen werden angestellt.

Weiter hinten im Blatt werden auf einer Doppelseite zwei Städte mit dominierender Textilindustrie gegenübergestellt, Werdau in Sachsen und Gronau in Nordrhein-Westfalen. Keine Frage, zu wessen Gunsten der Vergleich ausfällt, mögen da auch all die Unterschiede im Angebot sein. »Was weiß der Fremde, wenn er durch die Straßen Gronaus geht, die Geschäfte sieht, die Auslagen bewundert? Nichts weiß er, denn er beurteilt die Stadt nicht anders als ein Mensch, der den anderen nur nach seiner Kleidung beurteilt«, heißt es nach ausführlicher Berechnung von Löhnen, Unternehmergewinnen, Mietkosten und nach der Darlegung der tatsächlichen Machtverhältnisse im Stadtparlament von Gronau. »Eine Mehrheit der Kapitalisten im Stadtparlament (von Werdau - K.P.) wird es nicht mehr geben«, liest man in der *Wochenpost* vom 22. Juni 1957. Dies sei das »Geheimnis« und: »Ich stelle mir vor, daß es in nicht zu ferner Zeit auch zum ›Geheimnis‹ einer fortschrittlichen Gronauer Geschichte werden könnte.« So liegt die Phantasie der *Wochenpost*-Autoren völlig daneben. Sie können sich nicht vorstellen, daß nur wenige Jahre später die Textilindustrie in Gronau Opfer der Krise wird und vor die Hunde geht, und auch nicht, daß weitere dreißig Jahre danach auch die Textilbetriebe in Werdau geschlossen werden.

Eine ganze Seite in dieser Ausgabe ist den Prozessen gegen westdeutsche Kommunisten gewidmet mit dem unübersehbaren Hinweis: »Bonner Justizpraxis: Milde den Kriegsverbrechern – Härte den Patrioten.«

Neben der Pflicht die Kür. Auf der dritten Seite berichten fünf *Wochenpost*-Reporter über »Eine Stunde DDR«. Der Leser erfährt, was sie am Montag, dem 3. Juni 1957, in der Zeit von 15 bis 16 Uhr gesehen und gehört haben, auf dem Standesamt in Cottbus und bei der Hauptdispatcher-Zentrale der Reichsbahn in Berlin, in einem Ferienheim an der Ostsee, im VEB Kraftfahrzeug- und Motorenwerk Sachsenring in Zwickau und im Friedrich-Ludwig-Jahn-Sportpark in Berlin. Der Fotoreporter hat just zu dieser Stunde den Schauspieler Horst Buchholz vor die Kamera bekommen, als der am Brandenburger Tor für den DDR-Zoll den Kofferraum seines Wagens öffnen muß. Die lesenswerten Streiflichter werden mit erhobenem Zeigefinger beendet: »Ist unser Leben nicht überall wechselreich und neu, wohin wir schauen?«

Schließlich findet sich in dieser Ausgabe ein zweiter Reisebericht von Erwin Bekier und Arno Schmuckler, diesmal aus Brest an der polnisch-sowjetischen Grenze. Die beiden *Wochenpost*-Reporter fahren mit einem Pkw »Wartburg« von Berlin nach Moskau und weiter bis in den Kaukasus und zurück, eine Premiere für die *Wochenpost* (die hier zum erstenmal Mitarbeiter auf eine so weite und lange Reise schickt), für die DDR-Autoindustrie (deren Produkt hier einem Härtetest ausgesetzt wird) und für die Sowjetunion (die noch nie vorher Journalisten allein kreuz und quer durchs Land reisen ließ). Noch eine andere Premiere ist mit dieser Reise verknüpft: Die Reportagen aus der *Wochenpost* erscheinen hinterher als Buch. Es wird das erste von vielen Büchern sein, die aus *Wochenpost*-Artikeln hervorgehen werden.

Auf der ehemaligen »Rollbahn« nach Brest
Ein kleines Museum verwahrt heute alle Andenken, die an die Verteidiger von Brest erinnern. In einer Glasvitrine liegt ein verrosteter Wecker. Man fand ihn am 28. Oktober 1956 in einem verfallenen Bunker, der zu Beginn des Überfalls nur 50 Meter von den feindlichen Stellungen entfernt war. Der Bunker wurde im direkten Artilleriebeschuß vernichtet, und die Zeiger der Uhr blieben stehen. Am 22. Juni 1941, zehn Minuten vor fünf. Sie registrierten den Ausbruch eines Krieges, der zuerst dem belorussischen Volk unermeßliches Leid brachte.
*Erwin Bekier/
Arno Schmuckler
Wochenpost 22.6.1957*

Die Chefredaktion

[Impressum 1:]
Herausgeber: Hermann Leupold
Chefredakteur: Rudi Wetzel
Stellv. Chefredakteur: Herbert Bergner
Redaktion: Berlin W 8, Mauerstraße 86, Telefon: Sammel-Nr. 22 63 51, Verlag: Berliner Verlag, Berlin W 8, Jägerstraße 10/11, Telefon: Sammel-Nr. 22 03 91, Veröffentlicht unter Lizenz-Nr. 700 des Presseamtes beim Ministerpräsidenten der Regierung der DDR. Für unaufgefordert eingesandte Manuskripte keine Haftung. Druck: Druckerei Tägliche Rundschau, Berlin W 8. Anzeigenannahme täglich 8 bis 17 Uhr, sonnabends 8 bis 13 Uhr im Verlagshaus Jägerstraße 10/11 (z. Z. gilt Anzeigenpreisliste Nr. 1); Erfüllungsort und Gerichtsstand: Berlin-Mitte.

[Impressum 2:]
Chefredaktion:
Hans Otten, Herbert Bergner
Redaktionssekretär: Wolfgang Laukant
Verantwortliche Redakteure:
Politik: Günter Stillmann, Kultur: Werner Schwemin, Wirtschaft: Karl Smolka, Wissenschaft und Technik: Dr. Friedrich Schindler, Leserbriefe: Magda Trinkaus-Sendhoff, Bild: Fritz Mammach, Grafische Gestaltung: Harry Laudien
Herausgeber: Hermann Leupold
Redaktion: Berlin W 8, Mauerstraße 86, Telefon: Sammel-Nr. 22 63 51, Verlag Berliner Verlag, Berlin W 8, Jägerstraße 10/11, Telefon Sammel-Nr. 22 03 91, Veröffentlicht unter Lizenz-Nr. 700 des Presseamtes beim Ministerpräsidenten der Regierung der DDR. Für unaufgefordert eingesandte Manuskripte beim Haftung. Druckerei Tägliche Rundschau, Berlin W 8. Anzeigenannahme täglich 8 bis 17 Uhr, sonnabends 8 bis 13 Uhr im Verlagshaus Jägerstraße 10/11 (z. Z. gilt Anzeigenpreisliste Nr. 1); Erfüllungsort und Gerichtsstand: Berlin-Mitte.

[Impressum 3:]
Chefredakteur:
Hans Otten
Stellvertretende Chefredakteure:
Siegfried Meißner, Herbert Bergner
Redaktionssekretär: Wolfgang Laukant
Verantwortliche Redakteure:
Politik: Günter Stillmann, Kultur: Werner Schwemin, Unterhaltung: Heinz Knobloch, Wirtschaft: Karl Smolka, Reportagen: Margot Pfannstiel, Wissenschaft und Technik: Dr. Friedrich Schindler, Sport: Herbert Gast, Leserbriefe: Magda Trinkaus-Sendhoff, Grafische Gestaltung: Harry Laudien, Bild: Fritz Mammach
Herausgeber: Hermann Leupold
Redaktion: Berlin W 8, Mauerstraße 86, Telefon: Sammel-Nr. 22 63 91, Verlag Berliner Verlag, Berlin W 8, Jägerstraße 10/11, Telefon: Sammel-Nr. 22 03 91, Veröffentlicht unter Lizenz-Nr. 700 des Presseamtes beim Ministerpräsidenten der Regierung der DDR. Für unaufgefordert eingesandte Manuskripte keine Haftung, Druck: (26) Druckerei Tägliche Rundschau, Berlin W 8. Anzeigenannahme täglich 8 bis 17 Uhr, sonnabends 8 bis 13 Uhr. Verlagshaus Jägerstraße 10/11 (z. Z. gilt Anzeigenpreisliste Nr. 1); Erfüllungsort und Gerichtsstand: Berlin-Mitte.

Der Chefredakteur
Für die Arbeit der Redaktion gilt uneingeschränkt das Chefredakteurprinzip. Der Chefredakteur ist persönlich verantwortlich für
– die politische Linie und die journalistische Qualität der Zeitung,
– für Konzipierung, Profilierung und Prognostik zur Entwicklung der *Wochenpost,*
– für die Verbindung zum Zentralkomitee der SED ...
Veränderung der Wochenpost-Konzeption. Beschluß des Redaktionskollegiums vom 29.10.1966

Bereits mit der Ausgabe vom 9. Februar 1957 hatte sich das Impressum der *Wochenpost* geändert. Rudi Wetzels Name war getilgt. Das Wort »Chefredakteur« fand sich erst einmal nicht, statt dessen las man: »Chefredaktion Hans Otten, Herbert Bergner«. Erst mehr als zwei Monate später, in der Ausgabe vom 27. April 1957, wurden die Leser informiert: »Chefredakteur Hans Otten«. Damit war auch nach außen hin ein Schlußstrich unter die *Wochenpost*-Affäre von 1956 gezogen. Die Parteiführung hatte ihre Macht demonstriert, sie hatte die Werkzeuge gezeigt, der Redaktion und darüber hinaus allen DDR-Journalisten ein für allemal die Grenzen ihres Handlungsspielraums deutlich gemacht. Jenen kritischen Geistern, die nicht den Schritt auf die andere Seite der Barrikade machen – sprich: in den Westen gehen – oder in einen anderen Beruf wechseln wollten, war damit eine brauchbare Alternative genommen. Ihnen blieb bei dieser Konstellation nur eine Möglichkeit: Sie mußten versuchen, sich in ihrem Beruf bei allen Pressionen mit Anstand zu behaupten. Das hieß, eine lesbare Zeitung zu produzieren, die allen agitatorischen Unfug so weit als möglich vermied. Einerseits mußte ein solches Blatt der Obrigkeit beständig und immer wieder aufs Neue abgetrotzt werden – meist mit List und Tücke. Andererseits aber war eine solche Zeitung eben dieser Obrigkeit auch nützlich, weil sie ein breites Publikum ansprach und weil sie die DDR als weltoffenes, vielleicht sogar liberales Regime präsentierte. Letzteres funktionierte durchaus. Wir erlebten immer wieder, daß Westdeutsche oder Leute aus dem westlichen Ausland einigermaßen verblüfft auf die *Wochenpost* schauten: Daß es im Osten ein solches Blatt gab, paßte nicht recht in ihr Bild von der DDR.

Der Widerspruch zwischen erlaubter und manchmal sogar ermutigter Offenheit und immer wieder eingeforderter Enge hatte ja die *Wochenpost* bereits seit ihrer Gründung bewegt. Ab 1957 stand die Redaktion in noch stärkerem Maße in diesem Konflikt. Die jeweiligen Chefredakteure des Blattes haben sich dieser Problematik zwar in unterschiedlicher Weise gestellt, doch schlimme Betonköpfe blieben der Redaktion an der Spitze des Blattes glücklicherweise erspart. Wir schrieben den sichtbaren Unterschied zu anderen DDR-Medien der allgemeinen *Wochenpost*-Atmosphäre zugute, dem vielbeschworenen »*Wochenpost*-Geist«, einem ganz speziellen Esprit de corps.

Haben wir uns damit vielleicht etwas eingeredet? Glaubten wir daran, weil uns die Kollegen in anderen Blättern immer ein wenig beneideten? Und worum beneideten sie uns? Um größere Freiräume, die wir angeblich hatten? Um einen zumeist anständigeren Umgang miteinander? Das alles gab es, und das war es auch, was viele Redakteure, die ihren Job mit Anstand machen wollten, in der *Wochenpost* hielt. Denn sonst wäre die einzige Alternative gewesen, den Beruf aufzugeben, sich im DDR-Biotop ein ruhigeres Fleckchen zu suchen oder das Land gänzlich zu verlassen. Es gab einige Kollegen, die diesen Weg vorzogen.

Hans Otten, der Nachfolger Rudi Wetzels, war erst einmal in der unangenehmsten Situation. Zwangsläufig wurde er in der Redaktion zunächst als eine Art »Staatskommissar« betrachtet, vom Zentralkomitee ausgesandt, wieder »Ordnung« im Laden zu schaffen. Bis zu Beginn des Jahres 1957 hatte Hans Otten als Ressortchef für Innen- und Außenpolitik in der *BZ am Abend* gearbeitet. Er stammte aus Köln, war Jahrgang 1923, also aus einem jener Jahrgänge, die während des Krieges einen besonders hohen Blutzoll zahlen mußten. Er hatte die Journalistenschule Aachen absolviert, war nach Ostberlin gegangen und 1948 als Volontär zur *Neuen Berliner Illustrierten* (*NBI*) gekommen. Sein neues Amt in der *Wochenpost* trat er, so meine Erinnerung, mit einer gewissen Bescheidenheit an. Er traf ja auf ein Kollektiv, das sich in seiner übergroßen Mehrheit mit der Wetzelschen Politik identifiziert hatte und für das er sozusagen der »Fremde von draußen« war. Anderseits kannte man sich, man arbeitete ja im gleichen Verlag. Otten spielte sich nicht auf, mimte nicht den Besserwisser, er nahm auf viele Eigenheiten der Leute Rücksicht, schurigelte niemanden, und er brachte viele Ideen ein. Sicherlich ist es nicht zuletzt ihm zu verdanken, daß die *Wochenpost* in der nun schwierigeren Lage ihren Charakter bewahrte. Die von Rudi Wetzel implantierten Ideen wurden nicht verschüttet, die Maßstäbe nicht über Bord geworfen. Weiterhin wurde viel diskutiert, mehr als in anderen Redaktionen. Wenn vielleicht nicht mehr ganz so freimütig wie vordem, so war das ausschließlich den Umständen geschuldet.

Im April 1961 wurde Hans Otten dann zum Chefredakteur der *NBI* ernannt. Die saß im gleichen Haus wie die *Wochenpost*, wir wußten um deren desolate Situation. In den zurückliegenden Jahren hatten dort die Chefredakteure schnell gewechselt, zuletzt war die *NBI* überhaupt nur noch kommissarisch geleitet worden. Hans Otten krempelte dieses Blatt zügig um, machte es attraktiv, gewann für die *NBI* viele neue Leser, sogar auf Kosten der *Wochenpost*. Dann ereilte ihn der Auftrag des Politbüros, ein DDR-Nachrichtenmagazin zu konzipieren. In die Redaktion für die Nullnummer dieser Wochenzeitschrift, die *Profil* heißen sollte, holte er auch einige der besten Schreiber der *Wochenpost*.

Das Redaktionskollegium
Es ist das zentrale Stabsorgan der Redaktionsleitung. Seine generelle Aufgabe besteht in der kollektiven Vorbereitung der Leiterentscheidungen. Die Mitglieder des Kollegiums tragen in der Redaktion die Verantwortung zentraler Leiter, die sich für das Ganze zuständig fühlen. (...) Das Kollegium behandelt die grundlegenden Aufgaben der Entwicklung der Zeitung und des geistigen Vorlaufs ...
Chefredaktion Wochenpost: Strukturplan, 8.9.1969

Ein neues Filmgesicht: Eva-Maria Hagen
Eins stand fest: Sie wollte etwas werden. Am liebsten Schauspielerin. Jedenfalls aber würde sie nie wie Mutter und vor ihr die Großmutter (eine polnische Landarbeiterin) ein Leben lang für Fremde schuften. Ein Wunsch, den unser Staat durchaus teilte. Das Mädchen konnte in der Lehrwerkstatt des RAW Wittenberge anfangen. Und nach Feierabend lockte der Sportplatz. Einmal wurde Eva-Maria Hagen Kreismeisterin im Hochsprung, ihre Handballmannschaft sogar Landesmeister. Aber der Traum vom Theater war immer da ...
Wochenpost 27.4.1957

Dämon Alkohol
Man muß dafür sorgen, daß nicht ständig junge, neue Trinker zum Heer der alten stoßen. Hier liegt die erzieherische Pflicht eines jeden Vaters, einer jeden Mutter und der gesamten Öffentlichkeit, aufklärend zu wirken, um die Jugend vor dem Trinkertum zu bewahren. Die Abteilung Gesundheitswesen des Magistrats von Berlin bringt neuerdings Trinker nach einer Entziehungskur als Arbeiter auf volkseigenen Gütern unter. Dies scheint bei uns – im Gegensatz zu ähnlichen Bemühungen in Westdeutschland – von gutem Erfolg begleitet zu sein. Schon wurde eine Brigade, die nur aus ehemaligen Alkoholikern besteht, als beste Brigade eines Gutes festgestellt.
Wochenpost 13.7.1957

Das Einkellern von Kartoffeln:
Die Zeit ist wieder einmal ran: Es wird eingekellert! Manch einem bereitet das helle Freude. Der hat viel Platz. Andere verspüren schon bei dem bloßen Gedanken daran einen Alpdruck. Die haben keinen Platz. Und das sind die meisten.
Wochenpost 5.10.1957

Keine Angst vor guten Sitten
Haare in der Suppe werden nicht entdeckt, sondern übersehen. Die linke Hand liegt, wenn sie nicht gebraucht wird, nicht auf dem Schoß, sondern mit den Fingern auf dem Tisch. Die Ellenbogen haben auf dem Tisch nichts zu suchen.
Wochenpost 26.10.1957

Aber *Profil* kam nie über die Probenummer hinaus. Im Politbüro, das wohl das Resultat begutachtete, wurde man sich nicht einig. Ulbricht, so wurde erzählt, habe gewütet, was dieses Blatt eigentlich wolle und solle, und Albert Norden habe den Unschuldigen gespielt. Bauernopfer wurde Hans Otten. Die *NBI* hatte einige für *Profil* konzipierte Titelgeschichten gedruckt, es waren kritische Beiträge, die man im ZK als »parteifeindlich« bezeichnete. Das Unglück wollte es, daß ihn der *Spiegel* in einem Beitrag offen einen »Reformer« nannte. Eine Parteistrafe bekam er nicht, inzwischen lag er mit einem Magendurchbruch im Krankenhaus. Seine Ablösung als Chefredakteur der *NBI* wurde daher mit Krankheit begründet. Hans Otten hat später Geschichtswissenschaft studiert und war seit 1967 Stellvertretender Chefredakteur der *Zeitschrift für Geschichtswissenschaft*. 1971 starb er erst 48jährig an Magenkrebs.

Seit dem April 1961 war im Impressum der *Wochenpost* Siegfried Meißgeier als Chefredakteur vermerkt. Das ZK hatte ihn im Frühjahr 1957 als Stellvertretenden Chefredakteur in die *Wochenpost* geschickt. Zuvor hatte er in der SED-Bezirkszeitung in Erfurt gearbeitet. Siegfried Meißgeier hat seinen Abgang aus der *Wochenpost* meiner Erinnerung nach selbst betrieben, er wechselte zum DDR-Fernsehfunk, wo er einige Jahre lang für Unterhaltungssendungen zuständig war.

Anfang 1966 kam Dieter Kerschek als Chef zu uns. Er war zuvor Chefredakteur der FDJ-Organs *Junge Welt* gewesen. Wohl deshalb wurde er von der Redaktion zunächst mit großen Vorbehalten empfangen, ganz zu Unrecht, wie sich schnell herausstellen sollte. Dieter Kerschek blieb nur ein Jahr in der *Wochenpost*, man holte ihn für eine andere Aufgabe. Diese Sache muß so dringend gewesen sein, daß die *Wochenpost* das ganze erste Halbjahr 1967 überhaupt keinen Chefredakteur besaß und interimistisch von dem langjährigen Stellvertretenden Chefredakteur Wolfgang Clausner geleitet wurde. Später wurde Kerschek Chefredakteur der *Berliner Zeitung*.

Bei der Suche nach einem Nachfolger für Kerschek wurde das ZK der SED in Schwerin fündig. Der 1. Sekretär der dortigen Bezirksleitung hatte mit dem Chefredakteur des dortigen Parteiorgans *Schweriner Volkszeitung* seine Probleme, wollte ihn wohl bei aller Wertschätzung gern loswerden. Die Vakanz bei der *Wochenpost* brachte die Lösung. Auch so etwas gab es eben in der DDR unter dem Vorzeichen »Nomenklaturkader«. Hinter dieser heute mit dem Schleier des Geheimnisvollen umgebenen Vokabel verbarg sich im Falle der Medien vor allem, daß sich beispielsweise das Sekretariat des ZK der SED vorbehielt, über die Einsetzung oder Absetzung der Chefredakteure zu beschließen. Erwähnt sei, daß es mehrere Nomenklatur-Kategorien gab. Über die Berufung Stellvertretender Chefredakteure beispielsweise entschied nicht das Sekretariat, sondern die

Wochenpost-Chefredakteur Kurt Neheimer (links) wird bei seinem Ausscheiden aus der Redaktion von Verlagsdirektor Rudolf Barbarino feierlich verabschiedet.

Abteilung Agitation des ZK. Als ich 1968 Stellvertretender Chefredakteur der *Wochenpost* geworden war, gehörte ich fortan also auch zu dieser Sorte von Nomenklaturkadern.

Wir kamen also im Sommer 1967 auf dem Schweriner Umweg zu Kurt Neheimer. Er, der das Blatt mehr als 14 Jahre lang leitete, hat wahrscheinlich nach Rudi Wetzel die *Wochenpost* am stärksten geprägt. Dabei war er ein schwieriger Mensch, gelegentlich launisch, in Nebensachen oft überaus unzuverlässig. Er drückte sich vor Entscheidungen. Man wußte nie, ob und wann er in der Redaktion auftauchen würde. Charlotte Köhler, die dicke, gemütliche Chefsekretärin der *Wochenpost* über Jahrzehnte hinweg, hat wieder und wieder spontan die schönsten Ausreden erfunden, wenn mittags »das ZK« anrief und den Chefredakteur sprechen wollte, der noch bei sich zu Hause war. Aber all diese Eigenschaften, die die Zusammenarbeit mit Kurt Neheimer gelegentlich zu einer Qual machten, wurden vielmals aufgewogen durch seine Klarsicht, durch das ungeheure Wissen dieses Autodidakten, durch seinen bestechenden Sinn für Sprache und sein absolutes Gespür für

Abrüstung
Die Lage der konservativen Kreise in der amerikanischen Außenpolitik – an ihrer Spitze Außenminister Dulles ähnelt immer mehr der des Fischers Frau, die eine übertriebene Forderung nach der anderen stellt. (...) Da der sowjetische Delegierte Sorin aber nicht geneigt scheint, die Rolle des Wunderfisches zu spielen, der jede Forderung bedenkenlos annimmt, und da zudem die Abrüstungsverhandlungen harte politische Realität und kein Märchen sind, darf man einen tröstlichen Ausgang der Londoner Gespräche erwarten.
Klaus Polkehn
Wochenpost 6.7.1957

Nicht Berlin! Jerusalem!
Hier, direkt an der Grenze, die Jerusalem verwundet und zerteilt, habe ich besser verstanden: daß man gegen Grenzen ankämpfen muß, damit sie aufhören, das zu sein, was sie oft sind, eine Linie des Hasses, des Konfliktes und des Todes.
Wochenpost 21.9.1957

»›Hurra! – der Weihnachtsmann ist da!‹ jubeln die Leserkinder der Wochenpost. Nächstes Jahr, meint er, kommt er mit dem Sputnik!« So hieß es unter diesem Foto auf der Titelseite vom 7. Dezember 1957: In jenem Jahr war er nochmals mit dem Flugzeug gekommen. Als Weihnachtsmann verkleidet: der Autor dieses Buches. (Was man als Redakteur nicht alles machen mußte ...)

Ideen und für journalistische Qualität. Diese Eigenschaften, dazu eine große Empfindsamkeit und sprühender Witz haben wohl bewirkt, daß dieser Mann, der so überhaupt nicht in das Schema eines »Nomenklaturkaders« oder eines Parteifunktionärs (was ein Chefredakteur nach Parteiverständnis ja war) paßte, so lange die größte Wochenzeitung der DDR leiten konnte.

Wenn ich im nachhinein bedenke, wie Kurt Neheimer beständig mit frechen Bemerkungen über die Politik der Parteiführung durch das Großraumbüro der Redaktion zog, ohne deshalb je ernsthaft denunziert worden zu sein (jedenfalls gab es niemals Folgen, die auf eine solche Denunziation hingedeutet hätten), so ist das für mich auch ein Ausdruck der Atmosphäre in der Redaktion, für die ein Chefredakteur die wesentliche Verantwortung trug. Nun ist es inzwischen üblich geworden, daß sich jene, die ganz selbstverständlich vor jedem Vorstandsmitglied und jedem größeren Anzeigenkunden in die Knie gehen, darüber mokieren, daß wir unsere internen Glossen über die hohe Politik und ihre Repräsentanten gemacht, dabei aber keine richtige Revolution angezettelt haben. (Ich denke, wir werden die deshalb fällige Selbstkritik dann üben, wenn erst einmal deren Revolte stattgefunden hat.)

Kurt Neheimer war von seiner schweren Lebensgeschichte geprägt. Als 15jähriger entkam er kurz vor Kriegsausbruch dank der »Roten Hilfe« vor der Juden- und Kommunistenverfolgung nach Palästina. Nie hat er erfahren, wann und wo seine Mutter von den Nazis getötet wurde. In Palästina trat er der Kommunistischen Partei bei, wurde 1943 Freiwilliger in der britischen Armee, kämpfte in Nordafrika und Italien und ging nach Kriegsende in den Osten Deutschlands. Er wurde FDJ-Funktionär, lehrte an einer Richterschule der DDR, erlebte wegen »westlicher Emigration« 1953 einen – na sagen wir mal – »Karriereknick« und wurde schließlich Journalist. Er war ein gebildeter Marxist, ein glänzender Autor (ach, wenn er doch nur mehr geschrieben hätte!), ein großer Anreger, und er war stets für neue Ideen aufgeschlossen. Gelegentlich erzählte er in der Redaktion diesen Witz: Treffen sich nach langer Zeit zwei Schulfreunde wieder, der eine wohlsituiert, der andere elend und abgerissen. Der Abgerissene berichtet, er habe Musik studiert und spiele seither Fagott. Sagt der Wohlhabende: »Spiel nicht Fagott, spiel lieber für die Menschen!« Fortan war es üblich, mißratene – weil mit Blick »nach oben« verfaßte – Artikel mit der Bemerkung zu kommentieren: »Fagott!«

Kurt Neheimer mußte sich als Chefredakteur natürlich mit dem System der Presselenkung arrangieren. Er war wie wir alle von der historischen Notwendigkeit einer sozialistischen Gesellschaftsordnung überzeugt, die eine bessere Ordnung sein sollte. Die Kommunisten hatten ihn vor Auschwitz bewahrt. Das bestimmte seine Haltung. Er glaubte wohl auch, daß die

Dummheiten dieses Systems im Grunde Kinderkrankheiten waren. Da es sehr oft nicht möglich war, bessere Einsichten in der Medienpolitik durchzusetzen, mußte man zu Tricks greifen. Das von Kurt Neheimer geprägte Wort »Schindel«, das bald ganz offen zum innerredaktionellen Sprachgebrauch gehörte, war dafür in gewisser Weise symptomatisch. Es wurde für die von der Abteilung Agitation hin und wieder eingeforderten Papiere benutzt, mit denen man Auskunft über die Projekte der Redaktion hinsichtlich der Behandlung irgendwelcher Parteitagsbeschlüsse oder Gedenktage in der Zeitung einforderte. Das Problem war: Das Papier mußte die Obrigkeit zufriedenstellen (mußte also in einer Art »Parteichinesisch« abgefaßt sein), und es sollte der Redaktion gleichzeitig erlauben, eine interessante Zeitung zu produzieren. Wenn dieses Papier beiden Ansprüchen gerecht wurde, dann war es eine »Schindel«. Sie lag auf unserem Dach und verhinderte, daß es reinregnete. Neheimer war nebenbei gesagt ein begnadeter Produzent von »Schindeln«, was vielleicht auch den Erfolg der *Wochenpost* mit zu erklären vermag.

Kurt Neheimer war krank und mochte schließlich auch keine Lust mehr haben, sich mit der sich immer engstirniger gebärdenden Abteilung Agitation des ZK herumzuärgern. Seine Nachfolgerin wurde Ende 1982 Brigitte Zimmermann. Sie hatte den Journalismus von der Pike auf in verschiedenen Zeitschriften und Zeitungen der FDJ erlernt, später ein Jahr lang in Moskau studiert und war dann beim FDJ-Zentralrat tätig gewesen. Entgegen allem, was man bei einer solchen Biografie landläufig hätte vermuten können, war es ihr Bestreben, all das zu erhalten, was die *Wochenpost* für die Leser so anziehend machte. Vor allem aber versuchte sie, die vorhandenen Spielräume wirklich bis zur Grenze auszuschreiten.

Brigitte Zimmermann war die letzte Inhaberin des *Wochenpost*-Chefsessels zu DDR-Zeiten. Sie war noch aufgrund eines Beschlusses des Sekretariats des Zentralkomitees der SED eingesetzt worden. Ihr Nachfolger wurde bereits vom Vorstand von Gruner+Jahr berufen. Aber das ist schon eine andere Geschichte.

Sputnik 2
Am 3. November 1957 ist das Jahr 2 000 unmittelbare Wirklichkeit geworden. Das Leben hat seinen Flug durch das Weltall angetreten! Denn seit diesem Tage kreist ein künstlicher Satellit um die Erde, der neben wissenschaftlichen Meßgeräten und einer einwandfrei arbeitenden Sendeanlage in einer besonderen Klimakabine einen Versuchshund mit sich führt.
Wochenpost 9.11.1957

15. Februar 1958:
Sputnik und Wundertäter

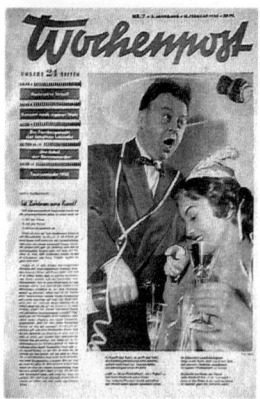

Deutscher Kaviar
Schon zur Leipziger Frühjahrsmesse 1957 erregten die kleinen Dosen mit der Aufschrift »Deutscher Kaviar« die Aufmerksamkeit der Experten und Besucher. Man besah. Man verkostete und war begeistert. Verkostungen gab es in letzter Zeit auch in Magdeburg und in anderen Städten der Republik, und überall gab es nur Lob über die Qualität und den niedrigen Preis. (...) Die Ursache dafür, daß es bisher noch keinen deutschen Kaviar zu kaufen gab, war das Fehlen einer geeigneten Verpackung. (...) Vor einiger Zeit ist nun eine geeignete Dose aus Plexiglas entwickelt worden.
Wochenpost 4.10.1958

Jede Zeit hat ihre Bilder. Am 4. Oktober 1957 war es erstmals gelungen, einen Erdsatelliten von Menschenhand, den sowjetischen Sputnik 1, in eine Umlaufbahn um die Erde zu schicken. (Als ich am Morgen des nächsten Tages am U-Bahnhof Stadtmitte unseren Wissenschaftsredakteur Dr. Friedrich Schindler traf, kam der mit weit ausgebreiteten Armen auf mich zu: »Eine neues Kapitel der Menschheitsgeschichte hat begonnen!« In der Redaktion lag seit Wochen eine von ihm vorbereitete fertige Titelseite zu diesem Ereignis bereit, dazu ein langer Beitrag vom Direktor der Sternwarte Berlin-Treptow, Prof. Diedrich Wattenberg.)

Nun, im Februar 1958, ein halbes Jahr später, bewegt dieser Start die Zeitgenossen so sehr, daß der Sputnik für eine Vielzahl von Anspielungen in allen möglichen Beiträgen der *Wochenpost* herhalten muß. Die Ausgabe vom 15. Februar 1958 erscheint gerade zum Fasching und deshalb mit einem Faschingstitelbild. Es ist ein Foto im Stil der Zeit – mit Luftschlangen, Sektflasche und davonfliegendem Korken, dem der als Fotomodell mitwirkende *Wochenpost*-Gestalter Heinz Biskup mit offenem Mund hinterherschaut. Einige Vierzeiler unter dem Bild erzählen, der Korken sei, statt zur Zimmerdecke emporzusteigen, in eine elliptische Bahn umgeschwenkt:

»*So bleibt am Ende die Moral*
vom Abschuß am ›Cap Carneval‹:
Und ist der Kork auch noch so klein,
er möchte gern ein Korknik sein.«

So lustig ist man damals. Aber auch nachdenklich. Denn in der Kolumne links neben dem Titelfoto, in der sich – seit in Nr. 9/1957 der »Till Eulenspiegel« an dieser Stelle zum letzten Mal erschienen ist – allwöchentlich prominente Schriftsteller äußern, fragt Berta Waterstradt: »Ist Zuhören eine Kunst?« Auch hier neben der Moral (»Wer diese Kunst beherrscht, braucht sich nie einsam zu fühlen und wird immer gute Freunde haben«) die Anspielung auf den Erdsatelliten: »Aber wir brauchen schon unsere Mitmenschen, wenn auch unser eigenes Denken um das liebe Ich kreist wie der Sputnik um den Erdball, und nur wenn wir dieses Ich zu sehr überziehen, fängt es bei uns zu piepen an, wie beim Ebengenannten.«

Die *Wochenpost* vom 15. Februar 1958 enthält mehr Bezüge zum Karneval als nur das Titelbild. Es gibt zwei Seiten

Über die Jahre hinweg beliebt: Die Kinder-Wochenpost mit der Comic-Serie »Klaus und Choko« von Willi Moese

Faschingsgeschichten, darunter eine aus der italienischen Renaissance und ein »Frühwerk« von Renate Holland-Moritz.

Im Blatt werden zugleich ernste Töne angeschlagen. Fast eine ganze Seite ist der Rezension des 1957 in der DDR erscheinenden Buches »Die Todesfabrik« gewidmet, einer grausig genauen Beschreibung des Lebens und Sterbens in Auschwitz. Im Wirtschaftsteil findet sich unter der Überschrift »Offenställe für das liebe Vieh« eine Darstellung dieser aus der Sowjetunion importierten landwirtschaftlichen Torheit, die einige Zeit später korrigiert werden muß, weil der Schaden beträchtlich ist. Die Kühe wollten im eisigen Winter nicht »offen« stehen. Die *Wochenpost* vom 15. Februar 1958 preist aber noch den »Stall der Zukunft«.

Erinnert man sich an die Abstrafung der Redaktion im Winter 1956/57, dann verblüfft der kritische Ton eines Leitartikels auf Seite 2 unter der ziemlich nichtssagenden Überschrift »Pessimisten und Optimisten«. Es ist die Antwort auf einen Leserbrief, der der Redaktion vorgeworfen hat, anstatt »bewegenden Problemen« auf den Grund zu gehen, den Lesern »heiße

Gesellenjahre bei Brecht
So sehe ich denn auch, wie er sich etwas verhalten (wegen der schönen Asche an der Zigarre in der rechten Hand) auf die Schenkel schlägt, wenn ich ihm sage: »Brecht, mir ist nicht gut.« – »Ich rufe sofort einen Arzt an.« – »Das nicht, aber ich soll zehn Seiten über die menschliche Seite von Brecht schreiben ...« Da höre ich ihn zwischen seinen krähenden Lachern schreien: »Schreiben Sie: Er liebte ein altes Auto, Sitzungen, die nicht länger als eine Stunde dauerten, Theater am Vormittag und abends Käse!«
Erwin Strittmatter
Wochenpost 9.8.1958

Als die Karten fielen ...
Dieser Beitrag wird also ein Schlußlicht unter all den Artikeln sein, die jemals in unserer Zeitung über HO-Preise und Lebensmittelkarten geschrieben wurden, und wenn unsere journalistischen Nachfahren über diese »Kartenzeit« einmal einen Rückblick geben wollten, so müßten sie sich zukünftig in dickleibigen Archivbänden informieren.
Wochenpost 7.6.1958
zur Abschaffung der Lebensmittelkarten

Täve Schur wird Weltmeister
Es sind keine 15 km mehr bis zum Ziel. Ich lege einen hohen Gang auf. Es fällt mir schwer, bei einer Durchschnittsgeschwindigkeit von annähernd 55 km/h bei leichtem Gefälle die beiden Italiener einzufangen. Als ich an ihnen vorbeifahre, sehe ich in ihren schweißverklebten Gesichtern die große Enttäuschung. Ihre Mienen sind wie zum Weinen. Ich kenne diese Bitternis. Ich habe solche Minuten schon oft erlebt.
Täve Schur
Wochenpost 4.10.1958

Flucht aus der Legion
Täglich gelingt jungen Menschen, die sich verleiten ließen, in die berüchtigte Fremdenlegion einzutreten, die Flucht nach vorn, die Flucht zur Algerischen Nationalen Befreiungsarmee. Der *Wochenpost* ging dieser Tage von der algerischen Befreiungsbewegung die Mitteilung zu, daß sich wiederum zwei ehemalige Bürger der DDR ... zu den algerischen Patrioten durchgeschlagen haben ...
Wochenpost 5.7.1958

Hochwasser
An unsere Leser:
Die Hochwasserschäden haben auch die Papierfabriken in Mitleidenschaft gezogen. Deshalb erscheint die *Wochenpost* mit 16 Seiten. Wir bitten um Verständnis unserer Leser und hoffen, daß die Schwierigkeiten bald überwunden werden.
Wochenpost 12.7.1958

Kompressen zu verabreichen«. Es geht um die sogenannten kleinen Dinge des täglichen Lebens, die den Leuten »die Stimmung verderben«. Der *Wochenpost*-Leitartikel stimmt zu: »...irgendwo erreichten wir eine Grenze. Kritiken blieben scheinbar fruchtlos, und mancher Bürger wurde ihrer müde. (...) Es haben sich Widersprüche aufgetan; denn Planwirtschaft und volksdemokratisches Staatssystem haben zwar ihre bleibenden Grundsätze, ihr festes Rückgrat, doch sie bringen auch Formen und Methoden hervor, die vom Leben überholt werden können.« Bei dieser Feststellung beläßt es der Autor schließlich, denn er glaubt, ein Gesetz über die Umgestaltung des Staatsapparates werde Rettung bringen, werde alles bürgernaher und bürgerfreundlicher machen. Wieder einmal sitzt die *Wochenpost* eigenem Wunschdenken auf.

Was noch? Ein doppelseitiger Reisebericht des Stellvertretenden Chefredakteurs Siegfried Meißgeier aus Paris, eine Seite »Ratschläge für angehende Auslandstouristen« – allerdings nicht für eine Reise nach Frankreich, sondern für Wanderungen in Polen und in der Tschechoslowakei. An anderer Stelle erklärt der Verbandstrainer der Sektion Ski der DDR, daß die Erfolge der DDR-Skispringer das Ergebnis des Trainings auf Kunststoffmatten sind – eine Zeichnung erläutert plastisch Schanzenprofile und Flugbahnen der Springer.

Und, um es nicht zu vergessen, es gibt den Fortsetzungsroman. Hier ist es in 8. Folge der »Wundertäter« von Erwin Strittmatter als Vorabdruck in einer »für die *Wochenpost* besonders bearbeiteten Fassung«. Die »Bearbeitung« hat die Feuilletonredakteurin Edith Nell (Schellenberger) besorgt, der Text muß ja – ohne verstümmelt zu sein – auf eine Druckseite passen. Kürzungen von Romantexten sind ein undankbares Geschäft, zu schnell kann man den Autor verärgern; aber Erwin Strittmatter schickt ein Dankschreiben für die einfühlsamen Striche am »Wundertäter«.

Zum Abdruck sind zwei Anmerkungen angebracht. Einmal findet schon dieses Strittmatter-Buch bei einigen Kulturfunktionären keinen Beifall, vor allem werden in der Abteilung Agitation »Stellen« moniert; heute ist es überhaupt nicht mehr möglich, diese »Stellen« zu finden, geschweige denn sich vorzustellen, was denn Anstoß erregt haben könnte. So gibt es 1958 verärgertes Stirnrunzeln über die *Wochenpost,* als der »Wundertäter« in der Zeitung präsentiert wird, noch bevor er dann doch in die Buchhandlungen kommt. Zum anderen festigt sich mit diesem Vorabdruck ein freundschaftliches Verhältnis zwischen der *Wochenpost* und Strittmatter. Ab Juni 1962 wird dann auch der noch umstrittenere Strittmatter-Roman »Ole Bienkopp« in der *Wochenpost* vorab gedruckt, just als versucht wird, eine Buchveröffentlichung zu verhindern. Erst Ende 1963 kann »Ole Bienkopp« als Buch herauskommen.

Das Sagen hat die Partei ...

Niemand nahm im DDR-Journalismus daran Anstoß, daß sich SED-Parteiinstanzen um die Einsetzung von Chefredakteuren oder deren Stellvertreter kümmerten. Es bestreitet ja auch niemand Gruner+Jahr oder Springer oder Burda das Recht, Chefredakteure einzusetzen. Sie sind schließlich die Eigentümer und bestimmen selbstverständlich die große Linie ihrer Blätter. Die SED war Eigentümer unter anderem des Berliner Verlages und damit auch der *Wochenpost*, sie ernannte also die Chefredakteure. Auch das Prinzip, daß grundsätzliche Weisungen hinsichtlich des Inhalts der Zeitungen aus dem »Großen Haus« des ZK am Werderschen Markt kamen, wurde prinzipiell kaum in Frage gestellt. Nein, die Kritik der Redakteure entzündete sich an der Dummheit oder Unsinnigkeit der Vorgaben für die Medien.

Auf »Parteiebene« sah die Hierarchie so aus: Für »Agitation und Propaganda« war ursprünglich ein Sekretär des Zentralkomitees verantwortlich, der zumeist zugleich dem Politbüro angehörte. Dabei verbargen sich hinter dem Begriff »Agitation« vor allem die Medien, wohingegen mit »Propaganda« die ideologische Arbeit bezeichnet wurde. Im Laufe der Zeit wurden Agitation und Propaganda verschiedenen ZK-Sekretären unterstellt. Die *Wochenpost* hatte es bis 1955 mit dem bereits erwähnten Fred Oelßner zu tun, dann bis 1971 mit Albert Norden, bis 1978 mit Werner Lamberz und danach mit Joachim Herrmann. Zwei von diesen, Norden und Herrmann, waren sozusagen »gelernte« Journalisten, wohingegen Oelßner und Lamberz eher als »Apparat-Leute« bezeichnet werden müßten. Diese Kategorisierung sagt nichts über die Auswirkungen der Tätigkeit dieser ZK-Sekretäre. Lamberz war hinsichtlich des Einsatzes der Medien und des Umgangs mit den Redaktionen in meiner Erinnerung relativ flexibel, Joachim Herrmann hingegen am unsichersten, ungeschicktesten und ideologisch engstirnigsten.

Dem jeweiligen ZK-Sekretär unterstand die Abteilung Agitation (ursprünglich hieß sie »Abteilung Presse/Rundfunk«). Hier wiederum gab es mehrere Bereiche beispielsweise für Presse oder Fernsehen, denen jeweils ein Stellvertretender Abteilungsleiter vorstand. Der Albert Norden nachgeordnete Abteilungsleiter Horst Sindermann, der diese Funktion von 1954 bis 1963 ausübte, regierte aktiv in die Zeitungen hinein, sein Nachfolger hingegen trat bei uns nicht so sehr in

---

Kaffee und Kuchen
1. Alle Teilnehmer an der Beratung benutzen um 9.00 Uhr den Eingang Unterwasserstraße. Dort erhalten alle Genossen, die nicht im Besitz eines ständigen Hausausweises sind, ihre Einlaßkarte. Zwei Muster werden dem Büro des Politbüros bis Freitag, 22.6.73, 10.00 Uhr, zugestellt.
2. Im Vorraum zum Plenarsaal werden den Teilnehmern vor Beginn der Konferenz Obst und Getränke angeboten ...
4. In der Nachmittagspause wird im Vorraum zum Plenarsaal bzw. im Foyer II Kaffee und Kuchen bereitgestellt.
Abteilung Agitation / 21.6.1973: Org.-Plan der Abteilung Agitation für die Beratung mit leitenden Redakteuren von Presse, Rundfunk und Fernsehen am 25.6.1973 im Plenarsaal des ZK (SAPMO-BArch, DY 30 vorl. SED 18301)

Der große Sprung
Aspach wurde im vergangenen Jahr das erste vollgenossenschaftliche Dorf im Kreis Gotha. Die Aspacher Bauern machten damit einen großen Sprung nach vorn. Nicht alle waren am Anfang von der Richtigkeit dieser Entwicklung überzeugt ... Wir berichteten darüber in unserem Artikel »Die halben Millionäre«. Die Bauern von Aspach waren jedoch mit unserer Reportage nicht einverstanden, sie meinten, daß unsere Einschätzung ihrer Gemeinde und der LPG zu oberflächlich gewesen sei. Wir wären nicht bis zum Kern der Dinge vorgestoßen und in unserer Darstellung zu sehr von negativen Erscheinungen ausgegangen. Das Positive, was von den Bauern geschaffen worden wäre, ihre Erfolge hätten wir nicht erwähnt. Dadurch sei ein falsches Bild von Aspach entstanden. Noch bedenklicher aber sei, daß durch die Reportage der Eindruck hervorgerufen wurde, als wären sie durch Zwang und Gerüchte in die LPG gebracht worden, was in keiner Weise den Tatsachen entspräche. Unser Reporter sei von im Dorf vorhandenen gegnerischen Auffassungen ausgegangen und nicht von der wirklichen Lage. Die ernste Kritik der Bauern von Aspach und des Vorstandes der LPG an unserer Redaktion veranlaßte uns, erneut in dieses Dorf zu fahren.
Wochenpost 17.4.1959

Erscheinung. Norden pflegte übrigens den *Wochenpost*-Chefredakteur Siegfried Meißgeier selbst anzurufen (gemeinhin am Sonntag vormittag daheim, wenn jener gerade dabei war, sein Auto zu waschen) und seine Vorstellungen von der nächsten Ausgabe mitzuteilen. Meißgeier gab uns dann am Montag die »Linie«. Übrigens hat sich die Redaktion lange Zeit über die sonntäglichen Eingebungen des Chefredakteurs gewundert, bevor dieser eines Tages unabsichtlich offenbarte, daß ihnen Nordens Telefonate zugrunde lagen. Werner Lamberz (Abteilungsleiter von 1966 bis 1971) und der späterhin Lamberz unterstellte Abteilungsleiter Hans Modrow (1971 bis 1973) waren sachlich, strebten Konsens an und teilten im Unterschied zu Vorgängern oder Nachfolgern zu ihren Entscheidungen auch Gründe und Argumente mit. Mit Joachim Herrmann und seinem Abteilungsleiter Heinz Geggel (ab 1971) kam dann die Zeit rüden Kommandotons über uns, worüber noch zu berichten sein wird.

Der Vollständigkeit halber sei erwähnt, daß es auch noch die Agitationskommission beim ZK gab. *Wochenpost*-Chefredakteur Kurt Neheimer gehörte (in meiner Erinnerung etwa ab 1971) für einige Zeit diesem Gremium an. Zumindest in dieser Zeit schien sie ein Braintrust, ein Diskussionsforum mit einigen (nicht allen) Chefredakteuren zu sein. Es war also für die *Wochenpost* recht nützlich, dort vertreten zu sein.

Schließlich war in der Abteilung Agitation ein Mitarbeiter speziell für die im Berliner Verlag erscheinenden Zeitungen zuständig. Er war Zensor und Briefträger gleichermaßen, hatte über die Linie der Zeitungen zu wachen und Weisungen zu übermitteln.

Der Einfluß der SED auf die Zeitungen vollzog sich auch über die Parteimitglieder in den Redaktionen. Im Berliner Verlag bestand eine Grundorganisation der SED mit einem gewählten hauptamtlichen Parteisekretär. Irgendwann (mir scheint in den 70er Jahren) wurde dieser Parteisekretär zugleich zum »Parteiorganisator des ZK« im Verlag ernannt, womit man die ohnehin nur rudimentäre innerparteiliche Demokratie völlig aushebelte. Dieser Parteisekretär mußte nun mit dem Widerspruch leben, einerseits gewissermaßen als »Polizei« des ZK im Verlag zu fungieren, andererseits aber die Interessen der Parteiorganisationenen der Redaktionen zu vertreten. So sehr er sich auch mühen mochte, das Dilemma war nicht zu lösen.[28]

Zu der SED-Grundorganisation des Berliner Verlages gehörten die Abteilungsparteiorganisationen (APO) der einzelnen Redaktionen, also auch der *Wochenpost*. Demzufolge gab es in jeder Redaktion auch einen Parteisekretär. Bei uns war das über lange Zeiträume hinweg ein Mitglied der Chefredaktion. In der *Wochenpost* sind beispielsweise 1969 von etwa 47 »politischen Mitarbeitern« – sprich Redakteuren – 35 Mitglieder der SED gewesen, was einem Prozentsatz von 75,4 Prozent entsprach. Dieses Verhältnis dürfte sich in den späteren Jahrzehnten nur wenig verändert haben. Jedenfalls wurde 1975 in einem Aktenvermerk an die ZK-Abteilung Agitation festgestellt, in der *Wochenpost* gebe es 69 SED-Mitglieder, einschließlich der technischen Mitarbeiter.[29] Die *Wochenpost* war also rundherum eine »richtige« SED-Zeitung. Doch da sie so war, wie sie war, zeigt sich, wie wenig Aussagekraft eine solche Feststellung allein besitzt.

Das »Parteileben« bestand aus den allmonatlichen Parteiversammlungen, den Versammlungen der Parteigruppen (deren gab es in der *Wochenpost* mal zwei, mal drei) und dem Parteilehrjahr. Alles fand gemeinhin am Montag nach Feierabend statt. Die Parteileitung, aus deren Reihen auch der Parteisekretär kam, wurde in geheimer Wahl (in wirklich geheimer Wahl) bestimmt. Zwar gab es nie Gegenkandidaten, stets stimmte die Zahl der Kandidaten mit der der zu wählenden überein, aber es gab bei uns auch nie ein Parteileitungsmitglied oder einen Parteisekretär, der nicht bei der Wahl Gegenstimmen bekommen hätte. Insofern sah das Verfahren schon fast demokratisch aus. In den Parteiversammlungen wurde sowohl über die »große Politik« informiert und diskutiert als auch über redaktionelle Probleme. Zu unseren Parteiversammlungen wurden oft Experten als Gäste eingeladen, die zu ihrem Fachgebiet aus dem »Nähkästchen« plauderten. Auf Anhieb fallen mir ein: eine Soziologin von der Humboldt-Universität, der Stellvertretende Direktor der Akademie für Gesellschaftswissenschaften, ein Friedensforscher aus Westberlin, Entwicklungsingenieure aus einem Berliner Großbetrieb, ein hochrangiger Offizier der Bezirksverwaltung der Staatssicherheit (der recht offen sprach und der unsere Fragen beantwortete, beispielsweise hinsichtlich der Aktivitäten von Neonazis in der DDR). Dank solcher Vorträge waren die SED-Mitglieder in der Redaktion, aber auch die oftmals als Gäste eingeladenen parteilosen Redakteure relativ gut über manche Vorgänge in der DDR informiert. Dabei frustrierte natürlich, daß vieles von dem, was man da erfuhr, »off-the-record« – also nicht für die Öffentlichkeit bestimmt – war, so daß man nicht darüber schreiben konnte.

In der DDR herrschte das sogenannte Chefredakteursprinzip, das heißt, für alles, was im Blatt stand oder vorging, wurde der Chefredakteur vom ZK verantwortlich gemacht. Das konnte unter Umständen absurde Züge annehmen, beispielsweise wenn einem Chefredakteur irgendwelche Dinge im Anzeigenteil angekreidet wurden; sollte er alle Anzeigen lesen? Das eigentlich richtige Prinzip machte aus dem Chefredakteur bzw. aus seinen Stellvertretern in der Praxis auch Zensoren. Sie hatten tausend politische Sprachregelungen im Kopf zu haben, Tausende Tabus, Hunderte von Forderungen und Wünschen. Darüber hinaus

Von den Bauern lernen
Politisch außerordentlich wirksam war die Arbeit in der LPG Aspach. Nach der Veröffentlichung einer Reportage, die Mängel enthielt und zunächst negative Wirkung hatte, weil sie nicht auf die progressiven Kräfte im Dorf orientiert war, wurden erneut zwei Mitarbeiter nach Aspach entsandt. Sie arbeiteten mit den Bauern und Traktoristen, lebten mit ihnen, und nahmen an allen Versammlungen und Beratungen teil. Danach faßten sie in einer neuen Reportage, die durch das Gespräch mit einem Wissenschaftler ergänzt wurde, ihre Eindrücke zusammen und gaben konkrete Antwort auf die Fragen der Bauern. Sie klärten vor allem gründlich die Hauptfrage der Bauern, ob der Bau von Offenställen für die ökonomische Entwicklung der LPG nützlich sei ... Bei Besuchen der LPG-Bauern und der Brigade der MTS in der Redaktion wurde der Kontakt vertieft ... Die Redaktion konnte wertvolle politische Erfahrungen für die journalistische Arbeit sammeln.
Siegfried Meißgeier: Operativität und Parteilichkeit ... dargestellt am Beispiel und an den Erfahrungen der Wochenpost, Diplomarbeit zum Staatsexamen, Fakultät für Journalistik der Karl-Marx-Universität Leipzig. Juni 1960, S. 28f.

Die einheitliche Aufgabe
Für Presse, Rundfunk und Fernsehen kommt es vor allem darauf an, die aktive Verbreitung unserer sozialistischen Ideologie, die innen und außenpolitische Information, die geistigkulturelle Bereicherung und Unterhaltung im weitesten Sinne des Wortes als eine einheitliche Aufgabe zu verstehen und zu verwirklichen. Die Bemühungen um weltanschauliche Tiefe, schnelles politisches Reagieren und Massenwirksamkeit müssen ideenreich fortgesetzt werden. Vor allem gilt es, die Rolle von Presse, Rundfunk und Fernsehen als Tribüne des Erfahrungsaustausches der Werktätigen weiter auszubauen.
Erich Honecker auf dem X. Parteitag der SED, 1981

mußte der Chefredakteur ja ein Anreger und Ideengeber für die Redaktion sein und gleichzeitig Sorge für den praktischen Betrieb tragen, er sollte sich auch um die wirtschaftlichen Daten kümmern, kurzum, Chefredakteur war eigentlich ein wenig erstrebenswerter Job, vor allem wenn man den Ehrgeiz hatte, mit Anstand eine lesenswerte Zeitung zu machen. Brigitte Zimmermann hat das Dilemma später einmal so benannt: »Das System der Selbstzensur erzielte insofern große Effekte, weil es an die natürliche menschliche Eigenschaft anknüpfte, sich Aufregung und Ärger zu ersparen oder nur in Maßen zuzulassen. Wer besitzt denn die Nerven, stets und ständig sehenden Auges auf das nächste Riff zuzusteuern?«[30]

Dem Chefredakteur standen Stellvertretende Chefredakteure zur Seite (in der *Wochenpost* schwankte deren Zahl im Laufe der Zeit zwischen ein und drei), die spezielle Verantwortung für bestimmte Bereiche trugen. Die Stellvertreter, der für den technisch-organisatorischen Ablauf zuständige Redaktionssekretär und die Leiter der wichtigsten Abteilungen gehörten dem Redaktionskollegium an, einem vornehmlich beratenden Gremium, das sich beispielsweise mit der längerfristigen Planung beschäftigte, aber auch zur Diskussion von Personalfragen herangezogen wurde. In der Praxis aber waren die Grenzen nicht so strikt gezogen, die Übergänge zwischen Chefredaktion, Parteileitung, Redaktionskollegium, Abteilungsleitern, Kollegiumssitzung und Abteilungsleitersitzung oft fließend. Das ergab sich schon daraus, daß in der überschaubaren Größe der Redaktion viele Leute gleichzeitig verschiedenen Gremien angehörten.

Es sei erwähnt, daß fast alle Journalisten in der Redaktion Mitglieder des Journalistenverbandes (VDJ) waren. Auch gehörten alle *Wochenpost*-Mitarbeiter der Industriegewerkschaft Druck und Papier an. Die VDJ-Gruppe trat jedoch eigentlich nie in Erscheinung, während die (ebenfalls geheim) gewählte Abteilungsgewerkschaftsleitung (AGL) bei arbeitsrechtlichen Fragen, bei Lohn- und Prämienzahlungen, bei Auszeichnungen (beispielsweise als »Aktivist der sozialistischen Arbeit«) und hinsichtlich der Arbeitsbedingungen ein Mitspracherecht hatte. Damit soll nicht behauptet werden, wir hätten in einer demokratischen Idylle gelebt. Doch es gab durchaus vernünftige und innerhalb eines sehr engen Rahmens zeitweise sogar funktionierende Strukturen.

Es ist fast unmöglich, im nachhinein die redaktionelle Struktur exakt zu beschreiben. Das Geflecht von Abteilungen war einerseits sachlich vorgegeben und blieb deshalb in einigen Bereichen über die Jahrzehnte nahezu unverändert (Außenpolitik, Kultur, Sport, Leserbriefe, Bild, Grafik und Gestaltung beispielsweise). Im Bereich von Innenpolitik und Wirtschaft hingegen gab es häufigere Strukturreformen. Die DDR-Reporter gehörten mal zu einer Abteilung, mal verselbständigten sie sich; auch die Redaktion des Ratgeberteils wurde gelegentlich verändert. Das Experimentieren mit Strukturen verschaffte der Redaktionsleitung nicht gerade Popularität. Die Veränderung von Beziehungsgeflechten brachte Unruhe, verlangte Umdenken, führte manchmal auch zu Ärger und Mißgunst. So erwies sich Anfang der 70er Jahre die Zusammenfassung von Reportern in einer Abteilung mit dem etwas hochgestochenen Namen »Zentrale Gruppe« als überaus nützlich. Hier sorgten brillante Schreiber und besonders hartnäckige Rechercheure (um nur einige Namen zu nennen: Fred Seeger, Monika Maron, Irina Liebmann, Rolf Pfeiffer, Sieglinde Wolff) unter der Leitung von Margot Pfannstiel dafür, daß in der Zeitung Woche für Woche jene gut geschriebenen, informativen Reportagen standen, die in den anderen DDR-Medien fehlten. Da es in der Redaktion eine Menge Leute gab, die sich zwangsläufig auch undankbaren Aufgaben zu widmen hatten, wurde die »Zentrale Gruppe« gelegentlich mit einem gewissen Neid betrachtet, so nach dem Motto: Die haben's gut, die können sich die Rosinen rauspicken. Was so nicht stimmte.

Ende der 60er Jahre wurde einmal der Versuch unternommen, die Hierarchien völlig aufzubrechen, demokratischere Verhältnisse in der Redaktion zu schaffen. Die einzelnen Mitarbeiter sollten eine größere Eigenverantwortung erhalten, sie wurden zu quasi selbstverantwortlichen Eigentümern von sehr spezialisierten Ressorts. Sie entschieden nun selbständig und ohne jeden Ressortleiter (natürlich unter Beachtung all der vorgegebenen Tabus) über ihre Seiten. Das sehr umfangreiche Impressum jener Zeit spiegelt das wider. Gleichzeitig wurde der zeit- und kraftaufwendige Job des Chefs vom Dienst im Rotationsverfahren verteilt. Reihum mußte jeder Redakteur einmal die Gesamtleitung einer *Wochenpost*-Ausgabe übernehmen. Dieses Verfahren wurde wieder abgeschafft. Es war nicht effektiv. Den Redakteuren verging bald der Spaß an dieser belastenden Zusatzaufgabe, da sie neben der Arbeit an ihren eigenen Seiten sich auch noch mit den Produkten der Kollegen bis hin zur Auswahl von Überschriften oder Illustrationen herumärgern sollten.

Die Ausrede
Ich habe mit den Vertretern der Medien über Jahrzehnte hinweg bis in die jüngste Vergangenheit kameradschaftlich zusammengearbeitet. Das ist nicht ohne Widerspruch geschehen. Die Leiter der Medien – ich habe mit den Leitern der Medien gesprochen – haben Widerspruch angemeldet. Es hat Diskussionen darüber gegeben, es hat besonders in Bezug auf die Wirtschaftspolitik und insbesondere der Sprachlosigkeit angesichts der Flucht von DDR-Bürgern in andere Länder wirklich Auseinandersetzungen gegeben. (...) So hat sich das abgespielt in Form einer ... kooperativen Zusammenarbeit, weil die Chefs der Medien auch auf diese Linie eingeschworen waren. Wenn man aber letzten Endes diese Behandlung der Beiträge nimmt, kann man natürlich sagen: Jawohl, das war eine Art von Zensur, nur das war eine Art zum Teil auch von Selbstzensur.
Anhörung von Joachim Herrmann am 17.1.1990 vor dem Volkskammer-Ausschuß zur Untersuchung von Korruption und Amtsmißbrauch.

17. Januar 1959: Meine Rakete ist viel größer

Unser Straßenlied
»Wie wäre es, wenn dieses neue Lied bald eine einprägsame Melodie bekäme, damit es am 1. Mai von uns auf den Straßen gesungen werden kann?« schrieben wir am 23. August unter den Text des Straßenliedes. Heute stellen wir Ihnen auch die Noten dazu vor, die nach dem Urteil der Lektoren des VEB Friedrich Hofmeister Verlages – dem wir die eingesandten Vertonungen übergaben – bei weitem die besten sind.
Wochenpost 17.1.1959

Die Weltraumfahrt hält die Welt noch immer in Atem. Am 2. Januar 1959 ist erstmals eine (sowjetische) Rakete gestartet, die das Schwerefeld der Erde überwindet und zur Sonne fliegt. Die Titelzeichnung des nachfolgenden *Wochenpost*-Heftes hat den Lesern schon eine bemannte Mondstation in Aussicht gestellt. Nun – in der Ausgabe vom 17. Januar 1959 – werden auf einer ganzen Seite ganz populär und verständlich die bei Flügen im Sonnensystem wirkenden physikalischen und astronomischen Gesetze erklärt.

Das Foto auf Seite 1 dieser Ausgabe zeigt raketenzeichnende Kinder, dazu die merkwürdige Unterschrift: »Meine Rakete ist viel größer! Und wenn ich älter bin, werde ich damit in den Urlaub fahren.« Die den Schriftstellern vorbehaltene Kolumne der ersten Seite beginnt folgerichtig so: »›Der ist hinterm Mond und will uns belehren!‹ hieß es seit Menschengedenken. Sie ist hinterm Mond und belehrt uns. – Die Rakete? – Die Rakete! – Die Imperialisten belehrt sie? – Die auch. Aber die meine ich gar nicht. Ich meine die Wagner ...« Der Autor kommt auf den Wagner aus dem Faust zu sprechen, meint, die sowjetische Weltraumrakete lehre all die eines Besseren, »die den Augenfehler unseres Jahrzehnts haben, die, gleich, ob sie mit dem Rücken zur Sonne stehen oder mit dem Gesicht, immer nach Westen schielen«. Der Autor dieser Kolumne ist Reiner Kunze. Weit entfernt noch sein Konflikt mit der SED-Führung, weit entfernt seine Überwachung durch die Staatssicherheit und die Ausreise aus der DDR, mehr als zwanzig Jahre später. Noch ist Reiner Kunze optimistisch. »Und die Arbeiter?« fragt er am Ende seines Artikels. »Das Leben des einzelnen ist zu kurz, um den Startblock für die Himmelsschiffe bauen zu können. Ihr Leben zusammengenommen, bauen sie ihn bereits: den Kommunismus.«

Auf der folgenden Seite entdecke ich einen Leitartikel von mir – anläßlich einer Reise des DDR-Ministerpräsidenten Otto Grotewohl in den Nahen Osten und anläßlich eines sowjetischen Entwurfs für einen Friedensvertrag mit Deutschland. Wir sind noch mehr als dreizehn Jahre von der allgemeinen internationalen Anerkennung der DDR entfernt. Grotewohls Quasi-Staatsbesuch ist durchaus nicht alltäglich. Also schreibe ich: »Genausowenig, wie kalte Krieger die Existenz der DDR verheimlichen und das Wachsen des Ansehens der DDR in der Welt

Anzeigen
Beinverkürzung. Beseitigen Sie Ihren Gehfehler durch die von Ärzten empfohlene, bewährte DIBA-Spezialeinlage (Beinausgleich bis 10 cm – Ges. gesch.) für Normalhalbschuhe, nicht sichtbar, stets normales Aussehen. Alleinhersteller G. Schubert, Bischofswerda (Sa.)

Abstehende Ohren korrigiert Saturn, Karl-Marx-Stadt, Siegmar-Schönau, verlangen Sie Katalog 21

Auch im Winter lohnt sich ein Besuch in den Rabensteiner unterirdischen Felsendomen. Domartige Hallen-Eisstalagmiten u. Eisstalaktiten ... Rastplatz mit HO-Raststätte an der Autobahn Dresden-Plauen
Wochenpost 17.1.1959

Berlin braucht Ruhe!
Nichts ist nötiger als das, wenn der Westen der geteilten Hauptstadt kein zweites Sarajewo werden soll, wo bekanntlich 1914 jene Schüsse fielen, die den ersten Weltkrieg einleiteten. (...) Berlin kann Ruhe haben! Der Vorschlag der Sowjetunion, aus Westberlin eine entmilitarisierte Freie Stadt zu machen, gibt dafür ausreichende Garantien. Auch ökonomisch gesehen bieten sich für Westberlin Vorteile, wenn die Wirtschaft des Westens unserer Hauptstadt sich wieder organisch enger mit ihrem Hinterland verbindet und in das historisch gewachsene und bedingte Wirtschaftsgefüge eingliedert.
Wochenpost 10.1.1959

aufhalten konnten, so werden sie nicht verhindern können, daß Deutschland endlich einen Friedensvertrag erhält, der gute Bedingungen zur Wiedervereinigung und für die von allen Menschen so dringend gewünschte Entspannung schafft.« Noch ist der Bau der Mauer nicht vorstellbar. Noch spricht der Osten von Wiedervereinigung, nicht der Westen.

Doch die *Wochenpost* ist nicht so sehr wegen politischer Belehrungen gefragt. Die sind für viele Leser wahrscheinlich nur mehr oder minder lästige Beigabe. Sie wollen unterhalten sein. Da aber entdecke ich in der Ausgabe vom 17. Januar 1959 nicht sehr viel. Eine Woche zuvor und danach mag das anders sein, hier aber dominiert schwerere Kost. Auf einer Doppelseite informiert Siegfried Meißgeier unter der programmatisch-optimistischen Überschrift »Licht über der Steppe« über eine Reise ins sowjetische Neulandgebiet, nach Kasachstan. Er habe »selbst die Geschichte, wie der Plan Chruschtschows von der Überholung Amerikas in der Pro-Kopf-Produktion landwirt-

Milch für Westberlin
»Wir werden mit der Milch, die im Luchgebiet fließen wird, auch Westberliner Kinder versorgen können. Das wird mit dazu beitragen, daß ganz Berlin eine Stadt des Friedens wird.«
Eine Abgeordnete des Bezirkstages Potsdam Wochenpost 17.1.1959

Pionierarbeit in der Selbstbedienung
Neue Wirtschaftsbücher: »Selbstbedienungsläden – Lebensmittel«, Herausgeber: Ministerium für Handel und Versorgung. (...) Nachdem Wesen und Rolle der Selbstbedienung im kapitalistischen und sozialistischen Handel nachgewiesen werden, berichten die Autoren, daß 1912 in Los Angeles das erste Selbstbedienungsgeschäft eröffnet wurde. (...) Bei uns konnte 1956 der erste Selbstbedienungsladen eröffnet werden, inzwischen sind es 250 geworden. (...) Abschließend werden die Perspektiven für die Entwicklung der Selbstbedienung in der Deutschen Demokratischen Republik gezeigt. Mit diesem Ausblick verbinden die Herausgeber den Wunsch, daß die Mitarbeiter des Handels auf diesem Gebiet Pionierarbeit leisten mögen ...
Wochenpost 17.1.1959

schaftlicher Erzeugnisse Wirklichkeit wird, erlebt und aufgeschrieben«. Fast vierzig Jahre später wird man wissen, daß man Amerika nicht überholt hat, daß das gigantische Neulandprojekt zum Umweltdesaster wurde.

Im 14. Teil der Serie »Die Wirtschaft der Bezirke« wird der Bezirk Potsdam vorgestellt. Vor allem in der Landwirtschaft scheinen hier die größten Perspektiven zu liegen. Die Steigerung der Milchproduktion und die Entwicklung des Gemüseanbaus werden beschrieben, und dies mit ausdrücklichen Hinweisen auf das an den Bezirk Potsdam angrenzende Westberlin. Dann erfährt der Leser, daß der Rat des Bezirks »um die Lage in Berlin weiter zu normalisieren (...) Tausenden von jetzt noch arbeitslosen Westberlinern eine gesicherte Existenz und Arbeitsstellen, vor allem in seinen im S-Bahn-Bereich liegenden metallverarbeitenden und Baubetrieben« angeboten habe. Diese »großherzige Offerte« mag angesichts damaliger und späterer Realitäten verblüffen. Aber sie wird verständlich vor dem Hintergrund einer gerade einmal zwei Monate zuvor eingeleiteten politischen Großoffensive der Sowjetunion. Am 27. November 1958 hat der sowjetische Partei- und Regierungschef Nikita Chruschtschow den Westmächten ein Abkommen über den Status von Westberlin vorgeschlagen. Westberlin solle in eine Freie Stadt umgewandelt werden. Wenn der Westen nicht zustimme, werde man der DDR die Zuständigkeit über die Zufahrtswege übertragen. Damit ist eine internationale politische Krise ausgelöst worden. Die Medien auf allen Seiten pflegen solche Krisen agitatorisch zu begleiten. Der Bericht über die Wirtschaft im Bezirk Potsdam ist der Beitrag der *Wochenpost* zu dieser Kampagne.

Eine ganze Seite mit Buchrezensionen findet sich. Der Schriftsteller Werner Ilberg widmet sich ausführlich zwei frühen Romanen des sowjetischen Autors Ilja Ehrenburg. (Sein Roman »Tauwetter«, die erste literarische Abrechnung mit dem Stalinismus, ist eineinhalb Jahre vorher auch in der DDR erschienen.) Auf der Frauenseite beschreibt *Wochenpost*-Autorin Helga Borchert neueste Modetrends (Helga Borchert lebte in Westberlin, mit dem Mauerbau endete – zwangsläufig – ihre *Wochenpost*-Mitarbeit). Daneben »Gaumenkitzeleien durch scharfe Sachen« – Pfeffer, Muskat, Nelken, Vanille und Curry werden auch kulturgeschichtlich vorgestellt. Es gibt fast drei Seiten Kleinanzeigen in dieser Ausgabe, dabei allein 57 Anzeigen, in denen mehr als 120 Stellen angeboten werden, vor allem werden Ärzte, Krankenschwestern, Restaurant- und Hotelpersonal sowie Verkäuferinnen gesucht.

Nicht extra betont werden muß: Auf der letzten Seite steht der Gerichtsbericht von Rudolf Hirsch. Es geht um eine Anklage wegen Betrugs am Volkseigentum – keine leichte Beschuldigung in der DDR. Der Angeklagte, ein Ingenieur, wird aus der

Lieber im Dschungel
»Ich war im Osten und im Westen. Ich habe China und Vietnam bereist, ich war 1956 und 1958 längere Zeit in Westdeutschland. Und ich werde zehnmal lieber in den Dschungel fahren, in dieses mörderische Treibhausklima, als nach Westdeutschland. Wir mußten uns Dinge dort gefallen lassen, die hier der Arbeiter schon lange vergessen hat. Wie oft hat man uns noch dazu als Menschen zweiter Klasse behandelt, als ›Zonenbewohner‹, wie oft hat man mich nach näherem Kennenlernen gefragt: ›Im Vertrauen, könnt ihr euch wirklich satt essen da drüben?‹ Man wollte mich zum Dableiben bewegen und sah mich als Idioten an, als ich zurückfuhr.«
*Der Auslandsmonteur Karl-Heinz K. vom VEB Robur
Wochenpost 17.1.1959*

Untersuchungshaft vorgeführt. Das Delikt: Er habe sich Prämien in Höhe von einigen tausend Mark erschlichen für angebliche Verbesserungsvorschläge. Nun werden die Fälle vor Gericht abgespult. Zweierlei stellt sich heraus: Der Angeklagte hat die Erfindungen, für die er prämiert wurde, tatsächlich gemacht, der volkswirtschaftliche Nutzen seiner Tüftelei ist beträchtlich. Die zwei Vorgesetzten, deren »liederliche« (so jedenfalls Hirsch) Arbeitsweise den Angeklagten in Verdacht brachte, sind »flüchtig« (wohin flüchtig? Republikflüchtig darf man vermuten). »Nun aber wurde er vier Monate in Haft genommen. Wenn der mit der Untersuchung beauftragte Staatsanwalt sorgfältig gearbeitet hätte, dann hätte er in wenigen Tagen von einem Sachverständigen erfahren können, daß der Hauptanklagepunkt hinfällig war«, schreibt der *Wochenpost*-Gerichtsreporter. Nun also ein Freispruch. Hirsch moniert: Selbst noch im Prozeß wollte der Staatsanwalt nicht einsehen, daß er im Unrecht war, und beantragte vier Monate Haft. »Ein solcher Strafantrag, der genau der Länge der Untersuchungshaft entsprach, wirkte peinlich.«

Wandel zur »Roten Post«?

Nicht jedem Leser nachlaufen
Natürlich gab und gibt es unter den Lesern auch Stimmen, daß die Zeitung zu politisch und damit uninteressanter geworden sei. Damit muß man jedoch rechnen. Man muß sogar in Kauf nehmen, daß dieser oder jener Leser vorübergehend unserer Zeitung untreu wird. Denn es kann nicht Grundsatz sein, jedem einzelnen Leser nachzulaufen und auf das Niveau von Schichten und Menschen herabzusinken, die der Arbeiterklasse noch sehr fernstehen.
Referat des Parteisekretärs auf einer Parteiversammlung der Wochenpost, 3.10.1957

Es war, wenn mich mein Gedächtnis nicht trügt, Anfang 1959, als der damalige Parteisekretär der *Wochenpost* in einer Parteiversammlung einen ungewöhnlichen Vorschlag machte. Man solle, meinte er, doch darüber nachdenken, ob es noch zeitgemäß sei, die *Wochenpost* wie bisher mit dem Image der *Grünen Post* fortzusetzen. Ob es nicht an der Zeit sei, die Zeitung in *Rote Post* umzubenennen.

Das Auditorium war zunächst erst einmal konsterniert. Ja, man wußte, es hatte einmal Ende der 20er Jahre eine von der Kommunistischen Partei herausgegebene *Rote Post* gegeben (mit den Post-Farben war es überhaupt so eine Sache; um von der Popularität der *Grünen Post* zu profitieren, hatten die Nazis eine *Braune Post* gegründet). Niemand von uns hatte je eine *Rote Post* zu Gesicht bekommen, niemand wußte, ob das eine lebendige oder eine langweilige Zeitung gewesen war. Aber wir wußten natürlich, daß es bei dem Vorschlag nicht darum ging, sondern um eine weitgehende Veränderung des Charakters der *Wochenpost*.

Bis heute ist mir nicht klar, ob dieser damalige Vorschlag von jemandem im ZK angeregt worden war oder ob es sich um den vorauseilenden Gehorsam eines eifrigen Genossen handelte. Doch alle Redakteure sprachen sich dagegen aus. Schluß der Debatte. Die Sache wurde nicht mehr weiterverfolgt.

Ruhe gab es deshalb noch lange nicht. Im Protokoll der 3. Pressekonferenz des ZK der SED vom April 1959 findet sich im Schlußwort des damaligen Leiters der Abteilung Agitation, Horst Sindermann, eine Bemerkung über das Layout der Zeitungen. Walter Ulbricht habe einmal auf »negative Seiten« aufmerksam gemacht und gefragt: »Nun, wie sehen diese Zeitungen aus? Sie sehen aus, als wären Hühner über die Zeitung gelaufen: Hier ein bißchen Dulles, und dort ein bißchen Mamai, und dort ein bißchen Selbstmord mit Wetterbericht und kurze Nachrichten mit tiefer ideologischer Begründung. Aber nicht heraus kam die Grundidee, die die Zeitung beherrschen muß.« Ja, das muß O-Ton Ulbricht gewesen sein. So dachte und so sprach der. Und was sagte Sindermann dazu weiter? Dies: »Viele unserer Zeitungen – und das war auch die Diskussion mit der *Wochenpost* und mit anderen Zeitungen – sahen aus wie ein futuristisches Gemälde, bei dem die Menschen den Hals verrenken, wenn sie es betrachten, und hinterher fragen, was das denn nun eigentlich darstellen soll. Es wurde ihnen nicht klar, daß es die Zeitung der kämpferischen Sozialisten ist ...«[31]

Das war zu jener Zeit die Art des Umgangs mit den Redaktionen, die Tonlage, in der man auf unsere Arbeit einging, mit der man immer aufs neue disziplinierte.

Indes: Der in unseren Augen etwas absurde Vorstoß in Richtung *Rote Post* hatte – genau wie Ulbrichts Hühner – eine gewisse Logik. In den Jahren 1959 und 1960 wurden wieder einmal die Schrauben angezogen. Im Januar 1960 kam das Signal zur – wie es in einem Wortungetüm hieß – »Vergenossenschaftlichung«. Mit anderen Worten: Alle Bauern sollten in die Landwirtschaftlichen Produktionsgenossenschaften (LPG) eintreten. Großraumwirtschaft bei Ackerbau und Viehzucht mochte einleuchten. Die Bauern aber beharrten auf ihrer Selbständigkeit. Es gab Druck, Gegendruck, massenweise Flucht in den Westen. Die Zeitungen aber sollten optimistische Berichte vom Lande liefern ...

In den Betrieben wurde seit dem Januar 1959 die Bildung von »Brigaden der sozialistischen Arbeit« forciert. Zugleich beschloß eine Tagung des ZK, alle Funktionäre der Parteiapparate sollten einen Monat lang körperlich in der Produktion arbeiten. Das betraf auch die Journalisten der der Partei gehörenden Zeitungen. Einige (wenige) Redakteure der *Wochenpost* verließen daraufhin vorübergehend die Redaktion, um in irgendeiner Werft den Arbeitern im Wege zu stehen oder in einem Dorf wenigstens bei der Herstellung einer Dorfzeitung zu helfen.

Der wachsende politische Druck, der eine neue Fluchtwelle auslöste, die erst mit dem Mauerbau gestoppt wurde, sollte sich natürlich in den Zeitungen widerspiegeln. Das machte die Arbeit der Redaktion nicht gerade leichter. Da atmete man schon auf, wenn so ein Vorstoß in Richtung *Rote Post* abgeschmettert werden konnte. »Rot« oder »Grün«, manchmal schien das schon ziemlich egal zu sein. Wir hofften, daß demnächst wieder bessere Zeiten kämen, und tatsächlich, bald wurden die Schrauben wieder gelockert. Über die Jahre hinweg haben wir immer wieder taktisches Hin und Her und Auf und Ab erlebt, das lange Zeit trügerische Hoffnungen auf einen prinzipiellen Wandel zum Besseren weckte.

Die Redaktionen mußten sich an den sogenannten richtungweisenden Empfehlungen der Obrigkeit orientieren, die beispielsweise alle fünf Jahre auf den SED-Parteitagen ergingen. Der SED-Generalsekretär widmete in seiner durchweg sehr langen Rede stets einige Sätze auch den Medien. Es waren insgesamt sich wiederholende Floskeln, die nun überdies auch noch »ausgewertet« werden sollten.

Seit den 70er Jahren half uns bei diesen Parteitagsauswertungen (wie auch bei den Parteitagsvorbereitungen) ungemein die Randspalte. Wir konnten einen lesbaren Artikel

Bequeme Genossen
Man spürt nicht genügend die Kraft der Parteiorganisation, die zur Erfüllung unserer politischen Aufgaben unerläßlich ist ... Es ist eine Atmosphäre der Bequemlichkeit entstanden. Viele Genossen empfinden eine Parteiversammlung oder einen Parteiauftrag als eine übergroße Belastung und suchen sich oft mit Ausflüchten der Parteiarbeit zu entziehen. In Gesprächen und Unterhaltungen mit parteilosen Kollegen vergessen manche Genossen, daß sie als Parteimitglieder verpflichtet sind, geschlossen aufzutreten, Disziplin zu wahren und die Linie der Partei zu vertreten. Die Parteileitung muß ferner der engen Verbindung unserer leitenden Genossen zur Arbeiterklasse eine viel stärkere Beachtung schenken.
Referat des Parteisekretärs auf einer Parteiversammlung der Wochenpost, 3.10.1957

Das waren jene drei Seiten der Wochenpost vom 5. Mai 1967, die den Ärger zahlreicher Leser erregten.

Rund um die Uhr
Der Einfluß von Presse, Rundfunk und Fernsehen auf das geistige Leben in der Gesellschaft, ihre Massenwirksamkeit sind seit dem VIII. Parteitag gewachsen. (...) Die Auflage unserer gesamten Tages- und Wochenzeitungen, einschließlich der Illustrierten, erhöhte sich auf 16,7 Millionen. (...) Alle Massenmedien stehen vor der Aufgabe, den neuen Anforderungen der Innen- und Außenpolitik mit immer größerer Wirksamkeit gerecht zu werden. Das gilt um so mehr, als unter unseren Bedingungen die ideologische Auseinandersetzung mit der bürgerlichen Ideologie vor allem im Äther in voller Schärfe und ohne Pause sozusagen täglich rund um die Uhr stattfindet.
Erich Honecker auf dem IX. Parteitag der SED, 1976

relativ einfach in die jeweilige politische Kampagne einbringen, indem wir am Rand einmal das Logo des jeweiligen Parteitages druckten und außerdem darunter ein Zitat aus den parteiamtlichen Materialien oder aus der jeweiligen Honecker-Rede. Das bewahrte uns natürlich nicht davor, wenn denn der Parteitag stattfand, in der jeweiligen Ausgabe auf mehreren Seiten Teile dessen zu drucken, was auch die Tageszeitungen brachten. Die Produktion dieser Seiten erfolgte mit Hilfe des *Neuen Deutschland*, eines Rechenschiebers zum Umrechnen der Zahl der Buchstaben bei unterschiedlicher Zeilenbreite sowie von Schere und Klebstoff. Der Umfang wurde von der Abteilung Agitation vorgegeben. Beim VII. Parteitag von 1967 waren es in der Nr. 18 der *Wochenpost* insgesamt fünf Seiten, in der folgenden Nummer 19 noch einmal vier Seiten.

Dazu erreichte uns ein anonymer Leserbrief: »Deine Zeitung wird von Woche zu Woche immer mieser. Jetzt bringst Du in der letzten Nr. auch noch 3 volle Seiten Bilder der Kandidaten, Sekretäre usw., das alles haben schon sämtliche anderen Zeitungen gebracht ...«

Ganz abgesehen von den Parteitagen: Zahl und Umfang der Kampagnen schwollen mit der Zeit immer mehr an. Die Jahrestage der DDR sind offenbar immer wichtiger geworden, von den DDR-Wahlen mit den im wesentlichen vorhersehbaren Resultaten ganz zu schweigen. Wir mußten uns immer mehr Reportagen und Artikelserien ausdenken, die in den »Schindeln« viel Eindruck machen und gleichzeitig noch die Leser unterhalten sollten, und das wurde bei den sich gebetsmühlenartig wiederholenden Anlässen immer schwieriger.

30. Januar 1960:
Ulbrichts Brief an Adenauer

Seit der Ausgabe vom 3. Oktober 1959 zum 10. Gründungstag der DDR hat sich das Gesicht der *Wochenpost* verändert. Die Kopfzeile erscheint jetzt negativ, weißer Text auf grünem Grund. Doch das dürfte nicht der Anlaß der Kritik der Leser gewesen sein.

Im Januar 1960 beanstandete Herr Ewald B. aus Spergau, die *Wochenpost* sei »auch 1959 nicht von der Schablone der Tageszeitungen weggekommen. Das gilt auch für die wirtschaftspolitischen Aufsätze mit ihren vielen trockenen Zahlen«. Herr B. fragte: »Wird sich die *Wochenpost* im Jahre 1960 verbessern? Gott gebe es!«

Es sollte noch härter kommen. »Liebe *Wochenpost*!« eröffnete Herr Rudo O. aus Atzendorf seinen Brief, »so beginnen wohl noch immer alle Leserbriefe, aber bist Du wirklich noch eine ›Liebe *Wochenpost*‹? (...) Viele meiner Bekannten haben mit Dir gebrochen, und auch die Zusteller sagten mir, daß sie froh sind, Dich noch abzusetzen. Auch ich nehme Abschied ...«

So sah die Wochenpost vom 30. Januar 1960 ursprünglich aus. Aber nur 100 000 Leser bekamen diese Titelseite zu Gesicht. Die übrigen 700 000 erhielten statt dessen den Brief Walter Ulbrichts (unten).

Darin lag vielleicht ein wenig Übertreibung. Die *Wochenpost* war nach wie vor schwer zu erhalten. Doch bei Durchsicht der Ausgaben kann man nicht umhin, der Kritik der Leser zu folgen. Ein zunehmende Zähigkeit in Teilen des Blattes war aber offensichtlich das Resultat der Dummheit der DDR-Medien-Politik jener Zeit.

An der *Wochenpost* vom 30. Januar 1960 ist das ganz gut abzulesen. Diese Ausgabe bringt sozusagen eine Premiere. Zum erstenmal nämlich wird, wie es im Zeitungsjargon heißt, »nachgeschoben«, werden einige Seiten für eine zweite Ausgabe ausgewechselt, ersetzt. (Schon eine Woche später werden wir das Blatt erneut nachträglich ändern, dann aus traurigem Anlaß: Wegen eines Grubenbrandes im Steinkohlenwerk Zwickau mit vielen Toten erscheint die *Wochenpost* in einem Teil der Auflage mit einem schwarzem Trauerrand auf der Seite 1).

Doch weshalb wird da am 30. Januar 1960 in 700 000 Exemplaren der *Wochenpost* die hübsche, geigenspielende 18jährige Oberschülerin Renate Fiedler aus Potsdam von der Titelseite gedrängt? Weshalb bekommen nur 100 000 *Wochenpost*-Leser die Kolumne des Schriftstellers Wolfgang Joho auf Seite 1 zu lesen, der über Kunst und Kitsch im täglichen Leben reflektiert?

Neben und unter dem *Wochenpost*-Kopf heißt es: »Lesen Sie heute auf den Seiten 1–3: Brief Walter Ulbrichts an Konrad

Appetit läßt nach
Nachdem ich nunmehr sechs Jahrgänge der *Wochenpost* verdaut habe, muß ich leider feststellen, daß der Appetit langsam, aber sicher nachläßt. (...) Falls Sie wieder einen Abonnenten verlieren wollen, machen Sie nur so weiter.
Rolf L., Karl-Marx-Stadt, an die *Wochenpost*
(Januar 1960, unveröffentlicht)

Aus dem Briefwechsel mit schreibenden Arbeitern
Wilhelm F. schreibt: In meiner Freizeit mache ich gerne Gedichte ... Ich lehne es aber grundsätzlich ab, irgendwelche Korrekturen an meinen Gedichten nachträglich vorzunehmen.
Antwort des Redakteurs: Es ist schön, wenn Sie soviel Freude am Schreiben haben. Nur über eines müssen Sie sich klar sein, sobald Sie mit Ihren Arbeiten an die Öffentlichkeit treten wollen: Den Satz »Ich lehne grundsätzlich ab, irgendwelche Korrekturen usw.« müssen Sie grundsätzlich streichen. (...) Sehen Sie sich doch einmal an, wie oft unsere großen Dichter noch nach Jahren an ihren Manuskripten gefeilt haben. (...) Das Ergebnis Ihrer Ablehnung äußert sich ganz deutlich im Gedicht selbst; Sie setzen ein, was Ihnen gerade gefällt, und lassen es stehen: z. B. »zwischengesenkt«. Was sind »zwischengesenkte« Kreuze? Das versteht der Leser nicht.
Wochenpost 30.1.1960

Adenauer«. Auf dem ausgewechselten Titelbild lächeln einige Leute Ulbricht an. Ab Seite 2 erstreckt sich eine in der *Wochenpost* ungewohnte Bleiwüste, aufgelockert nur durch Zwischentitel, die, wie am Ende extra vermerkt wird, nicht von Ulbricht, sondern von der Redaktion sind.

Auf einem Notizzettel, den ich merkwürdigerweise nicht wie üblich weggeworfen habe, lese ich unter dem Datum 27. Januar 1960: »Die Seiten 1, 2 und 3 werden noch mal umgestellt, da das *Neue Deutschland* einige Stellen halbfett hat, wir aber normal, *ND* einiges eingerückt, wir auf voller Breite, *ND* einiges unterstrichen, wir anderes. Ergo: zwei Seiten noch mal neu prägen ...« Die Einmischung der Obrigkeit beschränkt sich nicht auf den Inhalt, sie greift unter Umständen auch direkt in die Typografie ein. Dergleichen Übungen, zu denen man uns zwingt, und die daraus resultierende Atmosphäre müssen es wohl sein, die die Leser spüren und in ihren Briefen beanstanden.

Doch nun zu dem Brief des »Ersten Sekretärs der ZK der SED und Ersten Stellvertreters des Vorsitzenden des Ministerrats der DDR, Walter Ulbricht« so die Unterschrift unter dem Brief »An den Vorsitzenden der CDU/CSU Herrn Dr. Konrad Adenauer« (die Anrede ist, sei ergänzt, unkorrekt, der CDU-Vorsitzende Adenauer stand keineswegs der CSU vor). Ulbricht hoffe, so heißt es in dem Schreiben, daß dieser Brief Adenauer zu ernstem Nachdenken veranlaßt »und eine offene, sachliche Aussprache über Frieden und Krieg und über die Wiedervereinigung zu einem friedliebenden, demokratischen, fortschrittlichen Staat fördert«. Nun ist das Anliegen Ulbrichts sicherlich ehrenwert. Die Lage in Mitteleuropa ist gespannt. Eine Außenministerkonferenz der vier Großmächte unter erstmaliger Beteiligung von Bundesrepublik und DDR (wenngleich diese auch nur mit Beraterstatus) ist im August 1959 ohne Resultat abgebrochen worden. Im Dezember 1959 hat Franz Josef Strauß, der Bundesverteidigungsminister, auf einer NATO-Tagung die Bereitschaft zur Lagerung von Nuklearwaffen auf westdeutschem Boden erklärt. Die USA blockieren Abrüstungsvorschläge der Sowjetunion. Gleichzeitig aber haben sich die innenpolitischen Probleme in der DDR verschärft. Man bekommt die Wirtschaft nicht so recht in den Griff. Innere Pressionen und das sowjetische Drängen auf eine Änderung des Status von Westberlin schüren Ängste in der Bevölkerung, 1959 haben 143 000 Menschen fluchtartig die DDR verlassen. Da schlägt Walter Ulbricht vor: eine Volksabstimmung in ganz Deutschland über Abrüstung, über den Abschluß eines Friedensvertrages und über ein deutsche Konföderation. Das Anliegen ist der Parteiführung so wichtig, daß es in epischer (unleserlicher) Weise auch den *Wochenpost*-Lesern unterbreitet wird.

Merkwürdig: Wer heute in den einschlägigen Publikationen, die die Geschichte der DDR aufarbeiten, nach den Spuren des

Ulbricht-Briefes vom 23. Januar 1960 sucht, wird schwerlich fündig. Das Schreiben wird kaum erwähnt, niemals analysiert. Damals Aktion höchster Wichtigkeit, aus heutiger Sicht wohl nur propagandistisches Manöver ohne seriösen Hintergrund.

Es gibt weitere Beiträge in dieser *Wochenpost*, die das Blatt für einige Leser offensichtlich schwer genießbar machten. Dazu gehört sicherlich eine Doppelseite unter dem Allerweltstitel »Junge Ehe – gut bewährt«, in der es um die Tätigkeit der MTS (Maschinen-Traktoren-Stationen) auf dem Lande und um die Gründung Landwirtschaftlicher Produktionsgenossenschaften geht. Der später so genannte »sozialistische Frühling« steht bevor. Innerhalb von drei Monaten werden Anfang 1960 eine halbe Million selbständige Bauern mit mehr oder weniger Druck in die LPG getrieben, die Medien haben ihren Beitrag dazu zu leisten. Beim Blick in die alten Zeitungsbände zeigt sich aber in der *Wochenpost* eine vergleichsweise Zurückhaltung bei diesem Thema.

In dieser *Wochenpost* vom 30. Januar 1960 beginnt der Tatsachenbericht »Bis fünf nach zwölf«, eine lange Fortsetzungsserie über die Ereignisse des Frühjahrs 1945, also über die Zeit von vor genau 15 Jahren. Zum ersten Mal werden in einer DDR-Zeitung Details über die letzten Tage in der Reichskanzlei und über die Schlacht um Berlin erzählt.

Eine ganze Seite ist mit »Sieg über den Schraubenzieher« überschrieben. So liest sich auch der nachfolgende Artikel. In epischer Breite wird geschildert, wie man in der Berliner Vergaserfabrik ein Fließband einrichtet. Ein dröger Text, und dann noch Ärger. Einem Zulieferbetrieb, dem VEB Weißensee-Druckguß, ist vorgeworfen worden, zuviel Ausschuß zu schicken. Zwei Gewerkschaftsfunktionäre protestieren bei der Redaktion, verlangen, daß die Redakteure in den Betrieb kommen und sich verantworten. Schade, es ist nicht mehr nachzuvollziehen, wie der Streit ausging ...

Es finden sich zwei umfangreiche Reisereportagen im Blatt, die eine aus Mexiko, die andere aus Algerien, wo seit mehr als sechs Jahren der Krieg gegen die Kolonialmacht Frankreich tobt. Hans Otten berichtet aus einem Flüchtlingslager an der marokkanisch-algerischen Grenze. Auf einer Seite wird ausführlich über die sowjetische Riesenrakete informiert, die am 20. Januar 1960 von der UdSSR aus in 45 Minuten über 12 500 Kilometer hinweg in den Pazifik geschossen wurde. Das mag die Militärs in den USA mit Besorgnis erfüllt haben, in der *Wochenpost* lautet das friedliche Fazit: »Generalprobe für neue Schritte ins All.« Das auch.

Auf der Wissenschaftsseite schließlich wird über »Fernsehbild-Konserven« informiert, und zwar über eine Aufzeichnungstechnik, von der wir Videorecorder-Besitzer gemeinhin gar nicht wissen, daß es sie je gegeben hat. Die Romanseite enthält die

Ein Schriftsteller schlossert
Ich schlossere, richtiger gesagt: ich schabe, feile, schleife meine Daumen und andere, nicht unbedeutendere Organe. Solange es meine eigenen sind, lassen sich meine Kollegen von der Jugendbrigade »1. September« nichts anmerken. Sie sagen: er schlossert. Ich finde das sehr großzügig, denn anläßlich eines solchen Wortes überkommen die Seele eines Schriftstellers, selbst wenn sie aller Haut entblößt wäre, feierliche Gefühle, wie sie sonst nur zu seinem Geburtstag in ihm aufklingen.
Reiner Kunze
Wochenpost 30.1.1960

Zeltgestänge aus dem Flugzeugwerk
Ein festes Dach über dem Kopf zu haben ist sicher auch Ihr Wunsch für den kommenden Urlaub. Als Campingfreund sollten Sie daher schon jetzt Ihre Ausrüstung durch ein modernes Alu-Zeltgestänge ergänzen. Bitte fordern Sie unverbindliches Angebot bzw. Bezugsquellennachweis an durch VEB Flugzeugwerke Dresden an.
Wochenpost 2.1.1960

4. Fortsetzung des Vorabdrucks der Erzählung »Das Geständnis« von Brigitte Reimann, illustriert von Klaus Poche. An dieser Stelle will ich anmerken, daß Klaus Poche den Heutigen sicher als Autor – vor allem von Fernsehfilmen – bekannt ist, aber wer weiß schon, daß er ein begabter Grafiker ist, dessen Illustrationen seit dem Herbst 1954 regelmäßig in der *Wochenpost* erschienen. (Im Sommer 1965 stellte er sich dann erstmals auch in unserem Blatt als Autor vor.)

Schließlich muß bei Betrachtung der *Wochenpost* vom 30. Januar 1960 erwähnt werden, daß Rudolf Hirsch gleich mit zwei umfangreichen Beiträgen vertreten ist. Auf einer ganzen Seite wird über einen Prozeß in Düsseldorf berichtet. Mitglieder des westdeutschen Friedenskomitees, darunter ein Pfarrer, sind angeklagt, »einen systematischen Hetzfeldzug gegen Verfassungsorgane der Bundesrepublik betrieben und damit zugleich verfassungsfeindliche Bestrebungen verfolgt« zu haben. Man erinnere sich: 1960 ist ein Jahr noch mitten im Kalten Krieg. Auf beiden Seiten des »Eisernen Vorhangs« wird verfolgt und verurteilt. Die eine Seite, die DDR, geht dabei allerdings schärfer vor. Rudolf Hirsch jedenfalls seziert die Argumente der Anklage, nimmt sich die Staatsanwälte vor. Im April 1960 kommt er in der *Wochenpost* noch einmal auf diesen Fall zurück. Dann sind die Urteile gefällt, auf neun Monate Haft lautet die höchste Strafe.

»Die Presse lief ohne Zensur«
... aber mit Nachzensur

Walter Ulbricht gab sich überlegen, als er dem tschechoslowakischen Parteiführer und Protagonisten des Prager Frühlings, Alexander Dubček, erklärte, in der DDR sei alles anders: »Als wir aus der Presse erfuhren, daß Sie eine Pressezensur abgeschafft haben, waren wir bei uns erstaunt, weil wir so etwas nicht kannten. Wir haben nie eine Pressezensur gehabt, und Sie sehen, wir sind ganz gut vorwärts gekommen auch ohne Pressezensur.«

Noch nach dem Ende der DDR beharrte die ehemalige Führung auf dieser Fiktion. Erich Honecker sagte: »Wir hatten ja keine Zensur. Zensur bedeutet, man muß die Druckfahnen bringen und dann werden sie durchgeschaut. Von diesem Gesichtspunkt aus gesehen, hatten wir im Unterschied zu anderen sozialistischen Ländern keine Zensur.« Es wurde noch eins draufgesetzt: »Wir waren das einzige sozialistische Land, das die Dinge laufen ließ, kraft des einzelnen Chefredakteurs, der verantwortlich war für seine Zeitung.« Honecker bekräftigte: »Aber die Presse lief ohne Zensur. Rundfunk und Fernsehen liefen ohne Zensur. Nur kraft des Verantwortungsbewußtseins des einzelnen wurde die Sache gestaltet.«[34]

Das ist wahr und unwahr. Tatsächlich gab es für die DDR-Presse anders als in den übrigen sozialistischen Ländern keine Vorzensur. Wir mußten unsere Seiten nicht vorab vorlegen. Die polnische oder tschechoslowakische Zensur war im Grunde immer noch ehrlicher als das System, das bei uns praktiziert wurde. Dabei hätte die DDR-Zensurpraxis den DDR-Medien durchaus Spielräume geboten. Aber die Chefredaktionen wußten nie genau, wo die Grenzen des Machbaren lagen, und wollten Konflikte möglichst vermeiden. Auf diese Weise ersparte sich der Staat den direkten Eingriff, wälzte die Verantwortung ab. Das machte die Effektivität des DDR-Zensursystems aus.

Bei uns gab es die Nachzensur. Der Sektor Presse der Abteilung Agitation des Zentralkomitees erhielt direkt aus der Druckerei Andruckexemplare der *Wochenpost* – erst 25, später 30 Stück.[35] Da zwischen dem Andruck und der Auslieferung unserer Zeitung gemeinhin mindestens zwei Tage lagen, konnte das ZK im Zweifelsfalle den Verkauf der *Wochenpost* völlig unterbinden, wenn man unerwünschte Texte entdeckte. Ja, es war sogar noch genug Zeit vorhanden, um – wenigstens in einem Teil der Auflage – Korrekturen vorzunehmen. Nachträgliche Änderungen sind ja oft genug gemacht worden, allerdings,

Geheimhaltung
Die Wiedergabe der Details von Forschungsaufgaben und -vorhaben, der Einzelheiten und Parameter unserer neuen Entwicklung in Artikeln und Sendungen ist zwar für die Konkurrenten recht interessant, für die Masse der Bevölkerung aber von wenig Interesse. Unsere Verpflichtung ihr gegenüber erfüllen wir vielmehr, wenn wir gemäß den Anforderungen des Plenums uns den geistigen Prozessen und Verhaltensweisen zuwenden. Einige Betriebe, die Hauptträger der Entwicklung der neuen Strukturlinien unserer Industrie sind, sind für Journalisten verschlossen. Wir wissen, daß es im örtlichen Bereich Überspitzungen auf diesem Gebiet gibt, die man überwinden muß. Im Prinzip entspricht diese Regelung jedoch unseren politischen Interessen.
Werner Lamberz vor den Chefredakteuren, 21./22.11.1968 (SAMPO-BA, NY 4205/13 / Nr. 40a)

»Olympia-Trubel«
IOC-Präsident Brundage sagte weiter: »Die olympische Bewegung ist die Religion des XX. Jahrhunderts.« (...) Zu dieser neuen »Religion«, deren Hohepriester Diskriminierungen dulden oder sogar unterstützen, kann man der Sportwelt kaum gratulieren. Und das Erstaunliche ist, daß man beim Blättern in manchen unserer Zeitungen und beim Anhören der Reportagen von Heinz-Florian Oertel und einigen seiner Kollegen glauben muß, daß diese neue »Religion« auch in der DDR ihre Missionare hat. Wenn die Olympiade zu Ende ist, sollten die Überschwenglichen am besten ganz schnell auf den Teppich zurückkehren. Freude über eine großartige Leistung ist verständlich. Aber ich finde, man vergißt dabei ein wenig die Proportionen.
Klaus Polkehn
*Wochenpost 24.10.1964 zu den Olympischen Spielen von Tokio
(Bis heute erscheint es mir wie ein Wunder, daß diese Kolumne inmitten der DDR-weiten Medaillen-Euphorie erscheinen konnte. Die Abteilung Agitation reagierte darauf genauso sauer wie sehr viele Leser!)*

soweit ich mich erinnere, vor allem auf Initiative der Redaktion (zur Ausmerzung dämlicher Satzfehler beispielsweise) und nicht auf Weisung des ZK.

Die Nachzensur funktionierte auf jeden Fall so, daß etwa kleinere Verstöße gegen Sprachregelungen, wie man so schön sagte, »ausgewertet« wurden. Das hieß, die Redaktion mußte eine schriftliche Erklärung abgeben, wie es zu dem beanstandeten Artikel oder der umstrittenen Formulierung gekommen war und wie sie künftig einen derartigen Fehler vermeiden wollte.

Was war umstritten, was unerwünscht? Dies erfuhren wir durch die allwöchentliche sogenannte Argumentationssitzung, kurz »Argu« genannt. An jedem Donnerstag um 10 Uhr versammelten sich die Chefredakteure der in Berlin erscheinenden, von der Partei herausgegebenen Zeitungen, von Rundfunk und Fernsehen, von der Nachrichtenagentur *ADN*, dazu der Chef des Presseamtes beim Ministerrat im Zimmer 3119 des ZK am Werderschen Markt. Die Chefredakteure besaßen einen Hausausweis für das Gebäude. Wenn ich den Chefredakteur bei der »Argu« zu vertreten hatte, mußte das rechtzeitig vorher angemeldet werden. Dann lag für mich in der Besucheranmeldung in der Oberwallstraße eine Einlaßkarte bereit, die der uniformierte Posten am Haupteingang sorgfältig und eingehend mit meinem Personalausweis verglich. Dann rumpelte ich mit dem Paternoster an der berühmten 2. Etage vorbei, wo erneut ein bewaffneter Posten die Bürozimmer Erich Honeckers und seines Politbüros beschützte, empor zur Abteilung Agitation im dritten Stock.

Die im allgemeinen etwa zweistündigen Veranstaltungen trugen einen sehr unterschiedlichen Charakter. Es gab kurze Vorträge von Leuten aus dem Partei- oder Regierungsapparat oder aus Organisationen zu irgendwelchen Fachfragen. Die Skala reichte von Problemen der Mikroelektronik bis zu Fußballweltmeisterschaften, von der Außenpolitik Ägyptens bis zur Versorgung des Bezirks Cottbus mit Gemüse. Ob man echt erhellenden Stoff geboten bekam oder ob gähnende Langeweile verbreitet wurde, hing vom Thema und vom Vortragenden ab. Die epische Darlegung des Programms eines FDJ-Jugendfestivals konnte unerträglich sein. Wenn der DDR-Vertreter bei der KSZE im Detail den Stand der Verhandlungen um die Helsinki-Vereinbarungen erläuterte, lohnte es, trotz der spröden Materie genauer hinzuhören. Da erfuhr man sehr frühzeitig von dem Gerangel um den berühmt-berüchtigten »Korb 3«, der die Verpflichtungen in Menschenrechtsfragen enthielt. Es gab Ausführungen über die Kriminalitätsentwicklung in der DDR, aber auch über den Stand der Getreideernte. Ich besitze nur noch lückenhafte Aufzeichnungen über die »Argu«, habe aber im Archiv eine Themenliste der Abteilung Agitation für die »Argu« 1979/80 gefunden. Zum Beispiel:

7.7.1977 – Minister Dickel über die neue Straßenverkehrsordnung
2.2.1978 – Minister Tautenhahn über Aufgaben der Elektrotechnik/Elektronik
12.10.1978 – Die innenpolitische Entwicklung Portugals
11.1.1979 – Tendenzen der Innen- und Außenpolitik der VR China
5.4.1979 – Sitzlack vom Institut für Strahlenschutz über »Aktuelle Fragen des Strahlenschutzes«
5.7.1980 – Manfred Ewald »Zu einigen Problemen der Sportberichterstattung«
2.8.1980 – Probleme des Transport- und Verkehrswesens.[36]

Bei der »Argu« wurde (manchmal) mit entwaffnender Offenheit gesprochen. Das machte die Sache für uns nur schwieriger. Zwar wurde oft direkt gesagt, was für die Veröffentlichung gedacht war und was nicht. Manchmal mußte man das aber auch selbst herausfinden. Im letzteren Falle gab es zwei Möglichkeiten: entweder das Thema ganz zu meiden, was nicht immer ging, oder zu überlegen, wie die Vorgaben aus der »Argu« zu umschiffen waren. Die Informationen waren zu einem beträchtlichen Teil gewissermaßen Nicht-Informationen. Auf diese Weise machte man die Teilnehmer der »Argu« zu einer Art Halbgebildeter. Sie wußten eine Menge mehr als der Rest der Bevölkerung, aber doch nicht alles. Der »Unwissende« war unter Umständen in seiner unverstellten, naiven Sicht auf die Dinge manchmal näher an der Wahrheit als der am Werderschen Markt mit Information ausgestattete Chefredakteur.

Im zweiten Teil der »Argu« wurden dann die direkten Weisungen erteilt, sehr oft ermüdend Termine von irgendwelchen Staatsbesuchen, Kranzniederlegungen, Konferenzen oder Gedenktagen verlesen (meist nur für die tagesaktuellen Medien von Bedeutung), wo Akkreditierungen für irgendwelche Ereignisse anzumelden wären, wo die Akkreditierten für die Ausweisschilder fotografiert würden und wo die »Nachzügler«.

Es wurden die Tabus mitgeteilt, manchmal ohne Begründung, manchmal mit. Zum Beispiel so (ich zitiere aus meinen Notizen vom 12. März 1981): »Bauwesen: Nicht jubeln. Nicht begrifflich differenzieren zwischen sogenannten Neubauwohnungen, Altbauten, Altbausubstanz, ›alte Häuser renoviert‹. Nicht immer ›alt‹ sagen, nicht zwei Kategorien schaffen, es geht um gleichwertiges Wohnen. Nicht stimulieren, daß jeder Ort seinen ›Boulevard‹ braucht. Nicht Eindruck schaffen, ›daß wir in der Lage sind, die ganze Republik zu einem Museum zu machen‹ und alles herzurichten und zu renovieren. Überlegen: Was können wir, was nicht. Keine Stimulierung: Restaurierung in jeder Ecke der Republik. Das ginge auf Kosten des Wohnungsbaus.« Das bedurfte keiner längeren Begründung. Das auf die Plattenbauten ausgerichtete Bauwesen war eben einfach nicht in der Lage, die Altbausubstanz zu erhalten. Also durfte darüber

Zensuren
Schwächen gibt es bei der *Wochenpost* m. E. in der Darstellung der Grundfragen des Sozialismus. Gemeint ist die Auseinandersetzung mit Fragen unserer Zeit (Pluralismus in der Gesellschaft, allgemeine Demokratie, Leistungsgesellschaft). Hier war die *Wochenpost* schon einmal besser. (...) In den 12 Ausgaben erschienen acht Beiträge aus sozialistischen Ländern. Von der Zahl her kann man zufrieden sein, nicht aber vom Inhalt. Wenn in einem Vierteljahr über die UdSSR nur ein Beitrag über den neuen Hafen in Tallin und einer über das Internationale Filmfestival in Moskau erscheint, so ist das von der Thematik her zu wenig. Von Polen wird nur über die Rettung der Halbinsel Hel berichtet ... Es gibt Beiträge über den Bürgerkrieg in Nordirland, die Abwerbung von Intelligenz durch die USA, die großen Probleme der Frauen in Afrika, die Justizwillkür in Südafrika, den Neofaschismus in der BRD usw. Doch insgesamt müßte die Imperialismus-Auseinandersetzung planmäßiger, gezielter und treffsicherer erfolgen. Vor allem mit den Massenmedien in der BRD. Dazu gibt es gar nichts.
Aus einer Analyse der Wochenpost des Zeitraums 2.6. bis 18.8.1989 durch einen Mitarbeiter der Abteilung Agitation des ZK der SED

Ein Zitat mit Foto ...
»Die Werktätigen selbst sind es, die die Voraussetzungen für Verbesserungen ihres Lebens schaffen, und sie verstehen gut, daß diese sozialpolitischen Maßnahmen auch eine Forderung nach höherer Arbeitsproduktivität überall in unserer Volkswirtschaft sind.« Erich Honecker (auf dem Foto bei einer herzlichen Begegnung mit der Arbeiterin Frieda Spohrs im Werkzeugmaschinenkombinat »Fritz Heckert«) auf dem 5. Plenum des ZK der SED.
Randtext in der Wochenpost 5.5.1972

... und das Echo
Ich habe mich so gefreut, als ich das Foto auf Seite 2 entdeckte. Dieses Bild drückt aus, wie Parteiführung und Arbeiterklasse zusammenstehen.
Zuschrift von Franz S., Flecken Zechlin Wochenpost 9.6.1972

Weihnachtswitze: Manchmal mußten sie in letzter Minute aus der fast fertigen Zeitung entfernt werden...

nicht berichtet werden. Die angeordnete Zurückhaltung in der Berichterstattung hatte natürlich nichts mit den Bauleuten zu tun. Die richteten sich in ihrem Urteil ohnehin nicht nach den Medien. Nein, die Leser sollten nicht bemerken, daß es vorn und hinten klemmte. Man glaubte, wenn über ein Problem nicht berichtet würde, spielte es auch im Bewußtsein der Leute keine Rolle.

Es war eine sich wiederholende Litanei. Ich zitiere aus den archivierten Ausführungen von Heinz Geggel vor den Chefredakteuren am 7. Dezember 1978: »Es wurde vor diesem Kreis bereits davon gesprochen, daß wir nicht zusätzlich eine Kauf- und Freßwelle stimulieren dürfen. Es geht weiterhin darum, daß wir nichts stimulieren, was den Realitäten nicht angemessen ist. Zum Beispiel im Bauwesen...« Man solle sich stark auf den Wohnungsbau konzentrieren. Die von Honecker proklamierte Lösung der Wohnungsfrage bis 1990 sei kompliziert: »Wir lösen sie nicht mit Eigenheimen und Gärten, sondern nur durch den Bau von Neubaukomplexen. (...) Aber wir lassen keine Diskussion zu über ›Wohnsilos‹. Wir haben in unserem Land noch viele Leute, die froh sind, dort eine Wohnung zu kriegen...« Man dürfe nicht die Relationen verschieben, daß »der Eindruck entsteht, als wäre unsere Hauptaufgabe im Wohnungsbau die Anlage von Boulevards und die Rekonstruktion von Stadtzentren.«[37]

Ein Kuriosum finde ich in meinen Notizen vom 16. November 1978: »Weihnachten! Nicht zu früh. Keine Konsumreklame. Weihnachtsanzeigen nicht schon jetzt!« Oh, du Fröhliche. Alljährlich kamen die Weihnachts-Tabus. Weihnachten als solches nicht zu sehr hochspielen. Nicht den Geschenkekauf anheizen, die Warendecke reicht ohnehin nicht. Das steigerte sich in einem Jahr soweit, daß die Weisung erging, in den Zeitungen keine Weihnachtsfotos und Tannenzweige zu drucken. Es wurden damals sozusagen in letzter Minute in der *Wochenpost* eine Menge Weihnachtssachen – unter anderem auf den Humorseiten Weihnachtswitze – aus dem fast fertigen Blatt entfernt.

Nach der »Argu« im ZK galt es, dieselbe in der Redaktion »auszuwerten«. Nun wird in einem Buch über die »Argu« festgestellt, es habe »das ungeschriebene Gesetz« gegolten, »wonach alles dort Erfahrene nur mündlich weiterzugeben sei«.[38] Das »ungeschriebene Gesetz« war meiner Ansicht nach nie eine Weisung, sondern eine rein praktische Sache. Wer in einer Zeitungsredaktion hatte schon die Zeit und Muße, sich nach den zwei Stunden am Werderschen Markt hinzusetzen und aus den handschriftlichen Notizen über die zum Teil auch komplizierte Materie ein halbwegs verständliches Papier zu machen. Ich selbst habe das nur ein einziges Mal getan, nach der »Argu« am 21. April 1988, als ZK-Abteilungsleiter Heinz Geggel des langen und breiten über die Haltung zur Politik Gorbatschows sprach. Das waren empörende Auslassungen, und die habe ich entgegen sonstiger Gewohnheit fast wörtlich mitgeschrieben, anschließend in der Redaktion abgetippt und in Umlauf gegeben. Festzuhalten ist also, daß es entgegen einer Feststellung in den Materialien der Enquetekommission des Deutschen Bundestages kein Verbot gab, bei der »Argu« mitzuschreiben.[39] Nein, man mußte mitschreiben, und oft sogar wortwörtlich, sonst bestand die Gefahr, Tabus zu verletzen.

Hinsichtlich der Tabus sei noch eines angefügt: Tabus wurden verkündet. Ich habe aber nie gehört, daß gesagt wurde: Tabu soundso ist aufgehoben, darüber darf wieder geschrieben werden. Also wurde die Liste der Tabus zwangsläufig immer länger und unübersichtlicher, eigentlich wurde damit immer undurchschaubarer, was denn nun noch erlaubt war und was nicht. Manche Tabus galten nur so kurze Zeit, daß man sie eine Woche später schon wieder vergessen hatte. Es war ein Seiltanz mit Jongleurstückchen.

Natürlich gab es Möglichkeiten, diese Klippen zu umschiffen. Einmal konnte man im Zweifelsfall direkt in der Abteilung Agitation nachfragen. Dazu war der Dienstweg einzuhalten. Es war einfach nicht üblich, daß sich der »gemeine« Redakteur ans ZK wandte, und die Chefredaktion konnte nicht wegen jeden »Kleckerkrams« oben nachfragen. Sie hätte sich damit dem Verdacht ausgesetzt, selbst nicht genau Bescheid zu wissen und somit ihren Aufgaben nicht gewachsen zu sein. Die bessere Möglichkeit wurde von vielen *Wochenpost*-Mitarbeitern genutzt. Sie bestand darin, daß man sich auf seinem eigenen Fachgebiet profunde Kenntnisse aneignete und daß man sich kompetente Gesprächspartner im Staats- oder Parteiapparat suchte. Wenn man zu denen ein Vertrauensverhältnis aufgebaut hatte, bekam man »off the record« wiederum so viele Infor-

Nicht auf die Pauke hauen
In Lesergesprächen wurde wiederholt geäußert, daß Beiträge, die »auf die Pauke hauen«, nicht ankommen; die Leser wünschen begründete, überzeugende Berichte, prinzipielle, aber sachliche – nicht prügelnde Kritik.
Kurt Neheimer zur »Entwicklung der Wochenpost als politische Massenzeitung«, Januar 1971

Unvernünftig
1973 wurde ich von einem damaligen Parteikader wegen des Lesens der *Wochenpost* öffentlich angepöbelt, sie wäre schließlich kein vernünftiges Presseorgan. Das hatte zur Folge, daß ich seitdem keine Versammlungen mehr besuchte, Ihnen aber blieben wir treu.
Leserbrief von Erika H., Blankenburg Wochenpost 14.11.1990

Ein Fehler
Die Redaktion *Wochenpost* sah sich veranlaßt, am Montag, dem 9. März 1970, gegen 11.30 Uhr, den Druck der *Wochenpost* in Berlin und Dresden zu stoppen, da wir folgenden Fehler auf Seite 7 entdeckten: Statt »Wir brauchen Lieder, die den Aufbau unseres Gesellschaftssystems als Revolution ansehen ...«, war die Formulierung: »Wir brauchen keine Lieder ...« ausgedruckt. Nach Rückfrage ... wurde der weitere Druck gestoppt und sofort veranlaßt, daß sämtliche bereits ausgedruckten 320 000 Exemplare aus dem Verkehr gezogen und eingestampft wurden ... Wir möchten bemerken, daß das Originalmanuskript ohne Fehler ist. (...) Der Fehler ist in der Setzerei entstanden und bereits in der Einleseseite enthalten gewesen. (...) Alle Redakteure wurden darauf hingewiesen, größere Verantwortung und Wachsamkeit beim Lesen der Seiten walten zu lassen ...
Aktennotiz der Chefredaktion Wochenpost, 10.3.1970

Seid wachsam!
Vor Veröffentlichung von Fotos, auf denen Angehörige der Volkspolizei abgebildet sind, ist in jedem Falle Rücksprache mit der Presseabteilung des Ministeriums des Innern zu nehmen ...
Weisung der Chefredaktion, 9.8.1973

mationen, daß man in der Lage war, selbst zu beurteilen, was unter den gegebenen Umständen »machbar« war und was nicht. Man wußte dann, bis wohin man zu weit gehen konnte. Wenn beispielsweise die *Wochenpost* als erste Zeitung der DDR Themen wie Alkoholismus oder AIDS aufgriff, dann dank solcher Kontakte.

Doch zurück zur »Argu«. Nach der Rückkehr in die Redaktion war es zunächst nötig, sich zu versichern, ob nicht ein soeben verkündetes Tabu in der gerade in Produktion befindlichen Ausgabe stand. Denn ein Artikel in der am Montag angedruckten *Wochenpost* zu dem am Donnerstag vorher verbotenen Thema, das war so ziemlich das letzte, was man sich leisten durfte. Dies war der Augenblick, in dem der Chefredakteur (beziehungsweise sein Stellvertreter) direkt zum Zensor wurde. Unterlief der Redaktion dennoch eine Tabuverletzung, so war eine schriftliche Stellungnahme abzugeben, unangenehm genug und natürlich mit Arbeit verbunden, und im schlimmsten Falle drohte die Degradierung.

Hatten wir unsere Donnerstags-Schularbeiten gemacht und die laufende Ausgabe gecheckt, dann waren am nächsten Tag die Informationen an die Kollegen weiterzugeben. Das geschah in der *Wochenpost* zu Beginn der allwöchentlichen Sitzung mit den Abteilungsleitern, bei der die nächsten Ausgaben geplant wurden. Dem Interview mit einem DDR-Journalisten entnehme ich die Feststellung, die Auswertung der »Argu« in den Redaktionen sei so erfolgt, daß für die Redakteure nicht mehr ersichtlich gewesen sei, woher die Weisung eigentlich kam.[40] Das trifft für die *Wochenpost* nur sehr eingeschränkt für jene Zeit zu, als Siegfried Meißgeier die Zeitung leitete. Ansonsten war es bei uns üblich, es im Klartext mitzuteilen, daß die Weisung oder der Auftrag »von oben« kamen. Und gemeinhin ist in der *Wochenpost* die »Argu« nie in ihrer epischen Breite und mit ihren zynischen Untertönen wiedergegeben worden. Brigitte Zimmermann erinnerte sich: »Natürlich benutzte ich meine Entscheidungsfreiheit auch in einer Weise, von der ich mich heute frage, ob sie der Sache unbedingt dienlich war. So habe ich das in der Argumentation Vernommene meinen Stellvertretern immer im Originalton weitergegeben. Aber oft sind wir dann übereingekommen, daß man diesen Schwachsinn überhaupt nicht in der Redaktionsöffentlichkeit darlegen konnte, ohne die Führung der SED dem Gespött preiszugeben.« Sie fügte dann hinzu: »Mein 1. Stellvertreter Klaus Polkehn, ein sehr humorbegabter und praktischer Mensch, sagte in solchen Fällen immer, um Himmels willen, das kannst du nur auf deine Art unter die Leute bringen. Was bedeutete, die Sache sehr zu verknappen und eigene Vernunft beizumischen.«[41]

Ich möchte das ergänzen: Brigitte Zimmermann zitiert mich nicht ganz richtig. Ich habe gesagt: Wenn wir das so weitererzählen, glauben unsere Kollegen, wir sind nicht ganz dicht! In einer 1996 erschienenen Studie über die *Wochenpost,* die vor allem daran krankt, daß der Autor nicht begriffen hat oder nicht begreifen konnte, wie es in der DDR tatsächlich ablief, ist ein ganzer Abschnitt der Zensur und Selbstzensur gewidmet. Der Autor beklagt die Zensur in der DDR, stellt dann aber die These auf: »In der *Wochenpost*-Redaktion erfolgte die Zensur moderat. Man appellierte an die Verantwortlichkeit des einzelnen. Man argumentierte, bevor man zensierte.«[42] Es wird in diesem Zusammenhang ein *Wochenpost*-Redakteur zitiert. Dem sei in seinen Artikeln nichts herausgestrichen worden, sondern man habe ihn allenfalls aufgefordert, »es genauer zu schreiben, wenn ich es schon schreibe ...«[43] Die Folgerung des Autors der zitierten Studie: Zensur habe »nicht ein Streichen von Inhalten« bedeutet, sondern »deren ideologisches Doping«[44]. Woraus man ersieht, wie schwierig es für einen Außenstehenden sein kann, die DDR-Verhältnisse zu begreifen. Denn in diesem Fall lag dem für den Journalisten überaus ärgerlichen Vorgang der Versuch des innerredaktionellen »Zensors« zugrunde, den Sachverhalt in eine solche Form zu bringen, daß sie erscheinen konnte, ohne bei den Linienrichtern im ZK Anstoß zu erregen. Es konnte aber auch sein, daß der Chef wünschte, mitteilenswerte Vorgänge in den seiner Meinung nach richtigen Gesamtzusammenhang zu stellen.

Mit dem Prinzip der Selbstzensur hatte der DDR-Journalist zu leben, wollte er nicht den Beruf wechseln. Das Fatale daran war, daß es auf die Dauer jede schöpferische Initiative ersticken mußte, weil schließlich jeder seine eigene Schere im Kopf hatte, vom Chefredakteur bis zum Hilfsredakteur. Die Grenzen des Möglichen lagen dabei immer etwas im Diffusen, die erlernte Vorsicht gebot also allen, sich von möglichen und nicht selten auch eingebildeten Gefahrenpunkten fernzuhalten. Wie dogmatisch oder wie liberal diese Zensur geübt wurde, hing im Einzelfall auch vom Mut oder dem Temperment, der Aufmerksamkeit oder dem Wissensstand des jeweiligen »Zensors« ab.

Eine Vorsichtsmaßnahme bestand unter diesen Umständen darin, Manuskripte mit Fachleuten oder Betroffenen auf sachliche Richtigkeit hin zu überprüfen. Dazu heißt es in der zitierten Studie: »Der Grundsatz, das Manuskript derjenigen Institution oder Person oder beiden zur Korrektur vorzulegen, die Gegenstand der Berichterstattung sind, hatte stark zensierende Wirkung.«[45] Das konnte oft, mußte aber nicht immer zutreffen. Es hatte negative Effekte, wenn es verhinderte, daß Auskünfte oder Beobachtungen kritisch hinterfragt wurden. Bei der Kooperation mit Fachleuten bewirkte diese Praxis aber auch oft, daß in der *Wochenpost* nur selten Dummheiten standen, daß Fehler minimiert wurden.

So sollte die Wochenpost Nr. 47/1982 ursprünglich aussehen: Trauerrand zum Tode Leonid Breschnews. Doch als die Ausgabe fast fertiggestellt war, befand das ZK, es sei nun schon genug getrauert. So wurde sozusagen in letzter Minute die Titelseite geändert. Verkauft wurde die Wochenpost dann so:

Auch so war Zensur: Nicht wegstreichen, sondern hinzufügen

Als am 20. März 1981 das Sport- und Erholungszentrum in Berlin eröffnet wurde, hatte *Wochenpost*-Redakteur Ingo Preußker die nicht gerade dankbare Aufgabe, für die Seite 3 einen Bericht darüber zu schreiben. Er formulierte unter anderem:

»Mit einem Rundgang durch die weiträumigen Anlagen eröffnete der Generalsekretär des ZK der SED, Erich Honecker, das neue Haus des Volkes. Alle, die gern schwimmen oder anderen körperlichen Ausgleich suchen, finden hier unter einem Dach etwas nach ihrem Geschmack.«

In der Redaktion wurde in Preußkers Artikel zwischen diesen beiden Sätzen eingefügt:

»Es belegt erneut eindrucksvoll, wie zielstrebig das sozialpolitische Programm, das der IX. Parteitag beschloß, verwirklicht wird.«

Wichtig war der Redaktion immer, daß man nicht unwillentlich Menschen beleidigte. In einer Welt, in der die Redaktionen »Witwenschüttler«[46] beschäftigen, in der die »Gegendarstellung« und die »Einstweilige Verfügung« sozusagen zum journalistischen Alltag gehören, mag es für die von der *Wochenpost* oft geübte Praxis, den Porträtierten das Porträt vorab sehen zu lassen, kein Verständnis geben. Um an einem harmlosen Beispiel deutlich zu machen, worum es ging: Margot Pfannstiel schrieb 1975 eine Reportage über eine Brigade im Mansfelder Kupferbergbau. Das Porträt des Brigadiers begann mit den Worten: »Er ist ein Bild von einem Mann ...« Selbstverständlich schickte sie dem Porträtierten vorab eine Manuskriptkopie. Der meldete sich umgehend und bat, unbedingt den ersten Satz zu streichen. Er sehe voraus, nach Erscheinen des Artikels würden die Kollegen schon bei seinem Kommen auf der Schachtanlage von weitem rufen: »Dort kommt das Bild von einem Mann!«

Es konnte gravierendere Gründe geben: Körperliche Fehler, die der Autor in aller Unschuld erwähnte, familiären Background, den der Reporter nicht kannte. Und dergleichen mehr. Übrigens sind diese Formen von Zensur und »Selbstzensur« nicht ausgestorben. Als die *Wochenpost* kurz vor ihrem Ableben eine Titelgeschichte über Frau Ministerin Nolte veröffentlichte, erhielt die Redaktion prompt einen empörten Anruf aus Bonn. Die Frau Ministerin hätte den Artikel vorher sehen wollen. (Vielleicht hat Frau Nolte auch nur zu lange in der DDR gelebt?)

Sodann bestand natürlich die Gefahr, sachliche Fehler zu machen. Das betraf vor allem die Bereiche Wissenschaft, Technik und Wirtschaft. Selbstverständlich ging es hin und wieder auch um wirkliche Staatsgeheimnisse (obwohl zugegebenermaßen die Definition dessen, was ein Staatsgeheimnis ist, in der DDR sehr weit gefaßt war). Aber Strafrecht ist nun mal Strafrecht. Ganz außer Frage, daß alles, was Armee und Polizei betraf, vorlagepflichtig war. (Daß man Interviews den Interviewpartnern vorlegt, ist ohnehin selbstverständlich.)

Die von uns geübte Praxis hatte den angenehmen Nebeneffekt, daß die Partner, mit denen wir es zu tun hatten, wußten: Sie werden nicht in die Pfanne gehauen. Vertrauen gegen Vertrauen.

29. Juli 1961:
Kroboth, der Fischkoch

Seit geraumer Zeit finden sich neue Elemente in der *Wochenpost*. Eine Urlaubs-Extraseite gibt es von Zeit zu Zeit, denn man beginnt zu reisen, gelegentlich eine Seite für Autofahrer, die Motorisierung in der DDR fängt langsam, sehr langsam an, Hobbyseiten sind dazugekommen, eine Bastelseite (»Versuch's mal selber«) und ein ausführliches Fernsehprogramm, natürlich nur das eine der DDR, das morgens um 10 Uhr beginnt und abends nicht zu spät endet, das aber montags bereits den alten UFA-Film zeigt (am 31. Juli 1961 »So ein Früchtchen« mit Lucie Englisch und Paul Hörbiger) und zum Programmschluß Karl-Eduard von Schnitzlers »Schwarzen Kanal«.

So ist das jedenfalls in der *Wochenpost* vom 29. Juli 1961. Auf der Titelseite wird in Bild und Text ein Todesfall vermerkt: Der Schauspieler Eduard von Winterstein ist am 22. Juli im Alter von fast 90 Jahren gestorben. Zu seinem unmittelbar bevorstehenden Geburtstag hatte die Redaktion Arnold Zweig als Autor für den Glückwunschartikel gewonnen. Nun ist aus der Gratulation unversehens ein Nachruf geworden.

Die Ausgabe enthält eine doppelseitige Reportage über das Hotel Erfurter Hof (es wird einige Jahre später internationale Berühmtheit erlangen, an seinem Fenster zeigt sich dann Willy Brandt vor seinem Treffen mit Willi Stoph einer jubelnden Menge). Der Artikel beschreibt sehr ausführlich, wie vorbildlich hier der Gast umsorgt wird. Ich denke mal, der normale *Wochenpost*-Leser des Jahres 1961 wird kaum im Erfurter Hof logiert haben, auch nicht in dem außerdem erwähnten Hotel in Leipzig. Aber es geht bei dem Artikel wohl vor allem um den Schluß: »Ein bißchen guter Wille und ein wenig eigene Initiative, dann werden die Beispiele Leipzig und Erfurt bald überall willkommene Nachahmer finden.«

Neben dem Fortsetzungsbericht eines DDR-Wissenschaftlers, der in einer sowjetischen Antarktisstation gearbeitet hat (»Sturm über dem Davis-Meer«), gibt es in dieser *Wochenpost*-Ausgabe nur noch eine Auslandsreportage. Sie berichtet unter der Überschrift »Sekt contra Wodka« über einen der vielen – letztlich erfolglosen – Feldzüge der sowjetischen Parteiführung gegen den Alkoholismus.

Es folgt sogleich noch ein weiterer Bericht aus Moskau. Rosemarie Rehahn teilt mit, was es bei den Moskauer Film-

Die menschlichen Stars
Zwischen zwei Filmen habe ich darüber nachgedacht, warum die Stars, die hier in nicht so geringer Zahl und Bedeutung versammelt sind, so menschlich verständlich auftreten. Ich glaube, sie revanchieren sich ganz einfach dafür, daß man sie selbst als Menschen behandelt. Keiner will ihren Busenumfang erfahren, keiner die Karatzahl ihrer Brillanten, die Zahl der mitgebrachten Kleider, die Art des Nachtgewandes – alles Fragen, die Berlinalestar Mansfield detailliert beantworten mußte. Und niemand, wirklich niemand, erwartet in Moskau die Sensation eines »zufällig« geplatzten Reißverschlusses, wie sie in Westberlin gleich zur Eröffnung geboten wurde.
*Rosemarie Rehahn
Wochenpost 29.7.1961*

Arnold Zweig über Eduard von Winterstein
Wer wie der Verfasser vor fünfzig Jahren als Student nach Berlin kam und im Parterre von Dr. Georg Altmanns Kleinem Theater wie auf der Galerie des Deutschen Theaters von Max Reinhardt seiner Leidenschaft für Bühnenerlebnisse nachging, dem bedeutete der Name Winterstein sehr bald eine männliche und aufrechte Verkörperung jener dichterischen Geschöpfe, dergleichen jeder werdende Dramatiker selbst einmal zu gestalten hoffte. Zur theatralischen Fülle jener Jahre gehörte es, daß ein heranreifender Meister wie Winterstein in zweiter Reihe wirkte neben den berühmteren Kollegen Bassermann, Kayßler, Schildkraut, Paul Wegener. Aber unverwechselbar prägte sich meinem jugendlichen Ich Wintersteins Kent neben Schildkrauts Lear ins bewundernde Gedächtnis. Eduard von Winterstein, der Neunzigjährige, ist es, der uns Siebzigjährigen die glorreiche Epoche von Brahm und Reinhardt wieder vor Augen führt – bei jeder Begegnung sind wir uns dessen aufs dankbarste bewußt.
Wochenpost 29.7.1961

festspielen Neues gibt. »Das Wirtshaus im Spessart« hat »wegen seiner Turbulenz, seines intelligenten Witzes, seiner politischen Florettthiebe« viel Beifall bekommen. Tschuchrais »Klarer Himmel« (zumindest ehemalige DDR-Bürger werden sich dieses Films noch erinnern) war einer der Festivalhöhepunkte wie auch »Das Verlies« von Armand Gatti, ein Werk, in dem es um die tragische Begegnung eines deutschen Revolutionärs und eines jüdischen Uhrmachers geht, um Menschlichkeit und um die Würde des Menschen. Rosemarie Rehahns: »Verbeugung vor dem westdeutschen Schauspieler Hans-Christian Blech«: »Drei lukrative, aber belanglose westdeutsche Filmangebote schlug er der schwierigen Rolle des deutschen Revolutionärs wegen aus.«

Was noch? »Modesorgen zwischen drei und sechs« – also Kinderkleidung. »Ist Coffein schädlich?« (Antwort: Jein.) Und schließlich das Porträt eines Mannes »mit 100 000 Verehrerinnen«. Der Mann heißt Kroboth, aber das erfährt der *Wochenpost*-Leser erstaunlicherweise in diesem Artikel nicht. Hier agiert Kroboth nur als Fischkoch, und den kennt in der DDR wirklich jeder. Er wird mit seinem Lebensweg und seiner Liebe zum Fisch vorgestellt – zwei Wochen später beschreibt er dann in der *Wochenpost*, wie man eine Fischsoljanka zubereitet ...

Als diese Ausgabe der *Wochenpost* am 29. Juli 1961 erscheint, sind es gerade noch zwei Wochen bis zu jenem 13. August, da die Grenze geschlossen, die Mauer gebaut, der »Antifaschistische Schutzwall« errichtet wird. Fällt etwas auf in dieser *Wochenpost*? Nachträglich könnte man sagen: Ja. Es gibt mindestens zwei Beiträge im Blatt, nach deren Betrachtung man sagen könnte: Es liegt was in der Luft. Die Reportage auf Seite 3 ist so überschrieben: »Pausenlos und reibungslos rollt auf den Strecken der Deutschen Demokratischen Republik der Berlin-Verkehr.« Es ist ein Bericht aus dem D 120 von Berlin nach Aachen und vom Autobahn-Grenzübergang Marienborn. Der Artikel teilt mit: Alles ist normal, alles wird normal bleiben. Eine Westberlinerin, die zu ihrer Tochter nach Köln reist, erklärt dem Reporter hinsichtlich der DDR-Grenzkontrolle: »In früheren Jahren haben wir noch aussteigen und die Abfertigung auf dem Grenzbahnhof durchlaufen müssen, was bedeutend unangenehmer war. Jetzt dagegen macht das Reisen wieder ordentlich Spaß.« (Das wird die *Wochenpost*-Leser erfreut haben, die auch vor dem Mauerbau nicht reisen konnten). Es wird ausdrücklich beschrieben, daß Reisezüge und Güterzüge genauso wie Pkw und Lastwagen von und nach Westberlin reibungslos abgefertigt werden. Fazit der *Wochenpost*: »An der reibungslosen Abwicklung des Berlin-Verkehrs wird sich auch nichts ändern, wenn Westberlin eine Freie Stadt ist.« Die Dienststellen des DDR-Zolls seien durchaus in der Lage, »den von Jahr zu Jahr ansteigenden Personen- und Warentransport zu bewältigen«.

»Freie Stadt Westberlin«? Das Thema ist doch eigentlich schon längst vom Tisch.

Jahrzehnte später scheint mir dieser Artikel vielmehr ein Signal zu sein, eine Botschaft an die Westmächte nämlich: Was auch immer an der DDR-Grenze geschieht, es wird die Zufahrtsrechte nach Westberlin nicht tangieren. Schade, es ist leider nicht möglich, nachträglich zu ermitteln, wer diese Reportage inspiriert hat. Daß das Thema aus dem hohlen Bauch der Redaktion kam, dagegen spricht meine Erfahrung. Für den Besuch eines Journalisten im sensiblen Grenzbereich der DDR bedurfte es höchster Genehmigung, ja, solche Artikel pflegten »von oben« angeregt zu werden und waren vor der Veröffentlichung der »zuständigen Stelle« vorzulegen.

Auf der Seite 2 dieser *Wochenpost* vom 29. Juli 1961 findet sich noch eine direktere Anspielung – in einer Karikatur von Leo Haas. Da steht ein Arbeiter an der Drehbank, auf seinen Schultern sitzt ein anderer Arbeiter, der über ein Sektoren-Grenzschild hinweg eine Maschine mit der Aufschrift »AEG« bedient – ein »Grenzgänger« also, einer, der in Ostberlin wohnt und in Westberlin arbeitet. Die Unterschrift unter der Zeichnung: »Kollege, die Belastungsgrenze ist erreicht.«

Diese Karikatur reflektiert ziemlich exakt die damalige Stimmungslage bei vielen, die zum Bleiben entschlossen sind: Die DDR blutet aus. So geht's nicht weiter.

Hochwasser
Büchel ist eine Insel geworden. An der Westseite des Dorfes wälzt die Lossa ihre Wassermassen am Damm vorbei und steigt Zentimeter um Zentimeter. Die Wiesen sind längst verschwunden. Über die Zufahrtsstraße fließt das Wasser auf breiter Strecke und läßt nur noch Lastkraftwagen und Traktoren passieren, die mit Bugwelle ins Dorf kommen. 50 Feuerwehrmänner, 70 Genossen der Kampfgruppe und 8 Mann vom Wasserrettungsdienst des DRK verteidigen gemeinsam mit den Einwohnern seit den frühen Morgenstunden den Damm.
Wochenpost-Reporter aus dem Unwettergebiet an der Unstrut
Wochenpost 24.6.1961

„Kollege, die Belastungsgrenze ist erreicht!" Zeichnung: Leo Haas

»Jetzt schlug's Dreizehn!« – Frontlinie Wochenpost

Zeitweilige Unannehmlichkeiten
Durch diese Maßnahmen entstehen zeitweilig gewisse Unannehmlichkeiten. Vergessen wir aber nicht, daß wir diese Unannehmlichkeiten den Bonner und Schöneberger Kriegsprovokateuren zu verdanken haben, daß sie uns von ihnen aufgezwungen wurden. Ruhig und selbstbewußt gehen wir unseren Weg ... Diese Maßnahmen sind wirksam bis zur Unterzeichnung eines Friedensvertrages. (...) Ein jeder erfülle seine Pflicht an seinem Arbeitsplatz – das wird die beste Unterstützung für die Maßnahmen unserer Regierung und die beste Vorbereitung auf den Friedensvertrag sein.
Wochenpost-Leitartikel 19.8.1961

Der Zufall wollte es, daß am Abend des 12. August 1961 der ehemalige *Wochenpost*-Chefredakteur Rudi Wetzel und unser schwedischer Korrespondent Lennart Brick bei uns zu Hause saßen und daß wir – natürlich unter anderem – auch darüber stritten, ob man die bis dato offene Sektorengrenze zwischen Ost- und Westberlin endgültig abriegeln werde. Die Frage lag ja in der Luft: Nicht nur wegen einer anschwellenden Fluchtwelle aus der DDR via Berlin in den Westen, sondern auch deshalb, weil eine ständig wachsende Zahl von Arbeitskräften im Osten billig wohnte und im Westen gut verdiente (und den Lohn zu einem überaus günstigen Kurs in einer Wechselstube vervielfachte). Weil ich bei meinem Friseur in der Kronenstraße nicht mehr bedient wurde, denn der schnitt lieber den Kunden aus Westberlin gegen West-Trinkgeld die Haare, weil der Müll nicht mehr abgeholt wurde, es an Ärzten fehlte, weil nicht mehr genug Fahrer für Straßenbahnen da waren. Man wußte: So geht es nicht weiter. Aber was dann?

Wenn ich mich recht erinnere, gaben sich Rudi Wetzel und Margot Pfannstiel in jener abendlichen Debatte überzeugt, man werde die Grenze dichtmachen. Lennart Brick hielt sich als neutraler Beobachter heraus. Ich dagegen meinte, es sei schon rein technisch nicht möglich, die Stadt total abzuriegeln. Allein der Aufwand an Steinen oder Beton oder Stacheldraht werde die DDR überfordern. Außerdem hatte ich erst wenige Wochen zuvor als Vertreter der *Wochenpost* an jener vielzitierten Pressekonferenz vom 15. Juni 1961 teilgenommen, auf der Walter Ulbricht auf eine Frage der Korrespondentin der *Frankfurter Rundschau* hin sagte: »Niemand hat die Absicht, eine Mauer in Berlin zu bauen.«[47] Eine so gigantische Lüge vermochte ich mir nicht vorzustellen.

Und während wir noch so diskutierten, marschierten draußen von uns unbemerkt schon die Truppen auf. Als Rudi und Lennart kurz nach Mitternacht gingen, hatte der Mauerbau schon begonnen.

Es war eine kurze Nacht für mich. Um fünf klingelte das Telefon. Ich möge bitte sofort in die Redaktion kommen. Weshalb, sagte der Anrufer (ich glaube, es war unser Redaktionssekretär) nicht. Auf dem U-Bahnhof Pankow-Vinetastraße, wo ich den ersten Zug dieses Morgens nahm, hieß es: »Zug fährt nur bis Thälmann-Platz.« Sonst fuhr er immer bis Ruhleben.

So begann für mich das nach dem 17. Juni 1953 einschneidendste Datum der DDR-Geschichte, der 13. August 1961. Einige Wochen lang prägten die mit diesem Tag beginnenden Ereignisse auch das Bild der *Wochenpost,* zunächst sehr direkt, dann mehr und mehr indirekt, bis sich das Thema gewissermaßen verflüchtigte und schließlich nur noch zu sogenannten geraden Jahrestagen als Pflichtübung im Blatt auftauchte.

Im Morgengrauen des 13. August 1961 wurden also auch die Mitarbeiter der *Wochenpost* alarmiert. Die einen gehörten der Kampfgruppe des Berliner Verlages an. Sie sollten einige Tage lang die nunmehr abgeschottete Grenze quer durch Berlin bewachen und bei der Aussiedlung an der Grenze in der Bernauer Straße mitwirken. Wir anderen, die wir deren Arbeit mit zu erledigen hatten, versammelten uns zu der sehr frühen Morgenstunde in der Redaktion. Noch bevor die Frühnachrichten des Rundfunks meldeten, was geschah, noch bevor die ersten DDR-Tageszeitungen mit Befehlen und Aufrufen zu haben waren, sahen wir, was los war: Unsere Redaktion lag nur 50 Meter von der Kreuzung Friedrichstraße/Zimmerstraße entfernt. Wenn wir uns aus dem Fenster beugten, konnten wir jene Ecke sehen, an der der später zu weltweiter Prominenz gelangte Checkpoint Charlie entstehen würde.

Die nicht zur Kampfgruppe Einberufenen schwärmten aus. Die nächste Ausgabe mit dem Datum 19. August mußte termingemäß am 14. August angedruckt werden, sie war an diesem historischen Sonntag bereits im wesentlichen fertiggestellt. Es galt also, einige Seiten zu ändern; mir scheint, es handelte sich um drei Seiten. Wir haben Eindrücke gesammelt, am Brandenburger Tor und an der Friedrichstraße, ich bin unter Vorzeigen meines Presseausweises über die Grenze hinüber- und herübergewechselt, das war erstaunlicherweise an diesem Tag am Potsdamer Platz noch möglich.

Was an diesem 13. August von uns produziert wurde, sah so aus: Das Titelbild zeigte friedliche Spaziergänger zwischen Strausberger Platz und Alex. Daneben eine lange Spalte, in der Episoden von diesem 13. August geschildert wurden, fortgesetzt auf der dritten Seite. Der Text: frisch-fröhlich-optimistisch. Die Überschrift: »Gereinigte Berliner Luft«. Dazu der Leitartikel auf Seite 2 (unter der damals Woche für Woche benutzten Standardüberschrift »Ein offenes Wort«). Die Tonlage: Alles ist ruhig, alles geht seinen Gang. Am Mittag des 13. August waren, so meine Erinnerung, die Chefredakteure der großen Zeitungen ins ZK gerufen worden, wo man ihnen sagte, wie der Mauerbau zu kommentieren sei. Was also in der Nummer 33 der *Wochenpost* stand, folgte dieser Linie.

Dabei waren wir Redakteure in vielerlei Hinsicht bereit, den Erklärungen zu folgen. Daß die DDR, so wie sie konstituiert war, auf Dauer den Zustand der offenen Grenze nicht würde hinneh-

Kampfgruppeneinsatz
Ich war beauftragt, eigentümliche Dinge zu tun, die einer allein nicht tun durfte. Wäre ich allein heute morgen um sieben an die Wohnungstür gekommen und hätte nach wenigen Worten begonnen, die Wohnungseinrichtung in den Hof zu tragen – es gibt Dinge, die irrsinnig sind, wenn man sie allein tut, undenkbar sind sie. Von der Gruppe getan wirken sie selbstverständlich ... Und obwohl ich das weiß, begriff ich nicht, wieso sich alle hier so einfügten, als ob sie es gar nicht anders erwartet hätten, als ob sie es so haben wollten. Müßte ich da nicht etwas Undenkbares tun. Ich könnte weggehen. Nach Hause. Vielleicht fiel es nicht einmal auf. Wir waren genug Leute, und wen kümmerte ich schon in all dem Trubel. Aber ich wußte, daß ich hier bleiben mußte. Die anderen nicht im Stich lassen. In der Wohnung war noch genug Arbeit ...
Heinz Knobloch:
Neun Tage vor meiner ersten Nierenkolik, geschrieben 1961, veröffentlicht in der Wochenpost 7.8.1991

Tod in der Einflugschneise
Fünfzig Menschen mußten kurz vor Weihnachten sterben, als ein amerikanisches Militärflugzeug in die Münchner Innenstadt stürzte. Fünfzig Menschen könnten noch leben, wenn den jahrealten ernsten Forderungen erfahrener Fachleute Gehör geschenkt worden wäre, die Flugplätze außerhalb der Städte anzulegen. (...) Nicht nur München ist gefährdet ... Und Berlin? Schon seit vielen Jahren fordern nicht nur die Bewohner der unmittelbaren Umgebung des Flughafens Tempelhof die Liquidierung des Gefahrenherdes inmitten der 4-Millionen-Stadt. Aus allen Stadtteilen wird der Ruf laut, Tempelhof zu schließen.
Wochenpost 4.2.1961

Schiefe Fratzen
War das ein Gezeter! Und alles nur, weil sich der bundesdeutsche Bildschirm, der für gewöhnlich eine so brave Wirtschaftswunder-Mattscheibe ist, zu mitternächtlicher Stunde in einen scharf geschliffenen Spiegel verwandelt hatte. Die großen Manager und die kleinen, die Revanchisten und ihre Soldschreiber blickten verdrießlich hinein und sahen, daß ihre Fratzen schief waren.
Wochenpost 11.2.1961 über Fritz Kortners TV-Film »Lysistrata«

men können, vielen uns klar. Das damals häufig (allerdings nicht in der *Wochenpost*) benutzte Argument des drohenden Einmarsches der Bundeswehr »mit klingendem Spiel durchs Brandenburger Tor« hielten wir für irreal und überzogen. Daß die offene Grenze alles von der wirtschaftlichen Ausplünderung bis zur Spionage möglich machte, war unübersehbar. Daß die DDR durch die anschwellende Fluchtwelle zunehmend ausblutete, war natürlich kein Argument, das man druckte, aber das man im Hinterkopf hatte. Wir empfanden nicht wesentlich anders als all jene vielen Intellektuellen der DDR, die später bekundeten, sie hätten sich vom Mauerbau eine Öffnung nach innen erhofft; war uns Journalisten doch in den letzten Jahren ständig jedwede Kritik in der Zeitung ausgeredet oder untersagt worden, immer mit dem Argument, angesichts der offenen Grenze könne eine solche Zeitungsarbeit ungewollt schädliche Folgen haben. Und schließlich: Niemand vermochte sich vorzustellen, daß die Mauer von langer Dauer sein würde.

Vielleicht vermag die Rezension eines Films, der mehr als ein Jahr später in die Kinos kam, Aufschluß über die Stimmungslage vom August 1961 zu geben. Über den DEFA-Film »Der Kinnhaken«, eine Liebesgeschichte vor dem Hintergrund des geteilten Berlin inklusive Mauerbau und Kampfgruppeneinsatz, erfuhr der Leser in der *Wochenpost* vom 8. Dezember 1962: Der Schauspieler Manfred Krug habe zusammen mit dem Schriftsteller Horst Bastian »diesen Film spontan nach dem 13. August geschrieben«. Es sei bemerkenswert, »daß ein junger Künstler, der als Schauspieler und Sänger mühelos vorankam, in jenen Tagen die Mühe und das Risiko eines Drehbuchanfängers auf sich nahm, weil er meinte, seinen Altersgefährten etwas sagen zu müssen: daß es sich hier besser und menschlicher leben läßt, daß das Tor zur Freiheit für sie nicht zugefallen ist, sondern sich ganz im Gegenteil eben jetzt erst auftut«. Einzige kritische Anmerkung der Rezensentin: »Es schien mir, als habe die sonst sympathisch zügige ... Regie manchmal doch ein wenig gebremst. (...) Und ich hätte es gern gesehen, daß die Stadt, die Atmosphäre der Straßen und Plätze, des großen Betriebes, in dem der Held arbeitet, lebendiger ins Spiel gekommen wären ...« Aber viel Lob für den Hauptdarsteller Manfred Krug: »Mir gefällt vor allem der Held, der Ritter, vielmehr Meister Georg aus dem volkseigenen Betrieb, ein sozialistischer Held ohne Furcht und Tadel – und dennoch ganz ohne Langeweile. Ein umwerfend positiver, umwerfend komischer Bursche, der sich seiner Männlichkeit so bombensicher ist, daß er der Welt und dem geliebten Mädchen vorbehaltlos sein rührend zartes Inneres zukehren kann.« Soweit zur Filmkritik. Soweit zum Mauerbau. Soweit zur Wahrnehmung des Ereignisses.

Während einige *Wochenpost*-Redakteure voll guten Glaubens an bessere Verhältnisse an der nächsten Ausgabe des Blattes strickten, standen andere mit der Maschinenpistole in der in jenen Tagen zu trauriger Berühmtheit gelangenden Bernauer Straße. Einer unserer Kollegen hat damals zusammen mit anderen zur Kampfgruppe einberufenen Journalisten an einer Anekdotensammlung mitgewirkt, die unter dem Titel »Jetzt schlug's Dreizehn!« als Broschüre erschien. Einige dieser Geschichtchen wurden in der *Wochenpost* vom 2. September 1961 abgedruckt. Es waren schändliche Geschichten, auch wenn der Kollege eigentlich kein Scharfmacher war. Nicht weniger peinlich war der Abdruck einiger primitiver Glossen in den zwei Ausgaben nach dem 13. August. Die *Wochenpost* konnte natürlich die Mauer nicht als das benennen, was sie war, ein Instrument zum Einsperren der eigenen Bevölkerung. Aber sie enthielt sich fürderhin des geforderten Jubels.

Als unsere Kampfgruppen-Kollegen dann aus der Bernauer Straße zurückkamen, wo sie unter anderem zur Aussiedlung der Hausbewohner eingesetzt worden waren, sind in Gesprächen Bedenken laut geworden, ob diese Art des Vorgehens vernünftig oder angemessen sei. Heinz Knobloch hat in seiner Geschichte »Neun Tage vor meiner ersten Nierenkolik« den Einsatz in der Bernauer Straße mit seinen menschenunwürdigen Umständen genau beschrieben.[48]

Der Blick aus unseren Redaktionsfenstern ging auf die große von Unkraut überwucherte freie Fläche zwischen Friedrichstraße und Mauerstraße, zwischen Schützenstraße und Krausenstraße, auf der später die Abfertigungsanlagen des DDR-Grenzkontrollpunktes für Ausländer entstanden – der sogenannte Checkpoint Charlie. So hatten wir einige Zeit lang einen Logenplatz im großen Welttheater, sahen wir Truppenbewegungen und Panzeraufmärsche.

Zunächst wurde unser Sitzungsraum zweckentfremdet. Man machte aus ihm einen Unterkunfts- und/oder Pausenraum für eine Truppe von DDR-Grenzsoldaten, die vor der Haustür wachten. Selbstverständlich, daß man sich im Lauf der Tage kennenlernte, daß sich sozusagen »freundschaftliche Beziehungen« zu »unseren Soldaten« entwickelten, so daß schließlich sogar ein ganz formeller Freundschaftsvertrag zwischen der Redaktion *Wochenpost* und dem 1. Zug der 5. Kompanie der IV. Grenzabteilung unterzeichnet wurde. Auf einer großen Urkunde vereinbarte man, daß die Redaktion »die gesellschaftspolitische Arbeit ... durch Vorträge, Teilnahme von Mitarbeitern der Redaktion an Diskussionen und Veranstaltungen« unterstützen und bei der Herstellung einer Wandzeitung helfen würde, es wurden gemeinsame Theaterbesuche und Sportveranstaltungen festgelegt.

Noch einmal fand vor unserer Haustür die große Weltpolitik statt. Das begann am 22. Oktober 1961 so: Eher durch Zufall sah jemand aus dem Fenster der Redaktion mitten auf der

Vom Eichmann-Prozeß
Leider entlarvt dieser Prozeß bis jetzt kaum diejenigen, die diesen Kleinbürger deklassierten und dann anleiteten, die mächtigen Konzerne und Monopole. Die großbourgeoise Israel-Regierung ist selbstverständlich nicht daran interessiert, in diesem Prozeß offenbar werden zu lassen, daß die »Endlösung« letztendlich ein Resultat der Herrschaft der Konzerne war, die am Tode von Millionen kräftig verdienten.
*Korrespondent Ya'akov Silber, Jerusalem
Wochenpost 13.5.1961*

Das Schöne an der Dialektik
Es hat Stimmen gegeben, die die Fotomontagen Heartfields des Formalismus ziehen; tatsächlich aber ist kaum eine Kunst so sehr vom Inhalt, von der Idee her diktiert wie diese. Statt zu beckmessern, sollte man sich lieber Gedanken darüber machen: wie setzen wir fort? Und wo und in welcher Richtung setzen wir fort? Das Schöne an der Dialektik ist, daß sie nie aufhört, dialektisch zu sein. So viele Fragen, so viele Antworten; so viele Antworten, so viele Fragen. Das Leben geht weiter und ist unendlich.
*Stefan Heym
zum 70. Geburtstag
von John Heartfield
Wochenpost 17.6.1961*

25. Oktober 1961: Amerikanischen Panzer sind an der Friedrichstraße aufgefahren.

Konfrontation
Es waren bewegte Tage seit dem 22. Oktober für unsere Redaktion. (...) Skrupellose amerikanische Miltärs zogen – um in ihrem Jargon zu sprechen – Tag für Tag vor unserer Haustür »eine Show ab«. (...) Aber die waffenstarrenden Jeeps, die den Agent provocateur der Aktion ... auf seiner Provokationstour geschmackvoll umrahmten, die USA-Panzer und die Maschinengewehrnester in den Fenstern und auf den Dächern der westberliner Seite waren beileibe keine Zirkusschau. (...) Wenn die Rechnung der militärischen Abenteurer aus Übersee und ihrer westdeutschen und westberliner Spießgesellen trotz wiederholter Provokationen nicht aufgegangen ist, dann deshalb, weil sie die Haltung unserer Grenzpolizei falsch einkalkuliert hatten. Unsere Volkspolizisten, die die Absicht schon beim ersten Übergriff der Amerikaner erkannten, ließen sich in keiner Minute provozieren.
*Siegfried Meißgeier
Wochenpost 4.11.1961*

Friedrichstraße einen aus Westberlin kommenden zivilen Pkw, der von Volkspolizisten an der Weiterfahrt gehindert wurde und in dem ein wütender Mann saß. Der, man konnte es deutlich beobachten, telefonierte (1961 war ein Autotelefon noch etwas Außergewöhnliches). Dann, mittlerweile stand die halbe Redaktion an den Fenstern, kam ein Jeep, vier amerikanische Soldaten darin mit aufgepflanztem Bajonett, fuhr unkontrolliert bis zur Krausenstraße vor, drehte um. Man zog, wie es später im *Wochenpost*-Leitartikel hieß, »eine Show ab«. Ich bin dann auf die Straße gegangen, und dank meiner Bekanntschaft mit den Grenzsoldaten und Volkspolizisten und dank englischer Sprachkenntnisse wurde ich gewissermaßen Akteur. Ich dolmetschte nämlich zwischen den Grenzern und dem Zivilisten, bei dem es sich, wie sich herausstellte, um den Stellvertretenden amerikanischen Stadtkommandanten von Westberlin, E. Allan Lightner jun., handelte.

Worum handelte es sich? Seit dem 13. August galt hier folgende Regelung: Alliierte in Uniform passieren ohne Kontrolle, Leute in Zivil haben den Paß vorzuzeigen. Nun ging es den Amerikanern offensichtlich darum, auf ihre Alliierten-Rechte zu pochen, sie durchzusetzen, nämlich ohne Kontrolle durch die von ihnen nichtanerkannten DDR-Behörden frei umherfahren

28. Oktober 1961:
Sowjetische Panzer stehen tagelang den amerikanischen in direkter Konfrontation gegenüber.
Als Zeitvertreib dient die Wochenpost.

zu können, sei es in Uniform, sei es in Zivil. Wagen mit der Autonummer der USA-Behörde in Westberlin wie dieser durften ausschließlich von den Sowjets kontrolliert werden, die Volkspolizei sei dafür nicht zuständig. Daher die Konfrontation.

Meine Dolmetscher-Tätigkeit war einfach. Der Dialog zwischen Volkspolizei und US-Vertreter beschränkte sich gebetsmühlenartig auf je einen Satz. Der Amerikaner, der nicht bereit war, mit ostdeutschen Vertretern auch nur zu verhandeln, sagte: »I want to meet a Russian officer!« Der VP-Offizier antwortete durch den Mund von Polkehn: »Hier gibt es keine sowjetischen Beamten!« Hinsichtlich des weiteren Ganges der Dinge war 35 Jahre danach zu erfahren: »Als Lightner erfuhr« – wie gesagt, durch den Mund von Polkehn! – »daß ein sowjetischer Vertreter nicht benachrichtigt worden war, schickte er seine Frau zum amerikanischen Kontrollpunkt in der Friedrichstraße zurück und bat um militärische Hilfe. Kurze Zeit danach erschien eine Kampfgruppe. (...) Das Bajonett aufgepflanzt, begleiteten die Soldaten Lightner ungehindert auf das Ostberliner Territorium. Um seinen Rechtsanspruch auf freien und ungehinderten Zugang nach Ostberlin zu demonstrieren, wiederholte der US-Gesandte gemeinsam mit den Soldaten noch zweimal den Übertritt. Sein Opernbesuch allerdings hatte sich zwischenzeitlich erledigt.«⁴⁹

Opernbesuch? Lightner habe, so hieß es, eigentlich mit seiner Frau in die Staatsoper in Ostberlin gewollt. Der Vorgang ereignete sich am sehr frühen Nachmittag. Ein ungewöhnlicher Zeitpunkt für einen Opernbesuch. Die richtige Zeit für eine Machtdemonstration. Aber wir erfahren ja auch, daß General Clay »bestimmt und offensiv ... auch in der Frage der Behinderungen innerhalb Berlins« vorgehen wollte. Deshalb wiederholte sich das gleiche Spiel am 23. Oktober. Am 24. Oktober

Luftspionage
Allabendlich serviert der schwarze Kanal des westdeutschen Fernsehens ein beiläufiges Schauspiel auf der Mattscheibe: die Radarwetterkarte des »Meterologischen Instituts der Freien Universität Berlin«. Vom Boden der Frontstadt aus beobachten Radargeräte ungehindert den Luftraum der DDR. Wenn man für ein Radargerät eine Reichweite von 100 Kilometern zugrunde legt, so kann der Luftraum über eine Fläche von 31 400 km² unter Kontrolle gehalten werden. Ganz Berlin hat aber nur eine Fläche von 884 km². Was würde man sagen, wenn die DDR die Forderung stellte, in einem anderen Staat eine Radarzentrale zu errichten? Dieser seltsame Wetterbericht führt mitten in den Problemkreis der prekären, ungeregelten Fragen der Luftkorridore, des Flugbetriebes von Westdeutschland nach Westberlin und der Verletzung der Lufthoheit unserer Republik. Denn was von Westberlin aus mit verschiedenen Radarbeobachtungsposten betrieben wird, ist nichts anderes als der neuesten Spielarten der Luftspionage.
Wochenpost 18.11.1961

Umfrage
Was erwarten Sie vom Neuen Jahr?
Was darf das Jahr von Ihnen erwarten?

Manfred Krug:
»Die große Erwartung vom neuen Jahr ist, daß es den Politikern gelingt, auf der ganzen Welt Frieden zu machen.
Zu 2: Ich glaube, man kann auch in der Kunst fürs gleiche Geld in der gleichen Zeit mehr machen, qualitativ mehr; das wollen viele versuchen, ich auch.«

Armin Mueller-Stahl:
»Daß sich unter den Menschen der Welt die Erkenntnis von der Koexistenz als der einzigen Alternative zum Krieg durchsetzt. Daß unter diesen Bedingungen unsere Arbeit an Größe und Schönheit zunehmen möge.
Privat: Keinen Bürokratismus mehr; die Möglichkeit, leichter ins Ausland zu reisen, freundliche Kellner, saubere Tischdecken in Gaststätten, schönere Schuhe und zufriedene Gesichter.«

Angelica Domröse wünscht sich »größere Aufgaben im Theater«... und »einmal eine klassische Rolle zu spielen«. Ganz privat »wünsche ich mir viel Einkaufsfreude bei der Ausstattung meiner neuen Wohnung«.
Wochenpost 30.12.1961

schickten die Amerikaner Busse mit Zivilpersonen an die Grenze, lehnten eine Paßkontrolle ab, mußten umkehren. Am 25. Oktober aber bekam die Affäre eine neue Dimension. Um 7.30 Uhr meldeten sich amerikanische Offiziere bei den Volkspolizisten und übermittelten ein Ultimatum: Binnen einer Stunde habe die VP ihre Behinderungen zu beenden. Jetzt wurde es spannend. Hubschrauber dröhnten am Himmel. Am Checkpoint Charlie wurden Kameras aufgestellt. Die *Wochenpost*-Redakteure nahmen ihre Logenplätze ein. Pünktlich um 8.30 Uhr brausten amerikanische Panzer mit Volldampf durch die Friedrichstraße, genau an dem weißen Grenzstrich stoppten sie. Um 14 Uhr kamen dann, man konnte es erwarten, Busse mit amerikanischen Zivilisten. Sie wurden, auch dies vorhersehbar, an der Weiterfahrt in den Osten gehindert, kehrten nach einer Stunde wieder um. Um 17 Uhr zogen auch die amerikanischen Panzer (nach entsprechenden Zusagen der Sowjets, wie man später erfuhr) wieder ab.

An dem Punkt, an dem der erwähnte Bericht in der *Wochenpost* vom 4. November 1961 endete, ging es aber erst richtig los. Am 24. Oktober hatten die DDR-Zeitungen eine »Mitteilung des Ministeriums des Innern zur wachsenden Zahl von Grenzverletzungen« veröffentlicht und darin akribisch den bisherigen Verlauf der Ereignisse am Grenzübergang Friedrichstraße aufgelistet. Nur »dank der besonnenen Haltung der Grenzsicherungskräfte der DDR« sei es »zu keinen weiteren Zwischenfällen« gekommen. Kurz und knapp: Amerikaner in Zivil hätten sich an der Grenze auszuweisen.

Das waren die Ereignisse, über die wir die sehr detaillierte »Chronik einer Provokation« veröffentlichten. Wann wurden schon mal einem Blatt die Ereignisse gewissermaßen ins Haus geliefert! Das Wort Provokation war übrigens zutreffend. Tatsächlich hatte der vom amerikanischen Präsidenten John F. Kennedy als Sonderbeauftragter nach Westberlin entsandte General Lucius D. Clay die Eskalation angeordnet. Es ging den Amerikanern darum, Moskau zu zwingen, Farbe zu bekennen. Der DDR-Führung, die ja vorführen wollte, daß sie in Berlin allein das Sagen hatte, sollten ihre Grenzen gezeigt werden. Mit Erfolg. General Clay reizte aus, wieweit die Russen tatsächlich die Verantwortung für die Situation in Berlin tragen würden. So jedenfalls der damals in Berlin tätige CIA-Mitarbeiter John Mapother im Jahre 1993.[50] General Clay selbst meinte, die ganze Sache habe dramatischer ausgesehen, als sie es war.[51] Der Panzeraufmarsch der Amerikaner nur ein Bluff im Berlin-Poker? Dann lag die *Wochenpost* ja gar nicht so falsch.

Der sowjetische Diplomat Valentin Falin hingegen schrieb 1995: »Als unmittelbarer Beobachter der internationalen Vorgänge bestätige ich, daß uns schließlich nur noch Sekunden und Meter von einem Unglück trennten.« Falin schildert, daß er im Kreml zu einer eiligen Beratung von Regierungschef Chruschtschow mit Außenminister Gromyko, dessen Stellvertreter Iljitschow, Verteidigungsminister Malinowski und Marschall Konjew bestellt wurde. Chruschtschow habe erklärt: »Es gibt Meldungen, daß die Amerikaner in Berlin eine Kraftprobe planen. Sie wollen mit gepanzerten Bulldozern die Grenzsicherungen der DDR einrennen. Die Frage lautet: Entweder erfahren die Amerikaner eine Abfuhr, oder wir verlieren die Kontrolle über die Situation. Ich habe beschlossen, Marschall Konjew als Oberkommandierenden der sowjetischen Streitkräfte in die DDR zu senden. Er ist mit umfangreichen Vollmachten ausgestattet. Wenn die Amerikaner ihre Panzer in Ausgangsposition bringen, werden wir die unseren in volle Gefechtsbereitschaft setzen. Wenn die amerikanischen Maschinen beginnen, die Grenzabsperrung abzutragen, befehle ich, scharf zu schießen.«[52]

So gesehen wiederum, war unser Verhalten am 26. Oktober purer Leichtsinn. Die amerikanischen Panzer, vorn mit großen Räumschilden ausgerüstet, rollten am frühen Morgen wieder an. Gegen Mittag hörten wir dann das mächtige Dröhnen von schweren Dieselmotoren; die Leipziger Straße hinab und in die Friedrichstraße einbiegend rasselten schwere Panzer der Sowjetarmee heran und bremsten hart vor dem *Wochenpost*-Gebäude.

Mehrere Tage lang haben sich die von Washington und Moskau in Marsch gesetzten stählernen Tanks vor unserer Haustür gegenübergestanden. »Auf Schußweite«, schrieb die internationale Presse. Schußweite? Sie standen nicht einmal zweihundert Meter voneinander entfernt. Ein Panzergeschütz schießt weiter.

Die amerikanische Rechnung ist übrigens aufgegangen. Endlich war ein »Russian officer« für die US-Offiziere zur Stelle. Man fand eine einvernehmliche Lösung des Kontrollmechanismus am Checkpoint Charlie, der den USA ihre Rechte sicherte und den Russen wie auch der DDR erlaubte, das Gesicht zu wahren.«[53] Die DDR-Grenzer ließen Amerikaner in Uniform und mit den entsprechend gekennzeichneten Fahrzeugen unkontrolliert passieren, während die DDR-Offiziellen erklärten, alles unter Kontrolle zu haben.

Die Mitarbeiter der *Wochenpost* aber sind hinunter auf die Straße gegangen, mitten in das militärische Aufmarschgebiet, wo Zivilisten eigentlich nichts zu suchen hatten, haben den sowjetischen Panzersoldaten Blumen und – was für die wohl wichtiger war – Zigaretten gegeben und ihnen je eine *Wochenpost* in die Hand gedrückt.

Valentin Falin aber resümierte 34 Jahre später: »Bis zu einer Panzerschlacht kam es, wie bekannt, nicht. Politiker und Diplomaten zogen die Panzer auseinander. (...) Mir brachten die

Nutzung der Grenze
Es gibt hier kein verwildertes Niemandsland. Das Land vor, ja sogar hinter den Grenzeinrichtungen wird in vollem Umfang landwirtschaftlich genutzt. 1986 haben die Bauern in diesem Bereich allein 150 Doppelzentner Grünfutter geerntet. An anderen Stellen wurde Wintergerste gesät. Feldarbeit und Grenzordnung müssen ständig in Übereinstimmung gebracht werden. Hauptmann Dorno sagt: »Das Genehmigungsverfahren wird nach der Vorschrift zügig abgewickelt ...«
Wochenpost 28.11.1988

Winterschlaf
Tiere wie der Dachs oder der Bär sind nur scheinbare Winterschläfer. Der Bär richtet sich während des Winters häuslich in seiner Höhle ein, die er sich zwei oder drei Wochen vor dem ersten Schneefall vorbereitet. Er verläßt sie nicht – wenn nicht Gewalt angewandt wird –, bevor die kalte Jahreszeit zu Ende ist.
Wochenpost 18.2.1961

letzten zehn Tage des Oktober 1961 die engste Berührung mit dem realen Krieg in Mitteleuropa seit 1945. Zweihundert Meter und eiserne Nerven trennten uns vom Nichtwiedergutzumachenden.«[54] Und die Tatsache, daß die Sowjets nur so viele Panzer schickten, wie die Amerikaner in Westberlin stationiert hatten. Man demonstrierte gleiche Stärke, aber nicht Überlegenheit.

15. September 1962: Neues aus Kasachstan

Gemeinhin sollte die *Wochenpost*-Titelseite auf einen Beitrag im Heft aufmerksam machen, auf den nach unserer Ansicht wichtigsten oder interessantesten. Aber Prinzipien sind dazu da, durchbrochen zu werden. Immer wieder mal sind wir von dieser Übung abgegangen, meist unfreiwillig: Es fand sich nichts in der Ausgabe, was ein attraktives Titelbild hergegeben hätte.

Wenn beispielsweise auf einer Seite gefragt wird: »Wer birgt 1980 unsere Ernte?« – mit welcher Art anreizendem Foto könnte das illustriert werden? Eine Interviewseite zur Welthandelskonferenz, eine Reportage aus dem Berliner Bremsenwerk – ach, es gibt daneben viel Interessantes. Aber für die Seite 1 schien es in dieser *Wochenpost* am 15. September 1962 nicht zu reichen. Also prangt auf der ersten Seite das Porträt der Schauspielerin Annekathrin Bürger und eine etwas komische Unterschrift. Sie teilt mit, das Bild zeige sie »nicht in ihrem letzten erfolgreichen Film ›Königskinder‹«. Eine ansprechende Titelseite mit einer Nicht- oder gar Anti-Information. Denn der von Regisseur Frank Beyer gedrehte Film wird im Blatt nicht rezensiert, nicht weiter erwähnt, auch merkwürdigerweise in den Ausgaben davor und danach nicht. Wäre über den Film ein Tabu ausgesprochen worden, hätte die *Wochenpost* auch das Titelbild nicht gedruckt. Wer weiß, manchmal gehen Zeitungsmacher seltsame Wege, die mehr als dreißig Jahre später nicht mehr nachzuvollziehen sind.

In der Spalte neben dem Bürger-Foto findet sich eine weitere Erstaunlichkeit. An dieser Stelle – wir erinnern uns, noch immer ist das der Platz, wo sich prominente Schriftsteller zu Wort melden – teilt Fritz Meyer-Scharfenberg mit: »Das Öl fließt«. Was er da schreibt, ist zumindest bald danach ein Staatsgeheimnis, ein Nicht-Thema. Bei Grimmen in Mecklenburg hat man endlich Erdöl gefunden. Am Ende des Artikels fragt der Schriftsteller einen der Bohrleute: »Genug?«, und der antwortet: »Genug!« Da sagt der Autor »Glück auf!« – »... und es war mir wie ein glückliches Omen für die ganze Republik«. Je nun, aus Grimmen ist kein zweites Kuwait geworden, das Thema kam, so ist mir erinnerlich, bei uns nicht mehr vor.

Doch zurück zum Thema »Wer birgt 1980 unsere Ernte?« Das ist die (möglicherweise bestellte) Frage eines Lesers, der etwas über den Berufsnachwuchs auf dem Lande erfahren wollte. In der Einleitung zu dem Artikel heißt es: »Hunderttausende Helfer

Anekdote
Der Geologe Römer wurde einmal von einem Studenten gefragt: »Können Sie mir sagen, wohin ich komme, wenn ich von dieser Stelle hier ein Loch durch die Erde bohre?« Kurz und bündig antwortete Römer: »In die Irrenanstalt.«
Wochenpost 8.9.1962

Die Mischung machts: Praktische Ratschläge gehören zum Profil der Wochenpost. Anfangs fand man sie unter der Rubrik »Was Sie interessiert und auch Ihn nicht kalt läßt«.

Gefährdeter Hund
Ich bin Schäfermeister und weiß, wieviel Mühe es kostet, einen Hund abzurichten. Gerade im Straßenverkehr ist ein Schäferhund Gefahren ausgesetzt, weil viele Kraftfahrer auf den Hund keine Rücksicht nehmen. (...) Ich bitte alle Kraftfahrer, langsam an den Herden vorbeizufahren, um unsere Hunde und die Schafe nicht zu gefährden.
*Willi R., Zempow
Wochenpost 22.9.1962*

Verkehrserziehung
Niemand sollte glauben, daß ich kleinlich bin. Auch ich gehe nicht immer rechtwinklig über die Straße. Aber das ist zuviel: Zu viert per Fahrrad nebeneinander! Der Fotograf, der diese Aufnahme machte (Nr. 13, Seite 15), sollte an einer sonntäglichen Verkehrserziehung teilnehmen.
*Leserbrief von Peter H., Gera
Wochenpost 28.4.1962*

arbeiten in diesen Tagen und Wochen auf den Feldern, um uns das tägliche Brot zu sichern. Soll die Völkerwanderung von der Stadt zum Land zu einer Gewohnheit werden?« Die »Völkerwanderung« ist die Folge von überstürzter Kollektivierung und Landflucht, auch von fehlenden Maschinen. Soldaten und Studenten müssen die Ernte einbringen. Die Lösung, die nun in der *Wochenpost* angeboten wird: Die Arbeit in der LPG mit einer gediegenen Ausbildung soll attraktiv werden, Maschinen sollen Handarbeit ablösen.

Es gibt genug Prophezeiungen in den Spalten der *Wochenpost*, die sich schließlich als unzutreffend erweisen werden. In diesem Fall aber liegt die Zeitung richtig. 1980 wird es die »Völkerwanderung« der Erntehelfer nicht mehr geben, die LPG-Bauern schafften es dann, die Ernte selbst einzubringen.

Der Blick ins Ausland gerät in jener Woche nicht allzu vielseitig. Eine Seite füllt Siegfried Meißgeier mit dem dritten Teil einer Reportageserie. Zu dem blumigen Serientitel »Der Orient trägt ein rotes Kleid« paßt die nicht minder lyrische Überschrift »Blumen des Feiertages und helle Träume«. Der Autor hat Alma-Ata besucht, zitiert die Einheimischen, die von der »schönsten Stadt« der Welt sprechen. »Am Sonntag, Genossen, ruhen sich die Werktätigen bei uns aus«, sagt der Sekretär für Propaganda und Agitation beim ZK der KP Kasachstans, kein Kasache, ein Russe. Denn die Werktätigen, die, wie es in der *Wochenpost* heißt, »Erbauer des Kommunismus«, fahren schon am Tag zuvor an die malerischen Ufer des Hochgebirgssees Issik. Sie lagern in Parks und Wäldern »einträchtig nebeneinander« – die »Mitglieder der Akademie neben Arbeitern aus den Textilbetrieben ..., Kasachen und Russen, Ukrainer und Tataren ... spielen Tennis und Federball ..., Harmonika und Gitarre ...

Alle zusammen machen sie hier am Ufer der Almatinka den Lügen der kapitalistischen Presse vom grauen kommunistischen Sonntag den Garaus.« Der Gerechtigkeit halber sei hier die Erfahrung erwähnt, die wir alle bei unseren Reisen durch die Sowjetunion machten: Die überwältigende Gastfreundschaft, die Herzlichkeit der Menschen, der freigiebig ausgeteilte Wodka und die unnachahmliche Fähigkeit zur Errichtung Potjomkinscher Dörfer blieben auch beim zunächst skeptischen Berichterstatter nicht ohne Wirkung.

Die zweite dem Ausland gewidmete Seite gehört ebenfalls zu einer Serie: »Tschomolungma«. Keine Politik, viel Abenteuer. Es wird die lange Geschichte des Sturms auf den Gipfel des Mount Everest erzählt. In gleicher Weise Lesestoff bietet der umfängliche Artikel »Schutz gegen Erdbeben«. Den Schutz gibt es noch nicht, ist das Fazit des Beitrages, aber man arbeitet daran. Das ist durchaus kein zeitloser Artikel. Es bezieht sich nämlich darauf, daß sich gerade schwere Erdbeben in Italien, Griechenland und Iran ereignet haben.

Es ist sicher die Mischung der Themen, die die Leser zur *Wochenpost* greifen läßt. Ausgiebig wird das immer neue alte Thema »Wie richte ich meine Wohnung ein?« behandelt. Prof. Dathe, der Direktor des Tierparks Berlin, beschreibt auf einer Seite mit umwerfender Komik die Jagd nach einem im Tierpark ausgebrochenen Rabengeier. Und ein paar Seiten weiter eine völlig andere Tonlage unter der seit Wochen wiederkehrenden und vielleicht etwas spröden Dachzeile »Mut für Deutschland – unvergessen«. Unter diesem Titel erinnert die *Wochenpost* an Leute, die im Frühjahr 1945 die Courage aufgebracht haben, trotz SS-Kommandos, trotz der Standgerichte dem Kriegswahnsinn in den Arm zu fallen, Menschen zu retten, Zerstörungen zu verhindern. Es sind durchweg Erzählungen aus kleinen Städten und Dörfern. In dieser Ausgabe steht Babelsberg im Mittelpunkt. Wir lesen von unbekannten Helden, von denen die *Wochenpost* zumeist durch Zuschriften ihrer Leser erfahren hat.

Warum die USA wieder Atomwaffen testen
Es ist schwer, sich von langghegten Illusionen und Hoffnungen zu trennen. 1945 glaubten Verteidiger der westlichen Lebensweise, sie könnten dem verhaßten Kommunismus mit Hilfe der Atombombe eines Tages das Lebenslicht ausblasen. Jetzt ist ihnen nur die Hoffnung geblieben, mit Glück, vielen Dollarmillionen ... und unter Aufbietung aller Kräfte doch noch den Wettlauf mit der Zeit zu gewinnen und die Russen wieder einzuholen. (...) Darum auch ihre Tests. Aber auch diese letzte Hoffnung müssen sie fahrenlassen. Es wird für sie sogar besser sein. Je mehr sich der Abstand in der militärtechnischen Entwicklung vergrößert, um so mehr kommt der Westen in die Position eines Kindes, das mit dem Feuer spielt, und dem man es schließlich mit möglichst sanfter Gewalt wieder wegnehmen muß.
Robert Havemann
Wochenpost 12.5.1962

Aus Propaganda wird Schweigen – Die Mauerberichterstattung

Fünf Zentimeter Niemandsland
Dieses Pinselbreit weißer Farbe aber markiert die Staatsgrenze. Diese fünf Zentimeter Niemandsland kennzeichnen den Start einer neuen Etappe in den Beziehungen zwischen zwei deutschen Staaten. Es ist die Etappe, wo der Provokation die Entschlossenheit gegenübergestellt, wo um einen Brand ein Schutzwall gezogen wurde.
Wochenpost 23.6.1969

Rosen für die Grenzer
In vielen Briefen, die wir unter dem Kennwort »Wenn Sie drei Rosen hätten ...?« erhielten, steht immer wieder: die erste Rose für unsere Grenzsoldaten! Uns dieses Auftrags zu entledigen, machten wir uns auf den Weg, baten im Stab darum, kein »Paradepferd« vorzuführen, sondern uns zu einer ganz normalen, den Durchschnitt repräsentierenden Kompanie zu schicken. So landeten wir bei der Einheit Bartel, einer Grenzkompanie in einem kleinen Dorf bei Berlin.
Wochenpost 19.9.1969

Etwa zehn Monate nach dem sowjetisch-amerikanischen Panzer-Rendezvous fand der Checkpoint Charlie noch einmal Platz in der *Wochenpost,* und zwar in einer ganzseitigen Reportage unter der Überschrift »Fünf Zentimeter Niemandsland«, so benannt nach jenem fünf Zentimeter breiten weißen Ölfarbstrich quer über die Friedrichstraße, der nach jüngstem Sprachgebrauch die Staatsgrenze der DDR markierte. In den zehn Monaten seit dem ersten Artikel ist zwischen Zimmer- und Krausenstraße eine komplette Grenzabfertigungsanlage erbaut worden, mit Räumen für die Paßkontrolle und für den Zoll, mit Fahrzeugspuren. Das Provisorium war im Verschwinden, die Grenze wurde auf Dauer eingerichtet. Der *Wochenpost*-Artikel erzählte von Zigarettenschmugglern und Menschenschmugglern, vor allem suggerierte er Ruhe und Normalität. Er teilte auch mit: »Alle Anschläge, alle Provokationen kamen von drüben. Immer dann wird provoziert, wenn, wie im Augenblick, die sowjetisch-amerikanischen Gespräche um Berlin einen leisen Schimmer Hoffnung aufkommen lassen, daß alles vernünftig geregelt wird. Eiserne Nerven und ruhiges Blut unserer Grenzer ließen die Herausforderungen unbeantwortet, ließen sie nicht zum Beginn eines neuen Krieges werden.«

Unsere Wahrnehmung der Mauer, die bis zu unserem Umzug zum Alexanderplatz im Frühsommer 1973 nur hundert Meter neben unserer Redaktion verlief, ist in den folgenden Jahren – um es einmal milde zu formulieren – höchst selektiv gewesen. Die Mauertoten haben wir ausgeblendet. Dafür wurde bei uns das beschrieben, was man anderswo verdrängte. In der *Wochenpost* vom 4. April 1964 findet sich beispielsweise unter dem Titel »Die Mädchen vom Grillendamm« die Schilderung dreier Schicksale. Es sind Mädchen, die in einem Heim in der DDR aufwachsen, die ihren Weg machen. In dem langen Artikel über alltägliches Leben, Schule, Ausbildung, Freundschaften finden sich Geschichten des geteilten Deutschland: »Alle Anzeichen, daß die Eltern mit dem 13jährigen Sohn und der zweijährigen Tochter die DDR illegal verlassen haben. Die Wohnung soll versiegelt werden. Plötzlich vernehmbares Geräusch aus dem Kleiderschrank, zu dem der Schlüssel fehlt. Aufbruch des Schrankes. Auf einem Wäschebündel hockt die zweijährige Tochter des Ehepaares. Das Kind ist dem Ersticken nahe ...« Oder: »Beim Referat Jugendfürsorge meldet sich die 13jährige

Monika S. Das Mädchen ist hochschwanger ...« Sie ist Opfer eines Notzuchtverbrechens. Der Täter bekam in Westberlin »zur gleichen Zeit seine Anerkennung als politischer Flüchtling. Er wurde nach Westdeutschland geflogen. Westberliner Gerichte nahmen kein Verfahren auf.«

Nach meiner (möglicherweise nicht ganz vollständigen) Übersicht kam die Grenze (oder Mauer, aber dieses Wort war natürlich in der DDR-Presse undenkbar) 1963 nur ein einziges Mal in einem größeren Beitrag in der *Wochenpost* vor. Es wurde auf Seite 2 gefragt: »Wo ist Rolf?« Ein 18jähriger war über die Mauer gegangen, von Westberlin ausgeflogen worden, seine Mutter hatte noch ein Lebenszeichen aus dem Saargebiet erhalten. Sie fand dann heraus, daß ihr Junge obdachlos auf einem Bahnhofsvorplatz umherlungerte – dann keine Nachricht mehr. »In ihrer Not« habe sich die Frau an die *Wochenpost* gewandt, wo man ihr versicherte, wenn der Sohn in die DDR zurückkehre, werde »ihm kein Härchen gekrümmt«. Nun also der Aufruf, diese Seite oder diese Ausgabe der *Wochenpost* an Verwandte, Freunde und Bekannte in Westdeutschland zu schicken. Wer weiß etwas über den Aufenthaltsort des Verschwundenen?

Liest man die Schlußsätze dieses Artikels, ist klar, daß es sich bei dieser Seite offensichtlich nicht um eine private Initiative der *Wochenpost* gehandelt hat. War der Fall zu Propagandazwecken erfunden worden? Sollte die Seite der Auftakt für eine größere Kampagne sein, die dann nicht weiter fortgesetzt worden ist? Denn der *Wochenpost*-Beitrag endete: »Wer kennt Bürger, die ebenfalls daran gehindert werden, in die DDR zurückzukehren? Mit welchen Methoden versucht man, diesen Menschen ihre Entscheidungsfreiheit zu rauben? Wer hilft uns, in aller Öffentlichkeit die Methoden zu entlarven, mit denen diese Bürger zurückgehalten werden?« Die Redaktion hat meines Wissens kein Echo auf diesen Beitrag erhalten. Im Kalten Krieg wurde nicht nur gekleckert, sondern auch geklotzt.

Nach diesem unvollendeten Kampagneauftakt trat das Thema Grenze immer mehr in den Hintergrund. Im ganzen Jahr 1964 gab es nur noch zwei Artikel dazu und die nächsten dann erst wieder 1966 zum fünften Jahrestag des Mauerbaus. In den folgenden zwei Jahrzehnten fand sich das Thema Grenze nur noch wenige Male in unserer Zeitung. Es waren stets die Jahrestage des 13. August und der »Tag der Grenztruppen«, die zu würdigen waren. Unübersehbar ist, daß mit der Erstarrung der DDR die Behandlung dieses Themas zur unbeliebten und ungeliebten Pflichtübung wurde. Zum 15. Jahrestag wurde in einem Protokollbericht (Überschrift: »Symbol des Friedenswillens«) auf Seite 3 der *Wochenpost* über die Parade der Kampfgruppen informiert, dazu gab es den Erlebnisbericht eines »Kämpfers« (»Als wir die Grenze sicher schützten«). Danach konnte sich der Leser in den unterhaltenden Teil des Blattes retten.

»Idylle« an der Grenze
Er hat viele Auszeichnungen erhalten in seiner sechsundzwanzigjährigen Grenztruppenzeit. Doch kann man nicht auch das als Auszeichnung werten, daß er immer wieder von Soldaten nach ihrem Wehrdienst Abschiedsgeschenke erhält? Selbstgebastelte Dinge, einen Bierkrug, eine Angel ... Wenn die Soldaten wüßten, daß ihr »Spieß« zu Hause die Angewohnheit hat, seine Sachen in der Wohnung herumliegen zu lassen. (...) Er wird hoffentlich seiner Frau nicht nachtragen, daß sie mir auch das verriet.
Wochenpost 24.11.1978

Grenz-Verhältnisse
Grenzen sind immer Ausdruck der Verhältnisse um sie herum. Es gibt keine Grenzmarkierungen »an sich«: Dieser Streifen empfängt Wirkungen von den Territorien diesseits und jenseits und wirkt auf sie zurück; er ist mannigfaltig mit der Welt verbunden. Eine Grenze kann verbinden oder trennen: Sie ist Gradmesser dafür, wie zwei Staaten miteinander umgehen. Insofern drückt die Hoffnung, zwei unserer Grenzer mögen einen störungsfreien Dienst gehabt haben, mehr aus als eine gewisse Sorge um die beiden. Entspannung und Stabilität sind längst Begriffe, von denen wir wünschen, sie mögen das gesamte politische Klima bestimmen.
Wochenpost 4.12.1987

Zitat am Rande
Es ist nicht so leicht, mit 30, 40 oder 50 Jahren bei Null anzufangen. Da ist die Euphorie schnell weg, und das rosarote Bild der Bundesrepublik verwandelt sich in tristes Grau. Soziale Isolation, Anonymität des Lebens, Schwierigkeiten bei der Bewältigung ungewohnter Alltagsprobleme, Ablehnung durch viele Mitmenschen, ... sozialer Abstieg durch nicht anerkannte Examina und Qualifikation, Arbeitslosigkeit, Wohnungsprobleme und Ärger mit Behörden sind die häufigsten Ursachen der Unzufriedenheit mit dem Leben bei uns. Vor allem das Nebeneinanderleben macht den Menschen aus der sozialistischen Gesellschaft zu schaffen. Sie sind an nachbarschaftliche Kontakte gewöhnt, setzen auf Solidarität, auch im Alltag und Privatleben.
Prof. Christian Friedrich, Die Welt, 24.10.1987; zitiert im Randtext zum »Sinnlosen Tod des Armin Strack« Wochenpost, 16.6.1989

Größer, gewaltiger, zugleich lustloser und langweiliger der 20. Jahrestag des Mauerbaus, diesmal in zwei aufeinanderfolgenden Ausgaben. Erst äußerte sich der Leiter der Abteilung Sicherheitsfragen des ZK der SED, Generaloberst Scheibe, in einem zweiseitigen Interview, dann gab es einen zum Mauerbau passenden Auszug aus dem von Robert Maxwell verlegten Honecker-Buch »Aus meinem Leben«. Eine Woche darauf paradierten die Kampfgruppen auf der *Wochenpost*-Titelseite, im Innenteil fanden sich auf zwei Seiten ein Auszug aus einer Honecker-Rede und ein Paradebericht. Als die Mauer dann ein Vierteljahrhundert stand, druckten wir einen historischen Rückblick, der für den Zeitzeugen von 1961 nichts Neues enthielt, auch keine neuen Argumente.

Angesichts der zunehmenden Abstinenz bei dem Thema ist bemerkenswert, daß in der *Wochenpost* vom 16. Juni 1989 das Thema Mauer, Ausreise und Flucht doch noch einmal aufgegriffen wurde. Es war ein Paukenschlag auch hinsichtlich des überaus ungewöhnlichen Umfangs dieses Artikels, der vier Zeitungsseiten umfaßte (wohingegen doch eine Doppelseite gemeinhin die obere Grenze für einen Beitrag war). *Wochenpost*-Redakteur Hannes Wagner beschrieb das Schicksal eines jungen Mannes, der in der DDR allseits gescheitert war, in der Schule, in der Lehre, in der Familie. Nun waren auch solche Schicksale in DDR-Medien schon dargestellt worden, neben den beliebteren Lebensbildern der positiven Helden. Aber außergewöhnlich war in diesem Fall die epische Breite, in der die Umstände des Scheiterns dieses Mannes in der sozialistischen Gesellschaft ausgebreitet wurden. Wagner über Armin Strack, der nun in der DDR zum zweiten Mal im Gefängnis saß: »Armin arbeitet zufriedenstellend, bald sogar gut. Er bekommt die besten Beurteilungen seines Lebens. (...) Das alles sind Gründe, eine vorzeitige Haftentlassung zu beantragen. Doch Mitte Februar 1984 teilt die Anwältin Vater Strack mit, daß der Antrag zur Strafaussetzung auf Bewährung abgelehnt worden ist. Zwei Wochen darauf schreibt Armin Strack einen Ausreiseantrag. Was hat ihn dazu bewogen? Es ist gut vorstellbar, daß einer wie er, der in seiner Umgebung nicht zurechtkam, Furcht vor der Rückkehr in seinen Heimatort hatte. Er meinte wohl, der Neuanfang sei anderswo leichter ...« Armin Strack kam auch im Westen nicht zurecht, wurde obdachlos. 1988 fand man ihn in Westberlin tot auf. »Der sinnlose Tod des Armin Strack«, der in Westberlin vor die Hunde ging, geriet zu einer Metapher über das Scheitern in der DDR.

Hatten DDR-Medien dergleichen Schicksale erwähnt, so mit dem warnenden Hinweis, so ergehe es jenen, die sich aus dem schützenden Biotop DDR davonstehlen. Das Besondere des *Wochenpost*-Artikels aber war, daß hier erstmals die Frage aufgeworfen wurde, ob denn nicht die Schuld für das verpfuschte

Aus Propaganda wird Schweigen – Die Mauerberichterstattung

| Die endlose Stadt. Mit einem Bericht über Tokio beginnt unsere Serie über Japan. Seiten 12/13 | In Moskau gesehen, gesprochen: Auskünfte über das 12. Filmfestival auf den Seiten 16/17 | Fünfte Folge im Preisausschreiben: Hinter den Kulissen eines Flughafens. Lesen Sie Seite 19 |

Wochenpost

28. Jahrgang
14. August 1981

33

30 Pfennig

Bauarbeiter und Kämpfer

Beide haben ein Stück Berlin mit aufgebaut — Werner Beste und Peter Mehlan (links) aus dem Wohnungsbaukombinat unserer Hauptstadt. Beide stehen bereit, die Ergebnisse ihrer Arbeit auch zu schützen. Auf dem Bau ist der eine verantwortlich für die Schwerlaster, der andere für die Krane. In der Kampfgruppe bedient der eine das Funkgerät, der andere steht am Fla-MG. Sie sind Kollegen und Kampfgefährten. Werner Beste war am 13. August vor 20 Jahren schon als Kämpfer dabei, als es galt, die Grenze zu Berlin-West zu sichern. Damals drückte Peter Mehlan noch die Schulbank. Heute steht er, wie viele junge Kämpfer, an der Seite des Älteren, um mit der Waffe in der Hand unseren sozialistischen Aufbau zu schützen. Lesen Sie dazu unseren Beitrag »Zwei Männer in Montur« auf Seite 15.

Außerdem in dieser Ausgabe

Seiten 3/4:
»In jenem heißen Sommer«,
ein Gespräch mit Generaloberst Herbert Scheibe.

Seite 5:
»Der 13. August 1961«,
aus der Autobiographie Erich Honeckers »Aus meinem Leben«

Foto: Lotti Ortner

Ausreisedruck
Die in der DDR angesehene, meist nachdenklich argumentierende Zeitschrift *Wochenpost* war schon mehrfach vorneweg, wenn es galt, sensible Fragen zunächst einmal vorsichtig zu thematisieren, den Boden dafür zu lockern. Das war vor zwei Jahren schon so, als es darum ging, das Problem der bis dahin schamhaft tabuisierten Immunschwächekrankheit Aids publik zu machen. Nun hat das Blatt die Nase vorn bei dem Versuch, die Gründe für den anhaltenden Ausbürgerungs- und Ausreisedruck im Lande nicht länger zu verschweigen, sondern im Gegenteil öffentlich zu erörtern.
Süddeutsche Zeitung 5./6.8.1989

Das ZK schien erst zu bemerken, was da in der Wochenpost gestanden hatte, als man im Westen davon Kenntnis nahm. Meldung der BRD-Nachrichtenagentur dpa vom 26.7.1989.

Leben des Mannes auch in den Verhältnissen in den DDR zu suchen sei: »Seine Schuld am eigenen Lebensruin ist augenscheinlich. Aber kann man es bei dieser Feststellung belassen und sich weitere Gedanken ersparen? Auch Armin Strack kam nicht mit den Genen eines Taugenichts zu Welt.«

Dieser Beitrag mag dem heutigen Leser womöglich nicht sehr aufregend vorkommen. Damals aber war er durchaus brisant. Das zeigte sich in Leserbriefen und in einem gewissen Echo im Westen. Die Brisanz lag sowohl in der Fragestellung als auch im Zeitpunkt des Erscheinens. Die Schwemme der Ausreiseanträge hatte Rekordhöhe erreicht, die Fluchtwelle über Budapest und Prag hatte eingesetzt. Die offizielle Linie für die DDR-Medien aber war: totschweigen. Diese Taktik wurde von der *Wochenpost* konterkariert.

Dabei war es wie schon öfter: Zunächst bemerkte die Abteilung Agitation offenbar nicht einmal, was da in unserer Zeitung gestanden hatte. Wahrscheinlich wurde sie von der Westpresse auf die Spur gesetzt, und auch die merkte erst etwas, als die *Wochenpost* in der Ausgabe mit dem Datum 28. Juli 1989 (sie wurde am 26. Juli verkauft) eine ganze Seite Briefe zu dem Artikel veröffentlichte. Noch am 26. Juli eröffnete die bundesrepublikanische Nachrichtenagentur *dpa* unter der Überschrift »Ausgereiste hinterlassen Lücken – Sorge in Betrieben« ihren Bericht mit einem Zitat aus einem Brief an die *Wochenpost*. Die Agentur stellte fest, »die Veröffentlichung kritischer Töne wie in der vielgelesenen *Wochenpost*« sei »aber recht neu«. Es folgte bei *dpa* eine lange Auflistung der Probleme der Ausreisewelle. Am 31. Juli zog der *Spiegel* nach. Das Hamburger Nachrichtenmagazin erwähnte, daß auch in der *NBI* und in der *Für Dich* Reportagen über Ausreisewillige erschienen seien, und meinte dann: »Aus dem engen Klischee-Rahmen heraus fällt der Beitrag in der *Wochenpost*«, weil hier dargelegt werde, daß die Gründe für den Niedergang des ehemaligen DDR-

```
E4560      DPA161      4  14:04                              (60)
ber230  4 pl  470    vvvvb   dpa 161
DDR/Ausreise
Ausgereiste hinterlassen Lücken - Sorge in Betrieben von
dpa-Korrespondent Bernd Kubisch =
    Ost-Berlin (dpa)- "Immer wieder frage ich mich, wie es kommt, daß
fleißige DDR-Bürger ihre Ausreise in die BRD betreiben?" Der
Briefeschreiber aus Königs Wusterhausen bemängelt in der Ost-Berliner
"Wochenpost", daß das Ganze "immer noch sehr ein Tabuthema" sei. Was
ist "mit den Leuten, die ihren guten Beruf aufgeben, voll im
Arbeitsleben standen und wirklich Lücken hinterlassen? Warum gehen
solche Leute?", fragt ein anderer.
```

Bürgers in der DDR selbst lagen. Der *Spiegel* vermerkte das große Echo auf den Artikel und registrierte, die meisten veröffentlichten Leserbriefe seien »erstaunlich offen« gewesen.

Tatsächlich waren die Briefe, die sich in der *Wochenpost* fanden, nicht minder brisant als der vorangegangene Artikel. So schrieb Hans-Peter E. aus Roßwein: »Ich bin der Meinung, daß dieser Armin Strack bei uns genauso kaputtgegangen wäre. In der BRD spricht man von Arbeitslosen und Sozialhilfeempfängern. Ist das in der Konsequenz nicht das gleiche wie bei uns die Problembürger, die jeder arbeitswillige Bewohner der DDR mit durchschleppen muß?« *dpa* zitierte aus dem Brief von Ernst D. aus Königs Wusterhausen: »Immer wieder frage ich mich, wie es kommt, daß fleißige DDR-Bürger ihre Ausreise in die BRD betreiben. Ich meine, es ist immer noch sehr ein Tabuthema. Auch die Kunst ist dabei nicht sehr hinterher.« Hanna B. aus Großräschen fragte dagegen empört: »Was soll dieser vier Seiten lange sinnlose Artikel über einen arbeitsscheuen, kriminellen Psychopathen? Wenn die *Wochenpost* über einen normalen Durchschnittsbürger geschrieben hätte, der im Westen ... gescheitert ist ..., dann hätte das eine Warnung sein können. Aber dieser Artikel doch nicht!«

Dergleichen Briefe dürften es letztlich gewesen sein, die den Zorn des ZK heraufbeschworen. Die Leser spitzten die Fragestellung zu, die Redaktion wählte zielgerichtet gerade die kritischen Stimmen zur Veröffentlichung aus. Chefredakteurin Brigitte Zimmermann, inzwischen im Urlaub, wurde von der Abteilung Agitation hektisch gesucht, um sie zu fragen, ob sie garantieren könne, daß nicht noch mehr Beiträge solcher Art erscheinen würden.

Nein, es erschienen keine weiteren Beiträge »dieser Art«. Denn die Zeit war abgelaufen. Das Ende der Abteilung Agitation stand kurz bevor. Das Thema erledigte sich von selbst.

In der *Wochenpost* vom 17. November 1989 wurde der Fall der Mauer mitgeteilt – acht Tage nach dem Ereignis. Redaktionsschluß für diese Ausgabe war der 12. November gewesen, drei Tage nach dem Mauerfall. Doch wo andere Zeitungen ihre Titelseiten mit riesigen Schlagzeilen füllten, kam die offene Grenze hier erst auf Seite 6 im »Keller« vor. Dort stand: »Der Film läuft. Er heißt Reisefreiheit. Wir sind Zuschauer und Akteure zugleich, und das Besondere ist: Keiner weiß, welchen Verlauf die Handlung nehmen wird. Es gab keine Plakate, keine Werbung. Nur die plötzliche Nachricht: offene Grenzen.« So ging der Text weiter, immer gemäß der Überschrift »Drehbuch ist nötig«. »Der Film läuft. Er hat ein Millionenpublikum in aller Welt. Er kann nicht mehr abgesetzt werden ...« Zurückhaltender konnte man dieses welthistorische Ereignis nicht mehr behandeln. Es schien, als habe es der *Wochenpost* die Sprache verschlagen.

Kein Szenarium
Als wir die Reisefreiheit forderten, taten wir es mit neuerwachtem Selbstbewußtsein. Wo ist es, wenn wir stundenlang nach dem Begrüßungsgeld anstehen? Wo wird es gar sein, wenn die einmalige Empfangssumme aufgebraucht ist? Wir haben erneut eine offene Grenze. Und für die kommende Zeit leider noch kein Szenarium. Der Film läuft. Heute noch erscheint es so, als überließen die Filmemacher den Fortgang der Handlung zu sehr den Akteuren, den DDR-Bürgern, selbst. Werden sie, tageweise, die Rolle des türkischen Gastarbeiters übernehmen oder die des Flohmarktgeschäftemachers? Zu den Freiheiten, die wir erhofften, kommt nun auch die, unsere Würde zu verteidigen.
Wochenpost 17.11.1989

15. Juni 1963: »Wie kann sich ein Mädchen so benehmen?«

Puppenliebe
Herr Süßenbach beschwerte sich über die Länge der An- und Abfahrt des Sandmännchens. Ich kann nur sagen, gerade dies ist das Schönste, es kann nicht lange genug dauern. Nur die Pause brauchte nicht zu sein. Laßt den Sandmann etwas länger auf dem Bildschirm, eben diese 5 Minuten.
Leserbrief von Dagmar S., Wochenpost 15.6.1963

Irgendwann muß im abgelaufenen Jahr jemand in der Redaktion auf den Gedanken gekommen sein, das Äußere der *Wochenpost* bedürfe einer Renovierung. Die grafischen Künste toben. Das beginnt schon auf der ersten Seite, wo die Titelzeile von grünen und grauen Balken umrankt ist. In dicker Schrift werden Artikel angekündigt, als käme es drauf an, auf die Zeitung aufmerksam zu machen. Aber Werbung durch Plakatierung erübrigt sich, wenn das Blatt ohnehin nie ausliegt, sondern für den Käufer unter dem Ladentisch hervorgeholt wird. Bunte Balken auch auf der Rückseite, auf grünem Fond die brillanten Illustrationen von Paul Rosié zu den juristischen Ratschlägen von Dr. Göler. Daneben, grafisch aufgeblasen, die Ankündigung eines Artikels in der folgenden Woche: »Männer, Masken, Monochlor«. Was immer der Leser davon halten mag. Typografisches Übermaß auch im Innenteil. Viel, sehr viel weißer Raum (was ja kein Nachteil sein muß). Es gibt jetzt durchweg gezeichnete statt gesetzter Überschriften.

Zwei sehr umfangreiche Artikel bestimmen das Gesicht der *Wochenpost* vom 15. Juni 1963. Auf einer Doppelseite werden zwei Professoren von der Technischen Universität Dresden gefragt:»Fabrik ohne Menschen?« Die Automation steckt 1963 noch in den Kinderschuhen, jedenfalls in der DDR. In diesem Artikel geht es darum, ob man in der automatisierten Produktion ohne Menschen auskommt (natürlich nicht) und welche Anforderungen dort an den Menschen gestellt werden. Gibt es schon Vorbilder für automatisierte Produktion? Ja, in den USA und in der Sowjetunion, sagen die Professoren und erzählen etwas ausführlich über das Moskauer Kugellagerwerk. Klar. Amerikanische Fabriken sind für Dresdner Forscher nicht erreichbar.

Auf der zweiten Doppelseite in diesem Blatt heißt es: »Wir fragten junge Menschen: Lebt Katrin modern?« Katrin ist die Heldin des Romans »Ein unberechenbares Mädchen« von Günter und Johanna Braun, den die *Wochenpost* in Fortsetzungen abgedruckt hat (inzwischen läuft schon seit drei Wochen Strittmatters »Ole Bienkopp« in unserer Zeitung). Die Geschichte einer Heranwachsenden, die versucht, sich in einer von Männern dominierten Welt zu emanzipieren, hat der Redaktion viele Briefe beschert, weshalb die Redaktion erstmals zu einem Jugendforum in Erfurt einlud: »Da saßen sie, Jungs in

15. Juni 1963: »Wie kann sich ein Mädchen so benehmen?«

Eine Illustration von Paul Rosié zur allwöchentlichen Rubrik »Vor dem Schaden klug sein«

Lederjacken, Mädchen mit Pferdeschwänzen oder kurzen Ponyfransen, bedächtige Männer mit Pfeifen, verständige Mütter.« Es muß wohl bewegt hergegangen sein, folgt man dem Bericht. Romanheldin Katrin hat Widerspruch herausgefordert. »Wie kann sich ein Mädchen so benehmen! Katrin ist doch überhaupt nicht positiv! So sind Jugendliche heute überhaupt nicht mehr«, wird eine Studentin zitiert. Eine FDJ-Sekretärin bemängelt: »Welche Eltern gestatten ihrem Mädel, daß es jede Nacht tanzen geht und mit zertanzten Schuhen und verwischtem Lippenstift nach Hause kommt ...« Ansichten über Moral im Jahre 1963. Die Redaktion resümiert: »Der Roman schaffte es trotz einiger literarischer Mängel, echte Probleme unserer Jugend auf die Tagesordnung zu stellen. Davon gingen wir aus, als wir den Roman zum Abdruck annahmen, obwohl uns bewußt war, daß einige Figuren trotz aller Mühe und Umarbeitung (der Roman erlebte viele Fassungen!) noch nicht ausgereift sind.«

Was sonst? Eine recht bewegende Reportage über eine Gehörlosen-Laienspielgruppe. Zwei sowjetische Offiziere berichten für die *Wochenpost* über eine Einheit der Raketentruppen. Ein Bildhauer porträtiert den 39fachen DDR-National-Fußballspieler »Moppel« Schröter, der am Ende dem Reporter sagt: »Ich habe nicht die richtige Vorstellung gehabt, wieviel Mühe und Arbeit eine solche Plastik erfordert. Für mich ist das alles sehr lehrreich. Ich habe eine Hochachtung vor dieser Arbeit bekommen.«

Raketen-Drohung
Es war vor einigen Monaten. Die Einheit erhielt den Befehl, eine Rakete über eine große Entfernung zu starten. Das war eine andere als diese hier, gewissermaßen eine jüngere Schwester. Im Zielquadrat war ein Richtturm aufgestellt. Und dieser Richtturm wurde von der Rakete auf den Meter genau getroffen.
Kann man die damaligen Raketen mit denen vergleichen, die heute zu unserer Ausrüstung gehören? Mit diesen weiterentwickelten Waffen können wir noch genauer, noch sicherer treffen. Und wenn es notwendig sein sollte, erreichen wir jedes beliebige Ziel an jedem beliebigen Ort.
*Die Majore Udowitschenko und Schitschalin
Wochenpost 15.6.1963*

15. Juni 1963: »Wie kann sich ein Mädchen so benehmen?«

Von der ersten Ausgabe an bis in die 70er Jahre standen sie allwöchentlich im Blatt, bemerkenswerte oder kuriose Nachrichten aus aller Welt, kommentiert mit einem Zweizeiler von H. Bicht. Hinter diesem Pseudonym verbarg sich Johannes Steiger, der auch noch mit über 80 für uns schrieb.

Absurd der Glaube, fast zum Lachen ...

Im Mittelmeer hat ein rätselhaftes Delphinsterben eingesetzt. Der Verdacht der Küstenbewohner, daß daran der US-Flugzeugträger „Saratoga" schuld sei, auf dem ein chemisches Laboratorium zur Erzeugung von kurzlebigen Giftstoffen befindet, wird von der NATO-Presse empört zurückgewiesen.

Absurd der Glaube, fast zum Lachen, daß Amis je was Schlechtes machen.

*

Die Bonner Stadtverwaltung dementierte die UPI-Meldung, wonach im Raume Bonn sieben Hammelherden grasen, „Es existieren lediglich zwei."

Natürlich jene ausgenommen, die nur zu Sitzungen hinkommen.

*

Der 61jährige König Saud beauftragte die italienische Malerin Milano Vini, 40 Damen seines Harems binnen sieben Monaten zu porträtieren. Bei pünktlicher Einhaltung des Termins sollen jeweils weitere 40 drankommen, so daß bis Ende 1970 alles abkonterfeit ist.

Falls nicht gekommen bis dahin ein neuer Posten Weiber 'rin.

*

Wenn es mißglückte, einen dritten Weltkrieg auszulösen, müßte die Menschheit, um einer Überbevölkerung der Erde zu entgehen, wieder zum Kannibalismus zurückkehren. Das lehrt Professor R. A. Wardle von der Universität Winnipeg. Die gute Bekömmlichkeit des Menschenfleisches steht nach der Meinung des Professors übrigens außer Frage. „Denn die Kannibalen waren allezeit kerngesunde Leute."

Wichtig nur die Frage wohl, wer zuerst wen fressen soll.

H. Bicht

Lästige Kopfschuppen
Immer wieder wenden sich viele Frauen und Mädchen an uns und bitten um Rat, was sie gegen die lästigen Kopfschuppen tun können. Das Tragen dunkler Kleidung wird beinahe unmöglich, denn es ist ein unästhetischer Anblick, wenn Schinnen und Schuppen auf den Schultern liegen. (...) Wie beheben wir solche Störungen? Es macht sich notwendig, alle 10 bis 14 Tage Haar und Kopfhaut zu reinigen.
Wochenpost 15.6.1963

Weiter: Rezepte gegen Kopfschuppen. Eine pädagogische Handreichung: Was tun, damit das Kind in Ruhe seine Schularbeiten macht – eine langatmige Geschichte, deren Essenz in zehn Zeilen wiederzugeben wäre. Dann die ausführliche Würdigung des Grafikers und Malers Otto Pankok. Die 2. Fortsetzung eines Tatsachenberichts über Radio Freies Europa in München – ein bißchen Kalter Krieg muß sein. Eine Seite Tips für Kraftfahrer. Rätsel natürlich. Der Gerichtsbericht von Rudolf Hirsch beschreibt den Prozeß gegen einen diebischen Buchhalter. Für die Unterschlagung von 18 000 DDR-Mark gibt es zwei Jahre und drei Monate ohne Bewährung.

Drei Wochen nach dem Erscheinen dieser Ausgabe wird Walter Ulbricht seinen 70. Geburtstag feiern. Große Ereignisse werfen ihre Schatten voraus. Ein erster Geburtstagsartikel schon in der *Wochenpost* vom 15. Juni. Es wird über einen Besuch Ulbrichts im Harzer Bergtheater berichtet – unter der Überschrift: »Überraschender Besuch«. Der liegt allerdings schon sechs Jahre zurück. Der Theaterintendant empfand das damals »als eine Bestätigung unserer Bemühungen, an dieser einzigartigen, traditionsreichen Stätte ein bedeutendes Werk der deutschen Nationalliteratur aufzuführen, das in seiner Problemstellung eine lebendige Beziehung zur deutschen Gegenwart hat.« Nämlich »Die Hermannschlacht« von Kleist. »Walter Ulbricht hatte mit seiner Familie auf den einfachen Holzbänken« – man bedenke: auf einfachen Holzbänken! – »im Bergtheater Platz genommen und verfolgte aufmerksam Szene für Szene und wechselte ab und zu einige Worte mit Frau und Tochter.« Und schließlich wünschte der Staatsratsvorsitzende »uns noch viele Erfolge«.

Wer las die *Wochenpost*?

Die *Wochenpost* sei »eine Wochenzeitung mit Massencharakter«, hieß es in einem Papier der Chefredaktion von 1968, einer der berühmten »Schindeln« Kurt Neheimers.[55] »Sie wendet sich an alle Schichten und Gruppen der Bevölkerung.«

Womit war diese These zu belegen? Zumindest mit ihrer Auflage. Die Lizenz von 1953 nannte eine maximale Auflage von 800 000 Exemplaren pro Woche. Das war in den ersten Jahren in etwa auch die Zahl der gedruckten Exemplare. Dabei blieb es aber nicht. Es gab Anfang der 60er Jahre eine Delle nach unten, was nicht verwundert, erinnert man sich an die in dieser Zeit auch die *Wochenpost* zusehends prägenden ideologischen Vorgaben. Leider verfüge ich über keine genauen Zahlenangaben darüber, doch meiner Erinnerung nach sank der *Wochenpost*-Verkauf so etwa auf unter 600 000 Stück. Weshalb, das dürfte kaum noch exakt zu ermitteln sein. Ich denke, ein Grund könnte gewesen sein, daß damals unsere wichtigste Konkurrenz, die *Neue Berliner Illustrierte* (*NBI*) mutiger, besser und interessanter war. Und zu jener Zeit schauten die Leute noch ins Portemonnaie, bevor sie eine Zeitung kauften.

Doch dann ging's wieder bergauf. ZK-Sekretär Werner Lamberz konstatierte 1968 einerseits erfreut, andererseits verunsichert: »Zugleich nahm die Auflage der Wochenzeitungen um rund 70 000 Exemplare zu, und die Zahl der Fernsehempfänger vermehrte sich schon auf über 4 Millionen. Wir verschließen dabei nicht die Augen vor der Differenziertheit des Prozesses, der etwa die *Wochenpost* zu einer Rekordauflage von 900 000, die *Für Dich* zu einer Auflage von über 800 000 Exemplaren führte, die Auflage der *NBI* und der *Zeit im Bild* aber stagnieren läßt. Bei der allgemeinen Tendenz des Anwachsens haben die Zeitungen und Sender am stärksten an Anziehungskraft gewonnen, die unser gemeinsam erarbeitetes Konzept mit richtigem Verständnis für ihren eigenen Platz im System der Massenmedien ideenreich und schöpferisch in der täglichen Praxis umsetzten.«[56]

Wie gesagt, die Dinge hatten sich geändert. 1966 waren 830 000 Stück erreicht worden, 1969 verkauften wir 980 000 Stück, und 1971 feierte die Redaktion mit einem Umtrunk die Überschreitung der Millionengrenze. Von nun an ging's aber nur sehr langsam weiter voran. Das lag nicht an einer geringeren Beliebtheit der Zeitung, sondern an den Problemen der

Unterm Ladentisch
Falls es Ihnen noch nicht bekannt sein sollte, daß die *Wochenpost* auch unter dem Ladentisch mit Aufschlag verkauft wird, möchte ich es Ihnen hiermit mitteilen. Heute stand ich an einem Verkaufsstand in einer Kaufhalle. Vor mir verlangte eine Frau Zigaretten und eine *Wochenpost*. Sie erhält beides – die Zeitung wird unter dem Ladentisch hervorgeholt –, bezahlt, und sie verzichtet mit einer unmißverständlichen Handbewegung auf das Restgeld. Sehr oft wird auch die Masche angewandt, die *Wochenpost* in eine andere Zeitung zu legen ...
*Zuschrift von
Karl R.,
Berlin (November 1982, unveröffentlicht)*

110 Wer las die *Wochenpost*?

Alljährlich veranstaltete die Redaktion an Urlaubsorten Wintersportfeste mit Wanderungen (wie hier) und abendlichen Leserversammlungen.

Voreilig totgesagt
Am Zeitungskiosk hörte ich einen Hinweis der Postangestellten, daß die *Wochenpost* ganz eingestellt werden soll ab 1984. Ist das ein Gerücht oder ernsthafte Absicht? Eine hinzukommende Bürgerin sagte: »Es kommt noch schlimmer!« Sie meinte die Versorgung mit Zeitschriften. Sie wissen ja sicher, was sich mittwochs früh an den Kiosken abspielt ... Die Verkäuferin ist oft verzweifelt, ein Schwarzmarkt ist entstanden, Bestechung hat sich entwickelt.
Brief von Siefried L., Berlin (November 1983, unveröffentlicht)

Nach 5 Minuten alle
Unser Verkaufsstand beginnt um 7.30 Uhr mit dem Verkauf, und schon fünf Minuten vor acht Uhr war die *Wochenpost* ausverkauft. In unserem Staat hat sich die Unsitte breitgemacht, daß sich der Mensch alles, was er als lebensnotwendig erachtet, während der Arbeitszeit besorgt, und dazu gehört auch die tägliche Lektüre. So stehen natürlich die Werktätigen auch am Zeitungskiosk. Es werden dann mit wenigen Ausnahmen die besagten fünf Stück gekauft, und da haben wir kaum eine Chance ...
Brief von Ruth S., Berlin (November 1984, unveröffentlicht)

Papierbeschaffung. Zeitungspapier – zumindest das für *die Wochenpost* – mußte importiert werden, und das setzte Grenzen. Für den August 1973 wurden 1 286 560 Stück gemeldet, das war das obere Ende. Das blieb so bis zur Wende. Da wir ermittelten, daß jedes Exemplar der *Wochenpost* im statistischen Durchschnitt von drei Leuten gelesen wurde, kamen wir auf stolze 3,5 bis 4 Millionen Leser. Das mochten wir sehr schön und befriedigend finden, dennoch wurde die Redaktion zunehmend mit Beschwerdebriefen eingedeckt, weil das Blatt nicht zu bekommen war, weil man nicht zu einem Abonnement kommen konnte. Natürlich konnte die *Wochenpost* nichts dafür. In einer offiziellen Übersicht zum »Angebot von Zeitungen und Zeitschriften« vom 24. April 1989 wurde lakonisch festgestellt: »Die Versorgungssituation bei den Presseerzeugnissen hat sich 1988 weiter verschlechtert.« Und dann hieß es: »1988 konnten 157 000 Abo-Bestellungen nicht realisiert werden. Allein bei der *FF dabei* und der *Wochenpost* waren es ca. 100 000.« Es folgte die Feststellung: »Alle für die Presse zur Verfügung stehenden Papierfonds sind eingesetzt (insgesamt ca. 187 800 t/netto). Eine weitere Erhöhung dieses Fonds ist aus volkswirtschaftlichen Gründen nicht möglich (zunächst nicht bis Ende dieses 5-Jahrplanes).«[57]

Die Verteilung der *Wochenpost*-Auflage auf die DDR war nicht ganz gleichmäßig. Lasen im Jahre 1973 beispielsweise 12,5 Prozent der Ostberliner die *Wochenpost,* so in Leipzig 8,8 Prozent, in Dresden 8,6 Prozent und als Schlußlichter Suhl und Schwerin mit je 5 Prozent. Das hatte wohl weniger mit unterschiedlichem Kaufinteresse zu tun als mit einem bürokratischen Verteilungsmechanismus des Postzeitungsvertriebs, an den wir unsere gesamte Auflage verkauften. Wenn beispielsweise der

Wer las die *Wochenpost*?

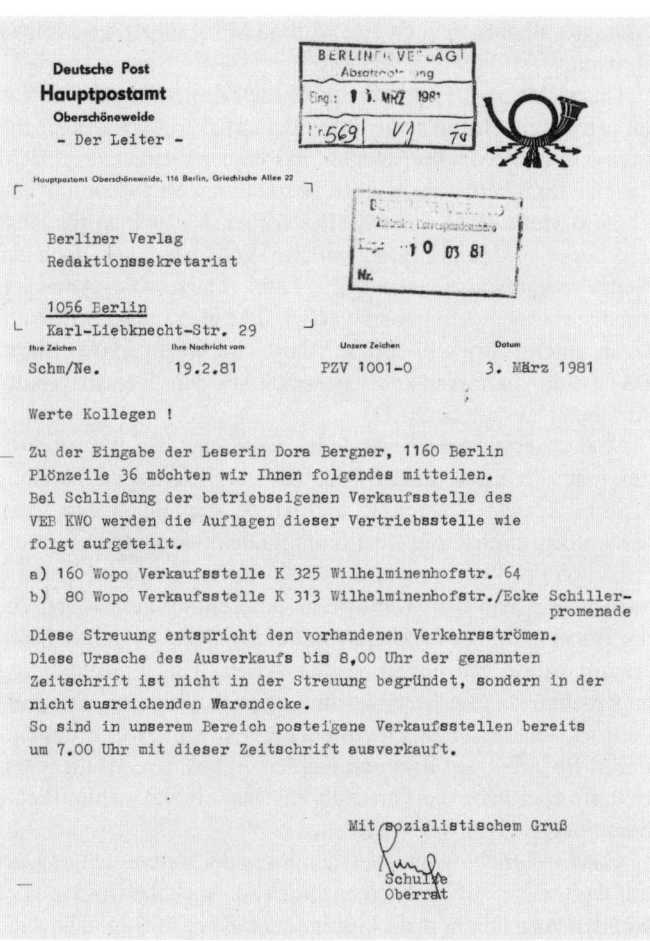

Bezirk Rostock in der jährlichen Verkaufsbilanz mit 9,6 Prozent an zweiter Stelle hinter Berlin lag, so war das das Resultat einer bevorzugten Belieferung während der Ferienmonate.

In dem zitierten Dokument vom April 1989 hieß es übrigens auch: »Die Preise für Presseerzeugnisse sind im Prinzip nie verändert worden und haben ein sehr niedriges Niveau. Durch die gestiegenen Druckkosten und Papierkosten sind alle Zeitungen und auch die Mehrzahl der Zeitschriften unrentabel geworden.«

In der Tat ist an der Wirtschaftlichkeit oder besser: Unwirtschaftlichkeit auch der *Wochenpost* der zunehmende Widersinn der DDR-Wirtschaftsführung abzulesen. Als bei der Gründung der *Wochenpost* im Herbst 1953 der Verkaufspreis auf 30 Pfennig festgelegt wurde, war das bei unserer Auflage nicht nur kostendeckend, sondern sogar gewinnbringend. Da ich ab 1957 Gewerkschaftsvorsitzender der *Wochenpost* und deshalb an den Planungsdiskussionen beteiligt war, weiß ich, daß wir damals einen geplanten Gewinn von etwa einer Million Mark abzuführen hatten. Aber wir waren weit besser: Die *Wochenpost*

Antwort auf eine »Eingabe«. Auch das Hauptpostamt Oberschöneweide bedauerte: Wochenpost schon um 7 Uhr ausverkauft.

Einsparung?
Obwohl unser Zeitungskiosk erst um 7.30 Uhr öffnet, waren um 8.00 Uhr schon sämtliche Exemplare Ihrer Zeitung vergriffen, daraus kann man schließen, daß Sie wieder mal am Einsparen sind. Nun tragen Sie noch zur Verärgerung der Bevölkerung bei, als ob nicht schon genug Mangel besteht.
Brief von Günter P., Berlin (November 1984, unveröffentlicht)

Rationierung
Seit Jahren hole ich die *Wochenpost* dienstags im Laden, jedesmal 7 Exemplare für alte Rentner aus 3 Häusern, einige sind bereits über 80 Jahre, so daß ich als 71jähriger das Anstellen übernehme. Am heutigen Tage wurde mir mitgeteilt, daß der Verkauf von mehr als 3 Exemplaren verboten sei ...
Brief von Werner H., Leipzig (Dezember 1984, unveröffentlicht)

Stolz um 6.30 Uhr
Wenn Sie um 6.30 Uhr noch eine *Wochenpost* erhalten, können Sie stolz sein. Um 6.45 Uhr können Sie jede Hoffnung aufstecken. Denn seit 5.30 Uhr stehen die Menschen an und warten.
Leserbrief von Hans R., Berlin (Januar 1987, unveröffentlicht)

Belohnung für Altpapier-Sammler
Könnte man nicht einen Leserwunsch belohnen, wenn dafür Altpapier abgeliefert wird? Eine *Wochenpost* wiegt ca. 80 Gramm, für 53 Wochen wären es etwa 4 200 Gramm Papier. Wenn jetzt ein Sammler die zwei- bis dreifache Menge an Altpapier abliefert, so könnte ihm doch ein Jahresabonnement als Belohnung gewährt werden.
Zuschrift von Otto L., Tremmen (Januar 1987, unveröffentlicht)

Verflixtes siebtes Jahr
In diesem Jahr bin ich sieben Jahre verheiratet. Seit eben dieser Zeit versuche ich vergeblich, Ihre Zeitung zu abonnieren. Ich kenne die *Wochenpost* noch aus meinem Elternhaus ...
Brief von Martin E., Alsleben an die Redaktion (Januar 1987, unveröffentlicht)

erbrachte alljährlich noch eine Million Mark außerplanmäßigen Gewinn.

Das sollte eines Tages nur eine ferne Erinnerung sein. Es gab Industriepreisreformen, die Preise der Druckereien und auch die Löhne in der Redaktion stiegen, das Papier wurde teurer. 1970 hatten wir immerhin noch einen »bereinigten Nettogewinn« von 112 800 Mark. Bald war das alles vorbei. Unser Plan für 1988 wies Gesamtkosten in Höhe von 26 618 641 Mark aus, doch nur Netto-Verkaufserlöse von 12 721 396 Mark. Die Anzeigen brachten zwar noch einmal 1 163 912 Mark in unsere Kassen. Doch unterm Strich blieb ein Minus von knapp 13 000 Mark. Das wurde von irgendwoher gedeckt. Aus dem Staatshaushalt? Aus dem Haushalt der SED?

Andersherum gerechnet: Jedes Exemplar der *Wochenpost*, das man am Kiosk kaufte oder das der Briefträger ins Haus brachte, kostete 30 Pfennig und wurde schließlich von Vater Staat noch einmal mit 20 Pfennig subventioniert. Die Chefredaktion der *Wochenpost*, die diese Rechnung kannte und die auch wußte, daß das Wohlwollen des Zeitungsverkäufers, der die *Wochenpost* »zurücklegte« mit einem Preis von einer Mark erkauft wurde, hat immer wieder »oben« eine Preiserhöhung angemahnt, die die Leser leicht weggesteckt hätten. Die Antwort war immer gleich: Die *Wochenpost* ist ein »Artikel des täglichen Bedarfs« wie Brot und Kohlen. Für Waren des täglichen Bedarfs aber habe die Parteiführung nun einmal stabile Preise beschlossen.

Ganz nebenbei noch: Was den Preis der Zeitung anging, so traf das gleiche auf die Kleinanzeigen zu. Auch die wurden vom Kunden längst nicht mehr kostendeckend bezahlt, sondern subventioniert. Absurde Folge: Je höher die Auflage, je mehr Anzeigen, desto mehr Miese.

Wer waren nun die Leute, denen wir allwöchentlich zwanzig Pfennige schenkten? Mal abgesehen davon, daß wir immer sehr viele Leserbriefe bekamen, die natürlich eine gewisse Orientierung gaben, so sind zu DDR-Zeiten drei mehr oder minder repräsentative Umfragen veranstaltet worden. Eine erste Befragung wurde Ende 1966 durchgeführt. Die zweite Umfrage von 1970 richtete sich gezielt an die Leser der Serie »*Wochenpost*-Akademie«, also an einen ausgewählten, etwas anspruchsvolleren Leserkreis. Befragt wurden dabei 2 300 Leser, von denen 1 586 antworteten. Sodann wurde im Sommer 1972 eine Erhebung durchgeführt. Zwei weitere Umfragen des Berliner Verlages (die erste im Juli/August 1990 und die zweite im November/Dezember 1990) sowie eine Studie des Instituts für Demoskopie Allensbach von Dezember 1990/Januar 1991, in denen unter anderem der Bekanntheitsgrad der *Wochenpost* ermittelt wurde, vermögen gleichfalls zum Bild des *Wochenpost*-Lesers zu DDR-Zeiten beizutragen.

Die aussagekräftigste und wohl auch repräsentativste Erhebung zu DDR-Zeiten war die von 1972. Ich kann nicht mehr feststellen, wer für uns damals 2 250 Leser und zum Vergleich 1 074 Nichtleser (der *Wochenpost* wohlgemerkt) befragt hat. Es gab zu jener Zeit noch das 1964 gegründete und später wieder geschlossene Institut für Meinungsforschung beim ZK der SED sowie das 1966 ins Leben gerufene Zentralinstitut für Jugendforschung in Leipzig, außerdem existierte noch eine soziologische Forschungsstelle beim Staatlichen Rundfunkkomitee. Eine dieser drei Institutionen wird es gewesen sein.

In Zahlen ausgedrückt, war das Leserprofil der *Wochenpost* so: 90 Prozent der Leser waren im berufsfähigen Alter (davon 81 Prozent zwischen 15 und 49 Jahren, nur 9 Prozent waren 60 Jahre und älter; immerhin 13 Prozent waren zwischen 15 und 19 Jahren). Das widerlegte die Vermutung, die *Wochenpost* sei ein »Rentnerblatt« gewesen. Das Verhältnis zwischen Frauen und Männern betrug unter unseren Lesern 51 zu 49 Prozent.[58]

Interessanter und wichtiger noch war die Berufs- und Tätigkeitsstruktur. Die stärksten Gruppen waren Angestellte (22 Prozent), Schüler und Studenten (20 Prozent), Facharbeiter in der Industrie (19 Prozent). Die Kategorie »Intelligenz« (heute würde man sagen »akademische Berufe«) erschien unter den Lesern mit 13 Prozent noch vor den Hausfrauen und Rentnern mit nur 12 Prozent.

Man hatte auch getrennt nach den einzelnen DDR-Bezirken ermittelt und kam zu der Auffassung, »daß die *Wochenpost* in der ganzen Republik mit gleicher Häufigkeit gelesen wird. Die Ermittlung der Größe der Wohnorte der Leser ergab ein deutliches Gefälle: von 19 Prozent in Städten mit mehr als 500 000 Einwohnern bis hinunter zu kleinen Gemeinden mit bis zu 1 000 Bewohnern (8 Prozent).

Die Umfrage ermittelte auch, daß 91 Prozent der *Wochenpost*-Leser regelmäßige Leser einer Tageszeitung waren und daß 30 Prozent eine Illustrierte lasen. Die Forscher interpretierten das umfangreiche Zahlenmaterial zu diesem Komplex so: »Die Leser der *Wochenpost* sind stärker am Zeitunglesen überhaupt interessiert als Nichtleser. Sie zeigen ein besonders starkes Interesse an Tageszeitungen und Illustrierten.« Als Motive für den Kauf der *Wochenpost* wurden genannt: »… weil sie bestimmte Dinge bringt, die mich interessieren« – 53 Prozent. »Um Lesestoff zu haben« – 32 Prozent. Nur 12 Prozent gaben an, die Zeitung wegen der Ankündigungen auf der Titelseite gekauft zu haben und 3 Prozent wegen des Titelbildes, aber diese Resultate mochten das Ergebnis von Suggestivfragen sein: Wer kaufte schon wegen einer Ankündigung eine Zeitung, die nur unter dem Ladentisch lag!

Von besonderem Interesse für die Redaktion waren natürlich jene Aussagen in der Umfrage, die sich auf den Inhalt der

Schlachtbericht
Punkt 8.00 Uhr wurde geöffnet. Die Menschen stürzten hinein, griffen sich einen Einkaufswagen, und mindestens 90% von ihnen rasten zum Zeitungsregal, auf dem auch ein hoher Stapel *Wochenpost* lag. Und nun begann eine regelrechte Schlacht um diese Zeitung. Ich hatte Glück und konnte im Gedränge noch eine erwischen. Binnen Minutenfrist war der Stapel weg.
Leserbrief von Gerhard S., Berlin (Januar 1987, unveröffentlicht)

Gesetzliche Regelung
Als Lösung dieses Problems könnten wir vorschlagen: Die Erweiterung der §§ 186 ff. des Arbeitsgesetzbuches über »Bezahlte Freistellung von Werktätigen« durch den Zusatz: »… und zum Anstellen nach der *Wochenpost*.«
Brief von Günter H., Karl-Marx-Stadt (April 1987, unveröffentlicht)

Wer las die *Wochenpost*?

»Wochenpost-Leser« – 1973, ein gestelltes Foto mit Blick auf die Berliner Karl-Marx-Allee zum zwanzigsten Jubiläum der Zeitung

Koppelgeschäft
Einen Ferienspaß im wahrsten Sinne des Wortes konnte ich in Templin am Postzeitungskiosk erleben. Für jeden sichtbar lag ein Stapel der beliebten *Wochenpost* aus. Auf meinen Wunsch, eine käuflich zu erwerben, antwortete der junge Mann im Kiosk: »Eine *Wochenpost* und eine alte russische«, sonst gäbe es die *Wochenpost* erst am anderen Tag. Was nützt mir aber die alte russsische Zeitung, wenn ich die russische Sprache nicht beherrsche.
Zuschrift
B. L., Hennigsdorf
(August 1987, unveröffentlicht)

Zeitung bezogen. Was könnte verbessert werden, wurde gefragt. 47 Prozent sahen solche Möglichkeiten im »unterhaltenden Bereich«, 38 Prozent im »wissenschaftlichen Bereich« und 28 Prozent im »informativen Bereich«. Sodann: »Die *Wochenpost* unterhält ihre Leser Ihrer Meinung nach« – da sagten 65 Prozent »ausreichend« und nur 2 Prozent »zu wenig«. Es wurden einzelne Themenbereiche abgefragt: »Was interessiert Sie in der *Wochenpost* am meisten« – Mehrfachnennungen waren natürlich möglich. An der Spitze standen mit 14 Prozent Rechtsfragen, was sich Rudolf Hirsch und »Dr. Göler« gutschreiben konnten. Aber schon an zweiter Stelle folgten die Tatsachenberichte (12 Prozent) und dann Reiseberichte (11 Prozent). Die Zusammenfassung der Teilbereiche ergab, daß 31 Prozent der Leser die *Wochenpost* wegen des Ratgeberteils (von der Rechtsauskunft bis zum Kochrezept) schätzten, 24 Prozent wegen des Kulturteils, 20 Prozent wegen der Außenpolitik.

Eine zusammenfassende Analyse dieser Umfrage von 1972 formulierte eine Reihe von Schlußfolgerungen, die dann auch umgesetzt wurden – beispielsweise wurde eine Reihe von Genres besonders gefördert. Diese Analyse betonte aber auch, daß sich in der Leserstruktur der *Wochenpost* ein Wandel vollzogen habe. »Während zu Anfang ihrer Entwicklung ältere Jahrgänge, Hausfrauen und kleinbürgerliche Berufsschichten noch einen nennenswerten Anteil unter der Leserschaft hatten, werden heute eindeutig die körperlich-geistig Tätigen im berufsfähigen Alter angesprochen.« Es wurde darauf hingewiesen, daß sich ergeben habe, daß sehr viele Leser Artikel der *Wochenpost* sammeln »und für spätere Verwendung aufheben«. Die *Wochenpost* werde mit relativ hoher Intensität gelesen. Und: »Der insgesamt große beständige Leserkreis muß zweifellos auch darauf zurückgeführt werden, daß die *Wochenpost* ... ihren Ruf unter den Lesern im Laufe vieler Jahre aufgebaut hat.« Überhaupt widerspiegele die ermittelte soziale Struktur der Leserschaft den Charakter der *Wochenpost*: »Die Zeitung wendet sich als Massenorgan in Inhalt und Gestaltung uneingeschränkt an breiteste Schichten der Werktätigen. (...) Sie will alle ansprechen und sucht dies durch ihr breites thematisches Spektrum, das auf die Vielfalt der geistigen Bedürfnisse und Interessen eines weiten Forums gerichtet ist und Auswahlmöglichkeiten bietet, zu erreichen.« Ein Wort daraus scheint mir für das Selbstverständnis der Redaktion wichtig: »Auswahlmöglichkeiten«.

Was ist zwischen 1972 und 1990 mit den Lesern passiert? Diese Frage stellt man sich, wenn man die Umfrage vom Sommer 1990 zur Hand nimmt.[59] Die *Wochenpost* werde »leicht überproportional von Frauen gelesen« – was schon 1972 der Fall gewesen war, aber: »Die Struktur der Leserschaft nach Altersgruppen offenbart die große Beliebtheit der *Wochenpost* unter der älteren Leserschaft: 30,7 Prozent der Leser sind über 60 Jahre alt.« Das war exakt das Resultat der DDR-Mangelwirtschaft. Ein Abonnement konnte zumeist nur der erwerben, der seinem Briefträger einen verstorbenen Abonnenten namhaft machte. *Wochenpost*-Abos waren Erbgüter! Wer die Zeitung einmal hatte, behielt sie, alterte mit ihr. Die jungen Leser von 1972 näherten sich mittlerweile dem Rentenalter. Die Gruppe der über 60jährigen stieg von 9 auf fast 31 Prozent, wohingegen der Anteil der 14- bis 19jährigen auf 6,1 Prozent abgesunken war. Geblieben war ein anderes Kennzeichen: »Ausgeprägt hoch ... ist der Arbeiteranteil an der Leserschaft«, hieß es 1990. Wenn wir in den 70er Jahren stolz verkündet hatten, die *Wochenpost* werde von allen gelesen, von der Putzfrau bis zum Professor, so brachte die Marktforschung von 1990 auch davon noch einen Abglanz: 17,7 Prozent der Leser hatten ein abgeschlossenes Hoch- und Fachschulstudium.

Die Untersuchung von 1990 weist allerdings einen gravierenden Unterschied zu der von 1972 auf, und zwar durch die Fragen nach »Haushaltseinkommen pro Monat«, nach der »monatlich persönlich verfügbaren Summe«, nach »Selbsteinstufung in soziale Schicht« – nämlich »obere 10 Prozent der DDR-Bürger« oder »untere 10 Prozent, in den einfachsten wirtschaftlichen und sozialen Verhältnissen lebend«, sowie »Besitz/Kaufplan bei ausgewählten Konsumgütern«, »Urlaubspläne«, »Freizeittätigkeiten«. Das alles hatte 1972 nicht interessiert. Vielleicht sagt die neue Fragestellung mehr über die gesellschaftlichen Ände-

Kaffee-Probleme und der Brotpreis in Australien
Warum erklärt man der Bevölkerung nicht die Situation auf dem Kaffeemarkt? Da verschwindet die billige Marke »Kosta« sang- und klanglos, für »Rondo«-trinker« noch relativ uninteressant. Aber an diesem Wochenende wurde die Konsumverkaufsstelle nur mit dem teuren »Mona« beliefert und »Rondo« war ausverkauft. Ist dies als Ausgleich für die Rentenerhöhung gedacht ...? Wenn in Australien der Brotpreis erhöht wird, steht es in der Zeitung, aber was uns angeht, wird unter den Teppich gekehrt.
Walter B., Neukieritzsch (Januar 1976, unveröffentlicht)

Postraub
Was geschieht mit der Ware eines beschlagnahmten Paketes, das aus der BRD in die DDR gesandt wurde? Warum wird der Absender, bzw. der Empfänger, nicht davon in Kenntnis gesetzt?
Um nicht falsche Annahmen aufkommen zu lassen, dürfte dies von Interesse sein.
Brief von A. S., Ossmanstadt (Juni 1974, unveröffentlicht)

Kohlenhaufen
Mit Interesse habe ich in Ihrer Ausgabe 20/86 den Artikel über die Abgeordneten-Tätigkeit in den Ostsee-Urlauberorten gelesen ... Wir waren im Ostseebad Heringsdorf im Urlaub. Erfreulich, daß die Bemühungen, den Ostseebädern ein schönes Aussehen zu geben, unübersehbar geworden sind. Ganz und gar nicht dazu paßte der riesige Kohlenhaufen im Zentrum des Ortes, den wir uns eine Woche lang ansehen mußten. Da das Problem der Kohlenhaufen ja landesweit besteht, muß sich die Frage stellen, ob es immer so bleiben soll ... Vielleicht könnte eine Diskussion oder gar ein Ideenwettbewerb helfen, eine Technologie zu entwickeln, die diese Kohlenhaufen von den Straßen verbannt.
Norbert B., Wittenberge (1986, unveröffentlicht)

rungen des Sommers 1990 im Osten Deutschlands aus als die Artikel in der damaligen *Wochenpost*. Immerhin bringen die Antworten über das Einkommen die bemerkenswerte Tatsache ans Licht, daß die Sozialstruktur der *Wochenpost*-Leserschaft nur geringfügig von der Struktur der Bevölkerung im Osten Deutschlands abweicht. Nämlich: Die Zahl der Leser mit einem Monatseinkommen unter 999 DM liegt mit 24,1 Prozent ein wenig über dem Durchschnitt, desgleichen aber auch – am anderen Ende der Skala – die derjenigen mit mehr als 3 400 DM monatlich (5,6 Prozent der *Wochenpost*-Leser, verglichen mit 4,2 Prozent bei der Gesamtbevölkerung).

Innerhalb des nächsten halben Jahres veränderten sich, wie die Umfrage vom November/Dezember 1990[60] zeigt, die grundlegenden Daten tendenziell nicht (»Die *Wochenpost* hat eine verhältnismäßig alte Leserschaft«), der Anteil der Rentner war auf 37,2 Prozent gewachsen; doch diesmal wurde eine politische Frage gestellt. Und die Antwort sah so aus: Einer bei den *Wochenpost*-Lesern »bedeutend unter den Durchschnitt zurückgegangenen Sympathie für die CDU ... steht eine trotz Rückgang immer noch überdurchschnittliche Sympathie für die SPD und eine bedeutend über den Durchschnittswert gewachsene Sympathie für die PDS gegenüber«. Doch nicht diese Aussage war denen wichtig, die bald von Hamburg aus die Geschicke der *Wochenpost* lenkten, sondern die Angaben über »verfügbares Einkommen pro Haushalt«.

Bei allem Wandel der Leserstruktur – unverändert blieb der hohe Bekanntheitsgrad der *Wochenpost*. Die Allensbach-Umfrage vom Januar 1991 führte die Demoskopen zu dem Schluß: »Die *Wochenpost* ist in allen Bevölkerungsgruppen in hohem Anteil bekannt. In der Kernleserschaft sind allerdings Personen mit Abitur, Studium, die Berufskreise der Angestellten und Beamten sowie die mittleren Altersgruppen zwischen 30 und 59 Jahren weit überdurchschnittlich vertreten.« Es habe »jeder achte in der Bevölkerung eine sehr starke Bindung an die *Wochenpost*«.[61]

8. August 1964:
Das FBI wird überlistet

Die *Wochenpost* Nummer 32 vom 8. August 1964 hatte eine etwas aus dem Rahmen fallende Titelseite: Auf dem Foto treibt ein knüppelschwingender Polizist einen Farbigen vor sich her. Über dem *Wochenpost*-Kopf eine Schlagzeile so groß wie bei uns noch nie: »Schlachtfeld Harlem«. Auf Seite 3 ging der Text weiter. »Aufstand der Negerghettos«, »Der ›heiße Sommer‹ ist noch nicht zu Ende«.

Mehr als dreißig Jahre später, da das Fernsehen täglich die wildesten Geschichten vom gleichen Tage in unserem Wohnzimmer ablädt, da wir jeden Krieg und Bürgerkrieg sozusagen hautnah miterleben, ist es vielleicht nicht so einfach, die Vorgänge aus dem August 1964 nachzuvollziehen. Beginnen wir die Beschreibung mit der Feststellung, daß in den USA der Kampf um die Gleichberechtigung der Afroamerikaner voll entbrannt ist. Das hat eine politische und eine soziale Seite. Ende Juli 1964 kommt es im New Yorker Stadtteil Harlem, in dem damals 400 000 Farbige leben, zu einer regelrechten Explosion. Für 96 Stunden ist Harlem – wie die *Wochenpost* schreibt – »in den Nächten ein Schlachtfeld und ein belagertes Gebiet bei Tage«.

Die *Wochenpost*-Redakteure haben sich längst angewöhnt, auch im Ausland etwas genauer hinzuschauen. Die Zahl der Fernsehgeräte hat zugenommen, und die Redaktion hat erkannt, daß da unserer Zeitung keine schlimme Konkurrenz erwächst, sondern im Gegenteil die Leute jetzt etwas genauer Bescheid wissen wollen. Wir erweiterten deshalb den Kreis unserer Auslandskorrespondenten, zumeist waren es damals ausländische Journalisten, die uns politisch nahestanden. Und wir bemühten uns auch, aktueller zu sein, was heißt, auch gelegentlich nicht allein auf den brieflich übermittelten Bericht zu warten.

So auch im Falle der Unruhen in Harlem. Wir halten das Ereignis für wichtig genug, bei unserem Korrespondenten Simon W. Gerson in New York für den übernächsten Tag einen langen Bericht über die Lage in Harlem zu bestellen. Simon ist ein wirklich ausgezeichneter Journalist und ein kluger politischer Analysator dazu. Wir wissen, wir werden bestimmt etwas Exklusives erhalten, räumen zu diesem Zweck die dritte Seite frei, bestellen auch einen Übersetzer, denn Gerson schreibt nur Englisch. Ein telefonischer Bericht aus New York ist 1964 für

uns noch eine tolle technische Sache, denn ein Telefongespräch von Ostberlin nach New York wird noch nach Anmeldung und stundenlangem Warten vom Fernamt mit der Hand vermittelt. Wir koppeln in der Telefonzentrale des Berliner Verlages das Telefon mit einem der damaligen großen Spulentonbandgeräte.

Dann kommt der große Moment, sozusagen eine Weltpremiere für uns: Wir sitzen neben dem Tonbandgerät und warten. Nach zwei Stunden teilt uns das Fernamt mit: Leider keine Verbindung möglich, diese Telefonnummer gibt es in New York nicht.

Das darf nicht sein. Wir haben doch zwei Tage zuvor mit Gerson unter eben dieser Nummer gesprochen! Noch einmal versuchen. Wir geben die Adresse des Korrespondenten durch; er muß ja im New Yorker Telefonverzeichnis stehen. Wieder das Fernamt: New York sagt, es gibt keine solche Adresse in New York.

Das war's dann.

War es das? Wir sind sauer, beginnen, Ersatzlösungen für die Seite 3 vorzubereiten; wegen der nötigen Übersetzerei gibt es ja noch etwas »Luft« in unserer Terminplanung. Und hartnäckig gedenken wir, es am nächsten Tag noch einmal zu versuchen. Und wir haben Glück! Auf Anhieb klappt die Verbindung, natürlich gibt es in New York diese Telefonnummer, Simon Gerson gibt seinen Artikel durch, vermag bei dem kurzen Gespräch auch nicht zu erklären, was am Vortag los gewesen ist. Jedenfalls haben wir doch noch eine spannende und zugleich analytische Seite im Blatt.

Erst sehr viel später wird das Geheimnis des mißglückten Anrufs gelüftet. Dazu bedarf es einer Erläuterung: Simon Gerson war nur sehr nebenbei der New Yorker Korrespondent der *Wochenpost*. Er war Stellvertretender Chefredakteur des *Worker*, also der Zeitung der Kommunistischen Partei der USA, Mitglied des Nationalkomitees der amerikanischen KP, Wahlkampfmanager des Parteivorsitzenden für die amerikanischen Präsidentschaftswahlen, deshalb gehörte er zu den Objekten der Hexenjagd des antikommunistischen Senators Joseph McCarthy. Der *Wochenpost*-Korrespondent war somit Zielobjekt einer Dauerüberwachung durch das amerikanische Bundeskriminalamt FBI.

Daß wir noch zu unserem Artikel kamen, ist meines Erachtens das Resultat eines Denkfehlers. Das FBI wußte natürlich durch das Dauerabhören des Gersonschen Telefons von unserer Bitte und von dem vereinbarten Termin für die Artikelabfrage. Es durchkreuzte also unser Vorhaben. Es ließ den Anschluß sozusagen verschwinden. Das geschah sicherlich nicht, um zu verhindern, daß man in der DDR etwas über die Ereignisse in Harlem erführe, so stupid war die amerikanische Geheimpolizei nun auch nicht. Nein, man wollte Gerson und uns schlicht ärgern.

Aber nun der Denkfehler: An den Aktualitätsnormen von USA-Zeitungen orientiert, dachten die FBI-Leute, mit der Verhinderung des Telefonats habe sich die Sache erledigt. Sie konnten nicht auf die Idee kommen, daß die *Wochenpost* so langsam war, daß die Sache für sie noch zwei Tage später aktuell blieb.

Natürlich gibt es auch Artikel über die DDR in dieser *Wochenpost* vom 8. August 1964, beispielsweise über die industriemäßige Kartoffelproduktion. (Hinter dem Begriff verbergen sich Großflächenwirtschaft und maschinelle Ernte.) Ein Interview mit dem DDR-Finanzminister Willy Rumpf steht zwar ziemlich weit hinten im Blatt, dürfte aber ungemein interessiert haben. Die DDR-Regierung hatte nämlich beschlossen, neue Banknoten auszugeben und die alten einzuziehen. Die neuen Scheine haben anstelle der bisherigen Bezeichnung »DM« die neue »MDN«, was für »Mark der Deutschen Notenbank« (der DDR) steht und besser von der westdeutschen DM abgrenzt. Und sie tragen, der Minister weist einleitend darauf hin, »erstmals das Emblem der DDR«. Die Leser aber wollen zuallererst wissen, wie der Umtausch vor sich geht, und ob sie nicht womöglich Einbußen erleiden werden. Werden sie nicht, es wird ein »fließender Umtausch«.

Der Schriftsteller Walther Victor rezensiert den Roman »Spur der Steine« von Erik Neutsch, einen DDR-Bestseller, der später auch durch die Verfilmung (Regie Frank Beyer) und das anschließende Verbot des Films von sich reden macht. Die *Wochenpost* nennt ihn »eines der wichtigsten und besten Bücher« der jüngsten Zeit, ungeachtet kritischer Einwände des Rezensenten, der zur Diskussion anregen möchte. Er warnt aber zugleich vor Beckmesserei. Wohin die führe, »hat der vielgeplagte Erwin Strittmatter gerade erst erfahren«. Victor zitiert Christa Wolf: »... daß es eben verschiedene Auffassungen darüber gibt, was Kunst ist ... und welche Funktion sie in unserer Gesellschaft hat. Das muß man dann auch in der Diskussion sagen, und man darf keinen Schritt zurückweichen ...«

Personalien

Max Schüler, 79, Feuerstuhl-Liebhaber aus Friederdorf, Kreis Bitterfeld, legte im Lauf von neun Jahren mit dem Moped über 20 000 Kilometer zurück und erhielt als öffentliche Anerkennung für unfallfreies Fahren das einschlägige Werk »Mit dem Moped quer durch Afrika«.

Walter Langer, Gaststätten-Experte der HOG Berlin-Weißensee rechtfertigte die Renovierung der repräsentativen Gaststätte »Mazurka« (inklusive Gartenlokal) im Hochsommer mit salomonischer Weisheit: »Der Juli ist erfahrungsgemäß der umsatzschwächste Monat.«
Wochenpost 8.8.1964

Für die von Fernweh Geplagten: Reiseberichte und Außenpolitik

Am 8. Januar 1979 ging beim Chefredakteur der *Wochenpost* ein anonymer Brief ein, der sich ausdrücklich auf »Reiseberichte (z. B. ›Reise zu den Pyramiden‹)« bezog. »Sehr geehrter Herr Neheimer«, schrieb der Anonymus, »ich möchte Sie doch dringlich bitten, solche Reisebeschreibungen in Zukunft zu unterlassen. Da wird Fernweh heraufbeschworen bei Menschen eines Volkes, das hinter ›modernen‹ Grenzen lebt und nur die kleine Freiheit hat, in zwei Nachbarländer ohne allzu große Probleme zu reisen. (...) Die restliche Welt ist und bleibt uns verschlossen. (...) Da für uns die Welt nur ferne Musik ist, bitte ich Sie, Ihre ›Reiseberichte‹ auch auf das für uns erreichbare Gebiet – ohne ›Grenzgebiet‹ – zu beschränken. Ein (unter vielen) vom Fernweh Geplagter.«

Ach ja, das war ein Dilemma unserer Blicke in die weite Welt. Wir erhielten sehr viele lobende und begeisterte Briefe zu unseren Reisereportagen, aber es kamen eben auch Schreiben wie dieses. Und derer wurde es im Laufe der Zeit immer mehr.

Nach Ansicht unserer Eigentümer bestand unsere Aufgabe vor allem darin, das Bewußtsein von der Überlegenheit des sozialistischen Systems zu verstärken und die Gebrechen des kapitalistischen Systems anzuprangern. Ersteres wurde zunehmend problematischer. Wie es um die Überlegenheit des Sozialismus bestellt war, fiel uns nicht erst 1989 auf. Das zweite war nicht weniger schwierig, vor allem wenn es um Probleme der »Dritten Welt« ging.

Dabei war es vom Tage der Gründung der *Wochenpost* an das Bemühen der Redakteure, den Blick der Leser über den Untertassenrand hinaus zu lenken. Wir wollten von Land und Leuten berichten, wollten Verständnis für andere Völker schaffen. In der Rückschau auf diesen Teil der Zeitung, mit dem ich besonders verbunden war, meine ich, daß der beherrschende Impuls unserer Arbeit Neugier gewesen ist. Neugier übrigens auch auf Geschichte und Geschichten. Hinzu kam ein Gutteil naiven Fortschrittsglaubens. Hoffnungen auf neue, unverbrauchte Kräfte, die in das Weltgeschehen eingriffen, wurden geweckt. Kuba war einmal ein solcher Hoffnungspunkt, anfangs auch China.

Die Dritte Welt und die nationalen Befreiungsbewegungen rückten seit den beginnenden 60er Jahren dabei immer mehr ins Zentrum unserer Arbeit. Das entsprach bis zu einem gewissen

---

Nur Zuschauer
Wann wird es uns DDR-Bürgern wieder mal möglich sein, die schönen Fähren nach Dänemark und Schweden zu benutzen? ... Nun steht man in Saßnitz oder Warnemünde immer als Zuschauer dabei.
Hans-J. R., Roßleben (April 1975, unveröffentlicht)

Sonderrechte?
New York ist meistens häßlich und nur nachts schön, wenn alle Lichter brennen und man den Dreck nicht sieht, und wenn die DDR-Bürgerin und Propagandistin Gisela May in New York auftritt, dann ist es schön. Wie schön, das zu wissen! Ich wäre auch gern mal im dreckigen New York, aber wenn Gisela May es gesehen hat, möchte ich es erst gar nicht sehen. Es wäre auch zu albern zu fragen, warum gerade sie nach New York fahren darf und nicht auch ich als DDR-Bürger, oder hat sie Sonderrechte?
Erwin K., Tangermünde zu einem Bericht über Auslandsgastspiele von Gisela May in Wochenpost 47/1976 (unveröffentlicht)

Wochenpost-Mitarbeiter im Libanon, eingeladen in einem palästinensischen Flüchtlingslager. Sitzend (von rechts) Fotograf Ernst-Ludwig Bach, Inge Geiseler und der Autor dieses Buches.

Grade durchaus der politischen Orientierung der DDR, zumal ja im Kampf gegen den westdeutschen Alleinvertretungsanspruch der Hallstein-Doktrin und um eine volle Anerkennung der DDR Erfolge zunächst nur in den jungen Staaten Afrikas und Asiens zu erzielen waren. Daß viele dieser Staaten diesen Teil des allgemeinen Ost-West-Konflikts für sich ausnutzten, sei es, um Wirtschaftshilfe, sei es, um politische Vorteile zu erlangen, steht auf einem anderen Blatt. Wenn Staaten wie Tunesien oder Guinea, Ghana oder Äthiopien, Irak oder Syrien sich das Etikett »sozialistisch« aufpappten, dann waren wir zum Teil zunächst einmal durchaus bereit, das für bare Münze zu nehmen.

Sodann war die Berichterstattung über die Dritte Welt für viele von uns in gewisser Weise eine Nische. Es ließ sich mit dem eigenen Gewissen besser vereinbaren, wenn man seine ganze Kraft in die Unterstützung der »Verdammten dieser Erde« investierte. Erste Kriegsschauplätze dieser Front waren Algerien und dann natürlich Vietnam. Im Engagement gegen die US-Intervention wußten wir uns sogar mit der westdeutschen APO eins. Später kamen dann Angola und Moçambique und der Kampf der palästinensischen Befreiungsbewegung hinzu. Am Ende konzentrierten wir uns auf Nikaragua, auf Namibia und auf die Anti-Apartheid-Bewegung in Südafrika.

Unseren Bemühungen in dieser Richtung lagen jedoch viele Steine im Weg. Anfangs ging es vor allem um den Zugang zu Quellen. Ein Reporter sollte reisen. Dazu brauchte man einen Paß, ein gültiges Visum. Man brauchte Geld, Devisen. In Richtung Osten waren diese Probleme leichter zu lösen. Westliche Länder waren schwieriger zu erreichen (mal ganz abgesehen davon, daß sich die DDR 1961 selbst abschottete). Das Geld für Auslandsreisen bekamen wir vom Außenministerium der DDR zugeteilt. Dort war alljährlich ein »Plan

Ohne Rücksicht
Es gibt keine Absichten der DDR-Politik, die uns daran hindern, die Klassenlage und die Klassenpolitik in welchem Land auch immer marxistisch-leninistisch zu untersuchen und darzustellen. Zeitweilige taktische Rücksichtnahmen, die es natürlich gibt, müssen sorgfältiger Prüfung unterliegen, sind begrenzt und begrenzt zu halten. (...) Selbst in solchen Fällen gibt es ... unangreifbare Methoden, klassenmäßig zu informieren; vornehmlich unter Wiedergabe von Äußerungen und unter Benutzung von Quellen dieses Landes selbst ... Die Auseinandersetzung mit dem Imperialismus ... wird nie aufhören. (...) Zurückgedrängt und mit Recht zurückgedrängt ist die vordergründige bis oberflächliche Kritik an Regierungsvertretern und staatlichen Einrichtungen in Ländern, mit denen wir diplomatische Beziehungen haben bzw. verhandeln. Und auch das gilt nur in einem begrenzten Maße ..."
Werner Lamberz: Referat vor leitenden Mitarbeitern der Medien, 26.6.1973; SAPMO-BArch, NY 4205/29, Nr. 130

122 Für die von Fernweh Geplagten: Reiseberichte und Außenpolitik

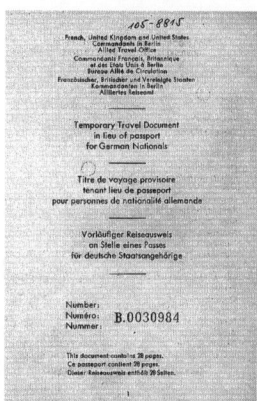

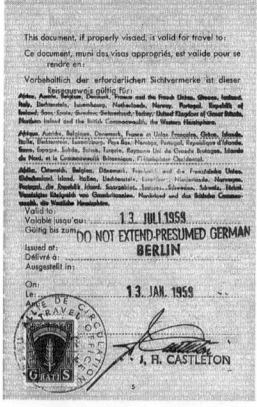

So sah er aus, der »Vorläufige Reiseausweis an Stelle eines Passes für deutsche Staatsangehörige«, das Reisepapier für DDR-Bürger, die in Länder reisen wollten, die die DDR nicht anerkannten.

der Auslandsreisen« einzureichen, in den wir hineinschrieben, was wir für interessant und durchsetzbar hielten. Im Außenministerium und im ZK prüfte man die Seriosität unserer Vorstellungen, schaute auf die vorhandenen Geldmittel, und dann begann der Handel mit den einzelnen Redaktionen: Wer kann welche Reisen wohin und wie lange machen. Waren die Finanzen bewilligt, war alles weitere in der DDR sozusagen Routine (vorausgesetzt, man war »Reisekader«, das heißt von der Staatssicherheit überprüft und bestätigt worden).

Die permanente Devisennot der DDR sorgte schon dafür, daß wir nicht übermütig wurden. Tagesspesen und Hotelkosten waren stets knapp bemessen. Viele Kollegen schleppten im Koffer Wurstkonserven mit: Nun mußte für die kostbaren Devisen an Ort und Stelle nur noch Brot gekauft werden. Sodann gab es die Möglichkeit, durch besondere Sparsamkeit den Aufenthalt zu verlängern oder auszudehnen. Das war eine nicht unumstrittene Sache. Die rigide DDR-Disziplin verbot eigentlich solche eigenmächtigen Abweichungen von den Terminen und der einmal »bestätigten« Reiseroute. In der *Wochenpost* ging man halbwegs vernünftig damit um. Die reisenden Mitarbeiter wußten, daß sie bei solchen »Eskapaden« die Rückendeckung der Chefredaktion hatten. Wenn Gerhard Desombre beispielsweise nach Panama fuhr, seine Reisezeit verdoppelte und gleich noch einen Abstecher nach Costa Rica machte und alles fürs gleiche Geld, dann gab es dafür anderswo heftigen Ärger, bei uns jedoch eher Anerkennung.

Die viel schwierigere Hürde war in den Anfangsjahren der *Wochenpost* das Visaproblem. Die DDR war nur in den sozialistischen Ländern diplomatisch anerkannt. Wenn also Margot Pfannstiel 1956 für die *Wochenpost* nach Paris fahren wollte, nützte ihr der DDR-Reisepaß überhaupt nichts. Sie benötigte vielmehr ein besonderes Reisedokument, ein grünes Büchlein mit dreisprachiger Aufschrift: »Vorläufiger Reiseausweis an Stelle eines Passes für deutsche Staatsangehörige«. Die Gültigkeit war mittels eines Stempels auf zwei Dutzend Länder begrenzt. Ausgestellt wurde dieser Nicht-Paß in Westberlin im Gebäude des nichtamtierenden Alliierten Kontrollrats am Schöneberger Kleistpark. Wenn nach langer Fragebogenprozedur ein Mr. J. H. Castleton seine Unterschrift in dieses Dokument gesetzt hatte, konnte man ein Visum beantragen. Bleiben wir beim Beispiel Frankreich. Das französische Konsulat in Westberlin verlangte eine Referenzadresse. Nachdem Margot Pfannstiel eine in Paris wohnende Freundin angegeben hatte, blieb das nicht ohne Folgen. Die Freundin mußte zum Bürgermeisteramt in Paris und eine Erklärung hinterlegen, daß sie für gegebenenfalls entstehende Kosten, beispielsweise im Krankheitsfall, aufkommen würde. Versicherungsschutz für DDR-Bürger gab es nicht. Das war noch der harmlose Teil des Unternehmens. Unangenehmer wurden die Besuche von Leuten der Sureté (oder wie die zuständige Abteilung der französischen Stasi heißen mochte) bei den Arbeitsstellen der Freundin und ihres Mannes, wo nähere Auskünfte über politische Präferenzen eingeholt wurden. Erst als diese Hürden genommen waren, gab es das Visum in den Nicht-Paß.

Später wurde es Schritt für Schritt einfacher. Aber selbst als DDR-Pässe bereits anerkannt wurden, mußten die Einreisevisa irgendwo in Wien oder Budapest beschafft werden bei der nächsterreichbaren Botschaft des jeweiligen Landes. Wenn man dann an Ort und Stelle eintraf, hatte man nicht selten das erregende Erlebnis, wie ein Weltwunder bestaunt zu werden: Diesen blauen DDR-Paß hatte dort womöglich noch niemand zuvor gesehen.

Doch bis Ende der 60er Jahre waren Reisen von *Wochenpost*-Mitarbeitern in das sogenannte NSW, das »Nichtsozialistische Wirtschaftsgebiet«, die ganz seltene Ausnahme. Für die Berichterstattung mußten wir auf andere Quellen zurückgreifen. DDR-Bürger, die als Außenhandelsmitarbeiter oder Monteure oder als Wissenschaftler reisen konnten, wurden als Autoren gewonnen. Wir schufen ein eigenes Korrespondentennetz, ausländische Journalisten begannen, regelmäßig für uns zu schreiben, zeitweise konnten wir ihnen sogar ein bescheidenes Honorar in Devisen überweisen, oft mußten sie aber auch ihr Honorar in DDR-Mark ansparen und bei einem Besuch in Ostberlin ausgeben.

Sodann mußten wir auf Berichte aus ausländischen Zeitungen zurückgreifen, die wir übersetzten und nachdruckten. Das war nicht unproblematisch. Die Sicht auf die Ereignisse war nun mal unterschiedlich. Die westdeutschen Zeitungen fielen – für Nachdrucke jedenfalls – weitgehend aus, einmal aus ideologischen Gründen, aber auch, weil uns Forderungen nach Nachdruckhonoraren in harter Währung erreichen konnten. Die sowjetischen Zeitungen, die vor allem in früheren Jahren für uns notgedrungen eine wichtige Quelle gewesen waren, erwiesen sich zunehmend als unzuverlässig. Leser machten uns immer häufiger darauf aufmerksam, daß Fakten und Daten nicht stimmten. Außerdem gab es in den Artikeln auch abenteuerliche Simplifizierungen.

Später haben wir von den guten Diensten vieler Korrespondenten des *Allgemeinen Deutschen Nachrichtendienstes* (ADN) Gebrauch gemacht. Diese Kollegen, die ja vor allem vom trockenen Brot des täglichen Nachrichtenübermittelns leben mußten, hatten in der *Wochenpost* die Möglichkeit, auch mal ganz etwas anderes zu schreiben. Fred Böttcher, Karl-Heinz Gräfe, Joachim Sonnenberg, Otto Mann, Andreas Kabus und viele andere schickten aus Washington und London, Paris,

Bestehende Praxis
Mit der Einrichtung einer Vielzahl diplomatischer Vertretungen aus nicht sozialistischen Ländern sind auch auf dem Gebiet des Presse- und Informationswesens vielfältige Aktivitäten der Diplomaten dieser Vertretungen zu erwarten. In diesem Zusammenhang möchten wir darauf aufmerksam machen, daß ... Kontakte mit ausländischen diplomatischen Vertretungen prinzipiell über das MfAA erfolgen. Diplomatische Vertretungen nichtsozialistischer Länder bzw. deren Mitarbeiter, die sich direkt zum Besuch anmelden, bitten wir deshalb auf diese in der DDR bestehende Praxis hinzuweisen.
Der Leiter der Presseabteilung des DDR-Außenministeriums (MfAA) an die Chefredaktion Wochenpost, 30.8.1973

Exotik
Noch immer beneidet mancher Journalist im Innersten oder auch laut und vernehmlich seine Kollegen aus den außenpolitischen Redaktionen um die Exotik ihres Gegenstandes. (...) Dabei wissen wir alle, daß es nichts Erregenderes und Spannenderes gibt als die hautnahe Begegnung mit dem revolutionären Prozeß der Gegenwart, dem Aufbau des Sozialismus.
Werner Lamberz: Rede vor dem Zentralvorstand des VDJ, 31.1.1972

Ein Merkblatt
Werter Kollege! Sie wurden von Ihrer Redaktion beauftragt, eine Reise ins Ausland anzutreten. Dieser Auftrag ist eine große Verpflichtung und eine hohe Auszeichnung. Deshalb ist es erforderlich, daß Sie sich auf Ihre Reise gut vorbereiten. (...) Die fremden Zahlungsmittel werden dem Empfänger treuhänderisch und mit der Auflage übergeben, mit ihnen sparsam umzugehen. (...) Übernachtungsgelder dürfen nicht für andere Zwecke verwendet werden. (...) Während des Aufenthalts im Ausland sind Sie verpflichtet, die Gesetze, Verordnungen und Zollvorschriften des Gastlandes zu respektieren. Fühlen Sie sich in Ihrem Auftreten und Verhalten stets als Repräsentant der DDR, denn als solcher werden Sie von den Bürgern des Gastlandes angesehen. (...)
Sofern sich in dem von Ihnen besuchten Land eine Vertretung der DDR befindet, setzen Sie sich bitte sofort nach Eintreffen mit ihr in Verbindung.
Merkblatt der Kommission für Journalisten-Reisen ins Ausland (1974)

Peking und Tokio jene Reportagen, an denen wir Redakteure genausoviel Vergnügen hatten wie unsere Leser.

Blieb schließlich das Prinzip »do it yourself«. Man konnte aus auswärtigen Zeitungen, aus Fernsehberichten und Büchern eigene Berichte kondensieren, vor allem über solche Länder, die dem DDR-Journalisten bis zuletzt verschlossen blieben. Wenn man es fertigbrachte, sich einen guten Draht zu Länderexperten, sei es aus dem diplomatischen oder wissenschaftlichen Bereich, aufzubauen, wurde man gut mit Material (auch mit ausländischen Zeitungen) versorgt. Hintergrundinformationen, die man auf diese Weise erlangte, halfen weiter, selbst wenn sie nur eine einzige Perspektive erfaßten. Am Ende war man relativ gut im Bilde und konnte recht qualifizierte Artikel liefern. So haben wir denn in der Abteilung Außenpolitik die Welt unter uns aufgeteilt. Einer fühlte sich für Ostasien zuständig und einer für Lateinamerika, ein Kollege »bewirtschaftete« Westeuropa und ein anderer das Afrika südlich der Sahara; ich selbst kümmerte mich um die arabische Welt.

Das Leserecho zeigte, daß unsere Methode recht erfolgreich war. Unsere interne Maxime lautete: Wenn der Leser am Sonntagabend im ARD-*Weltspiegel* einen Bericht sieht, muß er wissen, worum es geht, weil er zwei Tage zuvor in der neuesten *Wochenpost* davon gelesen hat. Das war ein Idealziel, das wir allerdings nur einige wenige Male auch tatsächlich erreicht haben.

Wir sind gereist, verglichen mit Journalisten aus Westdeutschland sicherlich sehr selten, aber immerhin. *Wochenpost*-Mitarbeiter haben wenigstens einmal alle Länder Südamerikas besucht, fast alle arabischen Staaten, sogar nach Schwarzafrika kamen unsere Kollegen. Zwar nicht so oft, wie es nötig gewesen wäre, aber natürlich viel eher und häufiger als jeder normale DDR-Bürger. Gerade deshalb trafen uns zunehmend die Vorwürfe von Lesern: Ihr habt gut reden, aber wir dürfen nicht raus. Als in einer unserer Reportagen mitgeteilt wurde, der Autor stehe am Londoner Picadilly Circus, kam ein anonymer Brief: Den Schreiber interessiere es einen Dreck, wo der Autor stehe, solange er, der Leser, nirgendwohin reisen dürfe. In unserer Hilflosigkeit entschlossen wir uns, künftighin in Reportagen aus dem »NSW« auf jedes »Ich« zu verzichten.

Dabei war es durchaus nicht immer so, wie die Leser vermuteten. Wolfgang Carlé erhielt beispielsweise diese Zuschrift: »Sie haben's gut, Sie können in der Welt herumreisen. Ich darf nicht einmal das Grab meines Onkels besuchen, der neben seiner Farm in Namibia unter einem Affenbrotbaum bestattet worden ist.« Sehr viel später kam Wolfgang Carlé darauf zurück (in der *Wochenpost* vom 30. Oktober 1991): Die Antwort sei er der Leserin schuldig geblieben. »Sollte ich gestehen, daß ich nur mit dem Finger auf der Landkarte in der Welt herumreiste? Daß der außenpolitische Redakteur C. sich in galgenhumoriger Laune zuweilen als eine Art Karl May des Journalismus fühlte?« Carlé war kein »Reisekader«, und so konstatierte er: »Ich war auf doppelte Weise eingesperrt. In der DDR blieb mir ein Ausreisevisum verwehrt. Und der Apartheidstaat hätte dem Reporter aus einem kommunistischen Land vermutlich das Einreisevisum verweigert.«

Als er 1991 diese Zeilen schrieb, hatte Wolfgang Carlé gerade Südafrika – nun endlich – besucht. Sein Fazit war ein Fazit, das viele von uns einmal früher oder später gezogen hatten: »Von dem, was ich gegen die Apartheid geschrieben hatte, brauchte ich nichts zurückzunehmen ..., in der City von Johannesburg beschlich mich ein Gefühl, als sei ich schon einmal dagewesen. Beim steilen Anstieg zur Pullinger Kop ... stieß ich an die Grenzen meiner Bücherweisheit. Die kleine Kuppe ... war auf der Karte nicht verzeichnet: Auf dem Stadtplan, dem ich blind vertraute, gab es keine Hügel.« Dies sei ein Schlüsselerlebnis gewesen, schrieb Carlé, und er nannte damit unser aller Schlüsselerlebnis: »An die Landkarte ohne Hügel mußte ich denken, als ich erkannte, daß in diesem von Konflikten gebeutelten, von Unruhen erschütterten Land die politischen Problemberge höher und die sozialen Gräben tiefer sind, als ich es erwartet und befürchtet hatte.«

Außenpolitischer Redakteur, das war so eine Art stiller Traumjob der DDR-Journalisten. Abgesehen vom Reisen ermöglichte die Auslandsberichterstattung eine Abwendung von Verlogenheiten der DDR-Berichte. Es gab Zeiten, da ließ man uns ziemlich freie Hand. Als im November 1963 der amerikanische Präsident John F. Kennedy ermordet wurde – es war ein Freitag – war die laufende Ausgabe der *Wochenpost* gerade fertig, doch noch nicht angedruckt. Die Abteilung Außenpolitik traf sich nachts in der Redaktion, wie es eigentlich selbstverständlich sein sollte, und produzierte bis zum Morgen zwei Seiten zu dem Ereignis, ohne auf irgendeine »Argumentation« angewiesen zu sein.

Zum Problem wurde die weltweite diplomatische Anerkennung der DDR in den 70er Jahren. Einerseits war nun die Welt offener, DDR-Pässe wurden anerkannt, andererseits aber errichteten die DDR-Oberen neue Schranken, verkündeten neue Tabus. Früher war nur das außenpolitische Interesse der Sowjetunion ins Kalkül zu ziehen gewesen. Hinzu kamen die Auffassungen der »Bruderparteien« der SED, der jeweiligen Kommunistischen Parteien, die schon damals nicht ignoriert werden durften. Wir bekamen beispielsweise ziemlichen Ärger, als wir in Heft 12 im Jahre 1957 eine Reportage aus der *New York Times* nachdruckten. Die Überschrift lautete bei uns: »Bei den Rebellen auf Kuba«. Wie konnten wir nur, hielt man uns vor, Illusionen über die kleinbürgerlichen Rebellen auf Kuba ver-

Reiseordnung
Alle Dienstreisen außerhalb der Staatsgrenzen der DDR bedürfen der Genehmigung des Chefredakteurs. (...) Dienstreisen außerhalb der Staatsgrenzen der DDR sind in Übereinstimmung mit dem Jahresreiseplan der Redaktion
– in die UdSSR, in die VR Polen, die ČSSR, die VR Bulgarien, die Ungarische VR und in die SR Rumänien spätestens 14 Tage vor Antritt der Reise;
– in die übrigen sozialistischen Länder sowie ins nichtsozialistische Ausland 6 Wochen vor Antritt der Reise beim Chefredakteur zu beantragen.
Alle Anträge erfolgen schriftlich. Zu jedem Antrag gehören eine Begründung und eine Reisekonzeption mit genauer Zielstellung, genauen Terminen, Reiseroute, Aufenthaltsorten und Angabe von Institutionen und Personen, die im Gastland aufgesucht werden sollen. Ferner ist das journalistische Vorhaben und seine beabsichtigte Umsetzung in der Zeitung detailliert darzustellen.
Chefredaktion Wochenpost: Ordnung für Dienstreisen außerhalb der Staatsgrenzen der DDR, 20.7.1976

Anfrage
In keinem mir zugänglichen Nachschlagewerk kann ich eine Erklärung des Begriffs Ajatollah finden. Vermutlich dürfte eine Antwort von allgemeinem Interesse sein, so daß Sie diese in der *Wochenpost* veröffentlichen sollten.
Ihr langjähriger Leser Gerhard F., Wurzen (17.1.1980, unveröffentlicht)

Glaubwürdigkeit
Beim Lesen Ihrer Zeitung fällt mir immer wieder auf, daß bei Artikeln, die das westliche Ausland betreffen, ständig mit exakten Kostenangaben aufgewartet wird. Zum Beispiel: Entwicklungskosten und Stückpreis von Flugzeugen, Kosten repräsentativer Bauten usw. Bei Artikeln, die sich mit unserem eigenen Land befassen, vermißt man diese Angaben ständig. Warum eigentlich? So las ich nie etwas über die Höhe der Kosten für den Palast der Republik, über die Höhe unseres Mitgliedsbeitrages für die UNO u. v. a. Nach meiner Auffassung muß eine sozialistische Presse das Volk auch hiervon unterrichten.
Manfred S., Zittau (Januar 1975, unveröffentlicht)

breiten. Wir steckten das weg. Zu Silvester 1959 zog Castro siegreich in Havanna ein. Im Sommer 1960 fuhr dann Günter Stillmann für die *Wochenpost* nach Kuba.

Es galt, andere Rücksichten zu nehmen. Das war wohl DDR-spezifisch. Kein Botschafter – sagen wir Brasiliens – würde den Bundeskanzler dafür verantwortlich machen, wenn *Bild* einen kritischen Artikel über den Karneval in Rio druckt. Aber bei uns entwickelte sich so eine absurde Situation, und die DDR-Behörden leisteten dem durch ihr Verhalten Vorschub. Es wurde zur gängigen Praxis, daß die Botschafter (vor allem der Dritte-Welt-Staaten) sofort protestierend im Außenministerium am Marx-Engels-Platz aufmarschierten, wenn ihrer Meinung nach nicht schön genug über ihr Land berichtet worden war. Man hätte antworten können: »Tut uns leid, aber in der DDR herrscht Pressefreiheit.« Aber nein. Es wurde de facto bestätigt, daß in der DDR alle Medien zentral gelenkt wurden. Man nahm die Beschwerde entgegen und gab sie mitunter noch verstärkt an die jeweilige Redaktion weiter.

Unter diesen Umständen konnte es nicht ausbleiben, daß wir einäugig wurden. Ich zitiere einmal aus einem anonymen Brief, den wir am 26. November 1979 erhielten: »Was ist die *Wochenpost* doch für eine erbärmliche Zeitung. Das wichtigste, aktuellste, das brisanteste, das den Frieden gefährdendste, das skrupelloseste, das skandalöseste Ereignis diese Tage ist, ja, hören und staunen Sie, der Angriff der Iraner auf die amerikanische Botschaft in Teheran. Hiermit mache ich Sie damit bekannt. Alle ernstzunehmenden Menschen in unserem Staat wissen dies schon längst, nur Sie wissen es noch nicht. Oder hängt Ihre Unwissenheit vielleicht mit dem Artikel ›Pressefreiheit‹ der Verfassung zusammen, wo allerdings nicht einmal im Kleingedruckten dieses Artikels eine solche Unwissenheit vorgeschrieben ist, dagegen aber Kampf dem Menschen- und Völkerhaß.«

Dieser Zornesausbruch eines Lesers traf uns schon. Iran und erst recht die Besetzung der USA-Botschaft in Teheran kamen bei uns nicht vor.

Der zitierte Brief tangierte ein generelles Problem unserer Auslandsberichterstattung. Es geschahen Dinge auf dieser Welt, bei denen sich die DDR um eine Stellungnahme herumdrückte. Um bei dem Beispiel zu bleiben: Man wollte nicht die USA verprellen und schon gar nicht den Iran. Man war für den antiimperialistischen Kampf, aber gegen Terrorismus. So erging die klare Weisung: Nur Nachrichten, keine Kommentare. Mit anderen Worten: Hier blieb keinerlei Spielraum für die *Wochenpost*. Was ist diesem Dilemma nicht alles zum Opfer gefallen! Was sucht man nicht alles vergeblich in unserem Blatt: den Krieg Iran – Irak. Überhaupt den Irak. Um das tragische Kurdenproblem mußten wir uns herummogeln und darauf lauern, daß sich mal

 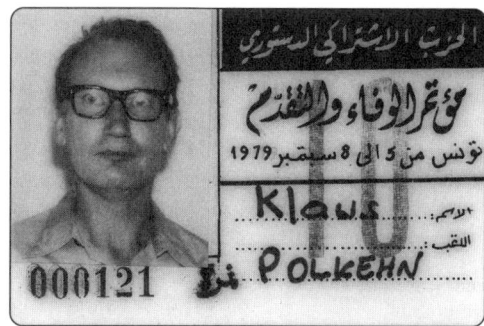

durch günstige Umstände ein »Fenster« öffnete, das wenigstens einen kurzen Blick auf das Problem erlaubte. Immerhin lautete in der Ausgabe vom 27. Juli 1963 eine Überschrift in der *Wochenpost*: »Bagdads Völkermord in Kurdistan«. Ein kurze Ruhepause durch ein im Irak ausgehandeltes Autonomieabkommen erlaubte im Mai 1975 einen umfangreicheren Artikel. Dann kam das Kurdenproblem erst wieder 1979 in der *Wochenpost* vor.

Wir knirschten mit den Zähnen und vermochten nicht, an dem Tatbestand etwas zu ändern. Es blieb nur die letztlich unbefriedigende Flucht in einen kleinen Trick. In der *Wochenpost* wurde angesichts der permanenten Schwierigkeiten mit allen möglichen Ecken der Welt eine neue Rubrik erfunden: »Das Stichwort«. Diese lexikonartigen Texte, die auf Kommentare und Wertungen verzichteten, gestatteten es, wenigstens den Konfliktort zu benennen. In einem Falle verbarg sich unter der verharmlosenden Überschrift »Ein Volk in sechs Staaten« das im Randtext genannte Stichwort: »Kurden«.

Überhaupt wurden Kriege zwischen Dritte-Welt-Staaten zumeist weggeschwiegen. Der Krieg in der von Marokko besetzten Westsahara durfte in der *Wochenpost* nie vorkommen. Der Schah des Iran war nicht zu kritisieren und der philippinische Diktator Marcos auch nicht. Die Liste könnte seitenweise fortgesetzt werden. Das möglicherweise schlimmste Versäumnis, das sich die *Wochenpost* wie alle DDR-Medien zuschulden kommen ließ, war das totale Verschweigen des Völkermords in Kambodscha. Die Peinlichkeit bestand wohl darin, daß über den »Killing Fields« das Banner des Kommunismus gehißt worden war. Nicht einmal, daß die DDR von den Pol-Pot-Banden in den gleichen Topf getan wurde wie die Bundesrepublik oder die USA, ließ uns die Sprache wiederfinden. Als die Roten Khmer dann Anfang 1979 aus weiten Teilen Kambodschas vertrieben wurden, flog eine DDR-Maschine mit Hilfsgütern nach Phnom Penh. An Bord war auch unser Kollege Klaus Rachow, der dann den ersten Bericht über den Terror in jenem Lande schrieb.

Die Quittung für unser langes Schweigen kam prompt. Warum habe die *Wochenpost* vorher nicht über die Schreckens-

Als Journalisten aus der DDR akzeptiert wurden, gab es an Ort und Stelle auch schon mal exotisch wirkende Presseausweise: Links mein Exemplar aus Israel, rechts das aus Tunesien.

Eitelkeiten
Wer Nachrichten aus der ganzen Welt sammelt, vergißt leicht, vor der eigenen Haustür zu kehren; dem Journalisten, der sich in eine konkrete Recherche verbeißt, wird oftmals alles andere unwichtig; Redaktionen haben ihre soziale Eigendynamik; ... schließlich kann die permanente Auseinandersetzung mit den gesellschaftlichen Eliten überheblich machen ..., die nicht geringe Eitelkeit des Berufsstandes steigt in solchen Momenten rapide ...
Stefan Pannen: Die Weiterleiter. Funktion und Selbstverständnis ostdeutscher Journalisten. Köln 1992, S. 48

Ein Satzfehler bei Klein-Nauru
Nauru, eine winzige Insel am Äquator, tritt am 31. Januar als der kleinste selbständige Staat in die Welt. Etwa 3 000 Nauruaner werden das ovale Eiland von nur 21 Quadratmetern nun selbst verwalten.
Wochenpost 26.1.1968

Ich wollte es kaum glauben: 3 000 Menschen können auf 21 Quadratmetern unterkommen. Hoffentlich vertragen sie sich gut, aber viel Platz für Geschäfte gibt's kaum.
Karl W., Dresden

Meine Wohnung ist größer als 21 m². Nun male ich mir aus, was geschieht, wenn mich mal 3 000 Menschen besuchen kommen. Nicht auszudenken.
Eberhard V., Wismar

Auf jeden Nauruaner kommen genau 0,007 m² Inselfläche. Herzliche Drängelgrüße an alle.
Hans S., Rostock

Endlich habe ich nun gelesen, wo Gulliver seine Zwerge entdeckte. Und die niedlichen Flugzeuge. Sie kosten hier aus Plast 30 Pfennig das Stück. Übrigens, die Unabhängigkeitsfeier kann in meinem Eßzimmer stattfinden.
Max S., Falkensee
Alle Briefe in Wochenpost 23.2.1968

herrschaft berichtet, fragte ein Leser aus Frankfurt/Oder. Immerhin sei ja in westlichen Medien wenigstens hin und wieder darüber etwas zu erfahren gewesen. Habe die *Wochenpost* davon nichts gewußt? »Oder soll ich Ihr Schweigen so auffassen, daß Kampuchea immerhin zum antiimperialistischen, eigentlich sogar zum sozialistischen Lager gezählt wurde und man die dort praktizierten faschistischen Herrschaftsmethoden am besten ignoriert, weil sie nicht unseren Vorstellungen von einem antiimperialistischen bzw. sozialistischen Land entsprechen.« Der Leser zählte andere Länder auf, die für uns ebenfalls terra incognita geworden waren, Uganda beispielsweise. Wenn er die Zahl der Opfer in den einzelnen Ländern ins Verhältnis zum Umfang unserer Berichterstattung setze, käme er »zu völlig falschen Schlußfolgerungen über den Wert des menschlichen Lebens in einem imperialistischen und einem antiimperialistischen bzw. sozialistischen Land«. Und: »Verstehen Sie meine Zuschrift nicht als Hetze gegen das sozialistische Pressewesen oder gar gegen die *Wochenpost*. Ich will Ihnen nur vergegenwärtigen, daß ein Teil Ihrer Leser jeden Satz aufmerksam liest und sich auch über das Nichtgeschriebene Gedanken macht.«

Recht hatte der Mann. Aber das half uns auch nicht aus unserer Zwickmühle. Denn außerdem gab es noch ein weiteres Problem, das zusehends auch die sozialistischen Staaten betraf: Kritisches durfte nicht erscheinen, loben wollten wir aber auch nicht. Schweigen war zumeist die einzige Alternative. Oder Flucht in Naturschutz oder ferne Historie des jeweiligen Landes. Die Vorgaben der SED-Pressepolitik machten für uns die Welt immer kleiner.

Am Ende sollten selbst viele Vorgänge in den Hochburgen des Kapitalismus kein Thema mehr für uns sein. Im Herbst 1982 sandte uns der damals in Genf tätige *ADN*-Korrespondent Joachim Sonnenberg eine gut geschriebene und seriös recherchierte Reportage zur Krise in der Schweizer Uhrenindustrie. Wie man sich unschwer denken kann, waren weder unsere Redaktion noch Sonnenberg sozusagen aus hohlem Bauch auf die Idee dazu gekommen. Vielmehr hatte die Schweizer und wohl auch die westdeutsche Presse das Thema schon des langen und breiten behandelt. Das bewahrte uns nicht davor, einen mächtigen Rüffel von der ZK-Abteilung Agitation einzufangen. Wie wir dazu kämen – ausgerechnet vor der Leipziger Herbstmesse! – einen solchen Artikel zu veröffentlichen. Eine schwere Schädigung des Außenhandels der DDR könne die Folge dieses Verprellens der Schweiz sein. Das war natürlich absurd. Als ob sich die Schweiz in Außenpolitik oder Außenhandel von einem Artikel in der *Wochenpost* in irgendeiner Weise beeinflussen ließe!

Die schlimmste Folge solcher Interventionen war, daß man das nächste Mal überlegte: Soll man, oder soll man nicht. Diese

Zensur und Selbstzensur mußte früher oder später den aktuellen außenpolitischen Teil der Zeitung ruinieren. Denn was sollte man von solchen Äußerungen bei der »Argu« halten: »Ihr könnt gerne über die gegenwärtige Lage in Ägypten schreiben, aber dann besorgt Ihr die Baumwolle, die die DDR braucht!«

Dieser engstirnigen Informationspolitik versuchten wir mit Beiträgen zur Geschichte und Kulturgeschichte zu entfliehen. Das Leben und die Frauenaffären des südamerikanischen Freiheitshelden Simon Bolivar, die Geschichte Karthagos, Entdeckungsreisen im Afrika des 19. Jahrhunderts, archäologische Entdeckungen in China, Benito Juarez und sein Kampf um Mexiko wurden unsere Themen. Gegen Ende der 80er Jahre entdeckten wir Unmengen von Kleinstaaten, abgelegene Orte und Inseln für unsere Auslandreportagen: Monaco und Andorra, Liechtenstein und den Vatikan-Staat, St. Helena und die Kapverden, Capri und die Azoren, Haiti und Gotland, Barbados und Vanuatu.

Einer in Westberlin verfaßten Magisterarbeit aus dem Jahre 1983 verdanke ich eine ziemlich genaue Statistik der Auslandsberichte in der *Wochenpost* und eine ziemlich zutreffende Wertung unserer Arbeit. Zu meiner großen Verblüffung hat der Autor in insgesamt 117 Ausgaben der *Wochenpost* ermittelt, daß »über keinen einzelnen Staat, auch nicht über den engsten Verbündeten der DDR, die UdSSR, thematisch und quantitativ so umfangreich berichtet wird wie über die USA."[62] Die Statistik des beeindruckend fleißigen Magisters erfaßte 123 Staaten und errechnete den jeweils prozentualen Anteil an der Gesamtsumme der Zeilen in der Auslandsberichterstattung der *Wochenpost*. Das reicht von den Vereinigten Staaten mit 17,02 Prozent bis zu Luxemburg mit 0,01 Prozent. Weit vorn hinter den USA lagen die Sowjetunion (11,37 Prozent) und die Bundesrepublik mit 9,1 Prozent – die BRD war ganz selbstverständlich Ausland für uns.[63]

Der Verfasser stellte eine diskontinuierliche Berichterstattung über einzelne Länder fest und meinte, dies könne durch äußere Ereignisse bedingt sein, aber auch »offensichtlich politisch/ideologische Ursachen haben«.[64] Richtig beobachtet. Die Diskontinuität im negativen Sinne ergab sich daraus, daß entweder in dem betreffenden Land in dem Zeitraum nichts von Belang passierte oder aber daß uns die »Argu« zwang oder veranlaßte, die Finger davon zu lassen. Im positiven Sinne war Diskontinuität sowohl mit unserer oben beschriebenen Spezialisierung zu erklären (über Länder, auf die wir uns spezialisiert hatten, besaßen wir mehr Material, über sie wußten wir besser Bescheid, bei ihnen hielten wir die Dinge für wichtiger) und mit den Zufälligkeiten der Reisemöglichkeiten. Bei – sagen wir mal – zwei größeren Auslandsreisen ins »NSW« in einem Jahr, von denen die Kollegen zehn oder zwölf größere Artikel mitbrach-

Fernweh
Unsere DDR unterhält zur Zeit mit weit über 100 Ländern diplomatische Beziehungen und ist somit völkerrechtlich anerkannt. Doch leider können wir außer in die sechs befreundeten sozialistischen Länder nicht ins Ausland fahren. Wir würden uns freuen, wenn zu diesem Thema mal ein Vertreter unserer Regierung Stellung nehmen und uns mitteilen würde, wann wir auch ins übrige Ausland Touristenreisen unternehmen können.
Wolfgang B., Neustadt/Orla (1976, unveröffentlicht)

Weltsicht
Was erfuhr der Wochenpost-Leser am 11. Juni 1982 vom Weltgeschehen:
Erich Honecker besuchte Ungarn / Ein »Stichwort« informierte über Grenada / Japan kämpft gegen US-Stützpunkte auf Okinawa / Manöver des Nestlé-Konzerns in der Schweiz / Probleme mit der Arbeitslosigkeit in den USA, in Großbritannien und Spanien / Schließlich eine Reportage über ein neues Stadtviertel im slowakischen Bratislava.

ten, mußte – unabhängig von äußeren Ereignissen – ein Übergewicht eintreten. So heißt es zutreffend in der zitierten Arbeit: »Häufiger noch als andere wöchentlich erscheinende Presseerzeugnisse im ›Westen‹ (z. B. *Die Zeit, Der Spiegel, Time*) veröffentlicht die *Wochenpost* groß angelegte Artikel-Serien über einzelne Staaten, ohne daß diese einen direkten ›Aufhänger‹ in aktuellen Ereignissen der betreffenden Länder haben. Ein prägnantes Beispiel dafür ist die Berichterstattung des Blattes über Brasilien. (...) Diese eine lange Artikelserie – halb Reportage, halb Reisebeschreibung – hat zur Folge, daß die Brasilien-Berichterstattung im Quartal IV/81 fast 25 % der gesamten Auslandsberichterstattung ausmacht und das Land in der Prioritätenliste auf Rang 8 erscheint. Hätte der Untersuchungszeitraum zwei Quartale früher begonnen und geendet, würde Brasilien in der Prioritätenliste am unteren Ende der Rangfolge auftauchen.«[65] Der Autor der Studie hat übrigens errechnet, daß fast 23 Prozent der gesamten Auslandsberichterstattung der Dritten Welt gewidmet waren. Das war relativ viel, bedenkt man, daß wir ja gehalten waren, vor allem die sozialistischen Staaten in den Vordergrund zu stellen.

Ich zitiere diese Feststellungen deshalb so ausführlich, weil man ihnen entnehmen kann, daß unsere Auslandsberichterstattung nun mal ganz eigenen Prämissen folgte. Ein mit Statistik belegtes Übergewicht der Berichterstattung aus westlichen Ländern erklärt die Magisterarbeit mit der Möglichkeit, »daß der Lesermarkt entsprechende Informationen wünscht«. Sie jedenfalls zog aus der ermittelten »West-Orientierung« der *Wochenpost* den Schluß, wir hätten offenbar erkannt, »daß unter den potentiellen Lesern des Blattes ein Informationsmangel über die Länder des ›Westens‹ herrscht – oder anders, daß die ›falschen‹ Informationen (und Ansichten) über den ›Westen‹ in der DDR verbreitet sind«.[66] Da ist was dran. Unser »Westdrall« war aber nicht nur taktisch-politischen Erwägungen geschuldet, sondern viel mehr den Schwierigkeiten einer interessanten Berichterstattung aus den Ländern des »real existierenden Sozialismus«.

31. Juli 1965:
Meister, ich kündige!

Im Januar 1965 hat die *Wochenpost* ein brisantes Thema aufgegriffen: die Fluktuation in den Betrieben. Tausende verließen allmonatlich ihren Arbeitsplatz, suchten (und fanden natürlich sofort wieder) einen neuen. Das schuf Probleme in der Wirtschaft, es stürzte die Wirtschaftsleitungen in Verwirrung. Woran lag es? Was war zu tun?

Nun, ein halbes Jahr später ist man immer noch bei diesem drängenden Thema. In der *Wochenpost* vom 31. Juli 1965 werden auf einer ganzen Seite Äußerungen von einem Rundtischgespräch veröffentlicht, das die Redaktion organisiert hatte. Zehn Leute beteiligten sich daran, ein Mitglied des Präsidiums des Bundesvorstandes des Freien Deutschen Gewerkschaftsbundes, ein Sektorenleiter des Volkswirtschaftsrates, ein Werkleiter, ein Parteisekretär, dann Bereichsleiter, Meister und zwei Arbeiter – die Zusammensetzung der Diskussionsrunde vermag vielleicht Auskunft über die Intentionen der Redaktion, aber auch über das Klima in der DDR von 1965 zu geben. Wenn beispielsweise der Arbeiter aus dem Gaswerk Frankfurt/Oder dauernde Produktionsumstellungen beklagt, was das Betriebsklima negativ beeinflusse, dann sagt der Gewerkschaftsfunktionär: »Ein gutes Klima wird dort sein, wo man die Vorschläge und Kritiken der Arbeiter nicht auf die leichte Schulter nimmt.« Und: »Die Arbeit macht aber nur dann Spaß, wenn es ›rollt‹, wenn dabei auch der Lohn stimmt. Und das ist leider noch nicht überall so.« Ziel erkannt, aber Besserung war nicht so schnell in Sicht. Wie in der *Wochenpost* angekündigt, wird die Diskussion in der nächsten Ausgabe fortgesetzt. Am Ende jener Seite steht dann die Feststellung der Redaktion, die Gesprächspartner hätten nun zu den in Leserbriefen aufgeworfenen Problemen Stellung genommen, jedoch: »Damit hat sich dort, wo es hapert, noch nichts geändert.« Das *Wochenpost*-Gespräch habe immerhin »viele gute Wege gewiesen«, wie der Fluktuation zu begegnen sei. So endet der große Anlauf der Redakteure am Ende in Hilflosigkeit.

Offenbar reden alle vom Wetter, warum sollte da die *Wochenpost* am 31. Juli 1965 beiseite stehen. Die Titelseite empfiehlt: »Pack die Badehose ein!« Auf den Wissenschaftsseiten wird gefragt: »Wettervorhersage möglich? Wie wird es im August?« In einem Interview stellt ein Diplom-Geophysiker fest: »Warme Sommer seltener als kühle!« Ein Reporter hat bei

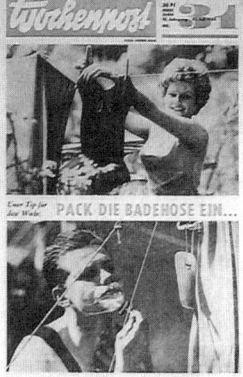

Bitte nicht knicken!
Mit diesem Wunsch wendet sich die neue, 32seitige *Wochenpost* an die Angestellten des Postzeitungsvertriebs: Attraktiv und ohne eine »Falte im Gesicht« möchte sie sich in den Kioskscheiben spiegeln, sich ihren vielen Lesern präsentieren.
Wochenpost 16.1.1965

Meteorologisches
In einem von der meteorologischen Weltorganisation herausgegebenen Bericht wird die Vermutung geäußert, daß die im Winter gezeugten Kinder größere Chancen haben, als Knaben geboren zu werden. Im Sommer gezeugte Kinder hätten dagegen eher die Aussicht, als Mädchen das Licht der Welt zu erblicken.
Wochenpost 31.7.1965

In der Wochenpost vom 31. Juli 1965: Eine Drehreportage über den DEFA-Film »Spur der Steine«.

Saure-Gurken-Zeit
Eines der Zauberworte im Jargon der Zeitungsmacher ist das Wort »Saure-Gurken-Zeit«. Als ich noch neu war, hatte ich Respekt vor diesem Wort, auch etwas Befürchtung, denn ich dachte: Was wirst du bloß schreiben und drucken, wenn in den Sommerwochen diese Zeit kommt, die Saure-Gurken-Zeit, in der nichts passiert? Mittlerweile bin ich siebzehn Sommer dabei, aber eine Saure-Gurken-Zeit habe ich noch nicht erlebt. Es sieht so aus, als ob sie damit der guten alten Zeit sehr ähnlich sei. Der Leser merkt nun, daß hier der Übergang sich andeutet, der Übergang vom Aufhänger zur Argumentation. Hier wird das Erlebnis, so will es der Brauch, verallgemeinert. Mehr oder minder deutlich ausgesprochen, tritt das Thema heraus. Mein Thema: Ich soll dem Leser sagen, daß die Politik ihn im Urlaub nicht vergißt, und umgekehrt. Das weiß er längst. Er ist nicht dumm. Genau wie ich hat er noch nie eine Saure-Gurken-Zeit erlebt.
*Heinz Knobloch
Wochenpost 31.7.1965*

Bad Lauchstädt »eines der Unwettergebiete« besucht: »Rinnsal wurde reißendes Wildwasser!« lautet die Überschrift. Heinz Knobloch aber reflektiert im Leitartikel über die Saure-Gurken-Zeit.

Schließlich erzählt Constanze Pollatschek von ihrem Einsatz als Statistin bei den Dreharbeiten für Frank Beyers »Spur der Steine«. Eine Rezension dieses Film wird in der *Wochenpost* erst im Dezember 1989 erscheinen, denn als der Film fertiggestellt ist, wird er »gegen den Willen des Publikums mit inszenierten Krawallen« aus dem Kino vertrieben.

Aber noch ist davon nichts zu ahnen, und so kann man in der *Wochenpost* vom 31. Juli 1965 lesen: »Heute nacht wird eine Szene gespielt, die am 10. Jahrestag der DDR spielt. Die Brigade Balla erwartet, daß sie ausgezeichnet wird, denn ihre Arbeitsleistungen sind besonders gut gewesen. Aber mit der Disziplin,

Auch in dieser Ausgabe hat Paul Rosié die Rubrik »Vor dem Schaden klug sein« illustriert.

da hapert's, und so wird es nichts mit Medaille und Prämie. (...) Die ›Ballas‹ wollen sich rächen, eine Schlägerei soll provoziert werden. Wir sollen nun den Hintergrund zu dieser Szene abgeben, sollen klatschen, schreien, aufmerksam dem Geschehen am Tisch der Brigade Balla folgen. Nun, dazu hätte man mich nicht auffordern müssen. Da sehe ich sowieso hin.«

Eine abschließende Bemerkung zu dieser Ausgabe: In diesem Jahr 1965 hat sich der *Wochenpost*-Leser an einige Neuheiten gewöhnen müssen. Seit Jahresbeginn erscheint die Zeitung in einem neuen Format. Statt des bisherigen »Berliner Formats« heißt es jetzt »Halbes *Prawda*-Format«. Das kam so: Für die Sowjetunion (genauer: für das sowjetische Parteiorgan *Prawda*) entwickelte die polygrafische Industrie der DDR eine neue Offset-Rotationsmaschine. Das Format wich auf sowjetischen Wunsch von den in Deutschland üblichen Papierstandards ab. Nun hat die Druckerei des Neuen Deutschland solche Maschinen erhalten, auf denen jetzt auch die *Wochenpost* gedruckt wird. Da das Format in voller Größe unhandlich ist, entstand das halbe Format. So sollte es dann bleiben, zunächst auch noch nach der Wende.

(Bundes)Republikflucht
Jene, die zu uns kommen, sind quer durch Deutschland gereist und glauben, daß sie erst jetzt im rechtmäßigen deutschen Staat angekommen sind, weil für sie Deutschland dort ist, wo sie menschenwürdig leben können, wo jeder die gleichen Berufs- und Weiterbildungsmöglichkeiten hat, wo keiner seinem Schicksal überlassen bleibt.
Schlußsequenz einer Reportage über BRD-Bürger, die in die DDR übersiedelt sind; Wochenpost 6.2.1965

Satchmo in Berlin
Louis Armstrong, 64, anerkannter »König des Jazz«, gastiert an diesem Wochenende in der Hauptstadt der DDR. Seine Gedanken aber sind gewiß in Selma und Montgomery, wo der Kampf gegen die Rassentrennung einem neuen Höhepunkt zugeht. (...) Vor wenigen Tagen nun meinte »Satchmo«, er habe den Kampf um die Gleichberechtigung der amerikanischen Neger zuletzt mit Geldspenden unterstützt, »aber vielleicht ist das jetzt nicht mehr genug«.
Wochenpost 20.3.1965

Die neue Maschine und das neue Format hatten andere Neuheiten zur Folge: neue Farben beispielsweise. Das traditionelle Grün blieb natürlich. Hinzu kamen als »Auszeichnungsfarben« im Innenteil (für Überschriften und Karten) Blau und Koralle. Im Sommer 1977 wurde dann übrigens diese beiden Farben im Zuge einer großen Einsparungskampagne wieder abgeschafft, denn Farbpigmente mußte die DDR aus dem Westen importieren.

Aus der vom kleineren Format erzwungenen Änderung des Layouts gewann das Blatt Vorteile. Wichtigste Neuerung: Auf den Seiten 3 bis 7 erschienen nun unter der Marke »aktuell« kurze, informative Beiträge aus Innen- und Außenpolitik, Wirtschaft und Kultur, dazu Zitate, Glossen, Interviews, alles konzentrierter, informativer. Für das etwas kleinere Format wurden die Leser gut entschädigt: Statt der bisherigen 24 Seiten umfaßte das Heft von nun an 32.

Die Oppenheimer-Connection – der Umgang mit »West-Presse«

Woher hatten wir unsere Erkenntnisse über die Vorgänge im Rest der Welt – westlich der Elbe? Aus Rundfunk und dann auch Fernsehen, auch des Westens, wie jeder DDR-Bürger. Mitte der 60er Jahre gab es in der DDR eine Kampagne gegen das Westfernsehen, die bis in unsere Redaktion schwappte. Damals erklärte Chefredakteur Siegfried Meißgeier in einer Redaktionssitzung weisungsgemäß, er erwarte, daß die Mitarbeiter künftighin nicht mehr den Westkanal anschauen. Da lachten alle, und niemand nahm es Ernst.

Es war ja auch insofern unsinnig, als wir ja ganz legal Zugang zu westlichen Presseorganen hatten. Ursprünglich bezog die *Wochenpost* mindestens zwei Dutzend westdeutscher, schweizer, englischer, amerikanischer und französischer Tageszeitungen und dazu ein Schock Wochen- und Monatsblätter und Illustrierte. Die *Neue Zürcher*, die *Süddeutsche Zeitung*, die *Welt* und die *Frankfurter Allgemeine* waren jahrzehntelang meine tägliche Lektüre, dazu *Times* und *Newsweek* und sogar der vielgeschmähte *Spiegel*. Lange Jahre hindurch gab es in der Redaktion ein sogenanntes Lesezimmer, in dem alle diese Blätter auslagen und von allen Redakteuren gelesen werden konnten. So etwa 1962 aber wurde mit dem Argument der Devisenknappheit die Zahl der bezogenen West-Blätter in Etappen eingeschränkt. Bald lohnte es nicht mehr, für die wenigen Zeitungen ein ganzes »Lesezimmer« zu unterhalten. Außerdem wurde der Zugang zur Information auch zusehends restriktiver gehandhabt. Eine »Organisations-Anweisung Nr. 1.5.9« des Verlagsdirektors vom 31. Januar 1977 (die dieser sich sicherlich nicht selbst ausgedacht hatte) regelte auf drei Seiten den »Umgang mit der Presse des kapitalistischen Auslandes«. Die Westpresse, die täglich vom Zeitungsvertriebsamt in den Verlag kam, wurde in Aktentaschen, die mit einem Vorhängeschloß gesichert waren, in die Redaktionen des Verlages transportiert. Je einen Schlüssel besaßen die Abteilung Information/Dokumentation des Verlages, die die Zeitungen im Haus verteilte, und die Chefredaktion. (Die Aktentasche der *Wochenpost* hat nach der Wende der aus dem Westen zu uns gestoßene Stellvertretende Chefredakteur Max Thomas Mehr als Trophäe an sich genommen.) War die Tasche in der Redaktion aufgeschlossen, waren die eingegangenen Westzeitungen in ein Buch einzutragen und zu quittieren.

Von Hand zu Hand
Die Chefredaktionen benennen schriftlich die Mitarbeiter, die in ihrem Arbeitsbereich für die Verwaltung, Kontrolle und den Rücklauf der Presse des kapitalistischen Auslands verantwortlich sind. (...) Die in den Redaktionen ankommende Presse des kapitalistischen Auslands wird in ein Eingangsbuch nach Jahrgang und Nummer eingetragen. Der Umlauf in der Redaktion erfolgt von Hand zu Hand in verschlossener Mappe. Auf dem beigefügten Umlaufzettel ist der Empfang zu bestätigen. Die Presse des kapitalistischen Auslands darf nicht zerschnitten werden. (...) Journalisten oder andere Verlagsmitarbeiter können außerhalb der Verlagsräume mit der Presse des kapitalistischen Auslands arbeiten, wenn dazu die Genehmigung des Chefredakteurs oder des Verlagsdirektors vorliegt ...
Organisationsanweisung Nr. 1.5.9 des Direktors des Berliner Verlages, 31.1.1977

Einsparungen
Vorschlag: Für die Wochenzeitungen sind (mit Ausnahme der *Wochenpost* – 50 000 Exemplare) geringe Auflagensteigerungen vorgesehen. Dennoch würde ein Auflagenstop bei den Wochenzeitungen eine Einsparung von etwa 600 t Druckpapier zur Folge haben (...) Außerdem ist der Bezug westlicher Presseerzeugnisse für die Massenmedien, Parteien, Massenorganisationen und Institutionen mit dem Ziel strengster Sparmaßnahmen neu festzulegen.
Überlegungen zu Einsparungsmaßnahmen im Bereich des Pressewesens; Heinz Geggel an Werner Lamberz, 13.11.1974 (SAPMO-BArch, DY 30 vorl. SED 18309/1 S. 3)

Geduldete Westmedien
Der private Empfang westlicher Hörfunk und Fernsehprogramme war in der DDR zwar nie ausdrücklich unter Strafe gestellt, doch galt er als ideologisch unerwünscht. (...) Seit Anfang der 80er Jahre gestattete das Postministerium der DDR stillschweigend in einigen größeren Neubaugebieten die Errichtung von Gemeinschaftsantennen, in die auch ARD- und ZDF-Programme eingespeist wurden ...
Gunter Holzweißig: Zensur ohne Zensor. Bonn 1997, Seite 171

Die umständliche Prozedur mit der Tasche und dem Schlüssel war ausgedacht worden, weil nicht jeder einfach das lesen sollte, was er wollte. Natürlich war das schwachsinnig, zumal sich ja mit Ausnahme der Dresdner und anderer Bewohner des »Tals der Ahnungslosen« jeder DDR-Bewohner in Fernsehen und Radio kundig machen konnte. Die Beschränkungen sollten eben gleichermaßen für Journalisten gelten.

Zum Verfahren gehörte, daß die Westzeitungen auch in der Redaktion unter Verschluß gehalten werden sollten (was in der Praxis in der *Wochenpost* kaum je in der angewiesenen Weise geschah). Die Chefredaktion hatte außerdem via Verlagsleitung der Verlagsabteilung Information/Dokumentation mitzuteilen, welche Redakteure berechtigt waren, dort ständig westliche Zeitungen auszuleihen. Selbst wenn diese Praxis in der *Wochenpost* großzügig gehandhabt wurde, so mußte es doch die Kollegen zutiefst frustieren, sich einem solchen Kindergarten-Verfahren zu unterwerfen, und mir scheint, viele Mitarbeiter haben am Ende nie die Absicht geäußert, Zugang zur ideologischen Konterbande zu erhalten, weil sie es einfach unter ihrer Würde fanden, wegen irgendeiner Zeitung aus Westberlin eine Genehmigungsprozedur in Gang zu setzen.

Schließlich soll noch jenes quasi illegale Material erwähnt werden, das wir eigentlich überhaupt nicht besitzen, geschweige denn lesen sollten. Dazu zählte vor allem *Der Spiegel*, den wir ja anfangs ganz legal bezogen hatten. Das Hamburger Nachrichtenmagazin wurde meines Wissens und meiner Erinnerung nach vom Bezug gestrichen, als es eine Titelgeschichte Walter Ulbricht gewidmet hatte. Ulbricht soll sich so darüber geärgert haben, daß von nun an nur noch ganz wenige Exemplare des *Spiegel* für ganz wenige auserwählte Leute in die DDR kamen. Wir gehörten natürlich nicht zum Kreis der Auserwählten, dennoch hatten wir das Blatt regelmäßig, wenngleich manchmal etwas verspätet. Ein Weg war der: Der in Westberlin wohnende Bruder eines *Wochenpost*-Kollegen hatte den *Spiegel* abonniert – weniger für sich als für uns. Ein Journalistenkollege, der die Grenze über die für Diplomaten bestimmte Kontrollstelle passieren konnte, brachte die Konterbande für uns mit – meist mehrere Ausgaben in einem Paket.

Sowohl den *Stern* wie auch zeitweise ein zweites Exemplar des *Spiegel* erhielten wir über eine geradezu aberwitzige Connection. Das kam so. Unser Chefredakteur Kurt Neheimer lernte durch einen Mitarbeiter den (inzwischen verstorbenen) Besitzer oder Betreiber – oder wie man sonst will – einer in Ostberlin ansässigen Außenhandelsfirma kennen. Nach der Wende lasen wir – pikanterweise wohl zuerst im *Stern* –, daß besagte Firma zum Imperium des Alexander Schalck-Golodkowski gehört hatte; der Besitzer oder Betreiber wurde wegen angeblich illegaler Transaktionen vor Gericht gestellt.

Dieser Mann hatte sich also zu DDR-Zeiten als treuer und begeisterter *Wochenpost*-Leser zu erkennen gegeben. Als Neheimer im Gespräch mit ihm den Mangel an Quellen und Material beklagte, sagte jener noch unbekannte Gönner, er könne uns regelmäßig mit dem *Spiegel* und dem *Stern* versorgen. So geschah es.

Neheimer brauchte natürlich Mittäter, und die fand er in der Abteilung Außenpolitik der Redaktion. Um uns die Sache zu erklären, sagte er, der Lieferant der Zeitungen sei einer, der für das Politbüro alles mögliche beschaffe. (Nach der Wende stellte sich heraus, daß er damit hundertprozentig richtig gelegen hatte.) Der Mann, so Neheimer, sei für Honecker gewissermaßen das, was für den Herzog Karl Alexander von Württemberg (1733-1737) der Finanzier Süß Oppenheimer gewesen sei. So hatte unser Zeitschriftenbeschaffer seinen Namen weg: »Oppenheimer«. »Fährst Du morgen zu Oppenheimer?« wurde der mit der Abholung des zugeklebten Zeitungspäckchens beauftragte Kollege gefragt.

Von der Existenz dieser »Oppenheimer«-Connection hat eine gute Handvoll Redakteure der *Wochenpost* gewußt. Die Belieferung hat viele Jahre lang anstandslos funktioniert. Es wäre spannend, zu wissen, ob sie je den Weg in die Stasi-Akten fand.

Daß und was wir so lasen, konnte ein fleißiger Analysator durchaus herausfinden. In der bereits mehrfach zitierten Magisterarbeit sind die Zitate aus ausländischen Medien herausgefiltert worden, so auch aus *Newsweek* und der *Frankfurter Allgemeinen*. Folgerung: »Diese und andere westliche Presseerzeugnisse sind offensichtlich auch eine wichtige Quelle für die restlichen 47 % der untersuchten Artikel, die allem Anschein nach – in enger Zusammenarbeit mit dem *Wochenpost*-Archiv – an den Schreibtischen bestimmter Auslandsredakteure des Blattes in Berlin entstanden sind. Zwar ist kaum anzunehmen, daß der Berliner Verlag AP und dpa abonniert hat, sicher aber wird er regelmäßiger Bezieher von *Newsweek, Time, The New York Times, FAZ, Süddeutscher Zeitung, Die Zeit* und des *Spiegel* sein. Denn in den häufigen Beiträgen der drei hauptsächlich auf die USA spezialisierten Auslandsredakteure Horst Heiner, Horst Hoffmann und Wolfgang Carlé tauchen immer wieder Zitate aus den oben genannten westlichen Zeitungen und Magazinen auf, lediglich *Der Spiegel* findet sich nicht unter den Quellen, was nach der Ausweisung des *Spiegel*-Korrespondenten ... nicht wundert.«[67]

Der Autor der Magisterarbeit konnte nicht wissen, daß es ein eigenes *Wochenpost*-Archiv nicht gab (nur ein zentrales Archiv des Berliner Verlages), daß aber jeder Redakteur ein ganz privates Archiv besaß, das auch aus einem Zeitungsausschnittdienst gespeist wurde. Von den von ihm genannten Blättern hatten wir

James Bond
James Bond ist das Leitbild, das seit Monaten von westlichen Leinwänden in Herzen und Hirne flimmert ... Der Krimi, wie er in den Ateliers zwischen Westberlin und Hollywood heruntergekurbelt wird, hat die Akzente total verschoben: Nicht mehr die Aufdeckung von Verbrechen, sondern die Untaten selbst stehen vielfach im Vordergrund. Typischer Vertreter des neuen, hartgesottenen Krimi-Stils ist der englische Vielschreiber Francis Durbridge, Autor der auch vom westdeutschen Fernsehen ausgestrahlten Serien.
Wochenpost 2.4.1966

Leserkommentar:
Woher kennen Sie die Filme des Westfernsehens? Sie wurden doch bei uns meiner Ansicht nach nicht gespielt! Also können wir uns doch kein Urteil darüber erlauben. Warum werden die Filme von Durbridge nicht hier gezeigt? Fürchtet man ein Ansteigen der Kriminalität?
H.P., Berlin (April 1966, unveröffentlicht)

138 Die Oppenheimer-Connection – Der Umgang mit »West-Presse«

Dies war eine jener Witzzeichnungen, die wir in den frühen Jahren aus ausländischen Zeitungen zu »borgen« pflegten. Eines Tages kam dann die gesalzene Rechnung – in Schweizer Franken.

Was machen die Journalisten?
Ich habe nur ein paar Mal gehört, als ich bei ihm saß und er an irgendeinem Papier arbeitete, daß Honecker die Bemerkung machte: Was tun eigentlich unsere Journalisten? Etwa mit dem Unterton: Ich muß hier alles selber machen. Ich sagte: Die könnten es schon tun, wenn man sie ließe. Das hat er dann unkommentiert gelassen, interessanterweise.
Frank-Joachim Herrmann. Der Sekretär des Generalsekretärs. Berlin 1996.

zu der von ihm untersuchten Zeit nur die *Süddeutsche Zeitung* und *Newsweek*. Daß es sich nicht gehörte, den *Spiegel* zu zitieren, trifft unter anderem aus dem genannten Grund zu. Und es gab ja für uns auch noch den, na, sagen wir mal: »Quellenschutz«.

Das dem Mangel an eigenen Materialien geschuldeten »Abkupfern« von Texten traf genauso auf Illustrationen zu. Westliche Illustrierte wie *Stern* oder *Life, Paris Match* oder die *Bunte* wurden nolens volens ausgeweidet. Die Bildlegende bei uns lautete dann: »Foto: Auslandsdienst«. Es war der totale Devisenmangel der Redaktionen, der solcherlei Verstoß gegen die guten Sitten (und gegen das Urheberrecht) auslöste. Nur wer sich später mit Forderungen meldete, konnte auf Bezahlung hoffen.

Einmal erwischte es uns aber schlimm. In den 70er Jahren erschien in der Redaktion ein freundlicher Mensch, wies sich als Mitarbeiter einer Schweizer Agentur aus, bekundete Interesse an der *Wochenpost* und äußerte den Wunsch, einmal in unserer Sammlung der alten Jahrgänge blättern zu dürfen. Als höfliche Menschen gewährten wir dem netten Eidgenossen die Bitte. Nach einigen Wochen erhielten wir eine Rechnung in astronomischer Höhe. Die *Wochenpost* hatte in ihren Kinderjahren unbekümmert Witzzeichnungen aus ausländischen Zeitungen geklaut. Der höfliche Schweizer hatte alle Zeichnungen jener Karikaturisten, die seine Agentur vertrat, herausgefunden und notiert. Natürlich verfügten wir nicht über Schweizer Franken. Anwälte handelten irgendeinen Deal aus. Es wurde aus irgendeinem DDR-Topf gezahlt. Ein striktes Gebot erging: Keine Witze stehlen!

21. Oktober 1966:
Kindermode und Amiga-Platten

»Wer will was werden?« wird am 21. Oktober 1966 auf einer Doppelseite der *Wochenpost* gefragt. Sie ist Teil der Fortsetzungsserie »Berufe mit Zukunft«, die DDR-Bezirk für DDR-Bezirk aufführt und was man dort lernen kann, schön tabellarisch geordnet mit Auskünften zur Art der Tätigkeit, zu Lehrzeit und zu den Perspektiven des Berufes. Die wichtigsten Lehrbetriebe mit Anschrift werden genannt. Es wird auch die Frage beantwortet: »Für Mädchen geeignet?« In dieser Ausgabe werden Lehrberufe im Bezirk Schwerin vorgestellt: Agrotechniker, Rinderzüchter und Schweinezüchter, Meliorationstechniker, Tief- und Hochbauberufe, Elektromonteure und Zerspaner, Berufe in der Baustoffindustrie und der Chemie werden angeboten, Kabelmechaniker oder Koch kann man werden. Eine Rubrik in der Tabelle mit all den Angaben stellt die verquaste Frage: »Wohin geht der Beruf?« Als Antwort werden die Perspektiven geschildert. Die Landwirtschaft brauche künftig weit höherqualifizierte Kräfte, unentbehrlich seien die Arbeiter in der Lebensmittelindustrie, Köche und Kellner benötigte man, denn die »DDR wird von Jahr zu Jahr attraktiver für Reisende aus aller Welt. Zugleich wachsen die Ansprüche der DDR-Bürger an das Gaststättenwesen.« Weit mehr als 3 000 Lehrlinge werden in diesem Oktober 1966 im Bezirk Schwerin gesucht.

Es fällt bei Durchsicht dieses Heftes auf, wie viele Ratschläge im weitesten Sinne des Wortes allein in einer einzigen *Wochenpost*-Ausgabe erteilt werden! »Vor dem Schaden klug sein«, heißt es auf der letzten Seite; es geht um einen Unfall auf der Straße. Ein zweiter juristischer Ratschlag befaßt sich mit der Schweigepflicht des Arztes. Wie sollte sich jemand zweckmäßig ernähren, der viel Auto fährt? Wie pflegt man am besten den Fußboden? Tom Saphir (so das Pseudonym von Fred Seeger) stellt neue Schallplatten vor; das Amiga-Angebot dieser Woche reicht von Esther und Abi Ofarim über eine Aufnahme von Brechts »Die Gewehre der Frau Carrar« bis zum »Barbier von Sevilla«.

Schließlich auf einer Doppelseite ein Beitrag zum Thema Kinderbekleidung, der mit einer Beschreibung von Eindrücken auf der Leipziger Herbstmesse beginnt: »Man sieht: Kinder werden ernst genommen – auch in der Bekleidung. Anderswo, in westlichen Gefilden, leben schon seit Jahren ganze Industrien vom profitablen Geschäft an Kindern und Jugendlichen.«

In eigener Sache
Für viele von Ihnen wird ab 9. April alle 14 Tage das Wochenende verlängert. Der arbeitsfreie Sonnabend bietet Ihnen die Möglichkeit, die *Wochenpost* noch gründlicher und hoffentlich mit viel Vergnügen zu lesen. Damit dieses Vergnügen nicht durch das verspätete Ausliefern getrübt wird, haben wir uns entschlossen, ab Nr. 15 den Andruck- und Erscheinungstermin vorzuziehen.
Wochenpost 8.4.1966

21. Oktober 1966: Kindermode und Amiga-Platten

„Auf den idealen Treibstoff kommt es an!"

Wenn Kritik tabu ist, wird der Karikaturist zum Agitator:
Die SED als »idealer Treibstoff« der DDR. Zeichnung von Leo Haas.

Jedoch: »Trübe Spekulationen auf die elterlichen Brieftaschen liegen uns fern, wir wollen keine künstlichen Wünsche erzeugen. Doch vier bis fünf Millionen Kinder bis zu fünfzehn Jahren bilden auch bei uns eine Konsumentenschicht, deren volkswirtschaftliche Bedeutung nicht zu unterschätzen ist. Wir wollen unsere Jüngsten gewiß nicht protzig und unkindlich herausputzen. (...) Aber wir möchten sie nett und zweckmäßig anziehen.«

Dieser umfangreichen Präambel folgt eine Darstellung der Entwicklungsprobleme und der Aussichten in der Kinderkonfektion. »Die Wurzel mancher Versorgungsmisere der Vergangenheit lag in ungenauer Kenntnis des Bedarfs.« Dieser Satz enthält unvermeidliche Bestandteile kritischer Artikel: Es muß relativiert werden. Die Misere ist natürlich nicht die der Gegenwart, sondern der Vergangenheit, und es ist auch nur »manche«. Der Ausblick muß natürlich optimistisch sein: »Machen wir genügend schöne Kleider für unsere Jüngsten? Vor ein paar Jahren hätten wir gewiß mit ›Nein‹ geantwortet. Heute können wir die Frage schon halbwegs bejahen. Noch haben Produktion und Handel nicht alle Probleme gemeistert. Aber sie haben den Weg eingeschlagen, der zur Lösung führt.«

Rosemarie Rehahn empfiehlt den neuen DEFA-Film »Columbus 64«. Da geht es um einen jungen Journalisten, einen »nicht untalentierten, aber standpunktlosen Burschen, der sich mit Geschick und Skrupellosigkeit und gut funktionierender Spürnase ein paar Jahre durchgeschummelt hat, doch eines Tages erfahren muß, daß die Zeit ihn und seine erfolgreiche Füllfeder abgehängt hat«. Nun wird er – wie sagte man: zur

Bewährung – in einen Betrieb geschickt, wo ihn die Arbeiterklasse läutert. Von diesem Film spricht dreißig Jahre später niemand mehr, aber ich entnehme der ausführlichen Rezension, daß in diesem Spielfilm die Arbeiter von Arbeitern gespielt werden, und zwar mit Erfolg. Und ich erfahre, daß der Held des Films von Armin Mueller-Stahl dargeboten wird,»der noch nie so wandlungsfähig, so absolut gelöst, mit einer solchen unmittelbaren Ausstrahlung vor der Kamera stand«.

Eine ganze Seite dieser *Wochenpost*-Ausgabe ist dem 85. Geburtstag Picassos gewidmet. Weshalb? Der Obrigkeit wäre es egal, wenn dieses Datum ignoriert würde. Also hat ein Redakteur befunden, Picasso und sein Werk seien es wert, den Lesern nahegebracht zu werden. Schließlich gibt es Unverstand sowohl bei Kulturpäpsten wie bei »Normalverbrauchern«. Also wird sehr ausführlich von Picassos Lebensweg berichtet, die künstlerischen Etappen werden beschrieben, und erklärt wie es zu ihnen kam. Picasso wird als »vermutlich der stärkste Individualist unter allen zeitgenössischen Künstlern« beschrieben, seine »überschwengliche Vitalität« wird hervorgehoben. Doch der Autor beklagt auch, die Kubismen und Surrealismen blieben »unverständlich«. Wohingegen natürlich »Guernica« und die Friedenstauben dem Maler gutgeschrieben werden. Am Ende liest man in der *Wochenpost* den Satz: Den Menschen und Künstler Picasso müsse man aus einem »Prozeß unablässiger Wandlungen« begreifen.

Abschließend wird in dieser Ausgabe eine Leserdiskussion resümiert, die das Motto trägt: »Wir und die Natur«. Die Leser hätten in ihren Zuschriften das rücksichtslose Verhalten mancher Mitmenschen in Wald und Flur angeprangert. »Des Übels Wurzel: Egoismus«, heißt es schon in der Überschrift. Nicht allein Unkenntnis über geschützte Tiere und Pflanzen und mangelndes Verständnis für die Natur sei die Ursache für »Rastplätze, die Müllhaufen ähneln, niedergetretene Jungpflanzen, getötete Tiere, durch Schnitzereien beschädigte Bäume«, sondern die »Einstellung zu den Mitmenschen« sei nicht in Ordnung. Nicht Strafen zu verhängen sei essentiell, sondern an die Moral müsse man appellieren. Dies tut man allenthalben reichlich.

Ohne »Oben ohne«
Die oberteillose Modezeit des gerne reichen »Monokini«-Schöpfers Gernreich aus USA ist vorbei: Die Mieder-Musen haben sich den Busen-Markt des »freien Westens« wiedererobert. Sie präsentieren Büstenhalter-Modelle, deren Winzigkeit in keinem Verhältnis zum Verwendungszweck steht.
Wochenpost 3.6.1966

Bliemchen
In der DDR werden täglich etwa 15 Millionen Tassen Kaffee getrunken. Die meisten Kaffeetrinker verwenden für eine Tasse zwischen fünf und acht Gramm.
Wochenpost 3.6.1966

Über die Russen und über uns

Unterpfand
Die Zeitung stellt sich die Aufgabe ..., die Freundschaft mit der Sowjetunion als Unterpfand unserer nationalen Zukunft zu festigen und zu vertiefen ... Die Aufgliederung: ...
1 Seite Sowjetunion, auf der die guten Traditionen der *Friedenspost* fortgesetzt werden und in interessanter Form das Leben der Sowjetunion geschildert wird. Außerdem wird die Sowjetunion noch auf vielen anderen Seiten (Wissenschaft und Technik, Kultur usw.) Platz finden.
Über den Charakter der neuen Wochenzeitung, Konzeption von 1953

An dieser Stelle wird natürlich nicht zufällig die Überschrift des berühmt gewordenen Artikels von Rudolf Herrnstadt aus dem Jahre 1948 zitiert. Die »Haltung zur Sowjetunion« wurde in Parteibeschlüssen zum »Prüfstein« für jeden Genossen ernannt. Unabhängig davon hatte die UdSSR für uns natürlich einen besonderen Stellenwert. Als Deutscher durfte man den Überfall von 1941 und die unvorstellbaren Verbrechen des deutschen Faschismus nicht vergessen. Die Befreiung von 1945 empfanden viele von uns als eine wirkliche Befreiung. Bedenkt man, daß zu den Vorläufern der *Wochenpost* die Wochenzeitung *Friedenspost* gehört hatte, die von der Gesellschaft für deutsch-sowjetische Freundschaft herausgegeben worden war und aus der einige der *Wochenpost*-Mitarbeiter der ersten Stunde kamen, dann wird es kaum verwundern, daß schon die ersten konzeptionellen Papiere von 1953 der UdSSR-Berichterstattung einen privilegierten Platz zuwiesen, zumal die Sowjets bei der Gründung ja beteiligt gewesen waren.

Einer interessanten Berichterstattung über das Riesenland zwischen Brest und Wladiwostok stellten sich zunächst die von Moskau ausgesprochenen Restriktionen entgegen. Weite Teile des Sowjetlandes waren »zakryto« – »geschlossen«. Als Ausländer durfte man (teilweise sogar noch zu Gorbatschows Zeiten) nur mit einer speziellen Erlaubnis durchs Land reisen, Ausnahmen waren nur Moskau und Leningrad und die einzelnen Tourismuszentren.

Im Laufe der Zeit lernten unsere Kollegen, die sowjetische Bürokratie zu überlisten. Mit Hilfe freundlicher sowjetischer Kollegen konnte man den russischen Nationalsport betreiben: Lückenspringen. Auch gab es die merkwürdige Regelung, daß ein Grenzsoldat bei der Einreise einen Laufzettel ausfüllte, den der Besucher dann ständig mit sich zu führen hatte. Auf dem stand, welche Orte man besuchen wolle (dürfe). Gerhard Desombre fiel einmal auf, daß der diensthabende Grenzsoldat zu fragen pflegte: Wohin? Und daß er dann entsprechend der Auskunft den Zettel ausfüllte. Also nannte er bei der Ankunft auf dem Moskauer Flugplatz jene Städte, in die er gerne gefahren wäre, und siehe da, das funktionierte. Der Soldat schrieb alle genanten Orte auf den Zettel, Desombre hatte freie Fahrt.

An Ort und Stelle waren die Probleme ohnehin geringer als in der Zentrale. Die örtlichen Machthaber waren stolz und froh,

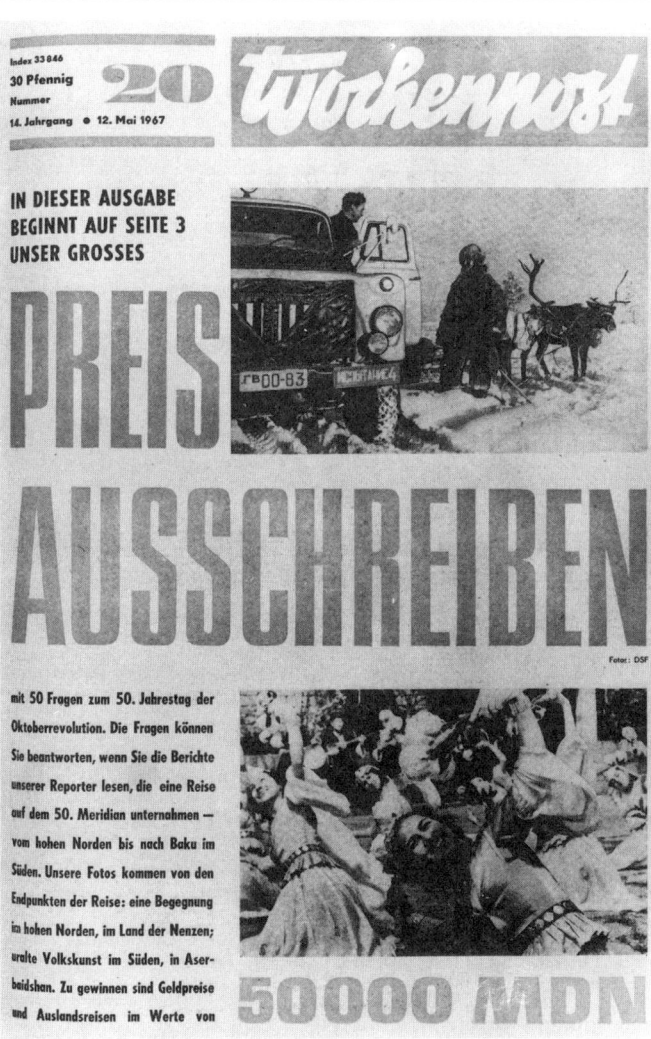

Preisausschreiben zum 50. Jahrestag der Oktoberrevolution. Die Leser konnten auf diese Weise Reisen nach Moskau oder Leningrad gewinnen, die sonst kaum zu bekommen waren.

einen Journalisten aus dem befreundeten Ausland begrüßen zu können, die traditionelle russische Gastfreundschaft kam dazu, es bot sich die Gelegenheit zu einem »prazdnik«, einem Gelage auf Staatskosten.

Stets brauchte man für die Reisen durch die Sowjetunion einen Partner an Ort und Stelle. Das war meistens die Presseagentur Nowosti (APN), die Journalistenaufenthalte als Dienstleistung organisierte, und Begleiter, wenn nötig auch Dolmetscher und Fotografen stellte. Wir fanden auch hilfsbereite Mitarbeiter der Presseabteilung des sowjetischen Außenministeriums.

Mitte der 50er Jahre entwickelte sich zwischen den Medien der DDR und denen der sozialistischen Länder ein System von »Partnerbeziehungen«. Es fanden sich Zeitungen zumeist mit gleichem oder ähnlichem Profil, die den »devisenlosen

Towarischtschi
Es hat seine Schwierigkeiten, unsere Nachbarn aus dem großen Land mit einem kurzen Namen zu benennen. »Russen« ist falsch, dazu gibt es zu viele Nichtrussen in der Sowjetunion. »Sowjetmensch« und »Sowjetbürger« sind, mit Verlaub gesagt, etwas steife Bezeichnungen. Im Alltag gehen sie einem schwer aus dem Mund. So sagen die Leute: »Die Freunde« oder »die Towarischtschi« oder sie sagen »Wladimir« oder »Iwan Iwanitsch« – wie man zu seinem Kumpel sagt. Und nun überlegen Sie bitte, verehrter Leser, falls Sie vor 20 Jahren schon gesprochen haben: Wie hätten Sie damals gesagt?
Hannes Hüttner
Wochenpost 8.5.1965

Zu Besuch in der Wochenpost-Redaktion: Die sowjetischen Generale Telegin und Lissizyn (rechts). Natürlich gehörten bei solchem Anlaß Flaschen auf den Tisch.

Urkunde anläßlich des Erscheinens der 1000 Ausgabe der sowjetischen Partner-Zeitung Nedelja.

Redakteuraustausch« aufnahmen – eine Reisemöglichkeit, die allerlei Klippen umschiffte: Es entfielen die Notwendigkeiten, Devisen zu beschaffen, Hotelzimmer zu bestellen, ein Auto für Fahrten im Lande zu besorgen.

Unser erster Partner in Moskau war das illustrierte Wochenmagazin *Ogonjok* (das bereits Anfang der 20er Jahre gegründet worden war). Später wechselten wir zur *Nedelja*, einer von der Tageszeitung *Iswestija* herausgegebenen Wochenzeitung, deren Charakter fast ziemlich genau dem der *Wochenpost* entsprach. Durch die Reisen unserer Mitarbeiter zur *Nedelja* und durch die Besuche von *Nedelja*-Mitarbeitern in Berlin durchbrachen die Beziehungen bald das formelle Geflecht, es entstanden echte Freundschaften.

Dank der Partnerschaften konnte die *Wochenpost* sehr frühzeitig zu großen Reisen, zu regelrechten Expeditionen in die Sowjetunion aufbrechen. Bereits 1957, als die UdSSR noch weithin terra incognita war, fuhren Erwin Bekier und Arno Schmuckler mit einem DDR-Pkw »Wartburg« einige tausend Kilometer durch die Ukraine und den Kaukasus. Günter Linde und Siegfried Meißgeier reisten 1959 einige Wochen lang durch Sibirien und brachten (in einem hölzernen Käfig) einen lebenden Braunbären mit, den sie von Taigajägern als Geschenk für die *Wochenpost* erhalten hatten – der Bär Mischka wurde dem Berliner Tierpark übergeben und lebte viele Jahre lang in Friedrichsfelde. Sechs Jahre später war Günter Linde zusammen mit unserer Fotoreporterin Lotti Röhr noch einmal für längere Zeit in Sibirien, 1967 bereisten Gerhard Desombre und Günter Linde den 50. Längengrad von Astrachan nach Workuta. Vom Kaspischen Meer brachten sie die Erfahrung mit, bei Fischern Kaviar aus einer Waschschüssel gegessen zu haben, und als sie im hohen Norden den aus einem Gulag hervorgegangenen Ort Workuta besucht hatten, in dem man auch viele Deutsche als

Zwangsarbeiter festgehalten hatte, schlug ihnen jemand in der Redaktion die makabre Überschrift »Mit Rückfahrkarte in Workuta« vor. Es ging weiter mit den Expeditionen: Kasachstan (1969, Gerhard Desombre und Lotti Röhr), die Hungersteppe (1973, Gabi Stave), die Baikal-Amur-Magistrale (1980, Dieter Wende), Mittelasien (1987, Dieter Wende), 1988 berichtete Dieter Wende aus der Region jenseits des Polarkreises – um nur einige wenige zu nennen.

Bei solchen Reisen, die man ja nie ohne sowjetische Begleiter unternehmen konnte, sah und hörte man dennoch mehr als der gewöhnliche Tourist. Manchmal vermochte man sogar hinter die Kulissen zu schauen. Doch in der *Wochenpost* wurde ein recht rosiges, zumeist viel zu rosiges Bild vom Leben in der Sowjetunion gezeichnet. Natürlich folgte das der politischen Vorgabe, keine Frage. Aber das war es nicht allein. Die reisenden *Wochenpost*-Redakteure waren mitnichten miese Opportunisten, die munter drauflos fälschten. Sie kannten sich zumeist in der Geschichte aus, man brauchte ja nur die alten Reiseberichte von Kennan oder Dumas oder Custine zu lesen oder die Romane von Gogol, Dostojewski, Tolstoi oder Gorki, und man wußte, was die Ausgangslage war, an der man das Resultat nun einmal messen mußte. Sie kamen in ein Land, das die weltweit größten Erfahrungen im Errichten Potjomkinscher Dörfer besaß, wo man es auch verstand, zu verhindern, daß die Besucher hinter die Kulissen schauen konnten. In der sowjetischen Provinz scheute man weder Mühe noch Kosten. Die stets überwältigende, echte, herzliche Gastfreundschaft tat das Ihrige, und bei den ausgedehnten Gastmahlen, denen man auf solchen Reisen ausgesetzt war (je weiter weg von Moskau, desto toller und exotischer die Gelage), gerieten manche Realitäten schon aus dem Blick.

Und letztlich: Wir wollten natürlich lieber die positiven Seiten sehen.

Das ging ja unseren sowjetischen Kollegen nicht anders. Im Lauf der Jahre haben wir dort viele gute Journalisten kennengelernt, die auch für die *Wochenpost* lesbare, wenngleich nur bedingt realistische Artikel und Reportagen schrieben. Aber wie das so ist: Als wir 1978 eine interessante Reportage von Kolja Iwanow druckten – »Als Goldsucher in Magadan« – wußten wir eben nicht, daß Kolja eine besondere Beziehung zu Magadan hatte: Er war dort im Gulag geboren worden! Doch darüber sprach man nur sehr selten, nur unter sehr guten Freunden. Übrigens öffnete Koljas Herkunft später unserem Reporter viele Türen an den Kolyma-Goldfeldern.

Zum Modus dieser besonderen Beziehung gehörte auch, daß die Redaktion sich gelegentlich Gäste aus der Sowjetunion einlud. Das geschah zumeist »aus Anlaß«. Ein runder Jahrestag der Befreiung konnte so ein »Anlaß« sein. Der Besuch bot dann die Gelegenheit, etwas andere Geschichten zu schreiben. Es waren

Freundschaft
Vor Jahren kamen wir durch eine in Ihrer *Wochenpost* veröffentlichte sowjetische Adresse mit einem estnischen Ehepaar in Kontakt. Diese Verbindung hat sich zu einer Freundschaft entwickelt, und schon seit Jahren besteht der Wunsch, sich auch von Angesicht zu Angesicht kennenzulernen ... Aber die Wirklichkeit der Deutsch-Sowjetischen Freundschaft sieht doch ein wenig anders aus. 1975 wurde der Antrag unserer estnischen Freunde, uns in der DDR zu besuchen, abgelehnt mit der Begründung, es sei ja nur eine Brieffreundschaft. 1976 wurde es uns nicht gestattet (von sowjetischer Seite aus), nach Tallinn zu reisen. In diesem Jahr wurde ein erneuter Antrag unserer estnischen Freunde wiederum ... abgelehnt.
*Otto S., Luckau
(Mai 1977, unveröffentlicht)*

Sputnik-Bedarf
Der Postzeitungsvertrieb bittet, den Inhalt der *Sputnik*-Hefte nicht mehr anzugeben, weil damit noch mehr Bedarf geweckt wird. Seit 1986 ist die Auflage erschöpft.
*Mitteilung an die Redaktion Wochenpost
April 1987*

Ein nachdenklicher Militon Kantarija in der Wochenpost-Redaktion. Er hatte am 1. Mai 1945 zusammen mit zwei Kameraden die Rote Fahne auf dem Berliner Reichstag gehißt und damit symbolisch das Kriegsende markiert. Übrigens: Auf den legendären Fotos von der Flaggenhissung ist er nicht zu sehen. Diese Aufnahmen waren nachgestellt worden. Militon Kantarija war in Ostberlin zum Ehrenbürger der Stadt ernannt worden. Nach der Wende hat man ihn aus der Liste der Ehrenbürger Berlins wieder gestrichen.

Der Wochenpost-Bär
Ein Bär im Flugzeug, der erste Bär überhaupt, der in einer TU-104 und noch dazu nach Berlin flog, das war eine Sensation an Bord. Die Besuche aus der langgestreckten Passagierkabine bei Mischka, der direkt hinter der Kanzel des Flugzeuges in einem Holzkäfig untergebracht war, rissen nicht ab. Während der Bär sie mit der Würde entgegennahm, die seiner Rolle als »Botschafter« aus dem Fernen Osten entsprach und nur gelegentlich mit der Tatze nach einem Rock oder Hosenbein langte, lösten Günter Linde und ich einander darin ab, den Passagieren die Lebensgeschichte des Amurbären zu erzählen.
*Siegfried Meisgeier
Wochenpost 13.12.1958*

zumeist Ex-Militärs, die wir betreuten, so beispielsweise General Telegin, Marschall Shukows Stellvertreter während der Schlacht um Berlin.

Im April 1975 war Militon Kantarija unser Gast, ein ehemaliger Sergeant, jener nämlich, der 1945 die rote Fahne auf dem Reichstag gehißt hatte. Kantarija war ein überaus bescheidener, ganz einfacher Mensch, der als Leiter einer Verkaufsstelle in einem Dorf am Rande des Kaukasus arbeitete. Er war nach dreißig Jahren des Heldentums weitgehend überdrüssig, mochte die Geschichte seiner Heldentat eigentlich nicht mehr erzählen. Nun war er unser Gast in seiner Eigenschaft als Sieger. Aber eigentlich fühlte er sich in dieser Rolle nicht so recht wohl.

Die Redaktion hatte, wie üblich, ein Programm für den Gast vorbereitet. Das sah an einem Abend den Besuch der Staatsoper Unter den Linden vor. Militon Kantarija reagierte alles andere als enthusiastisch auf dieses Angebot. Horst Szeponik und Gerhard Desombre, mit der Betreuung beauftragt, beschlossen kurzerhand: Nicht in die Staatsoper, sondern in den Wernesgrüner Bierkeller. Der Gast genoß die Programmänderung. Die jungen Leute, mit denen man sich zufällig am gleichen Kneipentisch fand, fragten neugierig, was der goldene Stern an der Jacke des Tischnachbarn zu bedeuten habe. Sie nahmen etwas amüsiert die Erläuterung zur Kenntnis, es handele sich um den Stern des »Helden der Sowjetunion«, fragten, was für ein Held er denn sei. Als sie von der Roten Fahne auf dem Reichstag hörten, da wollten sie die Sache genauer wissen. Und so erzählte Militon Kantarija im Bierkeller nochmals jene alte Geschichte, die er eigentlich nicht mehr berichten wollte, und die jungen Leute hörten ganz gespannt zu, obwohl sie vielleicht solcher Geschichten seit ihrer Schulzeit überdrüssig waren.

Es gab auch Begegnungen der besonderen Art. So erschien im Frühjahr des Jahres 1982 ein Attaché der sowjetischen Botschaft in der Redaktion und begehrte den amtierenden Chefredakteur zu sprechen. Er plauderte mit mir eine gute Stunde über alles mögliche, es war ein freundliches, nichtssagendes Gespräch, und ich zerbrach mir die ganze Zeit den Kopf, was er denn eigentlich von mir wollte. Dann erhob sich der Genosse Attaché, er müsse nun leider wieder gehen, aber er habe noch etwas Besonderes für die *Wochenpost*. Er griff in sein Portefeuille und holte ein umfangreiches Manuskript heraus: »Das hat der Genosse Abrassimow extra für die *Wochenpost* geschrieben!« Sprach's und ging.

Oh weh, da hatten wir den Schwarzen Peter. Der Genosse Abrassimow, der sowjetische Botschafter in Berlin, gehörte nun nicht gerade zu den beliebtesten Zeitgenossen. Böse Zungen benutzten schon mal das Wort »Generalgouverneur«. Andere nannten ihn den »Regierenden Botschafter«. Bekannt war, daß Honecker »nicht mit ihm konnte«, ja, daß sich zwischen Berlin und Moskau außerdem Spannungen aufbauten, weil die DDR eine neuerliche Runde von Hochrüstung und die Stationierung von Raketen mit Nuklearsprengköpfen nicht mittragen wollte.

Und nun saß ich da mit einem Manuskript, einem überlangen Manuskript. Ich hatte keinerlei Lust, als Schlachtopfer auf den Altar der Beziehungen zwischen DDR und UdSSR zu steigen. Die Bombe sollten gefälligst andere entschärfen. Ich ließ also in aller Eile das lange Werk mit der sensationellen Originalüberschrift »Zwei Parteitage – ein Ziel« übersetzen und schickte es an die Abteilung Agitation des ZK mit der Frage: Was sollen wir damit tun?

Damit war der Schwarze Peter am Werderschen Markt und löste offensichtlich auch dort Irritationen aus. Das Papier wurde zwischen den Instanzen hin- und hergeschoben, was wir daran merkten, daß keine Antwort kam. In der Zwischenzeit rief der nette sowjetische Attaché immer wieder bei mir an, was denn nun sei, wann der Artikel erscheine. Mir fiel keine bessere Ausrede ein als: Die Übersetzung dauere, literarische Texte bräuchten ihre Zeit.

Schließlich ließ der Abteilungsleiter Heinz Geggel knurrend verlauten: Wenn nicht anders, dann druckt es. Das war nun nicht gerade die erhoffte Antwort. Der Artikel war so langweilig wie seine jetzige Überschrift (»Zwischen zwei Parteitagen«), und er füllte in der *Wochenpost* vom 12. März 1982 ganze drei Druckseiten.

Als ich den Attaché anrief, um ihm mitzuteilen, das Werk sei im Blatt und ich würde ihm ein Andruckexemplar schicken,

Unfreie Tundra
Rückweg nach Norilsk. An uns rauscht der Blaue Expreß vorbei, der Personenzug, der einmal täglich zwischen Dudinka und der polaren Großstadt pendelt. Bahn und Straße gab es nicht, als 1935 der Bau von Norilsk in der Tundra begann. Die Polarpioniere waren zumeist Unfreie, Opfer der Repressalien des Personenkults. Was die Schiffe damals nach Dudinka brachten, luden Menschen auf Schlitten. Sie spannten Pferde, Rene, Hunde und oft sich selbst davor.
»Wer Zugtiere, besonders Pferde schlägt, wird bestraft«, lautet ein Befehl des Lagerkommandanten.
Dieter Wende
Wochenpost 29.7.1988

Unterwegs in Sibirien
Auf dem Tisch liegt ein großer, in Streifen geschnittener Fisch. »Langen Sie zu, das ist eine Delikatesse aus meiner Heimat.« Und schon werden auch für uns die Gläser gefüllt. »Wenn Sie Ihren Bericht über diese Reise schreiben«, sagt uns zum Abschied der Student, »vergessen Sie nicht zu erwähnen, daß Sie heute mit Chruschtschow im Transsibirienexpreß Bekanntschaft geschlossen haben.« Schmunzelnd zieht er seinen Ausweis aus der Rocktasche. Der Junge heißt tatsächlich Leo Chruschtschow, ist 22 Jahre alt und studiert am Nowosibirsker Polytechnikum.
Wochenpost 10.1.1959

Der Aralsee stirbt
Heute breiten sich in den Wüsten Mittelasiens Gärten aus, die Fläche der Baumwollplantagen, der Reisfelder und Weingärten hat sich um ein mehrfaches vergrößert. (...) Die Ableitung von Wasser in die Wüste wirkt sich aber auf den Wasserstand des Aralsees aus ... Heute setzt sich immer mehr die Erkenntnis durch, daß ein Umleiten sibirischer Flüsse für die Auffüllung des Aralsees nicht vorteilhaft wäre. Der Aralsee wird von der Landkarte verschwinden.
Wochenpost 13.6.1964

Beton fürs Meer
Das »Schema« sieht vor, den geschwächten Don mit Wolgawasser zu kräftigen. Das Kernstück des Hydroprojekts ist der geplante viereinhalb Kilometer lange Damm durch die Meerenge von Kertsch ... Über die ganze Länge dieser riesigen Betonmauer sind am Grund zweihundert rechtwinklige Öffnungen mit Metalldrehstützen eingelassen. Je nach Windrichtung und Wellenhöhe wird man mit Hilfe dieser Drehschützen den Wasseraustausch zwischen den beiden Meeren regeln können. Nach dem Bau dieser Anlage wird das Asowsche Meer zu einem geschlossenen Wasserbecken mit einer Oberfläche von über 35 000 Quadratkilometern und einer Wassermenge von 300 Kubikkilometern Wasser.
Wochenpost 20.4.1973

fragte er zurück: »Und wo können wir das Honorar für Genossen Abrassimow abholen?«

Der allwöchentliche Zwang, das Thema Sowjetunion irgendwie in der Zeitung zu haben, bedeutete natürlich, daß es einen recht großen Materialbedarf gab, der allein durch Reisen von Redakteuren und auch freien Mitarbeitern nicht gedeckt werden konnte. Da eröffnete sich 1973 eine gänzlich neue Möglichkeit. In Moskau erschien schon seit einigen Jahren der *Sputnik*, ein monatlicher Digest mit interessanten Beiträgen aus der Presse der Sowjetunion, auf Hochglanzpapier in Finnland gedruckt, produziert vor allem für einen Leserkreis in der westlichen Welt und demzufolge für sowjetische Verhältnisse sehr bunt und locker. Nun konnte ich die Kollegen von *Sputnik* zu einem Deal überreden: Wir würden einmal im Monat einen Beitrag aus dem nächstfolgenden *Sputnik*-Heft vorab drucken, verbunden mit werbenden Hinweisen auf das Heft und auf Bezugsmöglichkeiten in unserer Randspalte. Am 24. August 1973 brachte die *Wochenpost* zum ersten Mal eine solche Seite mit *Sputnik*-Artikeln. Allmonatlich erhielten wir nun aus Moskau ein Päckchen mit den Korrekturabzügen der Zeitschrift, aus denen wir auswählten. Das waren anfangs gute, seriöse Beiträge. »Stadt im Windkanal – Wie ein Moskauer Wohnviertel getestet wurde« las man Ende September 1973 bei uns, und einen Monat später, just zum Jahrestag der Oktoberrevolution, kamen wir auf diese Weise zu den Erinnerungen eines Matrosen, der 1917 auf dem legendären Kreuzer »Aurora« den Befehl zu dem historischen Kanonenschuß gegeben hatte, mit dem die Revolution begann. Dank unserer Kooperation mit *Sputnik* hatten wir spannende Geschichten im Blatt: »Wo ist der Feldmarschall?« hieß eine, Unterzeile: »Paulus sollte aus sowjetischer Gefangenschaft entführt werden.«

Die ersprießliche Kooperation mit den *Sputnik*-Kollegen begann erst 1985 problematisch zu werden, wie denn überhaupt nach dem Amtsantritt Michail Gorbatschows als Generalsekretär der KPdSU und der Einleitung der Perestroika die Berichterstattung über die Sowjetunion mehr und mehr zu einem Drahtseilakt ohne Netz und doppelten Boden wurde. Das ist an den *Sputnik*-Seiten in der *Wochenpost* abzulesen. Ab Mitte 1987 fehlt das *Sputnik*-Logo auf dem Rand des jeweiligen Beitrages. Die von uns aus dem Moskauer Magazin ausgewählten Beiträge waren von zunehmender Harmlosigkeit: Kamtschatka-Krabben, Bären und Schneegänse tummelten sich, und bestenfalls konnte man in der *Wochenpost* noch erfahren, »Wo Turgenjew zu Hause war«.

In der »Argu« am 21. April 1988 gab der Chef der Abteilung Agitation, Heinz Geggel, die »Linie« vor, wie wir die Dinge in der Sowjetunion zu sehen hätten. Ich habe damals – wie erwähnt – mitgeschrieben und dieses bemerkenswerte Dokument einer vulgären Denkweise in der Redaktion in Umlauf gegeben. Der Schlüsselsatz lautete: »Unsere Medien sind keine Spielwiese für irgendwelche Glasnost.«

Das hatte Folgen in jeder Hinsicht. Auch die »Liaison« von *Wochenpost* und *Sputnik* war damit vorüber; übrig blieb ein fast versteckter Vermerk am Ende des Artikels: »(Entnommen aus *Sputnik* 10/88)«. Wir erfüllten unseren Pflichtbeitrag an Sowjetunion-Themen durch die Flucht auf Territorien, die »unverdächtig« und leserfreundlich zugleich waren, z. B. indem Dieter Wende in einer langen Serie die Geschichte der Kosaken erzählte.

Am 18. November 1988 wurde der *Sputnik* in der DDR de facto verboten – das heißt, die Zeitschrift wurde »aus der Postzeitungsliste gestrichen« (offizielle Begründung in falschem Deutsch: Die Zeitschrift »bringt keinen Beitrag, der der Festigung der deutsch-sowjetischen Freundschaft dient, statt dessen verzerrende Beiträge zur Geschichte«). Die zunehmende Offenheit und Vielfalt des sowjetischen Digest, auch die ungeschminkte Darstellung der sowjetischen Geschichte schien der SED-Führung unerträglich.

Es sollte noch ein Jahr dauern, dann druckte die *Wochenpost* am 1. Dezember 1989 einen Artikel des *Sputnik*-Chefredakteurs. Überschrift: »Wir sind wieder in der DDR!« Er schrieb: »Ehrlich gesagt, ich wollte es damals gar nicht glauben, was vor genau einem Jahr mit unserem Journal in der DDR geschah.« Chefredakteur Worobjow dankte der *Wochenpost*, »unserem alten und bewährten Partner«. Die »neue Informationspolitik« in der DDR wie in der Sowjetunion werde neue Möglichkeiten der Kooperation erschließen: »Auf ein neues Jahr mit neuen Begegnungen auf den Seiten des *Sputnik* und der *Wochenpost*.«

Aber ach, die Zeit stampfte über alle Hoffnungen und Projekte hinweg. In der *Wochenpost* vom 30. März 1990 erschien zum letzten Mal ein Vorabdruck aus dem *Sputnik*. Das Thema hieß bezeichnenderweise »Der Wahn vom neuen Menschen«. Die schon mit der französischen Revolution von 1789 propagierte Idee, man könne einen »neuen Menschen« sozusagen aus der Retorte schaffen, und sei es durch Gewalt oder Terror, habe sich als entsetzlicher Irrweg erwiesen, konstatierte der Autor: »Lieber ein neues Denken von ›alten‹ Menschen, wie sie nun einmal sind, als veraltete Vorurteile eines ›neuen Menschen‹. Beginnen wir neu, alle zusammen ...« – Das war der Schwanengesang vom *Sputnik* in der *Wochenpost*.

Niederkartätschte Kartoffelkäfer
Mit Glasnost ist das so eine Sache. Wer Bedenken hat, wird geistig niederkartätscht, also es ist ja nicht so, daß (in der Sowjetunion) jeder sagen darf, was er will. Wer dagegen ist, wird zum Kartoffelkäfer degradiert, den man niedermachen muß. Das ist eine Redeweise, die nicht kommunistisch ist. (...) Man kann Regierungen absetzen, man kann Betriebsdirektoren wählen lassen, man kann Schriftsteller sich auskotzen lassen, aber die entscheidende Frage ist doch, bekommt der Metallarbeiter in Magnitogorsk Butter im Laden und Zucker – für Kuchen, nicht zum Schwarzbrennen. (...) Unsere Medien sind keine Spielwiese für irgendwelche Glasnost ... In Fragen der Vergangenheit wird in der Sowjetunion alles verschoben. Seit 1924 war da überhaupt nichts. Bei denen fängt der Sozialismus erst jetzt an. Da fragt man sich, wie konnte die größte Militärmaschine der Geschichte, der Faschismus, besiegt werden? Und jetzt alles wegkippen, was da war? Das kann nicht sein!
Heinz Geggel bei der »Argu« am 21.4.1988

11. August 1967:
Das Geheimnis »Schwarzenberg«

Bei 30 Grad im Schatten
sind »freigelaßne Bäuche und Pops« (Erich Kästner verdanken wir diese Formulierung) ein echtes Herzensbedürfnis. Doch Auge in Auge mit unseren ebenfalls schwitzenden Zeitgenossen dürfen wir »Großen« uns bestenfalls in Mini-Röcken und Hosen präsentieren – ein kühnes Dekolleté ist auch erlaubt. Doch mehr zu zeigen bleibt den lieben Kleinen vorbehalten; vielleicht, weil sie noch ohne Vorbehalte sind...
Wochenpost 11.8.1967

Gleich drei Doppelseiten bekommt der *Wochenpost*-Leser am 11. August 1967 vorgesetzt. Zweimal Pflicht, einmal Kür. Zweimal Themen, die »der Leser« (im ZK) mag, eine Doppelseite für die Leser. Letzteres ist ein »Exklusivbericht« über »den größten Postraub der Geschichte«. Gemeint ist nicht der Überfall der englischen Posträuber auf den Zug Glasgow – London gerade einmal vier Jahre zuvor, sondern das unaufgeklärte Verschwinden der Schätze des Berliner Postmuseums im Jahre 1945. (Das Postmuseum liegt – nebenbei bemerkt – gerade einmal zehn Häuser von der damaligen *Wochenpost*-Redaktion entfernt.) Verschwunden sind Bestände im Wert von seinerzeit mehr als 55 Millionen Reichsmark, darunter eine »Blaue Mauritius«. Wer die Täter waren und wo das Raubgut geblieben ist – auch die *Wochenpost* vermag es nicht aufzuklären. Aber die Vorgeschichte, die Umstände und die Vermutungen geben eine spannende Story her.

Hingegen die »Pflicht«. Da ist einmal die Doppelseite »Ein ganz gewöhnlicher Tag«. Der Arbeitstag eines Arbeiters im Leipziger Kugellagerwerk wird beschrieben, sehr detailliert, glücklicherweise ohne das in solchen Fällen in DDR-Medien angesagte Pathos. Doch da die Vorgabe für diesen Artikel offensichtlich lautete, zu zeigen, wie sich die Arbeiter den Kopf um die Rationalisierung ihres Betriebes zerbrechen, kann am Ende in der *Wochenpost* kein realistisches Bild herauskommen.

Die andere Pflichtübung gilt dem bevorstehenden 50. Jahrestag der Oktoberrevolution. Wegen der Symbolik sind *Wochenpost*-Reporter auf dem 50. Meridian von Süden nach Norden durch die Sowjetunion gereist. Man liest vom Taigadorf Indiga, vom Eismeer, Rentierzüchtern und arktischen Wetterfröschen.

Ein vielleicht etwas unauffälliger Beitrag ist die Beschreibung eines Werkstattbesuches beim Schriftsteller Johannes Arnold, der gerade an einem Roman über Schwarzenberg arbeitet. Im Frühjahr 1964 hat die *Wochenpost* einen Tatsachenbericht von Arnold über die sogenannte »Republik Schwarzenberg« veröffentlicht, über jenes Stückchen Deutschland, das durch einen Irrtum der Alliierten im Mai 1945 vorübergehend nicht besetzt wurde, was die Antifaschisten von Schwarzenberg dazu zwang, ihrerseits die »Macht« zu übernehmen. Nun macht Arnold aus dem Stoff den Roman »Aufstand der Totgesagten«.

Auf einer Seite druckt die *Wochenpost* am 11. August 1967 einen Auszug aus dem Manuskript.

Siebzehn Jahre später wird der Roman »Schwarzenberg« von Stefan Heym erscheinen, der den gleichen Vorgang beschreibt und daraus eine große Metapher über die Chance eines eigenen deutschen Weges zum Sozialismus macht. Heyms Buch darf damals in der DDR nicht erscheinen. Die Medien der Bundesrepublik werden aus diesem Umstand die Story konstruieren, Stefan Heym habe hier ein Geheimnis aufgedeckt, das der DDR unangenehm sei. Doch das »Geheimnis« hat schon 1964 in der *Wochenpost* gestanden.

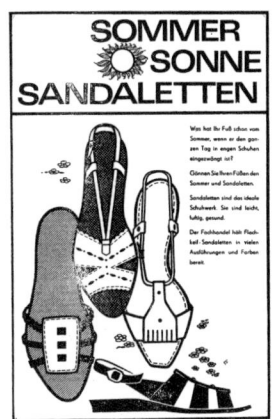

Eine ganze Seite »Für und wider« ist der Diskussion der Leser vorbehalten. Es handelt zu dieser Zeit meist um Debatten, die die Redaktion losgetreten hat. Irgendwie stehen da moralische Fragen im Vordergrund, in diesem Fall lautet das Motto: »Gewohnheit oder Zärtlichkeit?« Die *Wochenpost* formuliert eine ganze Liste von Fragen, die die Leser beantworten sollten. Also beispielsweise: »Reicht es aus, wenn alles seine ›gewohnte‹ Ordnung hat, oder sollte man den Alltag nicht doch öfter durch besondere Aufmerksamkeit für den Partner bereichern?« Oder: »Hat dieses Verhalten nicht auch große erzieherische Auswirkungen auf die eigenen Kinder ...?« Nicht wenige Leser spielen das Spiel ganz ernsthaft mit. Sie antworten so, wie es sich die Redaktion wünscht. Nur Herr Ferdinand M. aus Pasewalk fällt ein wenig aus dem Schema. »Als Fernkraftfahrer bin ich viel unterwegs«, schreibt er, »und freue mich immer auf das Nachhausekommen. Ich vergesse nie, meiner Frau von unterwegs etwas Hübsches mitzubringen. Und was bekomme ich dann zu hören? ›Na, du wirst wohl wieder etwas gutzumachen haben!‹ Jedesmal ärgere ich mich über dieses Mißtrauen. Sagen Sie selbst, verliert man dann nicht die Lust, nett zu sein?«

Die bereits erwähnte Doppelseite über den »ganz gewöhnlichen Tag« eines Meisters im Leipziger Kugellagerwerk ist, mit späteren Augen gelesen, ein Stückchen Sittengeschichte aus einer fernen Zeit. Aber ob das im Sommer 1967 unbedingt das ist, was die Leser in der *Wochenpost* finden wollen? Die flott geschriebene Reportage aus dem mecklenburgischen Städtchen Hagenow dürfte immerhin die Konsumenten interessieren: Alpenveilchen-Großproduktion in der örtlichen Gärtnergenossenschaft, ein neues Angebot aus dem volkseigenen Käsewerk, dazu ein Abstecher in die 600jährige Geschichte der Stadt.

Weiter: »Abseits der breiten Chausseen« werden Ausflugs- und Wandertips gegeben. Die Sportseite in dieser Ausgabe proklamiert »Keine Ferien für den lieben Sport«. (Wer erinnert sich noch der französischen Filmkomödie »Keine Ferien für den lieben Gott«, auf die die Überschrift anspielt?) Die *Wochenpost* propagiert einen »Wettwanderball« und beschreibt diesen merkwürdigen Sport so: »Im Liegen, Sitzen, Stehen, zu Lande oder zu

Der Griff zur Tablette
In der Tat sind Schmerztabletten ein Segen. Es gibt Situationen, da die Ärzte das Ihre getan haben und nun die weiter eingehende Schmerzinformation unnötig wird. Und es gibt mitunter Zahnschmerzen, die einen jäh wecken. Doch die Bequemlichkeit der Tablette ist verlockend. Sie ist überall zu haben, sie wirkt schnell. So gerät unser Heinz Müller immer öfter in Versuchung, Kopfschmerzen, Abgespanntheit mitsamt einer Tablette hinunterzuschlucken.
Wochenpost 14.7.1967

Zärtlichkeit
Frauen möchten immer wieder umworben sein und sind dankbar für jede Zärtlichkeit. Die Anzahl der Ehejahre sollte daran nichts ändern, im Gegenteil.
Leserbrief von Ulrich M., Blankenburg
Wochenpost 11.8.1967

Personalie
Karl Ehebracht, 80, rüstiger Magdeburger, arbeitet noch heute in der sowjetischen Handelsvertretung als Übersetzer und Deutschlehrer. 1945 beauftragte die damalige sowjetische Kommandantur Magdeburg den gelernten Exportkaufmann, die ersten deutschen Russischlehrer auszubilden und sowjetischen Offizieren Deutschunterricht zu erteilen.
Wochenpost 18.8.1967

Wasser bilden wir wieder einen Kreis, bestimmen die Zuspielart (einhändig, beidhändig, über den Kopf, durch die Beine oder mit dem Fuß). Dann lassen wir den Ball wandern. Wer nicht fängt oder schlecht abspielt, gibt ein Pfand oder bekommt einen Minuspunkt ...« Und so weiter.

Zwischen Prag und Peking – Nachbarn und ferne Verwandte

Kopfschmerzen hatten wir nicht nur bei der Berichterstattung über die Sowjetunion, sondern auch, wenn es um die anderen sozialistischen Länder ging. Aus den sogenannten Ostblockländern sollten (und wollten) wir zunächst über die wirklichen und sichtbaren Erfolge bei der Überwindung der Kriegsschäden und bei der Umwandlung der Hinterhöfe Europas in moderne Staaten berichten. Dann gab es auch auf diesem Gebiet Irritationen, dann Stagnation und am Ende Nichtpersonen und Nichtereignisse, eine lange Liste von Tabus.

Selbstverständlich waren da Prioritäten. Die direkten Nachbarländer waren wichtiger. Rumänien lag uns fern, und seit Nicolae Ceaușescu dort thronte, lag es uns ferner denn je. In der *Wochenpost*-»Hitliste« der bereits zitierten Magisterarbeit taucht es in den Jahren 1980/82 erst auf Platz 62 mit einem Anteil von 0,19 Prozent unserer Auslandsberichterstattung auf, hinter Madagaskar und Malawi.[68] Ganz anders dagegen die Tschechoslowakei und Polen, die auf Platz 10 und 11 lagen. Das hatte nicht zuletzt damit zu tun, daß dies zwei direkte Nachbarn der DDR waren und daß Anfang der 70er Jahre für die Bürger der beiden Länder und die DDR-Bewohner der gegenseitige visafreie Reiseverkehr eröffnet worden war. Damit war für die eingemauerte DDR zumindest ein kleines Fenster in die Welt aufgestoßen worden.

Dabei lag der *Wochenpost* vor allem Polen am Herzen. Das Verhältnis zu diesem Nachbarn haben wir immer mit der Geschichte im Hinterkopf gesehen und behandelt. Dem aufmerksamen Leser der *Wochenpost* mochte auffallen, daß es im Laufe der Jahre zahlreiche Serien zu diesem Thema gab. Allein zum deutschen Überfall auf Polen im September 1939 brachte die *Wochenpost* mehrmals neue, bislang unbekannte Materialien und Aspekte. Unser Kollege Hans Pollak, selbst aus Danzig gebürtig, erwarb sich auf diesem Felde große Meriten. Es war schon sehr ungewöhnlich, wenn man als DDR-Bürger einen ausländischen Orden erhielt. Ihm wurde am 6. Dezember 1989 der Verdienstorden der Republik Polen in Gold überreicht, mit dem ausdrücklichen Verweis auf seine *Wochenpost*-Artikel, und er war der einzige *Wochenpost*-Redakteur, der je eine hohe ausländische Auszeichnung erhielt. Seine Recherchen versetzten die *Wochenpost* in die Lage, beispielsweise erstmals vom blutigen Kampf um das polnische Postamt in Danzig in den ersten

Was der Wisent liebt
Polnischer Wisentschnaps ist in allen Erdteilen bekannt. Neben den Geschmackswerten ist seine, jawohl, Heilkraft von wesentlicher Bedeutung! Die positive Wirkung dieses Getränks bei bestimmten Erkrankungen wurde festgestellt. Und in diesem Zusammenhang ist der Bedarf an diesem Schnaps »mit dem Gräschen« groß. Dieses Gras, fachgerecht Hierochloe odorata oder Wohlriechendes Mariengras genannt, verfügt jedenfalls über ein Aroma, welches der Wisent liebt.
Wochenpost 30.1.1972

Börde-Bauern in Polen
Doch dieses Nest – zu klein für den Kartenzeichner, zu unwichtig und gering für die Straßenmeisterei des Kreises Kołobrzeg – gewann im Herbst 1972 völker- und agrargeschichtlichen Rang. Fünf Wochen lang hatte Budzistowo nicht 70, sondern 93 Einwohner: Zu den polnischen Bürgern gesellten sich 23 Genossenschaftsbauern aus der DDR, die weder Fremde waren noch Ehrengäste, sondern Mitarbeiter, Kollegen, Freunde. Budzistowo integrierte seine Erntehelfer ins dörfliche Leben – auf dem Kartoffelschlag und in der Freischicht. (...) »Hier bei uns ...«, leitet Walter Krause seine Antwort auf eine Reporterfrage nach dem Stand der Ernte ein. »Hier bei uns«: Dem Genossen aus dem Magdeburger Bezirk ist das sozialistische Staatsgut Budzistowo näher als ein großkapitalistischer Landwirtschaftsbetrieb bei Helmstedt. Die Begriffe »Nähe« und »Ferne« verlieren ihre geographische Bedeutung und erhalten gesellschaftlichen Sinn.
Wochenpost 27.10.1972

Septembertagen 1939 und vom tragischen Schicksal der polnischen Verteidiger zu berichten.

1976 brachten wir eine sehr umfangreiche Serie von Margot Pfannstiel über die Geschichte der polnischen Stadt Łódź. 1980 schrieb sie die Serie »Auf den Spuren Canalettos in Warschau«. Was da auf den ersten Blick als historischer oder kunsthistorischer Artikel daherkommen mochte, war tatsächlich eine Beschreibung des zeitgenössischen Polen vor dem Hintergrund seiner Geschichte, vor dem Hintergrund des schwierigen deutsch-polnischen Verhältnisses auch. Die gleiche Idee lag dem Artikel von Wolfgang Carlé zugrunde, als er 1973 daran erinnerte, wie 1848 Deutsche und Polen Seite an Seite auf den Barrikaden gestanden hatten. Die *Wochenpost* hat immer insistiert, daß es auch zu Polen eine, wie man heute sagen würde, »special relationship« gebe.

Im Herbst 1972 fuhren LPG-Bauern aus der Magdeburger Börde mit ihren modernen Erntemaschinen nach Polen, um dort bei der Ernte zu helfen. Das war für die *Wochenpost* Anlaß, zu berichten, »wie auf einem Kartoffelacker Geschichte gemacht wird«. Wolfgang Carlé nahm nämlich den umgekehrten Vorgang zum Ausgangspunkt seiner Betrachtung: die »polnischen Schnitter«, die sich im 19. und zu Anfang des 20. Jahrhunderts bei den deutschen Großgrundbesitzern als Tagelöhner hatten verdingen müssen, unter elenden Bedingungen und zu miesen Löhnen. Und nun der Austausch von Technik und Ideen, gegenseitige Hilfe über die Oder-Neiße-Grenze hinweg.

Wie notwendig es war, immer wieder historische Gemeinsamkeiten zu beschreiben und an heutige Gemeinsamkeiten zu appellieren, zeigte sich nicht zuletzt an einem anonymen Leserbrief, den die *Wochenpost* aus Magdeburg zu dem Artikel von Carlé erhielt: »Sie bemitleiden die armen Polen, die so ausgebeutet wurden von den Deutschen. Nur von den Deutschen, die in Polen lebten, steht kein Wort in Ihrer Zeitung. (...) Die Polen haben in ihrer ganzen Geschichte noch nie zu wirtschaften verstanden, obwohl sie Land genug besaßen. Nun haben sie ihr Ziel erreicht und ein ganz Teil von Deutschland geschluckt und können es kaum verdauen. Sind immer noch arm, kommen jetzt und kaufen unsere Geschäfte aus.«

Solche Briefe belegten, daß das Herummogeln der DDR-Agitation um die historischen Hintergründe der Schaffung der Oder-Neiße-Grenze genau das bewirkt hatte, was man vermeiden wollte, daß in der DDR versteckte Ressentiments gegen das Nachbarvolk erhalten blieben. In der *Wochenpost* fühlte man sich durch solche Schreiben allerdings darin bestärkt, dem deutsch-polnischen Verhältnis große Aufmerksamkeit beizumessen. Das war (abgesehen von der erwähnten Vorgeschichte der Oder-Neiße-Grenze) bei historischen Themen nicht sehr kompliziert, bei aktuellen Fragen wurde es jedoch durch neue

Sommer 1986: Schüler aus der DDR sind zum Ferieneinsatz in der polnischen Stadt Łódź. Eine Wochenpost-Reportage berichtet über Heike, Mandy und Kartin.

Tabus erst behindert, dann unterbunden. Über Solidarność konnte in der DDR nicht sachlich berichtet werden. Da stellte sich dann heraus, daß die politischen Hardliner in der DDR-Führung und Leute wie der oben zitierte Anonymus gewissermaßen in einem Boot saßen.

Die Ausrufung des Kriegsrechts in Polen im Dezember 1981 hat die *Wochenpost* übrigens extrem zurückhaltend behandelt, wenn man das mal so nennen darf. Ein kurzer Artikel ohne Angabe eines Autors faßte die offiziellen Mitteilungen zusammen. Die Überschrift in der *Wochenpost* vom 18. Dezember 1981 lautete: »Aus eigener Kraft Ordnung herstellen«. Das war Ausdruck unserer Erleichterung darüber, daß nicht die Truppen der Warschauer-Pakt-Staaten in Polen einmarschiert waren. Von nun an glitt übrigens unsere Berichterstattung aus Polen ins mehr oder minder Belanglose ab.

Auch mit Polen gab es journalistische Partnerbeziehungen und einen Redakteuraustausch. Lange Zeit hatten wir einen Partner in dem Krakauer Magazin *Przekroj*, dessen Chefredakteur lustige Schnurren über einen Bekannten aus der Zeit des Widerstandskampfes zu erzählen wußte, der inzwischen Bischof und dann Kardinal geworden war, einen gewissen Karol Woityla. In Warschau waren wir mit der Wochenzeitung *Perspektyvy* verbandelt und in Posen mit der Tageszeitung *Glos Wielkopolski*. Mit polnischen Kollegen wurden Gemeinschaftsunternehmen eingeleitet, gemeinsame Reportagereisen. Ein gemischtes Team reiste, 1970 unter dem Kennwort »Wisla«, im Jahre 1971 »Elbe/Labe«, dann 1974 »Odra« benannt. Die Gemeinschaftsunternehmen wuchsen sich aus. 1974 beteiligten sich auch unsere Partner-Kollegen in Prag an der Reportage-

Polenreise
Wie wäre es einmal mit einem Wochenendausflug in die befreundete Volksrepublik Polen? Genauer gesagt – in den südlichen Teil der Wojewodschaft Zielona Góra. Unsere Route, etwa 120 km umfassend, kann motorisiert, aber auch per Fahrrad bereist werden. Der Naturfreund wird sich längs des Weges an der ständig wechselnden Wald- und Hügellandschaft begeistern, doch auch Interessenten für historische Bauwerke und Sehenswürdigkeiten kommen ganz sicher nicht zu kurz ...
Wochenpost 30.3.1973

Visafreier Reiseverkehr
... die Züge Berlin-Kraków waren in beiden Richtungen restlos überfüllt. (...) Die Toiletten und Waschkabinen wurden mit Kisten und Koffern vollgestapelt ..., so konnte ich mich des Eindrucks nicht erwehren, hier handelt es sich nicht um Touristen, sondern um Handlungsreisende. (...) Meine Theorie fand ich wenige Tage später bei einem Bummel auf einem Flohmarkt in Katowice bestätigt. Man hat dort Artikel unserer Produktion zu überhöhten Preisen angeboten. (...) Ein anderer kritikwürdiger Punkt ist das Benehmen polnischer Bürger auf den Berliner Bahnhöfen. Ich mußte feststellen, daß sich in der Halle des Berliner Ostbahnhofs ... eine ganze Gruppe polnischer Bürger mit Decken und Mänteln ein Nachtlager bereitet hatte und die Nacht dort verbrachte. (...) Über die Mentalität der Menschen kann man geteilter Meinung sein, aber Ordnung und Sicherheit sind Faktoren, denen man in der Hauptstadt unserer DDR auf alle Fälle Rechnung tragen sollte.
Klaus-Dieter K., Grimmen (1973, unveröffentlicht)

reise, die nun in der Tschechoslowakei begann und durch Polen in die DDR führte. Was war daran Besonderes? Jeder schrieb für seine Zeitung. Aber bei der gemeinsamen Recherche lernte man die zwangsläufig unterschiedlichen Sichten auf die Menschen und die Dinge kennen, sah alles doch mal mit etwas anderen Augen.

Auch in der Tschechoslowakei hatte die *Wochenpost* Partnerredaktionen, ursprünglich war das die Illustrierte *Kvety*, danach das dortige Gewerkschaftsblatt *Svet Prace* und die slowakische Illustrierte *Zivot* in Bratislava, außerdem die in Prag erscheinende Illustrierte *Svet v Obrazech*. Auch hier gab es sehr persönliche Freundschaften, aber die Beziehungen zu den Kollegen – vornehmlich in Prag – litten dann unter dem verhängnisvollen August 1968.

Völlig klar, der »Prager Frühling« des Jahres 1968 war Diskussionsthema sowohl mit den tschechoslowakischen Journalisten wie auch in unserer Redaktion. In der *Wochenpost* verhielt man sich zwiespältig. Einerseits gab es bei einer Mehrheit der Kollegen die Einsicht in die drängende Notwendigkeit einer Demokratisierung in allen sozialistischen Ländern. »Sozialismus mit menschlichem Antlitz« war eine Losung, der man sich anschließen konnte. Andererseits gab es die Erfahrungen des Juni 1953 und des Herbstes 1956: In Moskau würde man dem Experiment nicht ruhig zusehen. Was unsere tschechischen Kollegen für ausgeschlossen hielten, sahen wir kommen: den Einmarsch der sowjetischen Truppen in die ČSSR. Für uns war die militärische Intervention der Sowjetarmee am Ende nicht eine Frage des »ob«, sondern nur des »wann«. Der Knackpunkt war sicherlich die Forderung nach dem Austritt aus dem Warschauer Pakt, die von einzelnen Leuten in Prag erhoben wurde.

Die wenigen Artikel der *Wochenpost* des Sommers 1968 zum Thema Tschechoslowakei waren ohne Zweifel von der »Argu« bestimmt. Sie verschwiegen das Anliegen der Tschechen und Slowaken, ignorierten Ursachen und Gründe des »Prager Frühlings«. Sie beschränkten sich darauf, westdeutsche Pressestimmen als angeblichen Beweis für westliche Einmischung und bevorstehende Konterrevolution zu zitieren. In fünf Wochen des August/September finden sich drei Artikel zur ČSSR. Die Überschriften sprechen für sich: »Bonns Einmischung in die Angelegenheiten der ČSSR wird immer dreister«. »Bechers Sudetendeutsche marschieren an der Grenze auf«. »Revanchisten schreien nach neuen Abenteuern.«

Die Ereignisse von 1968 brachten keine Solidarisierung der *Wochenpost* mit der ČSSR, keinen Protest gegen unzulängliche Information – wie noch 1956 im Falle Polens und Ungarns. Es zeigte sich, daß die Reflexe auf die seinerzeitigen Strafmaßnahmen in der Redaktion noch wirksam waren. Von nun an

Reporter Horst Szeponik auf der Großen chinesischen Mauer (1985)

trugen auch die Berichte aus Prag und Bratislava mehr oder weniger den Stempel des Unverbindlichen und Unverfänglichen, genau wie die Reportagen aus Budapest oder Sofia. Als wir dann Anfang Oktober 1989 begannen, die in der Tschechoslowakei geplanten Wirtschaftsreformen, die in der DDR als ziemlich suspekt galten, etwas ausführlicher darzustellen, da war es schon zu spät, zu spät für eine neue Berichterstattung in den DDR-Medien, zu spät für Wirtschaftsreformen in der ČSSR.

Vielleicht sollte ich noch eine Bemerkung zum Stichwort China machen. Die DDR segelte außenpolitisch ja jahrzehntelang im Moskauer Fahrwasser. Also wurde China wohlwollend behandelt, solange es opportun war, und verteufelt, als es mit der Kulturrevolution zum Bruch kam. Es ist auffällig, daß die *Wochenpost* sich in dieser Auseinandersetzung weitgehend zurückgehalten hat. Selbst zu dem Grenzkrieg zwischen China und Vietnam im Jahre 1979 druckten wir nur einmal einen Artikel: ein offizielles Material. Dabei waren eigentlich alle Redakteure von den Kämpfen tief getroffen, empfanden das Vorgehen gegen Vietnam als heimtückisch, vor allem aber versetzte die Tatsache, daß entgegen aller angeblicher theoretischer Erkenntnis ein Krieg nicht nur zwischen kapitalistischen, sondern auch zwischen sozialistischen Staaten möglich war, unserer Weltsicht einen schlimmen Schlag.

Als sich das Verhältnis wieder entspannte, nutzten wir die erste sich bietende Gelegenheit, China für unsere Leser zu erkunden. 1985 reisten Horst Szeponik und Lotti Röhr nach Peking und brachten eine instruktive Fortsetzungsserie mit. Erstmals wurde etwas eingehender über Maos »Kulturrevolution«, über deren Folgen für die Menschen und die Gesellschaft berichtet. Ein Jahr später waren Brigitte Zimmermann und Sieglinde Wolff im Reich der Mitte. Die Chinaartikel jener

Wiedersehen mit Peking
Ende März 1976 ... versammelten sich 40 000 Menschen vor dem Denkmal auf dem Tienanmen-Platz ... Sie wußten, Zhou Enlai hatte manche Maßnahme, die viel Leid über die Menschen gebracht hätte, verhindert ... Woher wußten sie es? Das Volk weiß mehr, als man denkt.
Ruth Werner
Wochenpost 17.2.1989

Hemmschuh
Wer jemals in Bratislava weilte, weiß, daß es nicht nur eine schöne, sondern auch geschäftige Stadt ist. Ihr Anteil am slowakischen Einzelhandelsumsatz liegt bei etwa zwölf Prozent. Stets überfüllte Warenhäuser und nie stillstehende Türen in den Ladenstraßen und -gassen illustrieren diese Zahl. Doch die kleinen Läden und Mini-Basare in verschnörkelten Häusern – Augenweide für den Touristen – werden immer mehr zum Hemmschuh für den modernen Handel.
Wochenpost
Neujahr 1975

Zeit waren sicherlich interessant und voller Information, sie enthielten sich aber zwangsläufig der Analyse dessen, was in den zurückliegenden Jahrzehnten in China vor sich gegangen war.

Ein anderer Versuch zu einer umfangreicheren China-Berichterstattung datiert aus dem Sommer 1988. Der damalige SED-Bezirkschef von Dresden, Hans Modrow, bot uns einen Artikel über eine Chinareise an. Das war nicht ungewöhnlich. Modrow hatte über die Jahre hinweg immer wieder mal für die *Wochenpost* geschrieben, vor allem über Japan, das er als Abgeordneter der DDR-Volkskammer und im Rahmen der parlamentarischen Zusammenarbeit zwischen Japan und der DDR mehrfach besucht hatte. Er fragte also nach unserem Interesse an einem Chinaartikel, sagte, er wolle vor allem einmal über die wirtschaftlichen »Sonderzonen« und die damit verbundenen ökonomischen Experimente schreiben. Modrows Artikel war noch nicht in der Redaktion, da meldete sich bereits die ZK-Abteilung Agitation und untersagte uns strikt, den Beitrag zu drucken. Auf diese Weise erfuhren wir bereits im Sommer 1988, daß Hans Modrow Persona non grata war.[69]

26. April 1968: »Alabama auf dem Ku'damm«

Eine ganze Seite Westberlin auf dem Titel, das ist schon außergewöhnlich. Schlagzeile: »Einheit gegen Notstand«. Der Text: »Blutige Ostertage in Westdeutschland und Westberlin, Widerstand weiter Kreise der Bevölkerung gegen faschistischen Mordterror und faschistische Notstandsgesetze. Das Bonner Regime ließ seine demokratische Maske fallen.«

So hat die *Wochenpost* am 26. April 1968 die Ostertage wahrgenommen. Darin, daß sie in der Berichterstattung die Demonstrationen in Westberlin an erster Stelle behandelte, unterschied sie sich nur wenig von Blättern im Westen. In der Woche zuvor hatte eine *Wochenpost*-Überschrift »Alabama auf dem Ku'damm« gelautet. Da berichteten wir über den Mordanschlag auf Rudi Dutschke, über die Schüsse auf dem Kurfürstendamm, denen die Schüsse in Alabama, der Mord an dem amerikanischen Bürgerrechtler Martin Luther King, vorausgegangen waren. Wir kannten Dutschke. 1966 hatten Horst Szeponik und ich mit ihm im Westberliner Büro des Sozialistischen Studentenbundes SDS über die Bewegung gegen den Vietnamkrieg gesprochen. Der Anschlag bewegte uns also besonders. Was wir erst viele Jahre später erfuhren, was (nicht nur) deshalb auch im *Wochenpost*-Artikel fehlte: daß Dutschke aus der DDR kam, daß er eigentlich ein »Republikflüchtiger« war.

In der Ausgabe vom 26. April beschreibt Günter Gast auf einer Doppelseite die »Operation Bienenschwarm«, den harten Einsatz der Westberliner Polizei gegen die wirklich gewaltigen Demonstrationen. Unser Ruhrgebiets-Korrespondent schildert das Vorgehen der Essener Polizei gegen den Ostermarsch. Auf einer weiteren Seite erscheint eine Chronik der Osterwoche, beginnend mit Erklärungen des westdeutschen Innenministers Benda zur eingeleiteten Notstandsgesetzgebung. Ein ganzseitiges Interview mit dem Schauspieler Wolfgang Kieling steht daneben. Kieling ist kurz zuvor von Westdeutschland in die DDR übergesiedelt, aus, wie er ausdrücklich betont, politischen Gründen. Frage der *Wochenpost*: »Sie griff man ja wohl in dem Moment an, da Sie sich in Westberlin politisch zu betätigen begannen?« Kielings Antwort: »Es war übel. Besonders bei Demonstrationen. Da zeigte sich dann die ganze Verhetzung durch eine bestimmte Presse, wenn manipulierte Passanten urteilten: ›Na ja, der spielt ja immer Mörder, kein Wunder, daß

Gute Tips im Gepäck
Ausländische Bremsflüssigkeiten vertragen sich nicht mit DDR-Fabrikaten. Bei einer Mischung der unterschiedlich zusammengesetzten Flüssigkeiten entstehen Ausscheidungen, die Kanäle und Ventile verstopfen und unter Umständen die Bremsanlage ausfallen lassen.
Wochenpost 5.7.1968

26. April 1968: »Alabama auf dem Ku'damm«

Herztransplantation
Alle fünf Menschenexperimente, die bisher unternommen wurden, sind nicht nur verfrüht, sondern aus ethischen Gründen überhaupt nicht vertretbar ... Auch hier in Leipzig wurde vor Jahren eine solche Überpflanzung an einem Hund ausgeführt, der 18 Tage mit einem fremden Herzen lebte. Aber nicht ein einziges dieser Abertausende von Versuchstieren überlebte länger als zwei bis drei Monate. Unter diesen Voraussetzungen ist eine Herztransplantation von Mensch zu Mensch eine unverantwortliche Spekulation mit dem Zufall.
Prof. Herbst zur ersten Herztransplantation durch Prof. Barnard Wochenpost 2.2.1968

Wären es die Russen gewesen, hätten Sie sich vor lauter Lob sicher selbst übertroffen ... Alle großen Ärzte haben erst Lehrgeld zahlen müssen. Daß Sie da gleich wieder die Politik reinbringen, sieht Ihnen ähnlich.
*Herr B., Berlin
(Februar 1968, unveröffentlicht)*

der dann da mitmarschiert!‹ Ich meine dabei konkret die Vietnamdemonstration am 18. Februar ...«

Für diese Ausgabe habe ich den Leitartikel geschrieben. »Jetzt lächeln sie nicht mehr« ist die Überschrift. Das »biedere Schwabenlächeln« sei nun vom Gesicht des Bundeskanzlers Kiesinger verschwunden. Nach den Schüssen auf Rudi Dutschke, nach den Ostermärschen wird, so schreibe ich, »der westdeutsche Alltag anders aussehen«, weil sich die Demokraten in der Bundesrepublik nicht einschüchtern ließen. Da war wohl etwas dran. Warum sonst wird man noch dreißig Jahre später von »den 68ern« sprechen«?!

Jede Zeile der *Wochenpost* reflektiert Sympathie für die Akteure der außerparlamentarischen Opposition in Westdeutschland. Es ist ein Geflecht von Hoffnungen, das sich damit verbindet: Schluß mit der Rüstung, Abbau des Kalten Krieges – das kann nicht ohne Reaktion auf unserer Seite bleiben.

Aber nur noch wenige Wochen, dann wird die Bewegung kulminieren – in den Maiunruhen von Paris, abgewürgt unter der Drohung eines militärischen Eingreifens der NATO, freie Hand damit indirekt für die sowjetische Militärintervention in der Tschechoslowakei.

Mehr als sechs Seiten dieser Ausgabe vom 26. April sind der Außenpolitik vorbehalten; die Unruhen in Westberlin gehörten für uns zur Außenpolitik. Ebenso der Widerstand gegen die Militärjunta, die sich in Griechenland an die Macht geputscht hat, Thema einer ganzseitigen Reportage, geschrieben von einem Westberliner Kollegen, der sich hinter einem Pseudonym verstecken muß – wegen der griechischen Obristen und wegen der Westberliner Behörden.

Dennoch, es bleibt noch genügend Raum für die bunte Mischung, die die Leser in der *Wochenpost* erwarten: Für die 22. Fortsetzung des Romans »Acht Unzen Träume« von Dieter Schubert, für eine sehr umfangreiche Streckenbeschreibung der bevorstehenden Friedensfahrt, der Radfernfahrt Berlin – Prag – Warschau, durch einen einstigen Aktiven, der weiß, wovon er spricht – den ehemaligen Friedensfahrer Rudi Kirchhoff.

Es gibt in diesem Heft ausführliche Hinweise zur Pflege von Chemiefasertextilien und eine Anleitung zum Bau eines Klapptisches für den Balkon. Eine Seite befaßt sich mit Glas und den Möglichkeiten dieses Werkstoffs. Was dreißig Jahre später alltäglich ist, wird hier von Wissenschaftlern im Gespräch noch als Perspektive beschrieben: der Einsatz von Glasfaserkabeln und die Verwendung von dünnen Glasbauelementen hoher Festigkeit.

Zum bevorstehenden 150. Geburtstag von Karl Marx beschäftigt sich die *Wochenpost* auf einer Doppelseite mit dem Thema »Marx und die Naturwissenschaften«. Sodann ist Frau Prof. Dr. Lykke Aresin mit ihren »Worten des Vertrauens« im

Blatt und meint: »Auch Partnerschaft will gelernt sein«. Die Sex-Aufklärung ist kein Privileg der westdeutschen Medien. Die haben ihren Oswalt Kolle, wir haben unsere Professorin Aresin, die das Thema vergleichsweise dezent behandelt. Trotzdem gibt es Proteste einiger (weniger) Leser, die darauf hinweisen, die *Wochenpost* werde auch von Kindern in die Hand genommen. Wie sich die Zeiten ändern!

Rosemarie Rehahn stellt den neuen DEFA-Film »Wir lassen uns scheiden« vor, den ersten Spielfilm der Regisseurin Ingrid Reschke. Weibliche Filmemacher sind 1968 die große Ausnahme, Anlaß, auch noch einen Porträtartikel über die Regisseurin zu veröffentlichen. Ich zitiere: »In beharrlicher Überzeugungsarbeit hatte Regisseurin Ingrid dem schönen Star ihres Films« – dessen Namen uns die Autorin diskret vorenthält – »die schönen langen Koteletten zentimeterweise abdiskutiert. Endlich erschien der Held schlafloser Mädchennächte mit rollengerechtem Haarschnitt und den launigen Worten im Atelier: ›Na, Kleene, biste nun zufrieden?‹ Der Star sieht wirklich fabelhaft aus in seiner zwei Meter langen Männlichkeit, und er hatte mit seinen Koteletten ein wirklich fabelhaftes Opfer gebracht – bloß bin ich nicht ganz sicher, ob er die Vollzugsmeldung einem Regie-Mann mit ähnlich leutseliger Nonchalance erstattet hätte: Na, Kleener ...«

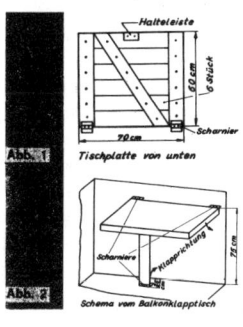

Bauanleitung in der Wochenpost vom 26. April 1968: Ein Klapptisch für den Balkon

Soliaktionen – Zwei »Wartburgs« für Algerien

Vingt petits francais
Zwanzig kleine Franzosen reisten in Richtung Osten... Der erste sagte: »Papa ging diesen Weg vor fünfzehn Jahren. Er ist nicht zurückgekehrt.« Der zweite sagte: »Großvater ging diesen Weg vor vierzig Jahren. Er ist nicht zurückgekehrt.« Der dritte sagte: »Tonton ging diesen Weg vor fünfzehn Jahren, und er ist ohne Beine wiedergekommen.« (...)
Dann haben die zwanzig gespielt. Mit zwanzig kleinen Deutschen. Sie haben in der Ebene, im Gebirge und an Flußufern gespielt, sie haben aber nicht, wie gewöhnlich, gespielt, sich die Ebenen, die Berge und die Flüsse zu rauben. Gewöhnlich erbeuteten sie Fahnen, die zwanzig aber holten sich nur frische Farbe. Gewöhnlich nahmen sie nur Städte, die zwanzig nahmen nur an Gewicht zu. (...) Gewöhnlich seufzten sie »endlich«, wenn sie Deutschland verließen. Doch die zwanzig kleinen Franzosen riefen ihren Gastgebern bei ihrer Abreise zu:
»Auf baldiges Wiedersehen, Freunde!«
Der Schriftsteller Jean-Pierre Chabrol zum »Kennwort Paris« Wochenpost 20.7.1957

Es gehört mittlerweile offensichtlich zu den gesicherten Erkenntnissen über die Geschichte der DDR, daß es da einen Zwangsmechanismus gab, der »Soli« hieß (auf keinen Fall zu verwechseln mit dem Solidaritätsbeitrag, den jetzt der Bundesfinanzminister erhebt). Nun ist zu gestehen, daß sich die *Wochenpost* an dieser Soli-Quälerei beteiligt hat, und zwar durchaus im Übermaß.

Die erste dieser Aktionen habe ich schon in der Beschreibung der *Wochenpost* vom Juli 1956 erwähnt, das »Kennwort Paris«, die Einladung französischer Arbeiterkinder zu Ferienaufenthalten in die DDR. Sechsmal geschah das, zwischen 1956 und 1960 und dann noch mal 1962. Es kostete die Redaktion eine ganze Menge Kraft. Der Aufenthalt mußte exakt vorbereitet werden, die Unterbringung der Kinder war zu organisieren, und vor allem mußten »Sponsoren« gefunden werden. Die »agitatorische« Wirkung der Aktion hielt sich in Grenzen. Aber das war ja auch nicht der Hauptzweck der Sache. Natürlich wurde im Blatt über den Aufenthalt der Pariser Kinder berichtet, natürlich mit einer Erklärung der Lebensumstände der französischen Proletarier. Selbstverständlich wurden die Helfer genannt, die Geld geschickt oder Sachleistungen erbracht hatten, ohne die man das ganze nicht hätte machen können.

Es sei noch einmal betont, daß am Anfang dieser wie auch all der folgenden Soli-Aktionen die Erfahrung jener *Wochenpost*-Kollegen stand, die in der Nazizeit und in der Emigration erlebt hatten, wie wichtig Solidarität ist, und für die »Internationalismus« nicht irgendeine abstrakte Geschichte war.

Für die Gäste von »Kennwort Paris« wurde eine Mini-*Wochenpost* gedruckt, mal zweisprachig, in einem anderen Jahr dann gänzlich in Französisch. So konnten die kleinen Gäste zu Hause die Texte der Reportagen und die Fotos von ihrer Reise anschauen und von der Familie und den Freunden lesen und betrachten lassen. In diesen Sonderausgaben fand sich dann eben auch die »liste des souscripteurs« und eine exakte Abrechnung, wer was gespendet und wie wir das Geld ausgegeben hatten. Eine exakte Buchhaltung und die Offenlegung der Zahlen ist nun mal das A und O einer erfolgreichen Solidaritäts-Aktion. Nicht ohne Nachdenklichkeit sehe ich in der französischsprachigen Sonder-*Wochenpost* von 1959 die lange Liste der Namen von Spendern, auch Frau Dambrofsky aus Rehbrücke hat uns 15 Mark geschickt, ach, Frau Dambrofsky, die treue Seele, ohne die dann bis in die 80er Jahre keine Soli-Aktion der *Wochenpost* mehr vorstellbar war.

Im gleichen Herbst 1959 initiierten wir eine zweite Aktion, die sogar in einem logischen Zusammenhang mit der Einladung der Pariser Kinder stand. Frankreich führte zu jener Zeit einen Kolonialkrieg in Algerien. Zehntausende Algerier waren vor den Kämpfen in die Nachbarländer Tunesien und Marokko geflüchtet, vegetierten dort unter unmenschlichen Bedingungen in Wüstencamps dahin. Die Berichte aus diesen Lagern veranlaßten uns, die Aktion »Rettet Algeriens Kinder« ins Leben zu rufen. Wir forderten Anfang Oktober 1959 die Leser auf, Geld zu spenden. Wir würden dafür dringend benötigte Sachen beschaffen und nach Marokko schicken.

Innerhalb eines reichlichen halben Jahres wurden auf das von uns angegebene Konto mehr als 250 000 Mark eingezahlt. Das war für damalige Verhältnisse eine ungeheure Summe. Wir haben jede einzelne Spende in der *Wochenpost* mit dem Namen des Spenders veröffentlicht. Es waren viele Tausende von Leuten, die ganz ohne Druck und absolut freiwillig Geld schickten, oftmals kleinste Summen, drei oder fünf Mark. Schulklassen sandten die Einkünfte aus Sammlungen, Familien legten zusammen, Brigaden in Betrieben beteiligten sich. Dazu kamen Hunderte sehr bewegender Briefe. Wir sind damals in der Redaktion sehr froh über unsere Leser gewesen, die so reagiert haben.

Im August 1960 verließ der Frachter »Kap Arcona« mit unserer Fracht für die vom algerischen Gewerkschaftsbund UGTA in Marokko eingerichteten Kinderheime den Rostocker Hafen. Wir konnten stolz die Abschlußrechnung veröffentlichen, auf Heller und Pfennig: 210 Paar Schuhe waren geschickt worden, 206 Trainingsanzüge, für 11 000 Mark Bettwäsche und für die gleiche Summe Kinderkleidung, für 41 000 Mark Medikamente. Das war ja ein besonderes Anliegen der Redaktion: Es sollte für die Leser alles durchschaubar sein, keine anonyme »Soli«, sondern nachprüfbare Hilfe. Den Listen der Spender und der Abschlußrechnung folgte dann die Veröffentlichung des Dankschreibens der Empfänger und später einer Reportage aus dem Kinderheim in Marokko.

Die besondere Attraktion in unserer Hilfssendung waren zwei »Wartburg«-Kombi. Wer die Auto-Versorgung der DDR kennt, wird sich vorstellen können, was es bedeutete, zwei neue Autos aufzutreiben! Man mußte Freunde haben, in diesem Fall war es die Stellvertretende Vorsitzende der Staatlichen Plankommission, die sich überreden ließ, außerplanmäßig für uns zwei Autos freizugeben.

Überhaupt war es oft schwieriger, die materiellen Dinge zu regeln, als Geld aufzutreiben. Bei der Algerien-Aktion half uns das Rote Kreuz der DDR.

Report aus Rostock
In den Kinderheimen Khemisset und Casablanca werden diese Spenden sehnsüchtig erwartet. Wenn diese Zeilen erscheinen, werden elternlose algerische Kinder mit dem Notwendigsten versorgt sein, versorgt dank der Solidarität unserer Leser. Paul Lebermann, der Kapitän der »Kap Arkona«, kennt unsere Aktion und ist stolz, eine solche Solidaritätsfracht zu laden. (...) Wir stehen mit ihm an der Luke 4 am Achterdeck, in die gerade Kranführer und Hafenarbeiter die Kisten mit dem Zeichen des Deutschen Roten Kreuzes und den Buchstaben »Wo«, dem Zeichen unserer Zeitung, dirigieren ...
Ursula Höntsch
Wochenpost 13.8.1960

Dank aus Algerien
Liebe Brüder! Wir danken Euch von ganzem Herzen für Eure Hilfe. Wir sind dankbar für die Decken, die Kleidungsstücke, die Medikamente, die Autos und das Lehrmaterial ... Wir sind heute arme Kinder und arme Waisen, nachdem wir unsere Väter und Mütter verloren haben. In unserem Kinderheim wohnen 120 Kinder. Wir lernen schreiben, lesen und rechnen, und wir erlernen auch ein Handwerk, um später einmal für Algerien gute Arbeit zu leisten. Grüßt alle deutschen Kinder von uns.
Abdelkader in Khemisset
Wochenpost 14.4.1962

164 Soliaktionen – Zwei »Wartburgs« für Algerien

DEUTSCHES ROTES KREUZ
IN DER DEUTSCHEN DEMOKRATISCHEN REPUBLIK

GENERALSEKRETARIAT
Abt.: Internationale
Verbindungen

An die
"W o c h e n p o s t"
Redaktion Politik
z.H. Koll. P o l k e h n
B e r l i n W 8
Mauerstraße

Dresden A 1, den 22.3.60
Kaitzer Straße 2

Eingang am:
2 5. MRZ 1960
Weiter an:
Erledigt: 11 24

Unser Zeichen:
(Bei Rückantwort bitte angeben)

Berliner Verlag
2 5. MRZ 1960
Anlagen:
Rückp. entn.:

Werte Kollege P o l k e h n !

Anbei übersenden wir Ihnen - wie vereinbart - die letzte
Spendenliste für die Aktion "Rettet die Kinder Algeriens."
Diese Liste schließt mit
DM 260.409.90
ab. Alle künftig für diese Aktion noch eingehenden Spenden
werden wir dem allgemeinen Algerienkonto zuleiten.

Mit freundlichen Grüßen
(Hartmann)
Leiter der Abteilung
Internationale Verbindungen

Fernruf 44157   Telegrammadresse: Deutschrotkreuz   Telex 019248   Deutsche Notenbank Dresden Konto-Nr. 4/8331

Zum Erfolg der Wochenpost-Soli-Aktionen trug wohl auch bei, daß peinlich genau abgerechnet wurde. Was das Rote Kreuz an eingegangenen Spenden bestätigte, wurde veröffentlicht, genau wie das Foto von der Verladung der »Wartburgs«.

Soliaktionen – Zwei »Wartburgs« für Algerien

1969: Ankunft palästinensischer Kinder in Berlin – sie kamen als Gäste der Wochenpost

Übrigens haben wir zu Anfang unserer Aktion »Rettet Algeriens Kinder« unwillentlich eine Lawine losgetreten. Wir veröffentlichten als Auftakt ein sehr schönes Foto zweier algerischer Flüchtlingsmädchen, im Schneidersitz mit einer Schiefertafel auf den Knien. Margot Pfannstiel schrieb dazu einen sehr bewegenden Text, in dem sie unter anderem schilderte, daß diese Kinder nicht einmal richtig lernen könnten, weil ihnen Hefte und Stifte fehlten. Dann die Bitte, Geld einzuzahlen ...

Doch wir hatten nicht mit den Reflexen der DDR-Bürger gerechnet, und vor allem nicht mit denen der Schulkinder! Über uns brach eine Welle von Paketen herein, die bald ein ganzes Zimmer in der Redaktion füllten, Pakete mit Bleistiften, Buntstiften, Radiergummis, Schreibheften und Zeichenblöcken. Das wurde von uns dann alles verpackt und mit nach Marokko geschickt. Zuvor aber sind wir vom Volksbildungsministerium und vom Handel beschimpft worden: Der Soldaritätseifer unserer Leser hatte die gesamte Versorgung der DDR mit Schulmaterial zum Einsturz gebracht.

Im Sommer 1969 eröffnete die *Wochenpost* eine ganze Folge von Solidaritätsaktionen, diesmal für die palästinensischen

Bericht aus Jordanien
Eine halbe Autostunde nördlich von Amman liegt in einer Talsenke Baq'a. Schon in den Morgenstunden lastet brütende Hitze über den Hütten und Zelten ... Mit mehr als 60 000 Menschen ist Baq'a das größte Flüchtlingscamp in Jordanien. Ein kleiner Junge erblickt uns und stürzt auf uns zu. Es ist Khaled, der temperamentvolle Tänzer. Und da kommen auch Mohammed, Ibrahim und die anderen, begleitet von den Müttern, Tanten und großen Schwestern. Es erscheinen nicht nur die Eltern unserer Ferienkinder vom vergangenen Jahr – viele Bewohner von Baq'a wollen die Gäste aus der DDR begrüßen. Als Khaled und die anderen von ihren Ferien in der DDR zurückkehrten, mußten sie erzählen und erzählen. Die Alben mit Fotos über den Aufenthalt bei uns kursierten. (...) Da sind auch die Kinder, die dieses Jahr in die DDR reisen werden. Ein zwölfjähriger Junge bittet um unseren Besuch, neben ihm steht seine Tante. Mustafa, der in Ramallah bei Jerusalem geboren wurde, hat seine Eltern und seine Heimat verloren ...
Wochenpost 31.7.1970

Ein Kinderbrief

Wir haben uns sehr gefreut, daß Kinder aus Palästina wieder zu uns in die Pionierrepublik kommen konnten. Aber als wir erfuhren, daß Mahmoud Siria nicht mehr mitkommen konnte, weil er im Krieg gefallen ist, waren wir sehr traurig über die Nachricht. Ich war voriges Jahr selbst in der Pionierrepublik und ich hatte auch Mahmoud Siria gesehen. Wir haben auch noch einen Ball, auf den er seine Unterschrift geschrieben hat. Auch haben wir noch Bilder von ihm, als wir ihn im vorigen Jahr fotografiert haben. Ich wünsche, daß auch in Palästina bald Frieden wird.

Brief der 12jährigen Steffi H. aus Langenwetzendorf an eine Mitarbeiterin der Wochenpost (Oktober 1975)

Kinder, die Flüchtlinge des israelisch-arabischen Junikrieges von 1967. Der eigentliche Initiator war Kurt Neheimer, der durch seinen eigenen Lebensweg eine besondere Affinität zu Flüchtlingen, Vertriebenen und Heimatlosen hatte. Von ihm, der als Kind in Palästina Zuflucht vor den Nazis gefunden hatte, kam die Anregung, dreißig palästinensische Kinder zu einem Ferienaufenthalt in die DDR einzuladen. Wir suchten uns einen Partner im Nahen Osten, die Jordanische Frauenliga, einige Partner in der DDR für die Unterbringung und die vollständige Einkleidung der Kinder; das Solidaritätskomitee der DDR besorgte für die Kinder dreißig Flugtickets, drei *Wochenpost*-Mitarbeiter reisten nach Jordanien, um die Kinder abzuholen und um über ihre Reise zu berichten.

Wir haben dann auch getreulich in der Zeitung informiert, obwohl natürlich manchmal auch etwas nicht so ganz für eine Veröffentlichung geeignet war. Heute kann man unsere Gesetzesverletzungen im Interesse der Solidarität aber wohl ruhig benennen.

So mußte ein Kind von der Reiseliste gestrichen werden, weil es nicht mehr rechzeitig aus dem von Israel besetzten Gebiet ausreisen konnte. Ein anderes Kind sollte statt dessen mit uns fliegen. Im allerletzten Augenblick aber kam das Mädchen doch noch in Amman an. Nun hatten wir 31 Kinder, aber nur dreißig Flugtickets. Unsere Kollegin Inge Geiseler entschied sozusagen aus dem Bauch: Wir fahren mit 31 Kindern. Das war ein ganz rührender Reflex. Aber wie macht man das: 31 Leute, dreißig Tickets? Es ging so: Auf dem Flugplatz Damaskus, unserem Abfahrtsort, passierten dreißig Kinder brav die Interflug-Abfertigung. Der von uns eingeweihte Presseattaché der DDR-Botschaft in Syrien besaß einen Sonderausweis, der zum Betreten des Flugvorfeldes berechtigte. Er nahm Kind Nummer 31 mit sich und schmuggelte es an Bord der Maschine. Eine routinemäßige Passagierzählung vor dem Abflug ergab: ein Passagier zuviel an Bord. Erneute Zählung. Kontrolle der Tickets. Wir gaben den Interflug-Leuten all unsere Tickets im Bündel. Sie zählten die Flugscheine. Sie zählten noch einmal die Fluggäste. Die Differenz irritierte, die Ursache war bei dieser Art Kontrolle nicht zu ermitteln. Nach dem vierten Zählgang bekam vorn im Cockpit der Flugkapitän einen Wutanfall. Er wolle nach Hause, nach Berlin, ihm sei mittlerweile egal, wieviel Leute an Bord seien. Abflug. Zwischenlandung in Zypern. Dort stand schon der Interflug-Repräsentant, von Damaskus aus ins Bild gesetzt, an der Gangway und zählte – vor dem Gang in den Transitraum, beim Wiedereinstieg. Wieder einer zuviel. Bei der Landung in Schönefeld hatten sich die Zähler schon an der Maschine versammelt, bevor das Flugzeug ganz ausgerollt war, um das Mysterium zu klären. Es gelang ihnen nie, es blieb unser Geheimnis.

Wir haben dann in Berlin die Kinder ärztlich untersuchen lassen. Bei der Gelegenheit stellte sich heraus, daß ausgerechnet die wenigen mitfahrenden palästinensischen Mädchen – wie man so sagt – »Bazillenträger« waren: Sie waren mit Ruhr-Erregern infiziert. Nicht, daß sie krank gewesen wären, sie hatten nur die Erreger. Das bedeutete höchste Alarmstufe! Gerade einmal sieben Jahre vorher hatte eine wirklich schlimme Ruhr-Epidemie die DDR heimgesucht. Damals hatte vor jedem Amt und im Eingang jeder öffentlichen Einrichtung eine Schüssel mit Desinfektionslösung gestanden, und niemand kam am Pförtner vorbei, ohne die Hände da hineingetaucht zu haben. An dieses Schreckensszenario, als Zehntausende in Notkrankenhäusern in Quarantäne gesteckt worden waren, erinnerten sich alle, die mit den palästinensischen Flüchtlingskindern zu tun hatten. Nur mit viel Verständnis und dank der Hilfsbereitschaft der Leute des Gesundheitswesens bekamen wir die Sache in den Griff. Die Mädchen verbrachten einen Teil ihrer DDR-Ferien im Krankenhaus! Noch eine zusätzliche Aufgabe für die Redaktion: Jeden Tag fuhren *Wochenpost*-Mitarbeiter sie besuchen.

Um die Solidarität sozusagen aus der Sphäre des Abstrakten herauszuholen (und, um ehrlich zu sein, auch, um der Sache ein journalistisches Glanzlicht aufzusetzen), arrangierten wir für die Kinder aus dem Wüstenland Jordanien eine Wochenendfahrt an die Ostsee. Darin eingeschlossen war ein eintägiger Besuch mit Übernachtung bei Rostocker Familien – für Gastgeber wie für Gäste eine bewegende Sache. Es gehört zu den schönen Erinnerungen, daß es keine große Mühe gemacht hat, dreißig Gastgeber zu finden, und wer dann die Verabschiedung am Ende dieses Besuchs erlebt hat, wird nicht ohne Rührung daran zurückdenken können.

Dreimal kamen palästinensische Kinder aus Jordanien als Gäste zur *Wochenpost,* bevor der jordanische Bürgerkrieg die

Ein Freude machen
Liebe *Wochenpost*-Redaktion, aus dem Fernsehen habe ich erfahren, daß Sie auch in diesem Jahr wieder arabische Flüchtlingskinder zu uns in die DDR eingeladen haben. Ich habe mit unserer »Großen« über die arabischen Kinder gesprochen und sie hat beschlossen, einem unbekannten arabischen Mädchen etwas von ihren Sachen zu schicken. Es sind alles persönliche Dinge, von denen sie sich getrennt hat, um einem unbekannten Mädchen eine Freude zu machen ...
Brief von Ilse L., Schwerin (Juli 1970)

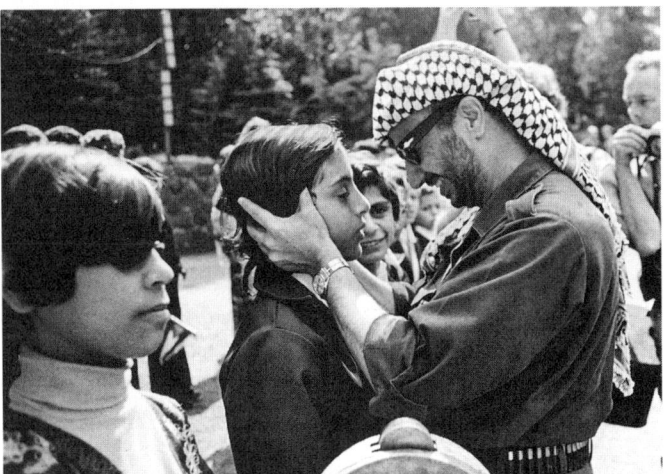

Yasser Arafat begrüßt palästinensische Kinder, die als Gäste der Wochenpost Ferientage in der DDR verbringen (1974).

Soli-Basar 1987
Schon vor ein Uhr warteten die Verehrer auf Eva Strittmatter, Rudolf Hirsch, Heinz Knobloch und Helmut Sakowski. Als um zwei die Autogrammstunde begann, wurde so mancher nervös. Reichen die Bücher? ... Das große Glas, in dem neben unserer Nikaragua-Karte Spenden für das Hospital »Carlos Marx« gesammelt wurden, war am Abend voll.
Wochenpost 4.9.1987

Alex 1988
Am Ende des ereignisreichen Tages wieder in der Redaktion: erschöpfte, aber zufriedene Kollegen, zum Trocknen aufgehängte Sachen überall, Schmunzeln darüber, daß eine Regenhaube, die jemand vermißte, im Eifer mit verkauft worden war. Und auf meinem Tisch ein gerade aus Senftenberg angekommener hübscher Kinderpullover. »Liebe *Wochenpost*«, steht dabei, »falls es für dieses Jahr zu spät ist, sei es der erste für 1989.«
Wochenpost 2. 9.1988

Aktion stoppte. 1974 und 1975 luden wir dann Kinder aus den Palästinenserlagern im Libanon ein. Diese so erfolgreichen Aktionen forderten vielen Kollegen in der Redaktion ein großes Maß an zusätzlicher Arbeit ab. Ein Beispiel für viele: Zur Heimreise erhielt jedes Kind ein Fotoalbum voller Bilder vom DDR-Aufenthalt – einschließlich der Fotos vom letzten Tag. Das hieß, in einer Nacht waren dreißig Fotoalben fertigzustellen, und das war freiwillige Arbeit.

Dennoch fallen auch Schatten auf diese Solidaritätsaktionen, die Schatten politischer Restriktionen. Ende August 1970 begleitete ich die Kinder auf ihrer Rückreise nach Jordanien und geriet mitten in den »Schwarzen September«, den Bürgerkrieg, den ich drei Wochen lang auf seiten der Palästinenser miterlebte. Meine Reportage von den ersten Kämpfen in den Lagern bei Amman kam zwar in Berlin an, wurde aber nicht in der *Wochenpost* gedruckt. Man wolle sich nicht in innere Angelegenheiten anderer Länder einmischen, hieß es. Eine ähnliche Erfahrung machte ich im September 1982. An Ort und Stelle erhielt ich erste Informationen über das schreckliche Massaker, das ultrarechte Milizen mit israelischer Rückendeckung in Sabra und Schatila, den palästinensischen Flüchtlingslagern in Beirut, angerichtet hatten. Beide Lager kannte ich von früheren Besuchen, aus beiden Lagern waren Kinder unsere Gäste in Berlin gewesen. Mein erster Bericht über das Geschehen erreichte die Redaktion, wurde aber nicht gedruckt. Gerade stand ein Staatsbesuch Erich Honeckers im Nahen Osten an, da wolle man nicht mit solchen Berichten störend eingreifen. Das waren die Momente, da eine nicht nachvollziehbare Politik über die Solidarität siegte.

Manchmal aber siegte auch die Solidarität über hausgemachte Zwänge. Die *Wochenpost* hatte dank der Bemühungen Horst Szeponiks während des Vietnamkrieges einen freundschaftlichen Kontakt zu einer in Hanoi erscheinenden Wochenzeitung hergestellt. Diese Zeitung, *Thong Nhat*, wurde von der Befreiungsfront Südvietnams herausgegeben. Dank dieser Verbindung erhielten wir einige interessante Originalmaterialien. Dann erreichte uns aus Vietnam der Notruf, die Redaktion benötige dringend eine Fotoausrüstung. Ob wir nicht helfen könnten. Da Horst Szeponik nach Vietnam fahren sollte, bemühten wir uns um das Material, das er hätte mitnehmen können. Aber wir verhedderten uns in den Stricken eines bürokratischen Ausfuhr-Genehmigungsverfahrens. Am Ende entschied der Chefredakteur: Wir kaufen Kamera und Objektive für die *Wochenpost*, Horst Szeponik nimmt sie mit, übergibt sie dort den vietnamesischen Kollegen, und wenn er zurückkommt, melden wir, er hätte die Kamera irgendwo im Dschungel verloren. Was ja vorkommen kann.

Am 27. Dezember 1972 wurde erstmals ein amerikanischer

Soliaktionen – Zwei »Wartburgs« für Algerien

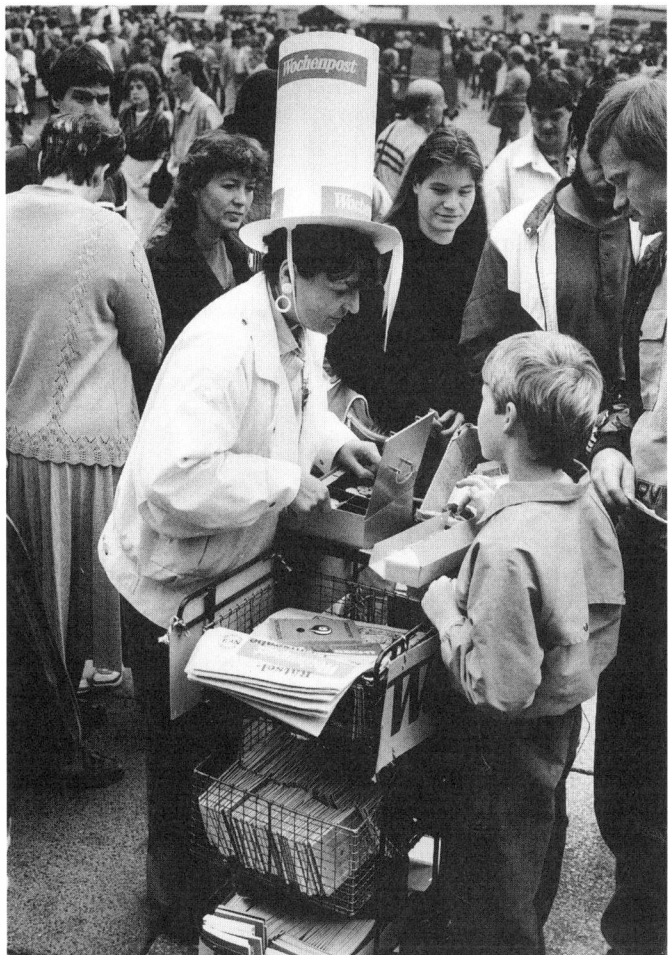

Beim alljährlichen Solibasar der Journalisten auf dem Alexanderplatz gab es Lose einer Solidaritätslotterie (Verkäuferin Wochenpost-Redakteurin Erika Bach) und seltene Bücher im Antiquariat (Verkäufer Bernhard Hönig).

Soli-Basar 1986
Wenige Meter weiter hört man schon lauten Singsang von unserem Stand. Ein Kollege mit schmuckem roten Fez schmettert: »Türkischer Honig! Wie aus dem Orient! Probieren Sie!« 525 Kilogramm von dem rosa Zuckerwerk brachte uns Hans-Joachim Sorge aus Aue, fast 3 000 Portionen ... Schon um acht bahnt man sich nur noch mit einiger Mühe den Weg über den Alexanderplatz. Mitten im Gedränge stehen die beiden Wagen mit dem Angebot des *Wochenpost*-Antiquariats, mancher Besucher kommt extra deshalb, fahndet nach etwas ganz Bestimmtem, bringt Geduld auf, wenn das Gewünschte noch nicht daliegt. Einem Jungen, der hoffnungsvoll ausharrte, bringen sie endlich den ersehnten Karton: »*Mosaik*«-Hefte, ein ganzer Stapel.
Wochenpost 5.9.1986

Hortensia Bussi de Allende, die Gattin des 1973 ermordeten chilenischen Präsidenten, besuchte 1974 die Redaktion. Die Wochenpost berichtete auf der Titelseite und druckte ihren Dank.

Solidarität mit Chile
Die Grafik, über die wir eine Diskussion führen werden, wird ihren Platz an einer Wandzeitung unserer Schule finden. Dadurch sollen alle Schüler zum Nachdenken angeregt werden über die Verbrechen des Imperialismus und unsere Verantwortung für die Hilfe gegenüber allen unterdrückten Menschen.
Klasse 7b der 13. Polytechnischen Oberschule in Plauen

Warum läßt man Chile keine militärische Hilfe zukommen? Ich könnte mir vorstellen, daß es Tausende freiwillige Kämpfer in unserer sozialistischen Staatengemeinschaft gibt, die dem chilenischen Volk wieder zur Macht verhelfen.
Edgar H., Plauen (1973, unveröffentlicht)

B-52-Bomber über Hanoi abgeschossen. Mit unserer Kamera fotografierte man den Absturz der brennenden Maschine, und wir druckten das Bild zusammen mit einem Artikel des Chefredakteurs von *Thong Nhat*.

Im nächsten Jahr riefen wir die Leser zu einer Soli-Aktion anderer Art auf. Anlaß war der Militärputsch in Chile, der Sturz und die Ermordung des rechtmäßigen Präsidenten Salvador Allende im Herbst 1973. Chile hatte damals auf einen demokratischen Weg zu revolutionären Umgestaltungen hoffen lassen. Gerhard Desombre hatte das Land mehrfach besucht und auch Allendes Wahlreisen begleitet. Die Aussicht auf eine neue Form des Übergangs zu einer gerechteren – sozialistischen? – Gesellschaft hatte noch einmal alte Erwartungen belebt. War das Experiment eines Sozialismus mit menschlichem Antlitz 1968 in Prag durch sowjetische Panzer beendet worden, so sorgten hier General Pinochet und seine Armee mit Inspiration und logistischer Hilfe aus den USA für den Abbruch des Versuchs.

Nun galt es, die Hilfe für die vielen aus Chile Flüchtenden zu organisieren. Zweierlei schwebte uns vor: Geld aufzutreiben und politisch zu mobilisieren. Beides wurde möglich, als wir im Verband der Bildenden Künstler der DDR einen Verbündeten fanden. Wir würden Druckgrafik verkaufen, der Reinerlös sollte dem Solidaritätskomitee der DDR zukommen, das dann die Hilfslieferungen für Chile und die Chilenen bezahlte. In der *Wochenpost* vom 12. Oktober 1973 gab es den Start. Auf der Titelseite druckten wir eine Grafik von Nuria Quevedo, selbst eine politische Emigrantin; 1939 hatte sie als Kind mit den Eltern ihre Heimat Spanien auf der Flucht vor dem Franco-Terror verlassen müssen.

Nun präsentierten wir Woche für Woche immer neue Grafiken, die meisten Blätter hatten ein politische Aussage, waren eigens für unsere Aktion geschaffen worden. Die Leser mußten den angegebenen Preis (zwischen 20 und 50 Mark) auf das Solidaritätskonto überweisen, dann erhielten sie von der Redaktion das jeweilige, oft auch handsignierte Blatt zugesandt. Bereits nach zwei Monaten konnten wir mitteilen, die ersten 50 000 Mark seien auf dem Konto eingegangen. Das heißt, es mußten einige tausend Leute eine Grafik gekauft haben. Am 26. April 1974 meldete die *Wochenpost*: 100 000 Mark gespendet! Da hatten bereits mehr als sechzig Künstler freiwillig Grafiken zur Verfügung gestellt, nicht nur Grafiker aus der DDR; freiwillig kauften Leser die Blätter.

Die Chile-Aktion war ein großer Kraftakt für die Redaktion. Bernhard Hönig, der Hauptakteur in diesem Unternehmen, mußte immer neue Künstler ansprechen und zum Mitmachen gewinnen – die einzelnen Blätter hatten ja eine begrenzte Auflage. Chile geriet allmählich aus den Schlagzeilen, man mußte mit neuen Fakten und neuem Material das Interesse wachhalten. So wurden in der *Wochenpost* eine ganze Reihe von außergewöhnlichen Beiträgen veröffentlicht, die Erinnerungen von Osvaldo Puccio darunter, des Privatsekretärs von Präsident Allende, dann in Fortsetzungen Auszüge aus einem Bericht des USA-Senats über die Mitwirkung der CIA am Putsch in Chile. Im März 1976 konnte die *Wochenpost* schließlich mitteilen, daß insgesamt 200000 Mark für die Aktion »Grafik für Chiles Freiheit« auf dem Chile-Konto des Solidaritätskomitees eingegangen waren.

Die Grafiken wurden auch bei dem alljährlichen Solidaritätsbasar der Journalisten auf dem Berliner Alexanderplatz angeboten. Diese Veranstaltungen am letzten Freitag im August gab es erstmals zu Beginn der 70er Jahre als vergleichsweise bescheidenes Unternehmen. Wir stellten Tische auf, an denen wir Bücher und Grafiken, aber auch Volkskunstartikel und allerlei Schnickschnack feilboten. Der Reinerlös floß dem internationalen Solidaritätsfonds der Journalisten zu. Es entwickelte sich im Laufe der Jahre ein Wettbewerb der Redaktionen um das höchste Spendenaufkommen, und aus dem anfangs eher bescheidenen Basar wurde schließlich eine Art Volksfest mit Hunderttausenden Besuchern.

Es war natürlich alljährlich zu überlegen, womit wir uns präsentieren und was wir anbieten konnten. Erstmals stellten wir 1985 eine überdimensionale Landkarte von Nikaragua auf, auf der die Besucher mit ihrer Unterschrift ihre Solidarität mit dem mittelamerikanischen Land bekunden konnten. Unsere Mitarbeiter hatten vielerlei Keramik für den Verkauf beschafft. Leser schickten Handarbeiten. Wir produzierten eigens für den Basar Heftchen mit Ratschlägen für den Gartenfreund, mit Kochrezepten und einem Lexikon mit Rechtsauskünften – immer gemäß dem, was der Leser in der *Wochenpost* erwartete und fand. Dazu kam eine *Wochenpost*-Sonderausgabe nur mit Rätseln. Seit 1981 warteten wir mit einem großen *Wochenpost*-Antiquariat aus Spenden unserer Leser auf. Die Namen der Spender wurden alle in der Zeitung veröffentlicht. Eine Leserin aus Profen schrieb an die Redaktion: »Ehrlich, es ist leichter, für die Solidarität in die Geldtasche zu greifen als in den Bücherschrank, um sich von einem liebgewonnenen Buch zu trennen. Aber gerade das macht eine solche Spende für den Geber wohl auch wertvoller. Mögen die Bücher dem künftigen Besitzer genauso wie mir Freude bereiten.«

Auf dem Solibasar holte uns indessen der Alltag ein. 1983 hieß es in einer Analyse der Leserbriefe: »Mehrere Leser, die gern für den Solibasar gearbeitet hätten, klagten darüber, daß es kein Häkelgarn und keine passenden Häkelhaken gibt.« Auch wurden auf dem Basar immer häufiger begehrenswerte Dinge angeboten, die woanders kaum zu haben waren: Bürgel-Keramik, Amiga-Lizenzschallplatten, Baumwollspitze und

Dank von Hortensia Bussi de Allende
Ich habe diese Grafiken, die vom Leid, aber auch von der ungebrochenen menschlichen Würde meines Volkes künden, mit großer Anteilnahme betrachtet. Manchmal ist es sehr schwer, immer wieder mit den persönlichen Erlebnissen während des Putsches konfrontiert zu werden, zu berichten, wie Angehörige, Freunde und Tausende Chilenen ermordet wurden ... Und wenn auch mancher, der unseren Berichten zugehört hat, vielleicht glaubt, die Hölle, durch die so viele von uns gegangen sind, ersticke jeden Willen zum Widerstand, so erklären wir: Das chilenische Volk ist zwar geschlagen und gequält, aber nicht besiegt. Daß das so ist, daran hat die internationale Solidarität einen großen Anteil, und deshalb möchte ich auf diesem Wege allen Journalisten und Künstlern sowie den Bürgern der DDR, die an »Grafik für Chiles Freiheit« beteiligt waren, meinen tiefempfundenen Dank sagen.
Wochenpost 31.5.1974

Der letzte Basar
Früh um fünf verkauften wir das erste Rätsellexikon im Licht einer Taschenlampe. Die Rätselzeitung aber blieb den ganzen Tag über der gefragteste Artikel. Sogar der Mann, der uns weissagte, er werde 200 Fehler in der Ausgabe finden, kaufte sie. An diesem aufregenden Tag gab es auch leise Momente. Eva Strittmatter schrieb in jedes der 100 Exemplare ihres Gedichtbandes »Atem« die gewünschte Widmung, hörte zu, beantwortete Fragen. Eine Verehrerin sagte ihr: »Das Buch ist für mich. Ich brauche es ganz dringend.« Ein Moment der Stille in all dem Lärm.
Wochenpost 1. 9. 1989

Negerküsse. Da standen dann die Leute schon frühmorgens an, um die ersten zu sein.

Der letzte Solidaritätsbasar der Journalisten fand zu DDR-Zeiten am 25. August 1989 statt. Es kamen mehr als 200 000 Besucher, es gab also das gewohnte Gedränge.

Sieben Jahre später war es kein Freitag, sondern ein Sonnabend, an dem Journalisten – diesmal nicht nur aus Ostberlin, sondern auch aus Westberlin – erneut Stände für einen Solidaritätsbasar auf dem Alexanderplatz aufbauten. Es kamen nicht Hunderttausende, aber doch Tausende. Ende August 1996 schien es, als habe sich die Idee der Solidarität doch nicht überlebt. Die *Wochenpost* – noch gab es sie – war nicht dabei. In der neuen Chefredaktion hatte man befunden, man sei auf dem Alex »in der falschen Gesellschaft«.

1. August 1969: »Und was träumt ein Leutnant der Volkspolizei?«

Schon auf der Titelseite wird am 1. August 1969 angezeigt: Ankunft von dreißig palästinensischen Flüchtlingskindern zu einem Ferienaufenthalt. August, Ferienzeit. Der Leitartikel der *Wochenpost* zieht den Hut vor den Stahlwerkern und Hochöfnern, die um die Planerfüllung ringen, obwohl das Thermometer draußen (nicht am Ofen) mehr als 30 Grad anzeigt. Eine Feriengeschichte des polnischen Klassikers Bolesław Prus steht im Blatt.

Ein Weltereignis spiegelt sich auf Seite 1 in nur zwei halbfetten Zeilen. Aber drinnen gibt's dann noch eine Doppelseite dazu: Zum ersten Mal haben Menschen ihren Fuß auf den Mond gesetzt. Leider, ach, leider auch für die Agitation, es waren Amerikaner. Unseren Weltraumfahrt-Experten Horst Hoffmann ficht das nicht an. Oben ausgestiegen ist oben ausgestiegen. Der *Wochenpost*-Leser findet in dieser Ausgabe eine ausführliche Würdigung des Ereignisses, eine Beschreibung der physikalischen Voraussetzungen, dazu auch eine schematische Zeichnung des Raumfahreranzugs der beiden Amerikaner mit der genauen Erklärung der einzelnen Komponenten. Die Spezialisierung in der Redaktion zahlt sich auch auf diesem wissenschaftlichen Bereich aus. So sind die *Wochenpost*-Leser in der privilegierten Situation, über Jahrzehnte hinweg kontinuierlich in allen Details darüber auf dem laufenden gehalten zu werden, was sich in der Raumfahrt tut. Bei aller Anerkennung für das Apollo-Unternehmen, diesen »kleinen Schritt« des Astronauten Armstrong, der ein so »großer Schritt« für die Menschheit war, wird auf die notwendige kritische Sicht nicht verzichtet. »Das Krebsübel« sieht Horst Hoffmann darin, »daß die USA jährlich dreimal soviel für die Aufrüstung ausgeben, wie sie in einem ganzen Jahrzehnt für den Mondflug aufbrachten«.

Es ist viel Weltgeschehen in dieser Zeitung. Auf einer Seite werden die Hintergründe der Unruhen in Wales erläutert: Terroristen haben Bomben gelegt, weil sie Unabhängigkeit von London wollen, es gab Demonstrationen, eine walisische Nationalistenpartei macht von sich reden. Wer erinnert sich noch fast drei Jahrzehnte später daran, daß es in Wales Unruhen gab? Es findet sich ein Bericht über ein in Frankfurt am Main verschlepptes Verfahren gegen einen Nazi-Kriegsverbrecher, der in Italien an der Ermordung von 18 Menschen beteiligt gewesen ist. Ein Artikel befaßt sich mit dem »Fußballkrieg« zwischen

Langsamhefter
Zu einer lustigen Kurzgeschichte über Schnellhefter erhielt die Redaktion ernsthafte Leserbriefe, so diesen: Diesen Artikel habe ich genau unter die Lupe genommen. Der Autor hat meiner Meinung nach keine Erfahrung mit dem Abheften von Schriftstücken. Alle Schriftstücke, die ihre Erledigung gefunden haben, werden gelocht und in einen Ordner mit alphabetischem Register eingeheftet. Dieser kann meinetwegen »Langsamhefter« genannt werden. Ein »Schnellhefter« wird verwendet, wenn bei einem eingegangenen Schriftstück eine persönliche Verhandlung nötig ist ...
Leserbrief von Friedrich L., Burgstädt Wochenpost 7.2.1969

Technisch genaue Informationen über die Details jenes Anzugs, mit dem die Apollo-Mannschaft auf dem Mond umherspazierte.

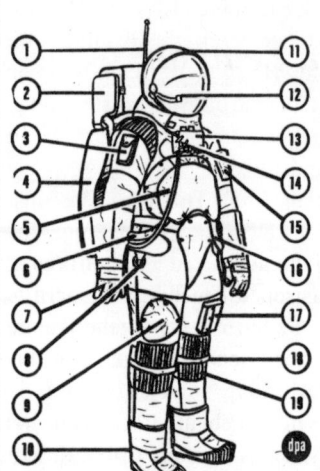

Apollo-Ausgehanzug. Preis 100 000 Dollar
1) Sprechfunkantenne 2) Sauerstoffbehälter 3) Sonnenbrille 4) Versorgungstornister für Flüssigkühlung, Elektroteil und Druckausgleich 5) Hinter dieser Schutzhülle verbergen sich fünf Anschlußstecker für Kontroll- und Versorgungssysteme im Raumschiff 6) Zuleitung zur Sauerstoffreinigung 7) Weltraumhandschuh mit Haft-Tast-Spitzen 8) Ring für Halteseil zur Mondfähre 9) Urin-Ableiter, Vorrichtung für biomedizinische Injektion, Mini-Geigerzähler, Tasche für Halteseil 10) Schwere Überschuhe nur für Mond 11) Spezialhelm mit Strahlenschutz 12) Sprechfunkgerät 13) Kontrollgerät für Versorgungstornister 14) Sauerstoffkontrolle 15) Taschenlampe und Schreibmaterial 16) Zufuhr für Flüssigkühlsystem 17) Bereitschaftstasche 18) Sicherheitsbänder für Raumanzug 19) gestrichelt gezeichnete Teile sind zusätzlich durch Chromel-R (gewobenes Metall) geschützt

Der teuerste Fußtritt der Welt

Das ist jedoch sicher nicht der einzige Grund, warum die „Neue Zürcher Zeitung" das Unternehmen Apollo 11 wie folgt buchstabiert: „A wie Abenteuer, P wie Politik, O wie Orakel, L wie Luna, L wie Luna, O wie Omen..."

Nachdem die Schweizer Zeitung auf die Diskrepanz zwischen den 25 Milliarden Dollar für den ersten Fußtritt auf dem Mond, den wissenschaftlichen Wert des Unternehmens und den brennenden irdischen Problemen hinweist, kommentiert sie die Aussichten des Apollo-Programms:

Streit ums Kostgeld

„Die NASA ist allerdings nicht nur ein Opfer der eigenen Pionierleistung, sondern auch der Umstände: Probleme der Gesellschaft, die zu Beginn des Apollo-Programms zwar schon vorhanden, aber weit weniger sichtbar waren, drängen plötzlich zu einer anteiligen Berücksichtigung bei der Zumessung des Haushaltsgeldes. Die Proportionen und Prioritäten haben sich gewandelt, und die NASA wird kaum darum herumkommen, bei weiteren Programmen des bemannten Raumfluges mit Sparflamme zu kochen.

Und die westdeutsche „Zeit" resümiert: „Der Ausflug ins All bedarf, altmodisch ausgedrückt, der Rechtfertigung auf Erden."

Mögen alle diese Überlegungen und Ratschläge zur Lösung der sozialen Fragen in den USA auch gut gemeint sein, des Pudels Kern treffen sie dennoch nicht. Das Krebsübel, das Schuld trägt an der Krise Amerikas, wird erst in seinen vollen Ausmaßen deutlich, wenn man bedenkt, daß die USA jährlich dreimal soviel für die Aufrüstung ausgeben, wie sie in einem ganzen Jahrzehnt für den Mondflug aufbrachten.

Hängengeblieben
Ein Johanngeorgenstädter Telefonbuch aus den frühen fünfziger Jahren verzeichnet noch nicht jene Werkzeugmaschinenfabrik. Drinnen stehen kreischend rotierende Maschinen, Männer in blauer Montur drehen, fräsen und bohren Stahlteile. (...) Nichts, was darauf hinweist, daß diese Männer jemals einer anderen Tätigkeit nachgegangen sind als dieser. Zwei Dutzend Rundfragen ergeben indessen folgende Kurzbiografie: Der typische Metallarbeiter dieser Maschinenfabrik hat ehemals sechs bis zwölf Jahre lang die begehrte Pechblende ans Tageslicht gefördert. Er ist, als sich der Uranbergbau ins Thüringische verlagerte, nicht mitgezogen, weil er entweder hier geboren oder hier »hängengeblieben« ist, was bedeuten soll, er habe hier geheiratet.
Klaus Schlesinger
Wochenpost 15.8.1969

Honduras und El Salvador. Ein DDR-Student berichtet über den Einsatz einer Studentenbrigade in Kasachstan.

Es gibt viele gute Ratschläge: für den Anstrich von Fußböden, für die richtige Anordnung von Balkonkästen, Rezepte für Kartoffelgerichte; ein Orthopäde befaßt sich mit unterschiedlichen Beinlängen, und die Kühlbox »Micky« wird vorgestellt. Auf einer Doppelseite äußert sich der Direktor des Instituts für Serum- und Impfstoffprüfung in einem Interview über die Perspektiven des Kampfes gegen Infektionskrankheiten. Schließlich wird die 4. Aufgabe in einem 20 000-Mark-Preisausschreiben gestellt: Sechs Stadtwappen (natürlich von DDR-Städten) sind zu erraten. Man kann sicher sein, daß dazu einige zehntausend Einsendungen kommen werden.

Außerdem will die *Wochenpost* wieder mal eine Diskussion in Gang setzen, eine der, wie mir heute scheint, etwas abstrakten, moralisierenden Aktionen für mehr oder minder professionelle Leserbriefschreiber. Thema und Überschrift lauten: »Träumen Sie?«

1. August 1969: »Und was träumt ein Leutnant der Volkspolizei?«

Um der Sache von Anfang an den richtigen Kick zu geben, um zum Schreiben zu provozieren, stehen bereits die Resultate einer inszenierten Befragung im Blatt. Beispielsweise: »Träumen? Wissen Sie, ich glaube einfach nicht, daß das was nützt«, sagt ein 69jähriger Buchhalter. Wohingegen ein Stellwerker bei der Berliner U-Bahn meint: »Warum denn nicht? Man hat Wünsche, die man gern erfüllt sehen möchte. Mein Traum ist, daß unser Berlin so schön wie möglich wird.« Der Leiter eines Singeklubs in Karl-Marx-Stadt träumt »von einer neuen Jugendmusik in der DDR«. Denn, so erklärt er: »Warum sollen wir z. B. den Beat dem Westen überlassen?« Eine Chefärztin sagt, es gebe Träume, die bereits Wirklichkeit zu werden beginnen, beispielsweise Organtransplantationen.

Eine 39jährige Sachbearbeiterin hingegen: »Ihre Frage finde ich lächerlich. Als gäbe es nichts Wichtigeres, womit sich die Menschen beschäftigen müssen. Träumen ist doch was für ›Spinner‹ oder solche, die sich in ein gemachtes Bett legen, und das hat ja wohl nicht jeder in der Welt. Sie sollten die Leute besser fragen, was für Probleme und Sorgen sie haben.« Der 56jährige Invalidenrentner, der erst einmal behauptet »Träumen – das war mal, zu Großvaters Zeiten«, bekommt dann doch die Kurve: »Heute geht es doch um ganz konkrete Fragen der gesellschaftlichen Entwicklung. Kann man denn das noch Träumen nennen?«

Und was träumt ein Leutnant der Volkspolizei? »Für mich ist es zunächst einmal wichtig, mit dafür zu sorgen, daß die Aufgaben, die sich unser Staat gestellt hat, verwirklicht werden. Ich denke, wir sollten ruhig alle ein wenig von der Entwicklung unserer sozialistischen Menschengemeinschaft träumen – und dafür sorgen, daß diese Träume in Erfüllung gehen.«

So wünscht man sich offenbar die Leser der *Wochenpost*, jedenfalls sind sie so ausgewählt worden. Diskussionsstoff ist also gegeben. Damit auch wirklich jeder alles richtig versteht, hakt die Redaktion noch mal nach: »Träumen wir noch? Ist Träumen überhaupt noch modern, zeitgemäß? Haben wir denn noch Zeit zum Träumen? Wenn ja, wovon träumen wir, und haben unsere Träume eine reale Chance?«

Ich erspare es mir, der Debatte in den nachfolgen Ausgaben nachzuspüren. Der Erkenntniswert dürfte sich nach diesem Auftakt in Grenzen halten.

Das häusliche Leben im Jahre 2000
Im ganzen wird sich das Leben in der Familie zunehmend harmonisieren – nicht trotz, sondern gerade wegen der größeren Selbständigkeit aller ihrer Mitglieder. Keinesfalls kann man davon sprechen, daß etwa der Trend der Scheidungsquote nach oben kennzeichnend für die Zukunft von Ehe und Familie sei.
Wochenpost 22.8.1969

Unerwünschte Schwangerschaft
Leider bekommt man in einer Frauenklinik nicht nur glückliche Mütter zu Gesicht, sondern auch solche Frauen, die alles Mögliche und Unmögliche versuchen, um nicht Mutter werden zu müssen. Es ist erst wenige Tage her, daß ich mit Frau Vera sprach. Als sie eingeliefert wurde, dachten wir nicht, daß sie mit dem Leben davonkommen würde ...
Prof. Dr. Lykke Aresin
Wochenpost 12.9.1969

Deutschland-Ost sieht Deutschland-West

Dieses Logo ist nur zweimal auf den Umschau-Seiten erschienen.

Bruchbuden
»Wenn es Ihnen hier nicht gefällt, können Sie ja ausziehen!« Mit solchem und ähnlich lautendem Bescheid weisen Hausbesitzer im Bezirk Wedding (Westberlin) beschwerdeführende Mieter ab. Und der Beschwerden gibt es viele: regendurchlässige Dächer, Schwamm in den Wänden, reparaturbedürftige Öfen ...
Wochenpost 26.2.1966

Matter Glorienschein
Gleich in der ersten Saison versackte der Verein im Banknotensturm der Bundesliga ... Für 850 000 Mark verkaufte Schalke inzwischen seine Stadionbauten an die Stadt, Grund und Boden sind ohnehin Eigentum des Mannesmann-Konzerns. Der Glorienschein Schalkes ist matt geworden.
Wochenpost 1.5.1965

Wenn die DDR einmal als »Kind des Kalten Krieges« bezeichnet wurde, so könnte man das in gewisser Weise auch von der *Wochenpost* sagen. Ihr Gründungsjahr 1953 gilt vielen sogar als der Höhepunkt des Kalten Krieges. Was die Darstellung Westdeutschlands angeht, so ist selbstverständlich, daß sie den Vorgaben der »großen Politik« folgte. So lange, wie die Parole »Deutsche an einen Tisch« lautete, forderten auch wir »Deutsche an einen Tisch«. War Abgrenzung angesagt, grenzten auch wir ab. Waren die »Bonner Ultras« zu entlarven, entlarvten wir. Waren »Brandtschutz-Wochen« angesagt, verschonten auch wir die Bundesrepublik und ihren Kanzler Brandt mit kritischen Betrachtungen. Dafür sorgte schon die »Argu«. Bei alledem war die Berichterstattung über die Bundesrepublik ein sensibles Feld. Ein politisches Fehlurteil in einem Beitrag über Gambia wurde hingenommen, eines über den Landtagswahlkampf in Bayern nicht.

Nun muß ich darauf beharren, diesen Teil unserer Arbeit differenziert zu betrachten. In den vier Jahrzehnten des Nebeneinanderbestehens zweier deutscher Staaten ging es vom Kampf bis fast aufs Messer bis zum Abschluß von Abkommen und Verträgen, von westdeutschen Haftbefehlen gegen Walter Ulbricht bis zum Staatsbesuch Erich Honeckers in Bonn (wenngleich hierfür ja extra die »Lex Honecker« erlassen worden war, damit niemand auf die Idee kommen konnte, ihn vom roten Teppich weg zu verhaften). Unser Blick auf den Westen mußte sich mit dem Erfolg des Wirtschaftswunders ebenso ändern wie mit der Studentenrevolte von 1968, mit der Gründung der Bundeswehr und dem Eintritt der BRD in die NATO, mit der Aufnahme beider deutscher Staaten in die UNO wie mit den Vereinbarungen von Helsinki. Es war ein Wandel in der Atmosphäre und demzufolge ein Wandel in der Sicht.

Anfangs ist ja »DDR« in fast allen westlichen Zeitungen, wenn überhaupt, dann mit Anführungszeichen geschrieben worden. Es hieß eigentlich »Sowjetzone« (man denke an die westlichen Pressestimmen zur *Wochenpost*-Auseinandersetzung von 1956). Wer erinnert sich noch daran, welch ein Entrüstungssturm in Westdeutschland losbrach, als der Showmaster Hans-Joachim Kuhlenkampff Anfang Oktober 1959 in einer Quizsendung der ARD eine Landkarte zeigte, auf der groß und deutlich DDR (ohne Anführungszeichen) zu lesen war. Dann sagte er auch noch DDR. Während »Untersuchungen« gefordert wurden, während sich Bonner Minister zu Wort meldeten, war das Ereignis der *Wochenpost* einen längeren Artikel wert. Wir nahmen den »populären Conferencier« (den man in der DDR ja eigentlich nicht kennen durfte – Westfernsehen unerwünscht!) gegen »die Kämpen der psychologischen Kriegführung« in Schutz. Der Intendant des schuldigen ARD-Senders habe, »um sich von jedem Zweifel an seiner loyal kanzlertreuen Gesinnung reinzuwaschen, feierlich erklärt, es gebe keine DDR. – Fernsehen, wie man sieht, schützt vor Blindheit nicht.« So die *Wochenpost*.

Fuhr man zu jener Zeit als Reporter in den Westen, so war es angeraten, nicht zu erkennen zu geben, daß man aus der DDR war. Als Heinz Knobloch 1954 nach München fuhr und Claire Waldoff besuchte, kam darüber am Ende ein recht zurückhaltender Bericht heraus. Es war für alle Beteiligten geboten, sich nicht zu sehr miteinander gemein zu machen. »Claire Waldoff befürchtete, der Westberliner Senat könnte ihr die monatliche Zuwendung entziehen, wenn sie einer in Ost-Berlin erscheinenden Zeitung ein Interview gäbe.« Dies sei ein im Kalten Krieg durchaus verständlicher Wunsch gewesen, den er respektiert habe. »Deshalb kein eigener, nur ein unpersönlicher Bericht. Dazu aber in ihrer Handschrift für uns ›Grüße an Berlin‹ und ihr Vers ›Ich bin ein Optimist ...‹«[70]

Am 25. Juni 1958 wurden der *Wochenpost*-Redakteur Hannes Hüttner und unser Fotoreporter Jochen Moll in Dortmund verhaftet und zwei Tage lang festgehalten. Sie wollten über die Landtagswahlen in Nordrhein-Westfalen und – wie es in der *Wochenpost* hieß – »über die Volksbewegung gegen die atomare Bewaffnung aus eigener Anschauung berichten. Fragen, die unseren Lesern und allen, die über die Entwicklung in der Bundesrepublik orientiert sein wollen, am Herzen liegen.« Wir

Wer fuhr zur Olympiade nach München?
In der Fernsehübertragung der Eröffnungszeremonie der Olympischen Spiele München konnte man auch hören, daß 2 000 DDR-Touristen anwesend sind. Da nun seit vielen Jahren kein normaler DDR-Bürger auch nur eine Minute nach der BRD reisen kann und zum anderen auch nirgends etwas bekannt wurde über den Verkauf von Olympia-Eintrittskarten in der DDR, möchte ich im Namen vieler anderer anfragen, wo es diese Eintrittskarten gab bzw. nach welchen Gesichtspunkten die Empfänger dieser Karten ausgewählt wurden.
Zuschrift von H. U., Eibenstock, (1973, unveröffentlicht)

Claire Waldoffs Gruß an die Wochenpost-Leser

Bildungs-Hausierer
300 000 Fernschüler gibt es allein in Westdeutschland. Sie zahlen für einen Kurs 600 bis 3 500 D-Mark. Doch die Summen stehen in keinem Verhältnis zur Leistung.
1 500 D-Mark büßte z. B. ein 22jähriger Hamburger Schlachtergeselle bei dem Versuch ein, Programmierer zu werden. Nach wenigen Unterrichtsstunden platzte der Schwindel. Der 29jährige »Direktor« der Fernschule, Exvertreter für Elektroartikel, hatte sich über Nacht aus dem Staub gemacht. Die einkassierten Lehrgangsbeiträge in Höhe von 400 000 D-Mark nahm er mit. Zurück blieben 300 Geschädigte. Die Versuche einiger Geschädigter, sich mit Zivilklagen gegen betrügerische Praktiken der »Bildungs-Hausierer« zur Wehr zu setzen, blieben meist ohne Erfolg. Das kapitalistische System bietet ihnen keinen Schutz.
Wochenpost 3.4.1970

berichteten über die Festnahme. Überschrift: »Redaktion *Wochenpost* erhebt schärfsten Protest«. In dem Artikel hieß es: »Unseren beiden Kollegen, die heftig protestierten, wurden sämtliche Filme und Notizen fotokopiert, ihnen wurden zwangsweise Fingerabdrücke abgenommen und ihre Personalien und Bilder in eine Kartei aufgenommen.«

Nur wenige Wochen später hatten wir Berichte von Rudolf Hirsch über einen Prozeß vor dem Bundesgerichtshof im Blatt, bei dem DDR-Bürger angeklagt waren, weil sie im Auftrage des DDR-Gewerkschaftsbundes Gespräche mit westdeutschen Gewerkschaftern geführt und damit gegen westdeutsche Gesetze verstoßen hätten.

Erst als ich Ende 1966 zusammen mit Horst Szeponik in München war, konnten wir es wagen, uns zu erkennen zu geben. Aber selbst jetzt war es noch nicht ratsam, überall mit sozusagen offenem Visier aufzutreten. Man konnte es aber beispielsweise bei den Gewerkschaften.

1958 rief man in der DDR noch immer »Deutsche an einen Tisch«, und in Westdeutschland grenzte man sich von der »Zone« ab. Wir hingegen enthüllten die Nazi-Vergangenheit von Bundesministern (Oberländer), Staatssekretären (Globke), Länder-Ministerpräsidenten (Filbinger) und Bundeswehr-Generalen (Steinhoff, Heusinger u. a.). Wir fühlten uns im Recht. Der Senatspräsident, der in dem von Rudolf Hirsch beschriebenen Karlsruher Prozeß gegen DDR-Bürger den Prozeßvorsitz führte, war eineinhalb Jahrzehnte zuvor als »Chefrichter beim Oberbefehlshaber der Wehrmacht in Dänemark« an Todesurteilen gegen wehrunwillige deutsche Soldaten beteiligt gewesen. Darin sahen wir eine schlimme Logik. Sie hat unsere Sicht auf die Bundesrepublik lange Zeit hindurch geprägt. Nazis und Kriegsverbrecher dienten uns als Beleg dafür, daß die DDR der bessere deutsche Staat war, während zugleich in der Bundesrepublik fortschrittliche Kräfte verfolgt wurden. Der Verbotsprozeß gegen die KPD wurde in der *Wochenpost* ausführlich behandelt, desgleichen die nachfolgenden Verfahren gegen KPD-Funktionäre. Unsere detailreiche Darstellung dieser Seite westdeutscher Politik ging bis hin zu dem sogenannten Radikalenerlaß von 1972, mit dem die Regierung Brandt alle die der tatsächlichen oder vermuteten Zugehörigkeit zur Kommunistischen Partei Beschuldigten aus dem öffentlichen Dienst vertrieb.

Allerdings haben die vielfachen Restriktionen, denen die Bürger in der DDR ausgesetzt waren, die Akzeptanz solcher Argumente negativ beeinflußt. Die ideologischen Auseinandersetzungen vollzogen sich immer vor dem Hintergrund des Wettbewerbs zwischen den beiden deutschen Staaten. Das reichte von der Versorgung mit Südfrüchten bis zur Reisefreiheit. Als der westdeutsche Antifaschist Emil Bechtle 1966 eine Haftstrafe

Deutschland-Ost sieht Deutschland-West

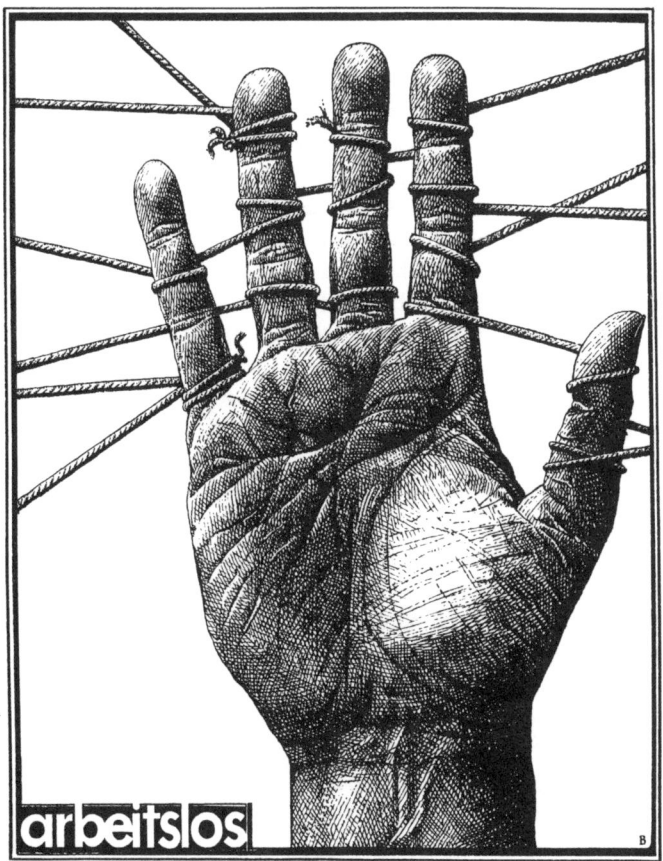

Als diese Grafik von Axel Bertram am 20. November 1981 auf der Titelseite der Wochenpost erschien, stand am Rand dazu der Text: »Das Los von Millionen in der Welt des Kapitals«. Der Titel verwies auf den Artikel »Die große Vergeudung«, in dem es um das Schicksal von 30 Millionen Arbeitslosen in den kapitalistischen Hauptländern ging. Etwas über acht Jahre später, am 19. Januar 1990, druckte die Wochenpost die Grafik noch einmal. Nunmehr standen Tausende in der noch existierenden DDR vor demselben Schicksal.

von acht Monaten verbüßen mußte, weil er in einem »Hauptausschuß für eine Volksbefragung gegen Remilitarisierung und für den Abschluß eines Friedensvertrages mit Deutschland« mitgearbeitet hatte, als man ihn anschließend wegen eines eingeleiteten neuen Verfahrens gleich weiter in Haft behielt, erkrankte seine Frau schwer. Doch er durfte die Sterbende nicht besuchen, nur zur Beisetzung ließ man ihn. Das prangerte die *Wochenpost* an und erhielt daraufhin den anonymen Brief eines Lesers: Der Vorgang sei bedauerlich, aber immerhin konnte Bechtle ans Grab seiner Frau, obwohl er im Sinne westlicher Gesetze ein Verbrecher sei. Dem Leser sei es hingegen verwehrt worden, zur Beerdigung seiner Mutter in die BRD zu fahren. »Andererseits fahren Jugendfunktionäre in nicht geringer Anzahl, als ob es eine Selbstverständlichkeit sei, hinüber, damit sie dort ihr großes Maul schwenken«, schloß der Brief verbittert.

Unwahres über die Lage im Westen hat die *Wochenpost* wissentlich nie verbreitet. Sie hat aber – schlimm genug – verzerrt und weggelassen. Aber selbst wahrheitsgetreue Berichte machten Probleme. Eine kleine Meldung in der Ausgabe vom

Anfrage
Mein geschiedener Ehemann siedelte im Dezember 1974 offiziell in die BRD über, obwohl er laut Pfändungs- und Überweisungsbeschluß einen Unterhaltsrückstand in Höhe von 1947,- Mark zu verbuchen hatte. (...) Alle eingeleiteten Maßnahmen des Referats Jugendhilfe ... sind bisher erfolglos geblieben. (...) Für mich ergibt sich jetzt folgender Widerspruch: Einerseits ist das Ministerium des Innern gegenüber den Interessen meines geschiedenen Ehemanns sehr großzügig verfahren, indem es seinem Antrag auf Ausreise stattgegeben hat, andererseits ist keine Behörde unseres Staates bereit, die berechtigten Forderungen meiner 12jährigen Tochter zu erfüllen.
*Brief von
Eleonore O., Berlin,
(1977, unveröffentlicht)*

Beschlagnahmte Mode
Warum werden Modehefte, die ganz unpolitisch sind, und nur dem Schneiderhandwerk dienen ... am Kontrollpunkt in Gerstungen von den Organen der DDR einfach, ohne viel Worte zu machen, weggenommen? Warum konnte ich vorige Woche gelegentlich einer Fahrt nach Aussig in der ČSSR die gleichen westdeutschen Modehefte kaufen und dieselben ungehindert mit nach Dresden bringen?
Franz S., Dresden (März 1973, unveröffentlicht)

Seit Jahren erhielt ich von meiner Verwandtschaft aus Österreich einen Landschaftskalender. Laut neuer Bestimmung sind extra angegebene Betriebe, Institutionen und Organe zum Empfang berechtigt. Der Grund der Beschlagnahme wurde kurz als Werbematerial angegeben. (...) Diese Bestimmung stempelt mich als Bürger unseres Staates zum Menschen zweiten Ranges ... Außerdem zielt diese Bestimmung darauf hin, die Einstellung eines Bürgers zu seinem Staate negativ zu beeinflussen ...
Brief von Friedrich M., Berlin (1973, unveröffentlicht)

26. Februar 1966 beispielsweise trieb Leser auf die Barrikaden. Unter dem Stichwort »Bruchbuden-Aktion« hatten wir aus Westberlin gemeldet, es gebe zunehmende Beschwerden über den schlechten Zustand von Wohnungen bei gleichzeitig steigenden Mieten. Völlig korrekt und zutreffend. Aber, so eine Leserin aus Jena: »Ganz genau wie in der DDR. Warum denn nur immer andere schmähen, wenn man hier selbst die Mängel nicht sehen will.« Ein Leser aus Leipzig schilderte die Zustände in seinem Haus. »Doch wie ich werden sich viele Leser die Gedanken gemacht haben, man sollte sich besser vorher überlegen, was man in die Zeitung bringt ...« Für einen Anonymus aus Dresden war unsere Meldung Anlaß zu der Mitteilung, es gebe dort ein neues Ausflugsziel, einen Bungalow, »der in jahrelanger Arbeit in vornehmer Abgeschlossenheit ... entstand. Bauherr lt. Schild: ›Der Minsterrat der DDR‹. Allgemeines Rätselraten: Für wen ist dieser geheimnisvolle Bau mit seinen fensterlosen Klinkermauern bestimmt?«

Da standen wir nun mit unseren Argumenten und unserem Talent. Wir registrierten sorgsam jeden Splitter im Auge des Feindes und hatten gefälligst die Balken in unserem Auge zu ignorieren.

Abgesehen vom propagandistischen Dauerfeuer, bestand das Verhältnis der beiden deutschen Staaten anfangs vornehmlich in Spionage und Agententätigkeit, jedenfalls wenn man den Artikeln in den Zeitungen und auch in der *Wochenpost* Glauben schenkt. Es waren nicht alles Hirngespinste.

1954 oder 1955 – ich erinnere mich nicht mehr genau, wann das war – wurden wir von der Nachricht aufgeschreckt, daß in Berlin eine gefälschte *Wochenpost* im Umlauf sei, Seite 1 original, das Foto, die Texte, alles stimmte. Ab Seite 2 fanden sich westliche Propaganda-Artikel gegen die DDR. Da die Fälschung am gleichen Tage auftauchte, als die originale *Wochenpost* in den Handel kam, lag auf der Hand, daß ein Andruckexemplar frisch aus unserer Druckerei nach Westberlin geschafft worden sein mußte, wo man die Titelseite reproduziert und mit ihr das Propagandablatt getarnt hatte. Man hat damals die Sicherheitsvorkehrungen in der Druckerei verschärft, um zu verhindern, daß künftig Andruckexemplare vorzeitig in unrechte Hände gerieten.

Es gab Wandlungen in der Politik und in der öffentlichen Meinung Westdeutschlands. Sie bewirkten gegen Ende der 60er Jahre auch Änderungen in unserer Berichterstattung über Westdeutschland. Doch wenn sich das Feindbild auch relativierte, es blieb ein Feindbild.

Als im Januar 1970 der »Umschau«-Teil der *Wochenpost* mit einem neuen Layout sozusagen renoviert wurde und als wir die ersten Randmarken zur Kennzeichnung der einzelnen Seiten einführten, gab es neben dem Logo »Außenpolitik« auch eine

Marke »Westdeutschland« (unter dem Wort fand sich, akribisch gezeichnet, die untere Hälfte des Bundesadlers). Diese besondere Westdeutschland-Seite ist genau zweimal erschienen. Ab Nr. 3/1970 waren Artikel über die Bundesrepublik und über Westberlin nur noch unter dem Logo »Außenpolitik« gestattet. Die BRD war Ausland, und zwar noch ausländischer als manches andere Ausland. In der schon zitierten Magisterarbeit über die *Wochenpost* wurde für die Jahre 1982 und 1983 ermittelt, daß die Bundesrepublik bei uns mit einem Anteil von etwas über neun Prozent an der gesamten Auslandsberichterstattung gleich auf Platz 3 hinter den USA und der Sowjetunion rangierte.[71]

Hinsichtlich der Wirksamkeit unserer Beiträge wird in derselben Arbeit von 1983 folgendes festgestellt: Der »Kommunikationskörper« *Wochenpost*, bei dem die parteiliche Auseinandersetzung mit dem Westen organisch in ein weites Angebot von Bildung, Sachinformation, Unterhaltung und Leserservice integriert sei, müsse mehr Rezipienten finden als ein Medium, das nur negativ berichte. »Trotzdem«, so heißt es weiter, »sollte der Einfluß eines solchen DDR-Journalismus auf die Durchschnitts-DDR-Bürger nicht zu hoch eingeschätzt werden. Soweit dem Verfasser bekannt ist, haben diese ein kritischeres und distanzierteres Verhältnis zu ihren Medien als z. B. viele BRD-Bürger. Sie verstehen, ›zwischen den Zeilen zu lesen‹, und haben, vielleicht gerade wegen ihrer seit ihrer Kindheit andauernden Gewöhnung an Agitation und Propaganda, ein – möglicherweise in seiner Permanenz ungerechtfertigtes – mehr oder weniger großes Mißtrauen gegenüber Presse, Funk und Fernsehen der DDR.«[72]

Sosehr ich immer darauf beharren werde, der *Wochenpost* eine gewisse Ausnahmestellung zuzuschreiben, so neige ich in diesem Falle dazu, dieser Auffassung zuzustimmen.

Mal was Positives
Im Hinblick auf die Verträge DDR–BRD und ein Miteinander müßte in Zukunft auch mal was Positives aus der BRD berichtet werden. Jetzt scheint ein ungeschriebenes Gesetz zu bestehen, welches besagt, daß in unseren Massenmedien nur Negatives aus der BRD berichtet wird. Es ist richtig, daß es dort Dinge gibt, von denen wir uns jederzeit distanzieren, aber es gibt auch Leistungen, die sich sehen lassen können und die auch durch Arbeiterhände geschaffen werden.
Zuschrift von Karl E., Meißen, (Januar 1973, unveröffentlicht)

3. April 1970: Amerikaner zählen – ein Spiel für den Redakteur

Der Sternenhimmel im April
Als Hauptereignis im Sonnensystem ist die am 11. April eintretende Opposition des Uranus zu erwähnen. Der nur mit dem Feldstecher auffindbare Planet steht wenig oberhalb des Fixsterns Spika im Sternbild Jungfrau. Beide Gestirne kulminieren in der Oppositionszeit um Mitternacht.
Wochenpost 3.4.1970

Wie geht man mit Gedenktagen um? Mit denen, die sozusagen von Staats wegen als große Haupt- und Staatsaktionen verordnet sind? Am 3. April 1970 hat es die *Wochenpost* mit zwei solcher »Schwerpunkte« zu tun. Da steht einmal der 100. Geburtstag von Lenin bevor, und da ist zum zweiten in vier Wochen der 25. Jahrestag der Befreiung zu begehen.

Die Kunst bestand darin, den Lesern hinsichtlich der unvermeidbaren Jahrestage spannende Geschichten anzubieten und das Ganze sodann in die bewährte bunte Mischung einzubetten. Also erscheint zwischen einem Lenin-Artikel und hinter einer 8.-Mai-Seite ein von Rosemarie Rehahn geschriebenes wunderschönes Porträt der Schauspielerin Jutta Hoffmann (mit einem entsprechenden Titelfoto). Auf einer Doppelseite macht Sieglinde Wolff eine »Nachbetrachtung zum Thema Grippe«, denn gerade wieder ist einmal eine Grippeepidemie zu Ende gegangen. Es gilt, Bilanz zu ziehen hinsichtlich Schutzimpfung und anderweitiger Vorbeugung.

Was kann man Lesbares und zudem relativ Neues zu Lenin sagen? Eine Seite »Anekdoten um Wladimir Iljitsch Lenin« ist im Blatt. Aber das eigentlich Originelle ist »Die Jagd nach der Turbine« – bereits der 5. Teil einer Fortsetzungsserie. Der Inhalt der Story: 1919 soll auf Anweisung Lenins unweit von Moskau ein Kraftwerk errichtet werden. Der Matrose Grischenko erhält den Auftrag, in dem vom Bürgerkrieg geschüttelten Rußland die beiden einzigen Turbinen, die es im Lande gibt, dazu heranzuschaffen. Während eine Turbine schnell gefunden werden kann, beginnt nach der zweiten eine spannende, abenteuerliche Jagd. Für die *Wochenpost* hat Erwin Bekier diese historisch verbürgte Episode ausgegraben und geschrieben. Aber was heißt geschrieben, er schreibt sie Woche für Woche, und jedesmal bangen wir, bis Erwin in letzter Minute vor Redaktionsschluß mit dem Manuskript vorbeikommt. Es ist wohl das einzige Mal in der *Wochenpost*-Geschichte, daß wir wochenlang um Lenin zittern. Bis zu jenem Tag, an dem uns Erwin eröffnet: »Ich muß Euch etwas gestehen. Grischenko findet die Turbine überhaupt nicht.« (April! April! – Er findet doch.)

Dann das Ende des 2. Weltkrieges vor 25 Jahren. Ist dazu mittlerweile nicht alles gesagt? Wir drucken die Erinnerungen an den Neubeginn, an die ersten Tage des Friedens, an Trümmer und Hunger und Wiederaufbau.

ANFANG FÜR ARCHE

Erzählung von Heinz Knobloch
Alle Rechte beim Autor
Illustrationen von Paul Rosié

Im gleichen Kontext eine Erzählung von Heinz Knobloch: »Anfang für Arche«. Er erzählt seine Erlebnisse vom Juli 1944 in der Normandie, als er zu den Amerikanern überlief. In dieser Ausgabe Nr. 14 vom 3. April 1970 erscheint bereits die dritte Fortsetzung, und da habe ich, scheint mir, den gröbsten Ärger schon hinter mir. Es war nämlich, als ich gerade den Chefredakteur vertrat, ein Anruf des amtierenden Leiters der ZK-Abteilung für Agitation eingegangen: Sag mal, Ihr druckt da die Geschichte von Knobloch. – Ja. – Da kommen ja nur andauernd Amerikaner vor. Es geht doch eigentlich darum, jetzt die Rolle der Sowjetarmee darzustellen und nicht dauernd die Amerikaner. – Jetzt kann ich mich nur noch rausreden. Ich hätte das ganze Manuskript gelesen (eine Lüge), und da wisse ich, die vielen Amerikaner kämen nur am Anfang vor, später nicht mehr. – Na gut. Aber achtet auf die Proportionen! – Das ist durchaus als Drohung zu nehmen. Ich beglückwünsche mich zu meiner Geistesgegenwart. Aber keine Frage: Der Genosse wird nächste Woche die Amerikaner in der *Wochenpost* zählen.

Ich nehme mir die nächsten Knobloch-Seiten vor. In Nummer 11 gibt es fünfundzwanzigmal Amerikaner, Amis und Amerika. In Nummer 12 und 13 sind es jeweils vierzehnmal. Auf dem Seitenabzug für die Seite 21 der Nummer 14 entferne ich Amerikaner, umschreibe sie, füge unverfängliche Synonyme ein. Nur noch sieben Amerikaner bleiben übrig. Das Manuskript für die Nummer 15 her: Stolze Leistung – Reduzierung der Amerikaner auf vier! Was bleibt mir anderes übrig! Die Alternative wäre erfahrungsgemäß die Weisung zum Abbruch der Serie gewesen.

Und Knobloch? Ich kann mich nicht mehr erinnern, ob er zu jener Zeit gerade nicht in der Redaktion war oder ob ich ihn einfach übergangen habe. Hätte ich ihn aufgefordert, die Amerikaner selbst zu tilgen, oder hätte ich ihn mit meinen Strichen konfrontiert – es hätte einen großen Krach zwischen uns gegeben. Heinz Knobloch bestätigt das später: »Damals hätte ich, es erfahrend, mich sicher sehr aufgeregt.« Er merkt es nicht. Erst zwei Jahrzehnte später mache ich ihn auf die Veränderungen in seinem Text aufmerksam.

Drum singe ...
Im Kindergarten »Hessenhof« unserer Stadt ist vor kurzem ein Chor gegründet worden. Die jüngsten Mitglieder sind drei, die ältesten sechs Jahre alt. Sobald sich die Stimmen klangvoll zusammengefunden haben, tritt der Chor bei kulturellen und anderen Anlässen im Kindergarten sowie in der Öffentlichkeit auf. Hilfestellung dabei werden Schüler der hiesigen Musikschule leisten.
*Leserbrief von
Kurt K., Schmalkalden
Wochenpost 3.4.1970*

Computer statt Blei – die neue *Wochenpost*

Unauffällige Schönheit
Einer Zeitung einen grafischen Anzug anzumessen, ist eine Kunst, die vom Gestalter Bescheidenheit verlangt. Denn seine Ideen mögen noch so kühn und originell sein, sie sind erst in dem Moment wirklich interessant, wenn sie den journalistischen Geist einer Zeitung klar und ohne Eitelkeiten zum Ausdruck bringen. Ein gutes Layout hat die einfache und zweckmäßige Anordnung des gesamten Schrift- und Bildmaterials zum Ziel. Es dient dem Leser, indem es Ordnung, Klarheit und Anschaulichkeit schafft. Das ist eine sehr schwierige Aufgabe, und selbst eine zeitweilige Lösung gelingt nur, wenn die Mehrzahl der Redakteure sich zu dieser Absicht bekennt. Dies alles vorausgesetzt, kann die grafische Gestaltung einer Zeitung durchaus die unauffällige Schönheit eines durchdachten Gebrauchsgegenstandes besitzen – und vielleicht sogar eine gewisse Eleganz.
Überlegungen von Prof. Axel Bertram zum Wochenpost-Layout, 1970

Man kann die *Wochenpost* vom April 1970 nicht betrachten, ohne technische Neuerungen zu bemerken. Seit dem 1. Januar 1970 hatte das Blei ausgedient, wurde die Zeitung im Fotosatzverfahren hergestellt. Die *Wochenpost* spielte in diesem Fall, wie schon zuvor mehrmals, die Rolle des Vorreiters: Neue Techniken wurden mit uns (oder an uns) ausprobiert. Mit der Ausgabe 40 war im Jahre 1967 der Druck der *Wochenpost* vom Rotationshochdruck auf Rollenoffsetdruck umgestellt worden, was eine wesentliche Verbesserung der Qualität vor allem bei der Wiedergabe von Fotos mit sich brachte. Es entfielen nun endlich die ständig wiederkehrenden Beschwerden der Leser, sie hätten nach dem Lesen der *Wochenpost* schwarze Hände. Nun kam mit der Nummer 1 des Jahres 1970 der computergesteuerte Fotosatz. Wir begannen mit vier Seiten in der neuen Technologie, jede Woche kamen dann vier bis sechs Seiten hinzu, und nur ein einziges Mal gab es in dieser Zeit eine Havarie bei der Anlage. Die Umstellung geschah ja ohne Vorübungen, ohne Tests, es war ein glatter Sprung ins tiefe Wasser, und siehe da: Wir sind nicht untergegangen, die Zeitung kam ohne Verspätungen heraus.

Fünf Jahre später unternahm die *Wochenpost* als erste Zeitung der DDR den Übergang zum sogenannten fahnenlosen Umbruch. Nun erhielt die Redaktion keine Spaltenabzüge zur Korrektur mehr, jetzt kamen gleich ganze Seiten. Das hatte auch Konsequenzen für die Redakteure: Nachträgliche Korrekturen wurden aufwendiger, man konnte nicht mehr sagen: Ach, das formuliere ich nachher auf dem Korrekturabzug noch mal um.

Es dauerte nur ein Jahrzehnt, da wurde auch die Texterfassung in der Redaktion auf Computer umgestellt. Hier spielten wir für die DDR ebenfalls den Vorreiter bei der Einführung der aus dem Westen importierten Technologie.

Diese technologischen Sprünge wären nicht ohne Unfall verlaufen, hätten wir nicht eine überaus tüchtige, lernwillige und deshalb kompetente Abteilung Gestaltung gehabt. Die mußte sich ja nicht nur mit den Tücken einer neuen Technik herumschlagen, sondern zudem mit manchmal lernunwilligen Redakteuren, die hin und wieder partout nicht einsehen wollten, daß beim Satz das Blei nicht durch Gummi ersetzt werden konnte.

Die Einführung der Computertechnik im Januar 1970 bot die günstige Gelegenheit, das äußere Bild der *Wochenpost* grundlegend zu renovieren. 1953 hatten wir mit einem Layout begonnen, das dem Schönheitsideal des »Gelsenkirchener Barock« entsprach. Seit der Formatänderung von 1965 waren vielfältige Experimente gemacht worden. Wir fanden Geschmack an typografischen Nierentischen. Der Kopf wurde negativ, weiß auf grün, auch mal größer, mal kleiner. Wir blieben dabei, für ganze Seiten die Überschriften zeichnen zu lassen. Es änderten sich jedoch die verwendeten Lettern, die gepinselten Schriften verschwanden. (Bei Artikeln über Indien, China, Japan oder Arabien waren wir zuvor der Exotik fast bis zur Unleserlichkeit verfallen.)

Nun wurde Axel Bertram von der Kunsthochschule Weißensee dafür gewonnen, ein neues Layout der *Wochenpost* zu konzipieren. Ihm ging es nicht um hehre Kunst, er wollte einen handhabbaren Gebrauchsgegenstand entwickeln.

Wir betrachteten das genauso. Aber als wir dann Bertrams Entwürfe sahen, holten wir erst einmal tief Luft. Es war doch sehr ungewohnt, was uns da vorgeschlagen wurde. Zur technischen Revolution fügte der Grafiker die typographische Revolution. Der einschneidende Vorschlag war die Einführung der Marginalien, also der Randspalten, die von nun an das Gesicht der *Wochenpost* unverwechselbar prägten. Die erste Funktion, die dem Rand zugedacht wurde, war die orientierende. Jetzt konnte man sich ganz schnell einen Überblick über die Themen der einzelnen Seiten verschaffen. Das wurde zusätzlich durch Logos, durch gezeichnete Marken, erleichtert. Der Ausgangspunkt für diese grafische Lösung war sozusagen ein demokratischer: Dem Leser sollte nicht vorgeschrieben werden, was er mögen sollte. Es sollte ihm erleichtert werden, selbst schnell auszuwählen, was er in welcher Reihenfolge lesen wollte; auch sollte er schnell wiedererkennen, wonach er suchte.

Alle Beiträge mußten von nun an steten »Randkontakt« halten und dem Erläuterungsprinzip zuzuordnen sein. Es gab künftig keine ineinanderverschachtelten Artikel und auch keine einspaltigen Umläufe mehr, vielmehr unterstützte ein konsequenter Querumbruch den Gedanken des hilfreichen Marginalienrandes.

Es ist interessant, wie ein total Außenstehender unser neues Layout wahrnahm. In der schon mehrfach genannten Magisterarbeit von 1983 heißt es: »Die Aufmachung des Blattes ist übersichtlich und erlaubt eine rasche Selektion des Informations- und Unterhaltungsmaterials. (...) Gerade im Auslandsteil, wenn über komplexe Sachverhalte und Vorgänge, über die die meisten Leser vermutlich nur wenig Vorinformationen haben können, berichtet wird, kommt diese ungewöhnliche Seitenaufteilung der Bildungsintention der *Wochenpost* sehr zustatten. Sie kann in der Randspalte Aussagen oder Informationen, die ihr besonders wichtig sind und die anscheinend beim Rezipienten ›hängenbleiben‹ sollen, gesondert, geradezu schulbuchartig, zusammenfassen.«[73]

**Kurz angekündigt:
Randtexte 1974**

Unser Wohnungsbau – vom Bedürfnis zum Programm

Das Neueste vom Sojus-Apollo-Programm

Mexiko rüstet zum Kampf gegen eine Landplage

filmclub *wochenpost*

BRD: Angst vor dem Schwarzen Freitag

Wir berichten vom XI. Internationalen Fernsehfestival in Prag

Die Geschichte einer Kollegin von nebenan, über die alle Leute nur Gutes sagen

Vor 30 Jahren: Attentat auf Hitler

Interview der *Wochenpost* mit Bernd Bransch, Kapitän der DDR-Fußballnationalmannschaft

Ein Bericht aus Panama von Gerhard Desombre

Sexualerziehung im frühen Schulalter

Zypern: Reaktionärer Offizierscoup

Neubrandenburg: Motorenruhe für 142 Gewässer

Urlaubstip für Prag-Besucher

Suche nach dem Bernsteinzimmer geht weiter

**Kurz angekündigt:
Randtexte 1974**

Über qualifizierte Mechaniker und gebildete Elektriker berichtet Monika Maron

Pro Wissenschaft

Problem – Projekt – Produkt

Saaletal und Rittersleut, eine Berg- und Burgbesteigung mit Rolf Pfeiffer

Waschmaschine zweifach genutzt

Sieben Tage im Libanon

Der Sternenhimmel im August

Jagd auf sagenhaftes Seeungeheuer

Wenn das Berliner Ensemble auf Reisen geht

25 Jahre Ungarische Volksrepublik

Wochenende im Garten

Mit beiden Augen

Ehekonflikt und Kinder

Spezifik eines Erntesommers

Wie der II. Weltkrieg begann

Die praktische Einführung des neuen Layouts war nicht ohne Probleme. Zunächst mußte die Redaktion überzeugt werden. Die Marginalien hatten – wie gesagt – Konsequenzen fürs Schreiben, für die Gestaltung von Artikeln. Wenn man sich der neuen Form bewußt bediente, hatte das Vorteile. Ich habe beispielsweise meine Auslandsreportagen stets in der Weise produziert, daß ich zuerst einmal die Texte für die Ränder schrieb. Dadurch hatte ich mich schon von einer Menge Faktenmaterial entlastet, das zum Verständnis wichtig war, das aber in der Reportage den Fluß des Erzählens gebremst hätte.

Doch es gab natürlich Irritationen, Unverständnis, und es dauerte bei manchen Kollegen geraume Zeit, bevor sie das neue Prinzip akzeptierten. Der Spielraum für eigene grafische Ambitionen unserer Gestalter wurde geringer, in gewisser Weise mußten sie sich einer durchgängigen Grundidee unterwerfen. Indem sie dies taten, trugen sie aber wesentlich zum Erfolg des Unternehmens bei. Im nachhinein muß man auch sagen, daß sich das anfänglich so einschränkende und für die Redakteure so unbequem scheinende Layout sehr gut bewährt hat, nicht zuletzt dank der unermüdlichen Verteidigung durch die Abteilung Grafik. Es wurde von den Lesern als gut funktionierender Gebrauchsgegenstand angenommen, weil die Übersichtlichkeit, die piktografische Kennzeichnung und die typografischen Hinweise und Erläuterungen der weit verbreiteten Absicht entgegenkamen, *Wochenpost*-Beiträge zu sammeln und aufzubewahren.

Nun könnte man vom heutigen Standpunkt aus dieser grafischen Aufmachung eine gewisse didaktische Trockenheit vorwerfen. Sie verließ sich völlig auf vernünftige Organisation. Dies konnte sie um so mehr, als der Fluß der Seiten nicht von Anzeigen unterbrochen wurde und sie sich nicht durch grafischen Aufputz gegen Annoncen durchsetzen mußte. Gewiß mag der visuelle Unterhaltungswert hinter die Bestrebungen nach Überschaubarkeit zurückgetreten sein, besonders dann, wenn beispielsweise die Fotografie nicht hinreichend attraktiv ausfiel, was vor allem bei aktuellen politischen Beiträgen unausbleiblich war. Dennoch: Dieses Layout hatte mehr als zwanzig Jahre Bestand. Die Marginalien blieben der *Wochenpost* sogar bis zum letzten Tag ihrer selbständigen Existenz erhalten.

Mit der Einführung des neuen Layouts waren wir damals allerdings sehr vorsichtig gewesen. Wir wußten um die zutiefst konservative Grundhaltung der »Revolutionäre« im ZK der SED, die, wie wir mehrfach erfahren hatten, auch ins Layout hineinzureden pflegten. Unsere Vorsicht sollte sich auch bald als völlig gerechtfertigt erweisen. In der Ausgabe vom 1. Januar 1970 kam erst einmal der Umschauteil, die Seiten 6 bis 11, mit Marginalien daher. Da der Umschauteil aber schon immer etwas anders ausgesehen hatte als der Rest der Zeitung, ist wohl nie-

Computer statt Blei – die neue *Wochenpost*

Die Gestalter der Abteilung Grafik der Wochenpost

Kurz angekündigt: Randtexte 1987

Von einem Handwerker und seiner Meisterschaft

Aus der Arbeit von Rostocker Fischereibiologen

Rechte der USA sucht einen neuen Steuermann

Eine affige Recherche von Thomas Wendt

Fußball: Elfmeter-Geschichten

Benimm noch modern?

Schlagzeilen von Gestern: Vor 75 Jahren: Streik der sibirischen Goldarbeiter

Herbert Grönemeyer, Rocksänger, Komponist, Texter, Schauspieler

Friedrich Nietzsche und die Naturwissenschaften

Margot Pfannstiel: Polizeiakte Karl Siegerist

Ludwig Uhland – Poet und Parlamentarier

Die Verstrickungen des Peter Hagelstein, Erfinder des Röntgenlasers

Ihr Kind ist zu dick

Steffi Knop: Wickersdorf – Schule mit guter Tradition

mandem etwas aufgefallen. Außerdem bekamen seit Jahresanfang alle übrigen Seiten an den Außenrändern eine Linie, sozusagen als tricksende Vorübung auf die Randspalten.

Der Fortschritt kam auf Filzlatschen. Von der Nummer 23/1970 an präsentierten sich die Seiten 16 und 17 im neuen Gewand. Da es sich dabei um eine neue Serie handelte (hiermit begann die *Wochenpost*-Akademie), haben die Wächter immer noch nichts gemerkt. Aber bald darauf schien am Werderschen Markt jemand der Schlag zu treffen. Wir hatten das neue Layout gerade in der gesamten Zeitung eingeführt, da kam ein Anruf vom ZK – wenn ich mich recht erinnere aber nicht von dem für die *Wochenpost* zuständigen Mitarbeiter der Abteilung Agitation, sondern von jemandem, der mit der Papierversorgung zu tun hatte. Seine Klage deckte sich fast wortwörtlich mit der eines Lesers, der uns bereits seit einigen Wochen nervte. Dieser Mann, der auch irgend etwas mit Papier zu tun hatte, schickte uns eine aberwitzige Kalkulation. Er ließ nämlich jedwede typografischen Tatsachen außer acht, vermaß bedruckte und unbedruckte Flächen, rechnete hoch und kam schließlich mit einer

Report aus Le Bourget
Mit etwas Ellbogen und viel Journalistenglück eroberten wir uns einen günstigen Standpunkt in der Nähe der Piste 03, der es gestattete, Start, Flug und Landung in allen Einzelheiten zu verfolgen. Hauptattraktion dieser an artistischen und akrobatischen Vorführungen reichen Schau waren natürlich die Flüge der beiden Prototypen von Überschallverkehrsflugzeugen: der sowjetischen TU 144, geflogen von Eduard Jeljan, und der englischfranzösischen Concorde mit Jean Franchi am Steuerknüppel...
Horst Hoffman über den Luftfahrtsalon Paris Wochenpost 16.7.1971

Farbdüfte
Außer reiner Gartenluft wollen viele Kleingärtner vorübergehend auch frische Farbdüfte inhalieren, nämlich dann, wenn sie ihre Laube wieder einmal frisch streichen.
Da nicht alle Lauben aus dem gleichen Holz gebaut sind, hier einige Hinweise für den Anstrich des verschiedenen Materials...
Wochenpost 23.7.1971

peniblen Milchmädchenrechnung zu dem kreuzgefährlichen Schluß, wir würden viele Tonnen Papier vergeuden, weil jetzt nicht mehr soviel Fläche mit Text bedeckt sei. Die Redaktion hatte mit Axel Bertrams Beteiligung alles sachlich korrekt und milde beantwortet. Aber der Mann schien von der Idee besessen, die Volkswirtschaft der DDR retten zu müssen, er schrieb immer neue Briefe, und wohl auch ans ZK.

So wurde aus dem Spleen eines einzelnen eine typische DDR-Geschichte. Der ZK-Mitarbeiter argumentierte wie der Briefschreiber. Es gebe ohnehin eine allgemeine Papierknappheit in der DDR, es könnten nicht alle Wünsche nach einer höheren *Wochenpost*-Auflage erfüllt werden, und wir würden den Platz verschwenden.

In der Tat erweckte der Entwurf den Eindruck, es werde mit sehr viel »Luft« gearbeitet, denn freier Raum sollte die Ordnungsfunktion unterstreichen. Das erkläre man mal einem ungebildeten Funktionär, der mit Papierknappheit befaßt ist.

Was taten wir, um weiteres Unheil abzuwenden und das Layout zu retten? Wir machten eine einfache, aber verblüffende Rechnung auf: In das neue Layout gingen – ungelogen – mindestens fünf Prozent mehr Text als in das randlose alte. Da es aber unterm Strich nicht nur um sachliche Argumente, sondern um das Prinzip der Rechthaberei ging, blieb nichts weiter übrig, als Besserung zu geloben und die Redaktion darauf einzuschwören, die Ränder stärker zu füllen. So blieb zwar das Prinzip erhalten, die ursprüngliche Intention des Grafikers wurde aber zeitweilig verwässert. Es war eine typische DDR-Konfliktlösung. Sie endete wie nicht selten mit einer Magenverstimmung des Chefredakteurs. Letztlich blieben wir aber mit einem kleinen Ausweichmanöver beim ursprünglichen Konzept.

Kam als End- und Höhepunkt der allumfassenden Renovierung die Titelseite. An der von Johannes Hegen gezeichneten schwungvollen Zeile war längst einige Dutzend Male manipuliert worden. Zuletzt hatte Axel Bertram den Originalschriftzug zugleich mit der Einführung der Randspalten etwas verkleinert und etwas eleganter auf das grüne Feld gesetzt. Aber der geschwungene Pinselschriftzug von 1953 war nun endgültig ein Stilbruch. Einen neuen Kopf durften wir jedoch wirklich nicht ohne Zustimmung des ZK einführen. Das hatte schon technisch-organisatorische Gründe. Bei dem weiß Gott nicht gerade unterentwickelten Sicherheitsbedürfnis in der DDR hätte das unerwartete und unangekündigte Auftauchen einer bislang unbekannten Titelzeile der *Wochenpost* sofortiges Eingreifen von Sicherheitsorganen nach sich ziehen können (wo doch schon mal eine gefälschte *Wochenpost* in Umlauf gewesen war) – mit der Folge der Nichtauslieferung des Blattes.

Bei der Überarbeitung der Titelzeile war wichtig, der Leserschaft nicht das Gefühl zu geben, es handele sich hier um eine andere oder gänzlich veränderte Zeitung. So behielt der Grafiker sorgfältig den äußeren Umriß, das überstrichene »W« und den kursiven Charakter des kalligrafischen Schriftzuges bei. Die neue Zeile erinnerte den flüchtigen Betrachter so unmittelbar an die alte, daß die übergroße Mehrheit der Leser diesen Wandel kaum bemerkte.

Es galt, nun nur noch einen günstigen Anlaß für die Einführung des neuen Kopfes zu finden. Hierzu bot sich an, einen hohen Fest- und Feiertag zu wählen, so daß die Premiere der neuen Titelseite gewissermaßen als Geschenk verkauft werden konnte: der 23. Jahrestag der DDR. Die *Wochenpost* erschien also am 6. Oktober 1972 erstmals mit ihrem neuen Kopf, modern und doch wiedererkennbar.

Kleiner Punkt
Bülzig: Ein paar Dutzend Häuser, 960 Einwohner, an der Bahnlinie Berlin – Halle gelegen. Ein kleiner Punkt auf der Landkarte des Kreises Wittenberg. Bereits fünfmal erkämpften sich die Bülziger im Fernwettkampf der Landgemeinden ihrer Ortsklasse den ersten Platz in der Republik. Und ihre 406 Mitglieder zählende Sportgemeinschaft – die SG Bülzig – wurde erst kürzlich als »Vorbildliche Sportgemeinschgaft des DTSB« geehrt!
Wochenpost 23.7.1971

26. Februar 1971: Stichwort »Eingabe«

Fuchs und Elster
Auch ich bin Anhänger der mit viel Liebe und Feingefühl gestalteten Kindersendungen. Doch eine Frage: Herr Fuchs und Frau Elster streiten sich oft, vertragen sich natürlich immer wieder. Inwieweit entspricht das ständige Gezänk eigentlich pädagogischen Erfordernissen?
*Leserbrief von Günter M., Berlin
Wochenpost 26.2.1971*

Wochenpost-Akademie
Konsultation:
Warum altern wir?
Was ist der Sozialdarwinismus?
Ist die Menschwerdung ein Rätsel?
Anworten in Wochenpost 22.1.1971

Ein vielbelachter Witz zu DDR-Zeiten betraf den Unterschied zwischen Kapitalismus und Sozialismus: Im Kapitalismus seien die Grundprinzipien die Einnahmen und Ausgaben, im Sozialismus hingegen die Eingaben und Ausnahmen.

Daran fühle ich mich beim Blättern in der *Wochenpost* vom 26. Februar 1971 erinnert. Es ist eine richtige Durchschnittsausgabe, die einzelnen Artikel in der leserfreundlichen Länge, eine gesunde Mischung von Unterhaltendem und Belehrendem und nur ganz wenig in störrischer Sprache. Zu letzterem zählt gewiß die Seite 4, ein Interview mit dem Sekretär des Staatsrates der DDR, Otto Gotsche. Dennoch ist dieser Text recht informativ. Zehn Jahre zuvor nämlich hatte der Staatsrat der DDR den »Erlaß über die Eingaben der Bürger und die Bearbeitung durch die Staatsorgane« beschlossen. Nur am Rande erwähnt sei, daß »Staatsorgane« im Sinne dieser Verordnung so ziemlich alles in der DDR war; selbst die *Wochenpost*-Redaktion wurde, wenn es denn hart auf hart kam, mit der Elle dieses Erlasses gemessen. Es heißt dort nämlich unter anderem, daß Eingaben in genau bemessener Frist von vier Wochen zu erledigen bzw. zu beantworten seien. So manches Mal schrieben Leser über ihren Brief an die *Wochenpost* »Eingabe«, und schon griffen gesetzliche Bestimmungen.

Es ist gewiß sinnvoll, wenn staatliche Instanzen per Gesetz gezwungen werden, Anregungen und Kritiken ernst zu nehmen und gebührend zu behandeln. Der »Eingabenerlaß« war somit ein Stück Demokratie und zugleich ein Beispiel für das Versagen dieser Demokratie. Denn hätte sie funktioniert, wären die Leute nicht in Massen gezwungen gewesen, sich an die oberen und obersten Instanzen zu wenden. Otto Gotsche nennt Zahlen: Allein im Bezirk Halle hätten die Volksvertretungen und Räte im Jahre mehr als 65 000 Eingaben erhalten. Im Staatsrat der DDR gingen zwischen 1961 und 1964 jährlich 100 000 Eingaben ein, und 1970 waren es mehr als 60 000. Wie lautete später die unverhüllte Drohung jener, die sich benachteiligt fühlten: »Dann schreibe ich eben an Honecker!«

Zurück zur »Gesunden Mischung«. Eine Seite »*Wochenpost*-Akademie« gehört dazu. Das ist eine Serie, in der sich führende DDR-Wissenschaftler, durchweg eben Mitglieder der Akademie der Wissenschaften, verständlich zu neuen Erkenntnissen ihres Fachgebiets äußern. An die einzelnen Beiträge schließt sich später, wie im Wissenschaftsbetrieb üblich, eine »Konsultation« an – im Klartext: Es werden Leseranfragen beantwortet. In dieser Ausgabe geht es um die Biologie – »Konsultation Nr. 4« findet statt. Eine Frage lautet: »Sind Nervenzellen heilbar?« Und jemand will wissen: »Gibt es geistige Vererbung?« So direkt natürlich nicht, antwortet der Wissenschaftler, schränkt jedoch ein: »Unrichtig ist aber auch die verbreitete Meinung, daß primär die Umwelt den Menschen forme. Nach dieser undialektischen Auffassung wären die Menschen passiv einer irgendwie vorgegebenen Umwelt ausgeliefert.« Die tätige Auseinandersetzung des Menschen mit der Umwelt sei der entscheidende Vorgang in der Persönlichkeitsentwicklung.

Nicht gerade leichte Kost. Aber die *Wochenpost* peilte eben höhere Ansprüche an.

180 Millionen Jahre alte Bakterien und die Flamingos, das sind andere Themen auf den Wissenschaftsseiten, während im Auslandsteil der weltweite Kampf gegen den Analphabetismus behandelt wird. In 15. Fortsetzung erscheint der Vorabdruck eines Buches des Schweizer Reporters Jean Villain über die Pariser Kommune. In einer anderen Serie gibt der weithin populäre Anwalt und Strafverteidiger Friedrich Karl Kaul Auskunft über sein Leben.

»Bevor man Ja fürs Lebens sagt« hilft Prof. Lykke Aresin künftigen Eheleuten mit ein paar Ratschlägen. »Ehe mit der Schwiegermutter?« lautet die rhetorische Frage. Lieber nicht, ist die Antwort. Die Schwiegermutter möge sich raushalten, und wo man notgedrungen zusammenlebe, sei eine strikte Kompetenzabgrenzung vonnöten.

Auf der Sportseite aber heißt es: »Der diesjährige Winter fiel bislang auf einen Donnerstag.« Die *Wochenpost* hat – nicht zum erstenmal – zu einem Wintersportfest nach Friedrichroda eingeladen. Aber es war zu warm, es lag kein Schnee. Abgesehen von einem Orientierungslauf, findet das Sportfest nun im Saale statt. Mit Gymnastik und Trockenski scheint, traut man der *Wochenpost*-Titelseite, dem Artikel und den veröffentlichten Fotos, das Ganze doch ein Erfolg geworden zu sein. Schließlich hat am Abend eine Leserversammlung stattgefunden: »Sie machen sich Gedanken darüber, was in der Redaktion mit ihren Zuschriften geschieht, fragen: Welchen Platz räumt Ihr dem Leser und seiner Mitarbeit ein? Ist sie Euch Hilfe, oder seht Ihr nur die damit verbundene Arbeit? Ist die Veranstaltung in Friedrichroda Pflicht oder Kür für Euch? (...) Wir wurden an viele Tische gebeten, hörten erneut Vorschläge, kritische Hinweise, auch Sorgen: Die Volksbildung kommt zu kurz. Wie reagieren die Justizorgane, wenn Ihr Gerichtsreporter Rudolf Hirsch Bedenken zu einem Urteil äußert? (...) Nennt Schwierigkeiten und Hindernisse offen beim Namen!«

Ein Oberstleutnant meldet sich zu Wort
Als 8-Klassen-Schüler erhielt ich in der NVA die Möglichkeit, mich zu einem vielseitig gebildeten Menschen zu entwickeln. Der Abschluß als Flugzeugführer-Ingenieur und der Besuch der Militärakademie sind nur zwei Etappen davon. Der Offizier der NVA trägt eine hohe gesellschaftliche Verantwortung.
Wochenpost 26.2.1971

Beruf mit Perspektive
Tausende Meilen vom Heimathafen Rostock entfernt ringen Offiziere und Mannschaften an Bord der Fangflotte des VEB Fischkombinat Rostock im sozialistischen Wettbewerb um hohe Leistungen und wissen, Hochseefischer ist ein schöner, harter und reizvoller Beruf mit großer Perspektive.
Anzeige
Wochenpost 26.2.1971

Salate der Saison
Küchenmeister Weibelzahl, Zentralinstitut für Ernährung, Potsdam-Rehbrücke, empfiehlt: Möhrensalat, Möhren-Apfelsalat, Chicorée-Rapünzchen-Salat, Weißkohl-Apfelsalat, Weißkohl-Gurkensalat, Bunter Sauerkrautsalat.
Wochenpost 22.1.1971

Zitieren statt Kritisieren: »Sport ist für Walter Ulbricht ein Lebensbedürfnis«

Die Hauseingänge in der Stalinallee
Es war vor einigen Jahren, als der Bau der Stalinallee noch in seinen Anfängen steckte. Eines Sonntags hatte Walter Ulbricht mehrere Architekten zum Kaffee eingeladen. Es wurde lebhaft diskutiert, unter anderem über die Frage, wo in der Stalinallee die Hauseingänge sein sollten. Die meisten schlugen vor, sie nach dem Beispiel der Moskauer Gorkistraße an der Hinterfront anzubringen, um die Vorderfront für schöne Läden zu benutzen. Walter Ulbricht jedoch vertrat den Standpunkt, daß die Hauseingänge in die Stalinallee gehören. Sie dürften auch nicht klein und unansehnlich sein, sondern groß und schön. Warum? Wenn der Arbeiter das Haus betritt, dann müsse er das Gefühl haben: In diesem schönen Haus bin ich jetzt der Herr. Zu guter Letzt gaben sich die »Gegner« geschlagen. Das Ergebnis dieser Unterhaltung sind die schönen großen Hauseingänge in der Stalinallee.
*Lotte Ulbricht
Wochenpost 19.9.1959*

Die Spitzen von Partei und Regierung waren in der DDR in jeder Hinsicht tabu. Sie wurden selbstverständlich nicht kritisiert. Zitiert wurden sie dafür um so mehr. Sprüche aus ihren Reden auf Parteitagen oder Plenartagungen des Zentralkomitees finden sich in der *Wochenpost* zuhauf, vor allem auf den Rändern, wo diese Texte die Funktion einer Art schützenden Amuletts hatten.

Genauso tabu war natürlich das Privatleben der führenden Leute der DDR. Wir sahen das immer mit etwas gemischten Empfindungen. Wenn irgendwo in der Welt die Intimsphäre von Prominenten ohne Rücksicht auf Verluste verletzt wurde, war das peinlich. Nicht minder peinlich waren die Hofberichte irgendwelcher Schranzen. Andererseits wurden Politiker auf diese Weise populär, wohingegen es um die DDR-Führung nur Gerüchte gab. Also fanden wir, man sollte ohne Übertreibung und mit allem gebotenen Anstand ein bißchen mehr über unsere Führungsleute sagen.

Eines schönen Tages geschah genau dies. In der *Wochenpost* vom 19. September 1959 erschien ein zweieinhalbseitiger Artikel: »Walter Ulbricht privat«. Der Name der Autorin war erst am Ende des Beitrages bescheiden in halbfetter Schrift zu finden: Lotte Ulbricht. Der Quellenvermerk zu den vielen Fotos auf den Seiten lautete: »Privat«.

Was man auf diesen Seiten alles sah: Walter und Lotte mit Tochter in der Hollywoodschaukel, Ulbricht beim Volleyballspiel (Unterschrift: »Sport ist Walter Ulbricht ein Lebensbedürfnis«), Ulbricht im Gespräch mit einem Warnemünder Fischer, auf Skiern in der Hohen Tatra, Hand in Hand mit Gattin »beim Abstieg vom Brockenbett«.

Was man auf diesen Seiten alles las! Die Autorin befand: »Über das persönliche Leben Walter Ulbrichts scheinen die seltsamsten Vorstellungen zu bestehen. Während der diesjährigen Ostseewoche passierte mir zum Beispiel in Rostock folgendes: Auf dem Wege zur Kundgebung war ich wieder einmal – wie mir das häufig bei gemeinsamen Reisen passiert – von dem Strom der Menschen, die Walter Ulbricht begrüßen oder ihm irgend etwas sagen wollten, beiseite geschoben worden. Während eine Frau lebhaft auf ihn einsprach, sah sich mein Mann nach mir um, zog mich durch die Reihen der anderen hindurch und sagte zu seiner Gesprächspartnerin: ›Da kann ich Ihnen gleich mal meine

Frau vorstellen.‹ – ›Nein‹, erwiderte die Frau völlig perplex, ›Sie haben eine Frau?‹ Ich mußte herzhaft lachen, so komisch sah ihr verdutztes Gesicht aus. ›Doch, doch‹, sagte ich, ›er hat auch eine.‹«

Und noch mehr erfährt der Leser: Walter Ulbricht geht gern ins Theater, er hat sich »im gründlichen Selbststudium ein gründliches Wissen auf dem Gebiete der Politischen Ökonomie, des historischen Materialismus, der Philosophie, aber auch der Architektur, der Geologie u. a. angeeignet. Das versetzt ihn heute in den Stand, selbst die kompliziertesten Probleme des gesellschaftlichen Lebens schnell in ihrem Wesen zu erfassen.« Und immer wieder »greift er zu den Werken von Lenin, Marx, Engels, liest er nach, was Stalin, Ernst Thälmann, Rosa Luxemburg, Wilhelm Liebknecht, August Bebel und andere Führer der Arbeiterbewegung geschrieben haben. Er nimmt auch gern Werke von Goethe, Schiller, Gorki, Heine, Becher u. a. in die Hand.« – Ach, hätte der Universalgelehrte W. U. doch wenigstens mehr Rosa Luxemburg gelesen und nicht noch im Jahre 1959 auf Stalin gesetzt.

Wie geschah es nun aber, daß die *Wochenpost*-Leser in den Genuß dieser Enthüllungen über das Privatleben des 1. Sekretärs des ZK der SED kamen?

Lotte Ulbricht begann ihren Artikel so: »Als der Redakteur der *Wochenpost* mir den Vorschlag machte, etwas über Walter Ulbricht privat zu schreiben, winkte ich zuerst lachend ab.«

Nein. So hat die DDR nicht funktioniert! Ich bezweifle, daß ein »Redakteur der Wochenpost« ihr den Vorschlag machte. Das war undenkbar. Falls überhaupt die Initiative für ein privates Ulbricht-Porträt von der *Wochenpost* ausgegangen sein sollte, dann sicherlich auf dem Dienstweg über die Abteilung Agitation, die ihrerseits vorsichtig bei Albert Norden nachgefragt haben mochte. Der dürfte dann bei Ulbricht gefragt haben, und dann könnte der gesagt haben: »Das kann Lotte machen.« So jedenfalls stelle ich mir den Gang der Dinge vor.

Der ungewohnte *Wochenpost*-Artikel hatte ein entsprechendes Echo. Der Hamburger *Stern* bediente sich des Materials für eine eigene Story, viele Leser schrieben.

Doch der Ausflug ins Privatleben von Walter Ulbricht sollte für die *Wochenpost* zu DDR-Zeiten ein einmaliges Ereignis bleiben. Natürlich kam Ulbricht bis zu seinem Tode im Sommer 1974 noch des öfteren im Blatt vor. Zu seinem 70. Geburtstag 1963 ergoß sich eine wahre Orgie von Texten über die Leserschaft (nicht nur der *Wochenpost*). Ganze drei Ausgaben waren voll von Elogen, beginnend mit einer zweiseitigen Reportage aus der Chemieindustrie unter der Überschrift »Das Geburtstagsgeschenk« und der Unterzeile »Uns allen zum Nutzen – Walter Ulbricht zu Ehren«. Als Höhepunkt W. U. auf dem Titelbild und ein daneben gestellter Glückwunsch, oder

Überraschungsgast
Gern nutzt Walter Ulbricht Erholungsfahrten, um sich unangemeldet an bestimmten Brennpunkten selbst vom Stand der Arbeit zu überzeugen. Bevor z. B. eines der ersten Zentralen Pionierlager eröffnet wurde, machte er unerwartet einen Abstecher dorthin. Er prüfte die Vorbereitungen an Ort und Stelle, stellte fest, daß noch nicht alle Voraussetzungen gesichert waren, und veranlaßte das Notwendige. Pfingsten 1957 machte er auf der Heimfahrt vom Harz überraschend einen »Bogen« nach der Bodetalsperre und klärte mit den Ingenieuren und Arbeitern eine ganze Reihe von Fragen.
Lotte Ulbricht
Wochenpost 19.9.1959

Satzfehler
In Nr. 16/1971 auf Seite 5 schrieben wir im Randtext den Namen Otto Grotewohl falsch (Grothewohl). Lesermeinung: So etwas dürfte der *Wochenpost* nicht passieren.
Abteilung Leserbriefe zum Posteingang, 13.5.1971

Bei den Soldaten
Während seines zweitägigen Besuches bei Truppenteilen der NVA im Norden unserer Republik wurde der Erste Sekretär des Zentralkomitees der SED und Vorsitzende des Nationalen Verteidigungsrates der DDR, Genosse Erich Honecker, von den Angehörigen der Teilstreitkräfte auf Rügen herzlich begrüßt.
Genosse Honecker informierte sich eingehend über den hohen Stand der Gefechtsbereitschaft aller Waffengattungen.
Wochenpost 14.1.1972

Der Bischof gratuliert
Martin Luther hat unter den Dingen, die zum täglichen Brot gehörten, »gut Wetter, Friede, Gesundheit, Zucht, Ehre, gute Freunde und getreue Nachbarn« genannt. Wir denken, daß auch ein Mann an der Spitze des Staates dies alles gut gebrauchen kann. Und darum wünschen und erbitten wir es Ihnen von Herzen.
Bischof Krusche zum 70. Geburtstag Erich Honeckers Wochenpost 10.9.1982

sollte man besser sagen, eine Ergebenheitsadresse: »So gibst Du uns das Beispiel, wie man die Weisheit unseres Volkes nutzt, denn sie ist unerschöpflich. Du lebst uns vor, wie man – ständig selbst in schöpferischer Aktivität – andere zur schöpferischen Arbeit anregt. Besonders für uns Journalisten ist es gut und notwendig, ein solches Vorbild zu haben, einen Lehrmeister, dessen Ratschläge uns täglich gegenwärtig sind.« Dazu war die *Wochenpost* keineswegs gezwungen worden.

Nicht minder aufregend der 75. Geburtstag des Staatsratsvorsitzenden im Juni 1968. Wieder eine Titelseite, diesmal gleich mit drei Ulbricht-Fotos, danach gleich zwei Seiten »Leser gratulieren unserem Genossen Walter Ulbricht«, echte Briefe gewiß, geschrieben aber sicherlich auf Bestellung, an erster Stelle der Glückwunsch der Brigade »Junger Sozialist«, Träger des Ordens »Banner der Arbeit« im VEB Drehmaschinenwerk Leipzig. Auf drei Seiten dann ein Bericht über die LPG »Walter Ulbricht« in Dahlen.

Schließlich der Absturz. Nachdem er am 3. Mai 1971 vom Amte des 1. Sekretärs des Zentralkomitees entfernt worden war, erging die Weisung, nur noch Offizielles über ihn zu drucken. In der *Wochenpost* gab es zu seinem 80. Geburtstag am 30. Juni 1973 dann laut Anweisung eine Seite, nicht ganz vorn, mit einem Auszug aus der Grußadresse des ZK, jedoch nichts Persönliches. Dann der Tod am 1. August 1973, mitten in die Weltjugendfestspiele in Berlin hinein. In der *Wochenpost* wurde gerade mal auf der Seite 3 – schwarz umrandet – der offizielle Nachruf gedruckt. »Ein Kämpferleben hat sich vollendet«, lautete die lapidare Überschrift.

Die Ablösung Walter Ulbrichts und die Einnahme der Spitzenfunktion durch Erich Honecker ging mit einer denkwürdigen Aufforderung des für die Medien zuständigen ZK-Sekretärs Werner Lamberz einher: Schluß mit den endlosen Protokollmeldungen, Schluß mit der seitenlangen Aufzählung von Leuten, Schluß mit dem Aneinanderreihen von Titeln! So begann die Ära Honecker im Zeichen zurückgenommener Hofberichterstattung und einer gewissen Bescheidenheit. Sie begann ja auch mit anderen Hoffnungszeichen, mit einer demonstrativen Hinwendung zu den täglichen Bedürfnissen der Bevölkerung und mit einer Bekundung zu größerer Liberalität in der Kulturpolitik. All das sollte nicht allzulange anhalten.

Kein Personenkult mehr! hieß natürlich: »Erich Honecker privat«, geschrieben womöglich von Margot Honecker, würde es in der *Wochenpost* nie geben. Fürs »Private« sorgte später das von dem britischen Verleger Robert Maxwell initiierte Honecker-Buch »Aus meinem Leben«.

Auch in unserem Blatt tauchte Honecker alsbald häufiger auf. Schließlich gab es in den 80er Jahren mehr Honecker plus Protokoll in der *Wochenpost* als je von Ulbricht. Es waren

Unserem Genossen
WALTER
ULBRICHT
zu seinem

Geburtstag
die besten Wünsche

Leser und Redaktion
der „Wochenpost"

15. Jahrgang 28. Juni 1968 30 Pfennig Nr. 27

Es gratuliert sich leicht, wenn der Jubilar den Gratulanten so menschlich nahe ist wie Walter Ulbricht. Wenn wir uns mit ihm freuen an seinem Ehrentage, wenn er unsere Achtung und Liebe empfindet, so gibt es dafür guten Grund:

Sein ganzes Leben ist Dienst am Volke: Freie Bahn schaffen dem Menschen, daß er wachsen kann zu seiner ganzen Größe. In unserer Republik verkörpert sich Walter Ulbrichts Lebenswerk. Wir sind dabei seine Weggefährten.

Daß Friede sei den Friedlichen, daß die Völker in Freundschaft sich verbinden — unablässig wirkt er dafür. Sein Leben, das ist Liebe zu den Menschen. Wir erwidern sie von ganzem Herzen.

Fotos: Murza

Parteitagsreden, es waren Protokollberichte von den immer häufigeren Auslandsreisen des Staatsratsvorsitzenden. Erich Honecker jettete um die Welt, und wir hatten endlos langweilige Seiten davon zu drucken: Toast Erich Honeckers, Toast des Gastgebers, Auszug aus dem Schlußkommuniqué. Am Ende gab es sogar noch Kritik der Abteilung Agitation: Die *Wochenpost* würde die Reisen des Genossen Honecker zu »lieblos« behandeln.

Dabei soll Honecker unser Blatt durchaus geschätzt haben, mag man das als Kompliment werten oder nicht. Als er bei einem Empfang die Chefredakteure der Medien traf, sagte er jedenfalls lauthals in die (große) Runde: »Die *Wochenpost* ist eine gute Zeitung, die lese ich immer gern.« Dieses Wort war für uns vorübergehend so etwas wie ein Fünfer im Lotto. Wer würde es nun noch wagen, an uns herumzukritisieren.

Daß Erich Honecker sich angewöhnt hatte, immer häufiger ins *Neue Deutschland* hineinzuredigieren, davon hatten wir schon gehört. Jeden Abend pflegte er persönlich die erste Seite des *Neuen Deutschland* für den nächsten Tag abzusegnen. Eines schönen Tages aber wurde auch die *Wochenpost* Gegenstand allerhöchster Aufmerksamkeit.

Am ersten Freitag im September 1982 – die nächste Ausgabe der *Wochenpost* war fast fertiggestellt – rief morgens die Abteilung Agitation des ZK bei uns an: Wir schicken euch gleich ein wichtiges Manuskript und bitten Euch, es noch in der nächsten Ausgabe als dritte Seite zu veröffentlichen. »Bitten« war gut!

Eine Stunde später war das Manuskript da, dazu ein Foto. Es handelte sich schlicht um die »Ansprache des Vorsitzenden der Konferenz der Evangelischen Kirchenleitungen in der DDR, Bischof Dr. Krusche, bei der Gratulation zum 70. Geburtstag des Vorsitzenden des Staatsrates der DDR, Erich Honecker, am 25. August 1982«, so die Bandwurmüberschrift über dem Text. Das Foto zeigte den Bischof beim Shakehands mit dem Vorsitzenden. Der Wunsch war uns Befehl, ein gar nicht so einfach zu befolgender, denn der Text war für eine ganze Seite ziemlich kurz. Und was sollte mit der Randspalte geschehen? Also: Ohne Rand, größere Schrifttype, eine Überschrift erfunden, noch größer und mit vielen, vielen Zeilen gesetzt.

Wir dachten schon, wir hätten's geschafft, da rief wieder die Abteilung Agitation an: Der Genosse Herrmann möchte die Seite noch einmal sehen. Gegen Abend fuhr ein Stellvertretender Chefredakteur mit dem Seitenabzug zum Werderschen Markt, wurde in die Politbüro-Etage im 1. Stock vorgelassen. Joachim Herrmann betrachtete die Seite, bat unseren Kollegen, im Vorzimmer Platz zu nehmen, und stürmte davon. Klar, zu wem. Nach einer Weile kam er zurück. Am Kopf des Seitenabzuges stand in wohlbekannter Handschrift eine neue Schlagzeile. Wie

Deprimierende Lektüre
Wer von der Idee des Sozialismus auch nur tangiert war oder ist, ob als ihr Gegner oder ihr Parteigänger, der muß nach der Lektüre einfach tief deprimiert sein. Trotzdem sollten wir uns als ehemalige DDR-Bürger dieses historische Dokument zumuten, um unserer selbst wieder sicherer zu werden ... Was bleibt und notwendigerweise geschehen muß, ist das Nachdenken darüber, wie eine ehrenwerte Idee so auf den Hund kommen konnte.
Brigitte Zimmermann zum Vorabdruck des Honecker-Buches »Der Sturz«
Wochenpost 21.11.1990

die ursprüngliche ausgesehen hatte, weiß ich nicht mehr. Jetzt lautete die Hauptzeile: »Wir wissen uns eins mit Ihnen in der Verantwortung für den Frieden«. Unterzeile: »Mit der Formel von der ›Kirche im Sozialismus‹ unterstreichen wir, daß wir am Leben dieser Gesellschaft teilhaben«. So hatte der oberste Chefredakteur der DDR entschieden.[74]

Erich Honecker kam in der *Wochenpost* noch einmal zum Zuge, am 21. November 1990. »Zum ersten Mal authentisch: Die Ex-Nummer 1 meldet sich jetzt zu Wort. Honecker bricht sein Schweigen«, lauteten die Schlagzeilen auf der ersten Seite. Wir veröffentlichten Auszüge aus dem Buch »Der Sturz«.[75] Chefredakteurin Brigitte Zimmermann schickte den sieben Druckseiten eine lange und sicherlich notwendige Erklärung voraus: »Warum druckt die *Wochenpost* das Interview mit Erich Honecker überhaupt ab?« Weil man künftig wissen müsse, »daß es Dinge gibt, die man nicht mit sich geschehen lassen darf«. Brigitte Zimmermann schrieb, sie sei betroffen von der »nun auch bei Erich Honecker festzustellenden Verantwortungsscheu«. Es gelte, darüber nachzudenken, »wie eine ehrenwerte Idee so auf den Hund kommen konnte ...« Abschließend – um allen möglichen Leserprotesten vorzubeugen – die Versicherung: »Die *Wochenpost* zahlt Honorar, wie bei Vorabdrucken üblich, an den Aufbau-Verlag. Zahlungen an Erich Honecker erfolgen nicht.«

Zensur gab es nach seinem Selbstverständnis nicht, und er verstand sich ja prächtig mit den Medien: Erich Honecker mit Chefredakteuren von Berliner Zeitungen bei einer Gratulationscour zu seinem Geburtstag.

Nach dem Sturz
Ich schäme mich für den Judas in mir. Vielleicht werden Sie sich erinnern? Sie kennen mich. Ich war derjenige, der bei den Demonstrationen zum 1. Mai immer als einziger in einer Masse ansonsten deprimierter, erpreßter und verängstigter Menschen fröhlich diesem alten Mann zugewunken hat. Haben Sie mich nicht gesehen?
Brief zum Abdruck des Honecker-Buches »Der Sturz«
Wochenpost 28.11.1990

Später äußerten sich die Leser dazu. Es fielen Worte wie »staubt vor Langeweile« oder »Altersstarrsinn«. Herr D. aus Kirchberg schrieb: »Seit über dreißig Jahren lese ich die *Wochenpost*. Sie war in den finsteren Jahren des real existierenden Sozialismus stellenweise ein kleiner Lichtblick. Aber jetzt mit der großangelegten Honecker-Rechtfertigung wird sie Papier für die Kloake.« Ein anderer Leser gratulierte hingegen. Jetzt verstehe er besser, was geschehen ist.

Noch ein Brief kam. Von Margot Honecker. Sie warf Brigitte Zimmermann vor, sich an der allgemeinen »Besudelung« der Parteiführung beteiligt zu haben. Und sie schloß mit einer unbestimmten finsteren Drohung.

17. März 1972: Ausweg Geschichte

Das Titelblatt füllt eine kopflastige Fotomontage. Man begreift sie nur mittels des Randtextes, mit dem ein Artikel angekündigt wird. Das Bild zeigt das Mittelteil eines Turmdrehkrans hoch über den Dächern einer Stadt, daran schwebt ein Block herab, auf dem eine altägyptische Zeichnung zu erkennen ist. Soll sagen: Nach 3 500 Jahren wird nun die Technik des Bauens revolutioniert. Der Titel und die auf einer Doppelseite beginnende Fortsetzungsserie mit dem etwas störrischen Randtitel »Vom Zunftgesellen zum Baufacharbeiter« deuten auf einen neuen Trend in der *Wochenpost* hin. Es wird immer häufiger versucht, sich den aktuellen Themen aus historischer Sicht zu nähern, sie in den geschichtlichen Kontext zu stellen.

Beispiel Bauwesen. Seit Erich Honecker auf dem VIII. Parteitag den Wohnungsbau zu einem Schwerpunkt ernannt hat – zwischen 1971 und 1975 sollen eine halbe Million Wohnungen gebaut werden –, ist den Medien die Auflage erteilt worden, dieses Vorhaben agitatorisch zu begleiten. Was tun, wenn man nicht die Leser mit vordergründigen Jubelartikeln über die Helden der Arbeit auf den Baustellen der Plattenbausiedlungen langweilen will? Man kann sich die Geschichte des Bauens, der Bautechnologie und der Bauarbeiter vornehmen. Man kann zeigen, wie sich die Menschheit zeit ihrer Existenz damit herumgeschlagen hat, Unterkunft zu finden. Auch die menschliche Dimension der technologischen Umwälzung in den letzten Jahrzehnten wird beschrieben: Alter Zunftstolz und neue Technik geraten aneinander. »Da waren zum Beispiel die Zimmerleute, stolze Burschen, in ihrer schwarzen Samtkluft, mit breitrandigem Hut, Silberknöpfen, Uhrkette und Perle im Ohr unwiderstehlich. Als sie auf einem Stapel Bauholz einige Betonreste fanden, stellten sie die Arbeit ein. ›Unsauberes Holz‹ faßten sie nicht an, um keinen Preis der Welt, die Betonreste zu beseitigen war unter ihrer Würde. Oder jene Maurer: Als ihr Steinträger erkrankte und auch kein Ersatzhucker greifbar war, zogen sie mit einem Kasten Bier und Gesang in die Baubude. Der Lohn war ihnen sicher, sie hatten Zeit. Keiner fand sich bereit, die Steine heranzuschaffen, weil ein gelernter Maurer grundsätzlich nicht die Tätigkeit eines ungelernten Bauarbeiters ausübt.« Nun wird erklärt, woher das kommt, wie weit die alten und ursprünglich sinnvollen Bräuche zurückreichen.

Berufe heute
Ob in Neubauobjekten der Industrie, des Wohnungs- bzw. Gesellschaftsbaus oder im noch viel größeren Bereich der Werterhaltung und Instandsetzung – ohne den Installateur entsteht keine Wasserversorgungs- oder Sanitäranlage ... Der Bedarf an Nachwuchs für diesen Beruf ist in allen Bezirken der DDR groß. Voraussetzung ist der Abschluß der 10. Klasse. Mädchen, die diesen Beruf ergreifen, müssen auch körperlich dazu in der Lage sein.
Wochenpost 17.3.1972

»Blume« von zarter Hand
Acht junge Mädchen erlernen gegenwärtig in der Greifswalder Brauerei, den wohlschmeckenden Gerstensaft zu brauen, und beweisen, daß ein bisher typischer Männerberuf durch den Einzug der neuen Technik in das Sudhaus auch für Frauen möglich wurde.
Wochenpost 17.3.1972

Krankes Gesundheitswesen
Fünfzig Prozent aller amerikanischen Verkehrsunfallopfer der letzten Jahre hätten eine echte Überlebenschance gehabt, wenn es möglich gewesen wäre, die Schwerverletzten schneller in die Unfallkliniken zu bringen. Doch da die Städte der USA an chronischer Geldknappheit leiden, mangelt es den meisten Hospitälern an Rettungswagen.
Wochenpost 17.3.1972

Die *Wochenpost* vom 17. März 1972 macht noch auf anderen Seiten diesen Trend (oder sollte man besser sagen: diese Flucht) zum Historischen sichtbar. Eine Seite trägt am Rand das Signet »Schlagzeilen von Gestern«. Das Zeichen findet sich jetzt oft im Blatt, genau wie das Logo »Geschichte aktuell«. Diesmal wird an den Leipziger Prozeß erinnert, bei dem vor hundert Jahren August Bebel und Wilhelm Liebknecht wegen »Vorbereitung zum Hochverrat« verurteilt worden waren. Ihr Verbrechen: Sie haben die deutsche Unterstützung für die Niederwerfung der Pariser Kommune enthüllt. Das Urteil: zwei Jahre Festungshaft für Bebel und Liebknecht. »Das Abgeordnetenmandat ist Bebel nach der Aburteilung aberkannt worden, und im Wahlkreis machten sich Neuwahlen notwendig. Die Partei stellt August Bebel, der auf der Hubertusburg sitzt, erneut als Kandidaten auf. Das Ergebnis besiegelt den Mißerfolg, den die Reaktion mit dem Leipziger Hochverratsprozeß erlitt: Der inhaftierte Arbeiterführer, der sein Mandat nicht wahrnehmen darf, wird mit 4 000 Stimmen mehr als zuvor wieder in den Reichstag gewählt.«

Ein drittes Mal Geschichte im Blatt: Die sechste Fortsetzung meiner Serie über »Damaskus, die älteste Stadt der Welt«. Daneben überhaupt viel aus dem Ausland: zweiter Teil eines Berichts unseres Korrespondenten Peter Gellert aus Nordirland. Auf einer weiteren Doppelseite beginnt eine Reportageserie über Chile von Gerhard Desombre, auf der Titelseite mit den Worten angekündigt: »Im Andenland tobt die ›Kupferschlacht‹«. Die US-amerikanischen Konzerne Kennecot und Anaconda haben ein halbes Jahr zuvor ihr chilenisches Kupferimperium durch Nationalisierung verloren. Jetzt ist aus den Bergwerken von Sabotage, aber auch von freiwilligen Arbeitseinsätzen zu berichten. Wenn 18 Monate später der chilenische Präsident Allende gestürzt und ermordet wird, wenn ein Militärputsch auch die Interessen von Kennecot und Anaconda besorgt, dann wissen *Wochenpost*-Leser, was dem vorhergegangen ist.

Es sind durchweg lange Artikel, die ich hier vorstelle. Auch dies ein Trend in der *Wochenpost*: immer länger. Beides, die Länge und die »Geschichtslastigkeit«, machten uns in den nächsten Jahren ständig zu schaffen. Dabei handelt es sich fast immer um interessante Beiträge, wie uns die Leserbriefe bestätigen. Aber die Vielfalt und die Aktualität im Blatt leiden darunter. Bunt bleibt dagegen der Ratgeberteil. In dieser Ausgabe äußert sich eine Ärztin zum Thema »Arzt oder Hausapotheke?«, es wird über Möglichkeiten zur Pflege von Kohlebadeöfen informiert, und »ausgefallene fotografische Techniken« werden erklärt. Rudolf Hirsch schildert auf der letzten Seite einen eher harmlosen Diebstahlsfall in einer Handwerkerproduktionsgenossenschaft und weiter vorn im Blatt auf einer ganzen Seite das Verfahren gegen den damaligen »Rauschgiftkönig von Hamburg«. Ein Interview mit Professor Loeser von der

Humboldt-Universität klärt über »Nutzen und Grenzen des rationellen Lesens« auf, und ausführlich wird über Tourismusmöglichkeiten in Polen informiert. Wohin sollen die DDR-Bürger denn auch sonst reisen.

Alles freundlich und solide, aber die Grenzen des Möglichen bleiben unübersehbar.

VEB FISCHKOMBINAT SASSNITZ

benötigt ständig zur Durchführung seiner volkswirtschaftlichen Aufgaben

männliche Arbeitskräfte

zur Besetzung seiner Kutter und Fangschiffe als

Decksmann	**Froster**
Maschinenhelfer	**Koch**
Maschinenwärter	**Kochsmaat**

Technologe (Meister für allg. Maschinenbau)

Bedingung: Abschluß mindestens 8. Klasse der POS und Facharbeiterbrief.
Alle Bewerber müssen das **18. Lebensjahr** erreicht und dürfen das **35. Lebensjahr** nicht überschritten haben.
Voraussetzung zur Bewerbung ist eine gute körperliche Eignung sowie einwandfreies Verhalten im persönlichen Leben.

Wir bieten:
– **guten Verdienst**
– **freie Verpflegung**
– **Valutahandgeld**
– **verbilligten Kauf von Genußmitteln**
– **Qualifizierungsmöglichkeiten**

Schulabgänger 1973,

welche Interesse an dem Beruf „Vollmatrose der Hochseefischerei" (Berufsausbildung mit und ohne Abitur) haben, bitten wir im **März 1972** sich mit **einer Abschrift des Februarzeugnisses der 9. Klasse** sowie einem handgeschriebenen Lebenslauf **zu bewerben.**
Später eingehende Bewerbungen können nicht mehr berücksichtigt werden.
Fordern Sie zur weiteren Information Prospekte an.
Schriftliche Bewerbungen mit einem ausführlichen Lebenslauf bitten wir an folgende Anschrift zu senden:

VEB Fischkombinat Saßnitz

Personalbüro · 2355 Saßnitz, Postfach 7

Schneller lesen!
Wieviel geht in einer bestimmten Zeit »in den Kopf hinein«?
Das ist sehr unterschiedlich. Die durchschnittliche Leseleistung in unserer Republik liegt bei etwa 200 WpM (Wörter pro Minute), wobei 60 Prozent der wichtigsten Gedanken des gelesenen Textes unmittelbar nach dem Lesen wiedergegeben werden können.
Und diese Leistung ist wesentlich zu steigern?
Ja, das hat erst kürzlich wieder ein Erprobungslehrgang bewiesen, dessen Ziel es war, unzweckmäßige Lesegewohnheiten zu überwinden und wissenschaftliche Techniken zu erlernen.
Interview mit Prof. Franz Loeser Wochenpost 17.3.1972

Der Fall »Ontario« – Apfelbrause mit Pfefferminzgeschmack

Kundendienst
In Magdeburg werden nach wie vor von 25 Spezialverkaufsstellen des staatlichen und genossenschaftlichen Handels Fernsehgeräte wie Zigaretten in der Schachtel »verkauft«. Der Kunde wird nach der Bezahlung in ein saalartiges primitives Depot verwiesen, wo er das Gerät ohne eingehende fachliche Beratung überreicht bekommt. Diejenigen Handelszweigstellen, die Fernsehgeräte ordnungsgemäß dem Kunden vorführen, gehören heute noch zu den Ausnahmen. Wäre das aber nicht das mindeste, was man von der Verkaufsstelle erwarten kann?
Wochenpost 6.6.1959

Am 15. September 1975 sagte ZK-Sekretär Werner Lamberz zu den versammelten Chefredakteuren: »Natürlich müssen und wollen wir auch die Probleme zeigen und brauchen wir auch öffentliche Kritik. Aber hier ist ganz entscheidend, wie wir das tun.« Damit war klar, daß es weiter Beschränkungen geben würde, aber auf die unbestimmteste Weise. Wo die Grenze war, hatten wir selbst herauszufinden, und zwar mit dem Risiko der Abstrafung im Falle der Grenzüberschreitung. Lamberz erklärte weiter: »Die Journalisten der DDR haben sich immer als Helfer der Partei bei der Verwirklichung ihrer Politik verstanden und nicht als eine Art ›Kritiker der Nation‹! Es ist selbstverständlich, daß es dabei bleibt.« Weitere Warnungen folgten: Die Kritik in der Zeitung finde »vor aller Öffentlichkeit statt. Was in einem Massenmedium kritisiert wird, ist sofort in der ganzen DDR und darüber hinaus verbreitet. Daraus ergibt sich: Öffentliche Kritik ist eine Sache von höchster gesellschaftlicher Verantwortung, die mit dem größtmöglichen Verantwortungsbewußtsein gehandhabt werden muß. Wird an die Frage der öffentlichen Kritik unverantwortlich oder leichtfertig herangegangen, kann das die gute politische Stimmung in der Gesellschaft beeinträchtigen und sogar Aktivität und Initiative lähmen. Eine Redaktion, die öffentlich Kritik üben will, muß also genauestens abwägen, ob das wirklich dem gesellschaftlichen Fortschritt nutzt oder nicht. Sie muß sich vor allem vergewissern, ob genügend gesellschaftliche Voraussetzungen dafür vorhanden sind, die Fehler und Schwächen, die kritisiert werden sollen, zu überwinden. Das erfordert in jedem Falle Abstimmung der Redaktion mit den verantwortlichen Organen der Gesellschaft. (...) Ihr seht und hört jeden Tag selbst, daß der Feind unsere Arbeit minutiös verfolgt und erbarmungslos jeden einzelnen Fakt ausschlachtet, den er in unseren Massenmedien findet.«[76] Damit war klar: Vorsicht ist geboten!

Obwohl ich für die Auslandsberichterstattung zuständig und deshalb nur relativ selten direkt mit dem Problem kritischer Artikel in der *Wochenpost* befaßt war – die wenigen Male reichten völlig aus. Ein Beispiel, bei dem es nicht einmal zum Krach mit dem ZK oder anderen »höheren« Stellen kam, sei hier angeführt, um deutlich zu machen, auf welchem Glatteis sich ein Autor manchmal befand.

Ich hatte den Urlaub in einem Ferienheim unweit von

Potsdam verbracht, es war ein heißer Sommer, und wie oft in solchen Situationen brach die Versorgung mit Getränken zusammen. Nach einigen Tagen gab es endlich wieder etwas zu trinken, nämlich »Apfelbrause mit Pfefferminzgeschmack«. So ungewöhnlich wie Bezeichnung und Kombination, so barbarisch der Geschmack. Was tut ein urlaubender Journalist in solchem Fall? Richtig. Er schreibt eine Glosse für sein Blatt. Am 12. August 1977 brachte die *Wochenpost* mein Artikelchen »Geschmacksfrage«.

Der Text war kaum erschienen, da kam ein Brief aus dem Betrieb, der diese Brause produzierte. Es war das volkseigene Getränkekombinat Potsdam. Verrat! Verrat! Der Kombinatsdirektor schrieb, meine Glosse gehe am Thema vorbei, »da die Getränkeindustrie, wie viele Betriebe, vor der Situation steht, einheimische Grundstoffe zu verarbeiten, um Importgrundstoffe abzulösen. In sozialistischer Gemeinschaftsarbeit zwischen dem Getränkekombinat Potsdam und dem Verarbeitungskombinat für Obst und Gemüse VEB Havelland Beelitz wurden diese neuen Getränke – Orion und Ontario – entwickelt. Wir erachten es aus unserer Sicht als notwendig, uns mit einem noch festzulegenden Personenkreis bei einer Verkostung dieser Getränke sachkundig auszutauschen.«

Die Forderung war also sehr sachlich formuliert: Der Journalist soll sich im Beisein leitender Genossen verantworten. Gut, wenn es denn sein mußte. Ich fuhr nach Potsdam, wurde in ein Sitzungszimmer geleitet, wo sich ein hoher Gerichtshof zur »Verkostung« – oder, besser noch, zur Verurteilung des Autors – versammelt hatte: Betriebsleitung, Parteileitung und Gewerkschaftsleitung. Ich weiß nicht mehr, wer den ersten Schuß abgab, aber es war die größte Granate, die sie hatten. Der *RIAS* habe die Sache bereits aufgegriffen, der Klassenfeind also. Das sei mir egal, sagte ich. Nach einem Austausch von diversen verbalen Feindseligkeiten kam das Schlimme: »Orion« und »Ontario« wurden serviert, ich mußte das Zeug noch mal trinken.

Täte mir leid, aber die Brause schmecke säuisch, beharrte ich, wandte mich zunächst an den Parteisekretär, der mir eben erklärt hatte, die Entwicklung der neuen Getränke sei ein Parteiauftrag gewesen, und fragte ihn, ob ihm die Brause denn selbst schmecke. Nein! sagte er ehrlich.

Ist jemand im Raum, dem sie schmeckt? Nein, niemand. Warum, zur Hölle, wird das Zeug dann produziert, wenn es niemand trinken mag? Nun rückte die Versammlung mit der traurigen Geschichte heraus, die im Brief noch elegant mit dem Wort »ablösen« umschrieben worden war. Man hatte dem Betrieb wohl vor allem wegen der permanenten DDR-Devisenschwierigkeiten die Rohstofflieferungen gestrichen. Es kamen keine Zitrusessenzen mehr nach Potsdam, am Ende blieb nur einheimischer Apfelsaft. Wollte man den zu Limonade verarbei-

Vollmundig
Die ständige Erhöhung des Verarbeitungsgrades von einheimischen Rohstoffen ist eine zentrale volkswirtschaftliche Aufgabe. Mit der Entwicklung der Apfelfruchtsaftgetränke als dem Ergebnis einer sozialistischen Arbeitsgemeinschaft zwischen dem VEB Getränkekombinat Potsdam und dem VEB Havelland Beelitz wurde dieser Forderung Rechnung getragen. Fruchtsaftgetränke auf Apfelkonzentratbasis mit entsprechenden Geschmackskomponenten wie Zitrone oder Pfefferminz sind vollmundig, aromatisch und erfrischend und erfreuen sich im Gegensatz zum Verfasser der Glosse »Geschmacksfrage« in breiten Bevölkerungsschichten entsprechender Beliebtheit, wie die Absatzzahlen beweisen.
Der Direktor des Getränkekombinats Potsdam
Wochenpost 7.10.1977

Heile Welt
Es fällt auf, daß Sie in der letzten Zeit immer weniger auf kritische Hinweise der Bürger eingehen, ganz gleich, ob sich diese mit Umwelt- oder Versorgungsproblemen befassen. Das war einmal anders, und nicht nur ich habe den Verdacht, daß es eine entsprechende Anweisung gibt, mehr die heile Welt in den Vordergrund zu stellen.
Zuschrift von Werner O., Magdeburg, (November 1981, unveröffentlicht)

ten, müsse ein chemischer Stabilisator eingesetzt werden, das aber habe gerade das Ministerium für Gesundheitswesen untersagt. Man schilderte mir alle Anstrengungen, die Schwierigkeiten mit Hilfe von Mohrrüben und Rettich und wer weiß was sonst noch allem zu umgehen. Am Ende funktionierte die Sache, aber nur mit Pfefferminze. Man mußte den Plan erfüllen, die Leute schrien nach Erfrischungsgetränken, und so produzierte man drauf los, bis die böse *Wochenpost* daherkam und in ihrem Gefolge der *RIAS*.

Was tun? Meine Kritik war berechtigt, aber sie traf die Falschen. Es lag nicht an der Blödheit der Leute im Getränkekombinat. Wir haben uns dann dahin geeinigt, daß der Kombinatsdirektor eine recht moderat formulierte Antwort an die *Wochenpost* schrieb, die wir unkommentiert abdruckten. »Orion« und »Ontario« hatten das Dilemma kritischer Untersuchungen in einer DDR-Zeitung offenbart. Immer wieder und immer häufiger erwiesen sich die DDR-Wirtschaftspolitik, das ökonomische System, die gängigen Mechanismen als Ursachen der jeweiligen Ärgernisse oder Absurditäten. Berechtigte Kritik am Unvermögen einzelner durfte eigentlich dort nicht enden. Aber eine prinzipielle Auseinandersetzung mit den Vorgaben der Führung verbot sich. Dennoch wurde auch in der *Wochenpost* von vielen Kollegen unermüdlich immer wieder versucht, Zustände, Umstände und Verhaltensweisen anzugreifen. Ihr Berufsethos, ihr Zorn und ihre Hoffnung, doch noch vielleicht etwas bewirken zu können, ließen sie es immer wieder versuchen.

Übrigens ist die Apfelbrause mit Pfefferminzgeschmack bald nicht mehr produziert worden. Die Konsumenten verweigerten sich wohl, auch wurden wieder Rohstoffe importiert. Es wäre aber vermessen, zu glauben, meine Glosse hätte das bewirkt.

18. Mai 1973:
Ein Plüschbär für Breschnew

Beim Blick auf die ersten drei Seiten der *Wochenpost* vom 18. Mai 1973 mag's einen grausen. Das Titelblatt voller fähnchenschwenkender Menschen, mittendrin im offenen Auto Leonid Breschnew und Erich Honecker. Hoher Staatsbesuch in der DDR, protokollgerechte Texte auf den Seiten 2 und 3 (»Aus der Ansprache von Leonid Breschnew bei der Überreichung des Leninordens an Erich Honecker«). Ein ganz lustiges Foto dazu: Bauarbeiter, kenntlich an ihren weißen Schutzhelmen, überreichen Breschnew einen überdimensionalen Plüschbären. Später, bei einem anderen Anlaß, kommt jemand auf die geniale Idee, diese Bauarbeiter zu suchen, sie zu befragen, wie sie auf die Idee mit dem Bären gekommen wären und und was sie empfunden hätten. Stochern in schwarzen Löchern. In keinem Berliner Baukombinat sind die Kollegen bekannt. Auch in der SED-Bezirksleitung mag sich niemand erinnern, wer die Bären-Initiative ergriffen hatte. Als die *Wochenpost* nicht locker läßt, wird uns bedeutet, doch endlich mit dem Unfug aufzuhören. Wir verstanden: Es handelte sich um die »Bauarbeiter« von der »Brigade Mielke«.

Haben die Leser den Breschnew-Besuch überblättert (wovon wir ausgehen), stoßen sie auf den Rändern der nächsten Seiten auf große stilisierte Blumen, das Logo des bevorstehenden Weltjugendfestivals in Berlin, es kann gar nicht groß genug und oft genug im Blatt erscheinen, denn gerade hat die Abteilung Agitation kritisiert, wir würden uns nicht ausreichend der Vorbereitung des Festivals widmen. Neben dem Alibi-Logo ein sicherlich interessierender Artikel, vordergründig über eine Jugendbrigade, tatsächlich aber mit der ausführlichen Mitteilung, daß im MZ-Werk Zschopau ein neues Motorrad in Serienproduktion geht.

Falls die Leser in dieser Woche zufälligerweise einen Blick ins Impressum werfen sollten, wird ihnen auffallen, daß die *Wochenpost* eine neue Adresse hat. Anstelle der Mauerstraße wird nun die Karl-Liebknecht-Straße genannt. Dort sitzen wir jetzt in der 10. Etage eines neuen Hochhauses. Der Umzug der Redaktion bei laufender Produktion war ein chaotisches, aber letztlich geglücktes Unternehmen. An dem neuen Domizil mit dünnen Wänden für die einen und einem Großraumbüro mit schlecht funktionierender Klimaanlage (Import aus Schweden) für die anderen haben die Redakteure nur bedingt Freude.

Schneller durch Magdeburg
Die neue Verkehrsader quer durch die Elbestadt Magdeburg nimmt mehr und mehr Gestalt an: Mit ihren 14,8 Kilometern Länge wird die vier, teilweise sechsspurige Nord-Süd-Schnellstraße bessere Verkehrsverhältnisse schaffen. Den Magdeburgern markiert sich die neue Trasse, die als größtes innerstädtisches Verkehrsbauvorhaben der Republik dieses Fünfjahrplanes gilt und 1975 fertiggestellt sein wird, auf vielfältige Weise ...
Wochenpost 18.5.1973

206 18. Mai 1973: Ein Plüschbär für Breschnew

Dieses Foto erregte nachträglich die Neugier der Redaktion. Die Suche nach den Männern mit den Schutzhelmen verlief dann aber anders als gedacht.

»Beweise« für Däniken
Ein Grieche und ein Italiener diskutieren die Frage, wo in der Antike der höchste Stand der Zivilisation erreicht worden sei. Der Grieche: »Unter der Akropolis haben wir alte Drähte gefunden – ein Beweis für die Nutzung des Telefons im alten Athen.« Der Italiener: »Unter dem Capitol haben wir keine Drähte gefunden – ein Beweis, daß im alten Rom bereits die drahtlose Telegraphie bekannt war.«
Wochenpost 18.5.1973

Diejenigen Leser, die das Impressum ignorieren, erfahren von dem Abschied aus der Mauerstraße im Feuilleton von Heinz Knobloch: »Nun zogen wir ins Hochhaus des Verlages am Alexanderplatz, hoch oben ins Großraumbüro, wo alles großartiger werden soll. Der Weg zur Arbeit ist kürzer geworden, die meisten sparen eine Viertelstunde. Nun muß jeder sehen, was das heißt, denn die Vorzüge des alten Weges wollen übertroffen sein. Es liegen Erinnerungen dort. Wir sind ihn gesprungen und geschlichen. Bisher ging man durch die Mauerstraße in die Redaktion, eine häßliche Straße, eine Straße mit alten Bürohäusern, einem Laden und vielen unbewachten Ausfahrten, man kann dort jederzeit mühelos überrollt werden. An der Ecke ist das Postmuseum häufig geöffnet und das Postamt immer geöffnet, die gegenüberliegende Straßenseite wurde im Krieg niedergemäht und später notdürftig planiert. Es gibt fast nichts, was mich in dieser Straße hält. Nur eines Morgens zwitscherten Vögel – und dann war es der Lederlappen, mit dem jemand seine Windschutzscheibe wischte.«

Sicherlich auf eine Weisung geht der ganzseitige Nachdruck eines Artikel aus der sowjetischen Zeitung *Literaturnaja Gazeta* zurück – Originaltitel: »Wem nützt der ›revolutionäre‹ Extremismus?« Anlaß ist der Baader-Meinhof-Prozeß, die Anfänge der RAF. Es ist eine Absage an Terrorismus ohne Wenn und Aber. Der Artikel endet mit einem Lenin-Zitat: »Ohne das werktätige Volk sind alle Bomben machtlos. Heute ist es klar wie nie zuvor, daß die Zukunft nicht denjenigen gehört, die isoliert kämpfen.« Die *Wochenpost* ergänzt mit der Reproduktion einer Titelseite der *Bild*-Zeitung (»Mit Bomben, Terror und 1 000 Mann / Aufstand in Deutschland geplant«) und der Bildunterschrift: »Die Schlagzeile aus der Springer-Presse (BRD) beweist: Linksextremisten besorgen gewollt oder ungewollt die

Geschäfte der Reaktion und bewirken mit ihren sinnlosen Taten die Stärkung des kapitalistischen Systems.«

Ein Beitrag dieser *Wochenpost* vom 18. Mai 1973 aber läßt die Emotionen der Leser hochgehen. Unter der Überschrift »Kintopp contra Wissenschaft« nehmen zwei Redakteure die Aufführung des Films »Erinnerungen an die Zukunft« von Erich von Däniken zum Anlaß für eine Auseinandersetzung mit den Thesen des Autors. Unsere Argumente sind nicht viel anders als die, die von Wissenschaftlern in der Bundesrepublik vorgebracht werden. Darüber hinausgehend werden in der *Wochenpost* Dänikens Theorien als Elemente pseudoreligiöser Art gewertet, die von den gesicherten Erkenntnissen der Wissenschaft wegführen und die überdies die für das marxistische Gedankengebäude so wichtige »Rolle der Arbeit an der Menschwerdung des Affen« in Frage stellen.

Aber diese theoretischen Überlegungen kommen bei den Lesern nicht an. Sie empören sich, weil sie fürchten, unser Artikel habe nur das Ziel, die weitere Aufführung des Films zu verhindern. »Wir müssen uns darüber im klaren sein«, schreibt Herr H. aus Stollberg, »daß dieser Film aus dem kapitalistischen Wirtschaftsgebiet kommt. Wir können also von vornherein keine materialistische stubenreine Interpretation erwarten, im Gegenteil. (...) Auf der anderen Seite bin ich aber auch der Meinung, daß wir in der Lage sein müßten, uns kritisch mit einem solchen Film auseinanderzusetzen, ohne ihn von der Angebotsliste zu streichen oder ihn zumindest de facto hinterher da wegzuwünschen. (...) Im Artikel wurden alle Fehler und Unwahrheiten interpretiert, es wurde aber mit keinem einzigen Satz auf offene Fragen eingegangen. So gesehen bietet sich diese Diskussion als vordergründige Aversion gegen diesen Film dar. Ich sehe darin ein Bevormundung des Filmbesuchers.« Herr K. aus Dresden in seinem Brief an die *Wochenpost*: »Es erscheint wenig sinnvoll, mit den Büchern Dänikens und einer daraus konstruierten Kurzfassung seiner angeblichen Theorie und Ziele zu argumentieren, da das der ›normale‹ Leser, der die Bücher nicht kennt und nur den Film gesehen hat, nicht beurteilen kann.«

Nun wäre der Augenblick gekommen, sich ausführlicher mit den Thesen Dänikens zu befassen und bei dieser Gelegenheit Wissenschaftler zu Wort kommen zu lassen. Jetzt könnte man anhand dieses Beispiels in einer populären Zeitung populär auf Philosophie kommen. Doch während die Redaktion noch einen Anlauf nimmt, um genau dies zu tun, wird von oben auf Rot geschaltet. Kein Interesse. Die *Wochenpost* solle das Thema gefälligst fallen lassen. Keine nähere Erläuterung. Keine Argumente.

Wem kann's Rätselmacher Willi Klein recht machen?
Leider stellt mich Herr Willi Klein ständig vor unlösbare Rätsel. Welcher Mensch, auch wenn er einigermaßen gebildet ist, kennt sich schon in sämtlichen Opern aus ... Ganz zu schweigen von den vielen Oasenstädten in der Sahara ...
*Leserbrief von Ingrid G., Senftenberg
Wochenpost 2.3.1973*

Frau G. möchte ich sagen: Warten Sie auf die Auflösung!
H.T., Aue

Es stimmt schon, die Rätsel sind oft zu schwer. Aber man soll ja wohl auch Hilfsmittel dazu nehmen.
Maria P., Westeregeln

Die Einsenderin irrt sich. Es gibt keine Zeitschrift mit leichteren Rätseln als die *Wochenpost*.
Elisabeth H., Köthen

Die Rätsel zwingen zum Nachdenken, also zur geistigen Mitarbeit.
E.E., Merseburg

Zuschriften in der Wochenpost 30.3.1973

Das Klebevermögen von Briefumschlägen – ein Fall für die *Wochenpost*

Frage und Antwort
Für das gesamte Harzgebiet ist gegenwärtig nur eine Touristenkarte im Maßstab 1:100 000 erhältlich; für die Urlauberorte im Kreis Neuhaus am Rennsteig gibt es momentan überhaupt keine.
Leserbrief von Rolf S., Leipzig

Durch eine Übernahme einer großen Anzahl Wanderkarten aus anderen Verlagen war das Sortiment in seiner äußeren Gestaltung sowie vom Inhalt sehr unterschiedlich, so daß eine Überarbeitung des Kartensortiments notwendig wurde. Unsere Verlagserzeugnisse erhalten jetzt ein neues Profil nach einheitlichen Gesichtspunkten, z. B. haben wir die Anzahl der Maßstäbe von 11 auf 4 reduziert ...
VEB Landkartenverlag Berlin
Wochenpost 22.1.1971

Die westdeutsche Tageszeitung *Die Welt* veröffentlichte am 8. November 1974 eine kurze Meldung unter der Überschrift »Service à la Gera«. Der Text lautete: »Eine Überraschung erlebten Reisende, die im Hotel ›Thüringer Hof‹ in der mehr als 30 000 Einwohner zählenden Kreisstadt Rudolstadt (›DDR‹-Bezirk Gera) übernachten wollen. Sie erhalten dort neben dem Zimmerschlüssel auch einen Eimer Brennmaterial mit der Aufforderung in die Hand gedrückt: ›Heizen müssen Sie schon selber.‹ Die Zimmer des Hotels sind nach Angaben des Informationsbüros West vom Donnerstag mit winzigen eisernen Öfen ausgestattet, die, wie die Ostberliner *Wochenpost* bemerkte, ›Ausgangspunkt rationeller Überlegungen seitens der Leitung des Hauses waren.‹«

Die Kollegen im Westen waren schnell, das mußten wir ihnen lassen. Die *Wochenpost* mit dem Datum des 8. November 1974 enthielt auf der dritten Seite, im Keller unter dem Leitartikel, einen Beitrag »Zum Thema ...«, nämlich: »Wenn einer eine Reise tut«. Unsere Kollegin Helga Möde beschrieb in epischer Breite ihre Erlebnisse in dem genannten Hotel in Rudolstadt bis hin zum Happy-End: »Noch etwas abgehetzt, nehme ich einen kleinen Imbiß ein und begebe mich bald darauf in mein Zimmer. Hier hat sich die Temperatur inzwischen auf 27 Grad Celsius erhöht. Der Ofen knackt und bullert, das Ofenrohr glüht. Zufrieden, den Forderungen des Tages und denen der Hotelleitung Genüge getan zu haben, lege ich mich schlafen. Erquickenden Schlaf finde ich jedoch nicht. Zu spät fällt mir ein, daß es zu meinen prinzipiellen Gewohnheiten gehört, in ungeheizten Räumen zu schlafen.«

So weit, so lustig. Es kamen Leserbriefe, einer darunter, der dem Vorfall eine ganz neue Dimension gab: »Ich nehme an, daß das Zimmer, von dem die Rede ist, nicht mehr als drei bis vier Mark gekostet hat – so jedenfalls sind die ortsüblichen Preise. Dann allerdings müßte Frau Möde vom ›Thüringer Hof‹ in Rudolstadt genau besehen Geld zurückbekommen: Wenn wir z. B. für das Heizen mit allem Drum und Dran eine Stunde berechnen und diese mit vier Mark festlegen, plus zehn Prozent Schmutzzulage, macht das Ganze 4,40 Mark, wobei wir großzügig über den Kauf von Streichhölzern und Kohlenanzündern hinwegsehen. – Das nenne ich rentabel wirtschaften.«

Das Klebevermögen von Briefumschlägen – ein Fall für die *Wochenpost*

Nicht aus Frivolität veröffentlichte die Wochenpost in ihrer Ausgabe vom 28. November 1964 dieses Titelfoto. Vielmehr wurde damit der Artikel »Darf's drei Nummern größer sein?« angekündigt. Sechs Wochenpost-Kolleginnen testeten das BH-Angebot des DDR-Handels und teilten das traurige Resultat den Leserinnen und Lesern mit.

Mit dem Artikel und dem Abdruck des Leserbriefs wollte die *Wochenpost* etwas für besseren Service tun. Mit ihrer Meldung wollte die *Welt*, die zu jener Zeit immer noch die DDR in Anführungszeichen setzte, unterstreichen, was für miese Verhältnisse bei uns herrschten. Und sie bewirkte noch etwas: Daß die Abteilung Agitation erneut etwas an der *Wochenpost* auszusetzen hatte, die wieder einmal dem Klassenfeind Munition geliefert hatte. Dieses Zusammenspiel hat im Laufe der Zeit immer besser funktioniert. Die *Welt* veröffentlichte allwöchentlich (mir scheint, es war mittwochs) eine ganze große Rubrik mit Lesefrüchten aus der DDR-Presse. Da die DDR-Bezirkszeitungen meist nicht bis in den Westen gelangten, suchte sich die *Welt* ihr Material aus den in Berlin erhältlichen Blättern. Vor dem Mittwoch war uns immer etwas bange: Würde uns die Springer-Zeitung wieder den Löwen im »Großen Haus« zum Fraße vorwerfen?

Offene Seeufer
Der Beschluß aus dem Oder-Bezirk, der davon spricht, daß »Erholungsgebiete, in denen in der Vergangenheit planlos bzw. entgegen den geltenden gesetzlichen Bestimmungen parzelliert und gebaut wurde«, für die öffentliche Nutzung wiederzugewinnen sind, ist gut und wichtig. Verwirklicht werden kann er jedoch nur Schritt für Schritt ... Offene Ufer können in absehbarer Zeit an den Seen aller Bezirke zu finden sein, wenn die Erfahrungen rasch verallgemeinert werden.
*Conrad Tenner
Wochenpost 15.3.1974*

Noch nie im Angebot
Solange wir mit Fisch handeln, kann nicht von einer Kontinuität der Warenbereitstellung gesprochen werden. Die vom Kollegen Ritter im Interview angeführten neuen Erzeugnisse bei Räucherwaren, Präserven, Konserven und Kochfisch waren noch nie im Angebot. Abgesehen von Räucherware, Frischfisch und der Salzware verbleiben ganze 11 Sorten als ständiges und 5 als nichtständiges Angebot, also 54 weniger, als im Interview behauptet. Unsere Angaben genügen wohl, um deutlich zu machen, daß es nicht angeht, dem Handel die Schuld für eine schlechte Fischversorgung in den Südbezirken in die Schuhe zu schieben.
Kollektiv der Kontaktring-Verkaufsstelle »Ostsee«, Gotha
Wochenpost 11.2.1972

Dank eines im Archiv aufbewahrten Dokuments aus dem Jahre 1977 ist übrigens ziemlich genau nachzuvollziehen, wie wir ins Schußfeld gerieten. In den hinterlassenen Akten der Abteilung Agitation des ZK findet sich das Transkript des Mittschnitts einer Sendung des Deutschlandfunks vom 16. Juni 1977. Es handelt sich um einen Kommentar des Kölner Senders über Versorgungsprobleme der DDR.[77] Dort wurde folgendes gesagt: »Worüber sich die Menschen in der DDR hingegen immer neu ärgern, das ist die oft minderwertige Qualität. (...) In der Familienzeitschrift *Wochenpost* z. B. können Leser regelmäßig ihrem Ärger Luft machen. Da wird über Arbeitsanzüge geklagt, die beim Waschen um zwei Nummern einlaufen, obwohl sie mit dem Vermerk ›läuft nicht ein‹ verkauft worden sind. Da wird über Briefkuverts, die sich mangels Gummi nicht zukleben lassen, geklagt, über Dichtungsringe für Schnellkochtöpfe, die nicht nachgeliefert werden, und dergleichen mehr. Die *Wochenpost* aber beschränkte sich nicht darauf, die gesammelte Empörung ihrer Leser abzudrucken, sie schickte sogar Redakteure an die Ursprungsstätten des Ärgers, in die zuständigen Fabriken und zu den Behörden, um zu recherchieren, wie es zu den Mängeln gekommen war und warum sie nicht abgestellt wurden. Diese verdienstvollen Unternehmungen heißen ›Dienstreise im Leserauftrag‹. Über das Ergebnis seiner Reise pflegt der betreffende Redakteur anschließend vierspaltig in der Zeitung zu berichten. Die nicht klebenden Briefumschläge z. B. ließen die Kollegin Helga Wollert nicht ruhen. Wer fabriziert eigentlich solchen Ausschuß, fragte sie mutig und in aller Offenheit und wandte sich an den sogenannten Erzeugnisgruppenleiterbetrieb, den VEB Papierverarbeitung Torgau. Dort freilich – und auch das schreibt sie hernach – verbietet die Generaldirektion den zuständigen Genossen, mit der Journalistin über den Fall zu reden. Statt dessen äußert sich der Generaldirektor der Volkseigenen Betriebe Verpackungen in Leipzig, die allerhöchste Instanz, wie sie schreibt. Der Genosse Generaldirektor macht es kurz, auf knappen 22 Zeilen teilte er mit, er habe, so wörtlich, ihre Eingabe erhalten und ›erkenne die von Ihnen dargestellten Mängel als möglich an‹. Das Klebevermögen der Umschläge hänge, so weiter wörtlich, von der Übereinstimmung der Qualität des zur Verfügung stehenden Leims und der Oberflächenbeschaffenheit der eingesetzten Papiere ab. Es sei aber auch möglich, daß das Fehlverhalten eines Mitarbeiters zu dem Mangel geführt habe. Dieser Bescheid hat die Kollegin der *Wochenpost* echt empört. Das Fehlverhalten eines Papierfacharbeiters also sollte dazu geführt haben, daß in der ganzen Republik seit Jahren, wie sie schreibt, die Briefumschläge nicht kleben? Da in der DDR der Kunde nicht König ist und auch (nicht) bedient, sondern abgefertigt wird, dürfte sich am Klebevermögen der Briefe kaum sehr viel geändert haben, jedenfalls wird darüber nicht mehr berichtet. Die Leser der Zeitung aber sehen, daß ihre Klagen ernst genommen und die höchsten Instanzen der Produktion damit zumindest befaßt werden. Ein wichtiges Ventil, um die Leute bei der Stange und bei Laune zu halten, denn sie selbst müssen ja am Arbeitsplatz erhebliche Leistungen erbringen. Für sie jedenfalls gilt jene Devise, die die Bonzen in der staatlichen Planwirtschaft nur unvollkommen beherzigen: Jeder liefert jedem Qualität.«

Ich habe den Kommentar des Deutschlandfunks so ausführlich zitiert, weil er korrekt wiedergab, was wir geschrieben hatten, und weil er auch richtig herausfand, wo unsere Probleme mit der Kritik lagen. Was aber die Archivalie so viele Jahre später für mich besonders interessant machte, sind die zahlreichen Anstriche und Unterstreichungen und die Bleistiftvermerke am Kopf dieses maschinengeschriebenen Papiers. Sie verweisen auf seinen Weg vom Leiter der Abteilung Agitation an seinen Stellvertreter und von diesem an eine Mitarbeiterin der Abteilung, die für den Berliner Verlag und damit für die *Wochenpost* zuständig war. Was sicherlich folgte, war eine »klärende Aussprache« mit uns. So verging manchem Journalisten allmählich die Lust, mit kritischen Beiträgen auf eine Besserung der Verhältnisse hinzuwirken. Man machte sich nur Ärger, ohne etwas bewirken zu können.

Resultat einer Dienstreise
Für solche Mißstände wie in Nossen, wo das Diabetiker-Sortiment völlig unzureichend war, gibt es keine Entschuldigung. Die Generaldirektion hat den zuständigen »Branchenleiter Diät« der Bezirksdirektion »Waren täglicher Bedarf« in Dresden beauftragt, für eine rasche Veränderung zu Sorgen ...
Wochenpost 5.4.1974

21. Juni 1974: Flugasche in Bitterfeld

Ihr Weckruf bitte
Den Dienst am Schlafkunden und andere spezifische Telefonaufträge übernimmt in unserer Hauptstadt der Fernsprechkundendienst – zu erreichen unter der Rufnummer 14. Den Anforderungen entsprechend (zuverlässig, pünktlich, freundlich), ist dieser Platz ausschließlich von Frauen besetzt. Männer werden mehr mechanisch beschäftigt. Die freundlichen Stimmen der Kundendienstfrauen klingen uns wohl im Ohr – jedoch Gesicht und Tätigkeit kommen selten ans Licht der Öffentlichkeit. Der Kundendienst klappt und der Kunde sagt: Ja, Danke! So gut wie keine Eingaben, keine Beschwerden...
Wochenpost 21.6.1974

In dieser *Wochenpost* vom 21. Juni 1974: Eine Mitarbeiterin hat drei Tage aushilfsweise als »Weckerin« im Fernsprechkundendienst gearbeitet und breitet nun auf der Seite 18 ihre Erfahrungen aus. Man denkt, die Leute rufen dort an, um zu sagen: Bitte wecken Sie mich um fünf. Wäre es so, könnte man keine Zeitungsseite damit füllen. Doch die Leute stellen die merkwürdigsten Fragen, wollen ihre Sorgen abladen oder unmögliche Auskünfte.

Eine ausführliche Übersicht über neun Fußballweltmeisterschaften zwischen 1930 und 1970 findet sich in dieser *Wochenpost*. In der 18. Folge der Vorabdruck eines Reports von Jean Villain über Venedig. Eine Reportage über die Gummigewinnung in Malaysia. Ein Reisebericht aus Polen. »Schlagzeilen von Gestern« – zwanzig Jahre zuvor hat die United Fruit Company in Guatemala einen Putsch organisiert und einen Präsidenten gestürzt. Der Bauskandal um den Steglitzer Kreisel in Westberlin in einem größeren Artikel. In Nordirland rüstet man für den Bürgerkrieg.

Auf Seite 3 erscheint eine sehr ausführliche Antwort zu einer fingierten Leser-Anfrage: »Welche Möglichkeiten gibt es, Offizier der NVA zu werden?« Eine Seite Wandertips. Frage: »Gibt es einen Facharzt für Männerkrankheiten?« – Antwort auf Seite 31. Die Koch-Kartei empfiehlt kalte und warme Vorspeisen. Rechtsauskunft: Das Testament (Teil III).

Im nachhinein lohnt es, bei den Seiten vier und fünf zu verharren. Unter der Überschrift »Drachentöter« steht hier »Eine Reportage aus Bitterfeld. Von Monika Maron«. Diejenige Reportage, welche? Im Prinzip ja.

Der Artikel beginnt mit den nun schon fast klassischen Worten: »In Bitterfeld steigt nur aus, wer aussteigen muß, wer hier wohnt oder arbeitet oder sonst hier zu tun hat. Die weiterfahren, sehen durch die Fenster ihres Zuges bedenklich oder betroffen in den Himmel über der Stadt, den diesigen nebligen Himmel, den die Sonne nicht durchdringt, den Schornsteine durchbohren, in dem weithin sichtbar eine aprikosenfarbige Flagge aus Stickoxiden weht.« So der Anfang der Seite 4 in der *Wochenpost* vom 21. Juni 1974.

Später berichtet Monika Maron in ihrem Roman »Flugasche« über die Entstehung dieses ersten Satzes: »›B. ist die schmutzigste Stadt Europas.‹ Das wäre der erste Satz. Aber das würde

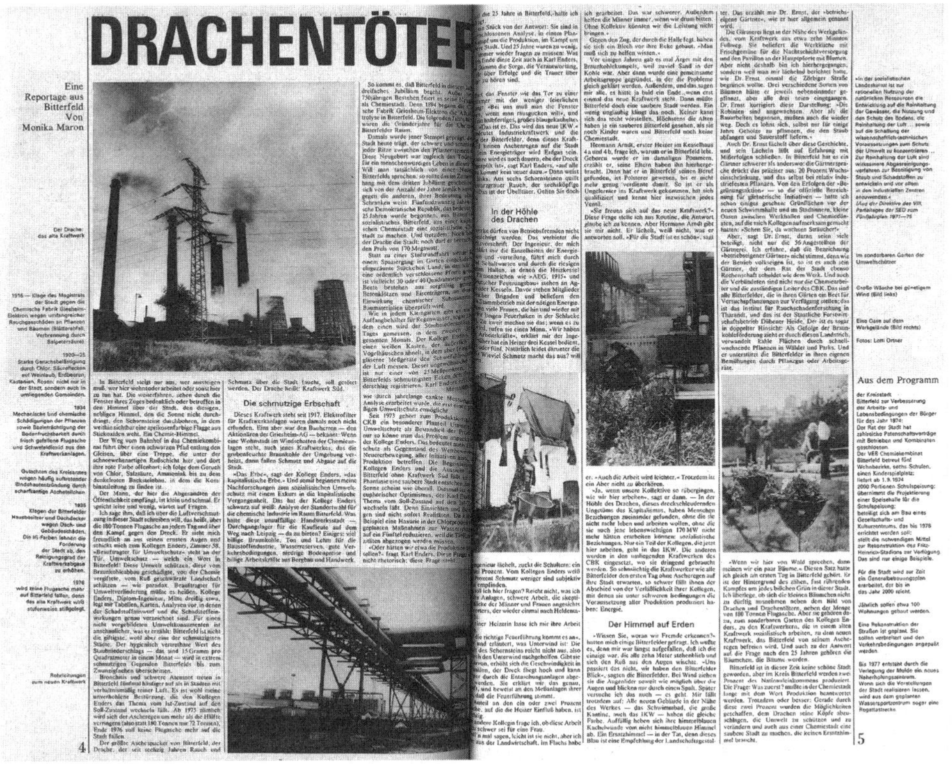
DRACHENTÖTER

Eine Reportage aus Bitterfeld Von Monika Maron

Die schmutzige Erbschaft

In der Höhle des Drachen

Der Himmel auf Erden

Aus dem Programm

4

5

Luise streichen. Die dreckigste europäische Stadt ausgerechnet in einem sozialistischen Land. Wenn wir uns schon die traurige Tatsache leisten, so wenigstens nicht ihre öffentliche Bekanntmachung. Mögliche Variante: B. ist eine schmutzige Stadt. Quatsch, das ist nichts, das weiß jeder. – Wenn schon nicht die ganze Wahrheit, dann wenigstens einen schönen Satz. Also: In B. steigt nur aus, wer hier aussteigen muß, wer hier wohnt oder arbeitet, oder sonst hier zu tun hat. – Das ist mein erster Satz. Ich bin zufrieden.«

Monika Maron arbeitet von 1974 bis 1976 als Reporterin in der Zentralen Gruppe der *Wochenpost.* Zuvor war sie bei der Frauenillustrierten *Für Dich.* Sie veröffentlicht in der *Wochenpost* zahlreiche Reportagen und hat mit einigen auch Ärger – wie wir alle. Aber »Flugasche« ist nicht der Dokumentarbericht eines Artikel-Verbots in der *Wochenpost,* sondern ein fiktiver Roman, selbst wenn der Eingeweihte in vielen handelnden Personen Kollegen wiedererkennt, wenn ihm Vorgänge bekannt vorkommen.

Die Reportage in der *Wochenpost* endet versöhnlich. Muß sie sicherlich. Der »Drache«, das dreckschleudernde Kraftwerk in Bitterfeld, soll mit sozialistischem Optimismus besiegt werden. Es wird auf die Kraftwerksarbeiter verwiesen, »die in einem alten Kraftwerk sozialistisch arbeiten«. Und es ist die Rede von

In einem alten Band der Wochenpost findet sich die Reportage »Drachentöter« von Monika Maron aus dem Jahre 1974. Sie stand am Anfang des Romans »Flugasche«, der 1981 in Frankfurt am Main erschien und Anfang 1990 dann endlich auch in der DDR vom Union-Verlag herausgegeben wurde.

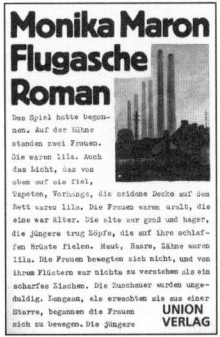

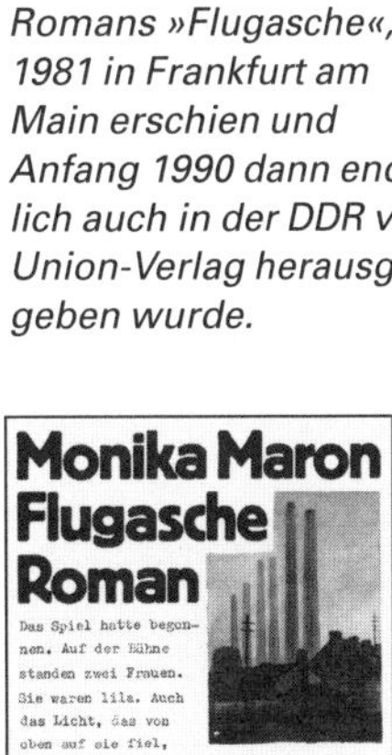

21. Juni 1974: Flugasche in Bitterfeld

Das Wetter
Im Mai gab es allein in Berlin 53 000 Anrufe bei der Urlaubswetter-Ansage sowie 130 000 »Gespräche« beim normalen Wetterbericht. Im Durchschnitt sind es fast 3 000 Anrufe am Tag und etwa 1 Million im Jahr. Den absoluten Tagesrekord hält der 9. Februar 1956 mit 22 000 Telefonaten, die höchste Monatsrate verzeichnet der Februar des gleichen Jahres, der extrem kalt war.
Interview mit dem Leiter der Zentralen Wetterdienststelle Potsdam Wochenpost 26.7.1974

»dem neuen Kraftwerk, das Bitterfeld von seinem Ascheregen befreien wird«. Monika Marons *Wochenpost*-Artikel schließt so: »Bitterfeld ist in dieser Zeit keine schöne Stadt geworden, aber im Kreis Bitterfeld werden zwei Prozent des Nationaleinkommens produziert. Die Frage: Was zuerst? mußte in der Chemiestadt lange mit dem Wort Produktion beantwortet werden. Trotzdem oder besser: Gerade durch diese zwei Prozent wurden die Möglichkeiten geschaffen, dem Drachen seine Köpfe abzuschlagen, die Umwelt zu schützen und zu verändern und auch aus einer Chemiestadt eine saubere Stadt zu machen, die keinen Ersatzhimmel braucht.«

Eine Konzession, diese Sätze? Aber gewiß doch. Eine Konzession an die ZK-Beckmesser, die die *Wochenpost* ohne den halbwegs optimistischen Ausklang gnadenlos attackiert hätten. Eine Konzession aber auch an uns selbst, die wir 1974 mehrheitlich noch daran glaubten, die Dinge aus eigener Kraft zum Besseren wenden zu können.

Später wird man mich, wenn ich als *Wochenpost*-Mitarbeiter erkannt bin, des öfteren fragen, wie wir in der Redaktion denn mit dem Buch »Flugasche« leben könnten. Darauf antworte ich immer: Gut. Der Roman handelt nicht von der *Wochenpost*, sondern von der fiktiven *Illustrierten Woche*. Es ist kein Dokumentarbericht, sondern ein Roman. In der *Illustrierten Woche* darf die Reportage nicht erscheinen. In der *Wochenpost* ist sie, wenn auch in anderer Form, gedruckt worden.

Der Zeuge auf dem Wochenposten

Vignette von Thomas Schleusing zu einem Gerichtsbericht

Zugegeben, die Kapitelüberschrift ist nicht auf meinem Mist gewachsen. Sie stammt von Kurt Neheimer und stand über dessen Glückwunschartikel zum 70. Geburtstag von Rudolf Hirsch. In dem Beitrag fand sich diese treffende Beschreibung: »Sehe ich ihn rüstigen Schritts daherkommen, den Mitarbeiter und Freund, stets in Eile, stets mit einer Sache befaßt, in aufgeknöpftem Mantel, die Baskenmütze und sein unscheinbares Täschchen in der Hand und immer zu einem klugen Wort aufgelegt, so denke ich bei mir: Die Vitalität möchte man dem einen oder anderen Jüngeren wünschen.«

Diese Worte wurden im November 1977 geschrieben. Da feierte er seinen 70. Geburtstag. Aber erst als er 74 wurde, stellte Rudolf Hirsch seine täglichen Besuche bei Gericht ein.

In der oben zitierten Laudatio hieß es weiter: »Vorstellbar wäre, daß jemand, der 1 400 Wochen an Strafprozessen teilgenommen hat, den Verhandlungen am Ende mit unbeteiligter Routine folgen müsse. Die Redaktion weiß es besser. Wenn Rudolf Hirsch im Hause erscheint, erfährt man als erstes, was heute bei Gericht vorgegangen sei. Immer engagiert, immer streitbar bei der Sache, vermag er sich wie am ersten Tag über Täter und Taten, nicht minder über Verantwortungslosigkeit oder Schlamperei zu erregen – und wenn es sein muß, auch über Entscheidungen.«

In der Rückschau möchte man sagen: Rudolf Hirsch war die *Wochenpost*. Oder: Die *Wochenpost* war Rudolf Hirsch. Von Weihnachten 1953 bis zum Sommer 1981 alle sieben Tage einen Bericht aus dem Gerichtssaal zu liefern, allein dies schon mußte Achtung abnötigen. Aber seine Artikel waren überdies locker und engagiert, voller Anspielungen auf Literatur und Leben, es waren die »Leitartikel des kleinen Mannes«, wie mal jemand formulierte. Für die überwiegende Mehrheit aller Leser begann die Lektüre unserer Zeitung auf der letzten Seite, beim »Hirsch«. Daß Hirschs Gerichtsberichte keine flüchtige Alltagsware waren, erwies sich spätestens dann, wenn sie gesammelt in einem Buch erschienen, als DDR-Bestseller mit mehrfachen Nachauflagen, als »Bückware«, wie die *Wochenpost* selbst.

Rudolf Hirschs Popularität speiste sich nicht allein und vielleicht auch nicht vorrangig aus der Lesbarkeit seiner Artikel, aus dem allgemeinen Interesse an Missetat und -tätern, sondern zu einem guten Teil aus der Unabhängigkeit seines Urteils. Wo es

Den Spiegel vorhalten
Meine Geschichten sollen etwas Dramatisches haben. Wenn sie gut sind, gilt auch für sie der Grundsatz des Dramatikers William Shakespeare, der durch Hamlet den Schauspielern, aber auch allen Tragödien- und Komödienschreibern sagt: »Der Natur gleichsam den Spiegel vorzuhalten: der Tugend ihre eignen Züge, der Schmach ihr eignes Bild und dem Jahrhundert und Körper der Zeit den Abdruck seiner Gestalt zu zeigen.« (...) Wenn nun hier der Eindruck entstanden wäre, der Gerichtsberichterstatter sei eine Art von privilegiertem Narren, dann ist das ein Irrtum. Er hat weder Privilegien, noch darf er närrisch sein. Aber es ist ihm nicht verboten, daß er, um mit Shakespeare zu sprechen, mit Witz gesegnet sei.
Rudolf Hirsch in Wochenpost 14.12.1973

Demoralisierung
Die Veruntreuungen, die Sie schildern, sind aber nur ein winziger Prozentsatz von dem, was wirklich täglich verschoben wird. Mit der Ehrlichkeit geht es bergab. Sicher haben Sie sich über die Gründe, die zu einer solchen Demoralisierung führen, Ihre Gedanken gemacht. In der Bevölkerung macht sich zunehmend die Meinung breit, daß der Staat unverschämt hohe Preise verlangt und das sauer verdiente Geld den Arbeitern wieder aus der Tasche nimmt; deshalb werden Veruntreuungen als eine selbstverständliche Gegenmaßnahme betrachtet.
Anonyme Zuschrift, Juli 1972

Identifiziert
Obwohl wir schon mehrmals auf der Leserbriefseite darauf aufmerksam machten, daß die Namen der Straffälligen in den Gerichtsberichten frei erfunden sind, kommen immer wieder Briefe, daß Leser in den Beiträgen identifiziert werden und bei ihren lieben Mitmenschen Spießruten laufen. So schrieb Frau Heidrun H. aus Berlin, daß sie mit Frau Heidrun aus Nr. 12 identifiziert wird.
Interne Übersicht zum Leserbriefeingang März 1976

ihm nötig erschien, artikulierte er eben sein Unverständnis für den Antrag eines Staatsanwalts oder ein Urteil. Als er sich 1981 »zur Unruhe setzte«, wie es in der *Wochenpost* formuliert wurde, fragte man ihn im Interview, ob alles in seiner Arbeit glattgegangen sei. Hirschs Antwort war ungemein zurückhaltend: »Im Prinzip, so glaube ich, ist die Justiz mit meiner Art der Berichterstattung einverstanden. Und viele Entscheidungen, die ich in Zusammenarbeit mit dem Kollektiv der *Wochenpost* kritisiert habe, sind überprüft worden. Das heißt aber nicht, daß jeder Richter und jeder Staatsanwalt mit mir zufrieden ist oder war. Gewiß traf ich auch einige Richter oder Staatsanwälte, die bequeme, beipflichtende Gerichtsreportagen lieben ... Natürlich geht nie alles glatt. Einmal z. B. wurde ich vom Gericht und mit mir die ganze Öffentlichkeit – ich war der einzige Zuhörer – ausgeschlossen. Im Kreisgericht in Neuhaus am Rennweg, 680 Meter über dem Meeresspiegel. Wie ich dennoch, und zwar ganz legal, über dieses nichtöffentliche Verfahren berichtet habe, gehört zu meinem Berufsstolz.«

Das war natürlich sehr freundlich formuliert, nach jeder Richtung hin. Rudolf Hirsch hatte es mit der *Wochenpost*-Chefredaktion nicht immer leicht, die nun einmal als hauseigener Zensor zu fungieren hatte und der wiederum die Obrigkeit das Leben schwer machte, wenn Hirsch scheinbar unbotmäßig gewesen war. Auch die Chefredakteure hatten es mit ihm nicht einfach. Er war zunächst nicht bereit, auch nur ein einziges Wort zu ändern.

Der Zufall hat Papiere überliefert, die es nun erlauben, in zwei Fällen den Ärger um Hirschs Gerichtsreportagen sozusagen aktenkundig nachzuvollziehen.

In der ersten Sache handelte es sich um den Gerichtsbericht in der *Wochenpost* vom 2. Oktober 1970 unter dem Titel »Kaspar Hauser heute und des Lebens ernstes Führen«. Es ging um einen Jugendlichen, der – ohne Eltern in einem Heim aufgewachsen – straffällig geworden war. Das Gericht verurteilte ihn wegen Asozialität zu Arbeitserziehung. Hirsch kritisierte nicht das Urteil, er kritisierte die Gesellschaft: »Sicher, die Erzieher in den Kinderheimen geben sich die größte Mühe, sie haben alle Mittel. Aber Familienerziehung können sie nicht ersetzen, allzuoft müssen die Kinder die Heime wechseln, und in den Heimen wechseln die Erzieher und ihre Methoden.« Bisher galt die sozialistische Erziehung im Reich der Volksbildungsministerin Margot Honecker als absolut unangreifbar. Rudolf Hirsch aber stellte sie in Teilen indirekt in Frage. »Wir haben jetzt eine fast fünfundzwanzigjährige Erfahrung mit Heimerziehung«, schrieb er. »Ihre Ergebnisse liegen vor, wir müßten sie einmal wissenschaftlich untersuchen.«

So etwas wurde im ZK als Generalangriff auf die DDR und ihre Pädagogik gelesen. Im Fall dieses Artikels bekam die

Zentrale Parteileitung des Berliner Verlages (ZPL) die Weisung, sich mit der Sache zu befassen. Dort »befaßte« man sich wie gewünscht. Ich zitiere aus »Protokollnotizen« mit Stichworten verschiedener Diskussionsbeiträge auf einer ZPL-Sitzung am 4. November 1970: »Darstellung gegen die Generallinie. Heimerziehung wird gegen Familienerziehung gesetzt ... unzulässige Verabsolutierungen. Unwissenschaftlich und nicht parteilich ... Das bedeutet Negierung der positiven Erfolge der Heimerziehung. (...) Hier wird ein unmarxistischer Standpunkt bezogen. (...) Ebenso ist die Formulierung vom Lebens- und Daseinskampf anfechtbar und geht an den Prinzipien unserer Gesellschaft vorbei. (...) Der Beitrag birgt verschleiert kleinbürgerliches Gedankengut. (...) Den Heimen wird die Kriminalität in die Schuhe geschoben ...«

Wie ist die Sache nach diesem Generalangriff ausgegangen? Ein Protokoll einer Sitzung des Redaktionskollegiums der *Wochenpost* vom 8. Dezember 1970 teilt lediglich mit, daß »im Zusammenhang mit der Auseinandersetzung in der ZPL über den Gerichtsbericht von Rudolf Hirsch« eine gemeinsame Sitzung von Kollegium und *Wochenpost*-Parteileitung vorgeschlagen wird. Bei dieser Gelegenheit ist dann die Affäre heruntergespielt worden. Hirsch schrieb weiterhin seine Berichte.

Der zweite Fall ist insofern erwähnenswert, als das im SED-Parteiarchiv erhalten gebliebene Schreiben des *Wochenpost*-Chefredakteurs an die Abteilung Agitation des ZK recht aufschlußreich hinsichtlich der Mechanismen in Justiz und Presselenkung ist.[78] In diesem Brief wurde mitgeteilt, daß der Chefredakteur, sein Stellvertreter Polkehn und der Parteisekretär der *Wochenpost* wie verlangt mit Rudolf Hirsch eine Aussprache wegen des Gerichtsberichts in der Ausgabe vom 23. Mai 1975 geführt hätten. Diese Gerichtsreportage mit dem Titel »Die

Sei es bei Leserforen, sei es beim Solibasar, wo Rudolf Hirsch auftauchte, war er sofort dicht umlagert von Leuten.

Was darf der »Zeuge«?
Wenn man die Gerichtsberichte liest, dann sollte man meinen, es gäbe bei uns nur kleine asoziale Ganoven mit sozialistischem Bewußtsein nach der Tat. Aber bei uns gibt es Mord, versuchten Selbstmord, Kindesmißhandlung, fahrlässige Tötung, Verletzung der Aufsichtspflicht, Republikflucht, Grenzzwischenfälle, Spionage, Schmuggel, Raub, Gefängnisflucht usw. Darf R. Hirsch da nicht in diesen Sachen Zeuge sein? Auch geraten nicht nur Asoziale auf die schiefe Bahn, sondern auch führende Persönlichkeiten, staatliche Leiter, Ärzte, Pädagogen, Politiker usw. Warum wird davon nicht berichtet?
Zuschrift von Gabriele N., Hilbersdorf (Juli 1976, unveröffentlicht)

Denken!
Gewiß, sie sollen geben und auch nach ihren Leistungen nehmen, sie sollen und sie können, wenn sie ehrlich bleiben, sorglos leben, aber bitte nicht gedankenlos, nicht nur an sich denken, sondern überhaupt denken. Denn denken ist – nach Brechts Worten – das größte Vergnügen der menschlichen Rasse.
*Rudolf Hirsch
Wochenpost 21.6.1974*

218 Der Zeuge auf dem Wochenposten

Vignette von Thomas Schleusing zu einem Hirsch-Bericht

Blutrichter
Da steht er jetzt vor dem Gericht, als Zeuge geladen, Senatspräsident am Landessozialgericht Niedersachsen a. D., ... 71 Jahre alt ... Auf Deutsch: Der Stellvertretende Gestapochef von Paris und der Pariser Region war bis zu seiner Pensionierung einer der höchsten und höchstbezahlten Richter der Bundesrepublik Deutschland. (...) Der vorsitzende Richter fragt: »Gibt es sonst noch eine Frage?« Keiner meldet sich. Der Vorsitzende ist richtig erleichtert und macht einen seiner beliebten rheinischen Scherze. Er wendet sich an Professor Kaul: »Sie hätten sicher gern gefragt, wie er Senatspräsident geworden ist.« Professor Kaul: »Keineswegs. Das ist ja üblich.« Es ist mehr als üblich. Wenn ein Blutrichter Staatsanwalt der BRD wird, dann ist das üblich. Wenn ein Blutrichter Richter in der BRD geworden ist, dann war das auch üblich.
Rudolf Hirsch über einen Prozeß gegen SS-Führer in Köln,
Wochenpost 25.1.1980

Untat« schilderte den Prozeß gegen eine Mörderin. Hirsch begann mit den Worten: »Die Ermordete habe ich oft gesehen, eine alte liebenswerte Frau, sie saß in einem Papierwarenladen, in dem ich Kunde war, und nahm Lotto- und Totoscheine an. Zu jedem war sie freundlich. (...) Die Mörderin war eine ihrer Kundinnen ...«

Nein, Rudolf Hirsch kritisierte nicht das Urteil (lebenslängliche Freiheitsstrafe), er nahm sich nicht den Staatsanwalt vor. Nicht darum ging es. Vielmehr war mit diesem Artikel das Tabu verletzt worden, daß in der DDR nicht über Mordfälle berichtet werden durfte. Deshalb erging die Aufforderung an die Redaktion, klärende Aussprachen zu führen und sich zu rechtfertigen. Aus diesem Grund mußte der erwähnte Brief der *Wochenpost*-Chefredaktion geschrieben werden. Er ist auch heute noch lesenswert, eben weil er Auskunft über die manchmal überaus verzwickten Arbeits- und Verhaltensweisen in der DDR zu geben vermag.

Hirsch, so schrieb jetzt der Chefredakteur, habe der Redaktion mitgeteilt, »daß ihm der zuständige Staatsanwalt, Genosse Milz, die Genehmigung zur Berichterstattung erteilt hat. Zuvor war dieses Ersuchen von Oberrichter Dr. Kopatz abschlägig beantwortet worden, worauf Genosse Hirsch zunächst auch davon Abstand genommen habe, sich auf eine Berichterstattung vorzubereiten. Erst als der ebenfalls anwesende stellvertretende Stadtgerichtsdirektor, Gen. Probst, den Hinweis gab, daß sich die Chefredaktion mit der Abt. Recht des Zentralkomitees darüber abstimmen solle, rief Genosse Hirsch in der Redaktion an, informierte über die Sachlage und fragte an, ob eine Konsultation mit Genossen der Abteilung Recht möglich sei. Da die Berichterstattung über Mordfälle in unserer Zeitung nur in seltenen Ausnahmen erfolgt – der letzte Bericht dieser Art erschien im September 1973, daher auch keine Häufung vorliegt, hielten wir es für geraten, uns mit der Abteilung Recht des Zentralkomitees in Verbindung zu setzen. Genossin Margret Lorf, verantwortliche Mitarbeiterin unserer Rechtsredaktion, die auch an den periodischen Beratungen der Abt. Recht mit den Journalisten teilnimmt, erbat daher in unserem Auftrag den Rat des Genossen Heger von der Abt. Recht im ZK der SED. Er gab die Empfehlung, Genosse Hirsch solle sich an den zuständigen Staatsanwalt wenden, dessen Entscheidung zu respektieren sei. Wie uns Genosse Hirsch mitteilte, habe er daraufhin den für die Anklage zuständigen Staatsanwalt, Genossen Milz, angesprochen und um eine Entscheidung gebeten, es dabei auch nicht unterlassen, ihn über die Meinung von Oberrichter Dr. Kopatz zu informieren. Von Genossen Milz sei ihm erklärt worden, daß er keine Einwände gegen eine Berichterstattung habe und diese genehmige.«

Alles klar? Jedenfalls unterstrich der *Wochenpost*-Chefredakteur in seinem Brief, es habe bisher »in dieser Frage keinen Anlaß zur Kritik gegeben«. Rudolf Hirsch habe »stets hohes politisches Verantwortungsbewußtsein gezeigt. Über besondere Bestimmungen der Berichterstattung bei Mordfällen waren wir bisher nicht unterrichtet.« Und: »Um zu einer engeren Zusammenarbeit zu kommen, wäre es empfehlenswert, wenn seitens der Rechtspflegeorgane öfter Gespräche mit den Rechtsjournalisten durchgeführt würden.«

Damit war die Sache für die *Wochenpost* vom Tisch. Allerdings war uns in dieser Sache unwissentlich auch der »Klassengegner« zu Hilfe gekommen. Eine Zeitung in Westberlin hatte nämlich geschrieben, im Osten sei eine Lottoeinnehmerin ermordet worden, aber keine Zeitung der DDR hätte darüber berichtet. Das konnte man nun mit Hilfe der *Wochenpost* ganz stolz dementieren.

Aber letztlich prägten nicht solche spektakulären und damit seltenen Fälle aus den Gerichtsreportagen den wahren »Leitartikel« der *Wochenpost*. Das bewirkten vielmehr die Alltäglichkeiten, die das Gerichtsgeschäft nun mal in weiten Teilen ausmachen. »Das Leben, was sonst«, heißt eine der als Buch erschienenen Artikelsammlungen Hirschs. Genau. Eine noch zu schreibende Geschichte des DDR-Alltags dürfte auf keinen Fall an den Gerichtsberichten der *Wochenpost* vorübergehen. Es waren ja nicht zuletzt die kleinen Diebstähle, die Unterschlagungen, die Schwarzmarktgeschäfte, die von der Justiz zu ahnden waren, jene Delikte, in denen sich die Mängel der Mangelgesellschaft so recht spiegelten.

Der Gerichtsreporter Rudolf Hirsch war ein Moralist. Man solle die Leute nicht in Versuchung führen, meinte er und forderte beispielsweise immer und immer wieder, jahrelang und ohne zu ermüden, eine funktionierende Revisions- und Kontrolltätigkeit im Handel und in den Betrieben, denn wie oft stellte sich vor Gericht heraus: Jahrelang waren die Diebstähle oder Unterschlagungen niemandem aufgefallen.

Mitunter bekamen die Leser Hirschs Forderung nach Ursachenbeseitigung auch in den falschen Hals, empfanden sie sie als Entschuldigung für den Täter. Eine wahre Schwemme von Briefen brachte uns beispielsweise ein Gerichtsbericht im Oktober 1971 ins Haus. Ein Omnibusfahrer wurde zu zehn Monaten Haft ohne Bewährung verurteilt, weil er in den Bussen die Zahlboxen (Kästen, in die die Fahrgäste ihre 20 Pfennig Fahrgeld warfen) mit einem Nachschlüssel geöffnet und geplündert hatte – Gesamtschaden 2 760 Mark. Der Gerichtsbericht in der *Wochenpost* endete mit den Worten: »Ehrlichkeit wird von jedem erwartet, und wer stiehlt, muß bestraft werden, wie leicht oder wie schwer das Stehlen ihm gemacht wird. Wir sehen diesen Mann lieber am Steuer eines Omnibusses als zehn Monate in der Haftanstalt. Wir brauchen ihn, und die Familie braucht ihn.

Besuch in Haifa
Nein, er war nicht gerade freundlich, der alte Herr auf dem Carmel. Er hielt mich für einen der vielen Belästiger, die unter der Flagge seines Namens sich wichtig machen wollten. Aber er hörte mich an, einen ihm völlig unbekannten Schuharbeiter aus einer kleinen Sandalenfabrik. Diese erste Unterhaltung dauerte lange und endete mit dem Versprechen, zu uns nach Tel Aviv zu kommen. Er kam, er sprach mit uns über die Gegenwart des Krieges und über die Zukunft Deutschlands. Über das, was man 1918 falsch gemacht hatte und wie man es besser machen müßte.
Rudolf Hirsch zum Tode Arnold Zweigs
Wochenpost 6.12.1968

Nachsicht
Ja, er war nachsichtig, vor allem gegenüber Frauen, die sich aus enttäuschter Liebe zu einer Untat hinreißen ließen, und gegenüber Jugendlichen, die durch mangelnde Erziehung oder falsche Freunde verbogen wurden. Manchmal hat er sich selbst um einen Verurteilten gekümmert, um ihn wieder auf den normalen Weg zu führen. Ich habe aber auch erlebt, wie sehr er sich erregen konnte über Dummheit, Gedankenlosigkeit und Habgier mancher Täter. Doch immer blieb er – wie er sich selbst bezeichnete – ein unverbesserlicher Optimist.
Helmut Vogt über Rudolf Hirsch
Wochenpost 20.11.1987

Hirsch-Vignette von Thomas Schleusing.

Klassenkampf im DDR-Privatbetrieb
Nur dem sehr gewissenhaften Betriebsinhaber fiel auf, daß Herr Karl die beiden Fonds nicht korrekt und getrennt geführt hatte. Als er das monierte, wies ihn Herr Karl sehr schroff zurecht, das ginge ihn als Unternehmer gar nichts an. Der Betrüger und Defraudant spielte sich als Klassenkämpfer auf, der Mann, der nur an seine persönliche Bereicherung dachte. Allen denen, die sich gegen eine Revision sträuben, sollte man mit dem größten Mißtrauen begegnen, auch dann und gerade dann, wenn sie ultralinke Phrasen im Munde führen.
Rudolf Hirsch
Wochenpost 15.6.1963

Ist es wirklich so schwer, das Bestehlen einer Zahlbox zu erschweren?«

»Jeder Mensch hat seine positiven und negativen Seiten«, schrieb ein Leser. »Herr Hirsch stellt aber die positiven des Fahrers zu sehr heraus, verniedlicht dagegen die negativen Seiten. Unser sozialistischer Staat gibt dem besagten Busfahrer eine gesicherte Existenz. (...) Trotzdem stiehlt dieser Mann ... Wer 69mal so etwas macht, verdient meiner Auffassung nach keine Milde. (...) Ich stelle die Frage: Hat man das Recht, zu stehlen, wenn einem das Stehlen leicht gemacht wird?«

Die Redaktion kündigte danach für die nächsten *Wochenpost*-Ausgaben eine Diskussion zu diesen Fragen an. Allein, die öffentliche Debatte fand dann doch nicht statt. Die Leserbriefseiten fielen nämlich mehrfach aus, wegen einer Neuwahl des Staatsrates, einer Regierungserklärung von Ministerpräsident Willi Stoph, wegen des 70. Geburtstages von Leonid Breschnew und schließlich wegen des Transitabkommens DDR–BRD, das im Wortlaut in der *Wochenpost* abgedruckt werden mußte, obwohl es schon in den Tageszeitungen gestanden hatte.

Es versteht sich, daß die wahrheitsgetreue Reflexion dessen, was sich im Gerichtssaal (also im Leben) abspielte, nicht ohne Widerspruch blieb, daß sie unter Umständen auch ungewollte Assoziationen auslöste, die eigentlich nur sehr bedingt mit dem beschriebenen Fall zu tun hatten. Zu dem Prozeßbericht über den Fall eines pensionierten Pädagogen, der in seiner ehrenamtlichen Tätigkeit Unterschlagungen begangen hatte, schrieb ein anonym gebliebener Leser: »Täglich ist in jeder Zeitung zu lesen, daß die DDR ein sozialistischer Arbeiter- und Bauernstaat ist. Wenn man aber die Aufzeichnungen von R. Hirsch liest, kommen einem doch Zweifel am Sozialismus. Wie ist es möglich, daß ein Pädagoge, der wegen Krankheit in den Ruhestand geht, eine Pension erhält, die fast so hoch ist wie sein Gehalt? (...) Hier ist doch etwas faul in unserem Arbeiter- und Bauernstaat! Der Herr Pädagoge kann sich als Invalidenrentner auch nur satt essen wie auch ich ... Auf der einen Seite muß der sein ganzes Leben lang schwer arbeitende Arbeiter auf seine alten Tage hungern, und auf der anderen Seite werden ›Kapitalisten‹ nicht bekämpft, sondern gezüchtet.«

Aber Kritik an den Artikeln von Rudolf Hirsch gab es eher selten. Die Zustimmung war überwältigend, nicht zuletzt, weil die Leser spürten, daß hier jemand am Werk war, bei dem Lebenserfahrung mit großer Menschenliebe gepaart war.

Eine Einschränkung ist zu machen. So weit sich Rudolf Hirsch auch immer wieder vorwagte, so sehr er gegen den Stachel löckte, auch er mußte sich einigen Tabus unterwerfen. Dazu gehörten die politischen Prozesse, beispielsweise die Verfahren wegen versuchter Republikflucht. Aber bei dergleichen Prozessen war ohnehin die Öffentlichkeit ausgesperrt. Wo das Ministerium für Staatssicherheit die Prozeßregie führte, war ein Rudolf Hirsch nicht erwünscht.

Die in der *Wochenpost* veröffentlichten Gerichtsreportagen haben eine Atmosphäre des Vertrauens geschaffen. Leser wandten sich mit ihren Sorgen und Problemen an Rudolf Hirsch, luden ihn ein, an Verfahren teilzunehmen, weil sie sich durch die dadurch hergestellte »Öffentlichkeit« einen günstigen Ausgang ihres Verfahrens erhofften, oder sie erbaten Hilfe. So hatte Rudolf Hirsch nicht nur im Gerichtssaal zu sitzen, nicht nur seine Artikel zu schreiben, er mußte auch eine Unmenge von Leserbriefen beantworten. Dabei hat er vielen Menschen unmittelbar oder indirekt helfen können.

Vieles an Rudolf Hirsch und seiner Arbeit wird nur aus seinem Lebenslauf verständlich. Ein sehr früh entwickelter Sinn für Gerechtigkeit brachte ihn schon 1931 in seiner Heimatstadt Krefeld in die Kommunistische Partei. Als Kommunist und als Jude mußte er bereits 1933 Deutschland verlassen. Über Holland, Belgien und Frankreich führte ihn sein Weg nach Palästina, wo er als Schuhfräser arbeitete. 1949 kehrte er nach Deutschland zurück, und es lag in der Logik seines Lebenslaufes, daß es eine Heimkehr in die DDR war. Eigentlich wollte er Bücher schreiben (was ihm ja dann später auch vergönnt war), Kriminalromane. Die Besuche in Gerichten – zunächst eigentlich nur als Milieustudien gedacht – brachten ihn zur Gerichtsberichterstattung, erst für die *Tägliche Rundschau*, dann für die *Wochenpost*.

Das Schicksal seiner von den Faschisten umgebrachten Familienangehörigen veranlaßte ihn, sich besonders aufmerksam der juristischen Aufarbeitung der Nazi-Massenmorde zuzuwenden. Rudolf Hirsch hat für die *Wochenpost* all die großen Kriegsverbrecherprozesse in der Bundesrepublik besucht. In kaum einer deutschen Zeitung – DDR wie BRD gleichermaßen – ist so gründlich und ausführlich über die Auschwitz-Prozesse, den Maidanek-Prozeß und dergleichen Verfahren geschrieben worden wie in der *Wochenpost*.

Als er längst die täglichen Fahrten aufs Gericht eingestellt und den Raum auf der letzten Seite der *Wochenpost* an Helmut Vogt abgetreten hatte, schrieb er mit seiner Frau Rosemarie Schuder den »Gelben Fleck«, eine eindringliche, umfassende Sammlung von Essays über »Wurzeln und Wirkungen des Judenhasses in der deutschen Geschichte«. Ende 1986 wurden einige Kapitel aus dem »Gelben Fleck« in der *Wochenpost* vorab gedruckt.[79]

Vignette von Elizabeth Shaw zu einem Gerichtsbericht

Urteilsschelte
Gewiß verletzten Frau Marion und Herr Ernst nach den Buchstaben des Gesetzes ihre Rechtspflicht, als sie offizielle Aufforderungen ignorierten und die Kinder nicht zur Schule schickten. Die Schulpflicht ist eine große Errungenschaft, doch bei aller Notwendigkeit, sie durchzusetzen – welches Mitspracherecht haben die Eltern bei komplizierten Fällen? Frau Marion und Herr Ernst handelten nicht aus Gedankenlosigkeit oder gar Böswilligkeit, sondern aus Sorge um die Kinder. (...) Eine einvernehmliche Lösung ohne Gericht und Verurteilung wäre hier wohl angemessener gewesen.
*Helmut Vogt
Wochenpost 17.2.1989*

14. Februar 1975:
Wie Kyritz an die Knatter kam

Zum zweiten Mal das Rad erfunden
Hätte der badische Forstmeister Karl Freiherr von Drais die Notizbücher Leonardo da Vincis gekannt, so wäre wohl kaum das nach ihm benannte Laufrad, die Draisine, aufgekommen. Der Maler der Mona Lisa erfand nämlich bereits mehr als 300 Jahre zuvor das Fahrrad, das wir heute noch benutzen. Doch diese Aufzeichnungen Leonardos aus den Jahren 1491 bis 1505, die zwei Jahrhunderte als verschollen galten, wurden erst unlängst wieder aufgefunden und Ende 1974 erstmals veröffentlicht.
Wochenpost 3.1.1975

Noch knappe drei Monate bis zum 8. Mai, dem 30. Jahrestag der Niederlage des Faschismus, des Sieges der Roten Armee, dem Tag der Befreiung. Wohl aus diesem Grund finden sich in der *Wochenpost* vom 14. Februar 1975 sechs Seiten, die in dieser oder jener Form mit der Sowjetunion zu tun haben.

Natürlich ist alles »wochenpostgemäß« aufbereitet. Eine Doppelseite und das Titelfoto über die BAM, die in Bau befindliche Baikal-Amur-Magistrale, eine mehr als 3 000 Kilometer lange Eisenbahnstrecke quer durch Sibirien. Der *Wochenpost*-Bericht schildert Schwierigkeiten, stellt Bauleute vor, enthält viele interessante Details; daß das Unternehmen BAM sich zwei Jahrzehnte später als ein gigantischer und teurer Flop erweisen wird, kann man zu diesem Zeitpunkt nicht ahnen.

Auf einer Seite geht es um den Export von Damenoberbekleidung in die Sowjetunion. Sparen wir uns die Einzelheiten. Es genügt, die Überschriften zu zitieren: »Berliner Mode im GUM« (GUM ist das große Warenhaus am Roten Platz in Moskau) und »Mädchen machen Mode für Moskauer«. Die Leserbriefseite ist ganz dem zentralen Thema gewidmet: »Briefpartner, gesucht – gefunden. Große Leseraktion der *Wochenpost* zum 30. Jahrestag der Befreiung vom Faschismus«. Es ist eine jener Seiten, die man im nachhinein mit einem lachenden und einem weinenden Auge betrachtet. Mußte man die Seiten mit solchen »Aktionen« füllen? fragt man sich. Doch es werden da auch wirklich berührende Briefe gedruckt. »Aussöhnung« nennt man so etwas wohl heute. In der DDR bekommt die Sache durch die politische Inszenierung gleich einen pathetischen Klang, obwohl die Leser letztlich nur beschreiben, wie sich Deutsche und Russen ganz privat menschlich nähergekommen sind.

Sechs Seiten Umschau-Teil. Viele Informationen. Ein kurzes Interview zum Kraftwerksbau. Verbesserter Berufsverkehr in Leipzig. In der Wissenschaft-Umschau eine Vorschau auf das Jahr 1982, dann nämlich gibt es ein seltenes Himmelsphänomen: Alle Planeten werden hintereinander aufgereiht wie auf einer Schnur stehen. Die außenpolitischen Umschau-Seiten berichten aus Rhodesien: »Smith in Nöten« (was ist Rhodesien, wer war Smith?). Ein Skandal in den USA; es geht um inländische Aktivitäten des Auslandsgeheimdienstes CIA. Die Finanzierung der Neofaschisten in Italien. Ein Bericht über die Suche nach dem »Bernsteinzimmer« (auf dieses Thema ist noch zurückzukommen). Bundesrepublik: »Schacher mit Mercedes-Aktien« und etwas von der Familie Flick – alles damals bestimmt sehr aktuell, alles inzwischen weitgehend vergessen.

Auf zwei Druckseiten erscheint die Skizze »Neun« von Klaus Schlesinger, die unter dem Titel »Ikarus« gerade bei der DEFA von Heiner Carow verfilmt wird. Eine Seite Studentensport. Im Ratgeberteil wieder einmal »Prominente kochen für die *Wochenpost*«: Der Schauspieler Jürgen Zartmann präsentiert lauter Toasts. Daneben pikanterweise Zahnfleischerkrankungen. Die *Wochenpost*-Musikkartothek noch ganz neu, die sechste Folge: Andreas Holm.

Ein langer Artikel wird am Rand so angekündigt: »Wie Lokführer Siegfried Schirmer die Turmfalken über dem Tal der

Tigers Fingerabdruck
Wie werden die Tiger im Zuchtbuch eigentlich identifizert. Ohrmarken oder Tätowierungen lassen sich nicht verwenden. Jeder Tiger besitzt aber an den Vordergliedmaßen und an beiden Körperseiten eine andere Streifung, unverwechselbar wie etwa die Fingerabdrücke eines Menschen. Auf Vordruckkarten, die in Leipzig entwickelt wurden, werden die ausgewählten typischen Kennzeichen dieser Streifung festgehalten; das Tigerzuchtbuch erinnert damit an eine polizeiliche Identifizierungskartei.
Wochenpost 10.1.1975

»Prominente kochen« hieß es regelmäßig auf den Ratgeber-Seiten. Zu Neujahr 1979 präsentierte sich an dieser Stelle die tschechische Sängerin Helena Vondráčková mit – natürlich mit Knödeln. Schießlich teilte sie den Wochenpost-Lesern auch noch das Rezept für eine Malakov-Torte mit.

»Briefpartner«
Vor zwei Jahren fand ich in der *Wochenpost* die Adresse von Marina Lukina. Sie wohnt in Murmansk. Ich schrieb ihr, und wir wurden gute Freunde. Den Briefwechsel führen wir in russisch, denn Marina lernt noch nicht lange deutsch. Ich kann dadurch ständig meine Sprachkenntnisse vervollständigen und sinnvoll anwenden. Wir gehen jetzt beide in die 8. Klasse und tauschen uns über unsere Arbeit in der FDJ bzw. Komsomolgruppe aus. Dabei unterstützen wir uns gegenseitig. Marina schickte mir z. B. Material über Lenin, das ich zur Gestaltung einer Wandzeitung brauchte...
*Leserbrief von
Kirsten S., Potsdam
Wochenpost 14.2.1975*

Gartenkalender
Ist der Boden abgetrocknet, die Beete fertigmachen und einteilen. Jetzt ist der Zeitpunkt für die Aussaat von Zwiebeln, Spinat, Möhren, Rettichen, Schwarzwurzeln, Pastinaken, Schnitt und Pflücksalat. Zwiebeln stecken ... Um den Rhabarber Boden lockern und mit Stalldung belegen ...
Wochenpost 14.2.1975

Flöha rettete«. Tiere sind immer gut, lautet eine alte Zeitungsmacher-Regel. Daran hat sich die *Wochenpost* stets gehalten. Mit der Geschichte in dieser Ausgabe aber hat es eine besondere Bewandtnis. Sie erzählt von einem Lokführer, der bei der Fahrt auf einer ihm neuen Strecke in den Viadukten über dem Tal der Flöha die Nester von Turmfalken sah und dann immer wieder tote Vögel auf den Gleisen entdeckte, die von einem heranrasenden Zug getötet worden waren. Der Eisenbahner begann sich für die Falken zu interessieren, las Fachliteratur, lernte einiges über das Verhalten dieser geschützten Tiere. Er probierte Strategien aus, wie die Vögel zu retten waren, und schließlich setzte er durch, daß die erfolgreichste Methode (»vor der Brücke lang und anhaltend Signal geben«) zu einer Dienstanweisung bei der Reichsbahn wurde. Diese Seite ist also dem Thema Umwelt zugeordnet. Die schlimmen Umweltsünden von DDR-Betrieben sind ein Tabuthema. Wenn man da auch nur ganz selten mal etwas tun kann, so ist es doch möglich, die Leser für die Erhaltung der natürlichen Umwelt zu sensibilisieren. Dazu erscheinen in der *Wochenpost* häufig Artikel.

Und noch etwas aus der DDR. Auf einer Doppelseite stellt Rolf Pfeiffer eine kleine Stadt vor, Kyritz, an der F 5 zwischen Hamburg und Westberlin gelegen, an der Transitstrecke also, und deshalb vom Fernverkehr schwer bedrängt. Es ist ein Ausflug in Vergangenheit und Gegenwart, ins Mittelalter, in den Herbst des Jahres 1945, als Wilhelm Pieck hier die Bodenreform proklamierte, in die Gegenwart von Landwirtschaftlichen Produktionsgenossenschaften und in eine Stärkefabrik (»Die Kapazität langt aus, um an einem einzigen Tag bis zu eintausend

Im Zeichen der Schönheit

Gerdeen Luxus – dekorative Kosmetik in einer reizvollen modischen Vielfalt

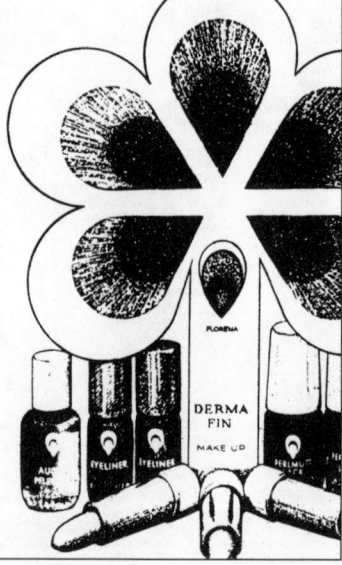

FLORENA KOSMETIK

Tonnen Kartoffeln zu verarbeiten«). Und es wird das Geheimnis gelüftet, weshalb man immer von »Kyritz an der Knatter« spricht: Sieben Jahrhunderte zuvor habe man der Stadt das Mühlenrecht, den sogenannten Mühlenfrieden, verliehen, woraufhin ein kanalartiger Graben angelegt wurde, der sowohl die Mühlen anzutreiben als auch zugleich als Teil der Stadtbefestigung zu dienen hatte. »Jedermann, der sich Kyritz näherte, konnte seither schon von weitem das laute ›Knattern‹ der Mühlenräder im Jäglitztal vernehmen. Mit der Begradigung des Flüßchens verschwand später der Graben, der ohnehin kein Mahlwerk mehr zu treiben hatte. (...) Geblieben ist dagegen die nichtexistente ›Knatter‹. Nachdem 1886 ein Kartograph (aus Witz? Aus Unkenntnis?) auf einen Lageplan das künstliche Mühlenfließ tatsächlich als ›Knatter‹ einzeichnete, liefen um die Jahrhundertwende zwei Possen über Berliner Bühnen, in denen ein ›Kyritz an der Knatter‹ vorkam, was den Glauben an ein solches Flüßchen offenbar sehr festigte.«

Wie man sieht: Aus der *Wochenpost* kann man eine Menge lernen.

Vor dem Schaden klug sein
»Das tut mir leid«, sagt Kaderleiter Norbert Nutria anteilnehmend, nachdem er das ärztliche Attest gelesen hat. »Es wird aber auch nicht einfach sein, einen entsprechenden anderen Arbeitsplatz für dich in unserem Betrieb zu finden ...«
Wochenpost 14.2.1975

Ein »Sehhilfeprogramm«: Keine Brillen in Sicht

Die Überschrift war sehr optimistisch, der Text nicht minder. »Klare Sicht in Sicht« hieß es in der *Wochenpost* vom 9. Juni 1978 und »Eine Information zum Thema Brillengläser«. Es wurde ausdrücklich vermerkt, dieser Artikel sei »mit Unterstützung des Generaldirektors des VEB Carl Zeiss Jena, Dr. Wolfgang Biermann« entstanden. Er war eine Reaktion auf die zahlreichen Klagen hinsichtlich monatelanger Wartezeiten bei der Lieferung von Brillengläsern (und Brillengestellen). Es gab eine allgemeine Erklärung, wie es dazu kommen konnte. Immer mehr Menschen seien fehlsichtig, brauchten demzufolge eine Brille, mehr Leute wünschten eine ansprechende modische Brille, auch habe ja die Sozialversicherung ihre Zuzahlung bei Brillengestellen von sechs auf zwanzig Mark erhöht, und jedem DDR-Bürger stünde alle zwei Jahre eine neue Brille zu, die Produktion habe damit eben nicht Schritt halten können, und so weiter. Die gute Botschaft: Man sei dabei, alles in den Griff zu bekommen. Besserung stehe bevor.

Der Artikel war von der Redaktion initiiert worden, und es war es auch nicht ganz einfach gewesen, die Verantwortlichen zu verbindlichen Auskünften zu bewegen. Nun aber würde alles gut. Dachte die Redaktion.

Es gab natürlich Leute, die besser Bescheid wußten als die Redakteure der *Wochenpost* und die uns sofort nach Erscheinen des beschwichtigenden Artikels belehrten: »Dem Leser wird erklärt, daß man das Problem mit dem ›Sehhilfeprogramm‹, das unter der persönlichen Kontrolle des Genossen Biermann steht, lösen will. Damit tut man niemandem weh. Über die Statistik staunt der Leser: Was sich so alles verändert hat! Mit dem Sehhilfeprogramm (das ohne Erläuterung dem Leser sowieso ein Buch mit sieben Siegeln ist) ... wird dem Wartenden die zweite Beruhigungspille verordnet.« Ein Optiker wurde massiver: »Wahrscheinlich wurde dieser Artikel von Ihnen im guten Glauben veröffentlicht, von Dr. Biermann richtig unterrichtet worden zu sein. Leider handelt es sich größtenteils um Lügen.«

Ein Jahr später, im April 1979, erreichten uns Briefe, die uns darauf aufmerksam machten, daß nicht nur die angekündigte Verbesserung ausgeblieben sei, sondern: »Das, was sich jetzt abspielt, ist absoluter Tiefstand. Selbst bei der Bereitstellung von täglich dringend benötigten Brillengläsern sind katastrophale Zustände eingetreten«, schrieb ein Optikermeister. »Ich arbeite

---

Es ist endlich an der Zeit,
daß die Räte der Gemeinden und Städte sowie der Kreise und Bezirke, aber auch die Direktoren erkennen, daß die Schulspeisung nicht eine Angelegenheit ist, die unter vielen anderen auch einmal beraten werden muß. In der Schule werden hohe Leistungen gefordert, also müssen die Schüler auch ein gesundes und bekömmliches Mittagessen erhalten, das alle für den kindlichen Körper notwendigen Aufbaustoffe enthält.
Wochenpost 3.4.1965

jetzt bereits ca. 20 Jahre in dieser Branche als Augenoptiker, aber diese gegenwärtige Lage ist so, daß man seine Arbeit nur noch ungern und mit zähneknirschenden Gedanken macht. Besonders schlimm ist es mit der Bereitstellung von Brillenfassungen. (...) Beschämend für unsere Fachleute in Rathenow ist, was man auf den Markt bringt ...« Und so weiter.

Zitat aus einem Brief vom November 1979: »Vor längerer Zeit brachte die *Wochenpost* einen Artikel über das (dem VEB Carl Zeiss Jena unterstellte) Kombinat Rathenow, worin über die Lieferzeiten von Brillengläsern berichtet wurde. Ist dem Reporter ein Mißverständnis unterlaufen, oder wollte das Werk tatsächlich die Lieferzeiten durch den Einsatz neuer Technologien verkürzen? Bisher ist nur das Gegenteil eingetreten ...«

Im Juni 1980 mußte die Redaktion erneut den Eingang zahlreicher Leserbriefe zur Versorgung mit Brillen registrieren. Jetzt ging es bereits um Wartezeiten von fast einem Jahr. Aus einem Brief vom Dezember 1982: »Es ist schon geraume Zeit her, da las ich in Ihrer Zeitung einen Artikel, der sich mit den langen Lieferzeiten von Brillengläsern befaßte. Der Betrieb versprach damals eine baldige Lösung. (...) Ich bin der Ansicht, daß sich seit dem damaligen Artikel bis heute nichts verändert hat.« Im Mai 1984 teilte ein Leser mit, er warte seit Juni 1983 auf seine Brille. Ach, das Thema wollte nicht enden. Die Leser hatten ein langes Gedächtnis.

Das Schlimme war, daß in einem solchen Fall der Zorn der Leute sich nicht nur gegen die Industrie richtete, sondern gleichermaßen auch gegen die *Wochenpost*, die unzutreffend informiert hatte. Unabhängige Journalisten hätten versucht, tiefgründiger zu untersuchen, sie hätten die Verlautbarungen des Kombinats-Generaldirektors (und ZK-Mitgliedes) Biermann nicht ungeprüft gedruckt. Aber ein Direktor vermochte es dem Journalisten verwehren, im Betrieb zu recherchieren. Unüberprüfbare, angeblich »objektive Schwierigkeiten« wurden dafür oft vorgeschoben. Was also konnte die *Wochenpost* unter diesen Umständen tun? Sie konnte im Einzelfall die Beschwerde eines Lesers weiterleiten und in diesem einen Falle vielleicht sogar die Lieferzeit verkürzen.

Aber tatsächlich zu einer Veränderung beitragen konnte man letztlich nicht.

Testfragen
Unter dieser Überschrift veröffentlichen wir in Nr. 19 eine Kritik über Qualitätsmängel bei Baby-Chic-Hosen. Mit der Antwort des Herstellers waren viele Leser nicht einverstanden. Lesen Sie nebenstehend einige Antworten auf die Frage, welche Erfahrungen andere Leser gemacht haben.

Die Qualität ließ bei allen zu wünschen übrig. Deshalb kann ich auch nicht glauben, daß die Testergebnisse so gut ausgefallen sind, wie es der Hersteller behauptet.
Inge R., Markranstädt

Was mich bei dieser Hose so stört, ist die schlechte Paßform. Sie ist insgesamt zu kurz und oben zu weit. Außerdem schließt sie an dem Bein nicht ab.
Elke U., Berlin

Nach mehrmaligem Waschen werden die Höschen so hart, daß man sie wegwerfen muß.
G. W., Schwerin

Die Redaktion bereitet ein abschließendes Gespräch mit dem Hersteller der Baby-Chic-Hosen vor und wird in einer der nächsten Ausgaben darüber berichten.
Wochenpost 1.7.1977

16. Januar 1976:
Alltag DDR

Fritz Cremer zeichnet
Vor zwanzig Jahren erklärte er mir eindringlich, daß er nicht zeichnen könne ... Da bekam er einen Aquarellfarbenkasten Marke »Leningrad« in die Hände, und so fing er an, heimlich zu malen, und als ich in Budapest auf einer großen Ausstellung seiner Arbeiten einige Einführungsworte zu verlesen hatte, war da ein großer Saal mit seinen Aquarellen vollgehängt, interessant und farblich delikat, voll Zärtlichkeit und oft voll Sehnsucht. Zum achtzigsten Geburtstag sollte man ihm einen Ölmalkasten schenken und ein paar grundierte Leinwände – ich weiß schon, was dann passiert.
Der Grafiker Werner Klemke zum 70. Geburtstag des Bildhauers Fritz Cremer
Wochenpost 22.10.1976

Das *Wochenpost*-Motto (»Unterhaltend belehren – belehrend unterhalten«) zum Maßstab genommen, ist die Ausgabe vom 16. Januar 1976 ganz gelungen. Das Titelbild führt weit weg aus dem Alltag. Es könnte ein Schnappschuß sein, doch da es im Frühjahr 1903 aufgenommen wurde, verbietet sich dieser Begriff: Die Kameras waren 1903 noch nicht so schnell. Der abgebildete Mann in der Lederjacke ist Jack London. Vier Tage vor dem Erscheinen dieser *Wochenpost* erinnerte man sich seines 100. Geburtstages. Jetzt nimmt er die Titelseite des Blattes ein, nicht gerade sensationell aktuell, aber den Lesern sicherlich lieber als das Foto einer planerfüllenden Brigade. Es erscheint der erste Teil einer Serie über den amerikanischen Schriftsteller (»Aus dem Leben eines Rebellen«); Autor ist der Literaturhistoriker Rolf Recknagel, der dreizehn Jahre zuvor in der *Wochenpost* eine Weltsensation publiziert hatte: die Enthüllung der wahren Identität des vielgelesenen und geheimnisvollen Schriftstellers B. Traven, mit Hilfe der fast kriminalistischen Methode vergleichender Literaturbetrachtung. Nur: Weltsensationen weit hinten in der kleinen DDR in einer Wochenzeitung, die nur unter dem Ladentisch zu haben ist, werden eben nicht als Weltsensationen zur Kenntnis genommen. Lange nach der *Wochenpost* werden renommierte Medien in Hamburg, besser mit Reisedevisen ausgestattet, an Ort und Stelle in Mexiko dem Rätsel Traven nachgehen und mit Trara für die bundesrepublikanischen Leser das enthüllen, was die *Wochenpost*-Leser schon geraume Zeit wissen.

Zwei Doppelseiten finden sich in der Ausgabe vom 16. Januar 1976. Die eine enthält den wortgetreuen Abdruck von Auszügen aus dem Bericht eines amerikanischen Senatsausschusses über die Tätigkeit des USA-Geheimdienstes in Chile im Vorfeld des Sturzes der Allende-Regierung. Um die Authentizität des Dokuments zu unterstreichen, drucken wir die Titelseite dieses »Comittee Print« im Faksimile: »Covert Action in Chile 1963–1973«. Wer in Deutschland authentisch wissen will, wie ein ganzes Land destabilisiert und eine frei gewählte Regierung gestürzt wurde, kann das durch die *Wochenpost* gut erfahren.

Wo bleibt die DDR in dieser Zeitung? Auf der anderen Doppelseite, wo eine Brigade im VEB Bergmann-Borsig vorgestellt und über die Generalreparatur der größten Spitzendrehbank dieses Berliner Betriebes, der sogenannten 11/149, berichtet wird. Das hätte ein Heldenepos werden können, eine Eloge. Doch die Reportage meidet die großen Worte. Sachlich wird erzählt, was zu tun war, werden die Beteiligten vorgestellt.

Nicht nur 1976 sind dergleichen Betriebsreportagen nicht unbedingt der beliebteste Stoff in der Zeitung, weder bei den Journalisten, noch bei den Lesern, sondern Pflichtübungen. Für den Autor sind sie immer eine große Herausforderung. Man muß aus dem spröden Stoff etwas machen, muß mit den zu schildernden Personen ins Gespräch kommen. Ein Minimum von Vertrauen ist zu schaffen, auf das Journalisten keineswegs immer treffen, gelten sie doch vielen als »Schönschreiber«. Gegenstand und Sprache müssen schließlich adäquat sein, frei von Phrasen. Zwanzig Jahre später erscheinen diese Reportagen wie archäologische Fundstücke, Belege für Zustände und Befindlichkeiten einer fernen Zeit, in einem fernen Land, das es nicht mehr gibt, aus einem Werk, das abgerissen wurde.

UMSCHAU

Es gibt noch eine andere DDR in dieser Ausgabe der *Wochenpost*, die ungewöhnlich-alltägliche DDR. Sieglinde Wolff hat die ersten Stunden des Jahres 1976 im Berliner Krankenhaus Friedrichshain zugebracht, als Reporterin, glücklicherweise nicht als Patientin. Sie ist aufgewühlt und erschüttert in die Redaktion zurückgekommen nach all den Unfallopfern, die sie sah. Allein 21 Leute sind versorgt worden, weil sie sich mit Feuerwerkskörpern Verbrennungen zugezogen hatten. Es ist ein zurückhaltender Artikel, sachlich, fast wie ein Polizeibericht. Von schwankenden Betrunkenen ist die Rede, von denen man keine unverwackelten Roentgenaufnahmen machen kann. »Ein Jugendlicher fiel mit einer Wodkaflasche in der Hand zu Boden und verletzte sich die Sehnen zweier Finger. Bei einer Prügelei unter Alkoholeinfluß brach sich ein Mann den Mittelhandknochen. Ein Knallkörper wurde in das geöffnete Fenster einer Wohnung geworfen. Das Kind, das ihn hinausbefördern wollte, verbrannte sich schwer. Durch eine Glastür seiner Wohnung fiel ein Pechvogel und zog sich Schnittwunden an den Armen zu. In der Hosentasche eines Mannes ging ein Schwärmer los und verursachte schmerzhafte Verbrennungen ...«

Die *Wochenpost* erhält viele Briefe zu dieser Reportage. Die Leser fragen, warum die Silvester-Knallerei überhaupt zugelassen wird, obwohl immer wieder Unfälle passieren. In welchem Verhältnis stehen die Kosten, die dadurch entstehen, zum Gewinn durch den Verkauf von pyrotechnischen Erzeugnissen? Niemand wird die Forderungen nach Feuerwerksverbot ernst nehmen. Betriebe erfüllen mit den Knallern ihren Plan, und die Einnahmen für den Staatshaushalt dürften beträchtlich sein. Die Obrigkeit wird sich scheuen, ihren Bürgern auch noch diesen Spaß zu verderben. Was nützt es dann, wenn Leser ironisch schreiben, zu Silvester seien offenbar die gängigen Arbeitsschutzbestimmungen außer Kraft gesetzt.

Silvester im Krankenhaus
Ein 13jähriger Junge konnte die Rettungsstelle nicht auf eigenen Füßen erreichen. Er hatte sich selbständig gemacht, für 3,50 Mark eine Flasche Rotwein gekauft und sie heimlich ausgetrunken. Der Kinderarzt wird gerufen. Alkoholvergiftung. Mühsam führen die Schwestern dem wie leblos daliegenden Kinde einen Schlauch in den Magen, um ihn auszupumpen. Dieser Junge wird den ersten Tag des neuen Jahres in der Kinderstation des Krankenhauses verbringen.
Wochenpost 16.1.1976

Teppichpflege
Textile Beläge sind im Abstand von sechs bis acht Wochen zu klopfen. Schonender und intensiver als auf der Klopfstange geschieht das mit dem Teppichklopfer, einem Zusatzgerät zum Staubsauger. Nadelfilzbeläge und ganzflächig verklebte Ausleware sind jedoch nicht damit zu behandeln.
Wochenpost 24.12.1976

Die Karikaturen in der Wochenpost vom 16. Januar 1976 verweisen auf die typischen »Lösungen« von Umweltproblemen in den sozialistischen Ländern: Die Verschmutzungen werden nicht beseitigt, sondern als Weiß deklariert.

Die »Seite 18«

Der Blick ist zu richten auf einen weißen Raben, auf eine Seite, die in vielfacher Hinsicht aus dem Rahmen fiel und die in der Redaktion nur »Die Seite 18« hieß.

Es war wirklich die Seite 18 jeder Ausgabe, zumindest von jenem Zeitpunkt an, da sie sich »institutionalisiert« hatte. Denn angeblich erschien die allererste »Seite 18« am 31. August 1973 auf der Seite 17, hieß »Geschichte mit Bart«, war von Rolf Pfeiffer geschrieben und befaßte sich mit Kaiser Barbarossa und dem Kyffhäuserdenkmal. Das behauptete jedenfalls später einmal Fred Seeger, ebenfalls langjähriger »Seite 18«-Autor. Nein, so einfach ist es auch wieder nicht. Es gab Vorläufer, und mit dem August 1973 war die Sache noch längst nicht festgeklopft. Die »Seite 18« wäre aber womöglich nicht zum Dogma der redaktionellen Planung geworden, hätte nicht Rolf Pfeiffer Standards gesetzt. Als von Anfang an bis 1991 für diese Seite zuständiger Redakteur hat er übrigens im November 1982 anläßlich der 400. »Seite 18« »konzeptionelle Darlegungen« aufgeschrieben. Sie zu zitieren, ist ganz nützlich, weil man einen Hinweis darauf erhält, was die »Seite 18« denn nun war: »Der Hauptakzent bei der Gestaltung dieser Seite muß darauf gerichtet sein, die von anderen Medien unterbewerteten oder nichtbeachteten Themen aufzugreifen, in ihrer ›Randerscheinung‹ Typisches aus dem DDR-Alltag aufzudecken, ihnen eine neue Sicht abzugewinnen und den Lesern auf unterhaltsam-verbindliche Art Wissen zu vermitteln. Besonderer Wert wird dabei auf Beiträge gelegt, die mit kleinen Beispielen das Gefühl für Heimatliebe wecken. Einer der besonderen Reize liegt dabei oft im dialektischen Verhältnis von Historie und Gegenwart.«

Genau so war es. Aber nicht so gestelzt. Viel bunter, immer vergnüglich, oft sehr lustig. John Stave beispielsweise begleitete einen Wasserflohfänger, beschrieb die Kerzenherstellung und den Alltag der Laubenpieper. Die »Seite 18« bot den Autoren die Chance, sich hier mal zu den eigenen Hobbys zu äußern: Ursula Frölich schrieb über Thüringer Klöße und Wolfgang Carlé über Hunde.

Stets – und dies ist bis auf wenige Ausnahmen eisern durchgesetzt worden – wurde die »Seite 18« nicht mit Fotos, sondern mit Zeichnungen illustriert. Die Zeichner waren aufgefordert, den leichten und humorvollen Ton der Artikel aufzunehmen. Rolf Pfeiffer schrieb ein Gutteil der Seiten selbst. In der Rückschau

Trinkgeld
Das andere Extrem sind die Übervorsichtigen, die mit ihrem 5-Liter-Kanister von hinten an den Tankwart heranschleichen, weil sie nicht wagen, für nur siebenfünfzig den großen, leeren Autotank zu öffnen. Auf der anderen Straßenseite wird dann aufgefüllt, und die ganz kühnen unter den Vorsichtigen kommen nochmals zurück und verlangen »dasselbe nochmal«; irgendwo hat sich noch ein Scheinchen angefunden. Da war mir die Dame, die ohne Geldbörse in meine Warteschlange geraten war und nun für ihre zusammengekratzten dreizehn Mark tankte, schon lieber. Es gab für alle was zu lachen und für mich sogar noch einen Fünfziger Trinkgeld.
Fred Seeger:
Drei Tage als Tankwart
Wochenpost 18.1.1974

Für zwei Pfennig Hund
Die fast viereinhalbtausend Zuschauer kamen voll auf ihre geringfügigen Kosten. Stehplatz eins-zehn, Tribüne eine Mark sechzig. Dafür konnte man vierundsechzig Hunde in fünfunddreißig Rennen erleben (einen Hund also im Schnitt für zwei Pfennig!).
Rolf Pfeiffer
Wochenpost 5.10.1979

Die »Seite 18«

Fred Seeger, hier mit dem russischen Violinisten Igor Oistrach (links), war einer der Hauptakteure auf der »Seite 18«. Er lieferte außerdem als »Tom Saphir« Schallplattenrezensionen und verfaßte Künstlerporträts.

Schallplattenverkauf
Mein dritter Arbeitstag begann im Packraum. Zwei Container Weihnachtsplatten waren angekommen. Ich nahm sie aus der Septembersonne und wollte sie einfrosten. Meine Chefin aber meinte, nichts wie raus damit. Unsere Kunden sind daran gewöhnt, im Sommer Pelzmützen zu kaufen.
Fred Seeger: 3 Tage als Schallplattenverkäufer Wochenpost 29.10.1976

zeigt sich, daß seine besondere Liebe der Heimatgeschichte galt, von der Geschichte des Funkamts Nauen über den Ausbruch von acht Löwen in Leipzig am 19. Oktober 1913 bis zur Schlacht von Fehrbellin und dem, was noch auf dem Schlachtfeld zu entdecken war. Als er sich 1991 aus der *Wochenpost* in den Vorruhestand verabschiedete, schrieb ihm Fred Seeger zum Abschied: »Den Schiffshebewerkern von Niederfinow redete (nein: schrieb!) er 1975 die 350 000. Trogfahrt ein. Vorm Jahresschloß in Oppurg vermasselte er den Popularhistorikern 1981 eine Legende, als er zählend nachwies, daß das Häuslein nicht 365, wie das Jahr Tage, sondern nur 215 Fenster hat. Im Sommer '87 beschrieb er (zum Ärger einiger schlecht versorgter DDR-Frauen) das 75. erhebende Jubiläum des Büstenhalters. Und natürlich weiß Rolf auch ganz genau, wie viele Kilometer er 1990 neben der Panke herlief, um seinen Lesern den genauen Ursprung des Berliner Flüßchens zu schildern. Es waren genau 70,9 Kilometer. Er trug einen Schrittzähler am leicht hinkenden Bein. Darauf muß einer erst mal kommen.«

Viele »Seiten 18« erschienen unter dem Motto »3 Tage als ...« Es ging darum, wirklich mal drei Tage irgendwo tätig zu sein und zu erzählen, was man dabei so erlebte. Fred Seeger arbeitete beispielsweise jeweils drei Tage als Tankwart, als Bühnenarbeiter, als Bootsmann auf der Elbe, als Souffleur und als Schallplattenverkäufer. Monika Maron war jeweils drei Tage tätig als Wurstverkäuferin auf dem Alexanderplatz, als Zimmerfrau im Interhotel und als Kindergärtnerin. Jemand betätigte sich drei Tage lang als Schlafwagenschaffner, als Weckdienst im Fernsprechamt, als Weinküfer, als Galeriehüter.

Die »Seite 18« war natürlich nicht unumstritten. Auch in der Redaktion nicht. Erfolg schafft Neider. Die Autoren dieser Seite würden sich die Rosinen rauspicken, während die anderen die ungeliebten Pflichtstücke zugeteilt bekämen. Anderseits gab es immer den Drang der Redakteure, aus dem täglichen Trott auszubrechen und sich an der »Seite 18« zu versuchen.

Das stellte sich jedoch als gar nicht so einfach heraus. Die Leichtigkeit hatte ihren Preis. Es mußte so sorgfältig recherchiert werden wie für jede andere Reportage auch, vielleicht noch sorgfältiger. Da ist es vielleicht angebracht, noch einmal aus einem internen Papier Pfeiffers von 1982 zu zitieren, weil das auch einen Blick in die Werkstatt des Schreibers erlaubte. Rolf Pfeiffer klagte über die Schwierigkeiten, »brauchbare Autoren« – sprich freischaffende Autoren – für dieses Genre zu finden. »Eine Reihe ehemaliger Autoren hat ihre Mitarbeit aus ökonomischen Gründen eingestellt. Das Herstellen einer auf hoher Qualitätsstufe stehenden ›18‹ erfordert etwa eine Arbeitszeit von rund einer Woche. Der dafür mögliche Brutto-Honorarsatz beträgt 350 Mark. Dem lizensierten freien Mitarbeiter« – womit jemand gemeint war, der seinen Lebensunterhalt ausschließlich als freischaffender Journalist bestritt – »verbleiben dafür nach sämtlichen Abzügen noch rund 250 Mark. Das bleibt wenig attraktiv, wenn Rundfunk und Fernsehen für einen vergleichsweise ähnlichen Arbeitsaufwand doppelte bis vierfache Vergütungen zahlen. Unter den uns verloren gegangenen Mitarbeitern waren auch solche, die aus Enthusiasmus für die *Wochenpost* in Feldscheunen übernachteten oder in Ermangelung von Dienstfahrzeugen Dutzende Kilometer per Anhalter zurücklegten.«

Dabei hatten die Autoren und Redakteur Pfeiffer noch ganz andere Hürden zu überwinden. Eine von der harmlosen Art tauchte auf, als Gabriele Stave über ein gerade in Suhl eröffnetes japanisches Restaurant schrieb, den »Waffenschmied«. Sie malte breit aus, daß dort – wie angeblich in japanischen Restaurants üblich – alle Gäste erst einmal nackt ins Bad mußten, Männlein und Weiblein gemeinsam. Wenn eine Brigade gemeinsam japanisch speisen ging, dann – so der Artikel – sah »die Sekretärin den Chef mit ganz anderen Augen«. Daß diese Seite nicht erschienen ist, führte Gabi auf eine Intervention der Chefsekretärin Charlotte Köhler zurück, die diese Passage als unsittlich empfunden und den Chefredakteur angestiftet haben soll, die Seite zu »kippen«.

Nein, es gab gravierendere Probleme, die dem Redakteur ein gehöriges Maß Dickfelligkeit abverlangten. Wie Fred Seeger später schrieb, ging es darum, »ruhig zu bleiben, wenn ein Igel-Beitrag nicht erscheinen sollte, weil darin von einer 100-Gramm-Schabefleisch-Mahlzeit die Rede war (›Unsere Fleischproduktion ist angespannt genug!‹), oder wenn es Ärger gab, weil eine ›Seite-18‹-Hauptdarstellerin den Kommunalwahlen fernblieb ...« Seeger fügte hinzu: »Doch zum Glück fanden sich immer auch eine Menge ›normaler‹ Leutchen, die ihre schützen-

Straßenbahndisput
Straßenbahnwagen sind umweltfreundliche Beförderungsmittel. Ich weiß nicht, wieviel gesundheitsschädliche Abgasmengen ein Personenkraftwagen oder gar ein Omnibus von sich schleudert, die Elektrische tut es nicht.
*John Stave auf Seite 18 über die Naumburger Straßenbahn
Wochenpost 11.4.1975*

Wenn Herr Stave meint, die Straßenbahn gehöre zu den umweltfreundlichsten Beförderungsmitteln, so irrt er. An jeder Haltestelle kommen eine Unmenge Kraftfahrzeuge ins Stocken. Das jedoch hat zur Folge, daß Schadstoffe im Leerlauf und beim Schalten ausgestoßen werden. So trägt also die Straßenbahn, wenn auch mittelbar, zur Luftverschmutzung bei.
*Brief von I.S., Berlin
Wochenpost 9.5.1975*

Ich schlage vor, die Straßenbahn, die ja auch »mittelbar« zur Umweltverschmutzung beiträgt, einfach abzuschaffen. Auf diese Weise können auch gleich die Haltestellen eingespart werden u.a.m. Damit wären die Damen und Herren Kraftfahrer auf der Straße endlich unter sich.
*Zuschrift von Camilla C., Berlin
Wochenpost 6.6.1975*

Die »Seite 18«

Heinz Knobloch, über Jahrzehnte hinweg der Autor des Feuilletons »Mit beiden Augen« und von Beiträgen auf »Seite 18«, signiert auf dem Solibasar seine Bücher.

Das ist ein Tag!
Die Tafelenten tafeln, die Rohrdommel dommelt, und ich nehme an, daß der Feldschwirl schwirlt. Aber dafür kann ich mich nicht verbürgen, denn wissentlich habe ich noch niemals solch einen Vogel gesehen.
*Rolf Pfeiffer
Wochenpost 31/1984*

Obst
»Es soll«, taste ich mich bei den leitenden Kollegen vor, »bei Ihnen für die verschiedenen BH-Formen gewisse eigenwillige, fachintern profane Bezeichnungen geben?« Na, da werden die Herren aber ungehalten. Nie im Leben fiele ihnen das ein, was ihnen vor Jahr und Tag ein Journalist wohl als Witz unterschoben habe. Wenn auch heute der Inhalt die Form bestimme, aber »Apfel«, »Birne« oder gar »Fallobst« – ich bitte Sie!
*Rolf Pfeiffer
Wochenpost 29.9.1987*

de Hand über die Seite hielten oder abends unter der Leselampe befreit schmunzelten. Und die mit den Autoren das Gefühl hatten, einen, wenn auch klitzekleinen Beitrag zur Eingrenzung der allgemeinen Zeitungslangatmigkeit zu leisten.«

Ich habe Rolf Pfeiffer gefragt, welches sein größter Ärger in der Redaktion gewesen sei. Er antwortete: »Natürlich das Nichterscheinendürfen einer der (nach meiner Meinung) besonders gelungenen ›Seiten 18‹, die ich verfaßte.« Es ist die Geschichte eines im Herbst 1982 verbotenen Beitrages. Rolf Pfeiffer hatte unter dem Titel »Wenn die bunten Buggys bocken« über das 6. Berliner Auto-Cross des DDR-Motorsportverbandes geschrieben. Pfeiffer: »Nach meiner Erinnerung mußte dieser Beitrag (wegen einer gerade gültigen ›Argu‹?) dem ›großen Haus‹ vorgelegt werden. Mit der aberwitzigen Begründung, ›unseren Menschen‹ seien Berichte über derartige Energieverschwendungen nicht zuzumuten, ist die Veröffentlichung seinerzeit untersagt worden. Und die Redaktionsleitung hatte mich davon zu überzeugen! Es war für mich einfach zu bescheuert, in aller Öffentlichkeit eine Veranstaltung mit 20 000 Zuschauern durchzuführen und danach so zu tun, als habe es diese Veranstaltung nie gegeben.«

Jahre davor geriet eine »Seite 18« schon einmal auf die Anklagebank. In der *Wochenpost* vom 26. September 1975 trug sie die Überschrift »Neptunfest«. Am Rand erfuhr der Leser: »Monika Maron traf den Gott des Meeres und Robin Hood am Ostseestrand.« Der Text begann ganz harmlos: »Der Tag war wie fast alle Sommertage in diesem Jahr: heiß, blau wie der Himmel über dem Meer, die Sonne grell. Träges Wohlbefinden drückte seine Konturen in den Sand, zerteilte das Wasser ohne sportlichen Ehrgeiz. (...) Plötzlich marschierte von beiden Seiten Hellgrünes am Strand auf, schreiend und kreischend. Als es näher kam, erkannte man unter hellgrünem Kreppapier Kinder, wüst bemalt. Totenköpfe auf sehnigen Knabenrücken, Seeungeheuer auf braunen Mädchenbäuchen. Durch das wirre Geschrei immer wieder ein Wort: Neptun! Das Ferienlager von nebenan feierte ein Neptunfest.«

Der Text wurde nicht lustiger. Monika Maron beschrieb jedes Detail der sogenannten Neptuntaufe, eines eigentlich häßlichen, ja sogar gewalttätigen Rituals, das sicherlich vielen Kindern Angst einjagte. Die Autorin ließ in keiner Zeile Zweifel daran, wie sehr sie dieses »Neptunfest« verabscheute. Sie schrieb von einer »Gruppenleiterin, von der ich gern gewußt hätte, ob sie selbst Kinder hat und wie sie mit ihren Kollegen spricht, wenn sie nicht gerade Ferienhelferin ist«. Diese etwas ungewöhnliche »Seite 18« endete so: »Später erzählte ich Freunden und Kollegen von diesem Erlebnis und hörte von einem Kind, das glücklich über seinen Schnupfen war, weil er vor der Neptuntaufe schützte. Ich erfuhr von einem Jungen, der ängstlich seine Taufurkunde bewahrt und in jedem Jahr fürchtet, sie zu vergessen, wenn er ins Ferienlager fährt. Er könnte sonst noch einmal getauft werden.«

Im Ministerium für Volksbildung blies Ministerin Margot Honecker zur Generalattacke gegen den Artikel. Hier werde die große Errungenschaft, möglichst allen Kindern zu minimalen Kosten einen schönen Ferienaufenthalt zu verschaffen, diffamiert. Ein völlig unsinniges Argument, schließlich wußte jeder die Institution der Kinderferienlager zu schätzen. Als ob es darum gegangen wäre. Nein, nein, die Kritiker hatten schon sehr richtig erkannt, daß hier Relikte einer überholten Pädagogik aufgespießt wurden, und sei es unter der harmlosen Überschrift »Neptunfest«.

Wie die Sache ausging? Ich vermag mich nicht zu erinnern. Wie hat sich die Chefredaktion verhalten? Wie reagierte die

Ab ins Mittelmeer
So – und nu geiht dat erst mal los, und zwar mit dreimaligem Klingeln: Klar vorn und achtern! Die Milchbar in Wismar, die Nationale Volksarmee und die einheimischen Seemannsbräute müssen einige Zeit auf potente und potentielle Gäste, Anwärter und Ehekandidaten warten. Der Auftrag für die Crew der »Schwarza« lautet: Ware für Lattakia, den syrischen Mittelmeerhafen.
Klaus Rachow
Wochenpost 1.7.1977

Knoblauch
Wenn es nur um den reinen Atem ginge, genügte es schon, einfach den Mund zu schließen. Doch das reicht eben nicht aus. Der Duft, der es in sich hat, verteilt sich im Körper so, daß er durch die Haut ausgeatmet wird. Also was tun? Alte Knoblauchhasen geben folgenden Rat: Wer täglich unter Menschen ist, sollte sich das Vergnügen an knoblauchgewürzten Delikatessen für das lange Wochenende aufheben. Oder man befindet sich in einem Kreise von Menschen, wo alle zugreifen und dasselbe tun. Da kann jeder sagen »Pfui Teufel, was für eine Delikatesse!« und spürt die »Fahne« bei dem Nachbarn nicht.
Günter Linde
Wochenpost 29.2.1980

Die »Seite 18«

Chefreporterin Margot Pfannstiel, deren Schreibtisch das »Neptunfest« passiert hatte? Vielleicht so, wie Monika Maron es in ihrem Roman »Flugasche« beschrieb: »Ich war gerade in Luises Zimmer, als das Telefon klingelte. – ›Bezirksleitung‹, zischelte Luise mir zu. Ein Ausdruck gespannter Konzentration breitete sich auf ihrem Gesicht aus und grub die Falten und Fältchen um eine Spur deutlicher in die Haut. ›Am Apparat‹, sagte sie. Von der anderen Seite hörte ich nichts, offenbar sprach der Genosse oder die Genossin leise. Dafür lange. Ich beobachtete Luises Gesicht, in dem die Spannung langsam von einem renitenten Lächeln verdrängt wurde. – ›Ist gut, Genosse ... ist gut, wir werden darüber nachdenken.‹ – Sie legte den Hörer langsam mit spitzen Fingern auf die Gabel ...«

Die »Seiten 18« sollten möglichst nur mit humorigen Vignetten illustriert werden. Hier eine von Harri Parschau.

22. Juli 1977: Lenin in Afrika

Der Leitartikel der *Wochenpost* vom 22. Juli 1977 erzählt von Äthiopien. Der Reporter entdeckt in einer Bauernhütte am Tana-See an einer Wand das aus einer Zeitung ausgeschnittene Porträt Lenins. Er habe nicht gefragt, warum die Leute dieses Bild dort angebracht hatten – sicherlich unterblieb die Frage nur wegen sprachlicher Probleme. Doch es geht um anderes, Grundsätzliches, nämlich: daß der Wind der Veränderung unwiderruflich Afrika erfaßt habe. Der Leitartikel endet:»Jene äthiopische Bauernfamilie, die das Lenin-Bild an ihrer Hütte hängen hatte, wird wahrscheinlich nur von dem Führer der Oktoberrevolution gehört, aber kaum etwas gelesen haben. Doch auch für ihr Land gelten die Worte Lenins: ›Vorwärtsschreiten ... ist unmöglich, ohne zum Sozialismus zu schreiten.‹«

Dieser nur kurze Beitrag, fast verschwindend zwischen viel Information und Unterhaltung, gibt vielleicht ein wenig Auskunft über das Denken in jenem Jahr 1977. Noch nämlich dominiert ein gewisser naiver Optimismus. Mag auch das sozialistische Lager in Bürokratismus ersticken, mag das kapitalistische System sich in Westeuropa scheinbar festigen, dort im Süden scheint sich Neues zu entwickeln, dort ist offenbar noch unverbrauchte Kraft zur Veränderung. Da verschließt man schnell die Augen vor den Zeichen aufblühender orientalischer Despotie.

Aus dem einfachen Hilfsbedürfnis, aber auch aus der hoffnungsvollen Haltung zur Dritten Welt kommt das allgemeine Bemühen, solidarische Hilfeleistungen zu würdigen. In dieser Ausgabe ist dem eine ganze Doppelseite gewidmet. »Cameradas in Luanda« heißt die Überschrift. Sieglinde Wolff hat DDR-Ärzte in Angola besucht und beschreibt nüchtern die Anstrengungen dieser Mediziner – Chirurgen, Internisten und Physiotherapeuten –, den Opfern eines blutigen Bürgerkrieges zu helfen.

Doch blicken wir ein wenig systematischer in die *Wochenpost* vom 22. Juli 1977. Seite 1: Zwei Bilder von der großen Sportschau in Leipzig, vom Gigantismus der Massenschau, die – so behauptet man – von den Zuschauern besonders geliebt wird. Auf Seite 2 wie stets Leserbriefe und die Rubrik »Gefragt – geantwortet«, hier: »Ich fahre zum ersten Mal auf einen Campingplatz und möchte gern wissen, wie dort die Post-Angelegenheiten geregelt sind.« Es antwortet die Pressestelle des Ministeriums für Post- und Fernmeldewesen. Seite 3: Unter dem erwähnten Leitartikel eine »Dienstreise im Leserauftrag«.

Alles Käse
Erstaunlich, zu welchen Produkten Milch verarbeitet werden kann, z. B. zu Farben in Buntpapier oder Feuerwerkskörpern. Über 250 Erzeugnisse unserer Volkswirtschaft haben die weiße Flüssigkeit als Ausgangsstoff, in der überwiegenden Zahl freilich sind es Dinge, die Gaumen und Magen zugute kommen. Im vergangenen Jahr betrug der Prokopfverbrauch eines jeden DDR-Bürgers 102,8 Liter Trinkmilch, 15 kg Butter, 10,8 kg Käse und 10 kg Dauermilcherzeugnisse.
Wochenpost 1.7.1977

Gegenfragen
Irina Liebmann fragte 16jährige nach ihrem Alltag. Auch die stellten Fragen:
Meinen Sie das ehrlich, daß Sie sich eine Schule vorstellen können, in der das Lernen Spaß macht?

Was würden Sie tun, wenn Ihre Tochter mit 16 ein Kind bekäme?

Warum gibt es in den Schulen keine Raucherinseln?

Können Sie verstehen, daß ich mit 30 Mark Taschengeld im Monat nur zwei Wochen lang auskomme?

Glauben Sie, daß es später einmal mehr interessante Berufe geben wird als heute?
Wochenpost 15.7.1977

Die Leser haben die Qualität von Windelhöschen beanstandet. Schon in vorangegangenen Ausgaben sind kritische Briefe dazu veröffentlicht worden. Nun äußert sich der Direktor des Betriebes, erklärt Gründe für die Mängel und gelobt Besserung.

Seite 6: Ein Interview mit Generalmajor Mally, dem Chef der DDR-Verkehrspolizei, der ein sehr häufiger Gast in den Spalten der *Wochenpost* ist. Am 1. Januar 1978 soll in der DDR eine neue Straßenverkehrsordnung in Kraft treten. Nun berichtet der oberste Verkehrspolizist, was die öffentliche Diskussion des geplanten Gesetzes ergeben habe. Es seien 5 049 Vorschläge eingegangen, von denen man einige übernommen habe. Sie hätten sich vor allem »auf Verhaltensregeln an Haltestellen und Fußgängerüberwegen, beim Überholen und Vorbeifahren, bei Änderung der Fahrtrichtung und für das Halten und Parken« bezogen.

Auf den folgenden Seiten ein Bericht über die Sommerfilmtage für Kinder. Das modernste Hochspannungsprüffeld der Welt (in Leningrad) wird vorgestellt. Aktuelle Außenpolitik: Menschenrechtsverletzungen in Südkorea, Spannungen zwischen Belize und Guatemala, Rauschgiftschmuggel in den Niederlanden, Aktivitäten der Neonazis in der Bundesrepublik, die Norfolk-Insel wehrt sich gegen einen Anschluß an Australien, Machtkampf auf dem Medienmarkt der USA. Seite 12: Eine Reportage über den Wiederaufbau des Warschauer Königsschlosses. Seite 13: Die Preisfrage Nr. 2 im großen »Preisausschreiben im Jubiläumsjahr des Roten Oktober«, denn zum Spätherbst steht der 60. Jahrestag der russischen Oktoberrevolution ins Haus. In mehreren Runden werden unter anderem 25 Zehntagereisen in die Sowjetunion verlost, dazu jede Menge Geldgewinne. In der zweiten Preisfrage ist ein Lösungssatz zu finden, und zwar mit Hilfe eines Kreuzworträtsels, dessen erste Frage (Waagerecht 1) lautet: Name eines Sekretärs des ZK der SED. Und die letzte (Senkrecht 111): Bürde. Es kommen zu dieser zweiten Preisfrage übrigens 60 000 Einsendungen (davon 98 Prozent richtige), insgesamt beteiligen sich 235 000 Einsender ...

Weiter im Blatt. Seite 14: Zweiter Teil eines Porträts des Kunsthistorikers und Berliner Museumsgründers Wilhelm von Bode, geschrieben von Renate Feyl. Auf Seite 15 wird der Finanzökonom Walter Riehl aus Leipzig vorgestellt, der sich als Liedkomponist einen Namen gemacht hat. Auf Seite 16 schreibt Hartmut Moreike über seinen Besuch bei dem sowjetischen Atomphysiker Prof. Budker. Dann auf Seite 17 ein Interview mit dem Physiker Prof. Dr. Hans-Jürgen Treder über die bevorstehenden Feiern zum 100. Geburtstag Albert Einsteins (»Wie ehren wir Einstein?«). Auf Seite 18 die »Seite 18«: Horst Straßburg fuhr mit der »Linie L« – dem Lehrwagen der Straßenbahn – durch Berlin. Seite 19: eine Reportage aus Kuba über Fischer, Langusten und Bonitos. Drei Seiten kleine Anzeigen sind in dieser Ausgabe, zwei Seiten Rätsel und Humor. Der

Fortsetzungsroman »Agrippa und das Schiff der Zufriedenen« von Rosemarie Schuder. Drei Buchrezensionen. Da fällt mir ein: Wegen der Buchrezensionen gab es oft Ärger mit den Lesern. Eine Rezension braucht ein wenig Zeit; sie erscheint, wenn das Buch schon in der Buchhandlung ist bzw. war. Leserbeschwerde: Nach Ihrer Rezension war ich in meiner Buchhandlung, wo man mir sagte, daß das Buch längst ausverkauft ist.«

In dieser *Wochenpost*: Knoblochs Feuilleton »Mit beiden Augen« – diesmal »Lionel Hampton 1977«, ein Text, der richtig swingt. Eine Seite Fernsehprogramm, selbstverständlich nur DDR 1. und 2. Programm. Weil die Eröffnung des Leipziger Turn- und Sportfestes übertragen wird, entfällt in dieser Woche sogar der berühmte »Montagsfilm« von der Ufa. Aber am Sonnabend wird pünktlich um 19 Uhr die Ziehung vom Tele-Lotto 5 aus 35 übertragen. Zwei Sportbeiträge: Eine Dokumentation über die Geschichte der Spartakiaden und eine Vorschau auf die Ruder-WM in Amsterdam. Eine Seite Touristik: Empfehlung für einen Besuch im Rostocker Zoo. Zwei Seiten Ratgeber: Schadet Kunstdünger dem Gemüse? Rost zerstört die Zentralheizung. Sonnenkleider (»Kompliment an schöne Schultern«), Tätowierungen – vor allem geht es darum, ob und wie man Tätowierungen wieder entfernen kann; Pflegekalender für den Vorgarten; Kundendienst: Kleine Reparaturen an Kühlschrank und Waschmaschine mit der DDR-logischen Überschrift »Störungen selbst beheben«.

Dann natürlich Seite 32. Unten die Rubrik »Vor dem Schaden klug sein«; es geht ums Vorkaufsrecht. Darüber Rudolf Hirschs Gerichtsreportage, die der Leser dieser *Wochenpost* vom 22. Juli 1977 selbstverständlich als allererstes gelesen hat. In dieser Woche geht es DDR-typisch um kleine Schiebereien und Betrügereien mit Autoersatzteilen. Ein milder Richter der Strafkammer überweist die Sache einer Zivilkammer, aus dem ursprünglichen Strafverfahren wird eine Schadenersatzklage.

Lionel Hampton
Manch Kulturfeldwebel der 50er Jahre, der gar keinen Boogie kannte, ihn jedoch mit verkniffener Miene als »Unkultur« zu bekämpfen hatte, hat mit dieser Borniertheit unter der Nachkriegsjugend mehr Schaden bewirkt als Gutes und sich sagbar lächerlich gemacht. Jeder Tanzschritt, mit dem Hampton vom Schlagzeug zum Flügel steuerte, beweist, wer noch da ist.
*Heinz Knobloch
Wochenpost 22.7.1977*

Illustration von Wolfgang Würfel »Lionel Hampton 1977«.

Leserbriefe als Demokratieersatz

Die Vignetten auf den Leserbriefseiten steuerte Rita Bellmann bei. Hier ein »kämpferisches« Exemplar.

Was fehlt:
Kein Kalk (Berlin), keine Verdünnung für Pur-Lack (Magdeburg), keine Tiefkühltruhen (Eschental), keine Hydrotöpfe (Luckenwalde), keine Kopfhörer für Fernseher.
Aus der Analyse des Posteingangs im Dezember 1975

Anfragen
Warum wird Karl May bei uns nicht gedruckt? Warum wird nie etwas über die Familie von Wilhelm Pieck geschrieben? Warum sind bei uns die Zeugen Jehovas unerwünscht? Welche Bahnstrecken wurden im vergangenen 5-Jahrplan zweigleisig ausgebaut? Wie viele Sprachen spricht die Menschheit? Warum gibt es keinen Haushaltstag für Alleinstehende?
Aus der Analyse des Posteingangs im Januar 1976

Irgendwann hat Lenin einmal gesagt, die Leserbriefe seien der größte Schatz einer Zeitung. Irgendwann fand eine Leserbriefredakteurin der *Wochenpost* dieses Zitat und trug es gewissermaßen als Schwert vor sich her. Ob man nun alles unbedingt mit Lenin-Zitaten belegen mußte, sei dahingestellt, aber irgendwie hatte Lenin natürlich recht. Es wird in der *Wochenpost* nicht anders gewesen sein als so ziemlich in allen Zeitungen: Einerseits waren die Leserbriefe einzelnen Redakteuren lästig, weil sie Arbeit mit sich brachten. Es galt, Anfragen zu beantworten, Beschwerden nachzugehen und sich mit Querulanten herumzuärgern. Andererseits waren die Briefe aber auch ein gewisser Test auf die eigene Arbeit, und man konnte aus ihnen viele Anregungen erhalten. Die Meinungen der Leser zur Zeitung nahmen wir durchaus ernst. Mir fällt dazu ein Papier unserer Leserbriefredaktion vom 6. Juni 1967 in die Hand, in dem es heißt: »Der Leserbriefeingang ist in den Monaten April und Mai auffallend zurückgegangen. Die Leser äußern sich wenig zu in der *Wochenpost* veröffentlichten Beiträgen. Das heißt u. E. nicht, daß unsere Beiträge nicht ›ankommen‹, läßt aber doch darauf schließen, daß wir dem Leser zu viel ›Fertiges‹ vorsetzen. Er erfährt viel Neues, Interessantes, wird mit Problemen unserer Entwicklung konfrontiert, lernt vorbildliche Bürger der DDR kennen usw. Aber all das wird offensichtlich journalistisch nicht so gestaltet, daß der Leser sich indirekt aufgefordert fühlt, über das Gelesene nachzudenken und der Redaktion darüber zu schreiben. Bei einigen Problemen wäre es auch für unsere weitere Arbeit lohnend zu wissen, wie die Leser darüber denken.«

Die Redaktion erhielt von ihrer Leserbriefabteilung auch Mitteilungen wie beispielsweise diese: Im I. Quartal 1978 sind 2 370 Leserbriefe eingegangen, »das sind 495 mehr als im I. Quartal 1977«. Der Grund für die Steigerung sei ein »konstant hoher Eingang zum Elternforum ..., ein hoher Eingang zur Diskussion über die Bilder auf der VIII. Kunstausstellung«.

Es gab in der *Wochenpost* ein aktives und effektives Leserbriefressort, dessen Arbeit nur zum geringeren Teil darin bestand, Briefe für die Veröffentlichung auszuwählen. Allmonatlich wurde für die Verlagsleitung eine Analyse der eingegangenen Briefe angefertigt (und von dieser an das ZK weitergeleitet). Diese Übung aller DDR-Zeitungen ersetzte in gewisser Weise eine fundierte Demoskopie, die 1978 mit der Schließung

Leserbriefe als Demokratieersatz 241

> Am 4. Februar 1945 traf Stalin mit der Eisenbahn aus Moskau in Jalta ein.
>
> Schade, daß die Chefs der Wochenpost noch nie in Jalta waren, sonst hätten sie wissen müssen, daß es gar keine Eisenbahn in Jalta gibt. Ihr Mitarbeiter Carle hat wieder mal so alles mögliche von woanders her abgeschrieben. Und Sie kaufen dem Mann alles unbesehen ab. Schade eigentlich um ein so renommiertes Blatt. Trotz alledem – ich werde es – zunächst weiter lesen, denn nicht alles ist so unter dem Strich!
>
> Mit freundlichen Grüßen
>
> Dr. Weber

Der Versuch, sich bei »Dr. Weber« für unseren Lapsus zu entschuldigen, scheiterte. Der Mann hatte anonym geschrieben.

des Instituts für Meinungsforschung in der DDR abgeschafft wurde. Wenn der Leserbriefeingang einer Zeitung auch nicht unbedingt repräsentativ sein mochte, Stimmungen ließen sich daran schon ablesen, Mängel wurden sichtbar. In der Analyse für Januar 1978 heißt es beispielsweise: »Zwei Leser äußerten ihren Unmut über die Intershop-Läden. Eine Leserin fragte, warum die Bevölkerung nicht über die Kaffee-Situation informiert wird. Jetzt gibt es nicht mehr den Kaffee-Mix, sondern Mix-Gastronom. Eine andere Leserin fragte, wann der Kaffee auf dem Weltmarkt wieder billiger wird, damit man wieder Kosta- oder Instant-Kaffee bekommt.«

Die allmonatlichen Leserbriefanalysen enthielten stets einen Abschnitt »Handel und Versorgung«. Zitate daraus:

Januar 1981: »Nach Umstellung auf Erdgas werden dringend Gasherde gesucht. (Freiberg). Immer noch kein ›Odol‹ in Schwerin. Kinderstiefelsohlen sind zu glatt, geben keinen Halt. Abreißkalender fehlen (Halle). Weder Figuren noch Kerzen für Pyramiden waren zu bekommen (Dessau). Warum sind Arbeitshemden aus dem Angebot verschwunden? Es fehlen dreiviertellange Unterhosen. Ebenso gibt es keine angerauhten Unterröcke (Guben). Keine Bettfedern (Leipzig). ›Lauchstädter Brunnen‹ ist nicht regelmäßig zu bekommen (Frankfurt/O.).« Und so weiter.

Oder im September 1981: »Im Handel gibt es keinen Primasprit (Naunhof). Wieder gibt es seit Monaten keine Bran-Flakes (Oranienburg). Die Reißzwecken haben eine zu schlechte Qualität (Seifhennersdorf). Kein Thomasphosphat, kein Branntkalk (Rochlitz). Keine Mundharmonika (Polenz). Warum ist die Rindfleischversorgung so schlecht? Der Lockenstab vom VEB Elektrogerätewerk Suhl hat in der Weiterentwicklung schlechtere Qualität, dazu kommt eine zu lange und unkorrekte Ausführung von Garantiereparaturen ...«

Die Mangelwirtschaft der DDR wurde von den *Wochenpost*-Leserbriefredakteuren getreulich registriert und intern benannt. Genutzt hat es letztendlich wenig.

Noch mehr Anfragen
Warum werden bei uns wieder Kirchen gebaut? Verändert der Mensch das Gleichgewicht der Erde? Wie lange halten Tetanus-Impfungen an? Gibt es Schutz für heimische Vögel? Bedeuten Erdbestattungen Gefahr für Trinkwasser? Wo gibt es die Schlußakte von Helsinki zu kaufen? Lebt Max Schmeling noch? Wann ist der Mensch eine Persönlichkeit?
Aus der Analyse des Posteingangs im März 1977

Geholfen
Ich nehme Bezug auf mein Schreiben vom August 1974, wo ich Sie bat, einem betagten Rentnerehepaar aus unserer Gemeinde zu helfen, welches der Betrieb ... sozusagen »vergessen« hatte. Dank Ihrer Hilfe ist nun doch etwas Derartiges erfolgt und ich habe Ihnen auch den Dank der betagten Bürger übermittelt. Leider zwingt mich ein Vorfall dazu, mich wieder an Sie zu wenden ...
*H. J., Eschenthal ü. Sonneberg
(Juni 1975, unveröffentlicht)*

242 Leserbriefe als Demokratieersatz

Erfolgserlebnis
Es ist mir ein Bedürfnis, dem VEB Schnittwerkzeuge u. Metallwarenfabrik Klingenthal ein öffentliches Lob auszusprechen. Von meiner Brotschneidemaschine war der Schnittenhalter zerbrochen. Fast Jahr versuchte ich, solch ein kleines Ersatzteil hier in Magdeburg zu erstehen, leider ohne Erfolg. Da wandte ich mich am 3.2. an die Herstellerfirma mit der Bitte, mir solch ein Teil gegen Nachnahme zu schicken. Schon heute, am 12.2., erhielt ich es zugeschickt, und zwar kostenlos. Das nenne ich einen unbürokratischen Kundendienst!
Zuschrift von Anneliese R., Magdeburg (Februar 1983, unveröffentlicht)

Da die DDR-Medien in mancherlei Hinsicht als Bestandteil des staatlichen Systems gesehen wurden, galten für sie auch zahlreiche gesetzliche Regelungen, die eigentlich für Behörden erlassen worden waren. Dazu gehörte der schon erwähnte »Eingabenerlaß«. Leserbriefe erhielten mit dem Moment, da sie in der Redaktion landeten, den Status einer »Eingabe«, das heißt, sie waren zu registrieren und innerhalb einer gesetzlichen Frist zu erledigen beziehungsweise zu beantworten. Leitete die Redaktion eine Leserbeschwerde an eine andere Institution weiter, wurde unsere Anfrage wiederum dort zu einer Eingabe. Diese Form von Demokratieersatz war in bescheidenen Maßen effektiv. Da die *Wochenpost*-Redakteure ein waches soziales Gewissen besaßen, war es ihnen möglich, in manchen Fällen mit dem Rückenwind einer Instanz namens *Wochenpost* den Lesern zu helfen.

Ein Wintersportfest mit der Wochenpost – diesmal sogar mit Schnee.

Wochenpost-Leser, diesmal wirklich und nicht bestellt. Es waren Preisausschreiben-Gewinner, die sich vor dem Verlagsgebäude versammelt hatten, um die gewonnene Reise in die Sowjetunion anzutreten.

22. Dezember 1978:
Die Sache mit Meyers Lexikon

Dürfen wir wieder Weihnachten erwähnen? Sind nach früheren Jahren von Enthaltsamkeit wieder Weihnachtsbäume erlaubt? Zweifellos ja. In der *Wochenpost* vom 22. Dezember 1978 jedenfalls ist schon in der Karikatur auf Seite 2 ein Weihnachtsmann zu sehen. Auf »Seite 18« beobachtet Thomas Wendt den Weihnachtsbaumverkauf in Berlin, er erzählt nicht nur Schnurren, zitiert nicht nur den Berliner Volksmund, sondern der Leser erfährt auch gleich etwas über die Kulturgeschichte des Weihnachtsbaumes. Auf einer anderen Seite beschäftigt sich der Direktor der Berliner Archenhold-Sternwarte mit dem Stern von Bethlehem und fragt: »Himmelsereignis oder Legende?«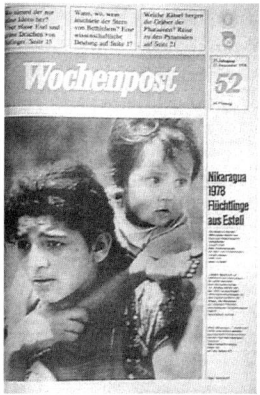

Eine sehr leserfreundliche Ausgabe zum Fest. Trotz der Seite 3, die einen Auszug »Aus dem Bericht des Politbüros an die 9. Tagung des Zentralkomitees der SED; Berichterstatter: Joachim Herrmann« zum Überblättern enthält. Es ist offensichtlich ein Anliegen der Redaktion, den freien Tagen am Jahresende Rechnung zu tragen. So wird es beispielsweise für eineinhalb Jahrzehnte zu einer Art Tradition, daß Dr. Christian Heermann alljährlich um die Jahreswende in einer Art historischer Bilanz über »Entdeckungen und Erfindungen vor 100 Jahren« schreibt. In dieser Ausgabe steht die Bezwingung der Nordostpassage durch Nordenskjöld im Mittelpunkt der Betrachtung.

Eine »kleine Lobrede auf Manfred Bofinger«, den Karikaturisten und humorigen Illustrator von Kinderbüchern, hat Anne Braun geschrieben. Eine ganzseitige Reportage aus Singapur schließt sich an: »Im Reich der Gewürze«. Es beginnt meine Fortsetzungsserie über die ägyptischen Pyramiden. Eine sozialkritische Reportage aus Neapel findet sich im Blatt.

Noch eine Fortsetzungsserie: »Antonio Maidana berichtet über sein Leben«. Mehr als 18 Jahre seines Lebens hat der Kommunist Maidana in den Kerkern der Stroessner-Diktatur in Paraguay verbringen müssen. Jetzt erzählt er von den Gefängnisjahren. Diese ernsthafte Sicht auf die Welt auch zu Weihnachten findet sich ebenfalls in Rosemarie Rehahns Resümee der Leipziger Dokumentarfilmwoche. Besonders hat es ihr der amerikanische Streifen »Mit Babies und Bannern« angetan, die Geschichte einer Frauenhilfsbrigade beim großen Streik der General-Motors-Arbeiter in Michigan im Jahre 1937. Deshalb findet sich in dieser *Wochenpost* vom 22. Dezember 1978 ein umfangreiches Porträt der Schöpferin dieses Dokfilms,

Kann man Meyer trauen?
Auf Ihrer Titelseite in Nr. 12 ist Ihnen ein Fehler unterlaufen. Der erwähnte Ort Sharpeville liegt nicht bei Kapstadt, sondern in Evaton bei Johannesburg. Mit freundlichen Grüßen
*Leserbrief von
Tseko Motshabi,
z. Z. Leipzig*

Antwort der Redaktion:
... haben wir uns bei der genauen Ortsbestimmung auf »Meyers Neues Lexikon«, Band 12, Seite 480 verlassen ...
Wochenpost, 28.7.1978

Latschen und Gardinen

Psychologisch interessant sind die »Wunschzettel« der Raumschiff-Besatzungen, die mit Hilfe der kosmischen »Lieferwagen« vom Typ Progress erfüllt werden konnten. Ein Fernglas und eine Gitarre, Latschen und Gardinen sind nur einige der aufgegebenen Bestellungen. Die pelzgefütterten Hausschuhe benötigen die Kosmonauten für ihre kalten Füße – eine Folge der ungenügenden Durchblutung der unteren Gliedmaßen; die Vorhänge für eine gemütliche und individuelle Raumteilung der Station.
Horst Hoffmann
Wochenpost 10.11.1978

Aufgeräumt

Angefangen hat es, als Ende 1973 das Berliner Glühlampenwerk ... in seiner Hochdrucklampenfertigung aufräumte: Alte aber bewährte, zuverlässige Maschinen wurden ausgesondert. Einige weitsichtige Mitarbeiter erkannten, daß da durchaus noch etwas herauszuholen war und bauten eine Nebenfließreihe auf. Hauptprodukt dieser Reihe ist die Hochdrucklampe NF 700, die ausschließlich in die Sowjetunion exportiert wird und besonders für Baustellen in den Kältezonen Sibiriens geeignet ist.
Wochenpost 22.12.1978

der Amerikanerin Lorraine W. Gray. Ganz aktuelle Dokumentarfilme über den Kampf gegen die Somoza-Diktatur in Nikaragua sind in Leipzig gezeigt worden, deshalb – und mit Verweis auf das Festival – hat die *Wochenpost* in dieser Ausgabe auch ein Bild aus Nikaragua auf der Titelseite: eine Mutter mit ihrem Kind – Flüchtlinge.

Schließlich soll auf ein Kuriosum aufmerksam gemacht werden, das seinerzeit wohl kaum ein Leser als ein solches empfunden oder begriffen haben wird. Eine ganze Seite im Umschau-Teil ist dem 30. Jubiläum des Leipziger Verlages »Bibliographisches Institut« gewidmet, des großen DDR-Verlages für Lexika und Nachschlagewerke, in dem u. a. auch der »Meyer« erschien. Umfang und Plazierung sind ungewöhnlich. Das hat seinen Grund.

Im August hatte die *Wochenpost* einen kurzen Beitrag unter der Überschrift »Kann man Meyer trauen?« veröffentlicht. Ich habe eine Art Rezension anläßlich des Erscheinens des letzten Bandes von Meyers Neuem Lexikon geschrieben und eine Unmenge von Fehlern aufgezählt, Fehler, auf die wir in der Redaktion mehr zufällig gestoßen waren. Schuld daran hatten auch unsere Randtexte, die sachlichen Ergänzungen zu den Artikeln. Leser machten uns auf Fehler aufmerksam, die wir so aus dem »Meyer« übernommen hatten. Der nun erschienene letzte Lexikon-Band enthielt auf 131 Seiten Berichtigungen für die vorangegangenen 14 Bände. Man müsse also, schrieb ich, dem Lexikon eine Art Gebrauchsanweisung beilegen: jede Auskunft daraufhin kontrollieren, ob nicht im letzten Band eine Korrektur vermerkt ist. Was der Unterschied zwischen einem Berliner Telefonbuch und dem Lexikon sei, hatte ich einleitend gefragt und zum Schluß geantwortet: »Einen Fehler im Telefonbuch bemerkt man schneller, sei es, es meldet sich ein anderer Teilnehmer, sei es, wir hören ›Tüt-tüt-tüt – kein Anschluß unter dieser Nummer‹. Das Telefonbuch erscheint öfter und korrigiert seine Fehler. Die 15 Bände von Meyers Neuem Lexikon kosten zusammen mehr als 450 Mark. Das Telefonbuch erhält man als Kunde gegen die Rückgabe der alten Ausgabe kostenlos.«

Beim Schreiben des Artikels hätte ich nicht gedacht, daß die kurze Bemerkung derart viel Staub aufwirbeln würde. Mal abgesehen davon, daß aus Leipzig vom Herausgeber des Lexikons ein wütender Protest kam. Damit war zu rechnen. Aber es handelte sich, wie wir nun merkten, nicht schlechthin um ein Lexikon, sondern um eine Haupt- und Staatsaktion. Es war nämlich geplant, daß auf Vorschlag von Politbüromitglied Kurt Hager Verlag und Lexikonredaktion anläßlich des Jubiläums und des Erscheinens von Band 15 einen hohen Orden erhalten sollten. Wir hatten also sozusagen den falschen Artikel zum falschen Zeitpunkt im Blatt.

22. Dezember 1978: Die Sache mit Meyers Lexikon

Ein Jahr ohne Weihnachts-Tabu: Karikatur von Gösta Lerch in der Wochenpost *vom 22. Dezember 1978*

Es entspann sich ein Briefwechsel, es gab Telefonate. Die *Wochenpost* solle sich entschuldigen, solle die Kritik zurücknehmen. Die Forderungen wurden immer mit dem Verweis auf die Ordensverleihung und auf Kurt Hager verknüpft. Aber die Fehler waren Fehler.

Weil wir uns weigerten, von dem Artikel abzurücken, machte am Ende jemand den Kompromißvorschlag, die Lexikon-Kritik ruhen zu lassen und durch einen umfangreichen Glückwunschartikel den Verlag gewissermaßen zu rehabilitieren. Dem konnten wir uns schwer entziehen. So kam der Artikel unter dem nichtssagenden und zudem grammatikalisch falschen Titel »Das Leipziger ›BI‹ zum 30.« in die *Wochenpost* vom 22. Dezember 1978.

»**Entdeckungen und Erfindungen vor 100 Jahren**«
Am 1. Mai 1878 wird in Glashütte die »Deutsche Uhrmacherschule« eröffnet, einzige Bildungsstätte dieser Art im damaligen Deutschland. (...) An der heutigen »Ingenieurschule für Feinwerktechnik« Glashütte werden nicht nur Kader für die Uhrenindustrie, sondern auch für Büromaschinen, Halbleiter, und die feinmechanische Industrie ausgebildet ...
Dr. Christian Heermann
Wochenpost 22.12.1978

Die *Wochenpost* als Arbeiterbildungsverein

Sexwelle
In aufdringlich-frivoler Form soll dem Betrachter der Sex-Szenen in Illustrierten und Kinos suggeriert werden, daß der Sinn und die Freude des Lebens im perfekt funktionierenden oder pervertierten Koitus zu suchen ist. Die Frau wird dabei zum bloßen Sexwesen degradiert und praktisch nur als stimulierender Körper offeriert. Die vorangegangenen Jahrzehnte der Prüderie und Geheimniskrämerei begünstigen das Verlangen nach solchen Produkten, die jetzt immer weiter in die Pornographie abgleiten.
*Dr. Siegfried Schnabl
Wochenpost 12.1.1973*

Irgendwann nach der Wende hat der aus dem Westen hinzugekommene neue Chefredakteur Mathias Greffrath nach Durchsicht alter Ausgaben festgestellt, die *Wochenpost* hätte in der Tradition eines Arbeiterbildungsvereins gearbeitet. War diese Bemerkung angesichts der neuen Medienmarktes kritisch gemeint? Ich neigte dazu, es als Kompliment zu nehmen. Die *Wochenpost* wollte immer Bildung fördern und Wissen vermitteln, und zwar unterhaltend.

Schon in den ersten Ausgaben seit dem Dezember 1953 gab es eine oder mehrere Seiten »Aus Wissenschaft und Technik«, später waren drei Wissenschaftsseiten in jeder Woche Standard. Dabei fällt schon bei flüchtiger Durchsicht der *Wochenpost*-Jahrgänge auf, daß auch diese Seiten im Lauf der Jahrzehnte sichtbaren Veränderungen unterworfen waren. Anfangs wurde »Populärwissenschaft« im engeren Sinne betrieben. Eine nicht untypische Überschrift aus den Kindertagen unserer Zeitung: »Physik ist, wenn's knallt, Chemie, wenn's stinkt«. Es wurde also Elementares erklärt: Wie funktioniert ein Radio, wie ein Fernsehgerät, was geht in der Waschmaschine vor sich. Das war zu einer Zeit, als ein nicht unbeträchtlicher Teil der Leser gerade mal acht Jahre Volksschule absolviert hatte.

Relativ früh fanden auch im Wissenschaftsteil der Zeitung einige nützliche Elemente ihren Platz, die über Jahrzehnte hinweg erhalten blieben. Da war beispielsweise der allmonatliche Blick auf den Sternenhimmel, kurze Artikel, beim ersten Augenschein vielleicht nur für Hobbyastronomen gedacht, doch tatsächlich voll der neuesten Erkenntnisse aus der Welt der Astronomie, geschrieben über lange Zeit hinweg vom Direktor der Archenhold-Sternwarte in Berlin, Professor Wattenberg, dann von dessen Nachfolger Professor Herrmann.

In den frühen Jahren mußte man übrigens auch in den scheinbar unpolitischen Bereichen der Wissenschaft Erfahrungen mit ignoranten Attacken machen. Daß in den fünfziger Jahren »West«-Wissenschaft mit Vorsicht zu behandeln, daß die sowjetische Wissenschaft (sogar oft zu Recht) hervorzuheben war, versteht sich. Daß ideologische Beckmesserei ganz woanders zuschlagen konnte, erfuhren wir im Frühjahr 1959. Auf der Wissenschaftsseite erschien ein sehr interessanter Artikel: »Eine neue Eiszeit?« Es ging um Klimaforschung und Prognosen, heute ein beliebteres Thema denn je. Damals aber wurde unser Wissenschaftsredakteur Dr. Friedrich Schindler von einer

Mitarbeiterin der Abteilung Agitation des ZK beschuldigt, die Bevölkerung mit diesem Artikel zu desorientieren: »Wir«, so sagte sie in einer Versammlung der Redaktion, »bemühen uns, die Werktätigen zu neuen Anstrengungen beim Aufbau des Sozialismus zu motivieren, und in der Wochenpost wird ihnen praktisch gesagt: Hat sowieso alles keinen Sinn, denn es kommt ja eine neue Eiszeit!« Kein Kommentar!

Anfang der siebziger Jahre veränderte sich der Stil der Wissenschaftsseiten erkennbar. Mittlerweile wuchs eine Generation heran, die größtenteils eine allgemeine oder erweiterte Oberschulbildung erwarb und die zunehmend Hoch- und Fachschulen besuchte.

So startete Anfang 1970 die »Wochenpost-Akademie«. Auf jeweils einer Doppelseite gab ein prominenter Wissenschaftler sozusagen »aus erster Hand« einen Überblick über den Forschungs- und Erkenntnisstand auf seinem Gebiet. Die Redaktion ermunterte die Leser, Anfragen an die Autoren zu richten, die in einem späteren Beitrag beantwortet wurden, was folgerichtig als »Konsultation« bezeichnet wurde. Darüber hinaus gab es abschließend zu dem jeweiligen Wissensgebiet Fragen an die Leser, richtige Antworten wurden prämiert. Die »Wochenpost-Akademie« begann mit Biologie, es folgten Chemie, Ökonomie, Psychologie und Recht.

Um eine Idee von dem Vorhaben zu geben, muß ich ja nicht unbedingt etwas aus den Beiträgen zur Teilchenphysik oder zu Rechtsfragen zitieren. Aber nehmen wir mal die im Januar 1973 veröffentlichte 30. Folge der »Wochenpost-Akademie«, nämlich »Psychologie aus erster Hand«, Überschrift: »›Sexwelle‹ oder Sexualinformation«, Randtext: »Probleme der Sexualpsychologie – von Dr. Sc. Siegfried Schnabl«. Der Autor, einer der führenden Sexualwissenschaftler der DDR, eröffnete seinen Beitrag mit einer Bemerkung, die uns so mitten hineinführt in die Welt des Jahres 1973: »Wer über die Sexualität spricht oder schreibt, fühlt sich auch heute noch genötigt, dies zu begründen oder zu rechtfertigen. Bei anderen Wissensgebieten kann man sofort ›zur Sache kommen‹.« Sodann kam Schnabl »zur Sache«, gab einen Überblick über Ziele und Methoden seines Arbeitsgebiets und sparte schließlich auch die »Sexwelle« nicht aus, die als ein ausschließliches Phänomen der kapitalistischen Welt bezeichnet wurde.

Dieser Beitrag endete wie alle Akademie-Beiträge mit drei Fragen. Frage 2 lautete:
»Was bedeutet ›Sex-Welle‹?
a) Sprunghaftes Ausbreiten der Sexualforschung
b) Starke Zunahme sexueller Bedürfnisse und Kontakte
c) Variante kapitalistischer Massenbeeinflussung.«
Der ideologische Impetus ist nicht zu übersehen.

In mehreren Folgen der Wochenpost-Akademie befaßte sich

WOCHEN-POST

AKADEMIE

Konsultation
Nr. 4
Sind
Nervenzellen
heilbar?

„Künstliches
Leben"?

Organisches aus
Anorganischem?

Wann
Erbkrankheiten?

Gibt es
geistige
Vererbung?

Abgelehnt
Das Manuskript »Wochenpost-Akademie Nahrungschemie« wurde vom zuständigen Staatssekretariat abgelehnt mit der Begründung, daß Entwicklungstendenzen auf diesem Gebiet nicht veröffentlicht werden dürfen. Es wurde beschlossen, dem Gen. B. das Manuskript vorzulegen mit der Bitte, eine Veröffentlichungsgenehmigung einzuholen.
Beschlußprotokoll, Redaktionskollegium Wochenpost, 16.3.1971

Angenommen
Nolte ... löste 1986 ... den sogenannten Historikerstreit aus ... Gegen diese Geschichtsverbiegung erhob sich eine Gegenfront demokratischer Stimmen. Auch dem Organ des ZK der SED, *Neues Deutschland* wurde ein von Prof. Gerhard Lozek und mir verfaßter Beitrag angeboten. Auf Weisung »von ganz oben« wurde der Druck untersagt. Störte die Auffassung, daß der Faschismus eine Vergangenheit ist, die nie vergeht? ... Die couragierte *Wochenpost* druckte den Beitrag (Nr.11/87).
Prof. Dr. Rolf Richter
Neues Deutschland
27./28.6.1992

Farbige Presse
Wir haben allen Grund, der Mathematik – bei aller Hochachtung – furchtlos zu begegnen, wo immer wir auf sie stoßen. Lange suchen muß man nicht mehr, sie ist allgegenwärtig. Könnten wir nur ein einziges Mal in sämtlichen Zeitungen und Zeitschriften jede Zahl grün, jede konkrete Aussage, die sich auf mathematische Berechnungen stützt, blau, und alles, was direkt oder indirekt ohne Mathematik überhaupt nicht denkbar wäre, rot drucken – wir alle würden staunen, wie farbig unsere Presse ist. Rein mathematisch betrachtet, versteht sich.
Hans Ronneburger
Wochenpost 15.1.1988

Anfang 1975 Prof. Dieter Klein mit der Krise des Kapitalismus. Liest man die mittlerweile vor mehr als zwanzig Jahren geschriebenen Artikel, muß natürlich sofort eine falsche Prämisse auffallen: Der Autor ging vom Fortbestand des sozialistischen Lagers aus (was sonst?). Mit seiner aktuellen Analyse allerdings lag er richtig: Stagnierende Industrieproduktion in einer zyklischen Überproduktionskrise. Und seine Prognose für die Bundesrepublik: Rasch wachsende Staatsverschuldung.

Als sich die Form der »Akademie« nach fünf Jahren zu erschöpfen begann, wurde ein neues Verfahren für sinnvolle Wissensvermittlung ersonnen, diesmal unter dem Titel »*Wochenpost*-Enzyklopädie«. Hier half eine Kooperation mit der Urania, einer Institution, die sich um die Verbreitung wissenschaftlicher Kenntnisse bemühte. Hatte die Akademie systematisch ganze Wissensbereiche abgeschritten, so wurden nun für mehrere Jahre, bewußt anknüpfend an die klassische französische Enzyklopädie, Stichworte aus der Wissenschaft aufgegriffen. Der Chemiker Prof. Eberhard Leibnitz, Mitglied der Akademie der Wissenschaften und Präsident der Urania, verwies in seinem Eröffnungsartikel ausdrücklich auf die Enzyklopädisten Diderot, D'Alembert und Voltaire, die materialistische Denkweisen ebenso vorbereitet hatten wie die industrielle Revolution. Genauso wie damals würden nun die gesellschaftlichen Bedürfnisse verlangen, daß das Wissen über Natur, Gesellschaft, Technik und Denken verbreitet wird. »Eine Zeitung wie die *Wochenpost* bietet dazu ausgezeichnete Möglichkeiten, weil sie schnell einen sehr großen Leserkreis erreicht.« Und: »Über einen längeren Zeitraum gesammelt, ergeben die Beiträge aber auch ein aktuelles Nachschlagewerk.«

In der Tat schnitten viele Leser diese Beiträge systematisch aus, war es doch bei 30 Pfennig pro Zeitung die billigste Weise, zu einem aktuellen Nachschlagewerk zu kommen.

Die Skala der Themen war sehr weit gespannt. Sie umfaßte die Stichworte Energie (»Müssen unsere Enkel frieren?«) und Biorhythmus, Bodenfruchtbarkeit und Hochenergiephysik, Demographie und Relativitätstheorie, Molekularbiologie und Völkerrecht (»Gehört das Meer allen?«). Wie schon bei der Akademie wurden auch in der Enzyklopädie bewußt nicht nur naturwissenschaftliche Themen aufgegriffen, sondern auch gesellschaftswissenschaftliche. »Schafft Abrüstung Arbeitslosigkeit?« lautete beispielsweise eine Frage.

1981 wurde zwischen den Themen Plattentektonik und Chip eine durchaus brisante Frage gestellt : »Ist Pluralismus im Sozialismus möglich?« Da es zu den ideologischen Vorgaben gehörte, auf die Schädlichkeit von politischem Pluralismus aufmerksam zu machen, ist davon auszugehen, daß die Frage nicht von einem vorwitzigen Leser gestellt worden war, sondern von den Autoren oder Redakteuren der Enzyklopädie. Die Sache

Eine Trophäe, die in der Redaktion stolz vorgezeigt wurde:
Eine Ausgabe der sowjetischen Zeitung Iswestija mit dem Bericht über einen Weltraumflug. Dieses Exemplar war von einer späteren Crew mit ins All genommen und dort von den Kosmonauten signiert worden.

schien für die Verfasser einfach und klar. Es erübrigt sich, auf Argumente einzugehen, die Zwischenüberschriften dieser Doppelseite charakterisieren den Inhalt: »Fälschung und Wirklichkeit. Taschenspielertricks. Gemeinwohl – eine Fiktion. Objektive Erfordernisse sind entscheidend.« Schließlich hieß es, wie nicht anders zu erwarten: »Kein Platz für Pluralismus«. Diese Enzyklopädie war ein Selbsttor. In der monatlichen Analyse der eingegangenen Leserbriefe für Mai 1981 heißt es, Leser meinten, »daß einer Gesellschaftsordnung langfristig eine umfassende öffentliche Diskussion über alle tatsächlich und vermeintlich existierenden politischen, wirtschaftlichen und sozialen Probleme ohne Tabus mehr dient als ihre erhebliche Einschränkung oder gar gänzliche Unterdrückung«. Die Leserbriefanalyse für Juni 1981 verweist auf weitere Briefe zu dem Thema: »Alle beklagten, daß nicht alle Aspekte des Problems angesprochen wurden. Jede ehrliche Meinung sollte

Leben auf dem Mars?
Die Idee von der Bewohnbarkeit anderer Himmelskörper, für die der italienische Philosoph Giordano Bruno ... im Jahre 1600 auf dem Scheiterhaufen sein Leben hingab, triumphiert. Gewiß, noch fehlt der direkte Beweis. Wer will es wissen? Vielleicht liefern ihn schon in wenigen Monaten die von der UdSSR und den USA entsandten Marssonden.
Wochenpost 6.3.1965

Zu Bildung und Information gehörten natürlich Themen aus Medizin und Gesundheitswesen. Für einen umfangreichen Beitrag zum Thema Rauchen zeichnete Thomas Schleusing diese Titelseite.

Fliegende Untertassen
Am 17. März 1961 stellte *Wochenpost*-Mitarbeiter Harry Laudien in den späten Abendstunden auf dem Parkgelände am Roten Rathaus ein Fotostativ auf. Nachdenklich blickte er durch die Mattscheibe seiner Praktisix. Es war jedoch nichts Außergewöhnliches zu entdecken. Als jedoch am nächsten Tag die fertigen Fotos in unserer Redaktion auf dem Tisch lagen, gab es eine Sensation: Die berühmtberüchtigten »Fliegenden Untertassen« waren über Berlin gewesen ... Jeder Fotofreund kann mit einem Rapidfilm (25° DIN) einen entsprechenden Versuch anstellen.
Wochenpost 1.4.1961

wichtig sein, ebenso offene Auseinandersetzung.« Aber solche Briefe hat die *Wochenpost* natürlich nicht veröffentlicht. Hier konnte sie nicht aus ihrem Agitationsauftrag ausbrechen.

Trotz derartiger ideologischer Einsprengsel zeigte sich in Leserumfragen immer wieder, daß gerade der Wissenschaftsteil der *Wochenpost* zu den Attraktionen des Blattes zählte. Es wurde dort ein sehr vielfältiges Spektrum von Themen geboten. Wissenschaftsgeschichte und Wissenschaftlerbiografien gehörten dazu, wie etwa die Fortsetzungsserien über Darwin und Euler, über Haeckel und Alexander von Humboldt. Auch Archäologen schrieben in der *Wochenpost* regelmäßig über ihre jüngsten Funde, sei es auf dem Boden der DDR, sei's im Ausland.

Gerade im Bereich der Wissenschaft zeigte sich der Nutzen der Redakteurs-Spezialisierung. Horst Hoffmann trug nicht umsonst den Spitznamen »Raketen-Hoffmann«. Seine systematische Hinwendung zur Raumfahrt bewirkte, daß wohl kaum ein anderes DDR-Blatt so umfassend, so regelmäßig, so genau über die Raumfahrt berichtete wie die *Wochenpost*. Deshalb kam es auch hier zu jener nützlichen Wechselwirkung, daß der

Wochenpost-Mitarbeiter ein allseits akzeptierter Partner der Wissenschaftler wurde, daß er in wissenschaftlichen Gremien mitarbeitete und daß er dadurch »herumkam«, daß er auch außerhalb der Grenzen der DDR – beispielsweise bei den sowjetischen und amerikanischen Raumfahrtexperten – anerkannt war.

Gerade deshalb wurde Horst Hoffmann womöglich auch beschuldigt, Staatsgeheimnisse verraten zu haben. Das geschah so: Am Rande des Internationalen Astronautischen Kongresses 1976 in Los Angeles, zu dem er für uns gereist war, fand eine Pressekonferenz mit dem stellvertretenden Chef der sowjetischen Kosmonauten, Alexei Leonow, statt. Die amerikanischen Journalisten deckten den Mann aus Moskau mit unbequemen Fragen ein, die der nicht beantworten wollte oder konnte. In dieser Situation hatte Horst Hoffmann das Gefühl, er müsse dem sowjetischen Genossen irgendwie solidarisch zu Hilfe kommen, also eine Frage stellen, die in eine ganz andere Richtung zielte und Leonow die Möglichkeit einer ausführlichen Antwort bot. Also fragte er: Es sei doch vorgesehen, daß auch Kosmonauten aus anderen sozialistischen Ländern mit zu sowjetischen Raumstationen fliegen sollten. Wie es damit stehe. Der sowjetische General griff zu Hoffmanns Frage wie nach einem Rettungsring. Er ließ sich detailliert über das Ausbildungsprogramm aus, das im November 1976 beginne, und informierte über das Flugprogramm, das von 1978 bis 1983 erfolgen solle. Zur ersten Gruppe würden Kandidaten aus der ČSSR, der Volksrepublik Polen und der DDR gehören. Entsprechend berichtete Horst Hoffmann in der *Wochenpost* darüber. Doch dies ärgerte die Informationsstrategen der DDR, die die Tatsache, daß »der erste Deutsche im All« nicht ein Bundesbürger, sondern ein DDR-Bürger sein würde, mit großer Theatralik auskosten wollten. Die in der *Wochenpost* quasi vorab verkündete Information wurde daraufhin von Leuten im DDR-Verteidigungsministerium zum »Verrat von Staatsgeheimnissen« aufgeblasen. Fortan gab es Intriganten, die immer wieder versuchten, Hoffmanns Arbeit zu torpedieren.

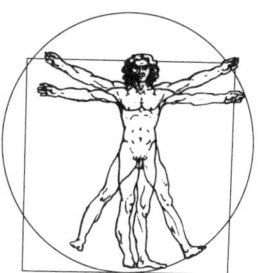

Wochenpost & URANIA

Ist das Auge im All schärfer?
Nach 24 Dienstjahren auf Düsenmaschinen ... hat Oberst Jähn ein geschultes Auge. Was sagt er zu den recht unterschiedlichen Aussagen von Weltraumfliegern über das, was man aus kosmischen Höhen erkennen kann? Manche erzählten, sie hätten Flugzeuge, Boote und Häuser gesehen. »Offensichtlich handelt es sich hierbei um ein Problem, das noch nicht vollständig geklärt ist ... Meiner Meinung nach gibt es ... zwei mögliche Erklärungen. Die erste nimmt an, daß das menschliche Auge im Kosmos an Sehkraft gewinnt ... Die zweite Erklärungsmöglichkeit, der ich zustimme, sieht die Ursache in physikalisch-biologischen Erscheinungen, z. B. darin, daß die Atmosphäre vielleicht eine bestimmte Linsenwirkung hat ...
Horst Hoffmann im Gespräch mit dem Kosmonauten Siegmund Jähn Wochenpost 24.8.1979

24. August 1979:
Pflichtübungen

Schrittmacher
Die *Wochenpost* sprach mit Dr. Witte über die weiteren Perspektiven der Anwendung von Herzschrittmachern bei uns. (...) Im Mittelpunkt des Interesses steht natürlich eine möglichst lange Funktionszeit des Schrittmachers. In erster Linie hängt diese von der Leistungsfähigkeit der Batterie ab. Bietet die Atomenergie eine Chance für lange Arbeitsfristen? Mitte der 70er Jahre erreichten Geräte, die radioaktive Isotope enthielten, die ausgedehntesten Funktionszeiten. Was aber geschieht, wenn diese nicht ungefährlichen Energielieferanten freigesetzt werden? Die Fürsorge für den Patienten zwang schließlich, anderen Verfahren den Vorzug zu geben.
Sieglinde Wolff
Wochenpost 24.8.1979

Der 35. Jahrestag der Gründung der DDR kündigt sich an. Diese »Republikgeburtstage« werden in den Folgejahren immer aufwendiger begangen und füllen mitunter schon viele Wochen vorher die Seiten der Zeitungen. 1979 aber hält sich das noch in Grenzen. In der Ausgabe vom 24. August 1979 wird eine Fernsehserie angekündigt, eine fünfteilige Familienchronik, ein Spielfilm vor dem Hintergrund der DDR-Geschichte. Er erzähle, ist der *Wochenpost* zu entnehmen, die Geschichte eines »Straßenbauarbeiters und späteren Reifenwerkers«. Ein »großes Figurenensemble« werde »vorgeführt«, die vergangenen dreißig Jahre würden durchlebt, inklusive 17. Juni 1953 und Mauerbau, und schließlich berichte der fünfte Teil »von den Problemen, die in der Gegenwart bewältigt werden müssen«. Prominente Schauspieler wirken mit, Alfred Müller und Karin Gregorek, Walfriede Schmitt und Günter Naumann, Dietrich Körner und Herbert Köfer.

Einen eigenen Beitrag zu dem bevorstehenden Jahrestag hat die *Wochenpost* nur an einer Stelle, auf der Leserbriefseite. Hier schreiben bereits seit Wochen Leute unter dem Motto »Zu Hause in ...« über ihre Heimatorte, weshalb sie gerne dort leben, was ihnen gefällt. Es sind nur kurze Beiträge, die die Leser eingesandt haben. Ob sie von sich aus reagierten oder ob sie von Redakteuren aufgesucht oder »angeschrieben« wurden, läßt sich nicht mehr rekonstruieren. Es sind immerhin Beiträge voller Heimatgeschichte und -geschichten.

Beim Betrachten dieser *Wochenpost* fällt auf, daß die Zahl der Fortsetzungsserien weiter zugenommen hat. Ich entsinne mich, daß es in der Redaktion eine beständige Auseinandersetzung darüber gab, wie viele solcher Serien man gleichzeitig im Blatt haben dürfe, ohne den Leser zu langweilen. Nicht mehr als zwei war die Maxime. Doch viele Redakteure meinten, Fortsetzungsgeschichten würden dazu beitragen, die Leser bei der Stange zu halten und eine enge »Blattbindung« zu schaffen. Da die *Wochenpost* aber ohnehin viele Abonnenten hatte und oft nur unter dem Ladentisch verkauft wurde, war das wohl eher ein vorgeschobenes Argument. Die Kollegen wollten anscheinend endlich mal »richtig Platz« haben.

Wie sah das nun konkret aus? Auf fast zwei Druckseiten in 10. Fortsetzung: »Anstöße in meinem Leben«. Dies ist die Autobiografie des in der DDR sehr populären Schriftstellers Ludwig

24. August 1979: Pflichtübungen

Dieses Foto der Verkehrspolizistin Gisela Elias – im Einsatz als »Freundin und Helferin« – erschien in der Wochenpost zusammen mit einem langen Artikel, aus dem nachstehend zitiert wird:

Verkehrspolizei
Im Jahre 1950 bewarb sich die damals knapp Zwanzigjährige bei der Volkspolizei ... Frauen als Verkehrsregler, das war noch die ganz große Ausnahme. So bot man ihr andere Arbeiten bei der Volkspolizei an. Doch sie blieb dabei. Sie wurde schließlich zu einer Eignungsprüfung bestellt, wobei man ihr nicht verhehlte, daß sie eigentlich zu klein sei für die von ihr angestrebte Tätigkeit. Da benutzte die 1,64 Meter große Gisela Elias einen einfachen weiblichen Trick: Sie zog Schuhe mit hohem Absatz an, ehe sie zur Prüfung ging. (...) Inzwischen ist Gisela Elias Meister der VP ... Auf der Kreuzung macht ihr keiner mehr was vor.
Wochenpost 20.7.1979

Renn, des Offiziers der Internationalen Brigaden im Spanischen Bürgerkrieg. Er stammt aus einer alten sächsischen Adelsfamilie, sein eigentlicher Name ist Arnold Vieth von Golßenau. Im Vorabdruck seiner Memoiren geht es um die Zeit unmittelbar nach dem 1. Weltkrieg.

Zweite Serie in diesem Heft: »Menschen der Kälte«. Klaus Rachow berichtet über die Eskimos in den verschiedenen Ländern rund um den Nordpol. Es sind Artikel voll Ethnografie und Sozialkritik, Geografie und Politik.

Noch einmal eine Doppelseite als Auftakt einer Forsetzungsserie. Der Randtext dazu: »Exklusiv für *Wochenpost*: Fliegerkosmonaut Oberst Sigmund Jähn gibt zu Protokoll«. Genau ein Jahr zuvor hatte Sigmund Jähn seinen einwöchigen Weltraumflug unternommen. In der Serie erfährt der Leser, wie man Kosmonaut (zumal in der DDR) wird. Sie enthält jede Menge authentische Anekdoten aus dem Alltag eines Weltraumfliegers. Wie kommt gerade die *Wochenpost* zu solch einer exklusiven Serie? Es ist das Verdienst von Horst Hoffmann, der als

Über Alkoholismus
Das Vertuschen von Anzeichen des Alkoholismus hilft zwar einige Zeit, das Ansehen der Familie oder des Kollektivs zu erhalten. Es führt aber für den Kranken zu einer Verzögerung des Behandlungsbeginns.
Wochenpost 14.9.1979

Betrüger Ptolemäus?
Bis in unsere Zeit reicht der Ruhm des Claudius Ptolemäus. Man nennt ihn den größten Astronomen der Antike. (...) Nun behauptet der amerikanische Astrophysiker und Wissenschaftshistoriker Robert R. Newton, daß Ptolemäus ein Betrüger gewesen sei. Die Zahlenangaben im »Almagest« seien von Ptolemäus einfach erfunden worden, um seine Theorie zu beweisen. Robert Newton, der das Ptolemäische Werk mit den Hilfsmitteln unserer Zeit analysierte, meint, Ptolemäus habe nicht nur die Beobachtungsdaten seiner Theorie geschickt »angepaßt«, sondern auch Berechnungen seines berühmten Vorläufers Hipparch (um 190 v.u.Z. bis 120 v.u.Z) bewußt verfälscht ...
Wochenpost 24.8.1979

geschätzter Partner von Raumfahrtfachleuten auch mit dem DDR-Kosmonauten befreundet ist.

Kein Zweifel, schon allein wegen dieser drei Serien lohnt es sich, auf die Jagd nach der *Wochenpost* vom 24. August 1979 zu gehen.

Außerdem findet der Leser noch eine Übersicht zur neuen DDR-Fußballsaison im Blatt (am Rand Statistiken: Wer wurde wie oft DDR-Fußballmeister? Die erfolgreichsten Oberliga-Torjäger). Auf Seite 18 geht Rolf Pfeiffer der Frage nach: »Wie kommt das Blei in die Stifte?« Im außenpolitischen Umschauteil werden Ereignisse in Argentinien und Äquatorialguinea, Österreich, El Salvador und Polen betrachtet. Wissenschafts-Umschau: »War Ptolemäus ein Betrüger? Amerikanischer Astrophysiker beschuldigt antiken Astronomen der Fälschung«. Die Kultur-Umschau mit der Musik-Kartothek Nr. 228: Studio-Team Leipzig. DDR-Umschau: Die Hopfenernte beginnt. Altbaumodernisierung in Karl-Marx-Stadt.

Im Leitartikel, genannt »die Kolumne« (ein ungeliebtes Kind der Redaktion, denn hier sind zu oft Pflichtübungen zu absolvieren), schreibt eine Woche vor dem Beginn des neuen Schuljahres Ursula Frölich über Schulbücher. Es ist diesmal wohl keine »Pflichtübung«, ihr Wunsch für die Zukunft ehrlich gemeint: »Die heute sechs sind, werden 1989 nach Abschluß der zehnjährigen Oberschule in die Berufslehre gehen oder 1991 an den Hochschulen und Universitäten immatrikuliert. Für sie werden um das Jahr 2000 die besten Jahre ihres Lebens beginnen, für die sie in der Gegenwart Kenntnisse, Charaktereigenschaften, Haltungen erwerben. Eine Jahrhundertaufgabe. Ihr erstes Lesebuch gibt ihnen Brechts Verse mit auf den Weg: ›Die Häuser sollen nicht brennen. Bomber sollt man nicht kennen. Die Nacht soll für den Schlaf sein. Leben soll keine Strafe sein. Mütter sollen nicht weinen. Keiner soll töten einen. Alle sollen was bauen. Da kann man allen trauen. Die Jungen solln's erreichen. Die Alten desgleichen.‹«

»Wie baue ich mir ein Schnurregal?«

Guten Rat bekam man in der *Wochenpost* quasi als Zugabe, wenn man für 30 Pfennig das Blatt kaufte. Oder man bekam eine interessante Zeitung gewissermaßen geschenkt, wenn man für 30 Pfennig den Ratgeberteil erwarb. Das war schon seit der Gründung so. Die Seite »Was sie interessiert und auch ihn nicht kalt läßt« bot zunächst Modetips und Kochrezepte. In den 60er Jahren wurde dieser Bereich dann inhaltlich erweitert. Das Echo aus der Leserschaft bewies, daß es einen großen Bedarf an praktischen Ratschlägen jedweder Art gab, zumal viele andere Zeitungen stark politisch ausgerichtet waren und das Angebot an Ratgeberbüchern äußerst schmal war. Der größte Teil der eingehenden Leserbriefe richtete sich daher an die ratgebenden Abteilungen.

Die Leserbriefstatistik vermag einen annähernden Überblick über die Interessenlage zu geben. Wegen Modetips oder Kochrezepten brauchte man nicht an die Zeitung zu schreiben. Etwas anderes war es schon mit ärztlichen Ratschlägen – immer eine heikle Sache, denn welcher Mediziner gibt schon gern Ferndiagnosen. Immerhin kamen im Laufe des Jahres 1984 weit über 300 Anfragen, die ein Arzt beantworten mußte. Dagegen wünschten nur 74 Leser gärtnerische Auskünfte, denn dafür gab es, wie auch für Bastelarbeiten, spezialisierte Blätter. Einige Jahre hindurch veröffentlichte die *Wochenpost* regelmäßig die Seite »Versuch's mal selber«. Diese Art Ratgeber wurde später eingeschränkt, als es zu diesem Thema mehr Literatur gab. Immerhin haben derartige Ratschläge das Bild von der *Wochenpost* nachhaltig geprägt. So unterließ auch kaum eines der bundesrepublikanischen Blätter, die der *Wochenpost* Ende 1996 einen Nachruf widmeten, darauf hinzuweisen, daß in der Zeitung irgendwann mal die Anleitung gestanden hätte: »Wie baue ich mir ein Schnurregal«.[80]

Im Februar 1967 erschien in der *Wochenpost* zum ersten Mal die Rubrik »Worte des Vertrauens«. Autorin war über Jahrzehnte Frau Prof. Lykke Aresin. Die Spanne ihrer Themen reichte von »Männer in den Wechseljahren« (1968) über »Plädoyer für die Pille« (1969), »In der Ehe noch Jungfrau« (1973) bis »Im Alter auf Liebe verzichten?« (1977) und »Langeweile im Sexualleben?« (1983). Es kamen hierzu vergleichsweise wenig Anfragen, was wohl damit zusammenhängt, daß die Leser damals noch g'schamig waren. Entsprechend erhielt die Redaktion

Vor dem Schaden klug
Wie wird die Rentenzahlung bei Todesfall eines Partners geregelt? Sind Frauen ab 55 vom Nachtdienst befreit? Ist Arbeitseinsatz der Freiwilligen Feuerwehr in der Urlaubszeit zu ersetzen? Muß man sich dem Zwang fügen, monatlich 5 Mark in die Brigadekasse für Feiern zu zahlen? Darf eine Schiedskommission tagen, wenn ein Zeuge, durch Unfall verhindert, sich vorher abgemeldet hat? Wann steht einem Geschädigten Schmerzensgeld zu? Welche Steuererleichterung haben Amputierte? Wie kann man rechtlich richtig kündigen? Gilt die Hausordnung auch für Altersrentner? Bauen an der Grundstücksgrenze? Wie lange sind Zahlungsbelege aufzuheben? Kann man bei Strafe auf Bewährung im Ausland Urlaub machen? Haushaltsgeld für Männer? Ist der Eigentümer verpflichtet, einen neuen Ofen zu setzen, weil es für den sonst guten alten Ofen keinen Koks gibt?
Leseranfragen 1984

»Wie baue ich mir ein Schnurregal?«

Aufklärung in der Wochenpost: Prof. Lykke Aresin

Lebenslauf
Unsere älteste Tochter steht in den Prüfungsvorbereitungen der 10. Klasse. Die Schüler haben nun die Aufgabe bekommen, einen Lebenslauf zu schreiben, der den Akten der Schule beigelegt werden soll. Das ist an sich nichts Außergewöhnliches, wenn es sich meiner Ansicht nach nicht um eine Überschreitung des üblichen Maßstabes handeln würde. So sollen auch ausführliche Angaben über wichtige Umstände in der Familie gemacht werden. Auf die Frage eines Schülers, ob er auch die Tatsache, daß sein Vater Alkoholiker sei, anführen solle, wurde mit Ja geantwortet. Ich finde es ungehörig und unverschämt, private Belange des Familienlebens in Form eines solchen Lebenslaufes von den Schülern zu fordern. Ich hätte gerne gewußt, inwieweit solche Lebensläufe zulässig sind.
Zuschrift von Jutta-Sabine E., Pritzwalk, an das »Elternforum« (April 1983, unveröffentlicht)

Die Vignetten für das Elternforum zeichnete Gisela Röder

zunächst auch Proteste, als Prof. Aresin ihre ersten Beiträge im Blatt hatte. Die *Wochenpost* wurde der Unsittlichkeit bezichtigt, zumal sie auch in die Hände von Kindern gelange.

Apropos Kinder. Seit Weihnachten 1975 erschien einmal im Monat eine Seite »Elternforum«. Am Rand stand: »Leser fragen – das Pädagogenkollektiv antwortet«. Die Redaktion verbündete sich zu diesem Behufe mit Lehrern, Kindergärtnerinnen, Pädagogik-Wissenschaftlern, Psychologen und Kinderärzten. Der Schuldirektor Klaus Rebelsky, der sich in dem Expertengremium sehr engagiert hatte, wechselte gar für einige Jahre in die Redaktion, bevor er wieder in den Schuldienst zurückkehrte.

Die Themen waren so vielfältig wie das Leben. Die Seite lebte auch von den liebevollen und liebenswürdigen Vignetten Gisela Röders. Das Echo bei den Lesern war groß. Hier waren alle Eltern und Großeltern unmittelbar angesprochen. Man nehme die *Wochenpost* vom 14. Oktober 1983: Hat sich der Sportlehrer richtig verhalten, als er einem Schüler eine 5 gab, weil der sich wegen Schmerzen weigerte, an einem 800-m-Lauf teilzunehmen? Ein zweijähriges Kind leidet seit dem Besuch der Krippe häufig an Infekten – was tun? Welche Temperatur sollte eigentlich im Kindergarten herrschen? Ist es richtig, Zweijährige den Umgang mit Papier und Buntstiften zu lehren? Was hat es damit auf sich, wenn ein Kind vor dem Einschlafen den Kopf heftig hin- und herdreht? Wie wichtig ist Spinat für die Kinderernährung? Was kann man tun, wenn dem Kind Essen im Hals steckenbleibt?

Um diese Zeit erhielt die Redaktion immer häufiger Briefe, in denen sich Leser über die Methoden von Lehrern beklagten. Das brachte die zuständigen Kollegen in eine ähnliche Verlegenheit wie kritische Zuschriften über die Wirtschaft oder den Staatsapparat. Einerseits durfte keine Kritik an dem befehlsgebenden Ministerium für Volksbildung geübt werden, andererseits sollte aber auch dem berechtigten Anliegen der Eltern Rechnung getragen werden.

»Wie baue ich mir ein Schnurregal?«

Manches konnte man auf direktem Wege erledigen, anderes wurde in der *Wochenpost* ausgebreitet. Wenn eine Leserin das Pensum an Hausaufgaben ihrer Tochter in der 9. Klasse aufzählte und als zu groß empfand, schrieb Klaus Rebelsky: »Ihre Sorge über den Umfang der Hausaufgaben Ihrer Tochter ist verständlich und auch berechtigt.« Er empfahl, mit Hilfe des Elternaktivs eine Änderung durchzusetzen. Wenn sich eine Leserin aus Brandenburg nach dem Modus für Beurteilungen der Schüler erkundigte und ob diese nicht den Betroffenen zur Kenntnis gegeben müßten, so konnte ein Dozent des Zentralinstituts für Lehrer-Weiterbildung in der *Wochenpost* nur auf die vom Volksbildungsministerium erlassene Schulordnung verweisen, und die sah lediglich eine vorherige Konsultation mit dem Elternaktiv und der FDJ-Gruppenleitung vor. Schade. Da konnten auch die Kollegen nix tun.

Da sich zunehmend auch »Nichtfachleute« zu den Fragen und Antworten äußerten, wurde eine zusätzliche Rubrik eingeführt: »Eltern raten Eltern«. Hier teilten Leser eigene Erfahrungen beim Umgang mit ihren Kindern mit. Um eine Vorstellung von den Größenordnungen zu geben: Im Jahr 1984 kamen fast einhundert Briefe mit Ratschlägen von Eltern. In der gleichen Zeit erhielten wir nahezu 600 Anfragen zum Elternforum. Von denen wurden etwa 60 in der Zeitung beantwortet. Zu mehr reichte der Platz einfach nicht. Die übrigen schätzungsweise 540 Briefe mußten also von der Redaktion individuell beantwortet werden, und zwar zumeist eben nicht mit der Standardfloskel »Wir danken für Ihr Interesse«, sondern mit einer sachlichen Auskunft. Dieser kostenlose Service war nur von einer großen Redaktion zu leisten, die sich nicht selbst finanzieren mußte.

Die Briefschwemme, die unsere Ratgeberabteilung erreichte, war noch gar nichts gegen die Zuschriftenflut zu Rechtsfragen. Es war eine Idee von Siegfried Meißgeier, Anfang 1963 die ständige Rubrik »Vor dem Schaden klug sein« einzuführen. Sie erschien allwöchentlich auf der letzten Seite, im »Keller«, unter dem Gerichtsbericht von Rudolf Hirsch. Sie sollte nicht nur eine trockene Rechtsauskunft erteilen, sondern gleichermaßen unterhalten. Dazu gehörte eine Illustration, und für diese Aufgabe

Gartenkalender

Wie nimmt man ab?
Die Kostvorschläge zum Abnehmen empfehlen 2 bis 7 Scheiben Knäckebrot pro Tag. Ich preise mich glücklich, wenn ich eine Scheibe pro Tag essen kann, weil ich Mühe habe, Knäckebrot zu bekommen.
Brief von Otto G., Dessau, zu dem Artikel »So werden Sie schlank und gesünder« in Wochenpost 1.3.1974 (unveröffentlicht)

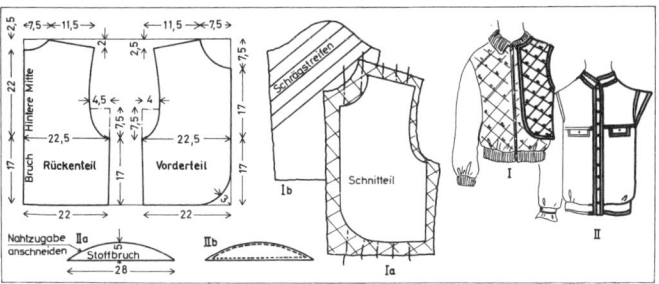

*Guter Rat:
Wie nähe ich eine Weste
(Wochenpost 15.4.1983)*

»Wie baue ich mir ein Schnurregal?«

Paul Rosié zeichnete die Herren Paul Puma und Nikolaus Nashorn, die sich für die Rubrik »Vor dem Schaden klug sein« über die rechtlichen Aspekte alltäglicher Probleme ausließen.

Anfragen
Kann man Angora-Meerschweinchen baden? Wohin muß man sich wenden, wenn man Sekretärin werden will?
Aus der Analyse des Posteingangs im Februar 1978

Es mußte ja nicht unbedingt ein Schnurregal sein, man konnte sich ja auch einen Tisch basteln.

konnten einige der besten Illustratoren der DDR gewonnen werden, erst Paul Rosié und nach dessen Tode Klaus Segner. Der Rechtsfall wurde in eine Story mit handelnden Personen verpackt, am Ende des Artikels wurden zum Nachschlagen die genauen Gesetzesparagraphen genannt. Von Kurt Tucholsky borgten wir die Idee, fiktiven Streitern in fiktiven Rechtshändeln Tiernamen zu geben (Tucholsky hatte sich ja selbst der Pseudonyme Theobald Tiger und Peter Panther bedient). Die handelnden Personen im Rechts-Keller der *Wochenpost* hießen Gustav Gnu oder Ines Igel, Anita Antilope oder Karl Käfer, und das 27 Jahre lang. Und 27 Jahre lang kam immer mal wieder der Brief irgendeines empörten Lesers, der sich über diese Namen aufregte.

»Vor dem Schaden klug sein« erschien unter dem Autorennamen Dr. Göler. Es ist zu enthüllen, daß es diesen Dr. Göler nie gegeben hat. »Dr. Göler«, das waren die Mitglieder des Rechtsbeirats der *Wochenpost,* der sich regelmäßig in der Redaktion traf. Diesem Beirat gehörten Juristen unterschiedlicher Spezialisierung an, Arbeitsrechtler, Familienrechtler, Experten im Vertragsrecht. Ein Oberrichter vom Stadtgericht Berlin war so etwas wie die Galionsfigur hinter »Dr. Göler«. Ohne die Experten wäre es nicht gegangen. Aber die Mitglieder der zweiköpfigen Rechtsabteilung der *Wochenpost,* Inge Kornek und Margret Lorf, befaßt sowohl mit der redaktionellen Kooperation mit Rudolf Hirsch als auch mit dem Redigieren des »Dr. Göler« und dem Erfinden neuer tierischer Familiennamen, haben sich im Lauf der Jahre selbst zu juristischen Fachleuten qualifiziert, die vor Gericht hätten ihre Frau stehen können. Vor allem mußten ja die Briefe beantwortet werden, jeder mit einer völlig anderen Frage, etwa 800 Stück jedes Jahr. Die Auskunftsersuchen waren unterm Strich ein Spiegelbild dessen, was die Leute in der DDR bewegte.

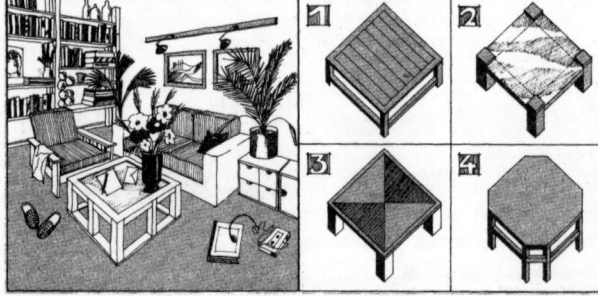

2. Mai 1980:
Ein Haus in Prenzlauer Berg

Leser als Reporter. Im Sommer 1979 sind sie mit ihren richtigen Einsendungen zum Preisausschreiben Hauptgewinner geworden. Jetzt wird eingelöst: eine Reise nach Moskau, Tbilissi und Jerewan. Dazu gehört auch ein Treffen mit dem Kosmonauten Witali Sewastjanow, Bordingenieur des Raumschiffes Sojus 9. Zusammen mit einem Titelbild vom Treffen veröffentlicht die *Wochenpost* am 2. Mai 1980 das Leserinterview mit ihm: »Welche Eigenschaften werden von einem Kosmonauten besonders gefordert?« – »Wie wäscht man sich an Bord eines Raumschiffes?« – »Kann man sich an die Schwerelosigkeit gewöhnen, und vergißt man, so hoch im All, die Erde?«

Es ist die Ausgabe der *Wochenpost* vor dem 8. Mai 1980, dem »35. Jahrestag der Befreiung«. Entsprechend auch die in Fortsetzungen abgedruckten Erinnerungen des Generals Lissizyn, der 1945 an der Schlacht um Berlin teilgenommen hat und nun von den damaligen Straßenkämpfen erzählt.

Wissenschaft wird wieder groß geschrieben in diesem Heft: eine Seite *Wochenpost*-Enzyklopädie: Zum Stichwort Erdölspaltung. »Läßt sich das Erdöl noch strecken?« Das mag ganz allgemein interessieren. Es betrifft aber zugleich auch eine Wirtschaftsstrategie der DDR, die da lautet, man müsse das teuer importierte Erdöl tiefer spalten oder, anders herum, aus dem importierten Erdöl einfach mehr herauszuholen.

An der Stelle, wo gemeinhin der Fortsetzungsroman der *Wochenpost* gedruckt wird, erscheint am 2. Mai 1980 in vierter Fortsetzung eine Serie von Irina Liebmann: »Ein Haus in Prenzlauer Berg«. Damals ist es »nur« ein Altberliner Wohnviertel, ein wenig heruntergekommen, bewohnt von ganz unterschiedlichen Leuten. Sieht man mal davon ab, daß sich in den Randtexten zu der Serie viele hochinteressante Informationen zur Sozialgeschichte, Baugeschichte und Stadtplanung finden, so macht die Vorstellung der normalen Leute den Charme der Reportage aus, die auf jeden politischen Zeigefinger verzichtet.

Drei Wochen zuvor ist diese Serie mit einem Titelbild begonnen worden, einem alles andere als anreizenden Foto eines Eckhauses am Prenzlauer Berg. Der beschädigte Stuck der Fassaden ließ noch die Narben des Bombenkrieges und der Kämpfe von 1945 erkennen, der Text daneben sagte gewissermaßen programmatisch: »Wir betrachten die Straßen, denen das Alter, aber auch das alte Berlin anzusehen ist, ohne

Piercing
Heute gehört dieser Vorgang in die Hand des Arztes. Das Ohrlochstechen ist keine notwendige Behandlung, sondern ein – wenn auch kleiner – instrumenteller Eingriff, der nur auf Wunsch und je nach Zeit und Möglichkeit ausgeführt wird. Diesen ästhetisch-chirurgischen Eingriff wird in der Regel der Arzt einer entsprechenden Fachrichtung vornehmen.
Die Kosten sind selbst zu tragen.
Wochenpost 1.2.1980

2. Mai 1980: Ein Haus in Prenzlauer Berg

Statt eines gezeichneten Logos erschien in jeder Ausgabe am Rand der Serie über das Haus in Prenzlauer Berg das Foto dieses Fensters.

Zum Ausschneiden: die Musikkarthothek

Sentimentalität. Wir wissen, wie schwer es ist, das Gebiet so zu erhalten, daß Menschen des Jahres 1980 gern dort wohnen. Uns interessierte an der Gegend das Zusammenleben vieler Menschen auf engem Raum, als Beispiel wählten wir die Bewohner eines Hauses. Was sie erzählen, ist ihre eigene Geschichte ebenso wie deutsche Geschichte und Geschichte von Prenzlauer Berg.«

Das ist der Punkt, der wenig später den Ärger heraufziehen läßt: normale Leute von ihrem Leben erzählen lassen, ohne viel zu beschönigen. Das Leben, wie es war. So stellte man sich im ZK der SED Journalismus nicht vor. Dort wünschte man sich die Darstellung eines Lebens, wie es sein sollte.

Entsprechend die Reaktionen. Wer die vorangegangenen und die folgenden Ausgaben durchblättert, wird auf Ungereimtheiten stoßen. In der Nummer 15 hat die Serie von Irina Liebmann begonnen. Bis zur achten Fortsetzung in Nummer 22 läuft alles problemlos. Wie in jeder Woche auch hier der Vermerk »Fortsetzung folgt«. Aber es folgt erst mal keine Fortsetzung, sondern statt dessen ohne Erklärung eine Geschichte von Theodor Storm. Doch in der Nummer 24 gibt es wieder einen Teil Prenzlauer Berg, in Nummer 25 dann die 10. Fortsetzung, erneut mit dem Hinweis »Fortsetzung folgt«. Auf die warten die Leser vergeblich. Diesmal springt in Nummer 26 Jaroslav Hašek mit einer Kurzgeschichte in die Bresche. Der Vater des Schwejk schließt eine politische Schwejkiade ab.

Ohne auf Aktennotizen oder Archivalien zurückgreifen zu können, muß ich mich auf mein Gedächtnis verlassen, um den Stolpergang dieser Geschichte aufzuklären. Anruf des Leiters

der Abteilung Agitation nach Erscheinen der Nummer 21. Was diese Serie eigentlich solle, fragte Heinz Geggel. Lauter so merkwürdige Leute würden da beschrieben, unpolitische Menschen, eigentlich nur negative Figuren, Sudetendeutsche, Umsiedler aus Ostpreußen, keine Genossen, keine richtige Arbeiterklasse. Kurz, wir sollten die Serie abbrechen.

Unsere Antwort: Die Nummer 22 sei fast fertig, kaum mehr zu ändern. Wir würden die Sache noch mal prüfen. In dieser Woche wurde an den folgenden Teilen herumredigiert, versucht, zu retten, was zu retten war. Doch alles vergebens. Das ZK befand nach dem nächsten gedruckten Teil, daß sich an der Grundhaltung des Textes eigentlich nichts geändert habe. Entsprechend kategorisch die Weisung: Die Serie ist ohne Wenn und Aber abzubrechen.

Ende 1982 erscheint das »Berliner Mietshaus« als Buch. Im Mai 1983 schreibt Heinz Knobloch bewußt eine Rezension dazu in der *Wochenpost*. Sie beginnt mit den Worten: »Vor längerer Zeit standen Leseproben in der *Wochenpost*. Nun ist der Text vollständig erschienen.« Man werde, heißt es, »in hundert Jahren und später noch dieses schmale Liebmann-Buch kennen und brauchen, denn es bietet den unsortierten Alltag.« Eben.

Wanderniere
Eine Leserin fragte uns beispielsweise, ob bei ihr der unangenehme Magendruck vielleicht daher rühre, daß die Niere in den Brustkorb eingedrungen wäre und die Beschwerden verursache. Sie konnte beruhigt werden: Derartige Wanderstrecken legt keine Niere zurück.
Wochenpost 22.2.1980

Abschied mit Blumen
Einige tausend Menschen sind zum Bahnhofsvorplatz in Oschatz gekommen. Es gilt, eine Einheit sowjetischer Soldaten zu verabschieden ...
Oberleutnant Waleri Kosojedow stammt aus dem Dorf Wyksa im Gebiet Gorki. Gefragt, welche Gedanken ihn kurz vor der Heimreise bewegen, lächelt er. »Im Augenblick habe ich so viele organisatorische Aufgaben für die Reise zu erledigen, daß ich kaum Zeit habe für andere Gedanken. Vor allem aber freue ich mich darüber, daß unsere Einheit nun vor aller Welt beweisen kann, wie ernst es uns ist um unsere friedlichen Absichten, um die Abrüstungsbemühungen.«
Wochenpost 18.4.1980

Tauschgeschäfte und Heiratsanzeigen

Wo eine Kleinanzeige ist, ist auch Hoffnung
Die Nationale Volksarmee ist vergessen. Aber manchmal erscheint noch das Bild des innendienstkranken Fritz Streit, wie er nachts um elf seinen Dienst als Gehilfe des Unteroffiziers vom Dienst begann. Briefpapier und die *Wochenpost* unterm Arm bezog er Posten am Tisch, und alle Soldaten wußten, Fritz Streit antwortet die ganze Nacht auf Heiratsannoncen und schützt gleichwohl den Schlaf der Kompanie ... Es war ein gemütliches Elend. Was aber hätte Streit ohne die *Wochenpost* getan, wo hätte er die Hoffnung für die langen durchwachten Nächte herholen sollen? Mit schweren oder großen Enttäuschungen konnten fast alle der inserierenden Frauen aufwarten. So meinten sie, nicht besonders anspruchsvoll sein zu dürfen. Nette, aufrichtige, solide, charakterfeste Herren waren gefragt.
Fritz-Jochen Kopka, Wochenpost 22.12.1993

Von den 32 Seiten der *Wochenpost* waren allwöchentlich drei bis vier Seiten mit Anzeigen gefüllt, und zwar vorrangig mit Kleinanzeigen. Die Redaktion war darüber keineswegs nicht böse, denn die Wünsche und Angebote der Leser boten durchaus Lesestoff. Jeder Zeitungsverleger pflegt Anzeigen zu begrüßen. Sie bringen Geld, mehren den Gewinn. Heutzutage finanziert sich eine Zeitung ohnehin mehr aus den Anzeigenerlösen als vom Verkaufspreis. In der DDR war das bekanntlich anders. Die Anzeigenpreise der *Wochenpost* blieben lange Zeit hindurch unverändert niedrig. Drei Zeilen zu zehn Silben für 24,50 Mark, das war die vorgegebene Norm. So enstand schließlich die absurde Situation, daß die Kleinanzeigen wegen der hohen Bearbeitungs- und Satzkosten für die *Wochenpost* zu einem Verlustgeschäft wurden.

Andererseits führten die niedrigen Preise und der durch allgemeine Versorgungsmängel bedingte Bedarf an »An- und Verkäufen« dazu, daß die Zahl der Anzeigen permanent wuchs. Es kam zu irrwitzigen Wartezeiten. Manchmal mußte sich der Kunde mehr als ein halbes Jahr gedulden, bis eine Annonce im Blatt war. Dabei machte die Redaktion immer häufiger Konzessionen. Wenn der Berg zu sehr wuchs, wurden Seiten, die eigentlich für Reportagen vorgesehen waren, den Anzeigen freigeräumt.

Nehmen wir willkürlich herausgegriffen die Ausgabe vom 28. November 1986. Sie enthält vier ganze Anzeigenseiten, zwei davon mit Heiratsannoncen, zwei Seiten teilen sich die Rubriken »Immobilien«, »Geschäfte«, »Wohnungen«, »Reise/Erholung – Angebote«, »Reise/Erholung – Tausch«, »Stellengesuche«, »Ankauf«, »Verkauf« und »Verschiedenes«. Es fehlen Stellenangebote, eine Folge des allgemeinen Arbeitskräftemangels in der DDR, der auch mit personeller Überbesetzung zu tun hatte. Betriebe durften nur in ganz wenigen Ausnahmefällen, die von irgendeiner obersten Regierungsstelle zu genehmigen waren, in Anzeigen Stellen anbieten. Man wollte unterbinden, daß sich die VEB gegenseitig Arbeiter oder Angestellte abwarben. Wer sich verändern wollte, gab eben ein Stellengesuch auf und hatte mit Sicherheit damit ein Dutzend Angebote auf dem Tisch, unter denen er wählen konnte. In der *Wochenpost* vom 28. November 1986 sind 15 Stellengesuche veröffentlicht, darunter vier »Gastronomen-Ehepaare«, ein Schwimmeisterehepaar, ein

Reitlehrer, ein Bleiglaser und ein Augenoptiker-Ehepaar; alle betonen ausdrücklich, sie seien in »ungekündigter Stellung«. Bei den Immobilien-Anzeigen dominiert die Suche nach Einfamilienhäusern, Bungalows und Wochenendgrundstücken. »Geschäfte« – hier inserieren zumeist Handwerker, die einen Betrieb aufgeben oder suchen. Die dem DDR-Unkundigen etwas exotisch anmutende Rubrik »Reise/Erholung – Tausch« hingegen wird ohne Ausnahme von Texten wie diesem eingenommen:

Bieten in landschaftlich schöner Gegend, in der Nähe von Berlin, eine alte Mühle, geeignet zum Ausbau als Kinderferienlager oder Ferienobjekt
Suchen im Thüringer Wald ähnliches Objekt.
Angebote sind zu richten an: VEB Meßelektronik Berlin, Abt. Sozialökonomie ...

Die Rubrik »Verkauf« wird von Antiquitäten dominiert (weshalb sie auch, wie wir heute wissen, von Schalck-Golodkowskis Export-Firmen ausgewertet wurde), dichtauf gefolgt von westlicher Unterhaltungselektronik – oft aus dem Intershop – zu exorbitanten Preisen:

Verk. Stereo-Radio-Rec. mit abnehmb. Boxen, 2 200,- M; Philips-Stereo-Kopfh., 300,- ... Freiberg
***Auto-Rad.-Kass.-Anl.**, Vollstereo, 20 W, Nachtdesign, LED-Anz., Auto-Stopp, neuw. 1,1 TM ... Leipzig*
***JVC-Tape-Deck KD-D Hi-Fi**, Dolby, Fe, CrO2, 1 600,- M ... Berlin*

und schließlich:
***150-l-Mischer**, 380 V, 1 800,- M; u. Kreissäge ... Falkenberg.*

Seit der Wende fand sich in so ziemlich jedem Artikel über die *Wochenpost* bei der Erwähnung der Kleinanzeigen der Hinweis auf die »blauen Fliesen«. Das sei, so war zu lesen, der verschlüsselte Hinweis darauf gewesen, daß man bereit sei, mit Westmark zu zahlen oder daß man Westmark wolle. Nach der Enttarnung sei die Verwendung des Codes aber verboten worden. Vielleicht ist es mir deshalb nicht gelungen, beim Durchsehen der Wochenpost »blaue Fliesen« zu entdecken. Doch ansonsten wurde in der Mangelgesellschaft DDR so ziemlich alles gesucht, gesucht und nochmals gesucht. Eine zufällige Auswahl von Kleinanzeigen aus der *Wochenpost* Nr. 48 von 1986:

Achtung, eilt! Kühlaggregat für »Kristall 160« gesucht ... Sebnitz
Mosaik (alte Serie) zu kaufen gesucht ... Bad Saarow
Suche LP v. Little River-Band ... Karl-Marx-Stadt
Suche Winkelschleifer ... Schönow
Suche dringend Registrierkasse mit 4 Schüben ... Dresden
Suche Wohnw. Lausitz 310 oder QEK ... Coswig
Suche 50 m² Dielung, auch Kleinstmengen od. Bretter ab 25 mm Stärke ... Hohenstein-Ernstthal

Ehe-Inserat oder »Wartburg«-Offerte?
Da möchte eine Künstlerin zwecks eventueller Heirat Bekanntschaft mit einem Seeoffizier oder Künstler schließen. Zusatz in Klammern: Wagen erwünscht. Eine Frau, die gern eine Ehe fürs ganze Leben eingehen möchte, zeigt außerdem an: Ausstattung vorhanden, Auto in Aussicht ... Gewiß, solche Äußerungen sind in der Minderzahl, sie werden von vielen anderen, der Sache angemessenen Anzeigentexten übertönt. Aber sie bringen doch einen Mißklang in unsere sozialistische Wochenzeitung ... Deshalb haben wir unsere Kollegen von der DEWAG gebeten, auf alle Inserenten von Heiratsanzeigen einzuwirken, den Text ihrer Annoncen so abzufassen, daß er dem Anliegen unseres Familiengesetzes nicht widerspricht. Wer ein Auto zu offerieren hat, kann sich an die entsprechenden Handelsorgane wenden.
Dieter Kerschek
Wochenpost 23.9.1966

Schwarzmarkt
In der BRD und im Intershop kostet ein Videorekorder etwa 1.200,– bis 1.500,– DM. Diese Waren werden in Anzeigen für 8.000,- bis 10.000,– angeboten. Also drei Rekorder aus Berlin-West oder Intershop – und schon ist der neue Wartburg finanziert.
Zuschrift von. H.K. R., Erla (Oktober 1988, unveröffentlicht)

Echo zum Artikel vom 23.9.1966

Es ist doch bestimmt netter, man lernt sich langsam kennen und erfährt erst später, daß Auto und Eigenheim vorhanden sind. Das wäre in diesem Fall noch eine freudige Überraschung!
Marie-Luise T., Berlin

Bei den bewußten PKW-Heiratswünschen fragt man sich, weshalb der Inserent nicht schlicht und einfach schreibt: Skoda gesucht, Frau angenehm, aber nicht Bedingung.
Hans-Georg M., Quedlinburg

Anzeigenprobleme

Am 2. Januar 1974 fand bei der DEWAG die erste Beratung der Arbeitsgruppe Anzeigen statt, die auf Anordnung der Abteilung Agitation des ZK der SED gebildet wurde. Anlaß für die kurzfristige Einberufung der Arbeitsgruppe waren einige inhaltliche Probleme ... Es geht u. a. um folgende Punkte: Nutzungsverträge mit Pkw, Freizeitgestaltung, Ehepaare, Todesanzeigen mit westdeutschen Adressen, Danksagungen (Jugendweihe und Konfirmation gemeinsam), Verkauf und Ankauf durch Botschaften, Zimmervermietung im Ausland, Verkauf von Importwaren ...
Redaktionssekretariat Wochenpost, Aktennotiz, 3.1.1974

Suche Motoraufzug für BC-1 und Praktrica-Adapterring ... Dessau

Su. v. J. Steinbeck »Jenseits von Eden« ... Merseburg.

Verkäufe von und Gesuche nach Büchern konnten problematisch sein. Generell vorgeschrieben war der Zusatz »außer 33–45«. Bücher, die in der Nazizeit verlegt worden waren, durften nicht gehandelt werden. Aber wie war es mit Werken aus den Jahrzehnten davor? Wie sollte sich die Anzeigenabteilung bei Westliteratur verhalten? Bei welchen Autoren bestand der Verdacht von Rassismus? Hier herrschte Unsicherheit und daraus abgeleitet mitunter auch Wilkür.

Wachsamkeit verlangte man offiziellerseits auch bei Autos. Zum Beispiel:

VW Golf oder Peugeot ab Bauj. 1985 zu kaufen gesucht ... Hartmannsdorf

Suche Wartb. 353, auch z. Neuaufbau, preisw. zu kaufen ... Berlin

Bei Kraftfahrzeugen war der Mangel besonders eklatant. Gegen Ende der DDR betrug die Wartezeit für einen neuen Pkw schon mehr als zehn Jahre, für jahrelang gebrauchte Fahrzeuge aus Privathand wurde unter Umständen mehr bezahlt als für neue aus dem Autohaus. Besonders aktiv wurden private Käufer und Verkäufer, wenn mal Autos aus dem Westen importiert wurden. Dann griff auch das ZK ein. So erließ im Sommer 1981 der oberste Wirtschaftslenker des Politbüros, Günter Mittag, über die Abteilung Agitation die Weisung an die Medien, auf keinen Fall Kauf- oder Tauschanzeigen für den japanischen Pkw »Mazda« zu veröffentlichen. »Die Ursache dieses generellen Verbots liegt darin, daß bereits ein schwunghafter Handel über Annoncen eingesetzt hat.«[81] Für die Einhaltung eines solchen Verbots trug der Chefredakteur die Verantwortung. Oder sagen wir so: Wenn trotz der Weisung »Mazda«-Anzeigen in der *Wochenpost* erschienen wären, wäre letztendlich auch unser Chefredakteur angezählt worden. Diese Praxis erklärt auch, weshalb die Chefredaktion – wie wir noch sehen werden – gelegentlich Auskünfte über die Zulässigkeit von bestimmten Anzeigen einholen oder Entscheidungen anmahnen mußte.

Berühmt war die *Wochenpost* vor allem für ihre Heiratsanzeigen. Die wurden bald gewissermaßen sprichwörtlich. Etwa 13 000 solcher Annoncen sind im Durchschnitt in einem Jahr veröffentlicht worden. (Das heißt oberflächlich gerechnet, daß zu DDR-Zeiten über 400 000 Heiratsanzeigen in der *Wochenpost* erschienen sind!). In DDR-Filmen und -Fernsehspielen war immer mal wieder ein Darsteller zu sehen, der die *Wochenpost* in der Hand hielt, beispielsweise wenn der Staatsanwalt in Sachen Heiratsschwindel das Wort hatte, ja sogar beim »Polizeiruf 110« war die *Wochenpost* mit den Heiratsanzeigen im Spiel.

Tauschgeschäfte und Heiratsanzeigen 265

Mit den Heiratsanzeigen der Wochenpost ließ sich natürlich werben. Also wurden auch schon mal Bierdeckel mit einer Zeichnung von Gerhard Vontra hergestellt und verteilt.

Taler gesucht
Sammler zahlt 100,– Mark f. Dtsch. Silbermünzen, nur von 1888, sowie 1926 bis 1932 ... DEWAG Berlin
Wochenpost 5.1.1971
Achtung! Achtung! Münzensammler sucht für seine private Forschungssammlung: 3 RM 1918 Ludwig III., Therese von Bayern ... sowie alle alten Taler und größeren Medaillen. Zahlen für jedes 5,– Stück mindestens 150,– DEWAG Freiberg.
Wochenpost 12.3.1971

In den letzten Monaten stellen Sie Ihren Werbeteil in den Dienst einer Sache, die nicht ganz zum Sozialismus paßt. Es handelt sich um den Ankauf von alten Münzen ... Manche Sammler bieten enorme Summen. Diese neue Art von Leidenschaft zu befriedigen, bleibt einigen Leuten mit viel Geld vorbehalten ... Können sich hinter solchen Annoncen nicht Schleichhändler verbergen? Gehört solche »Werbung« in die sozialistische Presse?
Zuschrift von Werner D., Bernburg (März 1971, unveröffentlicht)

Ende 1972 stellte die *Wochenpost* ein Ehepaar vor, das über eine Annonce in dem Blatt zueinander gefunden hatte. Ihre Annonce war im Sommer 1963 erschienen: »Dessinateurin, 27/160 schw., zierl.-jugendl. Typ, natürlich, intelligent, häuslich, Nähkenntnisse, weitreichende Int. Bes. Reisen, Literatur, Musik, Natur, wünscht charakterf. Lebenskam. Bildzuschr. (Erb., Zurück) unter ...« Sie, so konnte man nun in der *Wochenpost* lesen, »war fest entschlossen – so wie die Margit im DEFA-Film ›Der Dritte‹ -, sich ihren zweiten Mann nach Maß auszusuchen. Das aber sollte von ihren Bekannten niemand erfahren. Deshalb gab sie sich als Dessinateurin (also als Stoffmuster-Entwerferin) aus – war tatsächlich Modegestalterin. Gerade die falsche Berufsbezeichnung bewog Horst B. zum Schreiben, denn er suchte eine Partnerin mit künstlerischen Ambitionen. (...) Wie immer, dank seines Briefes, seiner Selbstcharakteristik – Witwer mit 8jähriger Tochter, mit Sinn fürs Praktische und Interesse für Auslandsreisen ... geriet er schließlich doch in die engere Wahl.« Ein Jahr später wurde geheiratet (wo und wie, davon wird noch zu berichten sein).

Dieses »*Wochenpost*-Ehepaar« war, wie sich zeigen sollte, in vieler Hinsicht typisch. Das stellte sich heraus, nachdem der genannte Artikel mit der Aufforderung schloß, Ehepaare, die sich durch eine Anzeige in der *Wochenpost* kennengelernt hätten, mögen sich bitte melden. In den nächsten Wochen kamen mehr als 130 Zuschriften. 22 dieser Ehepaare waren damals

Geht leider nicht
In der *Wochenpost* Nr. 14/1971 fanden wir folgende Annonce: »Wochenendhaus, 2x2-Bettzimmer, Küche, WC, Duschraum, komf. Ausstattung, Randgebiet Potsdam, exponierte Lage ... (Chiffre).« Wir haben auf diese Annonce geantwortet, haben mitgeteilt, daß wir vier Studenten sind, die gern ihren Urlaub dort verbringen würden, und baten, uns den Preis mitzuteilen. Darauf erhielten wir folgende Antwort: »Geht leider nicht! Sie haben dafür nicht das notwendige Geld.« Dieses Antwortschreiben war nicht unterschrieben, und auch auf dem Umschlag fehlte der Absender. Wir halten diese Art der Beantwortung für unpassend. Außerdem halten wir für möglich, daß hier überhöhte Preise verlangt werden.
*Gabriele K., Halle
(April 1971, unveröffentlicht)*

Anfrage
Ein einsamer BRD-Bürger möchte in der *Wochenpost* eine Heiratsanzeige aufgeben und gegebenenfalls in die DDR übersiedeln.
Aus der Analyse des Posteingangs, April 1988

(Anfang 1973) bereits zehn Jahre und länger verheiratet. Redaktionsintern wurde eine Analyse angefertigt: »Das Gros der Ehepaare hat ein Durchschnittsalter von 30 Jahren (zwischen 25 und 40). Nur aus acht Zuschriften ist ein Alter von 50 Jahren und mehr ersichtlich, was vermuten läßt, daß ältere Leute befangener sind, wenn es gilt, ihr Privatleben zu offenbaren. In 13 Briefen wird die Bitte geäußert, bei Veröffentlichung keine Namen oder nur die Anfangsbuchstaben zu nennen. Es fällt auf, daß als Anzeigenaufgeber die absolute Spitzengruppe unter den Männern Angehörige der Nationalen Volksarmee sind, und unter ihnen stellen die Matrosen den Löwenanteil, meist als kollektiver Inserent. Eine breite Skala von Berufen taucht in den Briefen auf, dabei ist auffällig, daß sich häufig Produktionsarbeiter mit Lehrerinnen, auch mit Sekretärinnen oder ähnlichen ›gehobeneren‹ Berufen zusammenfinden. In 26 Zuschriften wird darüber berichtet, daß von einem oder beiden Partnern Kinder (bis zu vier) mit in die Ehe gebracht wurden und eine harmonische Familie entstanden ist. Überraschend, daß sehr häufig schon wenige Monate nach dem Kennenlernen geheiratet wurde; kürzeste Frist: 4 Wochen (1965, also bereits sieben Ehejahre). Die Leser preisen vielfach diese Art des Kennenlernens, weil das Inserat und die darauf folgende notwendige Korrespondenz ermöglicht und erfordert, daß von beiden Seiten mit offenen Karten gespielt wird, folglich nicht Äußerlichkeiten, sondern Charakter, Leistung, Neigungen zu den wesentlichen Kriterien werden.«

Die meisten Briefe schilderten, wie und was man auf die Anzeige geschrieben hatte, wie man sich zum ersten Mal traf und wie und wann schließlich geheiratet wurde. Und daß die Ehe glücklich sei. Das schrieben alle. Kunststück! Die mit den gescheiterten Ehen hatten natürlich keinen Grund, sich zu melden. So wie Frau Ingeborg D. aus Freiberg äußerten sich die meisten: »Wir sind der *Wochenpost* sehr dankbar und freuen uns, daß wir jetzt Gelegenheit haben, ihr das mitzuteilen. Was wäre aus uns beiden ›Alten‹ geworden, wenn's die *Wochenpost* nicht gäbe.« Und das Ehepaar F. in Zangenberg: »Gäbe es die *Wochenpost* nicht, wären wir heute nicht verheiratet. Denn wenn man 100 km voneinander getrennt wohnt, gibt es kaum eine Möglichkeit, sich kennenzulernen, wenn nicht durch ein Inserat.« Auch die Schwierigkeiten der Auswahl wurden geschildert. Frau G. aus Schwerin teilte der Redaktion mit, sie habe auf ihre *Wochenpost*-Anzeige 150 Zuschriften erhalten, bei Gudrun H. aus Neustadt waren es »nur« 47 Briefe. Herr Walter S. bekam »innerhalb von 14 Tagen über 200 Zuschriften«. Frau Annerose P. aus Waldheim: »Die Antwort auf meine Zeilen waren 36 Zuschriften! Stundenlang verglich ich nun den Text und die Bilder der Briefe mit meinen Neigungen.«

Oder es wurde uns von Regina R. aus Hoyerswerda mitgeteilt,

»daß mein jetziger Mann überhaupt nicht inserierte, sondern ein Arbeitskollege von ihm. Da dieser viele Zuschriften erhielt, gab er einige weiter. So lernten wir uns dann kennen ...« Aus Leipzig erfuhren wir: »... meine Freundin hatte ohne mein Wissen die Anzeige aufgegeben, weshalb ich auf sie sehr böse war«. Auch konnte es passieren, »daß mein Inserat aus Versehen unter der Rubrik ›Heiraten‹ auftauchte. Eigentlich hatte ich noch gar nicht ans Heiraten gedacht, sondern wollte mehr aus Jux einen Briefpartner kennenlernen. Diesem Versehen habe ich meinen jetzigen Mann zu verdanken ...«

Wie viele Ehen sind geschlossen worden, obwohl ein Partner eigentlich »nur so mal aus Spaß« die Chiffreanzeigen beantwortete! Wieviel DDR-Alltag steckte in den Briefen an die *Wochenpost*: »Es war ein ziemlich kalter Wintertag, als wir uns vor dem Hauptbahnhof Halle trafen, ich mit einem Strauß Weidenkätzchen – das einzige Blumenartige, was aufzutreiben war ...«

Auffällig die weltanschaulichen Zuordnungen in den Inseraten. Überproportional die Zahl der Anzeigen von Leuten die einen neuapostolischen Partner suchten – die über die DDR verstreuten Anhänger der Neuapostolischen Kirche mit ihren

Wertausgleich
Biete Lada 1600, Bauj. 8/79. Suche Wassergrundstück Krs. Nauen mit Wertausgleich ... Berlin ...
Wochenpost 4.7.1980

Biete Trabant S de luxe, BJ. 83, ab August, 10 400 M, gegen Wartburg Tourist oder Limousine, auch neuw., mit Wertausgleich ... Fürstenwalde ...
Wochenpost 15.7.1983

Biete für Lada 1200 o. 1300 gaskarbonemittierte Nockenwelle m. Kipphebel, 300., im Tausch gegen Verrechn. f. 2 Vorderkotflügel (Blech) f. Lada 1200 o. 1300 ... Dresden ...
Wochenpost 25.11.1983

Für Polski Fiat, BJ. 76, bd. vorderen Kotflügel, Blech zu kaufen ges. ... Erfurt ...
Wochenpost 14.10.83

Biete neuw. PKW-Außenspiegel für Anhängerbetr., 150, M, sowie 4 Radialreifen M+S 165 R 13, je 200, M, suche 5 Radialreifen 165 SR 13 gegen Wertausgleich ... Berlin ...
Wochenpost 14.10.1983

Suche Golf, Typ gleich. Biete bei Bedarf Dacia 1300, Ende Nov. 1981, Restgarantie, evtl. Verkauf, 23 TM ... Dresden ...
Wochenpost 16.4.1982

ROFRA-Sprüher,
d∙r gepflegten Frisur verbunden

ROFRA – Haarlacksprüher, zweckmäßig, formschön und elegant, für Toilettentisch und Reise, sorgen stets für guten Sitz Ihrer Frisur. Achten Sie bitte auf die grün-rote ROFRA-Marke, das Zeichen für verbürgte Qualität. In Fachgeschäften und Warenhäusern erhältlich.

ROFRA – WERK KG
6421 Cursdorf
Thüringer Wald

Haarkosmetik
Leider konnten wir infolge der außerordentlich großen Nachfrage das von uns gemeinsam mit dem Zentralen Forschungslaboratorium für Haarkosmetik der DDR entwickelte Haarfunktionsmittel »on Schuppeen« gegen Schuppen und Haarschwund nicht in ausreichender Menge herstellen ... Nach Überwindung der zur vollen Abdeckung des Bedarfs aufgetretenen Schwierigkeiten haben wir jetzt verstärkt mit der Produktion begonnen ...
Gerecke & Co ... Berlin Weißensee
Anzeige in Wochenpost 20.3.1965

kleinen Gemeinden hatten wohl kaum anders eine Chance, einen gleichgesinnten Partner zu finden. Immer häufiger auch die Anzeigen, in denen der Suchende ausdrücklich auf seine »m.-l. Weltansch.« hinwies (für Nicht-DDR-Leser: »marxistisch-leninistische Weltanschauung«).

Es gab auch kritische Töne. So schrieb Frau Waltraud B. aus Berlin, Partnersuche über eine Anzeige sei nicht ganz unproblematisch »und eigentlich nur annehmbar, weil wir bei uns noch keine würdigere Lösung gefunden haben«. Man finde einen Partner, »so wie im Lottospiel auch ab und an jemand gewinnt«. Mit Blick auf das damals anstehende zwanzigjährige Jubiläum der *Wochenpost* meinte Frau Margot H. aus Zörbig: »Trotz der enormen Veränderung in den zwanzig Jahren ist eines unverändert geblieben, die Heiratsannonce. Im Gegenteil, der Umfang hat zugenommen. Warum auf diesem Gebiet keine Entwicklung? Jeder kleine Ort hat ein Standesamt, jede mittlere Stadt ein Scheidungsgericht mit leider hoher Scheidungsquote. Warum haben nicht mindestens sechs Großstädte eine Ehevermittlung mit den jetzt zur Verfügung stehenden Mitteln?«

Doch noch einmal zurück zu dem allerersten im Herbst 1972 in der Zeitung vorgestellten *Wochenpost*-Ehepaar. In dem Artikel hatte es geheißen: »Sie hatten da etwas von Hochzeiten im Altstädter Rathaus in Prag gehört. Also schrieben sie schlicht und einfach an den ›Bürgermeister von Prag‹. Der Brief kam an und die Hochzeit zustande«, hieß es in der *Wochenpost*.

Aber so »schlicht und einfach« ist das Leben denn doch nicht. Kaum war der Artikel erschienen, kam ein Brief von Joachim D. aus Berlin, der seine künftige Gattin ebenfalls über eine *Wochenpost*-Annonce kennengelernt hatte und der nun die Redaktion in Zugzwang brachte. Er wollte nämlich gleichfalls im Altstädter Rathaus in Prag heiraten. Man habe die dazu nötigen Formalitäten erkundet, so sei ein »Ehefähigkeitszeugnis« vonnöten. Das aber wolle das Standesamt in Berlin-Prenzlauer Berg nicht ausstellen. »Es wird damit begründet«, schrieb Joachim D. an die Redaktion, »daß die gesetzlichen Bestimmungen der DDR die Eheschließung von DDR-Bürgern im Ausland verbieten. Auf meine Bitte, mir diese Gesetze schriftlich vorzulegen, ... wich man mit der Begründung aus, daß es Anweisungen gäbe, in die ich nicht einsehen kann. Ich müsse glauben, was mir gesagt wird ...« Eine richtige DDR-Bürokratiegeschichte also, und eine Herausforderung für die Redaktion. Die in solchen Dingen erfahrene Rechtsabteilung der *Wochenpost* wurde eingeschaltet. Über das Resultat der Bemühungen aber gibt ein weiterer Brief von Herrn D. Auskunft: »Es hat geklappt! (...) Wir werden nun am 14. Juni 1973 in Prag im Altstädter Rathaus um 12.15 Uhr ein *Wochenpost*-Ehepaar. Anschließend geht's dann auf die Hochzeitsreise in die Hohe Tatra.«

Apropos Heiraten im Ausland: Angesichts allgemeiner von der Obrigkeit verordneter Berührungsängste mußte der Wunsch von Ausländern oder Bundesbürgern, in einer DDR-Zeitung eine Heiratsanzeige zu veröffentlichen, Alarmsignale auslösen. Das Anzeigengeschäft besorgte in der DDR ja der parteieigene Werbebetrieb Dewag. Hier fand eine Vorauswahl statt. (Die Verantwortung für die veröffentlichten Anzeigen lag jedoch letztlich bei den Chefredakteuren.) Diese Umstände führten dazu, daß sich sozusagen »höchste Kreise« mit einer solch banalen Sache beschäftigten. Am Ende steht eine in den Archiven erhaltene Hausmitteilung des Leiters der Abteilung Agitation des ZK, Heinz Geggel, an den Leiter der Abteilung Staat und Recht des ZK, Klaus Sorgenicht, vom 8. Juni 1977. Man habe den Chefredakteur der *Wochenpost* über eine Stellungnahme des Ministeriums des Innern »betr. Veröffentlichung von Heiratsanzeigen von Ausländern nichtsozialistischer Staaten« informiert. Die Dewag solle die Richtlinien für die Behandlung solcher Annoncen festlegen – im Klartext: die Ablehnung. Dazu werde der Generaldirektor der Dewag »die bestätigten Anzeigenrichtlinien« ergänzen. Dies würde »nur als VD-Sache« an die Direktoren der Dewag-Bezirksbetriebe geschickt – als »Vertrauliche Dienstsache« also, als halbes Staatsgeheimnis. Und: »Die Information der Anzeigenannahmestellen erfolgt in dieser Sache nur mündlich.«[82]

In den Annoncen verbargen sich noch mehr Probleme. Hier eine winzige Auswahl aus dem Herbst 1986:

Kraftsportler, 30/1.80, mit ausgef. Interessen, sucht tabufreien Partner (Alter unw.) zum brieflichen Gedankenaustausch u. gem. Training ... Chiffre Dresden

Hallo, Kumpel, wenn du dich in Jeans u. Motorradjacke am wohlsten fühlst u. ebenf. jemanden f. gemeins. Unternehmen suchst, dann schreib doch einfach mal an ... Chiffre Karl-Marx-Stadt

Marzahner sucht für die Freizeit Kumpel über 30, mit aktivem Interesse an Sport, Militärpädagogik u. Römischer Geschichte ...

Junge Frau sucht zärtliche und unkonventionelle Freundin für Freizeit und eventuell gemeinsames Leben. Alter unwichtig, Foto erwünscht ... Chiffre Greifswald

Wo lag das Problem? fragt der Zeitungsleser des Jahres 1997. Doch noch in den siebziger Jahren waren solche Anzeigen unvorstellbar. Damals war es allgemeine Praxis, Annoncen von Homosexuellen zurückzuweisen. Nur wenn sie äußerst geschickt »verschlüsselt« waren, hatten sie eine Chance, durchzurutschen. Dann kamen zunehmend Briefe von Schwulen und Lesben, die sich über die restriktive Praxis der Anzeigenannahme beschweren, zumal ihnen in den Annahmestellen stets die Auskunft erteilt worden sei, die Ablehnung erfolge auf

Diese Anzeigen erschienen in der Wochenpost vom 20. Januar 1989

»Um die Ecke pudern«
Wohlgezielt, wohldosiert und wohlplaziert, hauchzart, punktfein oder kräftig, sauber, sparsam, hygienisch ideal – das sind die Vorzüge des neuen eleganten Puderzerstäubers TROZ D.A.P. Bewährt in der täglichen Körperpflege, Säuglingspflege, auch bei Trockenhaarwäsche ...
Robert Franke KG, Cursdorf, Th. Wald
Wochenpost 18.11.1961

Wir kaufen ständig
Hirschgeweihe, Rehgehörne sowie Abwurfstangen von Rot- und Damwild zur Weiterverarbeitung.
VEB Kunstgewerbe Pappenheim (Thür.)
Wochenpost 4.6.1982

Gereinigte Hosen
mit Schlag modernisiert Meyer – Dresden.
Erst Termin abfordern, dann zusenden!
Wochenpost 14.7.1989

Duranto
Rasierklingen
»Vom Guten das Beste«
Auch in Blaulack
Klingen von Weltruf
Wochenpost 18.11.1961

Wunsch der Redaktion. Es gab in der Redaktionsleitung heftige Debatten: Soll man oder soll man nicht? Erst wurde vom Chefredakteur entschieden: Nein. Dann ließ man, um allen unangenehmen Debatten aus dem Wege zu gehen, einfach die Rubrik »Bekanntschaften« weg – eine typische DDR-Lösung. Später korrigierte man das. Ab 1983 gab es wieder »Bekanntschaften« in der *Wochenpost*.

In dieser Rubrik tummelten sich nun alle möglichen Gesuche:

Suche Dompteur mit männl., »groß«-zügigen, dynam. u. toler. Fähigk., der es versteht, eine junge Löwin zu bändigen ... Chiffre Berlin

Und wie war es damit:

Ehepaar, 32/40, su. Freundschaft m. jg. Frau od. Ehepaar zwecks gem. Freizeitgestaltung ... Chiffre Dessau

Ehepaar, 31 u. 40 J., sehr tol., su. unkonvent. nettes Ehepaar f. unkovent. Gedankenaustausch, z. Freizeitgestaltg. f. nichtalltägl. Stund. (Bild gar. zur.) ... Chiffre Wittenberg

Tolerantes Ehepaar, Mitte 30, sucht gleichges. Ehepaar mit Interesse für Autotour., FKK u. alles Schöne, wie Gartenparty u. andere gem. Stunden ... Chiffre Döbeln

Als die ersten Inserate dieses Genres in den siebziger Jahren auf den Seiten der *Wochenpost* auftauchten, wußte man in der Redaktion nicht so recht, wie man sich verhalten sollte. Es gilt zu enthüllen, daß damals die *Wochenpost*-Redaktion zu einer nicht unbedingt sauberen Methode griff, um sich Gewißheit zu verschaffen. Man gab eine getürkte Chiffreanzeige in unserer Zeitung auf, die einige dieser von uns vermuteten Schlüsselworte enthielt (»gleichgesinnt«, »tolerant«, »unkonventionell«). Es kamen zwei Dutzend Briefe, die die Vermutungen bestätigten: Auf unseren Anzeigenseiten sammelten sich die Fans von Partnertausch und Gruppensex. (Um alle damaligen Briefschreiber, die natürlich nie eine Antwort erhielten, noch nachträglich zu beruhigen: Es waren nur wenige Leute in der Redaktion, die in diese Sache eingeweiht waren, und die Briefe wurden sofort vernichtet.)

Es stellte sich nun die Frage: Was tun? Die Sorge ging um, die *Wochenpost* könnte in den Ruf der *St.Pauli-Nachrichten* geraten. Am Ende aber wurde nichts unternommen. Das Verhindern solcher Anzeigen wäre auch kaum möglich gewesen. Man hätte den vielen tausend Annahmestellen in der DDR Listen mit »Schlüsselworten« zusenden müssen, dort hätten völlig überforderte Angestellte die Inserate solcherart zensieren müssen (wo sie doch schon mit dem Zensieren von Autoanzeigen und dergleichen genug Hudelei hatten). So fand sich die Redaktion mit den Gruppensex-Inseraten ab. Entgegen allen Befürchtungen hielt sich deren Zahl auch in den Folgejahren sehr in Grenzen.

25. September 1981:
Für den Leser am Werderschen Markt

Was wird am 25. September 1981 auf der ersten Seite der *Wochenpost* angekündigt? Womit soll der Leser zum Kauf unserer Zeitung angeregt werden – wenn das überhaupt nötig und möglich ist, wo doch die Leute die Titelseite gemeinhin erst zu Gesicht bekommen, wenn sie das Blatt bereits bezahlt haben? Macht nichts, zum Titel gehören Ankündigungen des Inhalts.

Da ist zunächst einmal, selten genug, ein großes Foto vom Sportplatz. Ein Schiedsrichter ermahnt einen Fußballspieler, der Bildtext verrät: Es hat sich um ein Spiel zwischen den Oberligamannschaften BFC Dynamo (also Staatssicherheit und Volkspolizei) gegen FC Vorwärts (also Nationale Volksarmee) gehandelt, und Dynamo hat 6:0 gewonnen. Aber nicht darum geht es so sehr. Sondern um einen Artikel auf Seite 27: »Der 23. Mann«. Und zwar: »Wie sich unsere Oberligaschiedsrichter vorbereiten und fit halten.«

Über dem *Wochenpost*-Kopf weisen drei Kästen auf Lesenswertes und weniger Lesenswertes hin – in der Reihenfolge von links nach rechts:

Erstens. »Beispiel friedlicher Koexistenz: Erich Honeckers Staatsbesuch in Mexiko. Seiten 4/5.«

Zweitens. »Telefonkabel, Rohrleitungen und Spezialfenster aus Glas. Neues über den Werkstoff. Seite 16.«

Drittens. »Trampeltiere haben ausgedient, oder: Wo Pantoffeln in die Zwickzange geraten. Seite 18.«

Wer bestimmt, was in diesen Kästen steht? Die Entscheidung über die Ankündigungen auf der ersten Seite fällt bei der allwöchentlichen Sitzung der Abteilungsleiter, und zwar mehr oder weniger durch Zuruf. Wer glaubt, seine Abteilung habe einen Beitrag im Blatt, der es wert ist, angekündigt zu werden, meldet sich. Daneben gibt es politische Prioritäten. Zum Beispiel Honeckers Staatsbesuch. Da hat die Ankündigung die gleiche Funktion wie die schon genannte »Schindel«. »Der Leser«, nämlich der am Werderschen Markt, soll gleich bemerken: Aha, die haben das berücksichtigt.

Um bei der Mexikoreise des Staatsratsvorsitzenden zu bleiben: Die Seiten 4 und 5 sind mit Materialien der Nachrichtenagentur *ADN* gefüllt. Eine andere Möglichkeit gibt es nicht, die Redaktion hat niemanden entsandt. Es sei am Rande vermerkt, daß sich die Redaktion auch nicht darum gerissen hat, jemanden auf die Staatsbesuche mitzuschicken. Für den

25. September 1981: Für den Leser am Werderschen Markt

Nachwuchs
Viele Jugendliche haben den Wunsch, im Dorf zu bleiben. »Nicht zuletzt«, meint Heiner Milde, »weil sie auch bei uns gut verdienen können. Jedenfalls beginnen in unserer LPG Pflanzenproduktion jedes Jahr vier neue Lehrlinge. Bereits seit Jahren kommt unser Nachwuchs aus dem eigenen Territorium, meist sind es die Söhne und Töchter von LPG-Mitgliedern.«
Wochenpost 4.9.1981

Ein Ausschnitt aus der Wochenpost-Berichterstattung vom Mexiko-Besuch Erich Honeckers. Der »Leser am Werderchen Markt« fand sie »lieblos« gemacht.

Journalisten ist eine solche Reise unergiebig und überflüssig hektisch. Eine Kommentierung des Besuches mit eigenen Gedanken ist untersagt. Bliebe als einzige Möglichkeit die Umschreibung des in einer »Argu« Vorgegebenen mit vielleicht ein paar eigenen Worten, was eigentlich nur mühsam und wenig ergiebig ist. Also bleibt nur: Protokollberichterstattung. In der *Wochenpost* vom 25. September 1981 findet sich auf der einen Seite das Gemeinsame Kommuniqué DDR – Mexiko, auf der anderen Auszüge aus den Toasten der beiden Staatsoberhäupter, ein Bericht über die Einweihung des größten Funksendezentrums Lateinamerikas, das die DDR gebaut hat: ein Foto zeigt Erich Honecker beim Telefonieren; und dann noch ein ganz klein wenig Folkloristisches. Honecker auf den Spuren von Azteken und Tolteken.

Aber die Leser erhalten für ihre 30 Pfennig natürlich genug anderen Lektürestoff. Beispielsweise einen langen Bericht über die Komoren-Inseln im Indischen Ozean. Die Seite mit den Auszügen aus dem nächsten *Sputnik*-Heft informiert: »Die Kathedrale von Wladimir gab Geheimnisse preis« – man hat dort nämlich Fresken des berühmten Malers Rubljow entdeckt. Eine Doppelseite Theater anläßlich der bevorstehenden Berliner Festtage; Anne Braun rezensiert Aufführungen in Berlin, Schwerin und Weimar. Danach der schon auf der Titelseite

Am Tempel des Quetzalcóatl

Am vorletzten Tag seines Aufenthalts in Mexiko besuchte Erich Honecker Mittelamerikas bisher größte ausgegrabene altindianische Stadt — Teotihuácan, etwa eine Autostunde von Mexiko-Stadt entfernt. Die Sonnen- und die Mondpyramide von Teotihuácan bildeten inmitten eines etwa 150 Quadratkilometer umfassenden einstigen Siedlungsgebietes um 150 v. u. Z. die zentralen Stätten altindianischer Kunst. Am baumlosen Rand des Hochtales von Anáhuac gelegen, gehört das Territorium wegen der Symmetrie seiner Anlagen und der Architektur zu den ausdrucksvollsten Ruinenstätten der Welt.

Nach einem Gang durch das Museum in der Nähe der Pyramiden erläuterte Präsident José López Portillo seinem Gast die altehrwürdigen Kulturdenkmäler der indianischen Ureinwohner, die bereits vor den Tolteken und den Azteken in diesem Gebiet wohnten.

Die ersten Ausgrabungen wurden hier im Jahre 1864 vorgenommen. In Mexiko gibt es etwa 90 000 archäologische Stätten, an denen Wissenschaftler die Frühgeschichte des Landes erkunden.

Unweit der Mondpyramide im Norden eines einstigen Kultplatzes, die sich über vier Stockwerke auf einer Grundfläche von 120 mal 150 Meter erhebt, hatten Archäologen sensationelle Funde gemacht: Erstmals waren hier Grabstätten mit wertvollen Beigaben freigelegt worden. Wissenschaftler reichten beiden Staatsoberhäuptern die soeben sorgsam geborgenen Tongefäße mit farbigen Ornamenten.

Über die »Straße der Toten«, die sich schnurgerade über etwa zwei Kilometer und in einer Breite von 40 bis 45 Metern von einer rechteckigen Zitadelle zur Mondpyramide zieht und an deren beiden Seiten zahlreiche Kultstätten offenkundig dem Gedenken und der Götterverehrung gewidmet sind, führte der Weg zu einem der bedeutendsten Tempel — dem des Gottes Quetzalcóatl mit seinen vielen Skulpturen.

Ziel der Besichtigung war die Sonnenpyramide, die mit 63 Meter Höhe als größter Bau Teotihuácans den äußersten Teil der Ausgrabungsstätte ausmacht.

angekündigte Artikel über Glas, den »Werkstoff voller Wunder«. Weiter mit der Wissenschaft: »Enzyme gegen Hexenschuß« verheißt ein Beitrag, aber am Rand wird relativiert: »Therapie steht erst am Anfang«. Eine Buchrezension – es geht um Rekultivierung der ehemaligen Braunkohlentagebaue. Außerdem erhält man Antwort auf die Frage: »Ändert der Mond seine Größe?«

Auf der Seite 18 berichtet Ingrid Pfeiffer über die Herstellung von Pantoffeln in einem kleinen privaten Handwerksbetrieb, und so ganz nebenbei erfährt man auch, daß der Besitzer des Berliner Familienbetriebs in seinen freien Stunden seine alten Maschinen pflegt, für die es keine Ersatzteile mehr gibt. Dann ein Wirtschaftsartikel, der einzige größere übrigens in diesem Blatt, eine Reportage von Fred Seeger über einen kleinen Gemüseladen (»den gibt's noch ...«). Es geht um vier Frauen. Überschrift »Ein kleines Kollektiv möchte gut handeln«. Na, handeln Sie mal gut mit Gemüse in der DDR! Der Autor beschreibt minutiös vom Öffnen bis zum Ladenschluß, was in dem Lädchen los ist. Daß die Frauen schwere körperliche Arbeit leisten müssen. Wie sie sich den Kunden zuwenden, was ja auch nicht unbedingt selbstverständlich ist. Es ist ein unspektakulärer Artikel über unspektakuläre Leute, der Alltag, wie er ist, ungeschönt und liebenswert.

Letzter Applaus
Also. Ich habe gern mit Rolf Herricht Theater gespielt. Es war angenehm, mit ihm zusammen aufzutreten und den Auftrittsapplaus, der natürlich ihm galt, abzuwarten ...
Um meine Gage brauchte ich mich nicht zu kümmern, das machte er, weil er besorgt war, ich könnte zu kurz kommen.
Neidisch auf seine Erfolge war ich nicht, glaube ich – aber ich habe oft versucht, dahinterzukommen, wie er das anstellt. So richtig weiß ich es nicht. Er hatte für vieles ganz einfache Lösungen ... So hat er sich auch verabschiedet. Wir sangen beide das Duett »Schlag nach bei Shakespeare«, wo die beiden letzten Zeilen lauten: »Schlaf in deinem Grab! Find dich damit ab!« Aber da hat er schon nicht mehr mitgesungen. Hat sich hingelegt und unbemerkt davongemacht. Und die Leute haben, wie bei ihm immer, geklatscht.
Wolfgang Ostberg,
Nachruf für
Rolf Herricht
Wochenpost 4.9. 1981

»Arbeite mit, plane mit, regiere mit!« – die Wirtschaftsberichterstattung

Prinzip Hoffnung
Der Mangel mag die billigste Werbung sein – die beste ist er nicht. Seit Monaten kauft man den Waschautomaten »Monsator electronic« nur auf dem unerfreulichen Umweg über Wartelisten. (...) An gutem Willen fehlt es den Schwarzenbergern gewiß nicht. Hat es doch gerade während der Planvorbereitung 1973 genug Initiativen gegeben, um das ursprünglich anvisierte Ziel beträchtlich zu überbieten. Und auch heute ist über die tatsächliche Produktionsmenge des Jahres 1973 längst nicht die letzte Entscheidung gefallen ...
Wochenpost 30.3.1973

Es habe, so äußerte sich einmal Brigitte Zimmermann, »das nicht auszulöschende Mißverständnis« gegeben, die Planerfüllung in der Volkswirtschaft sei »mit den Mitteln der Agitation erreichbar«.[83] Diese in der DDR weitverbreitete Auffassung verlangte danach, daß in den Medien mehr oder weniger anfeuernde Reportagen zu erscheinen hatten, die, so ein weiteres Mißverständnis, unter dem Stichwort »Wirtschaft« liefen. Nun muß ich, als der erste Wirtschaftsredakteur der *Wochenpost* (bis 1955), rückschauend feststellen, daß dergleichen Forderungen an diesen Teil der Zeitung in dem Maße wuchsen, wie die Volkswirtschaft in die Schwierigkeiten geriet. Der Wirtschaftsteil der *Wochenpost* war ursprünglich auf ganze drei Spalten in einer Ausgabe begrenzt. Er diente zunächst – getreu dem selbstgestellten Anspruch auf Bildungsvermittlung – der Erklärung volkswirtschaftlicher Zusammenhänge. Dann, in einer Phase, die so etwa 1958/59 begonnen haben muß, besann man sich auch in der *Wochenpost* darauf, daß Lenin von den Zeitungen gefordert hatte, sie müßten nicht nur »kollektiver Agitator und Propagandist« sein, sondern auch »kollektiver Organisator«. Dem mußte sich auch die Wirtschaftsredaktion stellen.

Entsprechend dem spezifischen Charakter der *Wochenpost* wandte man sich jener Seite wirtschaftlicher und produzierender Tätigkeit zu, die den »Mann auf der Straße« interessieren könnte. »Der neue Wecker verspätet sich allmorgendlich mit der gleichen Regelmäßigkeit, wie er genau gehen sollte, der Kühlschrank bockt, im Radioapparat wurde eine Lötstelle defekt, und in einigen Orten der Republik nehmen die Fernseh-Vertragswerkstätten schon keine Geräte mehr an, weil sie überlastet sind.« Mit diesen Worten eröffnete die *Wochenpost* am 16. Mai 1959 eine Kampagne, der der eingängige Titel »Deine Hand für Dein Produkt« gegeben wurde (später leicht abgeändert in »Meine Hand für mein Produkt« und mit dem Untertitel »Jeder liefert jedem Qualität«). Zum Auftakt hatte die Redaktion Werktätige – zwei Brigaden aus einer Möbelfabrik in Triebes und aus einem Metallbetrieb in Berlin – dazu überredet, sich mit dem Aufruf an die Arbeiterschaft der DDR zu wenden, in der Produktion ordentliche Qualität zu erreichen. Dazu veröffentlichten wir eine erste Reportage aus dem Möbelwerk.

Nun galt es, am Ball zu bleiben. Das positive Beispiel sollte im Gesellschaftsverständnis der DDR ja eine wesentliche Triebkraft darstellen und nicht nur allein, wie im Westen, das Geld als Anreiz dienen. Außerdem war Qualität ein Thema, das Leser durchaus interessieren könnte. Wollte man aber Leute dazu bewegen, öffentlich zu erklären, sie würden sich an dem Wettbewerb beteiligen, mußte man schon trommeln. Jetzt also allwöchentlich »Echo« auf den Aufruf. Zuschriften aus Betrieben, aus einem Betonwerk, aus einem Werk für Haushaltsgeräte (dieses wichtig genug, auch auf der Titelseite der *Wochenpost* vermeldet zu werden), aus einer Aluminiumschmelzerei. Wenn man den »gewöhnlichen« Leser nur halbwegs interessieren wollte, mußte sich die Redaktion immer wieder etwas Neues einfallen lassen. Eine thematische Kooperation mit dem DDR-Fernsehen begann. *Wochenpost*-Redakteurin Sigrid Smolka präsentierte sich bei uns und auf dem Bildschirm als »Fräulein Güte« und schrieb beispielsweise über die berühmten »1000 kleinen Dinge«, was natürlich die *Wochenpost*-Leser mehr interessierte als Alu-Barren oder Betonteile. Dazu erhielt die Redaktion reichlich Leserbriefe. Die Kraftanstrengung schien sich zu lohnen. Ein Jahr nach dem Auftaktartikel konnte unser Kollege Hannes Hüttner eine Bilanz ziehen: Etwa 4 200 Brigaden hätten sich mittlerweile dem Aufruf angeschlossen, nur Qualitätserzeugnisse abzuliefern.

Die Frage liegt nahe, ob Aufwand, Mühen und Resultat im rechten Verhältnis zueinander standen. Nicht so sehr hinsichtlich Beliebtheit oder Unterhaltsamkeit der Zeitung, darum war es wohl kaum gegangen. Aber vielleicht doch im Hinblick auf eine Sensibilisierung für ein ernstes Problem. Was die *Wochenpost* nicht konnte: die gewissermaßen genetisch bedingten Krankheiten der DDR-Wirtschaft heilen. Dazu wollte man sie im ZK aber immer wieder einsetzen, weshalb die sogenannte Wirtschaftsberichterstattung im Blatt weiter wachsen mußte. Seiten und Doppelseiten wurden mit eher aufklärerischen Wirtschaftsartikeln und Betriebsreportagen gefüllt. Dabei waren Redakteure und Reporter durchaus bemüht, sich von den üblichen Klischees fernzuhalten und halbwegs realistisch zu schreiben, womöglich sogar Kritik anzubringen. Aber dies ging den »zuständigen Stellen« oft genug gegen den Strich. Dann trat eine subtile Zensur in Aktion.

Zum Jahresende 1960 sollte in der *Wochenpost* eine Reportage über eine Brigade im VEB Flugzeugwerke Dresden erscheinen. Der Artikel von Wolfhard Schmidt, einem gelegentlichen Mitarbeiter der Redaktion, war schon gesetzt und umbrochen und ist doch nie erschienen. Es blieb bei einem Seitenabzug der Reportage mit dem lakonischen Titel »Flugzeugbauer«, und es sind einige Briefe und Fernschreiben erhalten. Das erste lautete: »Wir erteilen keine Genehmigung zur Veröffentlichung des

Kein Zutritt für DDR-Bürger
Priviligiert sind die Leute, die Verwandte in Westdeutschland haben. Was aber machen jene, die niemanden haben und mal zufällig in jene Intershops geraten? Ganz ehrlich, etwas beeindruckt und meistens darüber verärgert, daß man für seine Mark dort nichts erhält, obwohl sie doch im Verhältnis 1:1 von unseren Behörden den Westdeutschen eingetauscht wird, ist doch der größte Teil der Leute, die dort reingehen. (...) Mein Vorschlag: Vor den Intershops ein großes Schild mit der Aufschrift: »Kein Zutritt für DDR-Bürger, Centrum-Warenhaus links!«
Brief von Wolfgang W., Berlin (November 1973, unveröffentlicht)

Golfstrom in Sicht
In dem Artikel »Neue Autos in Sicht« in der *Wochenpost* Nr. 7 wird für 1978 ein Import von 9 700 VW Golf angekündigt. Da ich Interesse hätte, solch einen Wagen zu kaufen, habe ich mich in dieser Frage an die hiesige Verkaufsstelle für Kfz gewandt. Leider konnte ich dort überhaupt keine Auskunft erhalten. Da ich vermute, daß Sie über bessere Informationen verfügen, möchte ich darum bitten, dieses Schreiben an das zuständige Organ weiterzuleiten.
Zuschrift von Joachim L., Lübben (Februar 1978, unveröffentlicht)

»*Keine Genehmigung zur Veröffentlichung*« befand der Betrieb per Fernschreiben.
Das durfte die Redaktion nicht übergehen.

```
bezet verlag
flugz wk dsdn      fsnr 182   7.1.1961    9.25 uhr her =

herrn huettner
'' wochenpost '' reporter- abteilung
-------------------

mit fernschreiben vom 6.1.1961 uebermittelten sie uns den
reportage-bericht brigade '' radunsky ''. wir erteilen
keine genehmigung zur veroeffentlichung des artikels -
-------------------

im uebrigen haben wir eine andere vorstellung von der zusammen
arbeit einer sozialistischen brigade unseres werkes mit unserer
demokratischen presse =

veb flugzeugwerke dresden
abt 1 ref.d. werkdirektors gez richter =
bt qsl
bezet verlag 1 fs auf  ng gilt als best
```

Kram zurück
Als Opa eines Enkelchens hatte ich den Wunsch, von ein paar Orwocolor-Dias Bilder zu erhalten ... Wir schickten die schönsten Dias wieder nach Wolfen. Wir bekamen alles zurück mit dem Vermerk, Wolfen macht keine Abzüge mehr. Alles ging nun nach Berlin zu dem im Prospekt angegebenen Betrieb. Nach ein paar Tagen bekamen wir eine Registrierkarte mit dem Termin von 6 Monaten. Eine Rückfrage bei dieser Firma wegen der zu langen Lieferzeit wurde übelgenommen, wir bekamen den ganzen Kram Knall und Fall wieder zugeschickt. Das verstehe ich nicht, wir haben 1945 die Schäden von 10 000 Bomben schneller weggeräumt in Leuna.
Brief von
Walter T., Sondershausen (März 1978, unveröffentlicht)

Artikels. Im übrigen haben wir eine andere Vorstellung von der Zusammenarbeit einer sozialistischen Brigade unseres Werkes mit unserer demokratischen Presse.« Dies tickerte der Referent des Werkdirektors an die *Wochenpost*.

Erneutes Lesen des Artikels, 37 Jahre später. Suche nach dem Knackpunkt. Er ist nicht zu finden. Die Arbeiter wurden gelobt, ihr Einsatz beim Bau der Düsenmaschine »152« gewürdigt, von Planvorsprung war die Rede und von der Zusammenarbeit mit den Ingenieuren. Natürlich kamen auch ein paar Probleme zur Sprache. Es hatte Streit um technische Lösungen gegeben. Es gab Konflikte zwischen älteren und jüngeren Kollegen. Aber es war nichts Gravierendes. Das Fazit blieb optimistisch.

Die *Wochenpost* diskutierte seinerzeit per Fernschreiber mit der Direktion. Diese zog sich schließlich auf eine Anweisung zurück, wonach für eine Betriebsreportage überhaupt eine Genehmigung eines Stellvertretenden Vorsitzenden der Staatlichen Plankommission einzuholen sei. Also wurde der Artikel dorthin geschickt. Antwort: »Der Veröffentlichung der beigefügten Reportage kann ich nicht zustimmen, da der Beitrag Angaben und Fakten enthält, deren Bekanntgabe nach den geltenden Sicherheitsbestimmungen für die Luftfahrtindustrie nicht zulässig ist.« Ende dieser Geschichte. Mit den Keulen »Sicherheit« und »Staatsgeheimnis« konnte man in der DDR noch jeden ansatzweise kritischen Wirtschaftsbericht erschlagen.

Dabei war es zumeist unvermeidbar, Artikel aus Betrieben und über Betriebe vor der Veröffentlichung vorzulegen. Schließlich hatten ein Betriebsdirektor oder ein Ministerium vorab die Erlaubnis zu erteilen, daß der Reporter überhaupt in das Werk hinein durfte, und diese Genehmigung war fast immer an die Bedingung geknüpft, den fertigen Artikel vor dem Druck sehen zu können.

Ein Interview über geologische Erkundungen in der DDR brachte uns fast ein Strafverfahren ein. ZK-Sekretär Mittag erklärte die von uns veröffentlichten Tatsachen nachträglich zu Staatsgeheimnissen. Ein scheinbar sehr harmloser Beitrag über die Anfänge der Aktivistenbewegung in der DDR veranlaßte das Politbüromitglied (und Vorsitzenden des DDR-Gewerkschaftsbundes) Harry Tisch zu einer sofortigen heftigen Intervention. Die Redaktion lernte also, vorsichtig zu sein. Als Hauptzensurinstanz erwies sich zunehmend das Büro des ZK-Wirtschaftssekretärs Günter Mittag.

In der *Wochenpost* vom 12. August 1988 erschien auf einer Doppelseite ein Interview mit dem Generaldirektor des Kombinats LEW (Lokomotivbau Elektrotechnische Werke) Hennigsdorf. Der Beitrag gehörte zu einer über längere Zeit laufenden Serie unter dem Titel »Kombinate im Gespräch«, mit der den Lesern ein Überblick über die neu entstandenen Großbetriebe gegeben werden sollte. Schließlich nahmen wir die Parole vom »Arbeite mit, plane mit, regiere mit!« irgendwie doch ernst, waren wir der Auffassung, die Leute müßten informiert werden.

Die Serie »Kombinate im Gespräch« bot sich dazu an, da die relativ mächtigen Generaldirektoren kompetente Gesprächspartner waren, die den Mut besaßen, gelegentlich unbequeme Dinge auszusprechen. So auch Günter Hoffmann vom LEW. Der Einstieg des *Wochenpost*-Reporters kam ihm gerade recht: »Ihr Kombinat hat nahezu 1500 Kooperationspartner. Verheddert man sich nicht in einem Netz mit so vielen Fäden?« Hoffmann legte nun die Vorzüge und die Probleme dieses Netzes dar und sprach auch über »Temperaturregler, die wir nahezu täglich vom VEB Schaltelektronik aus Oppach selbst holen müssen, damit es in unserer Produktion nicht stockt. Wir sind gerade in Transportfragen oft gezwungen, so zu handeln, wie es volkswirtschaftlich eigentlich nicht vernünftig ist.« Schließlich erzählte er eine Geschichte, die das ganze Elend der DDR-Wirtschaft offenlegte: »Seit einem dreiviertel Jahr bekommen wir z. B. keine Schrauben der Abmessungen 10 mal 20. So weichen wir auf andere aus. Die kosten mitunter einiges mehr, aber die gewünschten kann uns der Maschinenbauhandel nicht liefern. Um die Schrauben verwenden zu können, müssen wir Zehntausende von ihnen kürzen. So wandert schließlich auf den Schrott, was wir überbezahlt haben. Wie viele der von uns benötigten Schrauben hätten sich aus dem Material herstellen lassen? Doch nicht nur das: Damit wird Stahl und Arbeit vergeudet, die Kollegen in den Schraubenfabriken vergeblich aufgewendet haben. Obendrein müssen wir auch noch fünf Kollegen

Information
Ich stelle immer wieder fest, daß »höheren Orts« die Information der Bürger arg vernachlässigt wird. Ich kenne die Meinung maßgeblicher Genossen der SED, die sagen, daß die Tagespresse nicht immer zu allen Mängeln Stellung nehmen könne, weil sie vom Klassenfeind sehr aufmerksam studiert wird und entsprechende Argumente gegen unseren Staat daraus konstruiert werden. M. E. geben aber Gerüchte, die durch unzureichende Information entstehen, viel mehr Anlaß zu falscher Meinungsbildung und zur Verunsicherung unserer Bürger.
Zuschrift von Gerhard S., Leipzig (Januar 1981, unveröffentlicht)

Neuerer
Aus den Schüttlöchern in der Decke des Ringofens entströmt während des Abkühlens der Brennkammern eine Hitze von über tausend Grad Celsius. Bislang wurde diese Abwärme an die Atmosphäre abgegeben. Neuerer des Werkes versuchen nun, die Wärme aus den Schüttlöchern abzusaugen und über ein Rohr in zwei Freiluft-Trockenschuppen zu leiten.
Wochenpost 4.6.1982

»Arbeite mit, plane mit, regiere mit!« – die Wirtschaftsberichterstattung

»Wegrationalisiert«
Bis Ende dieses Jahres sollen im Petrol-Chemisches Kombinat sämtliche 2 400 überflüssigen Planstellen in den alten und neuen Anlagen ermittelt sein, die bis 1982 »wegrationalisiert« werden. Andere Betriebe nutzen jetzt die Erfahrungen der Schwedter Initiative, um ihrerseits mit den vorhandenen Arbeitskräften eine wesentlich höhere Leistung zu erreichen.
Wochenpost 25.4.1980

Außenhandel
Stimmt es tatsächlich, daß in der BRD Damenstrumpfhosen aus der DDR unter einer Mark und Oberhemden unter fünf Mark verschleudert werden? Hier muß ich 1/6 meiner Invalidenrente für ein anständiges Oberhemd aufwenden.
Walter B., Neukieritzsch, (August 1977, unveröffentlicht)

damit beschäftigen, die eigentlich Besseres zu tun hätten. Im ersten Halbjahr waren es über 12 000 – eigentlich unnütze – Arbeitsstunden.«

Genau das war einer jener Beiträge, von denen es dann aus dem ZK hieß: »Ihr habt Euch schon wieder einen Namen auf der zweiten Etage gemacht!« – Genauer gesagt: ZK-Wirtschaftssekretär Günter Mittag wütete über den Vorgang. Der Zorn richtete sich dabei keineswegs gegen die Organisatoren der DDR-Schraubenherstellung, sondern gegen unsere Redaktion. Um die *Wochenpost* ins Unrecht zu setzen, entsandte Mittag eine Untersuchungskommission nach Hennigsdorf, die uns verzerrende Berichterstattung nachweisen sollte. Aber der Generaldirektor bewies Mut und Standhaftigkeit. Die Untersuchungskommission mußte feststellen, die Sache sei so, wie beschrieben. Nun konnte uns höchstens noch der Vorwurf treffen, ein Staatsgeheimnis verraten zu haben.

Die Wirtschaftsberichterstattung in der *Wochenpost* vollzog sich stets in dem Spannungsfeld zwischen Kritik an schlechter Produktion, nichtfunktionierendem Handel, unzureichenden Dienstleistungen, Beschreibungen von Technologien, Analyse ökonomischer Prozesse und der geforderten Agitation zu fleißigerer Arbeit. Da Kritik weitgehend blockiert war und interessierende Technologien aus Gründen der Geheimhaltung immer seltener beschrieben werden konnten, blieb zumeist nur der Versuch, Zusammenhänge zu erklären. Dazu dienten vornehmlich die längeren Interviews mit kompetenten Fachleuten.

Etwa zur gleichen Zeit, als das Interview mit dem Generaldirektor des Kombinats LEW Hennigsdorf in der Zeitung stand, führte die *Wochenpost* ein Gespräch mit dem Wirtschaftssekretär der SED-Kreisleitung Rudolstadt. Der Funktionär sprach recht offen über seine Beunruhigung angesichts der Lage in der Volkswirtschaft. »Wir geben immerzu Maximen vor und berücksichtigen kaum, was die Menschen im Lande über unser Vorgehen sagen«, war eine seiner Feststellungen. Er berichtete von einem Betrieb, dessen erzielte Preise für das Endprodukt unter den Kosten für die eingesetzten Mittel lagen, und sprach von vorprogrammierten Verlusten. Interview-Wortlaut: »Es ist der Ruf nach mehr Demokratie im Betrieb, den wir endlich hören müssen. Solche Fragen, auch oder gerade wenn sie Kritik an bisheriger Praxis enthalten, begreife ich als eine Form der Parteinahme für die Idee des Sozialismus. Leider bleiben sie viel zu oft unbeantwortet, weil ihr Anliegen mißdeutet oder nicht ernstgenommen wird.«

Dieser Funktionär, so hieß es nach der Wende in der *Wochenpost,* »schien uns ... damals wie ein Rufer in der Wüste. Aber gerade deshalb war es verlockend, seine Beunruhigung über die Zeitung zu verbreiten.« Das Interview durfte jedoch nicht erscheinen. Das Büro Mittag hatte eine »Expertise« zu den

Fragen und Antworten anfertigen lassen, die die empörte Feststellung enthielt, einige Fragen der *Wochenpost* hätte der Genosse Beantworter energisch zurückweisen müssen. Ein gegen das Verbot gerichteter Brief der Redaktion an das ZK wurde nicht einmal beantwortet.

Das Interview ist dann doch noch – mit ausführlichen Ergänzungen – sehr verspätet am 15. Dezember 1989 in der *Wochenpost* erschienen. Dabei wurde den Lesern mitgeteilt, wie sich die Redaktion um einen Abdruck bemüht hatte, und auch von dem Brief an das ZK berichtet. Selbstkritisch hieß es dann: »Das höfliche Schreiben ist aus heutiger Sicht lediglich als ein Aufmüpfen im Kleinen zu bewerten.«

Viele ungewöhnliche Fotos sollten die eher trockenen Wirtschaftsbeiträge auflockern. Wochenpost-Fotoreporterin Lotti Röhr war bei den Kollegen geradezu berüchtigt dafür, daß es sie magisch auf die höchsten Punkte zog.

16. April 1982:
Mobbing im Politbüro

Am Rand der Wochenpost:

Historische Freundschaft DDR-VR Polen: Bedeutsamer Besuch von General Wojciech Jaruzelski in Berlin

Präsidentenwechsel in Dacca Bangladesh: Unblutiger Staatsstreich der Militärs

Großbritannien: Vor 24 Jahren fand der erste Ostermarsch statt

Das Stichwort: Schwedisch in Finnland

Das 200-Millionen-Ding Italien: 119 Kriminelle erleichterten San Remos Casino

Korsett für »Moritz« Schweiz: Schiefer Turm soll vor Umfall bewahrt werden

Die *Wochenpost* vom 16. April 1982 beginnt mit einer meiner Lieblingstitelseiten. Auf ihr wird der Beginn einer Fortsetzungsserie angekündigt, nämlich »Charles Darwin – ein Lebensbild zum 100. Geburtstag« von Horst Hoffmann. Hoffmann hat übrigens noch eine zweite Serie im Blatt, auf Seite 19 läuft in vierter Fortsetzung »Amerikas Aufrüstung im All«. Da geht es um Spionagesatelliten und um den »Sternenkrieg«. Zum Darwin-Artikel findet sich auf dem Titelbild Axel Bertrams akribische Zeichnung eines Seeleguans von den Galápagosinseln, darüber eine Karte des Stillen Ozeans mit dem Forschungsschiff »Beagle«. Wenn diese Zeitung darauf angewiesen wäre, sich am Kiosk verkaufen zu müssen, dann hätte sie dieses Mal gute Chancen.

Auch inhaltlich enthält sie wieder die erhoffte »bunte Mischung«. Aus Haiti wird über das Geschäft mit den »lebenden Toten« berichtet – über Menschen, denen man einredet, sie seien »Zombies«, um sie zu versklaven. Sibylle Steiner schreibt auf einer Doppelseite über Friedrich Fröbel, den Begründer des Kindergartens. Auf der Seite 18 wird man zum Besuch einer Zierfischbörse mitgenommen. Außerdem gibt es all die vielen kleinen Beiträge vom Sport, von der Außenpolitik, Gartentips und Kochrezepte im Ratgeberteil. Der Rechtsratschlag beschäftigt sich mit dem Kindergeld. Auch über die Herstellung von Tapeten aus Altpapier erfährt man etwas. Vom VI. Interpretenwettbewerb der DDR-Unterhaltungskunst wird berichtet. Der Rezensent Bernhard Hönig lobt Angelika Mann und die Gruppe »Obelisk«.

Zu erwähnen ist, daß seit dem Vorjahr die Kolumne, der Leitartikel auf Seite 3, abgeschafft worden ist. Das ist nach einer langen internen Debatte geschehen. Mehr und mehr haben wir uns in die Zwangslage gedrängt gesehen, in der Kolumne die gerade aktuellen politischen Thesen wiederzukäuen. Der Kreis der Leitartikelautoren hat zunehmend die Lust daran verloren, offizielle Sprachregelungen mühsam in eine verständliche Sprache zu übersetzen, da ja wirklich eigene Sichtweisen zu den zentralen Themen kaum mehr zu präsentieren waren. So entstand die Idee, an dieser Stelle allwöchentlich ein aktuelles Interview zu drucken. Rechts oben am Rand der Seite 3 stehen nun unter den zwei Zeilen »GESPRÄCHS-PARTNER« das Foto des Befragten und ein paar biografische Daten. Gemeinhin nimmt dieses Interview nur die obere Hälfte der Seite ein. Aber in der *Wochenpost* vom 16. April 1982, von der hier die Rede ist, wird die Regel durchbrochen. Überaus ungewöhnlich, daß das Gespräch ganze zwei Druckseiten füllt. Das hat seinen Grund, eine Vorgeschichte und ein Nachspiel.

Der XII. Bauernkongreß der DDR steht bevor, weshalb auf die Probleme der Landwirtschaft etwas genauer eingegangen wird. Auf einer Tagung des Zentralkomitees der SED ist die Bemerkung gefallen, man könne »das Getreideproblem in seiner Rangordnung durchaus mit dem Erdölproblem vergleichen«. So wie es eine Ölkrise gab, könne es auch eine Getreidekrise geben, was Konsequenzen für die Landwirtschaft der DDR hätte. Dazu also ein Gespräch mit jemandem, der möglichst »hoch« angebunden ist.

Wir fragten bei dem für Landwirtschaft zuständigen ZK-Sekretär und Politbüromitglied Werner Felfe nach. Die Zeit verging, und eines schönen Tages ließ Felfe mitteilen, er selbst wolle kein Interview geben, würde aber vorschlagen, den Präsidenten der Akademie der Landwirtschaftswissenschaften der DDR, Professor Rübensam, zu befragen. Unser auf Landwirtschaft spezialisierter Redakteur Ingo Preußker und ich marschierten also mit einem Rekorder in die Akademie und führten ein sehr langes und durchaus instruktives Gespräch. Rübensam sagte Sätze, die uns beiden manchmal schier den Atem raubten. Er äußerte Dinge, die nach bisherigem Verständnis in die Kategorie von Staatsgeheimnissen fielen. Zum Beispiel: »Wir haben in den letzten Jahrzehnten eine landwirtschaftliche Nutzfläche eingebüßt, die dem ganzen Bezirk Leipzig entspricht.« Oder: »In der Landwirtschaft ging die Zahl der Arbeitskräfte in den letzten drei Jahrzehnten auf 38 Prozent zurück ...« Es gebe zuviel schwere körperliche und manuelle Arbeit, »vor allem in der Tierproduktion, wo noch immer 70 Prozent der Tiere in herkömmlichen Ställen gehalten werden

Keine Ahnung!
Es handelt sich um die Reportage »Seid türlieb« in Nr. 45/82. Ich zitiere: »... alle sechzehn oder siebzehn Jahre alt – reden beim Spachteln ... über Türen wie andere ihres Alters über Jeans und Frank Schöbel«. Solche Weltfremdheit hat mich irgendwie umgehauen. Jedenfalls hat eine Blitzumfrage bei Mädchen dieses Alters folgendes Ergebnis gehabt: »Geredet« über Frank Schöbel hat noch keine von ihnen, weil die einen überhaupt nicht wissen, wer das ist, und diejenigen, die seinen Namen kennen, für diesen Oldtimer nur ein müdes Lächeln übrig haben. Meiner Meinung nach verbirgt sich dahinter Wunschdenken oder Schönfärberei – so ein bißchen Darstellung einer heilen Pop-Szene DDR, die es aber nun einmal im Bewußtsein des übergroßen Teils der Jugend nicht gibt.
*Brief von
Joachim G., Altenburg,
(November 1982,
unveröffentlicht)*

30 Jahre LPG –
Steigerung der Agrarproduktion (in Prozent)

GETREIDE	SCHLACHTVIEH	MILCH	EIER
100 → 165	100 → 460	100 → 340	100 → 950

Um des guten Eindrucks willen erschien diese Grafik auf der Interviewseite mit Prof. Rübensam. Die Statistik stimmte.

GESPRÄCHS-PARTNER

Erich Rübensam
Präsident der Akademie der Landwirtschaftswissenschaften der DDR (AdL)

Unser Gesprächpartner sagte in dem Interview: »Der Vorteil der Weide besteht darin, daß die Tiere selbst das Futter aufnehmen, unmittelbar und fast ohne Verluste. Aber dazu gehören wieder Voraussetzungen. Man kann die Tiere nicht einfach aus den Ställen treiben. Es müssen Weidezentralen vorhanden sein, man braucht an Ort und Stelle Tränkwasser. Wenn das Wasser erst auf die Weide gefahren werden muß, dann verbraucht man mehr Diesel, als wenn das Futter in die Ställe transportiert wird. Eine zweite Reserve ist die Gewinnung von Heu. Es sind eine Reihe von Voraussetzungen zu erfüllen, um das Heu mit möglichst geringen Verlusten zu gewinnen. Wenn zum Beispiel beim Trocknen 30 bis 40 Prozent der wertvollsten Bestandteile des Futters verloren gehen ..., dann kommt nur halbes Stroh in die Krippe.«

müssen«. Rübensam forderte, man müsse etwas für die Reproduktion der Arbeitskräfte in der Landwirtschaft tun. Man brauche mehr moderne Technik. Fünfzig Prozent des landwirtschaftlichen Endprodukts bestehe aus Vorleistungen anderer Zweige der Volkswirtschaft. Dort müsse man sich endlich dieser Verantwortung bewußt werden. Es gebe schwere Versäumnisse bei der Beachtung der »vielseitigen Wechselwirkungen zwischen Boden, Pflanze und Tier« – im Klartext: Die Umwelt geht womöglich zum Teufel, wenn so weitergemacht wird. Der Problemkatalog ging bis ins Detail. Es gebe keine Alternative zur Silierung von Viehfutter, sagte Rübensam, und auch »keine Alternative zur Abdeckung der Silage mit Folien, um den Nährwert des Futters zu erhalten. Wir haben in den letzten Jahren ein großes Silobauprogramm realisiert, um von den Erdsilos wegzukommen, bei denen die Verluste 40 bis 50 Prozent ausmachen. Aber wenn wir die Silostapel nicht luftdicht abdecken können, dann erreicht das ganze Bauprogramm nicht sein gestecktes Ziel.«

Die Brisanz dieser Äußerungen des Akademiepräsidenten wird wohl nur ermessen können, wer sich ein wenig in den damaligen Verhältnissen auskennt. Hier wurden Dinge erstmals ausgesprochen, die bis dahin als streng tabu gegolten hatten. Als wir den Rekorder ausschalteten, holten Ingo Preußker und ich tief Luft und fragten: »Und das können wir veröffentlichen?« – »Ja«, sagte Professor Rübensam.

Die *Wochenpost* vom 16. April 1982 ist kaum erschienen, da meldet sich in der Redaktion das »Büro Mittag«. Der ZK-Wirtschaftssekretär Günter Mittag, der fast unumschränkte Diktator über die DDR-Volkswirtschaft, regierte unter Umständen auch über den Kopf des für die Agitation verantwortlichen ZK-Sekretärs Joachim Herrmann hinweg in die Zeitungen hinein. Er donnerte los: Wie wir dazu kämen? Wer das erlaubt hätte? Wer es »abgesegnet« hätte? Und die finstere Drohung: Wir würden noch hören!

Interessanterweise »hören« wir nichts mehr. Bis wir eines Tages durchschauen, was da gelaufen ist. Der (1988 verstorbene) ZK-Landwirtschaftssekretär Werner Felfe lag zu dieser Zeit in einer Art Dauerclinch mit Mittag. Es gab vielfältige Interessenkollisionen. So hatte Mittag sich geweigert, der Forderung nach einer besseren Belieferung der Landwirtschaft mit Abdeckfolien für die Futtersilos zu entsprechen. In dieser Situation ist unser Interviewwunsch Felfe gerade zupaß gekommen. Rübensam erhielt den Auftrag, mit uns zu reden, bekam auch die nötige Rückendeckung. So wurde auf dem Rücken der *Wochenpost* eine Fehde zweier Mitglieder des Politbüros ausgetragen.

Die »Firma« in der Redaktion

Ein Aktenvermerk des Ministeriums für Staatssicherheit enthält die Feststellung: »Die Zusammenarbeit mit der Presse wurde verstärkt. In ›horizont‹, der ›NBI‹, der ›Wochenpost‹, der ›technischen gemeinschaft‹ erschienen mehrere längere Beiträge zur Entlarvung der Praktiken imp(erialistischer) Geheimdienste aus Geschichte und Gegenwart.« Außerdem seien in zahlreichen Medien Beiträge zur Würdigung »ehemaliger Kundschafter und verdienter Mitarbeiter des MfS« veröffentlicht worden, darunter »in der ›Wochenpost‹ über Gustav Szinda«.[84]

In der Tat ist es in den mehr als drei Jahrzehnten *Wochenpost*-DDR-Geschichte durchaus vorgekommen, daß das Ministerium für Staatssicherheit Material zur Veröffentlichung anbot, wie es auch die Pressestelle des Verteidigungsministeriums zuweilen tat.

Die entsprechenden Materialien schickte die Stasi-Pressestelle[85] dann direkt an den Chefredakteur. Sie konnten benutzt werden, mußten es aber nicht unbedingt. Eine Durchsicht der *Wochenpost*-Jahrgänge bringt nur sehr selten dergleichen ans Licht, was vor allem damit zu tun hat, daß es sich in der Regel nicht um journalistisch spannende Hintergrundinformationen handelte, sondern um vordergründige Polit-Agitation.

Artikel aus der Normannenstraße sind für den Eingeweihten an Kleinigkeiten zu identifizieren, an Autorennamen beispielsweise, an etwas merkwürdigen Pseudonymen. Die im Sommer 1955 erschienene Fortsetzungsserie über den westberliner Rundfunksender *RIAS*, in der genüßlich Interna oberhalb und unterhalb der Gürtellinie ausgebreitet wurden (»Von ***«), kam fraglos von der Staatssicherheit. Desgleichen wurde das Material für die 1959 gedruckte Spionagestory »Gruß von Jupp« vom Ministerium für Staatssicherheit zugeliefert. Schließlich arbeitete »Georg Winter«, der Autor des in der *Wochenpost* vom 26. Juni 1987 nachzulesenden Artikels mit der bedeutenden Überschrift »Sumpfblüten am Main«, zweifellos in der Normannenstraße oder wo auch immer die Agitatoren des MfS ihren Sitz haben mochten. Dieser Artikel enthielt zahlreiche intime Details (echte? Zwecks Desinformation erfundene?) über die Internationale Gesellschaft für Menschenrechte, die – so der Artikel – »dem Ansehen der DDR auf jede nur denkbare Weise zu schaden« versuche und die ein »Überbleibsel des kalten Krieges« sei.

Wie geht es Otto John?
Frage: Herr Dr. John, Sie sind nun schon über ein Jahr in der Deutschen Demokratischen Republik. Wir hätten gern gewußt, wie es Ihnen persönlich geht.
Antwort: Es ist rührend, daß Sie sich mit Ihrer ersten Frage nach meinem persönlichen Befinden erkundigen. Die allermeisten der Menschen, die mich ansprechen, möchten von mir irgendwelche Sensationen, »Geheimnisse« oder »Enthüllungen« erfahren. Aber die Antwort auf Ihre Frage kann ich nicht auf eine Formel bringen. Was die äußeren Umstände angeht, so geht es mir durchaus gut ... Aber der Mensch lebt nicht von Essen und Trinken allein! (...) Mir persönlich wird erst dann wieder wirklich wohl zumute sein, wenn die Wiedervereinigung verwirklicht ist.
Interview mit dem Ex-Präsidenten des Bundesamtes für Verfassungsschutz, Dr. Otto John
Wochenpost 7.10.1955

Dieser Artikel erschien in der Wochenpost vom 3. März 1956

EIN TATSACHENBERICHT VON ***
(Alle Rechte vorbehalten)

Es hat in all den Jahren meines Wissens nur einen einzigen Fall gegeben, in dem die Staatssicherheit direkt in unsere redaktionelle Arbeit eingegriffen hat. Das geschah anläßlich einer Folge von *Wochenpost*-Veröffentlichungen über das legendäre Bernsteinzimmer. Zu denen waren wir zunächst mehr oder weniger durch einen Zufall gekommen. Ein Artikel, den die polnische Presseagentur Interpress verbreitete, fand das besondere Interesse unseres Kollegen Hans Pollak. So geriet der Beitrag auf die von Pollak betreute »Kaleidoskop«-Seite im Umschau-Teil. Randtext: »Suche nach dem Bernsteinzimmer geht weiter.« Das Bernsteinzimmer, ein Geschenk des preußischen Königs an Zar Peter den Großen, war im 2. Weltkrieg von der Naziwehrmacht in Puschkino bei Leningrad abgebaut und nach Königsberg in Ostpreußen gebracht worden. 1944 verlor sich dort die Spur dieses einzigartigen Kunstwerks. Seither wurden immer wieder Theorien aufgestellt, wo es abgeblieben sein könnte, zu viele Theorien, als daß sie hier auch nur aufgezählt werden könnten. Der Artikel in der *Wochenpost* vom 2. August 1974 fügte den Geschichten eine neue hinzu: Der Schatz hätte sich möglicherweise auf dem am 30. Januar 1945 von einem sowjetischen U-Boot versenkten deutschen Schiff »Wilhelm Gustloff« befunden. Polnische Taucher wollten nun zu dem in 60 Meter Tiefe liegenden Wrack vordringen, um dort nach dem Bernsteinzimmer zu suchen.

Mit diesem Artikel bereicherten wir die große Zahl von Spekulationen um eine neue Variante und heizten zugleich die Phantasie unserer Leser an. So erreichten uns zahlreiche Briefe mit neuen Vermutungen, die im Februar 1975 in einem weiteren Artikel auf der »Kaleidoskop«-Seite zusammengefaßt wurden. Was uns erneut Zuschriften bescherte.

Während die polnischen Taucher noch immer versuchten, zur »Wilhelm Gustloff« vorzudringen, lenkten uns die Leser nach Sachsen, ins Erzgebirge, zu stillgelegten Bergwerken und aufgegebenen Schächten. Hans Pollak hatte von der Chefredaktion freie Hand, die Dinge voranzutreiben, vielleicht würde am Ende ein umfangreicher *Wochenpost*-Artikel über den erfolgreichen Abschluß der Suche stehen. Schon war Kontakt mit der Bergbehörde aufgenommen, die ja ihre Zustimmung zum Aufsuchen alter Schächte geben mußte und die auch auch über das notwendige Kartenmaterial verfügte, schon zeichnete sich ein Termin für Schachtbegehungen gemeinsam mit den hinweisgebenden Lesern ab, da erhielt die Redaktion eine – na, sagen wir mal – Einladung. Wir wurden sehr freundlich gebeten, mit dem von uns gesammelten Material zum Thema Bernsteinzimmer ins Ministerium für Kultur zu kommen, das sich logischerweise für dieses Kulturgut interessiere.

Hans Pollak und ich trafen im Kulturministerium einen freundlichen Referenten, der zunächst unverbindlich mit uns plauderte, bis ein anderer Mann das Zimmer betrat, zweifelsohne auch von einem Ministerium, aber von einem anderen. Der sagte mit dürren Worten, wir würden sicher verstehen, daß es sich bei der Angelegenheit um Dinge höchster Wichtigkeit und Vertraulichkeit handele, daß sodann die Redaktion der *Wochenpost* technisch überhaupt nicht in der Lage sei, die erforderlichen Sucharbeiten durchzuführen, sondern dies die Obliegenheit seines Ministeriums sei. Kurzum, er »erbitte« alles von uns gesammelte Material und wolle auch künftig alle noch eingehenden Hinweise auf andere mögliche Verstecke des verschollenen Zimmers mitgeteilt erhalten. Wenn sich etwas Greifbares ergebe, werde der *Wochenpost* als erster Zeitung exklusiv die Berichterstattung zugesichert. Sprach's, griff unsere Materialien, verabschiedete sich höflich und ging.

Erst nahezu zwanzig Jahre später erfuhren wir den Hintergrund zu dieser »Begegnung der dritten Art« im Ministerium für Kultur am Molkenmarkt in Berlin. Eine Akte aus dem Bestand der Staatssicherheit wurde veröffentlicht.[86] Es war ein Brief des Stasi-Generalmajors Mittig an Minister Mielke vom 28. Januar 1976. Er begann mit den Worten: »Bezugnehmend auf den Brief des Leiters der BV (Bezirksverwaltung) Dresden, Generalmajor Markert, wurden Maßnahmen der Zeitung *Wochenpost* bekannt, die bisher ohne Kenntnis und Konsultation mit dem zuständigen Ministerium für Kultur erfolgten.« Es ist schon verblüffend, daß die Staatsicherheit ein Jahr gebraucht hatte, ehe sie von unseren »Maßnahmen« erfuhr. Mittig schlug nun Mielke vor, das Ministerium für Kultur »als zuständiges verantwortliches Organ zum Sachstand« zu informieren. Sodann sollte eine kleine Arbeitsgruppe aus den Vertretern der zuständigen staatlichen Stellen, so unter anderem der Obersten Bergbehörde, gebildet

»Merkwürdige Briefe«
Frau Braunsdorf hatte lange Jahre gehofft, doch noch etwas von ihrem im Krieg vermißten Gatten zu hören. Diese Hoffnung gab ihr jetzt den Glauben ein, daß der Unterzeichner des Briefes vielleicht ein ehemaliger Kriegskamerad ihres Mannes sei. (...) Sie fuhr nach Westberlin und rief dort die angegebene Nummer an. Eine halbe Stunde später saß sie in einem Personenwagen und fuhr nach Zehlendorf. Der Wagen hielt vor einer hübschen Villa ... Frau Braunsdorf merkte sehr wohl, daß ihr Gesprächspartner Amerikaner war. (...) Welcher Art dessen Interesse war, stellte sich sehr schnell heraus, als er seine Besucherin nach Informationen über sowjetische Truppen in der DDR ausfragte. Unverblümt forderte er sie dann auf, für ihn Spionage zu betreiben ... Frau Braunsdorf lehnte empört ab.
M.S. in
Wochenpost 16.6.1956

Kennwort Paris
Die FDJ-Gruppe des Ministeriums für Staatssicherheit setzte sich ganz besonders für unsere kleinen französischen Gäste ein. Ihre Sammlung erbrachte bisher 4.700,– DM.
Wochenpost 22.6.57

Rias Digest
Oft genug ist der Rundfunk im Amerikanischen Sektor als Lügenfabrik entlarvt worden. Unsere Leser sind auch über seine Ziele und Hintermänner informiert. Heute beginnen wir mit einer Veröffentlichung über einige prominente Mitarbeiter der amerikanischen Rundfunkstation, deren Leben und Lebenswandel genau zu der von ihnen verrichteten Arbeit paßt.
»R. Digest« lautete das Pseudonym des Autors in Wochenpost 9.3.1957

Wie geht's Heinz Felfe?
Frage: Allzuviel wurde ja über Sie bisher in der DDR nicht bekannt.
Antwort: Das liegt einfach daran, daß Fälle wie meiner, wie nachrichtendienstliche Tätigkeit überhaupt, gewöhnlich sehr diskret behandelt werden. Außerdem hatte ich selbst kein Interesse an Publizität. Jetzt bin ich natürlich da hineingeraten. Na schön, ich kann es nicht mehr ändern.
Interview mit dem Ex-Mitarbeiter des Bundesnachrichtendienstes, Heinz Felfe, der im Zuge eines Agentenaustausches 1969 in die DDR kam.
Wochenpost 6.5.1988

werden und: »Auf Grund des öffentlichen Interesses könnte in dieser Arbeitsgruppe ein Vertreter der Redaktion *Wochenpost* mitwirken.« Wesentlich aber vor allem: »Der BV Dresden wird die ständige operative Sicherung vor Ort übertragen.« Die Arbeitsgruppe wurde aber dann nur intern im MfS gegründet. Ein Vertreter unserer Redaktion hat niemals in so einem Gremium mitgewirkt. Aber die Stasi-Bezirksverwaltung Dresden hat jedenfalls so gut »ständig operativ gesichert«, daß sich das Thema für lange Zeit für uns erledigt hatte.[87]

Noch einmal, zu Silvester 1987, hatten wir das Bernsteinzimmer in der Zeitung, als wir über Suchaktionen in Westdeutschland berichteten. Den Beitrag hatte kurz vor seinem Tode Paul Enke geschrieben, der in einer Stasi-Sondergruppe arbeitete und dessen Buch »Bernsteinzimmer-Report« ein Jahr zuvor erschienen war.

Weshalb das MfS sich so sehr um die Sache bemühte? Der Staatssicherheitsoberst, der die Bernsteinzimmer-Aktivitäten koordinierte, sagte in einem Interview, Mielke habe ein persönliches Interesse an der Angelegenheit gehabt. »Trafen irgendwelche neuen Hinweise ein, gingen die sofort über seinen Tisch. Er hat sich nie über die Gründe geäußert. (...) Wahrscheinlich war es sein persönlicher Ehrgeiz, etwas gegenüber den Sowjets gutzumachen.«

Eine Redaktion konnte also durchaus auch Interesse bei der Stasi wecken, wenn es nicht um die Sicherheit des Staates ging. Im folgenden Fall erwies sich die Neugierde sogar als hilfreich. Anfang 1962 war *Wochenpost*-Redakteur Werner Hantke, der regelmäßig die russischsprachige Presse durchsah, in einer sowjetischen Zeitung auf einen Artikel gestoßen, der ihm wert schien, übersetzt und nachgedruckt zu werden. Es wurde darin die Geschichte eines deutschen Soldaten erzählt, der 1943, an der Ostfront zu den sowjetischen Partisanen übergelaufen und an ihrer Seite kämpfend, 1944 in Belorußland gefallen sei. Das sowjetische Blatt hatte auch ein Foto dieses Antifaschisten veröffentlicht, mörderisch schlecht gedruckt und deshalb beim besten Willen nicht reproduzierbar. So ließen wir für unseren Artikel »Alias Iwan Iwanowitsch« ein Porträt dieses deutschen Partisanen Fritz Schmenkel zeichnen.

Die Seite war längst vergessen, da erhielten wir zwei Jahre später eine Einladung. Der Parteisekretär der *Wochenpost* und ich als Bearbeiter der seinerzeitigen Partisanen-Seite mögen doch bitte in die Normannenstraße ins Ministerium für Staatssicherheit kommen. Wir gingen also in das Haus, wo die Türen beim Einlaß nur auf einer Seite Klinken besaßen, nämlich außen. Man geleitete uns in das Zimmer des Mielke-Stellvertreters Generaloberst Beater, bot uns einen Kaffee an, der Generaloberst holte ein Dossier vom Schreibtisch. Während wir uns mit dem Abdruck des Schmenkel-Artikels zufriedenge-

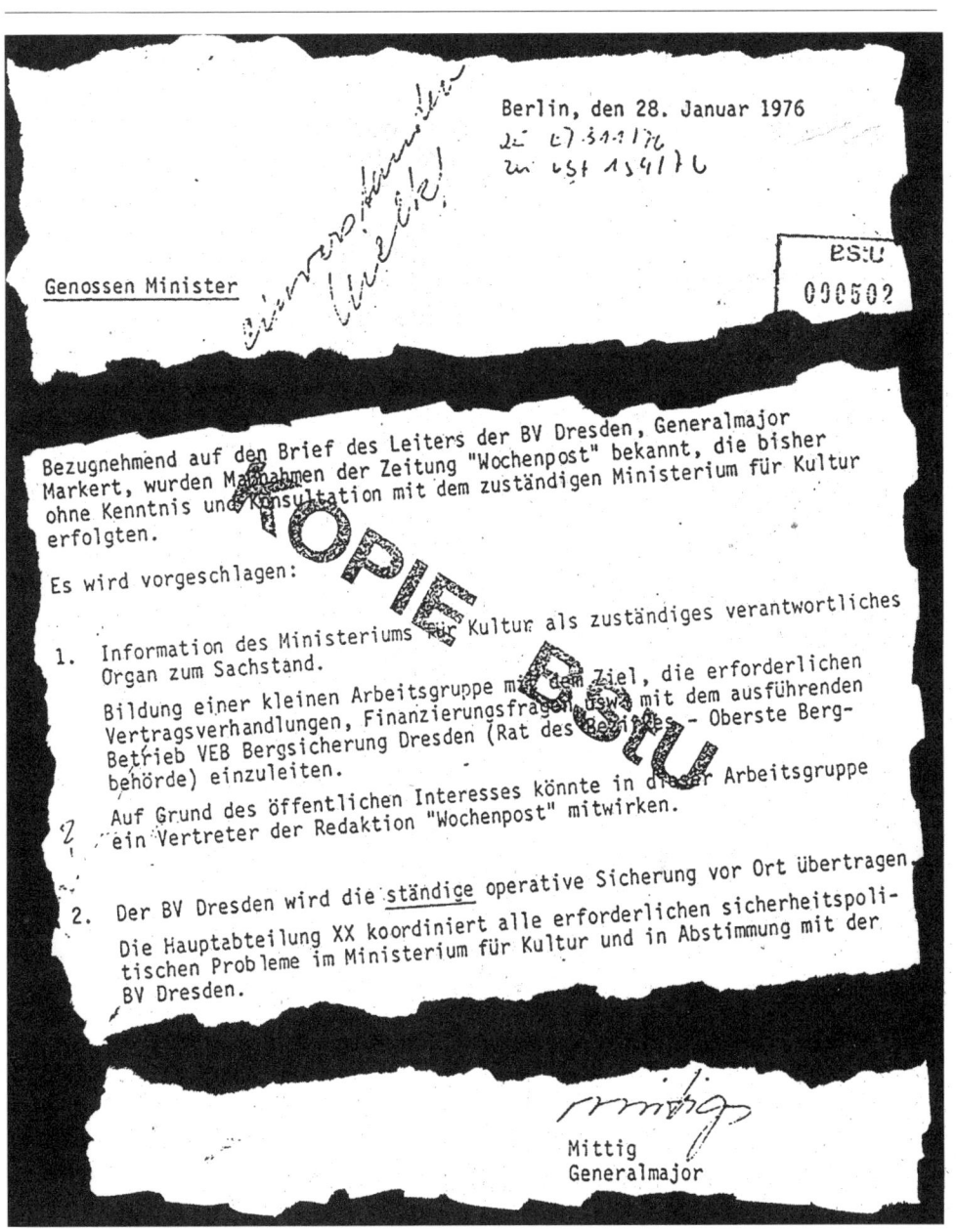

Eine Akte von 1976 aus der Gauck-Behörde: Es geht um das Bernsteinzimmer und die Wochenpost ...

geben hatten, waren die Rechercheure der Stasi tätig geworden. Warum, ist mir bis heute nicht klar. Was sie herausgefunden hatten, war nun allerdings wirklich überraschend.

Waren die sowjetischen Autoren des Artikels davon ausgegangen, Fritz Schmenkel sei bei einem Gefecht in Belorußland gefallen, so ermittelte die Staatssicherheit, daß er zusammen mit anderen Partisanen von deutschen Truppen gefangengenommen worden war. Die Nazis fanden seine wahre Identität heraus, ein

> **»Stasi in die Produktion«**
> Wir sollten die Auflösung des Staatssicherheitsdienstes überwachen und nach Möglichkeit auch ein wenig beschleunigen ... Was muß mit dem umfangreichen Aktenmaterial geschehen? Wo kriegt man es unter Verschluß? Schließlich müssen wir uns damit befassen, was mit denen geschieht, die dort entlassen werden. Wir sind der Meinung, daß auch diese ehemaligen Mitarbeiter eine Chance bekommen müssen. (...) Viele haben bei den Demonstrationen gerufen »Stasi in die Produktion«. Und heute wollen sich nicht wenige dieser sozialen Aufgabe verweigern. Das soll nicht sein. Wir müssen hier weitere Möglichkeiten finden.
> *Bischof Gottfried Forck im Gespräch mit der Wochenpost 6.4.1990*

deutsches Kriegsgericht verurteilte ihn zum Tode, er wurde hingerichtet. Die Familie Fritz Schmenkels war 1945 aus ihrer Heimat ausgesiedelt worden. Die Stasi spürte nun die Frau in Plauen auf. Schmenkels Sohn kontrollierte indessen als Unteroffizier am Berliner Bahnhof Friedrichstraße Pässe. Die Paßkontrolle lag bekanntlich in den Händen der Staatssicherheit. Gab es hier einen Zusammenhang mit den Recherchen?

Die Staatssicherheit veranlaßte, daß ein Gedenkstein für Fritz Schmenkel in der Gedenkstätte für die Opfer des Faschismus in Plauen aufgestellt wurde. Sie gab der *Wochenpost* »zuständigkeitshalber« nun alle relevanten Materialen zur Veröffentlichung. Mit Summerton öffneten sich für uns wieder die klinkenlosen Türen in der Normannenstraße. In der *Wochenpost* vom 10. Oktober 1964 erschien der zweite Artikel über »Iwan Iwanowitsch«. Ein Insider konnte erkennen, daß diese Seite aus dem Hause Mielke kam. Sie war unüblicherweise nicht mit einem Namen, sondern nur mit zwei Buchstaben unterzeichnet, zwei Buchstaben, die niemandem in der Redaktion zuzuordnen waren. Die Fotos dazu, ganz aktuelle Bilder der Familie Schmenkel, trugen den Vermerk: »Foto: Archiv«. Wessen Archiv?

Das Thema *Wochenpost* und Staatssicherheit wäre unvollständig, würde man ignorieren, daß »Horch und Guck« natürlich auch in den Redaktionen horchte und guckte. Die Zentrale Auswertungs- und Informationsgruppe des Ministeriums für Staatssicherheit konstatierte in einem geheimen Report vom 11. September 1989: »Besonders beachtenswert erscheinen vorliegende interne Hinweise, wonach journalistisch tätige Personen ihre Verbitterung über fortgesetzte administrative Entscheidungen der Abteilung Agitation/Propaganada des ZK der SED bezüglich der Qualität, der Eignung und der Nutzung von zur Veröffentlichung vorgeschlagenen Artikeln zum Ausdruck bringen. Dies erzeuge bei ihnen zunehmend das Gefühl, daß den Journalisten ihr Urteilsvermögen abgesprochen werde.«[88]

Eine Forschungsgruppe der Technischen Universität Dresden, die die Tätigkeit des MfS in einigen SED-Bezirkszeitungen (u. a. auch im Berliner Verlag) untersucht hat, ermittelte, daß in allen Redaktionen IM, also Inoffizielle Mitarbeiter, spitzelten. Allerdings seien es zahlenmäßig vergleichsweise weniger gewesen als in anderen Bereichen. Das hänge damit zusammen, daß die SED die Medien ohnehin so fest in der Hand gehabt habe, daß die Stasi-Überwachung nur noch dazu diente, gewissermaßen »ein Restrisiko auszuschließen«. Im Berliner Verlag saß ja auch ein offizieller Beauftragter der Staatssicherheit mit eigenem Zimmer und eigener bekannter Telefonnummer. Das IM-Netz in den Redaktionen betrieb die Stasi vor allem, um zu verhindern, »daß etwas anbrannte« – so die saloppe Formulierung eines an dem Forschungsprojekt Beteiligten. Die

Stasiakten würden für die Redaktion *Wochenpost* zwei IM mit Decknamen bezeugen.

Der westdeutsche Kollege, der nach der Wende neunzehn Redakteure der *Wochenpost* interviewt hat, formuliert als Fazit seiner Gespräche zum Thema Stasi, daß »trotz der Überwachung der Redaktion durch die Stasi mit Hilfe ihrer IM niemals irgendwelche Sanktionen erfolgten«. Er folgerte nicht ganz unzutreffend: »Protest ohne Demonstration wurde geduldet.«[89]

22. Juli 1983: Erich für Erich – Propheten unter sich

Klöppeln
Vielleicht hatten Sie während eines Urlaubs schon einmal Gelegenheit, dabei zuzuschauen, wie die geschickten Hände der Klöpplerinnen die Fäden verschränken, verzwirnen, drehen, kreuzen, verknüpfen und dabei die hölzernen Klöppel tanzen und klappern lassen. Nur so bekommt man eine Vorstellung von dem handwerklichen Können dieser Frauen. Über 600 Stunden braucht eine versierte Spitzenklöpplerin, um eine duftige, hauchzarte Decke für einen Wohnzimmertisch entstehen zu lassen ...
Wochenpost 8.7.1983

Die Überschrift ist unverfänglich: »Jenseits von Science-fiction«. Es handelt sich um eine ganzseitige Buchrezension, was ungewöhnlich ist. Der Buchumschlag ist abgebildet. Titel des Werks: »Ins nächste Jahrhundert. Was steht uns bevor?« Autor ist der emeritierte Hochschullehrer Erich Hanke. Hatte man der Redaktion den Beitrag verordnet, weil, wie hinter vorgehaltener Hand behauptet wurde, das Buch seit Erscheinen nicht gebührend zur Kenntnis genommen worden sei, der Verfasser aber in der Nazizeit mit Erich Honecker im Zuchthaus Brandenburg gesessen und diesen um Rückenwind gebeten habe? Das erschien glaubhaft. Schützenhilfe unter alten Kumpels ist auf dieser Welt so selten nicht.

Entsprechend groß aufgemacht war die Besprechung. Schon im Randtext wird der *Wochenpost*-Leser eingestimmt: »Fragen, auf die der Autor antwortet: Überlebt der Kapitalismus? Geht es ohne Revolution? Verliert die Arbeiterklasse ihre revolutionäre Potenz? Welcher Zeitraum trennt uns vom Kommunismus?« Und so weiter.

Die bestellten Rezensenten, zwei Mitarbeiter des Zentralinstituts für sozialistische Wirtschaftsführung beim ZK der SED, sind angesichts der Umstände jedoch relativ zurückhaltend. Sie beschränken sich auf die Wiedergabe des Inhalts und äußern sogar vorsichtige Bedenken (»... muß man sich fragen, ob mit den dargelegten Voraussetzungen wirklich das Wesen der Sache getroffen wird«). Sie entlassen den Leser mit der Feststellung: »Wir leben in einer außerordentlich bewegten Zeit, in einer Zeit großer revolutionärer Umwälzung.« Dem mag man irgendwie nicht widersprechen. Vor allem leben wir in einer Zeit zunehmender innerer Probleme, die weder benannt noch erwähnt werden sollen. Da macht sich die Flucht in Utopien besonders schön. Schließlich sagt die Rezension voraus, das Buch werde noch »Gegenstand vieler Diskussionen« sein.

Wie wahr. Ich erinnere mich an die bewegte Debatte in der Redaktionssitzung, in der diese Ausgabe der *Wochenpost* vom 22. Juli 1983 diskutiert wurde. Allgemeines Unbehagen über diese Seite 4. Was vorherzusehen gewesen war: Auch die Leser reagierten sauer. Ein Herr aus Marienberg schreibt, er habe sich nun das 1961 in der DDR erschienene Buch »Unsere Welt von Morgen« noch mal vorgenommen. Darin werde »auch aufgrund der bekannten Gesetzmäßigkeiten und Hauptlinien der Entwicklung sowie der Meßwerte, die sich aus dem bisherigen Aufbau und den neuen Wirtschaftsplänen im Sozialismus errechnen lassen, um ein paar Planperioden weiter gedacht als üblich«. Der Leser zitiert aus dem älteren Werk: »1986 wird das Durchschnittseinkommen des einzelnen 3 000 bis 5 000 Mark betragen.« Man schreibe von »unübersehbarer Warenfülle« und prognostiziere, Polen werde bis 1965 Frankreich und Italien wirtschaftlich überholen und Nordkorea sogar Japan. »Nach dem von mir zitierten Buch«, meint der Leser, »war die Industrieproduktion 1956 in der UdSSR schon 10x höher als in den USA. Ich könnte noch viele Beispiele anführen, die ein Schmunzeln auf den Gesichtern hervorrufen würden.« Solle man da die neue Prophezeiung, die die *Wochenpost* vorstellt, etwa ernst nehmen?

Die Leser müssen sich glücklicherweise in dieser *Wochenpost* vom 22. Juli 1983 nicht mit verunglückten Utopien aufhalten. Sie werden in unterhaltendere Bereiche geführt. Ins tägliche Leben. Auf der dritten Seite befragt Ilse Bellmann einen Stadtschulrat in Rostock darüber, was sich die Stadt für die Kinder in den großen Ferien ausgedacht hat. Ein langer Beitrag befaßt sich mit der Rationalisierung im VEB Esda. Das könnte insofern auf Leserinteresse stoßen, als in diesem Betrieb die begehrten Strumpfhosen hergestellt werden. Dann wird die anhaltende Hitze beklagt: Die Trockenheit führe zu erhöhter Waldbrandgefahr. Der *Wochenpost*-Hausarzt äußert sich zu »Schmerzen nach der Operation«. Wir erfahren ferner, wie man Suppen mit Grieß- und Spinatklößchen kocht und wie man junge Vögel im Nest fotografiert. Im Gerichtsbericht geht es um eine gestohlene Lederjacke. Auch ein beachtliches kulturelles Angebot gibt es in dieser *Wochenpost*. Des 90. Geburtstags von Hans Fallada wird gedacht. Die junge Schriftstellerin Petra Werner wird auf einer ganzen Seite vorgestellt, desgleichen der Bildhauer Hans Brockhage. Ein langer Beitrag trägt die Überschrift: »Karl Marx und die Mathematik«, und da sind wir schon bei der offensichtlichen Geschichtslastigkeit des Blattes. Wolfgang Carlé blättert in der »Skandalchronik des Theaters« früherer Zeiten – Teil 4 einer Fortsetzungsserie. Auf einer der außenpolitischen Seiten wird des 200. Geburtstages des südamerikanischen Freiheitshelden Simon Bolivar gedacht. Sogar die Seite 18 geht in die Vergangenheit und folgt den Spuren von Caspar David Friedrich auf Rügen. Die Wissenschaftsredaktion erinnert an den 150. Todestag von Paul Anselm von Feuerbach, den berühmten Juristen, der sich so sehr um die Aufklärung des Mysteriums von Kaspar Hauser bemüht hat (ohne Genanalyse natürlich).

HOLZAUGE

Was? Wo? Wie?

(Kennzeichen ausschneiden und auf eine Postkarte kleben)

Ganz hinten im Blatt, mit dem Logo leicht zu finden: Die Ecke für die Rätselfreunde

Sicherheit hat grünes Licht
Wir fragen Sie heute: Wo ist es am sichersten, die Fahrbahn zu überqueren? Nennen Sie uns drei Möglichkeiten. Zehn Leser, die richtige Antworten einsenden, können wieder je 50 Mark und weitere zehn Leser je 20 Mark gewinnen.
Wochenpost 1.7.1983

DEFA-Stars und -Streifen

Bunt und großer Atem
Unsere Filmpalette muß bunt sein. Nichts gegen das »Ausweichen« in die Heiterkeit, in die freundliche Filmunterhaltung. Aber das Rückgrat unserer nationalen Produktion ist und bleibt der Gegenwartsfilm mit dem großen Atem unserer Zeit. Mit Erwartung sehen wir darum der Aufführung solcher Filme wie »Spur der Steine«, »Berlin um die Ecke« entgegen, die jeder auf seine besondere Art von der Größe unserer Anstrengungen, von der Wandlung des Menschen in der schöpferischen Unruhe unserer sozialistischen Gesellschaft erzählen ...
*Rosemarie Rehahn
Wochenpost 13.5.1966*

»Nach Rosemarie Rehahn konnte man sein Kinoprogramm einrichten.« So die traurig-wehmütige Bemerkung einer Leserin, als 1996 die *Wochenpost* endgültig aufgab. So haben viele empfunden.

Eine der Stärken der *Wochenpost* bestand in ihrer Kontinuität. Man mußte sich nicht ständig umgewöhnen. Siehe Rudolf Hirsch. Und siehe Rosemarie Rehahn. Wer einmal verstanden hatte, welches Rosemaries Maßstäbe waren, und diese dann auch akzeptierte, der konnte wirklich seine Kinobesuche nach ihr einrichten.

Sie hat, wo es angebracht war, uneingeschränkt gelobt. Zum Beispiel 1974 Simone von Zglinicki, die ihr Debüt in dem DEFA-Film »Für die Liebe noch zu mager« gab: »Da hat die DEFA einen Fang getan, präsentiert uns ein Leichtgewicht von leinwandfüllendem Talent, von mädchenhaftem Zauber, eine ganz Zarte, Zierliche, Winzige, dabei doch zäh und heftig und mit Augen, Augen rund voll Erwartung, voll Neugier aufs Leben: Simone von Zglinicki«, liest man in der *Wochenpost*. »Willkommen, Simone, auf der Leinwand, auf den Brettern! Und Glück auf den Weg.«

Sie hat feinfühlig kritisiert. 1980 beklagte sie in »Levins Mühle«, der kraftvollen Adaption von Bobrowskis Roman, »mißlungene Traumpassagen«, verglich mit dem Buch, bekannte im Tonfall des Dichters aus gemeinsamer ostpreußischer Heimat: »Aber na ja doch – aber na nein«, den »Zwiespalt der Rezensentin«, ihre »teilweise tiefe Unzufriedenheit«, und suchte zu ergründen, weshalb. Schrieb am Schluß des *Wochenpost*-Artikels: »Das Berliner ›International‹ meldet nach den ersten sechs Spieltagen: immer ausverkauft. Aber na ja doch.«

Sie besuchte für die *Wochenpost* regelmäßig die Filmfestivals in Karlovy Vary, Moskau und Westberlin, freute sich über die Erfolge von DDR-Filmen, interviewte die Großen der Leinwand, Yves Montand, Simone Signoret, Henry und Jane Fonda, Melina Mercouri, Liv Ullmann, Giulietta Masina, Lilli Palmer. Als 1979 auf der Berlinale der amerikanische Streifen »The Deer Hunter« lief, schrieb sie bitterzornig über »Das Lied vom braven Killer«. Es sei erdacht, »um My Lai, die Tigerkäfige, das ganze Vietnam-Syndrom aus geplagtem amerikanischem Bewußtsein zu verdrängen. Hier tut ein Film das Seine, um die gespaltene US-Nation patriotisch zu kitten, aber

Lilly Becher (links) und Rosemarie Rehahn.
Lilly Becher, die 1945 die Neue Berliner Illustrierte (NBI) mitbegründet hatte, war in den fünfziger Jahren oft als Autorin in der Wochenpost zu finden. Sie schrieb Kolumnen für die Seite 1, sie äußerte sich zu dem Thema »Waren Ehen früher glücklicher?« Vor allem aber brachte sie den Lesern Schriftsteller und ihre Werke nahe. So erschien in der Wochenpost ihr Porträt zum 80. Geburtstag von Thomas Mann.

das passiert nicht durch kritisches Selbstverständnis, sondern durch Verdrängung, durch Lüge.«

Vor allem aber ging es ihr um den Film in der DDR, um die Künstler, die Regisseure wie die Schauspieler. Wer sich die *Wochenpost*-Bände von fast vier Jahrzehnten hernimmt, kann mit Hilfe der Rehahnschen Artikel Biographien rekonstruieren. 1956 berichtete sie über die Dreharbeiten zur »Berliner Romanze« und über die Hauptdarstellerin, eine Novizin: »Sie ist 18 Jahre alt, hat mit gutem Erfolg eine Schule für Gebrauchswerbung absolviert und war gerade dabei, Schaufenster für die HO zu dekorieren – als es anders kam. Als sich Annekathrin Bürger um die Rolle der Uschi in dem Film beworben hatte, heulte sie, weil sie dachte, sie würde nie genommen.« Rosemarie Rehahn zitiert die Novizin: »›Und jetzt könnte ich wieder heulen – weil ich nur noch zwölf Drehtage habe, dann ist alles vorbei‹ ...« Vorbei? »Dann fängt's doch erst richtig an. Auf der Schauspielschule«, heißt es in der *Wochenpost*.

Genau drei Jahre später schrieb Rosemarie Rehahn über die Arbeit an Slatan Dudows Film »Verwirrung der Liebe«: »Im Atelier ist man hell begeistert von dem schwarzhaarigen, tempe-

Theaterskandale
»Egmont« wurde bei der Uraufführung nicht ausgepfiffen, »Wilhelm Tell« nicht niedergezischt. Dennoch entspannen sich um mehrere Werke Goethes und Schillers im späten 18. und im frühen 19. Jahrhundert haarsträubende Skandale. Sie fanden nicht in den Zuschauerräumen der Theater statt, sondern in Hofkanzleien und Amtsstuben, wo beamtete Zensoren darüber wachten, daß nichts Unschickliches oder gar Umstürzlerisches die Musentempel entweihe ...
Wolfgang Carlé
Wochenpost 15.7.1983

Das Resümee
Wie beschließt man ein Gespräch, das wie das unsere über Wochen und Wochen ging? ... Um keine Überschwenglichkeiten aufkommen zu lassen, vielleicht einfach so: indem man sein Hütchen lüftet vor den Lesern, vor ihrer Gescheitheit, ihrem Kunstverständnis, ihrem Engagement, ihrer Offenheit, ihrem Zutrauen zu sich, ihrem Vertrauen zu uns. Man lüftet sein Hütchen vor der Persönlichkeit, der Individualität, die hinter jedem der vielen Briefe stand. Man sagt: Auf Wiederlesen, verehrte Briefschreiber, verehrte Freunde!
Rosemarie Rehahn zum Abschluß der Leserdiskussion über »Solo Sunny«
Wochenpost 25.4.1980

Liebhaberbühne
Der junge Mann namens Schwabe wollte allerdings Kostüm- und Bühnenbildner werden. Plausibler Grund: Er hatte schon als Schulkind sein Puppentheater – Bühne, Kulissen, Akteure – selbst gefertigt, weil er die gekauften zu kitschig fand. Auf seiner Liebhaberbühne gab es komplette Opern (ohne Arien) und »Minna von Barnhelm« ohne Strich, ergo dreieinhalb Stunden lang; er sprach sämtliche Rollen selbst und duldete nicht, daß einer seiner Schulkameraden das Stubentheater verließ.
Ursula Frölich über Willi Schwabe
Wochenpost 15.3.1985

ramentvollen kleinen Ding, das zivil Angelica Dombröse heißt, irgendwo am Berliner Nordbahnhof zu Hause ist und als Stenotypistin arbeitet, weil sie von der Filmhochschule als untalentiert abgewiesen wurde.« Ach, die Domröse ist noch so unbekannt, daß die *Wochenpost* ihren Namen verstümmelt. Doch: »Angelica ist glücklich über ihre erste Filmrolle, glücklicher noch, daß sie studieren darf. Gleich wenn die letzte Klappe gefallen ist, geht's los. So war es damals vor drei Jahren auch bei Annekathrin Bürger.«

Die DDR hatte Stars, brauchte Stars. Rosemarie Rehahn tat das Ihre. Regelmäßig schrieb sie Schauspieler-Porträts eigener Art – Nahaufnahmen. Doch auch bei intimer Nähe immer mit Respekt.

1962 über Erwin Geschonneck: »Du siehst's ihm an: Der zieht den Kopf nicht ein, wenn der Wind bläst.« Dann 1974: »Aber da sei gleich bemerkt, daß der Schauspieler Geschonneck sich nicht zuletzt vermittels des *Neuen Deutschland* frisch und spannkräftig hält, indem er dasselbe höchst eigenfüßig aus dem Briefkasten die neun Stockwerke zu seiner Wohnung hinaufbefördert. Eine gesunde Beziehung zum Zentralorgan, wie sie in dieser Form nicht jeder nachweisen kann.« Und: »Er hat's gern, wenn die Leute auf der Straße ihn erkennen, in bestimmtem Fall sogar, wenn sie ihn verkennen, wenn ihm vor der Buchhandlung am Alex ein junges Mädchen begeistert einen Bücherpacken zum Signieren entgegenstreckt. Da weiß er, daß er wieder einmal Strittmatter ist, und fühlt sich geschmeichelt. Nicht nur, weil er selber Strittmatters Bücher liebt, sondern – weil jener immerhin sechs Jahre jünger ist.«

Überschrift eines Rehahn-Artikels in der *Wochenpost* vom 20. Januar 1962: »Die Entdeckung des Manfred Krug«. Die Rezension des Films »Auf der Sonnenseite« begann so: »Wir haben doppelten Grund zur Freude: Wir haben wieder ein DEFA-Lustspiel, über das man lachen kann. (...) Ein neues komisches Talent wurde entdeckt, noch dazu aus innerbetrieblichen Reserven (wie reich wir sind!): Manfred Krug, ein Kerl wie ein Baum und bei aller Kraftmeierei mit einer lieben, zarten Kinderseele. Dazu spielt er Gitarre und singt mit einer Stimme, die jede Schallplattenfirma elektrisieren muß (außer ›Amiga‹ vielleicht).«

Als die *Wochenpost* im Sommer 1969 Manfred Krug eine ganze Doppelseite widmete und ihn in den Fotos seiner Rollen vorstellte (als Parteisekretär Heyer in »Wege übers Land«, als Degenheld, Sänger, »verliebten Spötter« und als Fernfahrer), engagierte sich Rosemarie Rehahn: »Ich bin auch nicht so unbedingt sicher, daß der heutige Krug, der Nach-Heyer also, und frischgebackene Nationalpreisträger I. Klasse fortan und unanfechtbar auf erstklassigem Nationalpreisträgersockel verharren wird. Sicher bin ich nur, daß dieser einigermaßen schwer einzu-

ordnende Riesenbursche samt seiner Gitarre, samt seinem Jazz, seinen frechen, seinen innigen, seinen kämpferischen Liedern, samt seinen Degenhelden und Spaßvögeln, seiner raumgreifenden Lässigkeit, seiner doppelbödigen Naivität – seinem Talent und Charme, daß er samt und sonders und haargenau hierher gehört. Ausgerechnet hierher.«

Das war ihre durchgängige Haltung: Für gute Leute mußte Platz, mußten Betätigungsfelder in der DDR geschaffen werden. Ihre Arbeit gehörte zu diesem Land. Also engagierte sich Rosemarie Rehahn für diese Künstler und für ihr Werk. Sie forderte Unterhaltsamkeit ein und politische Wahrhaftigkeit. 1964 rezensierte sie den Konrad-Wolf-Film »Der geteilte Himmel« nach dem Roman von Christa Wolf. Sie erwähnte das Publikum, das in den Film strömte und das über den Film heftig diskutierte: »Ein Publikum macht auf sich aufmerksam, dessen Bedürfnisse, dessen intellektuelle Ansprüche offensichtlich von unserer

1969 fragte die Wochenpost ihre Leser: Wenn Sie drei Rosen hätten, wem würden Sie sie überreichen. Es kamen tausende Einsendungen, die veröffentlicht wurden. Besonders viele Leser-Rosen waren dem Schauspieler Erwin Geschonneck zugedacht. Wochenpost-Mitarbeiterin Christiane Landgraf überreichte sie ihm stellvertretend für die Einsender.

Charaktermaske
Arno Wyzniewskis Stärke beruht nicht darauf, heute als Tausendsassa, morgen als abgefeimter Bösewicht, als reiner Tor, als Schwächling oder Draufgänger zu brillieren, auch hält er wenig von der Kunst äußerlicher Verwandlung. Ein buntes Kostüm macht ihn nicht lustiger, sagt er, eine düstere Maske verleiht ihm keine tragische Größe.
Anne Braun über Arno Wyzniewski Wochenpost 21.6.1985

Besuch bei Krug
Wie begrüßt man einander nach so langer Zeit? Wenn der eine Manfred Krug heißt, jedenfalls mit schöner Beiläufigkeit, bloß kein Gewese, dazu ein Händedruck Marke Balla ... Ob ich das Gerät jetzt wohl einschalten darf, sozusagen loslegen mit der Arbeit? Wie bitte? Er, Krug, habe bisher schon alles als Teil unserer Arbeit angesehen. Time is money. Da haben wir DDR-Hinterbleiber ein neues Abc zu lernen. Später auf der Heimfahrt erfahre ich aus einem Krug-Porträt: »Im Normalfall redet er mit der Presse kein Wort, sofern er nicht dafür bezahlt wird.« Ich jedenfalls habe statt einer Rechnung ein dick belegtes Schinkenbrot bekommen – weil's beim Abschied nicht elf war, wie verabredet, sondern Mittagszeit.
Rosemarie Rehahn in Wochenpost 6.7.1990

Produktion bisher ungenügend berücksichtigt wurden. Wollen wir uns etwa darüber ärgern, daß Leute im Kino denken wollen und daß ein Film ihnen das gewünschte Vergnügen bereitet?« Bei der Aufführung des Films tauchten nun jene Kritiker wieder auf, »die seinerzeit in der Diskussion um Christa Wolfs Erzählung, deren tiefe Aufrichtigkeit sie verstörte, den kürzeren gezogen hatten. Vorauszusehen war auch, daß mancher, dem die ganze Richtung mißfiel, die begrüßenswerten geistigen Ansprüche des Films mit seinen kompositorischen Schwächen vermengen würde, um solcherart ›gerüstet‹, scharf die Frage nach der Volkstümlichkeit zu stellen.«

Von Sicherheit des Urteils und Beharrlichkeit ist zu sprechen. »Die Legende von Paul und Paula«, heute mit dem Prädikat »Kultfilm« geadelt, wurde von der DDR-Obrigkeit nicht gerade geliebt. Der 1973 von Heiner Carow gedrehte Film lief dirigiert unauffällig im Kino an, sollte tunlichst bald in der Versenkung verschwinden – weshalb die Rezension der Kritikerin Rehahn, eine Hommage an Carow, Domröse, Glatzeder, anweisungsgemäß in der Schublade verschwand. Während das Publikum die Kinokassen stürmte, versuchten die Pressewächter im ZK wenigstens das Medienecho zu zügeln: »Kein Wort mehr über ›Paul und Paula‹!« (Angemerkt sei, daß die Kollegin Rezensentin der Chefredaktion über Wochen und Monate hinaus diesen Akt der Willfährigkeit vor Fürstenthronen vorgerechnet hat.)

Indessen nutzte Rosemarie Rehahn jede Gelegenheit, den von ihr geliebten Film ins Gespräch zu bringen. Im Dezember 1978 eröffnete sie eine Drehreportage über Heiner Carows »Bis daß der Tod euch scheidet« mit der Bemerkung, es scheine, »daß die DEFA ihre Vorstöße in Richtung DDR-Alltag wieder aufgenommen hat. Mit solchen Vorstößen meine ich Filme wie ›Der Dritte‹, ›Die Legende von Paul und Paula‹, ›Ikarus‹, ›Bankett für Achilles‹ ...« Absätze später dann: »Es ist die Geschichte einer großen Liebe. Darin ähnelt sie der Legende von Paul und Paula.« Und da Angelica Domröse in Carows neuem Film in einer Nebenrolle mitspielte, konnte Rosemarie gleichsam nebenbei mitteilen, daß das Tanzkleid der legendären Paula, im DEFA-Fundus liebevoll gehütet, auf der Hochzeitsfeier im neuen Carow-Film mittanze. Ein Detail am Rande, aber in der *Wochenpost* eine listige Zwischenüberschrift! Ein Jahr darauf in der *Wochenpost* ein doppelseitiges Porträt Winfried Glatzeders mit dieser Sequenz: »Es wurde viel geschrieben und gesprochen über die Gestalt der Paula. Sprechen wir über Paul. Da gab es ein paar Mißverständnisse, vielleicht weil es dem Film nicht voll gelungen ist, den jungen karrierebewußten Referenten im Außenhandel in seiner Widersprüchlichkeit rundum erlebbar zu machen. Aber schon damals hieß es auf der Straße ›Hallo, Paul!‹, hatte das Publikum die Figur angenommen. (...) Paul, das ist der

Mehrfach gefragt: Schauspieler Alfred Müller – für Porträts, in Filmkritiken und als Akteur in »Prominente kochen«.

»Solo Sunny«
Genau getroffen, die harte Arbeitsatmosphäre und das leichte Kaputtgehen in der Unterhaltungsbranche, in der man schneller als woanders Geld machen kann. Eine Branche, die einem nicht als erstes einfällt, wenn vom Sozialismus die Rede ist, die aber den Alltag mehr beeinflußt als manches Zeitungsblatt.
Rosemarie Rehahn
Wochenpost 1.2.1980

Donna Quichotta
Die Erkenntnis von der Schwierigkeit bis Unmöglichkeit des Alleinsegelns ist dem Zuschauer allerdings schon runde hundert Filmminuten früher zugefallen als unserer Donna Quichotta ... Es tut mir leid, daß Film und Rezensentin aneinander vorbeigesegelt sind – zumal mir so was bei Zschoche noch nicht passiert ist.
Rosemarie Rehahn über den DEFA-Film »Die Alleinseglerin«
Wochenpost 17.7.1987

junge Erfolgsmensch, wie er durchaus auch aus sozialistischen Schulen und Hochschulen hervorgehen kann: Vor dem Facharbeiterzeugnis oder dem Diplom die Anmeldung fürs Auto in der Tasche, im Kopf die genaue Gehaltsgruppe, und unter den ersten Lebensregeln sind jene, was man in seiner Position zu tun, was besser zu lassen hat.« Und sogar noch 1980 in ihrer Rezension von »Solo Sunny« blieb Rosemarie Rehahn dran: »Eine wie sie haben wir auf der Leinwand noch nicht gehabt. Da gibt es den gleichen unbedingten Glücksanspruch wie bei der unvergessenen Paula aus der ›Legende‹ ...« Wenn das nicht aufsässige Beharrlichkeit war!

»Solo Sunny«, 1980 Konrad Wolfs letzter Spielfilm, gemeinsam mit Wolfgang Kohlhaase, ist genauso ein Film gewesen, dem in der *Wochenpost* andauernde, herausfordernde Aufmerksamkeit galt. »Ein überraschend schöner, ein schön überraschender Film, einer, auf den man nicht so recht gefaßt ist (jedenfalls nicht, wenn man die Zwanzig seit einigem überschritten hat)«, hieß es in Rosemarie Rehahns Rezension.

Leserecho

Ich weiß nur nicht, wieweit Hinterhausidyll und Künstlermilieu eventuell abstoßen bzw. befremden, wenn man es nicht aus eigenem Erleben kennt.
*Sabine P., Berlin
Wochenpost 15.2.1980*

... fragt man sich, warum Jahre ins Land gehen mußten, bevor man nicht nur Gegenwart darstellt, sondern sie realistisch gestaltet.
*Ralf S., Leipzig
Wochenpost 22.2.1980*

Nichts ist aus der Luft gegriffen, verstellt oder beschönigt, und man staunt, weil wir von der DEFA andere Filme gewöhnt sind.
*Anette H.,
Karl-Marx-Stadt
Wochenpost 7.3.1980*

Muß man sich da als Zuschauer nicht recht fade vorkommen, wenn man, anstatt allein zu leben, brav eine Familie gründet?
*D. S., Leipzig
Wochenpost 14.3.1980*

Ich meine, wir brauchen derartige Filme, die uns aufrufen, bei allen gesellschaftlichen Erfolgen nicht vor problematischen Erscheinungen die Augen zu verschließen.
*Roswitha B.,
Frankfurt (Oder)
Wochenpost 14.3.1980*

»Renate Krößner hat als Sunny ihre Rolle gefunden. Es ist ein durchaus neues DEFA-Gefühl, wenn sie mit langen, zu leichtem O-Schwung gerundeten Jeans-Beinen hochhackig, mit Hüftschwung, immer in Bewegung, immer unterwegs, durch den Film stöckelt. Da ist selbstbewußte Erotik, bekennerischer Sex, aber erst das spielerisch sich einmischende Quentchen Komik macht's.«

Es kamen eine Menge Briefe zur Rezension und zum Film, zehn Wochen lang wogte in den Spalten der *Wochenpost* der Streit der Meinungen. Das ging von bedingungsloser Ablehnung (»Kopfschüttelnd verließen wir das Kino. Einen normalen Sterblichen interessiert das ›Geschick‹ einer drittklassigen Schlagersängerin nicht. Wir haben andere Sorgen. Letzten Endes hat sich Sunny den Normen des Zusammenlebens nicht fügen können ...«) bis zu unbedingter Zustimmung. Viele Briefschreiber waren von dem Film vor allem angetan, weil sie in ihm Realität und Wahrhaftigkeit erkannten. »Nichts ist aus der Luft gegriffen, verstellt oder beschönigt, und man staunt, weil wir von der DEFA gelegentlich andere Filme sahen«, schrieb eine Leserin. Eine andere: »Ich meine, wir brauchen derartige Filme, die uns aufrufen, bei allen gesellschaftlichen Erfolgen nicht vor problematischen Erscheinungen die Augen zu verschließen.« Ein Soldat der Nationalen Volksarmee meinte, der Film sei Ausdruck lebendiger Realität im Staat DDR. »Da ist manches noch nicht so, wie es sein soll – manches gar häßlich. Das betrifft sowohl die Lebensumstände wie die Menschen, die damit fertig werden müssen.«

Solche Zuschriften belegen, daß in der DDR Filme nicht nur aus der künstlerischen Perspektive betrachtet wurden. Wie in der Literatur suchte man auch im Kino die Antworten, die die Zeitungen meist nicht gaben. So wurden Filme oftmals Gegenstand gesellschaftlicher Debatten, bei denen grundsätzliche Fragen der Lebensgestaltung erörtert wurden.

Auch die Leserbriefe zu »Solo Sunny« wurden veröffentlicht, und sie wurden in der Redaktion ernst genommen. Rosemarie Rehahn schrieb ein Schlußwort: »Woher dieses Interesse? Jedenfalls nicht aus der Ecke, auf die einschlägige Wirkungsforscher der Einfachheit halber zu deuten pflegen, wenn's im Kino mal voller ist. Nein, in Sunnys Bettecke tut sich nichts. (...) Wie wichtig ist diese Produktivkraft Sehnsucht für den einzelnen, wie wichtig für das Ganze? Was bedeutet die Lebenslust des einen für das Leben der Gesellschaft? Wie nötig hat der einzelne, wie nötig hat der Sozialismus dieses Sich-nicht-Abfinden mit Überholtem, Eingeschliffenem, Mittelmäßigem?« Stecken hinter den Schwierigkeiten, die manche Leute mit dem Film haben, »Schwierigkeiten mit einer Welt, die nur so heil sein kann, wie wir sie machen?«

Bei dem Kapitel Film und Schauspieler in der *Wochenpost*

möchte man auch an einen (heutzutage) gänzlich unüblichen Vorgang erinnern. Ein Porträt der Schauspielerin Barbara Dittus wurde auf der Titelseite der *Wochenpost* mit Foto und diesem Randtext angekündigt: »Die hat keine Allüren«. Das war nicht das Resümee unserer Kritikerin Rosemaie Rehahn, sondern ein Ausspruch der Brigade »Bertolt Brecht« im VEB Farben- und Lackfabrik Berlin-Weißensee. Die Arbeiter aus Weißensee hatten im Berliner Ensemble an Proben teilgenommen, mit anschließender »gemeinsamer Geselligkeit«. Zu diesem Ereignis, anmutend mittlerweile wie ein Märchen aus vergangener Zeit, zitierte die *Wochenpost* aus dem Brigadetagebuch: »Am 5.2.1974 besuchten wir das Berliner Ensemble und sahen uns die Theatervorstellung ›Omphale‹ an. Frau Barbara Dittus, die unsere Patenschaft übernommen hat, spielte darin die Hauptrolle. Nach der Vorstellung wurden wir von Frau Dittus in die Kantine zum Abendessen geladen. Anschließend gab es interessante Diskussionen über die Vielfältigkeit des Theaterlebens, über Spielweise, Dekorationen, Maskenbildner usw ...«

Kodderschnauze
Nee, diese ewigen Ulknudeln möchte sie nun wirklich nicht mehr spielen. Sonniges Gemüt mit Kodderschnauze, immer auf Trab in Sorge um andere, eine emsige Nervensäge, deren Betriebsamkeit manche Verwicklung heraufbeschwört. Sie habe bewiesen, daß sie das kann.
*Margot Zielinski über Agnes Kraus
Wochenpost 5.4.1985*

21. September 1984:
Körperkultur und Sport

Rand Seite 1
Vor 35 Jahren zog er aus, die Bretter, die die Welt bedeuten, zu erobern. Der Schauspieler Rolf Hoppe, Bäckerlehrling aus dem Harzstädtchen Ellrich, hat Leinwand und Bildschirm gleich mit erobert. Einer, der's geschafft hat? Er sagt: »Ich stehe jedesmal am Anfang. Es geht mit jeder Sache neu los.« Sein Weg nach oben war mit mehr Konflikten bedacht, als in manchem Drehbuch oder Stück zu finden ...
Wochenpost 21.9.1984

Das Rand-Logo zum 35. Jahrestag der DDR

Der Sport ist in der *Wochenpost* immer ein wenig Stiefkind gewesen. Weit hinten im Blatt führte er eine Art Aschenputteldasein. Kein Wunder: Über Jahrzehnte hinweg gab es in der Zeitung nur Chefredakteure, die sich nicht sonderlich für Fußball oder Radrennen zu interessieren vermochten. So hatte der langjährige Sportredakteur Herbert Gast kein leichtes Brot. Immer wieder mußte er mühsam seinen Platz verteidigen. Denn wenn irgendwo zusätzliche Seiten für einen Beitrag benötigt wurden, den man für besonders wichtig hielt, so wurde zuallererst die Sportseite geopfert.

Aber in der Ausgabe vom 21. September 1984 ist es anders. Eine Doppelseite Sport, gleich vorn, auf den Seiten 4 und 5. Grund zum Jubel für die Sportredaktion? Nein, wohl nicht. Denn am Rand der beiden Seiten steht ein Logo: »Zeitzeugen – DDR 35«. Mit anderen Worten: Da der 35. Gründungstag der DDR bevorsteht, müssen seit Wochen regelmäßig Beiträge auf diesen Feiertag hinweisen. Ob das immer zur Freude des Lesers geschieht – wohl kaum. Dennoch wurde versucht, dabei noch interessante Themen ausfindig zu machen und Artikel zu schreiben, die auch für sich standen und denen man dann nur die Marke »DDR 35« aufklebte.

In diesem Fall geht es um »Die erste Matrikel der DHfK«, sprich: der Deutschen Hochschule für Körperkultur und Sport in Leipzig. Die DHfK, 1950 gegründet, wurde zur »Medaillenschmiede« des DDR-Sports. Hier sind Olympiasieger und Weltmeister oder deren Trainer ausgebildet worden. Folgerichtig wird in der Randspalte festgestellt: »DDR-Sportler errangen bei Olympischen Spielen 157 Gold-, 147 Silber- sowie 141 Bronzemedaillen. Sie erkämpften bisher 547 WM-Titel und 433 EM-Erfolge.« So die Bilanz 1984.

Drei Studenten von 1950 werden in der *Wochenpost* vorgestellt. Da ist der Turner Peter Dobbertin, der später Generalsekretär des Turnverbandes der DDR wurde. Da ist Richard Buchmann, der Eishockey, Handball und Rugby spielte und sich dann für die Leichtathletik entschied, 1954 DDR-Meister im Hammerwurf wurde, in die Sportwissenschaft ging. Sein Fachgebiet: Biomechanik. Und die *Wochenpost* schreibt über Karl-Heinz Bauersfeld, der Trainer wurde, mehrere Leichtathletinnen zum Medaillengewinn führte und nun Prorektor für Wissenschaftsentwicklung an der DHfK ist.

Es wird an die Anfänge der DDR erinnert, an den Erwartungsdruck, der auf der ersten Studentengeneration lastete. »Die Absolventen sollten nach ihrer Studienzeit den akuten Lehrermangel an unseren Schulen beseitigen helfen, die DHfK verstärken, die Sportbewegung leiten, wissenschaftliche Grundlagen für die leistungssportliche Entwicklung legen«, heißt es in dem Artikel. »Jene erste Seminargruppe glich einem jungen Baum, von dem man erwartete, daß er, stärker und stärker werdend, seine Äste nach allen Richtungen ausstreckt."

Bleibt man bei den lyrischen *Wochenpost*-Tönen, ist festzustellen: Der Baum hat tatsächlich seine Äste ausgestreckt, und die erfolgreiche Arbeit der DHfK wird weit in die Sportgeschichte einer vereinten Bundesrepublik Deutschland hineinreichen.

Pure Langeweile enthalten die Seiten 2 und 3. Erich Honecker hat gerade Äthiopien besucht, Anlaß war der 10. Jahrestag des Sturzes von Kaiser Haile Selassie. Über dem Foto, das Honecker mit dem äthiopischen Machthaber Mengistu Haile Mariam zeigt, steht die Überschrift »Auf Kurs zum Sozialismus«. Die *Wochenpost* hat diese Zeile nicht erfunden. Die Redaktion hat diese Texte aus den Agenturmeldungen abgeschrieben. Als das in Druck ging, wußten die außenpolitischen Redakteure der *Wochenpost* natürlich, daß von »Kurs auf Sozialismus« keine Rede sein konnte, sondern daß das äthiopische Regime den Konflikt zwischen den beiden Supermächten nutzte, um sich Vorteile zu verschaffen, und daß sich an den Verhältnissen im Lande überhaupt nur sehr wenig änderte. Doch hier gab es keinerlei Handlungsspielraum für die Redaktion.

Zum Glück gibt es noch einige kürzere informative Beiträge in dieser Ausgabe, so die Rezension eines neuen DEFA-Films, die Vorstellung des Angebots der DDR-Plattenfirma Amiga im September mit einer LP von Elton John, einer von den Puhdys, einer MC vom American Folk Blues Festival ›82, einen Artikel über »Theorie und Prophylaxe durch Aerosole«, aktuelle Reports aus Nordirland, Chile, Kanada und den USA, eine Korrespondenz aus Rom über den Kampf um einen archäologischen Park. Dann enthält diese *Wochenpost* noch einen zweiseitigen Artikel über Rolf Hoppe. Rosemarie Rehahn schreibt »Ein paar Dinge, die ich von ihm weiß«, beginnend mit der FDJ-Laienspielgruppe in Hoppes Heimatort Ellrich bis zum Welterfolg mit dem Film »Mephisto«. »Der gute Bösewicht« lautet die Überschrift.

Ein Gespräch mit dem Direktor des Instituts für Infektionskrankheiten in Berlin-Buch über Masern und über das Programm der Schutzimpfung wird gedruckt. Die Seite 18 entführt in das Waffenmuseum in Suhl. Auf der danebenliegenden Seite 19 ein aktueller Bericht aus Guatemala und über den Kampf der Guerrilla-Bewegungen. »Das Verbrechen im Wadi

Die Randmarke der Sportseite

Rand Seite 8
Glaschemiker werden in der DDR nur in der Friedrich-Schiller-Universität Jena ausgebildet. Bisher absolvierten 140 Studentinnen und Studenten dieses Studium.

Rand Seite 10
»Es gibt kaum etwas Gefährlicheres als das Phantasiegebilde eines kontrollierten Kernwaffenkrieges mit Generalen, die wie Großmeister an einem Schachbrett die nukleare Eskalation festlegen. Wenn jedoch einmal die Atomschwelle überschritten ist, dann ist das Spiel aus.«
Prof. Dr. Arthur Schlesinger,
New Yorker Universität

Rand Seite 13
Der VEB Baureparaturen Schwedt hat 65 Kollegen in Berlin eingesetzt, 80 % von ihnen sind Jugendliche. Sie bauen in der Wilhelm-Pieck-, Gormann-, Christinen-, Lottum-, Angermünder und Zehdenicker Straße am Stadtbezirk Prenzlauer Berg und sind für Dächer, Fassaden und Außenanlagen zuständig.

302 21. September 1984: Körperkultur und Sport

Rand Seite 16
Keine harmlose
»Kinderkrankheit«.
Die Masern sind nicht
harmlos. In 6 von 100 Fällen führen sie zu Komplikationen: im Mittelohr,
an den Atmungsorganen
oder dem zentralen
Nervensystem ...

*Randtexte aus
Wochenpost 21.9.1984*

Tarfaoui«, eine – wie der Rand mitteilt – »klassische Abenteuererzählung von Karl May« in dritter Fortsetzung. (Man erinnere sich, daß Karl Mays Erzählungen lange Jahre in der DDR unerwünscht gewesen sind. Jetzt, da sie wieder erscheinen, werden die Buchauflagen der Nachfrage nicht gerecht, da findet die *Wochenpost* ihre Lücke.)

Es gibt mit Blick auf die anläßlich des Solibasars herausgegebene Rätselzeitung und eines Rätsellexikons die Mitteilung: »Achtung Rätselfreunde! Die *Wochenpost*-Rätselknüller und das Rätsellexikon sind restlos vergriffen. Bitte zahlen Sie kein Geld mehr ein. Wir bedanken uns für das große Interesse und bitten sehr um Verständnis.«

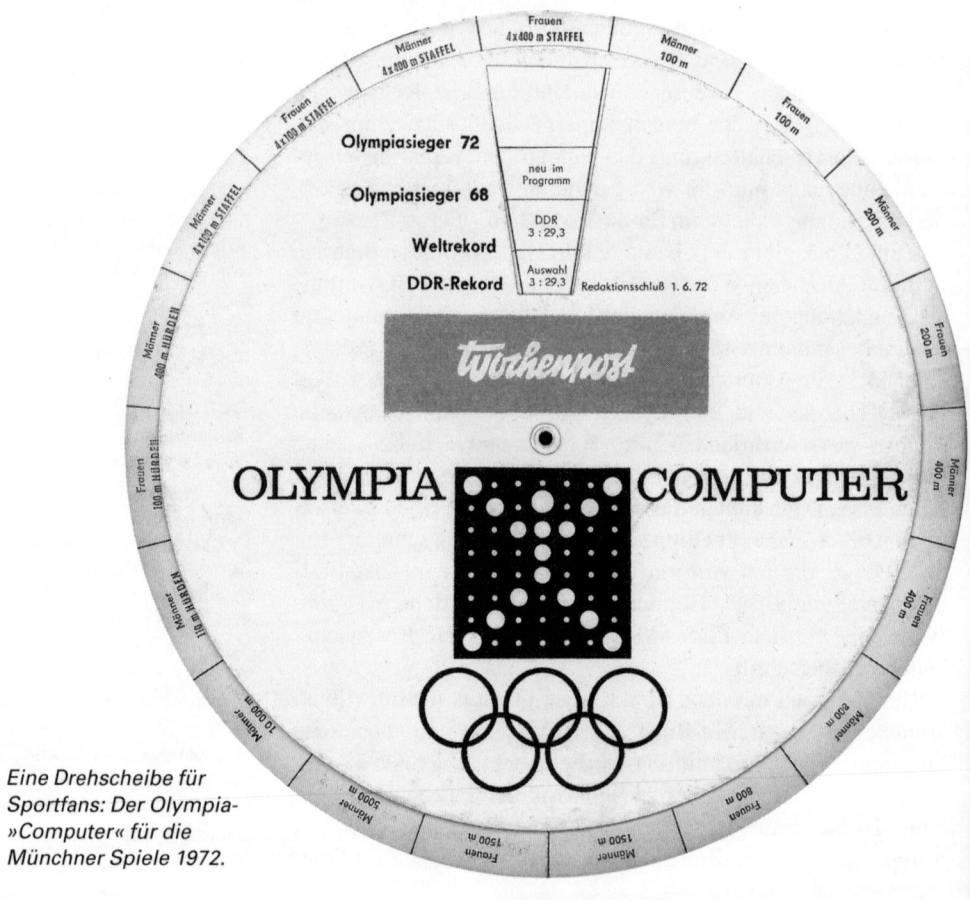

Eine Drehscheibe für Sportfans: Der Olympia-»Computer« für die Münchner Spiele 1972.

Ngoc Tan aus Vietnam und »Familie Silly« in der Kartothek

In der Neujahrsausgabe des Jahres 1975 erschien zum ersten Mal die »*Wochenpost*-Musik-Kartothek«, ein »Keller«, zumeist auf der Kultur-Umschauseite. Der Name war mit Absicht gewählt. Eine Rubrik zum Ausschneiden und Sammeln sollte die Schlagerfans ansprechen und an uns binden. In diesem ersten Kartothek-Beitrag wurden Monika Hauff und Klaus-Dieter Henkler vorgestellt, und damit wurden auch Prinzip und Schema vorgegeben: ein allgemeiner einführender Artikel über den Künstler, dann Repertoire und Erfolgstitel, wichtige Platten und Auslandsgastspiele aufgezählt, neue Vorhaben. Schließlich gab es stets eine letzte kurze Rubrik, die hieß »Standpunkt«. Bei Hauff und Henkler stand an dieser Stelle zu Neujahr 1975 zu lesen:»Politische Aussagen in der Tanzmusik sind möglich, aber Wirkung erreichen sie nur, wenn sie nicht plakativ, sondern realistisch, unaufdringlich und treffend sind. Außerdem muß der Interpret überzeugen.«

Beim retrospektiven Nachlesen sind diese »Standpunkte« vielleicht das Interessanteste an der »Kartothek«. Es gab Leute mit unmißverständlichen politischen Aussagen, was offiziellerseits gern gesehen wurde, andere beschränkten sich aufs Handwerkliche oder ließen persönliche Sorgen gucken. Veronika Fischer verlangte beispielsweise im März 1975: »Schlagerinterpreten müßten schon, bevor sie zur Ausbildung zugelassen werden, von Fachleuten gründlich geprüft werden. Und dann sollte die Ausbildung härter sein.« Die legendäre »Stern-Combo Meißen«, die im Juni 1976 in der Kartothek vorgestellt wurde, formulierte als Standpunkt: »Wir möchten künftig fast ausschließlich eigene Kompositionen und Bearbeitungen spielen und dabei eine Synthese zwischen Klassik, Soul und Jazz anstreben.« Carlos Santana wurde zitiert: »Wir geben dem Publikum alles, was wir haben.«

Immer wieder fand Nachwuchs in der Musik-Kartothek seinen Platz. Ende 1981 erschien der Liedermacher Stephan Krawczyk an dieser Stelle der *Wochenpost*, einige Jahre bevor er von der Staatsmacht aus der DDR ausgebürgert wurde. »Mit Halbwahrheiten und Belanglosigkeiten darf man seinen Zuhörern jedenfalls nicht kommen«, lautete sein Standpunkt, »wenn man sie gut unterhalten, das heißt auch: zum Nachdenken bringen will, wenn man will, daß sie sich in ihren Liedern wiederfinden, daß sie etwas mitnehmen, was ihnen im Leben hilft.«

Standpunkt Katja Ebstein
Mein Beruf erscheint mir nur dann interessant, wenn ich nicht nur die absoluten Hits singen, sondern auch, dem Publikum vertrauend, gedanklich anspruchsvolle Titel bieten kann.
Wochenpost 17.3.1978

Standpunkt Kurt Nolze
Mir geht es darum, das Publikum nicht nur zu unterhalten, sondern mich mit dem Publikum zu unterhalten. Dazu gehört, daß ich es als mündig begreife und behandle, daß es spürt, der da auf der Bühne denkt, fühlt, ist streitbar engagiert, ist einer wie wir.
Wochenpost 16.2.1979

Standpunkt Peter Maffay
Mich beunruhigen die Intoleranz, der Haß, das Konkurrenzdenken, die Überwachung, die Automation – eine Tendenz zum Inhumanen, die in unserer Welt die Oberhand gewinnt. Deshalb auch dokumentierte ich meine Haltung in der Veranstaltung »Künstler für den Frieden«, schließe ich mich den vielen an, die meine Ängste teilen und etwas dagegen unternehmen.
Wochenpost 3.6.1983

304 Ngoc Tan aus Vietnam und »Familie Silly« in der Kartothek

1980 stellten wir die »Familie Silly« vor (»Autogrammadressse: Tamara Danz, Seelower Straße«). »Vorbilder« wurden genannt: »Jeder in der Gruppe hat eigene, einig sind sich alle in der Unvoreingenommenheit und Achtung gegenüber allen, die gute Musik machen, welcher Art auch immer.« Und der »Standpunkt« der »Familie Silly« lautete: »Als relativ junge Gruppe wünschten wir uns, daß Fördermaßnahmen nicht erst einsetzen, wenn ein Solist oder eine Gruppe aus dem Gröbsten heraus ist, sondern zeitig, nämlich dann, wenn die organisatorischen und finanziellen Probleme am größten sind.«

Zu jeder Ausgabe der Musik-Kartothek gehörte eine Preisfrage. Drei Preise waren zu gewinnen, Geld für Amiga-LP nach Wahl und auch schon mal Autogrammfotos der vorgestellten Künstler. Frage: »Wer schrieb den Vers: ›Musik wird oft nicht schön gefunden, weil sie stets mit Geräusch verbunden‘?« An die 8 000 Einsendungen kamen jeden Monat zu Fragen, die gemeinhin intelligenter waren als die hier zitierte.

Am 11. September 1991 ist die Ostberliner Gruppe »Die Zöllner« vorgestellt worden. (»Standpunkt«: »Als Musiker hat man das Privileg, seine Befindlichkeiten an den Mann bringen zu können – wir machen das in unserer, der deutschen Sprache, und zwar deutlich, aggressiv.«) Es war die letzte Ausgabe der Musik-Kartothek. Sie trug die Nummer 679. Sechshundertneunundsiebzig (!) Berühmte und weniger Berühmte waren da präsentiert worden: Schlagersternchen, die nie über ihre erste Platte hinauskamen, Weltstars aus den USA, Sänger aus der Dritten Welt, von denen in der »Ersten Welt« arrogant niemand Kenntnis nahm – Ngoc Tan aus Vietnam oder eine Gruppe aus Madagaskar. Eine Preisfrage gab es in dieser Kartothek Nr. 679 nicht mehr.

Die sogenannte leichte Muse konnte unter Umständen ganz schön anstrengend sein. Es galt, auf »den Leser« zu schauen und auf die Leser, will sagen, es gab Empfindlichkeiten an der Spitze der DDR und Empfindlichkeiten beim Publikum, und manchmal waren es sogar die gleichen Empfindlichkeiten.

Als Anfang 1972 das DDR-Fernsehen erstmals einen »Kessel Buntes« präsentierte, war das sozusagen eine Haupt- und Staatsaktion. *Neues Deutschland* hatte im Gespräch mit Fernsehchef Adameck vorab die Lorbeeren verteilt. In der *Wochenpost* jedoch fand Hans Fassdaube (hinter dem Pseudonym verbarg sich John Stave) eine Menge zu kritisieren – harmlos alles, wenn man es heute liest. Es gab einen Protest der Abteilung Agitation und viele Proteste von Lesern (»Da bringt das Fernsehen endlich mal was Schönes, und die *Wochenpost* macht es madig«). Proteste von Lesern hatten wir schon einige Jahre zuvor auf uns gezogen, weil wir es in einem Artikel wagten, kritische Bemerkungen zur Operettenseligkeit von Franz Lehar zu machen.

Richtig ablachen
Wochenpost: ... was wollen Sie bewirken?
Helga Hahnemann: Die Leute sollen mal richtig ablachen! Sie brauchen das – es ist ja nicht wenig, was ihnen alle Tage abverlangt und manchmal auch zugemutet wird.

Solidarität mit »Silly«
Dann haben wir uns mal gegenseitig vorgespielt, was wir so machen, haben Erfahrungen ausgetauscht, wie wir's machen. Ich bekam einen Begriff davon, wie hart sie arbeiten, bekam durch sie eigentlich einen Zugang zur Rockmusik. Vor allem Tamara (Danz) imponiert mir – als Sängerin wie als Mensch. Wenn ich sehe, daß solche Leute unter Vorurteilen zu leiden haben – und »Silly« hatte! –, dann fühlt sich auch meine Solidarität aufgerufen. »Silly« liebe ich – doch nicht blind ...
Helga Hahnemann im Gespräch mit der Wochenpost 4.3.1988

Linke Seite:
Helga Hahnemann

Großverdiener
Ist es wahr, daß Schlagersänger soviel Geld verdienen und für jede verkaufte Langspielplatte 1,- Mark und mehr erhalten? Was machen die denn bei solchen Summen?
Zuschrift von
Willy P., Dresden,
(April 1975, unveröffentlicht)

Bemerkenswert im Februar 1987 war hingegen die Rezension einer Show im Berliner Friedrichstadtpalast, weil sie nicht auf unserem Mist gewachsen war. Zur 750-Jahr-Feier von Berlin war jemand der Idee verfallen, aus Paris das offensichtlich drittklassige Showprogramm »Bonsoir Paris« zu importieren. Die Kritik schwieg das Unternehmen weithin gnädig tot, worauf das ZK die Anweisung erließ, alle Medien hätten in Jubelstürme auszubrechen. Da habe man etwas für die Werktätigen nach Berlin geholt (ein Oben-Ohne-Ballett gar) und einen Haufen Devisen dafür ausgegeben, nun müsse das aber auch gebührend gewürdigt werden. So kam es auch in der *Wochenpost* zu einem Pflichtbeitrag, dessen Autor sich vernünftigerweise hinter einem Pseudonym verbarg.

Kleinere Mißfallensäußerungen der Abteilung Agitation hingegen zu unserem doppelseitigen Gespräch mit Helga Hahnemann. Die äußerte sich in einer Weise (und die *Wochenpost* druckte es), die Unmut erregte. Sie solidarisierte sich mit Tamara Danz und »Silly«. In einem solchen Falle gab es ein kurzes ärgerliches Urteil der ZK-Obrigkeit über die Hahnemann und das *Wochenpost*-Gespräch: »Die engagiert sich nicht genug.« Sollte sagen: Mit der macht mal besser keine Interviews mehr.

Bernhard Hönig (rechts), der jahrelang die Musik-Kartothek redigierte, beim Verkauf von Soli-Grafiken, hier an die Sängerin Veronika Fischer (links).

22. Februar 1985: Dagmars Lampe

Von Seite 1 bis Seite 24 muß diese Ausgabe richtig Spaß gemacht haben: viel Lesestoff, interessante Orte, interessante Leute. Und doch kamen so viele Protestbriefe zur *Wochenpost* vom 22. Februar 1985 wie sonst nur selten. Aber davon später.

Mal abgesehen von den beliebten Standards, vom Ratgeberteil mit den Rubriken »Zimmerpflanzen« (Zierspargel), »Selbst gebaut« (Tische für die Sitzecke), »Eltern raten Eltern« und »Ein Teller Musik« (zehn neue Amiga-Schallplatten werden vorgestellt), abgesehen von den üblichen drei Buchrezensionen (unlängst in der DDR erschienene Romane von Autoren aus Peru, Finnland und der Sowjetunion), abgesehen von Helmut Vogts Gerichtsbericht und Heinz Knoblochs Feuilleton »Mit beiden Augen«, von den Rätsel- und Humorseiten – von den drei Seiten mit kleinen Anzeigen will ich gar nicht reden -, abgesehen von alledem fallen zunächst die Seiten 4 und 5 ins Auge. Hier erscheinen seit vielen Jahren jene Reportagen, die die Redaktion für besonders wichtig hält, also zumeist Berichte aus der DDR.

In diesem Falle gibt es wieder mal ein besonderes Logo am Rand, eine optische »Schindel«: einen Stern, eine große »40«, dazu die Jahreszahlen 1945 und 1985 – also vierzigster Jahrestag der Befreiung. Ich bin mir ziemlich sicher, wir haben zuvor wieder mal einen »Sonderplan« im ZK abgeben müssen, haben mitgeteilt, wie wir dieses politisch so bedeutsame Ereignis würdigen wollen. Nun ist hier ein Ergebnis zu berichten. Es ist die vierte Fortsetzung einer Serie von Fred Seeger: »Fall und Aufstieg einer Stadt – Dresden und die Dresdner vor 40 Jahren und heute«. Es ist in diesem Fall das Porträt des Generaldirektors des VEB Kombinat Elektromaschinenbau, also eines, wie man heute sagen würde, Managers.

Auf dieser Doppelseite geht's im wesentlichen um die DDR-Wirtschaft. Aber es gibt auch eine ganze Seite zum Thema Umwelt. Darin wird erklärt, was ingenieurbiologischer Wasserbau ist, worin dessen Bedeutung besteht.

Auf einer Seite beginnt eine andere Fortsetzungsserie – über die Geschichte der Börse. Man erfährt, daß es so eine Einrichtung schon im alten Babylon gegeben hat und wie 1802 die Londoner Börse gegründet worden ist. Der Leser wird über die Unterschiede von Warenbörsen, Wertpapierbörsen und Devisenbörsen aufgeklärt, Lesestoff für DDR-Bürger, denen kaum etwas ferner liegt als eine Börse.

Bauleute unter sich
Ich war mit ihm in einer kleinen Betonfabrik, wo ein einsamer Arbeiter gemeinsam mit Ehrhardt Gißke neue Formen für Fassadenelemente ausprobierte. Wir drei waren allein. Wer so wie ich seit sechzig Jahren Baustellendreck an den Schuhen hat, erkennt schnell, ob einer zur Familie der Baustellenleute gehört oder ein »Aktentaschenschlepper« ist. Da wies kein Generaldirektor, Professor oder Ehrendoktor einen Arbeiter an, sondern es suchten zwei erfahrene Bauleute gemeinsam nach etwas Neuem, das machbar ist.
Hermann Henselmann über Ehrhardt Gißke
Wochenpost 18.1.1985

22. Februar 1985: Dagmars Lampe

Buffo besonder Art
Seinen Sohn, den Pianisten, mit einer schwarzen Baßstimme ausgestattet, hat er in den letzten Jahren zum Sänger ausgebildet. Das weist wohl auf ein gutes gegenseitiges Verhältnis hin wie auf die nötige Abgeklärtheit des Lehrertemperaments. Die junge Sängerin Margot Stejskal verdankt die Staatsoper seiner dringlichen Empfehlung. Vielleicht wird er, wenn ihm die Arbeit im Garten genug Frische erhält, so zwischen 1990 und 2000 noch ein wenig pädagogisch tätig sein, sagt er ...
*Annemarie Görne
über Rainer Süß
Wochenpost 18.1.1985*

Die Grundangelrute
Die Angelrute des Grundanglers kann sowohl als einfache Friedfischrute (rollenlose, unberingte Stipprute), aber auch als beringte, mit Rollenhalter versehene Rute ausgelegt sein. Welchem dieser beiden Grundtypen der Vorrang einzuräumen ist, hängt von Verwendungszweck und Einsatzort ab. Für den Anfänger und fortgeschrittenen Angler reichen Ruten zwischen vier und sechs Meter Länge völlig aus. Man kommt dabei vom Bootssteg, vom Ufer über einen schmalen Pflanzengürtel oder vom Boot aus an die Friedfische ohne größere Probleme heran.
Wochenpost 18.1.1985

Noch eine Fortsetzungsserie, hier Teil drei: »Aus dem Leben der Bettina von Arnim«. Margot Pfannstiel wendet sich der Zeit unmittelbar nach dem Regierungsantritt von Friedrich Wilhelm IV. in Preußen zu. Auf diesen Herrscher hatten Bettina und ihr Freundeskreis so große Hoffnungen gesetzt, nachdem Preußen unter Friedrich Wilhelm III. in geistiger Friedhofsruhe erstickt war. Doch: »Als die Fanfaren verklungen sind, die Illuminierung gelöscht, die Jubeltransparente abgeräumt, als es ernst wird, mit der neuen Zeit, der neuen Regierung, dem guten König, kommt schnell die Ernüchterung.« Aus der damaligen politischen und sozialen Situation wird die Idee geboren, den König mit der Wahrheit über die Lage in seinem Lande zu konfrontieren, die Idee zu Bettinas Schrift »Dieses Buch gehört dem König«. Da fallen dem Zeitgenossen von 1985 Parallelen auf. An dieser Stelle beginnt der stille Spaß der Autorin. Die politischen und wirtschaftlichen Entwicklungen im Preußen der Mitte des 19. Jahrhunderts reizen nicht nur aus rein historischer Sicht zur Darstellung. Vielleicht vermag der DDR-Leser manches zu entschlüsseln, was sich da zum Vergleich sehr wohl anbietet, keineswegs vordergründig, aber doch unübersehbar.

Doch nun zu jenem Artikel, dem dieses Kapitel seine Überschrift verdankt. Bernhard Hönig hat ein liebenswertes Porträt der populären Sängerin Dagmar Frederic geschrieben, die gerade Mutter geworden ist. Die Familie wird vorgestellt, über die weiteren Pläne der Künstlerin berichtet, von den Etappen der Karriere erzählt, kurzum, ein bißchen »Homestory« in der *Wochenpost*, ein ganz klein wenig Klatsch, was ja Zeitungsleser durchaus mögen. Als besonderen Gag veröffentlicht die *Wochenpost* in dieser Ausgabe vom 22. Februar 1985 ein Titelbild: Dagmar Frederic mit der gerade einen Monat alten Tochter Maxie-Franziska.

Was ist Böses an diesem Foto? Weshalb bringen uns Titelbild und Artikel nicht nur freundliche Zuschriften, sondern auch einen Schwall empörter Briefe? »Zuviel Rummel« um die Künstler, heißt es da. Beiläufig ist in dem Artikel ein Videorecorder erwähnt worden, und prompt kommt die Leserfrage: »Wo gibt es Video in der DDR?« Kinderkriegen sei normal für Tausende. Warum also so ein Gewese um das Künstlerinnenkind? Aber den größten Ärger ruft ein Detail hervor, das keinem der Redakteure aufgefallen ist. Hinter Mutter und Kind steht eine Lampe, zwar ein klein wenig unscharf, aber dennoch unverkennbar – eine Tiffany-Lampe. Eine Lampe aus dem Westen. Diese Westlampe ist es, die Neid und Empörung auslöst. Frau Frederic mag ja eine beliebte Entertainerin im Friedrichstadtpalast oder im DDR-Fernsehen sein, mag ihre Gastspiele in der Bundesrepublik machen, gut. Aber eine Westlampe, die ihnen vorenthalten wird, die gönnen sie der Künstlerin nicht.

Café *Wochenpost*

»Herr Ober, bitte einen Kaffee und einen Tucholsky!« So lautete die Überschrift eines Artikels in der *Wochenpost* vom 10. Mai 1958. Darin wurde ein Wiener Mitarbeiter zitiert, der über einen Buchhändler in der Donaumetropole schrieb. Der nämlich sei »auf die lobenswerte Idee gekommen, eine gemütliche Lesestube mit Espresso-Betrieb zu eröffnen«. Bei freiem Eintritt würde dem Gast ein reichhaltiges Buchsortiment zur Verfügung stehen, in dem er nach Herzenslust schmökern dürfe, ohne dabei die Verpflichtung eines Buchkaufs eingehen zu müssen. Zur Lektüre könne man außerdem ein gutes Getränk zu einem zivilen Preis bekommen. Der Artikel erwähnte das Ende des Unternehmens: »Die Wiener Kaffeesieder fürchteten eine böse Konkurrenz. Einmal losgelassen, setzte sich der Amtsschimmel in Trab. (...) Das Libresso mußte geschlossen werden.«

Die *Wochenpost* kommentierte den Bericht: »Uns gefiel die Idee, und wir hielten sie – da in der DDR wohl kaum die Gefahr besteht, daß die Leiter unserer Cafés im Kampf um die Gäste zu erbitterten Feinden werden – für durchführbar.« Die *Wochenpost*-Mitarbeiterin Inge Rohnstock recherchierte bei den Ministerien für Verkehrswesen (dem die Bahnhofsgaststätten unterstanden), für Handel und Versorgung und für Kultur. Sie traf auf prinzipielle Zustimmung, aber auch auf schwerwiegende Einwände: »Wer finanziert die Bücher? Wer deckt die Unkosten?« Am Ende blieb die offene Frage der *Wochenpost*: »In welcher Stadt oder Gemeinde wird das erste Libresso eröffnet?«

So entwickelte sich eine der DDR-typischen Merkwürdigkeiten, die am Ende nur noch bedingt mit unserer Zeitung zu tun hatten. Das begann damit, daß die Leiterin der Stadtbibliothek in dem sächsischen Städtchen Neustadt, Frau Herta Steinert, den *Wochenpost*-Artikel las, genau wie Herr Maschke vom Rat der Stadt. Bei beiden funkte es gleichermaßen. Neustadt im Polenztal, unweit der Grenze zur Tschechoslowakei, bekannt ursprünglich durch die Kunstblumenherstellung, hatte zu jener Zeit etwa 7000 Einwohner. Die DDR baute das dortige Werk für Landmaschinen später zu einem Kombinat aus, in den 80er Jahren hat sich dann nicht zuletzt dadurch die Einwohnerzahl auf mehr als 12000 Menschen nahezu verdoppelt. Als der genannte Beitrag erschien, war alles noch klein und übersichtlich, jeder kannte jeden, und alle beklagten, daß seit Kriegsende in Neustadt ein Café fehle.

Der Literaturzirkel
Mit dem Lesecafé ist es wie mit einem Stein, den man ins Wasser wirft, und der viele Kreise zieht. Einer davon ist jener, zu dem sich vorerst 25 Bürger, Hausfrauen und Schüler, gefunden haben: der Literaturzirkel, der vom Lehrer Gebauer geleitet wird. Bisher sind sie nur spontan zusammengekommen, aber für die Zukunft haben sie einen festen Plan, in dessen Mittelpunkt die Vorbereitung der Autorenabende steht.
Wochenpost 14.4.1960

Im Charme der späten 50er Jahre: Das Café Wochenpost am Markt in Neustadt

Hinter Strittmatters Rücken
Das große, lange, behagliche Café *Wochenpost* war überfüllt. Ein ganz junges Mädchen und einen alten weißhaarigen Mann sah ich. Die drei Kellnerinnen lugten hinter Erwin Strittmatters Rücken über die Bar und lauschten seinem Lesen. Es ist schön, da in Gesichter zu schauen und zu sehen, wie eine Miene Nachdenklichkeit, ein Fältchen Schmunzeln, ein Schuß Lachen aus dem Herzen kommt.
Wochenpost 23.5.1964

Herr Maschke und Frau Steinert wußten, für Kultur würde es finanzielle Mittel geben. Also geschah es dann auch: Die Stadt baute das der Kultur zugeordnete Café am Markt, gegenüber dem Rathaus von 1696, innen wie außen modern im Stil der 50er Jahre, dabei architektonisch zurückhaltend. Am 6. Oktober 1959, einundhalb Jahre nach unserem Artikel und termingerecht zum 10. Jahrestag der Republik, wurde das Café eröffnet und gleichzeitig ein Patenschaftsvertrag zwischen der *Wochenpost*-Redaktion, der Stadtbibliothek und dem Rat der Stadt abgeschlossen. An der Fassade prangte der neonerleuchtete damalige *Wochenpost*-Schriftzug, und wir waren nolens volens in die Pflicht genommen. Der Stellvertretende Chefredakteur Herbert Bergner übernahm es, den Kontakt zu halten, zu beraten, später war Elfriede Steyer aus der Kulturredaktion für das Café *Wochenpost* »zuständig«.

Das hatte seine Logik. Elfriede Steyer betreute in der Redaktion die Literaturseiten, und im Neustädter Café gab es eben nicht nur Imbiß und Torte, Kaffee, Tee und Bier, sondern auch stets die neuesten Zeitungen und dazu als Präsenzbibliothek Bücher aus dem Bestand der Stadtbücherei.

Der Bücherei stand Herta Steinert vor. Ihr muß man unbedingt ein paar Worte widmen. »Sie war Hilfskrankenschwester in einem Lazarett in Sebnitz«, schrieb mir Elfriede Steyer, »Blumenarbeiterin wie viele zu ihrer Zeit in der Gegend und leidenschaftliche Leserin. Das bewog sie, alleinerziehende Mutter eines Kindes, junge Kriegerwitwe, im Fernstudium Bibliothekswesen zu studieren. Die Bibliothek und die *Wochenpost* waren ›ihr Leben‹, wie sie einmal sagte.«

Gruppiert um die Stadtbücherei organisierte ein kleiner ehrenamtlicher Beirat regelmäßige Abendveranstaltungen im Café *Wochenpost*. Die Kultur und die große Welt kamen nach Neustadt. Die Redaktion überredete die Autoren zur Fahrt ins hinterste Sachsen, besorgte Hin- und Rückfahrt. So drängten sich manchmal mehr als 200 Neustädter in den dafür eigentlich zu kleinen Räumen, um Erwin Strittmatter und Willi Bredel, Bruno Apitz, Franz Fühmann, Hans Marchwitza, Helmut Sakowski, Eva Strittmatter oder Helmut Baierl zu hören. Der Tierparkdirektor Prof. Dathe kam und der Südamerikareisende Erich Wustmann. Für viele *Wochenpost*-Mitarbeiter war es eine angenehme Pflicht, in Neustadt aufzutreten, für Rudolf Hirsch und Heinz Knobloch beispielsweise, und es wurde für uns selbstverständlich, nach größeren Reportagereisen in ferne, exotische Gegenden mit den Dias ins Café *Wochenpost* zu tingeln.

Damit das Lesecafé in diesem abgelegenen Ort zu einer Institution wurde, bedurfte es einiger Anstrengungen. Christa Otten berichtete darüber in einer Reportage, die im April 1960 erschien: »Aber ein Lesecafé allein macht noch längst kein Publikum. (...) Wieviel ehrliches Herzklopfen war um den ersten Abend, jenen mit Rudolf Bartsch, vergangen. Werden wir den Autoren einen aufmerksamen Zuhörerkreis bieten können? Aber da hatte Herta Steinert eine kluge Idee. Allen (Stadtbibliothek-)Lesern des Bartsch-Romans ›Geliebt bis ans bittere Ende‹ schrieb sie persönliche Einladungen. Eine mühevolle, aber lohnende Arbeit, denn von siebenhundertsiebzig Lesern sind hundertachtzig Arbeiter, und so wurden sie, auf die es ankommt, glücklich mit einbezogen. Wäre sonst die Arbeiterin Erna Wochnik gekommen? ›Das ist doch zu hoch für mich, habe ich erst gedacht‹, gesteht die aufgeschlossene Frau. Aber die Einladung war so selbstverständlich ... ›Da habe ich's gewagt. Zwar nicht allein, gemeinsam geht's leichter. Das habe ich am Arbeitsplatz so oft erfahren. Und so nahm ich gleich noch zwei Frauen aus unserer sozialistischen Brigade mit.‹ Was aus den dreien geworden ist? Sie besuchen fast jeden Autorenabend.«

Auch so funktionierte die merkwürdige DDR – ohne Weisung und Druck. Zum 15jährigen Bestehen konnte man schon auf mehr als 150 solcher Veranstaltungen zurückblicken. Da wurde in der *Wochenpost* ausdrücklich vermerkt, daß das ganze Unternehmen ohne das Wirken eines »Aktivs«, das diesen Namen wirklich verdiente, längst eingeschlafen wäre. In dem Bericht wurden auch die Betreiber der Gaststätte lobend erwähnt: »Denn so ein Lesecafé hat auch gastronomisch etwas eigene Gesetze: Leser machen keine große Zeche, das Angebot und Anbieten möchten schon stilgerecht sein. Mit diesen spezi-

Sportfest
Schon beim Auspacken der *Wochenpost*-Preise für das Sportfest in Neustadt fragte ein kleines Mädchen: »Was denn, der 1. Preis ist ein Herrenfahrrad? Und wenn ich nun gewinne?« Die Nachwuchsleser der *Wochenpost*, die Jugendlichen und Kinder, waren sogleich mit Eifer dabei. Sie schwangen die Tischtenniskelle, kegelten, was die Arme hielten, beugten und streckten sich unter der Leitung des *Wochenpost*-Autors Dr. Paul Kotterba, sie spielten Federball und Schach.
Über das Wochenpost-Sportfest »Unser Tip – bleib fit« in Neustadt Wochenpost 12.7.1968

Für 50 Pfennig war man dabei.

Bunte Vielfalt
Viele Redakteure, von Auslandsreisen zurückgekehrt, erzählten von ihren Erlebnissen und zeigten Bilder. Eine bunte Vielfalt, die aufmerksam machen wollte. Und wenn über Neustadt immer wieder berichtet wurde, so aus dem Grunde, daß Anregungen übermittelt würden für andere Gegenden, andere Städte und für die gleichen Menschen. Und daher wieder nach Neustadt, als die Redaktion selber aktiv ihre Serie »Unser Tip – bleib fit« unterstützen wollte, ihr Jahrestrainingsprogramm zur gesunden Lebensführung.
Heinz Knobloch in Wochenpost 13.12.1968

Beschränktes Kontingent
Erwin Strittmatter kam nach elf Jahren wieder nach Neustadt. Eva Strittmatter lernt an diesem 14. Oktober das Lesecafé und seine Leute kennen. Die Türen stehen diesmal nur Literaturfreunden offen. Das Café ist bis auf den letzten Platz besetzt. Betriebe, die 40 Karten bestellten, mußten sich mit einem »beschränkten Kontingent« zufriedengeben.
Wochenpost 31.10.1975

ellen und den alltäglichen Aufgaben aber werden Heinkes als Gaststättenleiterehepaar seit 15 Jahren fertig, nicht allein, sondern mit ihrem Kollektiv ...«

So hat sich dank einiger aktiver Bürger im sächsischen Neustadt und einiger Unentwegter in der Redaktion (Elfriede Steyer drängte die Chefredaktion immer wieder) diese Einrichtung über genau dreißig Jahre erhalten. Als das Café zwanzig wurde, schrieb Elfriede Steyer:»Alles wird noch heute so gepflegt wie vor zwanzig Jahren; sogar das Ragout fin schmeckt noch genausogut, rühmen Schriftsteller von Rostock bis Karl-Marx-Stadt. Man kann sich unterhalten, etwas essen, beim Kaffee oder Tee in- und ausländische Zeitungen (täglich neu) oder Bücher des letzten Angebots lesen, sommers, wenn es warm genug ist, sogar auf dem Balkon. 1959 war der Umsatz in der Buchhandlung am Markt noch zurückhaltend. Das Lesecafé hat am Literaturinteresse der Stadt viel bewirkt. Die Umsätze stiegen, eine weitere Buchhandlung wurde in der Bahnhofstraße eröffnet, die Anzahl der Ausleihen in der Bibliothek nimmt von Jahr zu Jahr zu ...«

Die Redaktion hat davon »nichts gehabt« – es sei denn Vergnügen, hin und wieder eine fürs Zeitungsmachen nützliche »Rückkopplung« und das Gefühl, angenehme Menschen kennengelernt zu haben. Irgendwie hingen wir aneinander.

Vor einiger Zeit habe ich in der Stadtbücherei in Neustadt angerufen, um mich zu erkundigen, wie die Geschichte denn ausgegangen sei. Das Café *Wochenpost* ist bald nach der Wende zugemacht worden, erfahre ich. Es war der alltägliche Vorgang, wie so oft im Osten Deutschlands: Die HO hörte auf zu existieren, die Privatisierung scheiterte. Dann wurde das einstige Café für diverse Verkaufsveranstaltungen genutzt, und 1995 ist endgültig alles geschlossen worden. Jetzt befinden sich an seiner Stelle Büros und Geschäfte. Es gibt am Ort kein solches Café mehr und keine kulturellen Veranstaltungen von der alten Güte. Das Landmaschinenbaukombinat ist »abgewickelt« worden, genau wie die Sebnitzer »Kunstblume«. Aber es gibt jetzt Autohändler in Neustadt.

8. August 1986:
Friedrich der Große wieder an seinem Platz

Ein ungewöhnliches Titelbild hat die *Wochenpost*, die mit dem Datum des 8. August 1986 erscheint. Es ist die eindrucksvolle Porträtzeichnung eines recht umstrittenen preußischen Monarchen. Von der Seite 1 der *Wochenpost* blickt uns ein zwiespältig dreinschauender Friedrich der Große an, der in der DDR nicht »der Große« genannt wird. Aber immerhin heißt es im Titeltext: »Er verstand sich als den ersten Diener seines Volkes und scheute seine Kräfte nicht, um es glücklich zu machen. Aber er dachte dabei an ein unmündiges Volk, über dessen Wohl und Wehe nur der Fürst zu entscheiden hatte. Er benutzte die Ideen der aufsteigenden bürgerlichen Klasse, um das bröckelnde absolutistische Regime zu stabilisieren.«

Die Titelseite steht zu einem Artikel auf den Seiten 16 und 17, in dem die Historikerin Ingrid Mittenzwei sich zum 200. Geburtstag des »Philosophen von Sanssouci« ausführlich mit dem Leben des Königs auseinandersetzt. Der Beitrag »paßt« – aus den verschiedensten Gründen. Er paßt zu der weiter zunehmenden *Wochenpost*-Schlagseite hin zum Historischen. Er paßt zu einer sich wandelnden Geschichtsbetrachtung in der DDR. Das Friedrichdenkmal ist Unter den Linden wieder aufgestellt worden, in Potsdam zeigt man die Ausstellung »Friedrich II. und die Kunst«. Da möchte man sich schon nicht allzusehr wundern, wenn der König von der *Wochenpost*-Titelseite schaut, nicht als Karikatur eines blutbesudelten Schlachtenlenkers (»Hunde, wollt ihr ewig leben?«), nicht als der nur kunstsinnige Flötenspieler von Sanssouci, sondern als ein zweifelnder, widersprüchlicher Mensch.

Die *Wochenpost* hat nicht nur einen König, sondern gleich noch einen Hauptmann im Blatt (die Memoiren von Wilhelm Voigt: »Wie ich der Hauptmann von Köpenick wurde«), dazu einen dritten Preußen, nämlich Otto Lilienthal, der genau 90 Jahre zuvor tödlich verunglückte, – der »fliegende Preuße«, wie es in der Überschrift heißt.

An anderer Stelle beschreibt Reimar Gilsenbach, langjähriger *Wochenpost*-Autor, das Schicksal eines Sinti-Mädchens. Grete Weißkopf, unter dem Schriftsteller-Pseudonym Alex Wedding in der DDR eine berühmte Kinderbuch-Autorin, als Jüdin selbst mit Rassenhaß konfrontiert, hat 1931 die Erzählung »Ede und Unku« veröffentlicht. Gilsenbach geht nun dem Schicksal der Buchheldin nach, die Unku genannt wurde, aber eigentlich Erna

Welche Frage!
Wir haben in den letzten Wochen ganz schön unter der Hitze gelitten. Wie verkraften eigentlich Tiere hochsommerliche Temperaturen?
Frage an den stellv. Direktor des Berliner Tierparks
Wochenpost 18.7.1986

Die Alten im Verkehr
Ältere Fahrzeugführer verhalten sich in der Regel umsichtig; sie sind auf Sicherheit bedacht. Nur acht bis neun Prozent aller Unfälle werden durch ältere Menschen über 60 Jahre verursacht.
Wochenpost 18.7.1986

Ein Komiker, wie gut das klingt

Mit allem hatten wir gerechnet. Daß Otto an der Wand empor, die Decke entlang und an der Stirnwand wieder runterlaufen würde. Grußlos, versteht sich. Daß er nach Loriots Beispiel ein Bild an der Wand zurechtrücken, dabei einen Stuhl umwerfen, damit eine Bierflasche zerschlagen und mit dem Kronkorken den Kronleuchter demolieren könnte. Oder, daß er überhaupt nicht käme; ihm wird nachgerühmt, er könne nie nein sagen, würde aber seine Versprechen und Verabredungen sofort wieder vergessen. Jedenfalls bleibt schon lange vor Beginn am hufeisenförmigen Pressekonferenztisch – was sage ich: am nelkengeschmückter Tafel – kein Plätzchen frei. Fernsehkameraleute, Fotoreporter, Journalisten blicken erwartungsfroh nach vorn zu dem leeren Stuhl – für Otto. Es bleiben immer noch zehn Minuten...

Derweil huscht ein junger Mann in den Raum. Er wirkt etwas spack im zu üppigen, nicht gerade modischen Sakko. Der Bursche blickt sich unsicher um, trabt prompt zwischen den Tischen nach vorn, stoppt vorm Quertisch, findet keinen Platz. Dabei sieht er wie Otto. Jetzt erst werden die anderen aufmerksam. Otto flankt nicht über den Tisch, kriecht nicht drunter durch, sagt nicht: »Oh fein.« Manierlich und auf leisen Turnschuhsohlen geht es zu seinem Präsidiumsstühlchen. Im Laufe der kommenden Gesprächsstunde beantwortet er – zum wievieltausendstenmal wohl? –, wie aus dem ostfriesischen Studenten Otto Waalkes der Otto wurde. »Im Grunde: Otto ist man schon, wie man Hans-Otto oder Detlef ist.« Aber während seiner Studienzeit in Hamburg sei er in kleinen Läden« aufgetreten, habe Musik gemacht, bißchen Mundharmonika gespielt, und dauernd mußte er sich entschuldigen, weil ihm vor Aufregung das Mikro runterfiel. »Die Entschuldigungen kamen beim Publikum echt gut an. Nachher ist es bei den Entschuldigungen geblieben.«

Das scheint mir auch die Würze in Ottos Erfolgsrezept. Ihm widerfahren ganz normale Dinge, Mißgeschicke, wie sie jedem mal passieren, Otto aber am laufenden Band. Dabei versucht er nicht, sie zu vertuschen oder anderen in die Schuhe zu schieben. Ihm tun seine Ungeschicklichkeiten und Unschicklichkeiten leid. Schon damit erobert er die Zuneigung des Publikums. Dazu rast, springt, wütet, kugelt oder tanzt er über die Bühne, schneidet die tollsten Grimassen, spielt auf etlichen Instrumenten und entlockt seinem Mund das beinahe komplette Repertoire eines Geräuschemachers. Auf offener Szene wechselt er Kopfbedeckungen, Brillen, Bärte und Beiwerk, bietet ein Vielpersonenspektakel und bleibt doch immer Otto, der freundliche Junge aus der Nachbarschaft. Die Ottosuggestion ist perfekt. Ihn glaubt man, daß mit Humor noch zid verfahrene Situation zu meistern oder wenigstens leichter zu ertragen ist.

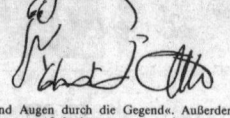

Man glaubt ihm nicht, wenn er, auf sein Musiktalent angesprochen, behauptet: »Das hält sich in Grenzen. Kann doch jeder. Übungssache.« (Er musiziert beiläufig auf verschiedenen Gitarren und Orgeln, auf Konzertflügel, Schlagzeug und Harmonium.) Dann gibt er noch einen guten Rat für Interessenten: »Über sich selbst lachen können.« Seine Gags findet Otto dem Vernehmen nach auf der Straße – »ich laufe mit offenen Ohren und Augen durch die Gegend«. Außerdem kann er auf ein Autorenteam – oder sagt man Ottorenteam? – zählen, dessen Texte und Anregungen er sich handgerecht zubereitet. So jongliert er denn schon seit 13 Jahren vor ausverkauften Häusern mit Wortspielereien, Limericks und Werbesprüchen, überraschenden Pointen und Kalauern, aber immer eben Ottolike. Nichts und niemand scheint ihm heilig. Wie er Politiker, Künstler, Sänger parodiert, kennt jeder, der Otto kennt.

Für »Otto – Der Film« dachte sich das Ottorenkollektiv eine schlichte Story aus vom kleinen Mann, der vielerlei untaugliche Versuche unternimmt, um ein großer Unternehmer zu werden. Das schließt groteske Seitenhiebe von denen da unten gegen die da oben ein, ist aber vor allem ein Riesenjokus. Die Otto-Show für jedermann. Er nennt's einen »Versuch, jetzt auch mal auf der großen Leinwand präsent zu sein«, nennt auch die Schwierigkeiten für ihn, den Alleinunterhalter: »Ich habe nie im Dialog gearbeitet, bin immer solistisch aufgetreten. Das war das größte Problem. Außerdem: »Es gibt doch beim Filmen kein Publikum, du hast niemanden, auf den du eingehen kannst.« Und bei Otto ist ja recht eigentlich die Improvisation Trumpf. Er braucht den anregenden Kontakt zum Zuschauer ebenso wie »einen roten Faden, ein bestimmtes Konzept. Wenn du auf der Bühne stehst, kannst du das natürlich nicht einfach aus dem Stegreif mit den Leuten auf Dialog ausgehen, auf Zwischenrufe antworten. Das trägt sich nicht zwei Stunden lang. Aber die Leute sind da, machen mit, inspirieren dich. Da erledigt sich alles andere von selbst.« Jedenfalls für Otto, dagegen war's ihm ein Greuel, vor der Kamera »plötzlich auf Partner eingehen, aufs Stichwort reagieren und ein gewisses Timing einhalten zu müssen. – Ich bin doch kein Schauspieler. Ich bin Otto.« Und noch dazu ein Ottodidakt, möchte man ergänzen.

Ins mehr oder weniger seriöse Gespräch mischt sich Show ein. Otto jodelt uns eins, kontert eine diesbezügliche Frage mit: »Warum soll ich eine Frau unglücklich machen, wenn ich so viele glücklich machen kann« und behauptet, die Schweizer hätten große Mühe, ihn zu verstehen, wegen des Dialekts, und er spräche zu schnell, sie dächten zu langsam. »Manche lachen erst am nächsten Tag.«

Ich bin Komiker und nicht mehr, bekennt er. »Zum Kabarettisten fehlt mir das politische Know-how.« Immerhin, was wir mit »Humor als Produktivkraft« meinen, sagt er so: »Wenn Sie meinen Film als Impuls für Leistungszuwachs im Parteitagsjahr anehmen, dann paßt er mir nicht dagegen.« Otto meint, daß seine Persiflagen zugleich kostenlose Werbung für die Betroffenen und »ja auch eine gewisse Form der Verehrung« sind. Wer's glaubt... Er gibt zu: »So ein paar Minderwertigkeitskomplexe hab« ich noch. Aber die müssen sein, damit ich nicht größenwahnsinnig werde.« »Weil er immer der Kleinste in der Klasse war, er sich nämlich schon in der Schule durch Faxen geweht und erst einen großen Gefährten ausgesucht – den Ottofanten, heute sein Markenzeichen. Wie er sagt, das einzige, was er noch malen könne. »Und eine gewisse Ähnlichkeit ist nicht zu übersehen.« Er setzt sich in Positur, en profil, und säuselt beschwörend, wie nahe der Otto säuseln kann: »Sehen Sie mal, schon die großen Augen...«

Ursula Frölich

UMSCHAU

Otto macht das schon

Zur DDR-Premiere von »Otto – Der Film« war Hauptdarsteller, Mitautor, Mitregisseur Otto Waalkes per Ottobus nach Berlin geeilt, um sich mit Publikum und Presse gut zu unterhalten. Der ostfriesische »Götterbote«, korrekt Otto Gerhard Waalkes, geboren 1948 in Emden, war nach dem Abitur Standfotograf, Anstreicher, Wäscheausfahrer, Fahrstuhlführer, Briefträger und sieben Semester Student der Kunstpädagogik, ehe er Otto wurde. Neben Fernseh- und Bühnenshows kommen 10 Langspielplatten und zwei Bücher auf Ottos Konto. Dem Otto-Film soll nächstes Jahr ein zweiter folgen.

»Otto – Der Film«, seit 25. Juli im Angebot des Kinosommers '86, entstand nach einem Buch von: Bernd Eilert, Robert Gernhardt, Peter Knorr, Otto Waalkes. Mitregie und Kamera: Xaver Schwarzenberger; Mitspieler bzw. Zuspieler für Otto: Jessika Cardinahl, Elisabeth Wiedemann, Karl Schönböck, Johannes Heesters und andere.

Foto: ZB/Grimm

In der Wochenpost vom 8. August 1986 schrieb Ursula Frölich über Otto. Er dürfte sich über das Logo »Kultur« gefreut haben.

Lauenburger hieß. Sie ist 1943 zusammen mit anderen Magdeburger Sinti ins KZ Auschwitz verschleppt worden, wo sie vom KZ-Arzt Mengele ermordet wurde.

Nimmt man die Seiten 3 und 4 dazu, so ist unübersehbar, daß es in dieser Ausgabe in vielen Beiträgen sowohl um Geschichte als auch um das Verhältnis zu anderen Menschen geht, zu Minderheiten wie den Sinti und auch zu den Nachbarn. Claudia von Zglinicki berichtet über den »Feriensommer ›86‹«, über eine FDJ-Gruppe aus der DDR, die zu einem Arbeitseinsatz nach Łódź gefahren ist. Die jungen Leute werden in einer Weberei eingesetzt: »Der Betrieb ist alt. In den Räumen steht trockene, warme Luft. In der Weberei lärmen die Maschinen so, daß man sich kaum verständigen kann. Durchschnittliche Arbeitsbedingungen in der Textilindustrie ... ›Polino‹ gehört nicht zu den Betrieben, in die man Fremde führt, um Hervorragendes vorzuweisen. Die Mädchen erleben hier ein Stück vom Alltag des Landes.« Von der Schwere der Arbeit wird berichtet, von dem kollegialen Verhältnis zu den polnischen Arbeitern und vom Besuch in dem Museum, in dem der Opfer der faschistischen

Okkupation gedacht wird. »Den Verlauf des 2. Weltkrieges können sie im großen exakt erläutern«, heißt es in dem Artikel, »sie kennen Zusammenhänge und Zahlen. Nachzufühlen, was sich dahinter verbirgt, fällt schwer. Sie kennen zu wenig konkrete Tatsachen, einige sagen das selbst.«

Kommt ansonsten noch die DDR in dieser Ausgabe vor? Hier und dort ja. Vor allem auf der Seite 3. Ein ganzseitiges Interview mit dem Leiter der Hauptabteilung Feuerwehr im Ministerium des Innern. Generalmajor Herbert Pohl wird erst einmal nach den Folgen der andauernden Hitzewelle fürs Brandgeschehen gefragt. Er nennt Zahlen über Brände und Schäden, was in der geheimniswahrenden DDR nicht alltäglich ist (»Im Bezirk Cottbus explodierte zum Beispiel ein 110-Kilovolt-Wandler. Ein Feuer brach aus. Der direkte Anlageschaden betrug 50 000 Mark. Die Produktionsausfälle hatten jedoch eine Höhe von 1,5 Millionen Mark.«). Die Freiwilligen Feuerwehren werden gelobt, weil sie auch die – mitunter alte – Technik und Ausrüstungen selbst instand halten, Gerätehäuser modernisieren und so von 1981 bis 1985 Werte von 216 Millionen Mark schufen. »Außerem haben wir 148 Spielmannszüge, Schalmeien- und Blaskapellen.«

Bei der Gelegenheit fällt mir ein, daß die *Wochenpost* mit einigen Oberen im Innenministerium der DDR gut kooperieren konnte. Neben dem obersten Feuerwehrchef taucht der oberste Verkehrspolizist der DDR, Generalmajor Mally, fast jedes Jahr mit einem umfangreichen Interview zum aktuellen Stand der Dinge auf. Auch der Chef der DDR-Kriminalpolizei, Generalleutnant Nedwig, stand für Gespräche zur Verfügung. Eine Geschichte, die er dabei einmal erzählt hat, sollten wir jedoch nicht veröffentlichen. Schade. Die DDR-Kriminalpolizei hatte nämlich einen Geldfälscher erwischt. Der stellte Zweimarkstücke her, Zweimarkstücke der DDR, also sogenannte Aluchips. Das Problem war der gerändelte Rand. Die Riefen feilte der Fälscher schließlich mit der Hand hinein, Stück für Stück. Berechnete man den Stundenlohn des Fälschers, dann war jedes Zweimarkstück wohl das vielfache seines Nennwerts wert.

Schicht-Liebe
Und wie sehr die Schichtarbeit ins private Leben eingreift, zeigt das Beispiel einer jungen Facharbeiterin ... Das Mädchen erlebt, wie zu hören, eine stürmische Liebe. Ein Umstand, dessen Anspruch auf Ernsthaftigkeit nicht anzuzweifeln ist. Niemand von den älteren Weberinnen baute das Vorurteil von der undankbaren Jugend auf, als die junge Kollegin zunächst die Schichtarbeit spontan ablehnte. Doch sie entzog sich schließlich nicht der solidarischen Haltung gegenüber den jungen Müttern unter den Frauen, denen eine Spätschicht nicht zugemutet wird. Sie soll deshalb besonders in dieser Schicht arbeiten. Und dem Honigmond steht folglich nichts im Wege.
Wochenpost 18.7.1986

Aus alten Zeitungen
21. Juli 1926: Aus Münster in Westfalen wird der Weltbühne berichtet: »Jubelfeier eines ›Gardevereins‹. Gegen acht Uhr erschien Prinz Eitel Friedrich von Preußen und schritt die Reihen der Krieger ab. Unter Vorantritt einer Gruppe friderizianischer Grenadiere in historischen Uniformen erfolgte der Einzug der Fahnen ... Als Paukenschläger fungierte ein Kamerunneger, ein Kaffeekoch der Konditorei Middendorfer, der vom Kaiser nach Berlin geholt worden war und dort 20 Jahre lang als Paukenschläger bei den Gardehusaren stand."
Wochenpost 18.7.1986

Geschichte und Menschen
Aus der Arbeit einer Chefreporterin

Spurensuche
Im »Rautenkranz«, einem Klubhaus des Mansfeld-Kombinates, hat der ehemalige Bergmann Wagner den Zapfhahn übernommen, er ist jetzt hier der Wirt. Abends treffen sich in der gepflegten gemütlichen Schankstube die Kumpel aus der Gegend auf ein paar Bier und einen Schwatz. Fremde wie wir werden in die Mitte genommen. »Von der *Wochenpost*? – Die lesen wir auch. Was macht Herr Hirsch? Manche Heiratsanzeigen sind schon komisch! Zu Klaus Thomsen wollen Sie? Der hat in Sangerhausen gebaut, Eigenheim-Siedlung Othaler Weg, bei dem Nebel nicht so leicht zu finden. Aber fragen Sie nur – den Thomsen kennen viele.«
Margot Pfannstiel in Wochenpost 12.1.1979

Auf einer Bank im Kurpark hatten sie sich kennengelernt, die Kauenwärterin (»eine Art Bademeisterin«) vom Kupferschacht in Mansfeld und die Chefreporterin der *Wochenpost*. Beide waren zur Kur in Bad Elster. Die Kauenwärterin, »froh, eine Gesprächspartnerin gefunden zu haben, der ihr Zuhause nicht unbekannt war«, schwärmte von der heimatlichen Kirmes, die man unbedingt erleben müsse, lud die Reporterin feierlich ein. »Ich habe Frau Fiß beim Wort genommen«, schrieb Margot Pfannstiel. Auch so konnte es zu einer *Wochenpost*-Reportage kommen.

Es gab natürlich außer der Kirmes noch viele andere Gründe, wieder mal ins Mansfeldische zu fahren. Da war einmal die tiefe Liebe von Margot Pfannstiel zum Bergbau, zur Bergbaugeschichte, die aus Beobachtungen und Innenansichten gewonnene große Achtung vor dem Bergmannsberuf. Dann war da das Problem: Wie würde man die Umstrukturierung eines Industriezweiges bewältigen? Denn der Kupferabbau ging deutlich zurück.

Zehn Jahre vor dem Besuch bei Frau Fiß hatte sich Margot Pfannstiel im Ruhrgebiet umgeschaut, als dort gerade das große Zechensterben die Gemüter bewegte, als in Gelsenkirchen und Herne, in Dortmund und Bochum die Arbeitslosenzahlen in die Höhe schnellten. Die Intention der Reporterin war es, über die Beschreibung der Alltäglichkeit hinaus die größeren Zusammenhänge sichtbar zu machen. Beim Thema Strukturwandel boten sich die Vergleiche an. Im Ruhrgebiet hatte eine rücksichtslose Konzernführung einer vergleichsweise hilflosen Landesregierung gegenübergestanden, die zu retten versuchte, was zu retten war. In Mansfeld sorgte der »vormundschaftliche Staat« dafür, daß niemand, der von der Umwälzung betroffen war, auf der Strecke blieb. Hier ließen sich mit gutem Gewissen Vergleiche ziehen.

Reportageserien und Tatsachenbrichte machten, das hatten uns Umfragen und Leserbriefe immer wieder bestätigt, zu einem Gutteil die Attraktivität der *Wochenpost* aus. Sie wurden gesammelt, sie wurden manchmal sogar im Schulunterricht benutzt. Ihre Beliebtheit verdankten sie dem Thema, das sich möglichst von jedem Schema fernhielt, dem nicht alltäglichen Gedanken, einer von den Autoren angestrebten bildhaften Sprache, der eleganten Formulierung. (Erst nach der Wende haben wir den schönen Begriff »flotte Schreibe« kennengelernt, aber was man auf diesem Gebiet in der *Wochenpost* fand, war weitaus mehr als »flotte Schreibe«). Die Autoren mühten sich, das zu erzählen, was man gemeinhin nicht in den Geschichtsbüchern fand. Wolfgang Carlé hatte es besonders das deutsche Kaiserreich mitsamt seiner Wirtschaftsgeschichte und seinen kolonialen Ambitionen angetan. Wo sonst als in der *Wochenpost* konnte man in aller Breite etwas über die Entstehung des deutschen Kolonialbesitzes in der Südsee, über die Weltreise Adalbert von Chamissos oder den Auf- und Abstieg der Familie Krupp erfahren. Wo sonst war das Ende der AEG im Jahre 1982 Anlaß für eine Darstellung der Geschichte dieses einst bedeutendsten deutschen Wirtschaftsunternehmens.

Der gebürtige Plauener Carlé nahm sich mit besonderer Liebe auch der Berliner Geschichte an, genau wie der gebürtige Dresdner Heinz Knobloch oder die gebürtige Altenburgerin Margot Pfannstiel. Die Wahlberliner legten mit großer Liebe zum Detail gewissermaßen wie Archäologen Schicht für Schicht die Vergangenheit der Hauptstadt frei, Heinz Knobloch nicht zuletzt mit seinem »Herrn Moses in Berlin« (1979 in der *Wochenpost*), Margot Pfannstiel mit ihren Fortsetzungsserien über Bettina von Arnim, August Borsig und den Borsig-Arbeiter und Barrikadenkämpfer von 1848 Karl Siegerist. Den Begriff Archäologie benutze ich mit Bedacht. Diese *Wochenpost*-Autoren schrieben nicht aus alten Artikeln ab, sie betrieben sozusagen »Feldforschung« in Archiven. Margot Pfannstiel grub im Firmenarchiv von Borsig. Kurt Neheimer stieß im DDR-Staatsarchiv in Weimar auf zwölf umfängliche Folianten über den Fall des Hans Kohlhaase aus Berlin, den »Mann, der Michael Kohlhaas war« – 1977 erschien Neheimers Serie in der *Wochenpost*.

Es gab ungewöhnliche Wege, sich einem Gegenstand zu nähern, beispielsweise: Geschichte der Industrialisierung Deutschlands, deutsch-polnisches Verhältnis, deutsche Malerei – alles in der Artikelserie »Das Eisenwalzwerk« von Margot Pfannstiel (1975/76). Bildbetrachtung – Adolph Menzels Gemälde, genau hundert Jahre zuvor gemalt: »Plötzlich ist die Tiefe und Weite der Werkhalle da, das kontrastierende Licht, die weiße Glut des Eisens. Man spürt beinahe körperlich, mit welcher Kraft jene Arbeiter die Wagendeichsel hochreißen, um den Rohling auf die rotierende Walze gleiten zu lassen. Gespannt verfolgt man die Bewegung der Walzwerker, die den Block mit ihren Zangen dressieren, damit er nicht außer Kontrolle gerät ...« Bildbetrachtung – ästhetisch, technisch, sozial, erst in der Berliner Nationalgalerie, wo Menzels Werk hängt, dann in Chorzów, in der ehemaligen »Königshütte«, dort, wo Menzel seine Skizzen zeichnete und wo die *Wochenpost*-Reporterin den leibhaftigen Enkeln der Menzelschen Arbeiter gegenübersteht.

Harry Gadaus
Brigadetagebuch
Hier steht alles drin, die Abrechnung über die Leistung, Eintragungen über Ärger und Freude, über persönliches Wohlergehen, was einen Bergmann kränkt, und worauf er stolz ist. (...) Gadaus Tagebücher sind genau und schmucklos. Einmal hatte einer moniert, daß sie bunter sein müßten. Da hat Harry Gadau sich den Spaß gemacht und überall bunte Striche gezogen, die Eintragungen grün und gelb und rot umrahmt ...
Margot Pfannstiel
Wochenpost 12.1.1979

Selbstverständnis
Wie spitz darf eine Nase sein, ohne den so Beschriebenen zu beleidigen? Wie breit die Schultern eines Helden, ohne daß seine Kollegen diesen Vorzug zum Gegenstand ihrer Hänseleien machen? Wie groß darf Lob sein, um von der Umwelt noch akzeptiert zu werden? Ganz zu schweigen von Kritik und Tadel, wo jedes Quentchen Phantasie, jede kleinste dichterische Freiheit einem folgenschweren Justizirrtum gleichkommen. Selbst wenn ich mal die notorischen Übelnehmer und humorlosen Mißversteher beiseite lasse – eine subjektive Sicht wird Reportern nur äußerst selten erlaubt.
Margot Pfannstiel
Wochenpost 9.4.1976

Chefreporterin Margot Pfannstiel während eines Besuches im Eisenhüttenkombinat Ost

Besuch in Eisenhüttenstadt
Im Sommer 1951 schickte uns die Redaktion nach Füstenberg an der Oder, um über den Bau eines neuen Eisenhüttenwerkes zu berichten, das damals aus einem riesigen freien Gelände bestand und dem Montageplatz des ersten Ofens. (...) Ich schrieb einen euphorischen Bericht und Jochen Moll legte seine Seele in die Bilder. Von da an kamen wir öfter. Unsere Helden wurden Gegenstand vieler Reportagen. Im Herbst 1991 erlebten wir die Demontage des Hochofens I, ausgeführt von ABMlern. Manche Hüttenwerker hatten diese Arbeit abgelehnt. Sie wollten nicht an der Verschrottung ihres Arbeitsplatzes beteiligt sein. (...) Über Eisenhüttenstadt werden keine euphorischen Reportagen mehr geschrieben ... Das alles war zu erwarten. Kapitalismus ist nun einmal so. Was die DDR-Bürger über ihn lernten, hat gestimmt, falsch war die Schlußfolgerung, daß der Sozialismus siegen würde.
*Margot Pfannstiel
Wochenpost 16.1.1992*

Von der Gründung dieses Werkes erzählt die Reportage, von der Arbeit des Malers, der mit der Arbeit an diesem Bild eine neue Welt entdeckt hat, von jener Zeit und vom Jahr 1975, von deutschen Industriellen und von polnischen Arbeitern.

Von der Kontinuität ist zu sprechen, von der Kontinuität, mit der die *Wochenpost* an Themen »dranblieb«, von der Kontinuität, mit der Redakteure und Reporter immer wieder zu bestimmten Orten zurückkehrten. Zum Beispiel: Eisenhüttenstadt und das EKO, das Eisenhüttenkombinat Ost. Margot Pfannstiel war schon bei der Grundsteinlegung am 18. August 1950 dabeigewesen (da gab es die *Wochenpost* bekanntlich noch nicht). Das hatte unter anderem den Vorzug, daß sie, ohne archivalische Forschungen betreiben zu müssen, wußte, daß bei der Planung dieser Industriegiganten nicht der Hochmut der SED Pate gestanden hatte, sondern schlichte Notwendigkeit. Die USA hatten 1950 ein Stahlembargo gegen die DDR und den Ostblock verordnet. Wenn man Stahl nicht kaufen konnte, mußte man ihn selbst herstellen, und sei es unter vergleichsweise uneffektiven Bedingungen.

Vor allem die Menschen haben sie interessiert, ihre Beweggründe. Also fand sich in der *Wochenpost* das umfangreiche

Porträt des ersten Hochofeningenieurs Karl-Heinz Zieger, Jahrgang 1911, des einzigen in der DDR mit einer Hochschulausbildung, bei dem sie alle im EKO gelernt hatten. Margot Pfannstiel schilderte in einer Serie das Leben und die tägliche Arbeit des (1991 verstorbenen) EKO-Generaldirektors Erich Markowitsch, des Auschwitz-Häftlings, des Kommunisten. »Am Schreibtisch hat ihn kaum jemand sitzen sehen, denn er kommt sofort hervor, wenn jemand das Zimmer betritt. Er duldet keine Barriere zwischen sich und seinem Gesprächspartner, geht jedem entgegen, damit die Distanz verkürzend, die zwischen Tür und Schreibtisch liegt, und bei deren Abschreiten sich der Eintretende beobachtet und deshalb im Nachteil fühlen könnte. Kleinigkeiten? Psychologie? – Einfach Achtung vor dem anderen.«

Ein andermal eine *Wochenpost*-Serie über eine EKO-Brigade, nicht eine von denen im Rampenlicht, sondern über Paul Fiebig und seine Leute vom Bereich Erzaufbereitung, vom Rohstofflager. Schwere, schmutzige Arbeit: »Wenn der Sommer heiß und trocken ist und nur ein wenig Wind weht, dann ›ist das Lager auf Wanderschaft‹. Bei starkem Regen verwandeln sich Kalk und das Erz in zähen Kleister und im frostigen Winter zu Eisschollen, die nur noch mit Brecheisen aus den Waggons herauszuschlagen sind.« Aber nicht darum geht es in der Reportage, sondern um Kultur. Um die Patenschaft mit einer Schulklasse und mit einer Kunsthochschule, um den Besuch einer Albrecht-Dürer-Ausstellung.

Im Sommer 1951 hatte Margot Pfannstiel (auch da noch nicht für die *Wochenpost*) von der Montage des ersten Hochofens in Eisenhüttenstadt berichtet. Im Herbst 1991 stand sie noch einmal am Hochofen I. Da wurde demontiert. Für das EKO hatte ein Tod in Etappen begonnen. Am 16. Januar 1992 schrieb sie in der *Wochenpost*: »Das alles war zu erwarten. Kapitalismus ist nun einmal so. Was die DDR-Bürger über ihn lernten, hat gestimmt, falsch war die Schlußfolgerung, daß der Sozialismus siegen würde. Bewahrheitet hat sich der Ausspruch des jetzt so geschmähten Lenin, daß sich letzten Endes die Überlegenheit einer Gesellschaftsordnung an der Arbeitsproduktivität entscheide.«

Besuch bei dem einstigen 1. Schmelzer Kurt Wiesner, der längst Rentner ist und mit dem sie noch mal auf die Ofenbühne I steigt. Bilanz: »Die Wende reicht weit zurück. Sie für das EKO zu terminieren, ist schwierig. Es sei wie eine schleichende Krankheit gewesen, erzählen die Aktivisten der 50er Jahre. Irgendwann setzten sich die Aufbauerfolge nicht mehr fort. Alles stagnierte. Der Elan erlahmte. Gute Arbeit zahlte sich nicht aus, schlechte Arbeit blieb ohne Folgen. ›Das könnte sich kein Kapitalist erlauben‹ war die ständige Rede, und immer öfter: ›So kann es nicht weitergehen‹, womit nicht nur Werk und Arbeit

Die EKO-Brigade
Da wurden die Arbeiter Paul Fiebig und Ussat von den Philosophie-Studenten zu einem Gespräch in die Berliner Humboldt-Universität eingeladen: »An der Anmeldung hatte es zunächst Verwirrung gegeben, denn ›Kumpel aus dem EKO‹ ist doch kein akademischer Grad. Paul klärte die Situation: ›Schreiben Sie Professor Ussat und Professor Fiebig.‹ Die Kollegin Anmelderin atmete auf.«
Margot Pfannstiel Wochenpost 4.10.1974

Blick mit Look
Für den Reporter des amerikanischen Magazins Look war Erich Markowitsch der »faszinierendste Mann«, den er in der DDR getroffen hat. Faszinierend trifft zu. Und wenn es stimmt, daß ab 50 jedermann für sein Gesicht selbst verantwortlich ist, dann darf Markowitsch zufrieden sein. Diesen Kopf merkt man sich.
Margot Pfannstiel über EKO-Generaldirektor Erich Markowitsch Wochenpost 12.4.1974

Reminiszenzen
Da verklärt sich der Blick noch heute, wenn von »Klein Erna« die Rede ist, einem Mädchen, das damals die Szene beherrschte. Sie hatte Beine wie Säulen, war stark wie ein Baum und verschwenderisch in der Liebe – aber nur, wenn es echte Liebe war! Wie oft schon habe ich die Geschichte von der Kellnerin zum besten gegeben, die auf die Frage nach dem Jahrgang eines Weines entrüstet sagte: »Was heißt hier Jahrgang – unser Wein ist immer frisch!«
Margot Pfannstiel
Wochenpost 16.1.1992

gemeint waren. Sie haben das Ende kommen sehen, aber ihre Voraussicht macht sie nicht froh.« »Krupp kauft Krause« hieß es in diesem *Wochenpost*-Beitrag, und bei diesem Stichwort wußte jeder in der DDR, was das meinte. Man hatte den DDR-Fernsehmehrteiler »Krupp und Krause« noch in guter Erinnerung. Wer wußte schon, daß die gleichnamige Romanvorlage für den Film kein Propagandastück der DDR war, sondern ein Buch des westdeutschen Autors Karl Heinrich Helms, zuerst in Recklinghausen erschienen. Übrigens erfuhr man in diesem abschließenden Bericht über das Ende des einst volkseigenen Eisenhüttenkombinats Ost auch von der Fusion von Krupp und Hoesch. Noch lag der Versuch einer »feindlichen Übernahme« von Thyssen durch Krupp fünf Jahre entfernt.

18. Dezember 1987: Madonna in der DDR

Am 18. Dezember 1987 veröffentlicht die *Wochenpost* auf einer ganzen Seite ein Interview mit Madonna. Unser Autor Peter Wicke hat die Künstlerin während eines Aufenthalts in New York angerufen. Sie hat ungläubig zurückgefragt »... from East Germany?«, möglicherweise ist es die Verblüffung oder Neugier über »East Germany«, die dem DDR-Rockexperten Wicke das Gespräch beschert. »Als Madonna mit einer guten Stunde Verspätung gegen drei Uhr morgens tatsächlich kam, hätte ich sie beinahe übersehen. Sie ist nicht nur auffallend klein, sondern im Privatleben auch von einer sympathischen Normalität, die so gar nicht meinen Erwartungen entsprach. Zwar sollte ich das Tonbandgerät doch, bitte schön, abgeschaltet lassen – für Interviews sei die Presseabteilung ihrer Firma zuständig ..., doch beantwortete sie bereitwillig und aufgeschlossen alle meine Fragen. Ließ sich zwischendurch auch staunend darüber informieren, daß es in ›East Germany‹ durchaus Popmusik gebe und sie dort keineswegs unbekannt sei.«

Ein weiteres Gespräch auf Seite 3 dieser Ausgabe. Sieglinde Wolff hat den Direktor der Klinik für Hautkrankheiten der Berliner Charité, Professor Niels Sönnichsen, interviewt. Der ist nämlich gerade zusammen mit einigen Experten im Saarland gewesen, um über die Zusammenarbeit der Mediziner bei der Bekämpfung von AIDS zu verhandeln. Warum gerade dort? Gibt es im Saargebiet besonders viele AIDS-Fälle? Natürlich nicht. Die Aufklärung liefert eine Passage im Interview, in der es heißt, die gemeinsame Arbeit der Mediziner sei in einer ganz ausgezeichneten Atmosphäre verlaufen, »die noch ganz im Zeichen des Aufenthalts von Genossen Erich Honecker im Saarland stand«. In diesem Zusammenhang nennt Prof. Sönnichsen Zahlen: »Die Bundesrepublik verzeichnete nach der Meldung des Bundesgesundheitsamtes vom 30. Oktober dieses Jahres 1 486 AIDS-Kranke. In der DDR ist AIDS bisher bei vier Bürgern ausgebrochen. Zwei davon sind verstorben. 39 DDR-Büger sind HIV-infiziert. Hinzu kommt eine wechselnde Zahl von Ausländern, die sich zeitweilig in der DDR aufhalten. Jedenfalls haben wir es in der DDR alles in allem noch mit einer geringen Verbreitung von AIDS zu tun.«

Das Titelbild der *Wochenpost* vom 18. Dezember 1987 ist der großen internationalen Politik gewidmet. Es zeigt Michail Gorbatschow und Ronald Reagan beim Austausch des gerade

Quer durch die Nummer 50/1987: Überschriften und Randzeilen

Die stummen Ratgeber vom Bahnhof
Berlin: Bildschirme geben Auskunft

Glanz und Elend der Cosel
Zwei neue Folgen »Sachsens Glanz und Preußens Gloria«

Perpetuum mobile in der Backstube?
Weltneuheit für Backwarenindustrie

Neues Leben am St. Helen
USA: Vulkanausbruch hat tiefe Spuren zurückgelassen

Die Bombilla ist immer dabei
Ein Bericht aus Uruguay

Zwischen Unikat und Serie
Axel Bertram: Angewandte Kunst auf der X. Kunstausstellung der DDR

Ein Sir begründet die Ausbeutung
Vor 300 Jahren starb William Petty

Der Bart ist ab
Barbara Gumlich suchte nach den Wurzeln der Männlichkeit

Morgen, Kinder, wird's eine LP geben
Ein Teller Musik

unterzeichneten Vertrages über die Beseitigung der nuklearen Mittelstreckenraketen. Zwei Seiten im Innenteil befassen sich mit dem gleichen Thema. Neben einem Bericht aus Moskau über den amerikanisch-sowjetischen Gipfel und über ein »Treffen der führenden Repräsentanten des Warschauer Vertrages« auch eine Erklärung Erich Honeckers zu diesem Abrüstungsvertrag. In diesem Fall hat das sogar Sinn, da seit Anfang der 80er Jahre eine neue Spirale der Hochrüstung in Mitteleuropa begonnen hat (Stichworte: SS-20 und Nachrüstungsbeschluß). Und als zwischen den Supermächten nur noch große Sprachlosigkeit herrschte, ist es Honecker gewesen, der den Gesprächsfaden zum Westen nicht abreißen ließ, der den harten Kurs der sowjetischen Betonfraktion unter Breschnew unterlaufen und die Abschaffung des »Teufelszeugs« in Europa betrieben hat.

Die unvermeidliche, weil ständig von den Zeitungen geforderte Wirtschaftsreportage befaßt sich mit dem Wohnungsbau in Eisenhüttenstadt. Steffi Knop stellt Bauarbeiter und Architekten vor und wendet sich der in der DDR zu lange vernachlässigten Altbausanierung zu. Denn Eisenhüttenstadt, das sind nicht nicht nur die auf dem Reißbrett erdachten Viertel der »Ersten Sozialistischen Stadt«, das ist auch das alte Füstenberg, nun nur noch Ortsteil von Eisenhüttenstadt. Es geht dort um die Arbeit in »lange vernachlässigten Häusern«, auf »Dachböden, die zehn Jahre lang niemand mehr betreten hat«. Der Hinweis, daß man sich Gedanken darüber macht, die Reparaturkolonnen demnächst auch in die erst dreißigjährige Neustadt zu entsenden, daß auch neue Wohnhäuser verschleißen, hebt sich von der gängigen Plattenbaueuphorie ab. Er wird aber so umschrieben, daß er bei den Besserwissern keinen Anstoß erregen kann.

Die *Wochenpost*-Chemie

Wie kam es, daß die *Wochenpost* so etwas wie ein weißer Rabe in der DDR-Medienlandschaft war? Befanden wir uns in einer der legendären Nischen dieser »Nischengesellschaft«? Wenn ja, wie konnten wir dahin geraten? Weil man uns ließ? Vorsätzlich sozusagen? Hat man uns Freiräume zugestanden? Haben wir sie uns erobert?

Es ist wohl eine Mischung aus allem. Dies dürfte auch der Grund dafür sein, daß es bei uns immer redaktionell anders zugegangen ist als in vergleichbaren DDR-Zeitungen. Gerade die Arbeitsatmosphäre war es, die von Kollegen, die nach der Wende befragt worden sind, als »weniger hierarchisch und mehr kollegial als in anderen Redaktionen« beschrieben wurde, vor allem von denjenigen, »die ihre Arbeit in der *Wochenpost* mit ihren Erfahrungen in anderen Redaktionen vergleichen konnten«.[90] Eine persönliche Erfahrung: Anfang der 60er Jahre trug ich mich ernsthaft mit der Absicht, aus der *Wochenpost* auszuscheiden. Mein Motiv waren Unverträglichkeiten mit der Chefredaktion. Ich schaute mich um und fand, der Ärger in der *Wochenpost* sei allemal das kleinste Übel. In allen anderen Zeitungen war das Klima unangenehmer.

Wenden wir uns also den Befindlichkeiten der Redaktion zu. Dabei stocke ich schon bei dem Wort »die Redaktion«. Haben alle Mitarbeiter die Dinge gleichermaßen wahrgenommen? Keineswegs. Es gab – wie immer und wie überall – Leute, die »konnten« nicht miteinander. Es hat in fast vier Jahrzehnten *Wochenpost*-Geschichte innerhalb der Redaktion gewiß Kränkungen und Ungerechtigkeiten gegeben. Ich weiß von tiefreichenden Abneigungen wie auch von Freundschaften, die über Jahrzehnte gehalten haben. Dennoch, die *Wochenpost* konnte nur so sein, wie sie war, weil letztlich »die Chemie« stimmte. Ein außenstehender westlicher Beobachter schrieb 1992: »Wenn man überdies Kollegen hatte, mit denen man vernünftig reden konnte, so war es durchaus möglich, daß Journalisten in der DDR ihren Beruf mit Freude ausübten.«[91]

Es gibt zwei innerredaktionelle Umfragen, die (obwohl für einen ganz anderen Zweck unternommen) zumindest indirekt und ansatzweise etwas über die Befindlichkeit der *Wochenpost*-Equipe aussagen. Die eine ist von 1967 und die zweite von 1980. Erstere wurde von der Chefredaktion initiiert, die andere von der SED-Parteileitung in der *Wochenpost*. Die erste Umfrage erfolg-

Tausendmal:
»Mit beiden Augen«
Falls gefragt wird, warum es überhaupt so lange gegangen ist, lautet meine Antwort: Weil man mich in Ruhe gelassen hat. Weil man mich hat machen lassen. Ich konnte mir die Themen selber suchen und habe Mischung und Reihenfolge bestimmt. Unter dem Zwang, pro Jahr 52 Ideen zu haben und verwirklichen zu müssen.
Heinz Knobloch
Wochenpost 12.2.1988

Keine Pflichtlektüre
Es gab, denke ich, immer Leute in der Redaktion, die sich um eine wahrheitsgetreue Berichterstattung bemühten, um Genauigkeit, Gründlichkeit, auch um Themen, die in den Tageszeitungen nicht denkbar waren. Um die Sprache – fern von Phrasen und Klischees, altmodisch vielleicht, sorgfältig redigiert. Um das, was zwischen den Zeilen zu sagen war. Zum Lesen der *Wochenpost* war nie jemand von einem Chef angehalten worden, keine Partei erwartete die Pflichtlektüre dieser Zeitung, trotzdem las man sie.
Claudia von Zglinicki,
Freitag 3.1.1997

Die *Wochenpost*-Chemie

Sechs Wochenpost-Kolleginnen als Hut-Mannequins. Die Hüte waren von Leserinnen gespendet worden, sie sollten auf dem Solibasar verkauft werden.

Zwischen den Zeilen
Gelesen habe ich sie von vorn bis hinten, mit Ausnahme der Seiten 4 und 5. Mir gefielen die Lobhudeleien nicht. Mit den Romanen hatten Sie auch keine glückliche Hand. Die Feuilletons von Herrn Knobloch las ich besonders gern. Vor allem das, was zwischen den Zeilen stand.
*Brief von
Marianne S.,
Kleineichstädt
Wochenpost 14.11.1900*

Sie versuchten immer, im Rahmen des Möglichen objektiv zu sein.
*Zuschrift von
R.L., Eisenhüttenstadt
Wochenpost 14.11.1990*

te schriftlich, die zweite in persönlichen Gesprächen, in beiden Fällen war also keine Anonymität gegeben. Insofern war die Ehrlichkeit eingeschränkt, und Kritik wurde nur verschlüsselt geübt.

Die ersterwähnte Enquete fragte nach den Arbeitsbedingungen, nach Ideen und geistigem Vorlauf und danach, wie die »*Wochenpost* von morgen« aussehen solle. Die Skala der Antworten reichte von dem Wunsch nach »mehr Zeit zum Denken«, nach »Erhöhung der Verantwortung des einzelnen«, nach Entlastung von zeitraubenden technischen Dingen bis zur Forderung nach einem Kopiergerät für die Redaktion, das es 1967 noch in keiner DDR-Redaktion gab. Die leitenden Mitarbeiter sollten Manuskripte »nicht nach subjektivem Geschmack beurteilen«. Man wünschte – schriftlich! – eine »Atmosphäre gegenseitiger Achtung und Anerkennung, ein gegenseitiges Ergänzen« und »weniger Ängstlichkeit in Themen und Ausführung« sowie die bessere »Unterrichtung des Kollektivs der Redaktion über alle Vorhaben und Veränderungen«. Die Liste der Wünsche hinsichtlich der Arbeitsbedingungen umfaßte aber auch »weniger Berichte, Pläne, Rundschreiben«, ein »effektiveres Gehaltssystem« und die »Schaffung einer Redaktionsverfassung«.

Die abschließende Analyse dieser Umfrage durch die Chefredaktion vermag Anhaltspunkte für die *Wochenpost*-Befindlichkeit zu liefern: »Auffallend ist die Ausführlichkeit, mit der die Fragen beantwortet wurden«, heißt es darin. »Die Mehrzahl der Antworten zeigt, daß gründlich nachgedacht worden ist. (...) Ein wichtiges Merkmal der Umfrageergebnisse besteht darin, daß ausnahmslos alle Beteiligten ihre Anliegen in aller Offenheit dargelegt haben. Das läßt gewisse Rückschlüsse auf das gegenwärtige Redaktionsklima zu, womit aber zugleich der Leitung die Verantwortung auferlegt wird, das in sie gesetzte Vertrauen zu rechtfertigen.«[92] Da die klare Hierarchie und die »Weisungen von oben« erhalten blieben, konnte sich allerdings nur wenig ändern.

Der Blick auf die zweite Umfrage, die sich nur auf die SED-Mitglieder in der Redaktion bezog, überrascht mich noch siebzehn Jahre später.[93] Es wurde teilweise heftige Kritik an der Arbeitsatmosphäre in der Redaktion geübt. Einige Redakteure beklagten, sie seien »falsch oder nicht den Fähigkeiten entsprechend eingesetzt«, die Arbeit werde »nicht richtig bewertet oder die Bewertung ist von subjektiven Vorurteilen bestimmt«. Zwar wurden »die Arbeitsmöglichkeiten als gut eingeschätzt«, nichtsdestoweniger aber die Chefredaktion und die Abteilungsleiter kritisiert. Der Ton in den Redaktionssitzungen wurde sogar von manchen Mitarbeitern als »rüde« bezeichnet, und »nicht jedermanns Wort gelte gleich«. Also eine miese Atmosphäre in der *Wochenpost*?

Genau das Gegenteil dessen, was wir heute im Gedächtnis haben? Oder bestätigen die in dem Papier von 1980 formulierten Aussagen nicht gerade, daß es bei uns »weniger hierarchisch und autoritär und mehr kollegial« zuging? Denn es war ansonsten in der DDR eigentlich nicht unbedingt üblich, in aller Öffentlichkeit oder vor der Parteileitung derart vom Leder zu ziehen

Ich zitiere abschließend aus der genannten Befragung, wo es unter »Meinungen zur Politik der Partei« hieß, die Genossen der *Wochenpost* hätten »auf Erscheinungen hingewiesen, die bei den Genossen Sorge hervorrufen«. Nämlich: »Die Journalisten genießen wenig Ansehen in der Öffentlichkeit, jeder kann in ihre Arbeit reinreden, Arbeiter haben mangelndes Vertrauen zu ihnen. Die Bevölkerung wird nicht gut genug informiert.« Alltagsprobleme würden wegen Bürokratismus nicht gelöst, »deshalb entsteht der Eindruck einer gewissen Hilflosigkeit. Es gibt Skepsis oder Resignation auf der einen, Rücksichtslosigkeit auf der anderen Seite. (...) Unfähige Leute werden nicht oder stillschweigend abgesetzt.«

Das alles konnte nicht in der Zeitung geschrieben werden, aber es wurde zumindest intern klar ausgesprochen. Wenn es auch nichts nützte. War es ein kalkuliertes Ventil, Dampf ablassen zu können? Oder war es nicht doch eher eine durchaus nicht selbstverständliche Sache?

Heinz Knobloch nennt als seine schönste Erinnerung an die Arbeit in der Redaktion, die Möglichkeit »inmitten Gleichgesinnter die bestmögliche *Wochenpost* zu machen. Man konnte mit den meisten offen reden. Meines Wissens wurde niemand denunziert.« Was macht Wohlbefinden aus? »Die große Chance,

Und in Rumänien
Hatte unsere gesamte Familie Ihre Zeitung durchgelesen, schickten wir sie nach Rumänien, wo meine Großeltern (Siebenbürger Sachsen) sie erwarteten. Wir übernahmen 1969 das Abonnement meiner Eltern. Aber auch bei uns war die Zeitung nicht Endstation. Ihr Weg ging ebenfalls nach Rumänien.
*Zuschrift von
Diana J., Delitzsch
Wochenpost 14.11.1990*

Wochenpost im Gulag
Mein Mann wurde 1948 vom NKWD inhaftiert. Nachdem ich dann im Februar 1954 die erste Nachricht von ihm erhielt, schickte ich ihm die *Wochenpost* mit, denn einmal monatlich durfte ich schreiben und ein Paket schicken. So kam Ihre Zeitung in die Nähe des Polarkreises – ein Gruß aus der Heimat. Im Dezember 1955 kam mein Mann wieder nach Hause.
*Leserbrief von
Inge T., Hörsingen
Wochenpost 14.11.1990*

Die Stärken der Wochenpost
Gründlichkeit, Ausgewogenheit, sorgfältige Sprache ließen den Verzicht auf Aktualität, der durch einen solchen langen Vorlauf erzwungen wird, ertragen. Oder auch nicht. »Die Wochenpost – das ist doch das einzige Jahrbuch Deutschlands, das wöchentlich erscheint«, spottete ein Kollege noch vor kurzem. Zu Unrecht. Denn das Liebenswerte an der Wochenpost, dessentwegen seit Jahrzehnten jeden Mittwoch die Menschen an vielen Orten Schlange standen, bestand ja gerade darin, daß die Zeitung sich frei von vordergründiger Propaganda hielt. Die Wochenpost war beliebt, weil sie gründlich, belehrend und unterhaltend war; aber der Gang in die Tiefe war zugleich eine Flucht aus der politischen Alternativlosigkeit. So dialektisch ist das manchmal.
Mathias Greffrath
Wochenpost 18.9.1991

eine eigene Rubrik zu bekommen, und sie zwanzig Jahre lang zu behaupten«, meint Knobloch. Und »daß heute noch Leserinnen und Leser schreiben und sich für manches von damals ›zwischen den Zeilen‹ bedanken«.

Gerhard Desombre führt als prägende Faktoren an: »Daß man in der Abteilung Außenpolitik eine Atmosphäre ohne politische Tabus hatte, sich meist leicht verständigen konnte über alles, was ›ging‹ und was nicht. Und daß sich auch bei endlosen Debatten keiner auf die Zunge biß.«

Hans Pollak erwähnt »die kompromißlose, auf gegenseitiger Respektierung beruhende Kollegialität«.

Noch einmal zu vermerken ist auch, daß eben die Chefredakteure mit ihren unterschiedlichen Temperamenten die Stimmungslage der Redaktion geprägt haben. Als Beispiel nehme ich die Antwort von Elfriede Steyer auf die Frage nach ihrer wichtigsten Erinnerung an die Wochenpost: »Daß ich ohne Papiere eingestellt wurde.« Es würde zu weit führen, an dieser Stelle zu erklären, weshalb Elfriede an ihrer vorherigen Arbeitsstelle sozusagen »untragbar« geworden war. Kurt Neheimer engagierte sie, ohne zuvor die »Kaderakte« eingesehen zu haben, und sagte: »Ich kenne Dich doch, so sehr kann sich ein Mensch in zwanzig Jahren nicht geändert haben.« Dem füge ich an, daß ich Anfang 1954 von Rudi Wetzel bei der Wochenpost eingestellt wurde, obwohl das ZK dagegen war. Schließlich nenne ich aus den letzten Jahren den Fall einer jüngeren Journalistin, die einen Ausreiseantrag aus der DDR gestellt hatte und deshalb von ihrer Redaktion entlassen werden sollte. Brigitte Zimmermann stellte sie bei der Wochenpost ein, weil sie fand, man dürfe Leute nicht auf der Straße liegen lassen.

Natürlich haben das Umfeld und der Ruf des Blattes zu unserem Wohlbefinden beigetragen. Christa Otten dazu: »Mit großer Lust stellte ich mich auf Dienstreisen als Mitarbeiterin der Wochenpost vor, denn das wirkte meist wie ein ›Sesam-öffne-Dich‹. Viele kannten ›ihre‹ ›Wopo‹, fragten nach diesem

Blick in den Sitzungsraum der Wochenpost. So oder ähnlich sah es bei Redaktionssitzungen aus. Das Foto zeigt aber einen anderen Vorgang: Die Redakteure verpacken (1984) die von Lesern bestellten Rätsel-Lexika, unser Angebot zum Solibasar.

und jenem Schreiber, wie man in Familien nach dem Befinden Abwesender fragt. Nicht selten bedeutete *Wochenpost* an der Basis auch das Privileg für ›heiße‹ Interviews oder Fakten. Man traute uns, und man traute uns etwas zu.«

Was also war es? Was bestimmte unsere Befindlichkeit?

Rosemarie Rehahn meint: »Die klugen, wunderbaren Leser.«

Die Wochenpost-Redaktion im Herbst 1991 am ehemaligen Checkpoint Charlie, nach dem Umzug vom Alexanderplatz in die alten Redaktionsräume in der Mauerstraße. Allmählich mischt sich die Redaktion: »Ossis« neben »Wessis«.

1. Juli 1988:
Ein Boxer mit Chancen

»Fahren wir immer menschlich?« fragt die *Wochenpost* am 1. Juli 1988. Das ist ein Thema, das inzwischen ziemlich viele anging. Dazu heißt es: »Natürlich ist der Zeitgenosse im Recht, der sich über schlechte Straßen erregt, über verstopfte Innenstädte, mangelnde Reparaturkapazitäten, zögernd eingeführte technische Neuerungen, der fordert, vorhandene Unzulänglichkeiten schneller zu ändern. Andererseits ist er aber im Unrecht, wenn er sich hinter solchen Unzulänglichkeiten versteckt und sich aus der Verantwortung ausklammert. (...) Es sollte doch zu denken geben, daß nur vier Prozent der Unfälle ihre Ursache in technischen Mängeln an Fahrzeugen haben, nur sechs Prozent durch schlechte Straßen hervorgerufen werden, 90 Prozent aber geschehen, weil Menschen sich falsch verhalten haben.«

Noch ein Thema in dieser *Wochenpost,* das viele interessieren dürfte. Sieglinde Wolff stellt auf einer Doppelseite einen »Hausarzt in Halle« vor. Großes Plädoyer für jene Mediziner, die den Patienten auch in seiner Wohnung aufsuchen, die nicht nur Medikamente verschreiben, sondern die gleichzeitig auch für ein Gespräch zur Verfügung stehen. In dem Altbaugebiet, in dem die Reporterin einen Arzt begleitet, ziehen sich die Straßen hin, der Doktor fährt mit dem Auto, seinem eigenen, die Benzinkosten werden erstattet, aber: »Sorgenfalten furchen die Stirnen, wenn es um Reparaturen oder Wiederbeschaffung geht.« Nach detaillierter Beschreibung von Ausbildung, Berufsweg und Tätigkeit heißt es schließlich in der *Wochenpost*: »Nobelpreisträger wird ein Hausarzt nicht werden, was nicht als Ermunterung verstanden werden sollte, ihn bei anderen Formen der Auszeichnung kärglicher zu bedenken als seine Kollegen. Eine besondere Wertschätzung erwirbt der Hausarzt sich allerdings im Dienst an seinen Patienten ganz allein. Ihn kennt man in den Straßen seines Bereichs, man grüßt ihn, für die von ihm Betreuten gehört er zu den wichtigsten Persönlichkeiten im Wohngebiet. Das ist dann ganz so wie auf dem Lande. Gegen hausärztliches Engagement kommt die Anonymität der Stadt kaum an.«

Sodann ein Artikel, der den Lesern gewiß Spaß machte: die Reportage von zwei »Heiratsmärkten«. Der eine arbeitet mit Computer und findet seit einiger Zeit allwöchentlich in einer Gaststätte unweit von Berlin statt. Der andere ist eine traditionelle Kirmes in der Rhön.

Es finden sich in dieser Ausgabe auch zwei Seiten, die wieder einmal zur Kategorie der unvermeidlichen »Pflichtabdrucke« zählen, die aber einige Leser womöglich dennoch interessierten: Es geht um das »Internationale Treffen für kernwaffenfreie Zonen«, das gerade in Berlin stattgefunden hat. Am Rand ein kurzer Auszug aus der abschließenden Ansprache Erich Honeckers. Ansonsten aber liest man in der *Wochenpost* nur Eigenes zu diesem Ereignis. Horst Hoffmann hat Egon Bahr und Manfred von Ardenne über die Arbeit der Konferenz befragt, Gerhard Desombre mit dem ehemaligen Präsidenten von Mexiko darüber gesprochen. Manfred von Ardenne wird als der wohl einzige Teilnehmer an der Konferenz bezeichnet, der selbst am Bau einer Atombombe beteiligt war. Ja, antwortet der Gelehrte, er betrachte seine Arbeit an der sowjetischen Nuklearwaffe als einen Beitrag zum atomaren Gleichgewicht, das den Frieden 43 Jahre lang erhalten habe. Doch weil auf Dauer dieses Gleichgewicht nicht halten könne, begrüße er die Initiative Erich Honeckers, die zu diesem Treffen geführt habe. Egon Bahr äußert sich zum Vorwurf der »Nebenaußenpolitik«, der ihm und anderen BRD-Politikern gemacht wird, weil sie mit den führenden Leuten der Ostblockstaaten sprechen. Er sagt, es gehe vor allem darum,»einen Zustand zu erreichen, in dem effektiv ein Angriff konventionell unmöglich wird«. Er nennt das Treffen ein bedeutendes internationales Ereignis und »auch eine organisatorische Meisterleistung der DDR«. Übrigens wird wenige Monate später ein zweites Interview Horst Hoffmanns mit Egon Bahr veröffentlicht, zusammen mit einem Foto, auf dem sich Honecker und Bahr mit leicht erhobenen Nasen gegenüberstehen. Obwohl Bahr zuvor prophezeit hat: »Das werden Sie nie ins Blatt kriegen.«

Ein anderer Beitrag in dieser *Wochenpost* vom 1. Juli 1988 zieht gewiß Leser an. Auf den Seiten 4 und 5 steht Heinz Knoblochs Artikel »Der beherzte Reviervorsteher«, ein Bericht über den Polizeioffizier Wilhelm Krützfeld, der in der Pogromnacht vom November 1938 die große Synagoge in der Berliner Oranienburger Straße vor den Nazi-Brandstiftern beschützt hat. Später wird Knobloch bei weiteren Recherchen immer neue Tatsachen finden; am Ende steht ein veritables Buch. (Vielleicht ist dies die richtige Stelle, um einmal darauf hinzuweisen, daß zahlreiche Reportageserien und Artikelfolgen, die ursprünglich für die *Wochenpost* geschrieben und konzipiert wurden, ihren Weg zwischen zwei Buchdeckel gefunden haben.)

Neben einer Seite über Theodor Storm (»Acht Jahre als Heiligenstädter Advokat und Dichter«), einer ganzseitigen Rezension der Aufführung des »Fiedlers auf dem Dach« an der Berliner Komischen Oper, neben dem Fortsetzungsroman über Cornelia Goethe (von Sigrid Damm) findet sich auf der Sportseite ein kürzerer Artikel mit der Vorschau auf die

Ein Tag in der Apotheke ...
Eine Frau holt Insulin für ihre 72jährige Mutter. Seit fünf Jahren braucht die Zuckerkranke diese Stütze ihres Stoffwechsels. »Was das kostet? Sicher ist es nicht billig, aber nachgerechnet haben wir nicht.«
Wochenpost 29.1.1988

... und das Echo
... möchte ich darauf hinweisen, daß Rezepte keineswegs kostenlos sind. Wofür werden denn die zehn Prozent vom Bruttoverdienst abgezogen ... Ich bin der Meinung, daß die SV-Abzüge wegfallen sollten und jeder seinen Arztbesuch und die Rezepte bezahlt.
*Zuschrift von
Ruth K., Naumburg
Wochenpost 25.3.1988*

Die Arzneimittel, die ich regelmäßig einnehmen muß, sind nicht billig. Auch mein Mann braucht ständig Medikamente. Wir wissen beide zu schätzen, daß wir sie immer haben.
*Leserbrief von
Grete S., Berlin
Wochenpost 25.3.1988*

Arzneimittel gegen Rheuma änderten sich mehrfach im Angebot und stets muß man sich an etwas Neues gewöhnen. Von Bekannten höre ich des öfteren, daß ihnen Rezepte mit der Antwort zurückgegeben werden: Zur Zeit nicht vorhanden – Lieferung nächste Woche.
*Zuschrift von
Rudi B., Pasewalk
Wochenpost 25.3.1988*

Olympischen Spiele in Seoul. Die *Wochenpost* stellt einen DDR-Sportler vor, dem man zutraut, aus Korea mit einer Medaille heimzukommen. Zum Foto auf der Seite heißt es, er sei »einer aus der Bewerberschar«, die Überschrift lautet: »Ein Junge boxt sich durch«. Der sportliche Lebensweg dieses Spartakiadesiegers wird nachgezeichnet, des Silbermedaillengewinners der Amateur-Box-Weltmeisterschaft von 1986, des Europameisters von 1987. Der letzte Satz in dem *Wochenpost*-Artikel: »Noch hat kein DDR-Boxer seine Nominierung sicher in der Tasche. Für Henry Maske würde ein Start bei Olympia die größte Chance in seiner 15jährigen Laufbahn bedeuten.«

Ein Junge boxte sich durch

»Wenn du einmal ernsthaft einen Weg eingeschlagen hast, dann geh ihn auch bis zum Ende. Gib dich nie mit Halbheiten zufrieden!« Mit diesen Worten ermahnte einst Vater Maske seinen Sohn Henry. Und der Weg, den dieser dann später als Boxer einschlug, führte ihn zwar durch manche Talsohle, aber letztlich auch auf Meisterhöhen.

Begonnen hat er in dieser Sportart, da durfte er noch nicht einmal in den Ring klettern, weil er das dafür nötige Alter nicht besaß. Das war in Ludwigsfelde. Dort erlernte der gebürtige Treuenbrietzener unter Anleitung von Hans Hörnlein die Grundbegriffe des Faustfechtens. Sportlich verständliche jugendliche Ungeduld und die erwähnte Altersklippe standen im Widerstreit, führten dazu, daß er 1973 schon fast das Handtuch geworfen hätte, um im boxerischen Bild zu bleiben. Die Arbeit am Sandsack, Gymnastik, Ausdauerschulung, gut, das war nötig, aber der erste Start ließ nach Meinung des Jungen eben viel zu lange auf sich warten.

Endlich war er zehn Jahre alt, konnte zum ersten Mal im Seilquadrat seine Kräfte und sein Können mit einem Gegner messen. Der Kampf endete mit seinem Sieg. Talent besaß er, ohne Zweifel. Man wurde auch außerhalb von Ludwigsfelde auf ihn aufmerksam.

Im Jahre 1977 zog er um, die Delegierung zum ASK nach Frankfurt (Oder) in der Tasche. Erfolge im Ring stellten sich bald ein: Noch im Jahre seines Umzugs durfte er als Sieger bei der Kinder- und Jugendspartakiade die höchste Plattform des Siegerpodestes besteigen, wurde mit 14 Jahren sogar Landesmeister in seiner Altersklasse, fand zunehmend Gefallen am Erfolg.

Dank der Hilfe seines neuen Trainers Dietrich Bleck schaffte es Henry Maske, sich von den frühen Erfolgen nicht blenden zu lassen. »Wenn ich heute zurückblicke, muß ich erkennen, daß ich ohne die Hilfe und Konsequenz meines Trainers die vielen späteren Erfolge nie erreicht hätte. Heute sehe ich ein, daß man mit Talent wohl im Juniorenalter bis zu einer gewissen Stufe erfolgreich sein kann. Wer aber dann die harte, zielstrebige Trainingsarbeit vernachlässigt, wird über ein gutes Mittelmaß nicht hinauskommen!«

Doch bis zu jener Erkenntnis war damals, in den Anfangsjahren in Frankfurt, noch ein ziemlich langer Weg. Henry Maske wechselte beim Armeesportklub in die Trainingsgruppe von Manfred Wolke, des Olympiasiegers von Mexiko 1968. Wieder brauchte er Geduld, ehe er soweit gereift war, um auch international erfolgreich auftreten zu können. Henry wurde 1983 für die Europameisterschaften in Varna nominiert, gewann dort auf Anhieb Bronze. Ihm gelang nach der Turniersieg bei den Wettkämpfen der befreundeten Armeen, schließlich siegte er bei den Titelkämpfen der DDR. Der Durchbruch schien geschafft.

Höhepunkt der Saison 1984 sollten für ihn die »Wettkämpfe der Freundschaft« auf Kuba sein. Alle Gegner, die er dort vor die Fäuste bekommen konnte, schienen ihm bezwingbar. Doch vom Selbstbewußtsein zur Unterschätzung des Kontrahenten ist oft nur ein winziger Schritt. Henry schied bereits in der Vorrunde aus! Ein Schock für den Mann, der in Kuba boxerisch Bäume ausreißen wollte. Doch noch war die Kette der Enttäuschungen nicht gerissen: Im gleichen Jahr unterlag er bei den DDR-Meisterschaften überraschend dem Berliner Eike Walter, weil er zu wenig tat im Seilquadrat, um die Punktrichter zu überzeugen, seine technischen und taktischen Möglichkeiten nicht ausschöpfte.

Dann, im Jahre 1985, war Budapest Austragungsort für das europäische Box-Championat. Henry bewies, daß er die verstrichene Zeit gut genutzt hatte, Enttäuschungen in Schlußfolgerungen umzumünzen verstand. Er ging konzentriert an die neue große Aufgabe und löste sie glänzend, wurde einer von fünf Europameistern, die aus der DDR kamen.

Im Herbst des gleichen Jahres versammelte sich die Box-Elite an der Stätte des olympischen Boxturniers '88, in Soul in Südkorea. Als europäischer Titelträger hatte Henry Maske die Startberechtigung dafür erworben, kletterte im Chamchil-Gymnasium in den Ring, steigerte sich dort von Runde zu Runde,

traf schließlich im Finale auf den US-Amerikaner Garland. Keine Spur mehr von defensivem, verhaltenem Boxen bei Henry Maske, unbestritten siegte er! Sich durchzuboxen zur Nummer eins in der Weltrangliste, das war noch nie zuvor einem DDR-Faustkämpfer gelungen.

Abermals ein Jahr später. Weltmeisterschaften in Reno in den USA. Henry gewann Silber, einige sagten, er verlor Gold.

Zwei Jahre später, in Turin 1987, konnte der Frankfurter 75-kg-Athlet seinen Europameistertitel erfolgreich verteidigen, ehe abermals der Weltcup-Wettbewerb auf dem Terminkalender stand. Diesmal war Belgrad der Austragungsort, und hier traf Henry Maske auf einen Kontrahenten, der an diesem Tage schlicht gesagt eine Nummer zu groß war für ihn. Der kubanische Halbmittelgewichts-Weltmeister Angel Espinosa, inzwischen ins nächsthöhere Limit gewechselt, demonstrierte beste Boxschule. Schon nach wenigen Sekunden der ersten Runde drohte Henry Maske eine K.o.-Niederlage. Der Europameister mühte sich erfolgreich, den Schlußgong stehend zu erreichen, verlor jedoch einstimmig nach Punkten.

Diese Niederlage – ein K.o. wäre das erste in seiner sportlichen Laufbahn gewesen – hat den Frankfurter wohl vor allem psychisch zurückgeworfen. Auch die olympische Saison '88 begann für Henry Maske nicht wie erhofft. Er traf beim Hallenser Chemie-Pokal abermals auf seinen kubanischen Bezwinger, hatte zwar nicht solche Erfolge, den ersten Zusammentreffen zu überstehen, aber Siegchancen besaß er nie.

Da stimmte die Nachricht hoffnungsvoll, daß Henry Maske unmittelbar danach, beim vorolympischen Turnier in Soul, als einziger der dort eingesetzten DDR-Boxer den Wettbewerb in seiner Gewichtsklasse gewann. War nun die Boxwelt für ihn wieder in Ordnung? Nur vorübergehend, denn wenig später schied er bei einem internationalen Turnier im französischen St. Nazaire bereits in der Vorrunde sang- und klanglos aus.

Doch wer in Soul – in welcher Gewichtsklasse auch immer – bestehen will, der muß, das haben die Turniere der jüngsten Vergangenheit gezeigt, ein außerordentlich großes Stehvermögen besitzen. Abgesehen von der Ausgeglichenheit der Konkurrenz, wird bei den sich abzeichnenden Mammutfeldern der Weg ins Finale sicher über sieben oder acht Kämpfe führen.

Noch hat kein DDR-Boxer seine Nominierung sicher in der Tasche. Für Henry Maske würde ein Start bei Olympia die größte Chance in seiner 15jährigen Laufbahn bedeuten.

Michael Heinrich

Kein Licht am Ende des Tunnels

Seit Mitte der 80er Jahre wurde die Situation (auch für uns) immer widersprüchlicher. In unserer Abteilung Außenpolitik ging damals das einem amerikanischen Politiker zugeschriebene Wort um: »Ich sehe Licht am Ende des Tunnels, aber ich bin nicht sicher, ob es womöglich ein entgegenkommender Zug ist.«

Ab 1987, spätestens aber 1988, gab es bei den meisten Redakteuren der *Wochenpost* keinen Zweifel mehr: So geht es nicht weiter. Aber was statt dessen? Wer sollte die DDR wie umgestalten? Wir sahen kein Licht am Ende des Tunnels.

Einerseits hatte die Führung Weltoffenheit angesagt, andererseits durfte die Welt nicht mehr so beschrieben werden, wie sie war. Schilderungen angenehmer Lebensumstände in anderen Ländern waren tabu, weil sie angeblich Neid der DDR-Bürger erzeugen würden. Realistische Beschreibung von Ungerechtigkeit und Elend wiederum könnten die jeweiligen Regimes kränken, zu denen die DDR gute (Handels-)Beziehungen wünschte. Auch mochten uns die Leser derartige Beschreibungen nicht mehr glauben, selbst wenn sie zutreffend waren. Am Ende kam also irgendwie ein Weltbild heraus, bei dem es rundherum auf dem Planeten einigermaßen moderat zuging. Gleichzeitig wußten die Leser aber, daß dieses Bild hinten und vorn nicht stimmte, genau wie in der DDR.

In Einzelfällen gelang es, auf Problembereiche hinzuweisen. Beispielsweise galt das Thema Alkoholismus weithin als DDR-Tabu. Die *Wochenpost* aber hatte schon 1983 auf einer Doppelseite den Alkoholmißbrauch als Krankheit beschrieben und wohl zum ersten Mal auch exakte Zahlen zum Alkoholkonsum in der DDR genannt. Manche Kollegen in anderen Medien mutmaßten damals, die *Wochenpost* arbeite irgendwie unter Sonderkonditionen. Nicht anders beim Thema AIDS. Im Juni 1981 war man in den USA erstmals auf diese neue Krankheit aufmerksam geworden. Im Juli 1982 wurde erstmals der Begriff AIDS benutzt, im Mai 1983 am Pasteur-Institut Paris der Retrovirus entdeckt, ein Jahr später der HI-Virus erstmals isoliert, 1985 wurden die ersten AIDS-Tests eingeführt. Noch war AIDS eine exotische Krankheit, 75 Prozent aller bekannten Fälle gab es in den USA. Nach dem ersten Interview mit Prof. Sönnichsen von der Charité in der *Wochenpost* vom 13. Februar 1987 berichteten wir regelmäßig über dieses Thema. Daß diese beiden fast klassischen Tabu-Themen ins Blatt kommen konnten, hatte damit zu

Schreibmotivation
Immer mehr wurde ich mir darüber klar, daß mein Hauptantrieb für Schreiben Selbsterforschung ist: Immer dann, wenn ich über mein Verhältnis zu meiner Zeit, zu ihren Strömungen, Institutionen, zu Zeitgenossen, zu mir selbst schreibend etwas herausfand, was ich vorher nicht gewußt hatte oder jedenfalls nicht hatte aussprechen können – immer dann stellte sich jener besondere Zustand der Erregung, jenes Gefühl von Authentizität ein, um dessentwillen ich eigentlich schreibe. Jenes Erschrecken über die Wirklichkeit, die ja nicht ein Gebilde außerhalb von uns ist, sondern ein Prozeß, dem wir unterliegen und den wir zugleich selbst mit hervorbringen.
*Christa Wolf im Gespräch
Wochenpost 10.2.1984*

Die Toleranzgrenze
Ich wußte ja von allen bei uns in der Redaktion am besten, was erwartet wurde und wo die Toleranzgrenze lag. Und wenn ich schon zwei Beiträge von einiger Explosionskraft im Blatt hatte, habe ich rigoros einen dritten, der dann womöglich eine verheerende Zündung ausgelöst hätte, auf eine nächste Ausgabe verschoben.
Brigitte Zimmermann in »ohnMacht«, Berlin 1992, S. 244

tun, daß die zuständige Redakteurin Sieglinde Wolff nicht zuletzt dank fachlicher Kompetenz und Beharrungsvermögen Verbündete dafür gewinnen konnte, in der *Wochenpost* darüber sachlich zu informieren.

Gleichzeitig standen wir aber auch unter ständiger Kritik duch das ZK. Einer Idee von Heinz Knobloch folgend, initiierte die *Wochenpost* beispielsweise Ende 1987 – also im 750. Berlin-Jahr – eine »Geschichtsreise mit dem Autobus«. Neun Schriftsteller fuhren mit der Ostberliner Buslinie 57 durch das Stadtzentrum, und wir druckten ihre Beobachtungen und Reflexionen. Unter anderen war die ehemalige »Kundschafterin« Ruth Werner dabei und die eher als »Dissidentin« bekannte Helga Schubert. Auch Helmut Sakowski und Eva Strittmatter, John Erpenbeck, Hannes Hüttner, Jochen Hauser und Uwe Kant ließen sich von der *Wochenpost* zu dieser Busreise anstiften. Lesenswert wurde Altes und Neues geschildert. Die Kritik der Abteilung Agitation bezog sich nun zu unserer Überraschung vor allem auf Ruth Werner und Eva Strittmatter. Deren Beiträge hätten Mißfallen im Büro Honecker erregt, weil ihnen »der große Atem der sozialistischen Hauptstadt« fehle. Es werde zuviel »Kleinkram« beschrieben. Der »Kleinkram« – das war eben das wirkliche Leben jenseits propagandistischer Fassaden.

Hinsichtlich des Umgangs mit den Schriftstellern hatten wir ja schon in den 50er Jahren einige Erfahrungen sammeln müssen, mit Strittmatters »Ole Bienkopp« und dem »Wundertäter« beispielsweise. Sehr oft zog ein Unwetter auf, ohne daß man's ahnte. War zu vermuten, daß es wegen des Abdrucks des Romans »Wie ein Vogel im Schwarm« von Helmut Sakowski Ärger geben würde? In der *Wochenpost* erschien bereits die 12. Fortsetzung dieses Textes, da erreichte uns einer der berühmten Anrufe aus der Abteilung Agitation: Was ist das für ein Buch, das ihr da abdruckt? Das war die typische Art, mittels einer völlig überflüssigen Frage Unzufriedenheit auszudrücken. Wie gesagt, seit zwölf Wochen konnte man ja die Geschichte in der *Wochenpost* nachlesen. Aber: Es gebe, so der Anrufer weiter, Ärger. Wo? Auf der zweiten Etage. Die »zweite Etage« – der Sitz des Politbüros. »Zweite Etage« konnte heißen Erich Honecker oder Günter Mittag oder Joachim Herrmann oder Kurt Hager. Der Anruf endete mit der Forderung, den Abdruck abzubrechen. So ginge das nicht, wandte die Chefredakteurin ein. Dann kommt schnell zum Ende, hieß es.

»Wie ein Vogel im Schwarm« war kein Dissidentenroman. Der Autor, Helmut Sakowski, war Mitglied des Zentralkomitees der SED. Wir lasen den Text hin und her. Keine Idee, was darin Mißfallen finden könnte.

Unter der Hand wurden Erkundigungen eingezogen. Das »Große Haus« sagte nie freiwillig, worum es wirklich ging. Wir fanden schließlich folgendes heraus: Das DDR-Fernsehen war dabei, diese Erzählung zu verfilmen, man hatte ja mit den Sakowski-Filmen »Wege übers Land« und »Daniel Druskat« außerordentlich großen Zuspruch beim Publikum gefunden. Bei den Filmarbeiten zum »Vogel im Schwarm« aber gab es Krach. Weshalb, ist unerheblich. So etwas kommt beim Film vor. Jedenfalls soll der Genosse Sakowski bei der Gelegenheit voll Wut gesagt haben, er schreibe nicht für die Partei, er schreibe für die kleinen Leute. Ob diese Worte tatsächlich gefallen sind und wenn ja, zu wem, ist umstritten und unwichtig. Doch irgendwelche Linienrichter waren beleidigt, die Dreharbeiten wurden abgebrochen. Sakowski fuhr zornig ins heimatliche Neustrelitz zurück. Die Sache verlagerte sich auf einen Nebenkriegsschauplatz. Der war die *Wochenpost*.

Die Forderung nach Abbruch des Abdrucks von »Wie ein Vogel im Schwarm« erreichte uns gerade in jener Woche, als wir ein umfangreiches Interview mit Christa Wolf zur Veröffentlichung vorbereiteten. Die Chefredaktion wußte, es würde wieder Ärger geben. Zwei Kräche auf einmal waren ihr zuviel. Es schien taktisch klüger, im Falle Sakowski nachzugeben. Weisungsgemäß wurde die Erzählung gekürzt. Umgehend beschwerte sich Helmut Sakowski bei Brigitte Zimmermann. Am 23. Februar 1984 informierte ZK-Abteilungsleiter Geggel den ZK-Sekretär Joachim Herrmann, Brigitte Zimmermann habe ihm mitgeteilt, daß – so das gestelzte Deutsch in dem erhalten gebliebenen Brief – »der Direktor des Verlages ›Neues Leben‹ sie davon unterrichtet habe, daß bei ihm der Rechtsanwalt des Schriftstellerverbandes vorstellig wurde und angekündigt hat, daß er im Namen von Helmut Sakowski gerichtlich gegen die Verstümmelung des Romans ›Wie ein Vogel im Schwarm‹ in der *Wochenpost* vorgehen werde.«[94]

Dazu kam es nicht, aber etwas anderes ist geschehen. Helmut Sakowski traf zwischenzeitlich Erich Honecker, bestritt die ihm zugeschriebene Äußerung und beschwerte sich über das Vorgehen. Honecker bekundete Unwissen und Unverständnis. Am Ende war es niemand gewesen. Auch war niemand bereit, zuzugeben, er habe die *Wochenpost* angewiesen, den Roman vorzeitig abzubrechen.

Kaum war dieser Ärger vorbei, zog – wie erwartet – der nächste auf. Denn just in der Ausgabe vom 10. Februar 1984 erschien die Niederschrift des Gesprächs, das Brigitte Zimmermann und Ursula Frölich mit Christa Wolf aus Anlaß des Erscheinens ihres Romans »Kassandra« geführt hatten. »Die Folgen waren schrecklich«, erinnerte sich Brigitte Zimmermann später, denn Christa Wolf war zu dieser Zeit »die von den politisch Verantwortlichen in der DDR bestgehaßte Autorin ..., die es überhaupt gab«.[95]

Christa Wolf sprach in dem Interview vieles von dem aus, was damals die Leute in der DDR bewegte, das aber nirgends sonst

Sieg der Vernunft
Volker Braun bezieht aus dem Bloßstellen seiner Bühnengestalten keine Schadenfreude, fordert anhand negativer Beispiele zum Nachdenken, zum Tätigsein heraus. Seine Botschaft heißt, sich den Widersprüchen der Zeit produktiv stellen. Denn »wenn wir uns nicht selbst befreien, sind wir verloren«, sagt sein Wilhelm Höchst, der alte, sich treu gebliebene Genosse, und: »Die bessere Welt ist, wo man kämpft.« Um Liebe, Verständigung, den Sieg der Vernunft im großen wie im kleinen.
Anne Braun über die Komödie »Die Übergangsgesellschaft« Wochenpost 22.4.1988

Immer in Trab
Offenkundig besitzt diese Frau ausgesprochenes Talent, mit Lust zu arbeiten. Sie sagt, heutzutage noch auf der Bühne zu stehen, fiele ihr überhaupt nicht schwer. (...) Und überhaupt, sie könne es sich leisten, nur noch das zu spielen, was ihr Spaß macht. Leistet sich jedenfalls gelegentlich dieses Vergnügen, verpaßt möglichst keine der Neuinszenierungen auf den Berliner Bühnen, taucht bei Lesungen, bei Debatten über Kunst und Literatur auf und mischt sich wie eh und je ...
Ursula Frölich zum 80. Geburtstag der Schauspielerin Steffi Spira Wochenpost 10.6.1988

Die »bestgehaßte Autorin«: Interviewpartnerin Christa Wolf

Christa Wolf: Anmaßung von Kritik und Theorie
Es hat aus meiner Sicht bei uns jahrelang eine Anmaßung von Kritik und Theorie gegenüber Schreibenden und ihren Arbeiten gegeben. Es ist aber das eine, darum zu wissen, und etwas anderes, mit schwerwiegenden persönlichen Vorwürfen fertigzuwerden. Bei mir hat das dazu geführt, daß ich das eine oder andere Buch weniger geschrieben habe. Und dazu, daß ich mich auf das besann, was ich wirklich will und muß.
Wochenpost 10.2.84

Literatur-Wirkung
Zu »Kassandra« fanden Wochenendseminare für Frauen statt. Bausoldaten bastelten ein Stammbaum-Leporello über die Gefangene von Mykene. Leser öffneten Christa Wolf ihr Herz. Es kamen Briefe über Briefe. »Kassandra« wurde ein Musterbeispiel für die Wirkungsgeschichte von Literatur ...
Wochenpost 17.3.198

offiziell zur Sprache kam. Sie erwähnte eine Reise in die USA, wo sie einem »Menschentyp« begegnet sei, den sie auch »unter den jüngeren Leuten in unserem Land angetroffen habe: offen, kritisch, ohne Scheuklappen, unbestechlich durch Karriere und Geld, angstfrei, mit Freude am Genuß. Es ist dieser Typ als mögliche Zukunftsvision, den dort die Regierenden fürchten.« Nicht nur dort, mochte man hinzufügen. Und tatsächlich erregte genau dieser Satz Ärger.

An anderer Stelle fand sich in dem Interview die Feststellung, der Roman der Generation, die die DDR aufgebaut hat, sei noch nicht geschrieben. »Da ginge es nicht um Beschönigung oder Entschuldigung; da ginge es um eine nüchterne Analyse, die weh tun würde, am meisten dem, der es schriebe; und es ginge allerdings um einen anderen Maßstab als den der guten Absichten von hart arbeitenden Leuten; es ginge um die Frage, was unter dieser harten Arbeit aus ihnen als Menschen geworden ist«, sagte Christa Wolf. Dann die unmißverständliche Aussage: »Die Feststellung, ›die Gesellschaft‹ habe in dieser oder jener Zeit die oder jene Fehler gemacht, ist mir literarisch relativ wenig interessant. Mich interessiert: Was habe ich in der oder jener Zeit gewußt, geahnt, gedacht, getan und unterlassen. Was davon habe ich, haben wir ›vergessen‹. Was hat uns von unseren früheren Hoffnungen und Vorstellungen entfernt und was taugt, in ein zukünftiges Zusammenleben von Menschen mitgenommen zu werden: dies ist die eigentliche Frage. Da schulden wir, besonders wir Literaten, den Jüngeren Aufrichtigkeit.«

Schließlich bekannte Christa Wolf, wenn sie von Auslandsreisen heimkomme, habe sie »auch einen ›neuen Blick‹. Dann sehe ich unsere eigenen ›blinden Flecke‹ wieder schärfer, die Mechanismen, in die wir schwer eindringen, fallen mir stärker auf. Was sehen wir von uns, und was sehen wir vielleicht nicht mehr? Ich glaube, Literatur ist auch dazu da, die ›blinden Flecke‹ zu verkleinern, sie aufzuhellen. Dies zu tun ist nirgends leicht. Es wird häufig mißverstanden oder – milde ausgedrückt – als Unfreundlichkeit ausgelegt.«

Daß die Veröffentlichung solcher Sätze auf entsprechendes Mißfallen stoßen würde, war vorhersehbar. Der Krach erfolgte dann sozusagen in drei Etappen. Zunächst gab es eine »Aussprache« beim Stellvertretenden Leiter der Abteilung Agitation, der die über und über angestrichene *Wochenpost*-Seite vor sich liegen hatte. Es wurde nicht nur kritisiert, sondern auch zugleich falsch zitiert. Wo Christa Wolf von »blinden Flecken« der Geschichte gesprochen hatte, war jetzt von »weißen Flecken« die Rede. Die zweite Etappe der *Wochenpost*-Beschimpfung erfolgte dann durch Heinz Geggel in der »Argu«. Die dritte Standpauke gab es bei einer Sitzung des Zentralvorstandes des Journalistenverbandes (VDJ). In der öffentlichen Kritik wurde aber der Name Christa Wolf nicht genannt. Es war immer nur anonym von »gewissen Schriftstellern« die Rede. Eine – erträgliche – Folge: Brigitte Zimmermann sollte ursprünglich auf dieser Tagung in ein leitendes Gremium des VDJ kooptiert werden. Das unterblieb nun.

Das Interview mit Christa Wolf entstand aus dem Selbstverständnis heraus, daß vieles in der DDR verbessert werden müsse und auch könne. Dazu gehörte die Vorstellung, daß es falsch sei, kritische Geister auszugrenzen. Wo immer versucht wurde, dieses Prinzip in der Zeitung durchzusetzen, waren Konflikte vorprogrammiert.

Es war also durchaus beziehungsreich, wenn eine Überschrift auf der Kultur-Umschau-Seite der *Wochenpost* vom 8. April 1988 lautete: »Arbeit und Konflikte«. In der Redaktion war zuvor jemandem aufgefallen, daß der 75. Geburtstag Stefan Heyms bevorstand. Wir fanden, dazu müsse man unbedingt etwas veröffentlichen. Heym war einerseits gleichfalls eine »Unperson«, seit langem aus dem DDR-Schriftstellerverband ausgeschlossen, mit dem Verdikt des Totschweigens bedacht.

Unter vier Augen...
Mit Heinz Geggel habe ich ... auch ein paar Mal unter vier Augen gesprochen. Und von daher rührt mein Eindruck, daß er, zumindest in seinen besseren Stunden, von Zweifeln angefochten wurde, ob der Meinungsterror der SED wirklich ein effizientes Mittel sein konnte, die Überzeugtheit vom sozialistischen Weg zu fördern. Aber mit dieser Ansicht über ihn stand ich immer ziemlich allein.
*Brigitte Zimmermann
in »ohnMacht«
Berlin 1992, S. 239*

Verletzbarkeit
Schriftsteller vertreten Ansichten, attackieren andere Ansichten. In einem wirklichen Schriftsteller begegnen sich auf eigentümliche Weise Kampfwille und Empfindlichkeit. Er braucht beides für seine Arbeit. Das spricht nicht jene frei, die die Empfindlichkeit, die Verletzbarkeit eines Schriftstellers auf Proben stellen, die an seine Substanz gehen. Ich halte es für möglich, daß es Leute gab, die Stefan Heym gern woanders gesehen hätten. Diese Leute hat er enttäuscht.
Stephan Hermlin zum 75. Geburtstag von Stefan Heym
Wochenpost 8.4.1988

Jedermanns Sache
»Keines Malers Bilder«, hat Wolfgang Mattheuer einmal gesagt, »sind jedermanns Sache.« Und er sieht mit Sorge, wie »Brot und Spiele«, die Dinge des täglichen Bedarfs und die leichte Kost der Unterhaltung, Besitz ergreifen von so vielen. Gegen Gedankenlosigkeit, gegen Gewöhnung an das Unzulängliche, gegen alles, was den einzelnen wie die Gesellschaft als Ganzes bedroht, richtet er seine Bildwerke auf. Sie sind jedermanns Sache!
Bernhard Hönig
Wochenpost 29.7.1988

Andererseits hatte er in früheren Jahren sehr viel für die *Wochenpost* geschrieben, publizistische Artikel, eine Reportageserie über Zypern, mehrfach auch Geburtstagsglückwünsche, für Arnold Zweig beispielsweise, und ein Kabinettstückchen zum 70. von John Heartfield. Warum also in vorauseilendem Gehorsam ein nicht explizit ausgesprochenes Verbot beachten?

Natürlich war die Chefredaktion vorsichtig. Man mußte jemanden als Autor gewinnen, der irgendwie unantastbar war. So fiel der Name Stephan Hermlin. Der sagte auch wirklich zu und schrieb ganz schnell den Glückwunschartikel.

Stefan Heyms 75. Geburtstag fiel auf den 10. April 1988. Die Ausgabe mit Hermlins Glückwunsch wurde am Montag, dem 4. April, angedruckt. Gegen 14 Uhr lagen die Andruckexemplare im ZK vor. Kurz danach klingelte bei Brigitte Zimmermann das Telefon. Diesmal aber war es nicht ein strafender Vorgesetzter, sondern ein Wohlmeinender aus der Abteilung Agitation. Die Botschaft: Im Hohen Haus sei der Teufel los. Jemand habe gehört, wie das Wort fiel: »Diesmal rollen Köpfe!« Brigitte Zimmermann bereitete sich innerlich auf ihre Absetzung vor.

Aber das entscheidende Telefonat kam nicht, es kam auch nicht am Dienstag, nicht am Mittwoch. Am Donnerstag war »Argu«. Statt des Donnerwetters verwies Heinz Geggel zu jedermanns Erstaunen auf den am Wochenende bevorstehenden Heym-Geburtstag und sagte: »Es gibt keinen Grund, einen bewährten Antifaschisten nicht zu würdigen.«

Was war geschehen? Soweit wir später herausfinden konnten, hatte Joachim Herrmann bei Erich Honecker auf den »Skandal« in der *Wochenpost* hingewiesen. Doch Honecker, der seit seinen frühen FDJ-Tagen mit Stephan Hermlin befreundet war, beschied dem erstaunten Medien-Sekretär, das sei doch nichts Schlimmes, Heym sei schließlich ein alter Antifaschist.

In einer Analyse unserer Abteilung Leserbriefe vom 2. Mai 1988 heißt es übrigens, zwei Leser hätten den Artikel Hermlins »mit Befremden zur Kenntnis genommen und sehen in Stefan Heym ein Werkzeug westlicher Medien«. Andere wiederum bedankten sich dafür, daß die *Wochenpost* die Gratulation druckte. »Diese Zeilen sind von einer derartigen kämpferischen Freundlichkeit, daß es jedem Marxisten beim Lesen nur Vergnügen und Mut bereiten kann, weil man merkt, der Schreiber ist vom Kampf um eine freundlichere Welt besessen«, hieß es in einem Brief. »Nur der international geschätzte Hermlin konnte sich solche Worte leisten«, meinte kenntnisreich ein Leser. »Mehrere Leser vertraten die Ansicht«, heißt es in der internen Redaktionsanalyse, »Heym hat bei uns und für uns geschrieben, man sollte alle Bücher von ihm auch bei uns verlegen.«

Dennoch: Kein Licht am Ende des Tunnels. Die Dinge kulminierten Anfang November 1988 auf einer Delegiertenkonferenz

der SED-Parteiorganisation des Berliner Verlages, an der auch zahlreiche Redakteure der *Wochenpost* teilnahmen. Der damalige Parteisekretär des Verlages, Günter Beckmann, nannte diese Konferenz später seinen »größten Mißerfolg«. Für das Verständnis der Vorgänge, mehr aber wohl noch zum Verstehen der damaligen Situation in der DDR ist seine Schilderung recht instruktiv: »Es zeigte sich während dieser Delegiertenkonferenz, die wir ordentlich vorbereiteten, wie wir's immer gemacht haben, daß daneben durch den zentralen Apparat der Abteilung Agitation in den Parteigruppen und in den Redaktionen eine Gegenuntersuchung gelaufen war. Nach unserem Rechenschaftsbericht, der im ZK bekannt war, und der Diskussion, in der es jede Menge anständige Vorschläge zur journalistischen Arbeit, zur Verlagsentwicklung, aber durchaus auch kritische Meinungen zur Arbeit der Abteilung Agitation gab, sprach Dieter Langguth, der stellvertretende Leiter dieser Abteilung, das Schlußwort. (...) Und da hat er nun in einer sehr perfiden Art und Weise, und ungewohnter Schärfe, die Arbeit unserer Journalisten – unter anderen der *NBI*, der *Wochenpost*, und des *Eulenspiegels* ... – mit der Tätigkeit des Klassengegners auf eine Stufe gestellt. Im Grunde verlangte er, die Widersprüche, auf die die Journalisten bei ihren Recherchen stoßen, zu ignorieren.«[96]

Günter Beckmann beschreibt die Stimmung im Saal mit »Befremden«. Meine eigene Erinnerung an die Reaktion der Umsitzenden: Wut, Trauer, Empörung. Es gab Leute, die hatten Tränen in den Augen, weil sie immer noch irgendwie auf eine

Stephan Hermlin: Eine verblüffende Wendung gab es nach dem Erscheinen seines Geburtstagsartikels für Stefan Heym

Halbe Information
Im Programmheft ist zu lesen, daß viele der damaligen ZK-Mitglieder in den Schauprozessen, die unter Stalin zwanzig Jahre später stattfanden, zum Tode oder zu Verbannung verurteilt wurden. Wo können sich die jungen Leute, die erwartungsvoll in der Vorstellung sitzen, darüber informieren? Denn halbe Informationen – auch Schatrows Sicht ist ja nur eine Sicht auf die Dinge – bergen die Gefahr neuer Desinformationen.
Sophie Hoffmann, Rezension des Theaterstücks »Der Brester Frieden« von Schatrow, Wochenpost 4.11.1988

heile Welt hofften und sich hier ungerechtfertigt auf die Anklagebank gezerrt fühlten. Ein Augen- und Ohrenzeuge schrieb in sein Tagebuch: »Der Sprecher des ›Großen Hauses‹ hat dort der Mehrheit der Zuhörer einen Schauer über den Rücken gejagt.«

Langguths Anschuldigungen gegen die *Wochenpost* bezogen sich vor allem auf die bei uns erschienenen Rezensionen sowjetischer Theaterstücke. Die hatte Sophie Hoffmann geschrieben, Christa Wolfs Tochter. Aber nicht das war der Punkt, sondern dies: In unserer Ausgabe vom 4. November 1988 (erschienen einen Tag vor jener Versammlung) war die Aufführung »Der Brester Frieden« von Michail Schatrow im Berliner Maxim-Gorki-Theater besprochen worden, eines jener jüngeren Perestroika- oder Glasnost-Stücke, in dem die russischen Debatten von 1918 reflektiert wurden. Sophie Hoffmann hatte es bemerkenswert gefunden, daß sich 1918 ZK-Mitglieder erbittert stritten und um eine richtige Analyse der Situation rangen. »Und«, so schrieb sie weiter, »wir machen es uns wohl oft zu einfach mit unseren Alltagsanalysen, bei denen wir das Ergebnis heimlich schon vorher wissen.«

Langguth breitete weitere Anklagepunkte – auch gegen die *Wochenpost* – aus. Die schon erwähnten Schrauben des LEW Hennigsdorf gehörten dazu. In einem Artikel über Georg Büchner war Christa Wolf mit einem Satz zitiert worden, in dem das Wort »Gewissen« vorkam. Allein dieses Wort erregte Verdacht. Langguth über die von ihm genannten Beispiele: »Das alles stand nicht in der Westpresse, das stand in von der Partei herausgegebenen Organen.« Überhaupt würde sich die *Wochenpost* renitent aufführen, würde beispielsweise ständig versuchen, das Thema der Ausreisen von DDR Bürgern ins Blatt zu bringen.

Am Ende der Versammlung herrschte im Verlag allgemeine Empörung. Eine heftige Debatte setzte sich anschließend auf den *Wochenpost*-Korridoren fort. Die *Wochenpost*-Redakteurin Sigrid Langguth wußte ihrem Gatten am Abend einiges über die Reaktionen auf seine Rede zu berichten. Das war an einem Sonnabend.

Am folgenden Montag morgen forderte das ZK Selbstkritik von unserer Redaktion. Brigitte Zimmermann hingegen sprach von Rücktritt und wurde deshalb für den späten Nachmittag ins ZK bestellt. Sie sagte, sie käme, aber nicht allein. Wir fuhren zu dritt zum Werderschen Markt, Brigitte Zimmermann, Manfred Labahn und ich. Wir nahmen an dem großen Konferenztisch im Zimmer von Abteilungsleiter Heinz Geggel Platz. Geggel saß an seinem Schreibtisch an der Stirnseite, Langguth uns vis-à-vis. Geggel schien offenbar eher moderat gestimmt, Langguth hingegen auf Konfrontation. Also, was ist in der Redaktion los?

Unsere einhellige Reaktion: Die Kritik von Langguth sei unverständlich und überzogen. So könne man mit uns nicht umspringen. Wenn ihnen nicht passe, was wir machen, dann müßten sie uns eben rausschmeißen. Daraufhin spitzte sich die »Aussprache« zu. Langguth beharrte darauf, die *Wochenpost* verstoße gegen die Parteilinie, wir drei sagten, wir hätten die Nase voll. Wenn die Abteilung Agitation eine andere Zeitung wolle, müsse sie sich dafür andere Leute suchen. Heinz Geggel, der bis dahin weitgehend geschwiegen hatte, griff schließlich ein. »Genossen,« sagte er zu uns, »Ihr müßtet doch verstehen, daß wir uns in einer komplizierten Lage befinden ...« Von allen Seiten werde die Parteiführung angegriffen, der Klassenfeind verstärke seine Attacken, wir müßten doch zur Sache stehen. Vielleicht sei die Kritik etwas überzogen gewesen. Aber man müsse doch begreifen ...

Damit endete das Ganze, und wir wurden entlassen. Als wir das »Große Haus« verließen, wußten wir: Etwas hatte sich verändert. Früher hätte man nach einer solchen Debatte die Chefredaktion abgelöst, womöglich auch noch ein Parteiverfahren eröffnet. Dazu reichte es im November 1988 offensichtlich schon nicht mehr. Wir waren entschlossen, nicht klein beizugeben und die *Wochenpost* so weiter zu machen wie bisher.

Eine Nachbemerkung ist angebracht: Dieter Langguth setzte sich keine achtzehn Monate nach seiner Strafaktion im Berliner Verlag hin und schrieb ein Buch, in dem er die Pressepolitik der DDR im allgemeinen und der Abteilung Agitation im besonderen in Grund und Boden verdammte. Nachdem der *Stern* unter

Gefragt geantwortet
Unter uns sportbegeisterten Kollegen gibt es einen kleinen Streit über die richtige Schreibweise des südkoreanischen Austragungsortes der Olympischen Sommerspiele. Heißt er nun Soul oder Seoul?
Holger S., Potsdam

Um es vorweg zu sagen: Diese Olympia-Stadt heißt Soul. Diese gegenwärtig verbindliche Schreibweise entspricht der Transkriptionsordnung für Koreanisch, die seit dem 1. März 1983 in der DDR gilt ...
Abteilung Leserdienst

Solibasar auf dem Alex im Regen:
Eva Strittmatter (vorn links), Ursula Frölich und Brigitte Zimmermann stehend in Aktion

```
Wochenpost/Chefredaktion                    Berlin, den 19.7.1989
Brigitte Zimmermann


Betrifft: Diskussionswürdige Punkte für die Arbeitsgruppe Presse in
          Vorbereitung auf den XII. Parteitag


1. Der gesellschaftliche Grundkonsens in Sachen Informationspolitik
   - und damit meine ich erst einmal alles, was Medien tun oder tun
   müßten - sollte auf einen höheren qualitativen Standard gehoben
   werden. Dazu bedarf es - im buchstäblichen Sinne - eines Machtwortes.

   Ausgangspunkt aller Informationspolitik kann nur sein - und das müßte
   die Partei auf ihre Fahnen schreiben - was die Menschen von uns wissen
   wollen und wissen sollen. Die derzeitige Praxis folgt aber eher dem
   Prinzip, was wir bereit sind preiszugeben bzw. gezwungen werden einzuge-
   stehen. Die Bedürfnisse der Menschen auf dem Gebiet der Informations-
   politik zu einer sekundären Sache geworden, und das raubt den DDR-Medien
   auch dort Überzeugungskraft, wo sie hundertprozentig Recht haben und mit
   Höchstgeschwindigkeit zur Stelle sind.

   Ausdruck für die nicht befriedigende Situation sind u.a.:

   - Unnötige und unverantwortliche Defizite auf wichtigen Gebieten
     (Ausreiseproblematik, Umwelt, Darstellung der Arbeit der Parteifunktio-
     näre, Straßenverkehr).

   - Wenn wir keine positiven Informationen geben können, geben wir gar
     keine. (Beispiel Katalysator für Autos.) Aber die ewige Informations-
     filterei bringt das Gefühl bei den Menschen auf, nicht ernst genommen
     zu werden, fremdbestimmt zu sein.

   - Wichtige Informationen, die DDR betreffend, erhalten die Bürger dieses
     Landes, wenn überhaupt, nur aus Westmedien, was obendrein immer den
     Schluß nahelegt, daß die DDR-Journalisten eben nicht die richtigen Fra-
     gen stellen. (Beispiel: Warum muß man Änderungen im Grenzregime bei
     uns der "Washington Post" entnehmen?)
```

```
Natürlich gibt es gerade in jüngster Zeit stärkere Bemühungen, aus dieser
Lage herauszukommen. Aber alles beruht auf Zivilcourage (derer, die fragen
und derer, die antworten). Das kann doch aber nicht alles sein, und es
ist auch gefährlich. Die Abrede - siehe oben - müßte verändert werden.


2. Wir sollten uns ernste Gedanken darüber machen, inwieweit die Medien der
   DDR konfliktfähig sein können und müssen.

   Ich glaube, es geht kein Weg an der Erkenntnis vorbei, daß wir im großen
   und ganzen auch mit Hilfe der Medien immer wieder nur jene überzeugen,
   die schon überzeugt sind, und an einen bestimmten Teil der Bevölkerung
   gar nicht herankommen. Das führt, angesichts der gesellschaftlichen Her-
   ausforderung, vor denen wir stehen, zu einem Produktivitätsverlust, den
   wir auf Dauer nicht verkraften.

   Zum anderen ist unübersehbar, daß uns die Gegner unter der Flagge von
   Perestroika und Glasnost ein Demokratieverständnis aufzwingen wollen nach
   dem Muster: Demokratie herrscht nur, wenn eine angenommene oder tatsächlich
   vorhandene numerische Mehrheit gegen Entscheidungen oder bestimmte Haltungen
   der Führung ist. Gegen diese Billigvariante kommen wir nicht an, indem
   wir theoretisch immer wieder begründen, daß unsere Demokratiesicht eine
   andere ist, wir soundsoviel gesellschaftliche Organisationen haben usw.
   So richtig das alles sein mag: es bringt nichts.

   Helfen kann nur, wenn sich die Öffentlichkeit, mit den Medien an zentraler
   Stelle, dem tatsächlichen Verlauf der Entscheidungs- und Konfliktlinien
   in unserer sozialistischen Gesellschaft zuwendet. Und die sind ja zum
   Glück nicht so beschaffen, daß - um diese überkommenen Begriffe hier einmal
   anzuwenden - unten alles gut und oben alles schlecht ist. Vielmehr gibt es
   zu zahlreichen schwierigen Problemen, um deren Lösung wir derzeit kämpfen,
   schlicht mehr als eine Meinung. Und es gibt in politischen Alltagsverhalten
   der Leute neben Engagement und Einsatzbereitschaft eben auch viel Gleich-
   gültigkeit und regelrechtes Desinteresse. Die Frage lautet: Wieviel und was
   kann und muß davon in die Medien, ohne die führende Rolle der Partei in
   Zweifel zu ziehen, sondern sie zu stärken?
```

Zwei Seiten aus dem Papier vom 19. Juli 1989, mit dem Brigitte Zimmermann beim ZK der SED einen Wandel in der DDR-Medienpolitik einforderte

dem Titel »Wenn man Quark im Hirn hat« Auszüge aus dem Manuskript veröffentlicht hatte,[97] brach unter den betroffenen DDR-Journalisten ein Sturm der Empörung los. Der Verlag verzichtete unter diesen Umständen darauf, Langguths Buch zu drucken. Dafür wurde der Scharfmacher aus der Abteilung Agitation, der eilig in ein westliches Bundesland übergesiedelt war, vorübergehend zu einem gefragten Debattenteilnehmer bei Enqueten über die DDR-Medien.

Die nächsten zwölf Monate waren erfüllt von zunehmenden Ärgernissen.

Ständig gab es Beschwerden von »oben«. Mal war es die Veröffentlichung von Markus Wolfs »Troika« (wovon im folgenden Kapitel zu berichten sein wird), mal die schon erwähnte Reportage vom Tod des Armin Strack.

In dieser Zeit sollte der für 1990 einberufene XII. Parteitag der SED vorbereitet werden. Während letztlich an eine Jubelveranstaltung gedacht war, tat man formal so, als solle der Parteitag auch Probleme angehen. Zum diesem Zweck wurden Arbeitsgruppen gebildet, die Zuarbeiten zum Rechenschaftsbericht und zu den Beschlußentwürfen leisten sollten. Brigitte Zimmermann war von der Abteilung Agitation aufgefordert worden, in jener Arbeitsgruppe mitzuwirken, die sich mit den Medien beschäftigte. Sie erhob Einwände dagegen und stellte die Effektivität einer solchen Arbeitsgruppe generell in Frage. Beim vorherigen Parteitag sei am Ende nur Larifari herausgekommen. Man müsse endlich über die Dinge reden, die wirklich wichtig seien. Da sagte der zuständige Genosse vom ZK: »Dann schreib's doch auf!« Das tat sie.

So kam es zu dem auf den 19. Juli 1989 datierten Papier, das Brigitte Zimmermann nach Konsultation mit ihren Stellvertretern an das ZK schickte: »Betrifft: Diskussionswürdige Punkte für die Arbeitsgruppe Presse in Vorbereitung auf den XII. Parteitag«. Hier wurde Klartext gesprochen. Es war der letzte Versuch, der Führung klarzumachen, daß das Ruder herumgerissen werden müsse. (Daß es dafür schon zu spät war, begriffen wir erst hinterher.) Das Papier enthielt solche Feststellungen: »Die Bedürfnisse der Menschen sind auf dem Gebiet der Informationspolitik zu einer sekundären Sache geworden ...« Es gebe »unnötige und unverantwortliche Defizite auf wichtigen Gebieten«, genannt wurden »Ausreiseproblematik, Umwelt, Darstellung der Arbeit der Parteifunktionäre, Straßenverkehr«. Beschreibung eines Zustandes: »Wenn wir keine positiven Informationen geben können, geben wir gar keine. (...) Aber die ewige Informationsfilterei bringt das Gefühl bei den Menschen auf, nicht ernst genommen zu werden, fremdbestimmt zu sein. Wichtige Informationen, die DDR betreffend, erhalten die Bürger dieses Landes, wenn überhaupt, nur aus Westmedien, was obendrein immer den Schluß nahelegt, daß die DDR-Journalisten eben nicht die richtigen Fragen stellen. (Beispiel: Warum muß man Änderungen im Grenzregime bei uns der *Washington Post* entnehmen?)« So würden mit Hilfe der Medien immer wieder nur jene angesprochen, die ohnehin schon überzeugt sind, wohingegen man an einen bestimmten Teil der Bevölkerung gar nicht mehr herankomme. Es bringe nichts, »wenn wir theoretisch immer wieder begründen, daß unsere Demokratiesicht eine andere ist, wir soundsoviel gesellschaftliche Organisationen haben«. Mit Blick auf die sich formierende DDR-Opposition schrieb Brigitte Zimmermann: »Wir können Dialogpolitik nicht nur nach außen betreiben, sie behält ihre Glaubwürdigkeit dann, wenn sie auch im Inneren halbwegs funktioniert. Aber das tut sie nicht.«

In gewisser Weise war mit dem Papier vom Juli 1989 jenes Thema wieder aufgegriffen worden, das der Brief des *Wochenpost*-Redaktionskollegiums vom Oktober 1956 angesprochen hatte. Es hatte in 33 Jahren nichts von seiner Aktualität verloren.

Vor einem Abrüstungstreffen in Berlin
Diese jüngste Honecker-Initiative erfolgte zum günstigsten Zeitpunkt und am geeignetesten Ort. Nach vier Gipfelkonferenzen der UdSSR und USA und einem von beiden Seiten ratifizierten Abkommen über die Vernichtung der Mittelstreckenraketen sind die Chancen für ABC waffenfreie Zonen gestiegen. Der freie und offene Dialog von über tausend Persönlichkeiten aus mehr als hundert Staaten in der Stadt, von der zwei Weltkriege ausgingen, wird uns auf diesem Weg voranbringen.
Interview mit dem niederländischen General a.D. von Meyenfeld Wochenpost 10.6.1988

17. März 1989:
Markus Wolf auf Schleichwegen

Hinterher ist man immer schlauer. So hat die Rückschau stets etwas Ungerechtes. Beispielsweise der Blick in die *Wochenpost* vom 17. März 1989, erschienen ganze 17 Monate vor dem Ende der DDR, sieben Monate vor dem Sturz Erich Honeckers, sieben Monate vor dem Abgang der Abteilung Agitation, vor der letzten »Argu«. Gewiß, Zweifel, Unsicherheiten, kleine Aufsässigkeiten an vielen Stellen im Blatt. Doch daneben viel Erwünschtes, allzu Braves.

Die Ausgabe vom 17. März 1989 erscheint zwei Monate vor den Kommunalwahlen in der DDR, jenen so unverschämt gefälschten Wahlen, die dann das Faß des Unmuts zum Überlaufen brachten. Die *Wochenpost* beginnt in dieser Ausgabe mit einer »Wahlwanderung am 12. Längengrad«. Von Nienhagen an der Ostsee bis ins thüringische Zeulenroda führt in sieben Etappen der Weg der Reporter. Auf der die erste Reportage ankündigenden Titelseite ein idyllisches Küstenbild. Der Text daneben verweist auf das Vorhaben: »Was die Bürger in den Städten und Gemeinden bewegt, was sie sich erhoffen, und was sie gemeinsam tun, um ihr Leben und ihr Zuhause so einzurichten, daß sie sich wohl fühlen, darüber berichten wir ...«

Die Seiten 4 und 5 sind kein platter Jubelartikel. Gewiß, es werden Leistungen der letzten Jahre aufgeführt – so ist endlich ein Mehrzweckgebäude fertiggestellt worden, das unter anderem die alte Vogelsammlung des Großherzogs von Mecklenburg aufnimmt. (»Die 120 ausgestopften Tiere hatten wegen Platzmangels in der Kreisstadt dort seit Jahren auf einem Schulboden ein trauriges Dasein gefristet.«) Vor allem aber benennt der Reporter Wagner die Schwachpunkte, das, was nun endlich angegangen werden müßte. Beim Umweltschutz sei in Nienhagen viel zu tun.

Auch das ist die DDR: Die *Wochenpost* berichtet aus Nienhagen von der Schichtleiterin der PGH Kosmetik (eine PGH ist eine Produktionsgenossenschaft des Handwerks), die sich selbständig machen wollte, eine Gewerbegenehmigung erhielt, aber unendlich lange auf einen Kredit warten mußte. »Ein CDU-Bürgermeister unterstützt eine Kosmetikmeisterin mit dem Mitgliedsbuch der SED in der Tasche, ein Privatgewerbe aufzunehmen. Warum nicht, wenn es doch den Leuten im Ort zugute kommt«, heißt es in der Reportage.

Auf Seite 3 ein Interview zum Thema Sero (Sekundärroh-

Das Kombinat SERO ist in jedem Bezirk der DDR durch einen VEB SERO vertreten. Von den derzeit 17 107 Abgabemöglichkeiten werden über 2 250 von gesellschaftlichen Organisationen betrieben. Mit mehr als 6 000 Schulen bestehen zusätzliche Sammelvereinbarungen ...
Ferner gibt es noch 6 085 Sammler, die diese Arbeit neben ihrem Beruf ausführen.
Wochenpost 17.3.1989

stoffe) – inzwischen heißt das Recycling. Noch ein Gespräch. Horst Hoffmann hat die amerikanische Wissenschaftlerin Dr. Josephine Stein befragt. Sie gehört zu der Initiative »High Technology Professionals for Peace«, die sich gegen Hochrüstungsprogramme engagiert. In dem Gespräch erklärt sie, wie gefährlich und wissenschaftlich unsinnig das SDI-Programm von Präsident Reagan ist.

Die Seite 14 trägt die recht allgemeine und doch irgendwie programmatische Überschrift »Über den Rand hinaus«. Der Chef des Aufbau-Verlages, Elmar Faber, schreibt »Überlegungen zu Christa Wolf aus gegebenem Anlaß« – so der Randtext. Der »Anlaß« ist der 60. Geburtstag der Schriftstellerin und das bevorstehende Erscheinen ihres Buches »Sommerstück«. Also Nachdenken über die unbequeme Autorin. Faber erinnert an die Aufregungen, die das »Nachdenken über Christa T.« und das »Kindheitsmuster« auslösten. Er verweist darauf, daß der Verlag von ausländischen Agenturen bestürmt worden sei, das »Sommerstück« so rasch wie möglich in Lizenz zu verkaufen. »Es wiederholte sich eine Erfahrung, die sich schon beim ›Störfall‹ überzeugend eingestellt hatte. Internationale Geschäftspartner buchten die Wolfschen Texte, noch bevor man sie gelesen hatte. Es ist klar, man hat es mit einer Weltautorin zu tun.«

Diese Erinnerung scheint nötig, denn die DDR-Oberen sind nach wie vor nicht bereit, die Bedeutung von Christa Wolf zur Kenntnis zu nehmen.

Zeitungmachen mit Anstand ist mittlerweile zu einem allwöchentlichen Seiltanz geworden. Die Redaktion wird zu absurden Manövern gezwungen, um ihre Intentionen zu verwirklichen. Da kommt auf den Seiten 21 und 22 dieser *Wochenpost* vom 17. März 1989 – scheinbar harmlos in fünfter Fortsetzung – die »Geschichte eines nichtgedrehten Films« daher: »Die Troika« von Markus Wolf.

Markus Wolf steht damit nicht zum erstenmal in der *Wochenpost*. Im Spätherbst 1975 ist bereits ein zweiseitiges Interview mit ihm gedruckt worden. Es ging damals um den 30. Jahrestag der Eröffnung des Nürnberger Kriegsverbrecherprozesses, an dem Wolf als Korrespondent des Berliner Rundfunks teilgenommen hatte. Wer war unser Interviewpartner? 1975 hieß es am Rand der *Wochenpost*: »Seit 1951 dient er in den bewaffneten Organen der DDR.« Das war die charmante Umschreibung dafür, daß es sich um den Stellvertretenden Minister für Staatssicherheit der DDR handelte, den legendenumwitterten Chef der HVA, der Auslandsspionage der DDR.

Ein zweites Interview mit Wolf brachte die *Wochenpost* in der Ausgabe vom 26. September 1986 zum vierzigsten Jahrestag des Urteils von Nürnberg. Diesmal ging die Veröffentlichung mit einem etwas verwunderlichen Anruf der Abteilung Agitation

Nienhagen vor der Wahl
Gut zu hören, daß man beginnt, wieder Dunggruben anzulegen. Es fällt also weniger Gülle an, die das Grundwasser arg belastet ...
Wenn es überhaupt ein »Swinhagen« gibt, dann beginnt es dort, wo die Abwässer des Ortes inmitten des schönsten Waldes aus den Rohren fließen. Sie bereiten allem Leben in dem kleinen Garnitzbach den Garaus. Leicht zu finden, hatte mir jedermann im Ort gesagt: Nur immer der Nase nach. Abhilfe muß und soll endlich geschaffen werden. Ein Fünf-Millionen-Projekt liegt vor, aber für ein so großes Vorhaben sind auch Mittel und Kräfte von außerhalb der Gemeinde notwendig.
Und das macht es dem Bürgermeister so schwer, Einwohnern und Urlaubsgästen verbindlich zu sagen, wann genau »Swinhagen« ein für allemal erledigt ist.
Roggensack junior ist aus der Stadt in den väterlichen Betrieb zurückgekehrt, macht nun seinen Meister. Zu tun gibt es genug. 17 000 Schrippen und 1 550 Brote werden in der Saison in einer einzigen Woche verkauft. Und es könnnte oft noch mehr sein. Dafür braucht der Bäcker aber einige neue Gerätschaften. Die Suche nach einer dringend benötigten Rührmaschine blieb bislang ohne Erfolg.
Wochenpost 17.3.1989

Echo zur »Troika«
Von Horst Dohlus wie auch von Joachim Herrmann und ihren Abteilungsleitern im Zentralkomitee wurde die Instruktion herausgegeben: »Auch ein ehemaliger Generaloberst mit Verdiensten hat nicht das Recht ...«
Chefredakteure wollen den für sie zuständigen Abteilungsleiter des ZK bei der Donnerstagsrunde zur Anleitung und Sprachregelung noch nie so aufgebracht gesehen haben ...
Markus Wolf:
»In eigenem Auftrag. Bekenntnisse und Einsichten«, München 1991, S. 57

Markus Wolf (links) mit Brigitte Zimmermann und Horst Hoffmann beim Interview von 1986

einher. Der Chef selbst war am Apparat: Wir hätten da ein Interview mit Markus Wolf im nächsten Blatt! (Woher wußte er das?) »Nimm Dir mal das Manuskript vor« ... Seite soundso, Absatz soundso. »Den Absatz streicht ihr. Du bist mir persönlich dafür verantwortlich!« Keine Widerrede...

Der zu tilgende Passus lautete meiner Erinnerung nach etwa so:

Frage: Es muß doch Probleme im Rundfunk gegeben haben, wenn der Abteilungsleiter für zehn Monate in Nürnberg weilte und sich zu Hause nicht um seine Arbeit kümmern konnte?

Antwort: Ich habe meine Arbeit immer so organisiert, daß ich voll und ganz entbehrlich war.

Nach dem Telefonat mit dem ZK riefen wir den »Chefspion« an, um ihm mitzuteilen, ein einzelner Herr wünsche die Tilgung dieses Absatzes. Wolf sagte nur: »Weiß ich schon. Geht in Ordnung.«

Das Interview erschien dann im September 1986. Was es mit dem gestrichenen Interviewteil auf sich hatte, wurde fünf Monate später klar. Markus Wolf beendete am 15. November 1986 seine Tätigkeit im MfS. Aber erst am 5. Februar 1987 wurde das offiziell bekanntgegeben, Honecker verlieh dem General aus diesem Anlaß einen hohen Orden. Es sickerte durch, daß Wolf gegen den Willen Mielkes aus dem Amt geschieden war. Wolfs Interviewworte für die *Wochenpost* kamen daher nicht

von ungefähr. Zudem unterstrichen sie gleichermaßen die Absurdität der Behauptung der Politbürogreise von der eigenen Unverzichtbarkeit – Mielke hatte ein paar Jährchen mehr auf dem Buckel als Wolf.

Und nun im Frühjahr 1989 die »Troika« des Ex-Generalobersten. Es ist heute nicht so einfach, zu vermitteln, worin damals die ganze Brisanz des Buches bestand. Sicherlich in seiner Ehrlichkeit – hier wurden historische Ereignisse vornehmlich in der Sowjetunion der 30er Jahre offengelegt, die bis dato mehr oder weniger tabu waren. Hier ging es um Moral und Verantwortung. Im Vorfeld des Erscheinens des Buches gab es Ärger, es gab Querschüsse, und erst das abschließende Placet Erich Honeckers erreichte, daß das Buch erscheinen durfte.

Am 17. Februar 1989 begann die *Wochenpost*, die »Troika« in Fortsetzungen abzudrucken. Als nämlich 1986 das *Wochenpost*-Interview mit Wolf geführt wurde, als der General andeutete, ewig werde er seinen Job nicht machen, fragte ihn Brigitte Zimmermann, was er denn dann mit seiner freien Zeit anfangen wolle. Da erzählte Wolf in groben Umrissen von dem Troika-Projekt seines verstorbenen Bruders, des Filmregisseurs Konrad Wolf, dessen er sich annehmen wolle. Darauf sagte die *Wochenpost*-Chefin, sie melde hiermit den Wunsch auf Erstabdruck für das noch nicht geschriebene Buch an.

Wir wußten nichts Genaues von dem Tauziehen hinter den Kulissen, aber wir wußten, daß es Ärger geben würde. Das deutete sich auch an der Vorsicht an, mit der der Aufbau-Verlag, der das Buch zur Leipziger Buchmesse herausbringen wollte, die Vorveröffentlichung in der *Wochenpost* anging: Nicht zu früh sollte sie erfolgen, damit das Erscheinen des Buches nicht gefährdet würde, aber auch nicht zu spät – der Reklame wegen. Wir wußten ebenfalls: Wenn die Abteilung Agitation vorab Wind von unserem Vorhaben bekäme, würde sie darauf bestehen, die Veröffentlichung zu unterlassen. War aber der erste Teil erst einmal in der *Wochenpost,* würde man nolens volens der Sache ihren Lauf lassen – der Skandal eines Abbruchs wäre zu groß gewesen.

Wir mußten also die Sache so lange geheimhalten, bis die Nummer 7 am Kiosk und bei den Abonnenten war. Es wurden daraufhin nur jene Kollegen eingeweiht, die unbedingt davon wissen mußten. Denn es gab ein Problem bei uns. Wir hatten zwei Kontrollredakteurinnen, die jedes Manuskript und jede Seite auf Fehler hin durchlasen, wovon eine Sigrid Langguth war, die Gattin des schon erwähnten Stellvertretenden Leiters der Abteilung Agitation im ZK. Sie würde ihren Mann sofort informieren, das Verbot käme also noch rechtzeitig. Es galt demzufolge, diese Kollegin irgendwie zu umgehen. Das gelang. Margot Ewert, die andere Kontrollredakteurin, war eingeweiht, las die Seitenabzüge zu Hause, der Ablauf in der Redaktion war

Das Redaktionskollegium:

Brigitte Zimmermann (Chefredakteur);
Klaus Polkehn,
Manfred Labahn,
Lore Schmidt
(Stellv. Chefredakteure);
Isolde Schmidt
(Redaktionssekretär);
Claudia von Zglinicki
(Chefreporter);
Margrit Gensicke,
Dr. Liane Pfelling,
Ingo Preusker,
Achim Sebastian,
Horst Szeponik,
Sieglinde Wolff

Redaktion:
Karl-Liebknecht-Str. 29,
Berlin
1026.
Telefon: Durchwahlnummer 244,
Auskunft 24 40, Telegramm-Adresse
»Wochenpost Berlin.
Telex: 114 857.
Die »Wochenpost« erscheint im
Berliner Verlag, Verlagsdirektor
Gerd Hölzel,
Karl-Liebknecht-Str. 29,
Berlin
1026.
Veröffentlicht unter Lizenz-Nummer 217 des Presseamtes
beim Vorsitzenden
des Ministerrates der DDR.
Artikel-Nummer (EDV) 502 507.
Für unaufgefordert eingesandte
Manuskripte keine Haftung.
Monatsabonnementspreis: 1,30 M
(bei 13 Ausgaben im Vierteljahr).
Inkassozeitraum: monatlich.
Druck: (140) Neues Deutschland,
Berlin
1017
und Graphischer
Großbetrieb
»Völkerfreundschaft«,
Dresden
8010.
Anzeigenverwaltung:
Berliner Verlag.
Anzeigenannahme: Berliner
Verlag, Abt. Anzeigen,
Telefon: 2 70 33 02,
(nur Wirtschaftsanzeigen)
sämtliche
Anzeigenannahmestellen
Berlins und aller Bezirke
der DDR (nur Bevölkerungsanzeigen).
(Anzeigenpreisliste Nr. 11
vom 1. 1. 1988)
Erfüllungsort und Gerichtsstand
Berlin-Mitte.
Anzeigenannahme für
Auslandsanzeigen:
INTERWERBUNG GmbH

Gefragt – geantwortet
Ich bin in unserem Postamt zufällig auf die unterschiedlichen Abzeichen an den Uniformärmeln der Angestellten aufmerksam geworden. Wieviele verschiedene Dienstränge gibt es eigentlich bei der Deutschen Post?
Gudrun G., Leipzig

Vom Unterassistenten bis zum Hauptdirektor zählen wir 17 Dienstränge, die Mitarbeitern der Deutschen Post auf Grundlage der Post-Dienst-Verordnung vom 28. März 1973 in fünf Ranggruppen verliehen werden ...
Wochenpost 10.3.1989

so diskret, daß die Dame Langguth die »Troika« erst vor die Augen bekam, als alles vorbei war.

Dabei wäre um ein Haar noch fast alles schiefgegangen. Bei der vorangegangenen allwöchentlichen Planungssitzung, bei der wir die folgende Ausgabe Seite für Seite durchgingen – die Kontrollredakteure saßen mit am Tisch – , wurde wie stets die Frage gestellt, welche Beiträge in den Kästchen auf Seite 1 angekündigt werden sollten. Unser lieber Kollege Rolf Pfeiffer verkannte die Situation und hob an, das stehe doch außer Frage, natürlich die »Tr....«. Aber da trafen ihn schon Tritte unterm Tisch. Und während er erschreckt verstummte, rief die Wissenschaftsredakteurin Margrit Gensicke: »Natürlich das Gespräch über die Chip-Fabrik in Erfurt!«

Verhindern konnte die Abteilung Agitation also nichts mehr. Ihr Ärger blieb. Günter Beckmann, der Parteisekretär des Berliner Verlages, erinnerte sich später: »Was beispielsweise die inhaltlichen Querelen mit der *Wochenpost* angeht, verlangte die Abteilung Agitation in der Tat Anfang 1989 von mir, als dort die ›Troika‹ von Markus Wolf vorabgedruckt wurde, die Andruckseiten ins ZK zu tragen, damit sie vorher wissen, was Markus Wolf in der nächsten Woche in der *Wochenpost* losläßt.«[98]

Die Wende – der Abgesang

Die Dinge hatten sich rasend schnell entwickelt. Am 18. Oktober 1989 war Erich Honecker zum Rücktritt gezwungen worden. Mit ihm wurden auch Günter Mittag und Joachim Herrmann aus ihren Funktionen abberufen. Am nächsten Tag fand turnusgemäß die nächste »Argu« statt. Es sollte die letzte sein. »Wir wissen, in welche Situation wir gekommen sind, aus welchen Gründen auch immer – wir lösen alles gemeinsam. Die Medien sind auf dem richtigen Weg«, sagte Heinz Geggel zu den Chefredakteuren. Und: »Die journalistenunfreundlichen Zeiten sind ja nun vorbei.«[99] Dann die Verkündung des nun eigentlich Selbstverständlichen: »Wir werden den einzelnen Medien nicht mehr reinreden.« Wer sollte auch. Die Abteilung Agitation verschwand sang- und klanglos. Die Redaktionen hatten keine »Obrigkeit« mehr.

Um uns herum beobachteten wir, wie sich in den Redaktionen anderer Zeitungen innerhalb von Tagen und manchmal von Stunden rapide Veränderungen vollzogen. Wo bislang die gepflegte Langeweile der offiziellen Verlautbarungen geherrscht hatte, überbot man sich jetzt in Enthüllungen, zumeist zutreffenden, manchmal auch unzutreffenden. Chefredakteure wurden von den Redakteuren abgesetzt, neue Chefredakteure gewählt.

Blättert man in den *Wochenpost*-Ausgaben des Herbstes 1989, so könnte der Unterschied zu anderen DDR-Medien nicht auffälliger sein. Weder Jubelorgien vor dem 20. Oktober noch enthüllende Sensationen danach. Das äußere Bild und die Tonlage im Innern blieben, wie sie die Leser gewohnt waren, nachdenklich und unterhaltsam, sachlich, manchmal allerdings ein bißchen von weit her auf die Dinge blickend.

Wie konnte das sein? Hatten die sich überstürzenden Ereignisse vor der 10. Etage im Hochhaus am Alexanderplatz, wo die *Wochenpost* saß, haltgemacht?

Viele der Themen, die nach dem 20. Oktober 1989 das Bild der DDR-Medien beherrschten, waren bereits (zugegebenermaßen ein wenig verschlüsselt) in den zurückliegenden zwölf Monaten in der *Wochenpost* aufgegriffen worden: die Situation in der Volkswirtschaft, die Ausreisewelle, die Entstellung der historischen Wahrheiten.

Zum Tag der Republik war noch einmal Jubel angesagt gewesen. Dabei hielt sich die *Wochenpost* bemerkenswert zurück.

Zu Konservativ
Vieles fehlte im Blatt, die kritische Sicht oft, die härteren Fragen, die unbequemen Themen. Solche Geschichten lagerten in Köpfen und in Schubfächern. Im Herbst 89 stellte sich heraus, daß viel zuwenig in den Schubfächern gelegen hatte. Die Redaktion erwies sich als so konservativ, wie sie wohl immer gewesen war, nur wurde es jetzt deutlich.
Claudia von Zglinicki, Freitag 3.1.1997

Auflagenkrieg
Abbestellungen Juli und August 1990: 30 769
Zahl der Abonnenten:
Sept. 1990   211 181
Okt. 1990   196 684
Nov. 1990   180 104

Zu spät
Mehrmals und in letzter Zeit erhalten wir Ihre Zeitung nicht mehr am Wochenende, sondern erst in der darauffolgenden Woche. (...) Ihr Vertriebssystem scheint offenbar den Zug der Zeit noch nicht erkannt zu haben.
Brief von Christian T., Halle Wochenpost 13.4.1990

Nachholebedarf
Der Nachholebedarf auf vielen Gebieten ist enorm, aber mir scheint, in diesen Wochen lernen wir schneller, und zwar nicht zuletzt von den jungen Leuten: von ihrem Ernst, ihrer Standhaftigkeit, ihrem Humor, ihrem Einfallsreichtum, ihrer Phantasie, ihrer Bereitschaft, sich einzusetzen.
Christa Wolf
Wochenpost 27.10.1989

Erklärung vom 30. Oktober 1989
Wir Journalisten brauchen eine Atmosphäre der Offenheit und Öffentlichkeit – für uns wie für die Leser, um die sozialistische Entwicklung voranzubringen. Wir fordern ein Mediengesetz, das die Informationspflicht des Staates und das -recht des Bürgers sowie Rechte, Pflichten und Schutz der Journalisten bei ihrer Arbeit verbindlich festlegt. (...) Wir brauchen die kritische Mitarbeit aller Bürger.
Die im Verband der Journalisten der DDR organisierten Mitarbeiter der BZ am Abend, Wochenpost, Für Dich, NBI, von Freie Welt, FF dabei, horizont, Eulenspiegel, Magazin, Weltbühne.

Jedenfalls hatte die Ausgabe zum 40. Jahrestag der DDR, erschienen mit dem Datum des 6. Oktober, ein ungewöhnlich zurückgenommenes Titelbild. Es war eine grafische Schriftlösung mit einem Vierzeiler von Brecht: »Als wir aber dann beschlossen, Endlich unsrer eignen Kraft zu traun, Und ein schönres Leben aufzubaun, Haben Kampf und Müh uns nicht verdrossen.« Es war die nüchternste, bescheidenste 7.-Oktober-Titelseite der gesamten *Wochenpost*-Geschichte, ohne Fanfaren, ohne Fahnen, ohne glückstrahlende Werktätige. So leise wie auf Seite 1 setzte sich die Festausgabe fort. Es gab keinen Erich Honecker im Blatt, jedoch neben all dem auch sonst Gewohnten eine Doppelseite mit Auszügen aus uralten und zugleich hochaktuellen Artikeln von Carl von Ossietzky.

Für die nächste Ausgabe, die vom 13. Oktober 1989, wurde noch am Montag nach dem großen Feiertag auf Seite 3 ein aktueller Bericht nachgeschoben. Natürlich wurden die Zwischenfälle vom 7. Oktober nicht erwähnt, nicht die protestierenden Demonstranten, nicht die »Zuführungen«, die Polizeigewalt. Unter den Fotos auf der Seite 3 (Bilder von fackeltragenden Jugendlichen, von Gorbatschow und Honecker) fand sich ein aus Materialien der Nachrichtenagentur *ADN* zusammengestellter Artikel mit dem überaus ungenauen Titel »Wer sind wir? Wir sind wer!«

Ab der nächsten Seite war in dieser Ausgabe wiederum Normalität wie seit Jahren angesagt, einschließlich der gewohnten kleinen Aufmüpfigkeiten. Recht verblüffend mußte die Seite 14 anmuten, mit dem auf den Rand gestellten Motto »Denken – streiten – handeln«, wozu eine Fußnote bemerkte: »Mit diesem Beitrag beginnt die *Wochenpost* eine Reihe von Wortmeldungen in Vorbereitung des XII. Parteitages der SED«.

Also immer noch? Wie gehabt?

Diese Seite war natürlich noch vor dem 7. Oktober in Satz gegeben worden. Die Randzeilen täuschten. Auf der Seite äußerte sich der Verleger Elmar Faber über die unbeliebte »Troika« von Markus Wolf. Er sprach von der Ehrlichkeit des Buches, in dem auf die Notwendigkeit verwiesen werde, Schluß zu machen »mit dem Verschweigen von Tatsachen«, dem »Ausklammern von Problemen«.

In der Ausgabe vom 20. Oktober 1989, die in der Woche zwischen dem 7. und 13. Oktober produziert worden war, erschien der zweite Beitrag von »Denken – streiten – handeln«, ein Interview mit dem Brigadier eines Berliner Betriebes. Die erste Frage des *Wochenpost*-Reporters: Wie ist wohl der Gesprächspartner mit dem (Honecker-)Ausspruch fertiggeworden, man solle keinem aus der DDR Ausreisenden eine Träne nachweinen. Die Antwort: »Zahlreiche Arbeiter denken so nicht.« Nachtrab? Ja, blickt man auf das Erscheinungsdatum. Nein, bedenkt man, wann dieses Gespräch geführt wurde.

Dann, in der *Wochenpost* vom 27. Oktober 1989, erschienen nach der Absetzung Honeckers, Mittags und Herrmanns, in Satz gegeben noch vor der letzten »Argu«, Überlegungen von Christa Wolf zu Zivilcourage, Erziehung, Vorbildern. Diese Seite hat eine Fülle von Leserbriefen provoziert. Ein paar Wochen später brachte die *Wochenpost* einen längeren, abschließenden Artikel Christa Wolfs. Erst danach, im November 1989, sind dann die »anderen« in der *Wochenpost* zu Wort gekommen, die Leute der Kirche, Vertreter der Bürgerbewegung.

Es gab, scheint mir, hinsichtlich dieses Phänomens, daß die *Wochenpost* die Wende recht vorsichtig anging, nie eine nachträgliche Selbstbefragung der Redaktion. So muß ich versuchen, den Ursachen auf den Grund zu gehen.

Ich denke, im Unterschied zu anderen Medien, die sich jetzt Vorwürfen ihrer Leser ausgesetzt sahen, die einen starken Nachholebedarf fühlten, hatten wir dank unserer bisherigen Arbeit einen relativen Bonus. Unsere Leser bestätigten uns Anstand, zuweilen Mut und ein beträchtliches Maß an Wahrhaftigkeit. Wir sahen also keinen akuten Zwang, unsere gesamte bisherige Tätigkeit in Frage zu stellen. Wir versuchten, zu bleiben, wie wir innerlich waren, nur jetzt eben ohne äußere Zwänge. Diese Haltung hat allerdings bewirkt, daß wir auf die neuen Erscheinungen recht zögernd reagierten. Wir behielten unsere bewährte Arbeitsweise bei. Während sich viele DDR-Medien auf die Politbürosiedlung Wandlitz stürzten und ab Anfang November 1989 begannen, die Stasi ins Visier zu nehmen, veröffentlichte die *Wochenpost* eine ganze Anzahl gründli-

4. November 1989: Die Redakteure der Wochenpost bei der großen Wende-Demonstration. Der Text auf dem Transparent: »Wochenpost – kein Blatt vorm Mund«.

Schere aus dem Kopf!
Am vergangenen Sonnabend sind bei der großen Demonstration in Berlin auch die Redakteure der *Wochenpost* mitmarschiert – für Artikel 27 und 28 der Verfassung. Und für ein Mediengesetz, so wie unser Berufsverband es vorgeschlagen hat. Es ist ganz wichtig, daß schnell exakt fixiert wird, welches unsere Rechte und welches unsere Pflichten sind. Wir wollen nicht länger Seiltänzer sein. Wir wollen die Schere aus dem Kopf haben.
Wochenpost 10.11.1989

Zeichen gesetzt
Wenn es uns gelingt, diese Revolution zu einem guten Ausgang zu führen, hätten wir ein Zeichen gesetzt, das der Welt Hoffnung geben würde, mit den globalen Problemen der Menschheit fertig zu werden. Denn es wäre ein Zeichen, daß Völker sich vom Objekt der Geschichte zum gestaltenden Subjekt erheben können.
Helga Königsdorf
Wochenpost 15.12.1989

cher und umfangreicher Aufsätze zur historischen Aufarbeitung der allerjüngsten Geschichte. Viele Seiten befaßten sich beispielsweise mit dem Stalinismus, dem Grundübel der zusammenbrechenden Gesellschaftsordnung.

So entstand nach außen das Bild einer Zeitung, die an vielen Stellen unbeeindruckt von der Hektik des Umbruchs ihren Weg ging. Dieses Bild täuscht allerdings. Tatsächlich gab es im Innern eine Art Dauer-Redaktionssitzungen, Dauer-Abteilungsleitersitzungen und Dauer-Sitzungen des Redaktionskollegiums, eine permanente Debatte darüber, was wie zu tun sei, eine beständige, stets neue Positionsbestimmung. Es gab viele unterschiedliche Auffassungen zur Tagespolitik, dazu wie die Zeitung reagieren solle.

In einer Frage dabei war sich die Mehrheit in der Redaktion einig: Es sollte kein schneller Anschluß an die BRD befördert werden. Ein westdeutscher Kollege hat nach der Wende neunzehn ausführliche Interviews mit *Wochenpost*-Redakteuren geführt und damals konstatiert: »Bei der Mehrheit der *Wochenpost*-Redakteure läßt sich eine eindeutige DDR-Identität feststellen. Die DDR war ihr Staat, ihre soziale und auch politische Heimat in deutlicher Abgrenzung zur Bundesrepublik.«[100]

Dabei fällt auf, daß sich die *Wochenpost* sehr frühzeitig dem Problem einer möglichen Wiedervereinigung zugewandt hat, realistisch und zugleich sehr kritisch. Noch bevor in den anderen Medien die Frage ernsthaft aufgeworfen wurde, erschien schon in der Ausgabe vom 10. November 1989 (sie war einen Tag vor dem Mauerfall an den Kiosken) auf einer Doppelseite ein Gespräch mit einer Professorin für Völkerrecht an der Humboldt-Universität dazu. Frager und Befragte ließen keinen Zweifel an ihren Bedenken und daran, daß sie ein Fortbestehen einer erneuerten DDR wünschten. Das entsprach zu diesem Zeitpunkt auch der Gesamtstimmungslage im Land, wie eine Repräsentativumfrage vom Dezember 1989 belegt. 73 Prozent der Befragten sprachen sich damals für eine souveräne DDR aus.[101]

Als dann ein Vierteljahr später die Vereinigung Tatsache zu werden schien, füllten sich die Seiten der *Wochenpost* mit Überlegungen und Analysen, was dieser Prozeß für die soziale Situation der Bürger bedeuten könne. Man hat uns damals Schwarzmalerei vorgeworfen. Heute muß man aber konstatieren, daß unsere Phantasie gar nicht ausreichte, sich das ganze Ausmaß der sozialen Verwerfungen im Gefolge der Vereinigung vorzustellen.

Die ersten Novembertage des Jahres 1989 brachten auch Umwälzungen der Verhältnisse im Verlag. Auch hier wurden Chefredakteure abgesetzt, neue Chefredakteure gewählt. Es war in jenen aufgeregten Zeiten eine *Wochenpost*-Besonderheit, daß sie eine der ganz wenigen DDR-Zeitungen (womöglich die einzige) war, in der die alte Chefredaktion im Amt blieb. Dies hatte eben mit unserer besonderen Geschichte zu tun.

In einer sich über Wochen hinziehenden Diskussion wurde ein Redaktionsstatut ausgearbeitet und am 16. März 1990 von der Redaktionsvollversammlung beschlossen. Es regelte die Struktur der Redaktion, Rechte und Pflichten aller Mitarbeiter, es formulierte unser Selbstverständnis. In der Präambel hieß es: »Die *Wochenpost* ist eine linke Massenzeitung eigenen freien Sinnes. Ihre Mitarbeiter fühlen sich der Demokratie, dem Humanismus und sozialistischem Gedankengut verpflichtet. Sie bekämpft faschistische, neonazistische, nationalistische und chauvinistische Tendenzen und Praktiken. Sie setzt sich ein für Frieden und Abrüstung und wendet sich gegen die Vernichtung der Lebenssphäre des Menschen durch Krieg, Rüstung und Umweltzerstörung.« Dann wurden drei Grundsätze unseres Konzepts formuliert: »Massenverbundenheit, unabhängig von parteipolitischen Interessen«, »Exklusivität« und »Parteinahme für soziale Gerechtigkeit«.

Wie im Redaktionsstatut beschlossen, fand am 27. März 1990 die Wahl des Chefredakteurs und des zu bildenden achtköpfigen Redaktionsrates (er »vertritt die Interessen der Redaktion und wahrt die journalistische Unabhängigkeit«) statt. Von 74 Mitarbeitern nahmen 70 an der Wahl teil. 59 stimmten für Brigitte Zimmermann als Chefredakteurin. (Ich wurde mit 53 Stimmen in den Redaktionsrat gewählt.) Um es vorwegzunehmen: Wenige Monate später lösten Verweise auf die Wahl und das Statut bei den Vorstandsmitgliedern des neuen Besitzers Gruner+Jahr, der inzwischen den Verlag gekauft hatte, nur noch nachsichtiges Lächeln aus. Was wir uns so gedacht hatten ...

Zu Beginn des Jahres 1990 waren wir nicht nur mit der Produktion der *Wochenpost* befaßt. Es zeigte sich, daß es auch ums wirtschaftliche Überleben gehen würde. Bevor noch überhaupt eine Währungsunion zwischen der BRD und der DDR ins Auge gefaßt war, noch bevor von Wiedervereinigung die Rede sein konnte, als also noch alle Zeichen auf das Fortbestehen einer gewandelten DDR deuteten, standen jene in der Tür, die einen Markt erobern wollten. Bereits am 4. Dezember 1989 bestätigte der Sprecher des Axel Springer Verlages »erste Sondierungsgespräche« mit dem Berliner Verlag.

Der Berliner Verlag gehörte ja nach wie vor zu der 1945 gegründeten Zentralen Revisions- und Auftragsgesellschaft, kurz Zentrag genannt, einem SED-eigenen Unternehmen. Alle Interessenten hatten sich also mit den realen Besitzverhältnissen auseinanderzusetzen. Hier nun deutete sich ein Chaos an. Dem Generaldirektor der Zentrag, der am 15. Dezember 1989 in einer Gesamtbelegschaftsversammlung des Berliner Verlages versuchte, den Stand der Dinge zu erläutern, warfen die Kollegen

Arbeitslose auch bei uns?
Wiegen wir uns nicht in Illusionen, weil Arbeitslosigkeit heute erst einen kleinen Ausschnitt unserer Gesellschaft bedroht. Würden wir den Anfängen untätig zusehen, bliebe es nicht dabei ...
Im Prinzip kann kein Ökonom ernsthaft die Ansicht vertreten, der Strukturwandel in der Wirtschaft sei ein zeitlich begrenzter Prozeß und werde eines schönen Tages enden. Wir müssen alle unsere Möglichkeiten nutzen, solchen Wandel bei Vollbeschäftigung zu meistern, oder wir werden Arbeitslosigkeit haben. Dies zu vermeiden, sollte jede Mühe wert sein. Ohne Recht auf Arbeit bliebe von sozialer Sicherheit nicht viel übrig.
Wochenpost 19.1.1990

Kooperation
Lieber DDR-Bürger, stell Dir vor, Du kommst am Morgen in Deinen Betrieb, und alles läuft wie am Schnürchen. – Unvorstellbar? Vielleicht noch. Aber damit wird bald Schluß sein. Wir bauen eine Kooperationsbörse auf, die jedem Betrieb hilft, Engpaßgüter sofort und zu kleinen Preisen zu beschaffen ...
Anzeige eines westdeutschen Ingenieurbüros Wochenpost 19.1.1990

Gründerzeit
Wir sind ein erfahrenes Team aus dem Bereich der Finanzdienstleistungen. Unsere Geldquellen sind private Anleger aus der ganzen Welt. Wir unterstützen Sie bei Unternehmensgründungen, Erweiterungen, Modernisierungen von volkseigenen Betrieben, Privatunternehmen und Genossenschaften. Wir bieten marktwirtschaftliche Unterstützung bei der Leitung von Betrieben.
Anzeige einer Firma aus München
Wochenpost 2.3.1990

Mitbestimmung
Es gibt durchaus Geschäftemacher und Spekulanten, aber auch seriöse Unternehmen gehen nicht aus Barmherzigkeit in die DDR, die wollen dort Profit erwirtschaften. Daraus ergibt sich die Notwendigkeit, auf betrieblicher Ebene ein entsprechendes Potential zu mobilisieren, um gewerkschaftlichen Schutz und Mitbestimmung übernehmen zu können.
Interview mit Franz Steinkühler, Vorsitzender der IG Metall
Wochenpost 13.4.1990

Ich suche die ideale Frau!
Amerikaner, 53/1,68, schlank, attraktiv, resolut, Inhaber eines erfolgreichen Unternehmens, finanziell gesichert ... wünscht sich romantische, charmante junge Dame ... Bildzuschrift auf englisch an ...
Wochenpost 9.2.1990

vor, kein Konzept für die Zukunftssicherung des Verlages zu haben. Aus der Versammlung heraus wurde durch Zuruf eine Belegschaftsvertretung gewählt, die sich später als Betriebsrat konstituierte. Das Verlagskollegium (bislang ein beratendes Gremium, dem neben Verlagsabteilungsleitern die Chefredakteure der vom Verlag herausgegebenen Zeitungen angehörten) wurde de facto zur federführenden Geschäftsleitung. Es wurde unter Hinzuziehung der neuen Belegschaftsvertretung als Verlagsrat ins Leben gerufen, setzte später den Direktor ab und wählte zwei Geschäftsführer, ein Verlagsstatut wurde ausgearbeitet und beschlossen, kurzum, Anfang 1990 hatten wir im Berliner Verlag eine Art Rätedemokratie.

Schon auf der Belegschaftsversammlung am 15. Dezember war mehrheitlich die Auffassung geäußert worden, man müsse die Dinge in die eigenen Hände nehmen, die bisherige Eigentumsstruktur ändern und sich angesichts fehlenden Betriebskapitals Kooperationspartner im Westen suchen. Die Protokolle von Verlagsrat und Betriebsrat erzählen von den fieberhaften Bemühungen jener Monate, unter den neuen Verhältnissen Boden unter die Füße zu bekommen. Sollte eine GmbH gegründet werden? Wer sollten die Gesellschafter sein? Der Vorstand der PDS? Mit welchem prozentualen Anteil? Oder Überführung in Volkseigentum?

Es ging ja nicht nur um Formalien. Schließlich waren alle Zeitungen des Verlages hoch defizitär, und die SED-PDS war nicht mehr in der Lage, dieses Defizit zu tragen. Wer würde nun dafür aufkommen?

Indessen drängten sich die potentiellen Käufer in der Karl-Liebknecht-Straße. Eine Übersicht für den Verlagsrat nennt am 14. Februar 1990 den Heinrich-Bauer-Verlag, den Jahreszeiten-Verlag, die WAZ-Verlagsgruppe, Gruner+Jahr und Springer. Und wenn die SED-PDS statt dessen den Verlag der Belegschaft schenkte? Dann fallen zwanzig Prozent Steuern an, sagte ein Anwalt. Oder ein Verkauf zu einem symbolischen Preis? Wie steht es mit den Rechten an den Zeitungstiteln? Oder sollte man den Verlag aufsplitten, für jede Zeitung eine kleine GmbH gründen? Wir rechneten für die *Wochenpost* einige Modelle durch. Verblüffendes geschah: Der Vorstandsvorsitzende eines großen Konzerns in Israel meldete Interesse an der *Wochenpost* an. Warum ausgerechnet der, und warum ausgerechnet wir?

In jeder Sitzung des Verlagsrates äußerten sich westdeutsche Anwälte mit einander widersprechenden Erklärungen. Medienberater aus Westberlin tauchten in den Sitzungen auf. *Der Spiegel* würde sich für eine Tageszeitung im Verlag interessieren, *Emma* liebäugle mit der *Für Dich*. Die japanische Gesellschaft Denzu würde gern unser Anzeigengeschäft übernehmen. Der Betriebsrat des Berliner Verlages machte sich kundig, wie es mit den Arbeitsbedingungen anderswo bestellt sei. Der Betriebsrat der WAZ wurde besucht, der Betriebsratsvorsitzende von Gruner+Jahr kam zu uns. Wir luden Shop Stewards von Maxwells Verlag in England ein und erfuhren vom dortigen rüden Umgang mit den Arbeitnehmervertretern.

Indessen hatte ein scharfer Konkurrenzkampf gegen unsere Zeitungen begonnen. Am 5. März 1990 boten Springer, Gruner+ Jahr, Burda und Bauer erstmals an eigenen Verkaufsständen in der DDR ihre Westprodukte zum Preis 1:3 an. Ein eigenes Vertriebssystem hatten sie inzwischen geschaffen, obwohl die DDR-Regierung noch vier Tage zuvor darauf hingewiesen hatte, daß es dafür keine gesetzliche Regelung gebe. Die Modrow-Regierung hatte zwei Wochen vor der Wahl offensichtlich nur noch wenig zu sagen. Am 21. März, also drei Tage nach dem Wahlsieg der CDU-dominierten »Allianz für Deutschland«, kündigte der Heinrich-Bauer-Verlag an, ab sofort seine Programmzeitschriften zum Kurs 1:1 für DDR-Mark zu verkaufen. Begründung: Bauer sei »nicht der erste Verlag, der von der bisherigen Schutzregelung des 1:3-Preises abweicht«. Fünf Tage später teilte Gruner+Jahr mit, der Verlag werde »einige seiner Zeitschriften« gleichfalls 1:1 in der DDR verkaufen. Was nützte da noch der Protest des DDR-Journalistenverbandes: »Eine neokolonialistische Aufteilung des DDR-Medienmarktes durch BRD-Großverlage ist nicht geeignet, die gerade errungene Pressefreiheit in unserem Lande zu bewahren und die Arbeitsplätze der DDR-Journalisten in der Zukunft zu sichern.«

Und die Leser, unsere Leser? Sie hatten die bunten Westblätter entbehren müssen. Sie waren des Verlautbarungsjournalismus überdrüssig, und so griffen sie eben nach dem, was nun greifbar war. Nach Angaben der DDR-Post (die ja mit dem Postzeitungsvertrieb bis dato über das Vertriebsmonopol in der DDR verfügte) verloren die Printmedien der DDR zwischen Anfang Februar und Ende März 1990 insgesamt 3,6 Millionen Abonnenten, kein Wunder angesichts der vorherigen Pressepolitik in der DDR. Am 1. April 1990 stellte die westdeutsche IG Medien in einer Untersuchung fest: »Bundesdeutsche Verlage haben die Medien in der DDR inzwischen total an die Wand gedrückt.« Und: »Die Verleger in der DDR werden künftig in der Mehrzahl die Verleger in der Bundesrepublik sein.«

Selbstverständlich war auch die *Wochenpost* betroffen. Unsere Auflage sank beständig, wenn auch nicht dramatisch. Die Zahl der Abonnenten ging konstant zurück. Anfang Juli 1990 lag die *Wochenpost* noch bei 550 000 Exemplaren, am Ende des Monats bei 521 000. Ein Jahr nach der Wende wurden von der Nr. 46 (Ausgabe vom 15. November 1990) nur noch 398 000 Stück verkauft. Dabei: Was heißt »nur«? Für westdeutsche Verhältnisse war das immer noch eine beachtliche Auflagenhöhe.

Positionsbestimmung
Auf einem sich verändernden Medienmarkt haben wir die Vorstellung, das zu bleiben, was wir immer sein wollten: eine linke Zeitung eigenen, freien Sinnes. Das war in der Vergangenheit aufgrund engmaschiger ideologischer Einmischungsversuche ein schwieriges und konflikthaftes Unterfangen. Es wird jetzt bei zunehmendem ökonomischem Druck nicht weniger schwierig sein.
*Brigitte Zimmermann
Wochenpost 16.2.1990*

Die Wende – der Abgesang

Bei ehemaligen DDR-Bürgern
Beim Roten Kreuz in Hamburg hat man den Eindruck, daß viele unter ihrer Qualifikation arbeiten und vielerlei Abstriche machen müssen. Mit der Zeit könne es sehr wohl zu einer größeren Zahl von Rückkehrern kommen ... Diese Menschen möchten dann gewiß ohne Rundfunk und Fernsehen gehen. Wer macht schon gern um seine Niederlage viel Wesen? Still sollte man ihnen helfen. (...) Sagen möchte ich auch, daß meine Sympathien denen gehören, die hier bleiben, einen neuen Anlauf wagen, aus welchen Parteien und Bewegungen diese Menschen auch kommen.
Wochenpost 12.1.1990

Damit der Trabi rollt
Die lange Nutzungsdauer erschwert Reparaturen ... Durch regelmäßige Wartung ... läßt sich dieses Problem zwar nicht aus der Welt schaffen, aber der Verschleiß könnte verringert werden. (...) Schließlich beträgt die Wartezeit auf ein neues Auto bis zu 15 Jahren und mehr!
Wochenpost 12.1.1990

Vor allem auf dem Lande war der Rückgang beträchtlich. Was Wunder: Hier zogen, wie uns Leser schrieben, die Abo-Werber von Haustür zu Haustür und erklärten den Leuten, die *Wochenpost* gebe es jetzt nicht mehr, sie sei eingestellt worden, statt dessen würden sie irgendein buntes Blatt empfehlen. Und der Postzeitungsvertrieb zeigte sich desinteressiert oder unfähig, war selbst mit internen Problemen beschäftigt.

Dabei hatte Brigitte Zimmermann in der Ausgabe vom 16. Februar 1990 den Lesern die gute Nachricht mitteilen können, ab sofort würde es endlich möglich sein, die *Wochenpost* unbegrenzt im Abonnement zu beziehen. Aber ach, schon am 9. März mußte die Redaktion vermerken, »daß einige Postämter sich weigern, Abonnementsbestellungen für die *Wochenpost* entgegenzunehmen«. Wir sprachen nochmals mit dem Ministerium für Post- und Fernmeldewesen, das zusicherte: Abos werden angenommen. Denkste! Die kurzen Verweise in der *Wochenpost* klangen nun manchmal schon wie Hilferufe. Am 16. März hieß es im Blatt, das Ministerium habe erneut zugesichert ... Aber Frau H. aus Großschönau teilte uns mit, in Zittau weigere man sich, die Bestellung anzunehmen, Familie O. in Berlin machte die gleiche Erfahrung und schrieb uns: »Wir bitten um Aufklärung.« Es wurde eine unendliche Geschichte. Frau A. aus Gröden in der *Wochenpost* vom 30. März: »Unsere Post denkt anders. Wir bekamen eine Absage.«

Der Markt regle alles, hieß es. War das der Markt?

Im Mai 1990 zeichnete sich immerhin Klarheit hinsichtlich der Besitzfrage ab. Am 6. April war der Berliner Verlag endlich als GmbH im Handelsregister eingetragen worden, mit der PDS als Gesellschafter. Die PDS sagte, sie sehe keine Möglichkeit, den Verlag zu halten. Sie wollte verkaufen, aber zu guten Konditionen für die Belegschaft und mit unserer Zustimmung.

Am 14. Mai 1990 beschloß der Parteivorstand der PDS, den Berliner Verlag an die britische Maxwell Communications zu verkaufen. Zwei Tage später diskutierten wir im Verlagsrat noch einmal alle Angebote, stimmten trotz aller Bedenken für Maxwell, der dann auch plötzlich in persona in der Tür stand und eine großkotzige Antrittsrede hielt. Man suche, sagte er, noch einen dritten (deutschen) Partner für den Verlag. Am 26. Juni wurde der Verlagsrat darüber informiert, daß dieser Partner Gruner+Jahr sei. Nun saß uns neben Robert Maxwell (Hosenträger über offenem Polohemd) Gruner+Jahr-Vorstandschef Gert Schulte-Hillen (dezentes Managerblau) gegenüber. G+J würden den Vorsitz in der Geschäftsführung übernehmen, die »Linie« sei »liberal mit leichter Tendenz nach links«, am wichtigsten aber vielleicht: Beschäftigungsgarantie bei heutigen Gehältern. Mit dieser Information gingen wir in die Währungsunion.

Damit war die Wende eigentlich vorbei. Am 30. Juli 1990 wurde im Verlagsrat von einem Vertreter des neuen Besitzers

geäußert: »Die gewerkschaftliche Arbeit stört den Betriebsfrieden.« Wir waren in der neuen Gesellschaft angekommen. Am 19. September 1990 tagte der Verlagsrat zum letzten Mal.

29. Juni 1990:
Neues Geld, alte Welt

Am 29. Juni 1990 gibt's die *Wochenpost* zum letzten Mal für DDR-Geld. Seit dem 1. April beträgt der Preis jedoch nicht mehr 30 Pfennig, sondern eine Mark. Noch immer hat sie 32 Seiten, Randtexte und Ratgeberteil, Umschau und Rätsel, Helmut Vogts Gerichtsbericht, Buchrezensionen und Anzeigen.

Wo, bitte schön, ist die Wende?

Sie findet sich beispielsweise auf Seite 32, wo am Rand der Staatsverlag der DDR das Erscheinen des Buches »GmbH-Gesetz, Aktiengesetz« ankündigt (»entsprechend den in der DDR am 1. Januar 1990 geltenden Fassungen«). Man bemerkt sie daran, daß im Ratgeberteil Tourismus in Dänemark empfohlen wird, daß das umfassende Fernsehprogramm nun auch Programmhinweise für ARD, ZDF, Sat 1 und RTL gibt. Der Anzeigenteil hat sich völlig verändert. Weitgehend verdrängt sind die Kleinanzeigen. Statt dessen suchen DDR-Betriebe Kooperationspartner, werben West-Firmen um Vertreter in der DDR. Die umfangreiche Stalin-Biografie von Roy Medwedjew – in dieser Ausgabe in 12. Fortsetzung – wäre noch vor wenigen Monaten undenkbar gewesen. Genauso überraschend neu die Seite »Mein Jesus hat viele Gesichter«, ein theologischer Essay, Autor: Friedrich Schorlemmer.

Wie immer ist vergnüglicher Lesestoff mit Hintersinn im Blatt: Wolfgang Carlé beschreibt in seiner Serie »Die Prinzen der DDR« die Fürstengeschlechter, die 1945 aus dem Osten Deutschlands vertrieben wurden und die nun Ansprüche auf ihre alten Besitztümer erheben. Liane Pfelling untersucht, was aus dem DDR-Rundfunk werden könnte. Auf der Seite 6 aber, die zuvor auf dem Rand das Logo »DDR-Umschau« trug, wo also die kurzen innenpolitischen Beiträge stehen, prangt jetzt ein neues Symbol: ein geschwungenes »D«, darunter die Buchstaben »BRD« und »DDR«.

Auf der zweiten Seite äußern sich Leser zu einem vor einigen Wochen erschienenen Beitrag. Darin hatte die *Wochenpost* auf die Entfernung eines Honecker-Spruchs am Schauspielhaus in Berlin aufmerkam gemacht. Nun schreibt Herr Günter G. aus Rehfelde: »Wir haben die *Wochenpost* seit über 20 Jahren abonniert, und in ihr war in den Jahren der verlogenen SED-Herrschaft viel Menschlichkeit zu spüren. Daß Sie jetzt aber darüber nachtrauern, daß die Sprüche Honeckers am Schauspielhaus entfernt wurden, ist wohl der Gipfel ...« – Klaus Maihorn denkt im

Nicht gelistet
Haben die Geithainer die Weckzeichen der Zeit verschlafen? Stefan Kühnel, Betriebsdirektor des Emaillierwerkes Geithain, fällt aus allen Wolken. Zornig holt er ein Schreiben aus Berlin hervor, datiert vom 23. Mai: »Wir möchten Sie hiermit nochmals auffordern, ab sofort keine Lieferungen an die GHG Berlin für das 1. Halbjahr mehr vorzunehmen ...« Der Direktor: »In Berlin gab es Mitte Mai eine Verkaufsausstellung für Produkte unserer Warengruppe. Wir bekamen nicht einmal eine Einladung. Sie blieb westlichen Anbietern vorbehalten ...«
Petra Woidt
Wochenpost 29.6.1990

29. Juni 1990: Neues Geld, alte Welt

Diese Karikatur in der Wochenpost von 1990 (von Rita Bellmann) gibt ziemlich genau die damaligen Sorgen der Redaktion wieder.

Leitartikel der *Wochenpost* vom 29. Juni 1990 über diesen Brief nach: »Geraubtes Gedächtnis bedeutet geistige Lethargie, da kann ein Volk sich noch so aufgeregt und entschlossen gebärden. Ernster noch: Die sich des Vergangenen nicht erinnern, sind dazu verurteilt, es noch einmal zu erleben. Sagte der Philosoph George Santayana. Ich glaub's ihm, angesichts merkwürdig vertraut wirkenden Eifers der gewendeten Staatsräson, mehr denn je, und frage öffentlich: Wer hat den höheren Blödsinn angeordnet? Vor Jahren die ›klassische‹ Inschrift und vor kurzem den klassischen Rückzieher?«

Ende Juni 1990 ist das Ende der DDR vorhersehbar. Aber noch immer sind weder Termin noch Modalitäten klar. Noch haben beispielsweise die Sieger- und Besatzungsmächte ihre Zustimmung nicht gegeben. Also Unsicherheiten allerorten. Auf der Wissenschaftsseite der *Wochenpost* schreibt Hans Ronneburger: »Hoffen auf Fairneß: Marsch in die Forschungsunion«. Der DDR-Wissenschaftsminister Prof. Dr. Frank Terpe (SPD) wird zitiert: »Man muß auch an etwas glauben, und ich glaube an die Fairneß und an die vaterländische Gesinnung unserer BRD-Partner.« Glaubte er.

An dem Wochenende nach Erscheinen dieser *Wochenpost*-Ausgabe wird die erst sechs Wochen zuvor vereinbarte Währungsunion vollzogen. Deshalb die *Wochenpost*-Titelseite: »Nun haben wir sie, die D-Mark« steht neben der ganzseitigen Karikatur, auf der Michel verzückt auf den Goldesel schaut, der seinerseits Ostmark frißt und D-Mark scheißt, während von hinten der Knüppel aus dem Sack heranfliegt. Deshalb auch ein Gespräch mit einem DDR-Finanzexperten über »Risiken und Chancen, die das neue Geld bietet«. Leider sind die Auskünfte mehr als allgemein. Man solle »überlegt und möglichst sachlich die neuen Angebote überblicken, Qualitäten und Preise in Ruhe vergleichen. Soviel Zeit haben wir jetzt.« Und: »Wer Geld nicht

Geschichts-»Bewältigung«
Auf dem Platz der Akademie wurde ein Spruch Erich Honeckers entfernt. Sang- und klanglos verschwand dieses Zitat im Februar vom Pflaster neben der Treppe zum Schauspielhaus ... Wer veranlaßte diesen neuerlichen weiß-grauen Fleck unserer jüngsten Geschichte?
Wochenpost 1.6. 1990

Leider ist die Entfernung des Honecker-Zitats aus dem Pflaster am Schauspielhaus wieder ein Zeugnis dafür, daß man bis heute nichts aus der Geschichte gelernt hat.
Zuschrift von Waltraud W., Gera
Wochenpost 29.6.1990

UMSCHAU

spontan in Konsumgüter umsetzt, sondern es eine gewisse Zeit spart, beteiligt sich am Programm der Strukturanpassung.«

Lebensnaher dagegen die Reportage von Petra Woidt: »Von den Mühen auf dem Wege, das Handeln zu lernen«. In gewisser Weise ist es das. Wie stellen sich Handel und Großhandel auf die Währungsunion ein? Obwohl die D-Mark noch nicht da ist, ist das Dilemma unübersehbar. Mit Macht erobern die westdeutschen Handelsketten im Sommer 1990 den neuen Markt, werden die DDR-Betriebe aus dem Geschäft gedrängt.

Das war die *Wochenpost*

Am Morgen des 19. Dezember 1996 fanden die Mitarbeiter der *Wochenpost* auf ihren Schreibtischen die Einladung zu einer Betriebsversammlung am frühen Nachmittag dieses Tages vor. Dort werde sich, so hieß es, der Verleger zur »Zukunft der *Wochenpost*« äußern.

»Sie hat keine!« Dieses morgendliche Bonmot eines Redakteurs sollte sich wenige Stunden später als traurige Wirklichkeit erweisen. Verleger Dietrich von Boetticher, seit September 1995 Besitzer der *Wochenpost*, teilte der Versammlung mit, er sehe sich zu seinem großen Bedauern gezwungen, das Blatt mit sofortiger Wirkung einzustellen. Die Auflage von angeblich 105 000 Exemplaren sei zu niedrig, das Anzeigengeschäft laufe nicht wie erwartet. Die Verluste seien zu hoch, was jedoch, so betonte Boetticher, nicht der Redaktion angelastet werden könne. Die Abonnenten der *Wochenpost* würden an die in Hamburg erscheinende Zeitung *Die Woche* weitergereicht, und jenes Blatt werde ab Januar 1997 mit einer achtseitigen »*Wochenpost*-Beilage« erscheinen.

»In der Redaktion gab es gestern Fassungslosigkeit und hysterisches Gelächter«, schrieb die *Berliner Zeitung* am nächsten Tag. »Von der Einstellung sind 55 Mitarbeiter betroffen. Sie erhalten zum Jahresende ihre Kündigung.«

Mußte es so enden? Hatte die *Wochenpost* eine Chance?

Mit der Übernahme durch Maxwell im Verbund mit Gruner+Jahr (wobei von Anfang an das Hamburger Verlagshaus für die Redaktionen des Berliner Verlages die maßgebende Instanz war) hatte sich für die *Wochenpost* zunächst wenig geändert. Möglicherweise lag es daran, daß man in Hamburg vor allem an der Immobilie, dem Hochhaus am Alexanderplatz, interessiert war, sodann an der *Berliner Zeitung* (die man zu einem »seriösen Hauptstadtorgan« ausbauen wollte) und der später dann doch noch veräußerten *FF dabei* (Gruner+Jahr besaß 1990 im Unterschied zu anderen westdeutschen Zeitschriftenverlagen damals keine Programmillustrierte). Die *Freie Welt* und die *Für Dich* hingegen wurden ganz schnell eingestellt, die *NBI* benannte man erst in *extra* um und schloß sie 1991 dann doch.

Mit der *Wochenpost* aber, so bestätigten West-Kollegen, wußten die neuen Besitzer nichts Rechtes anzufangen. Was nicht sonderlich verwundert. Die *Wochenpost* war ein eigenes DDR-

Der blaue Kopf
Es ist eine Instinktlosigkeit, wie sie vermutlich nur einem Wessi eingefallen sein kann, den Kopf der Zeitung gerade in der Ausgabe zu ändern, in der auf Seite 27 Frau Pfannstiel zutreffend formuliert: »... beinahe pathologische Sucht, alles zu zerstören, was an die DDR erinnert ...!« Hoffentlich protestieren noch viele Leser gegen das Blau. (...) Oder ist die Angst vor noch vorhandener DDR-Identität so groß, daß selbst die Beibehaltung des jahrzehntelang grün gehaltenen Schriftzuges zur Gefahr für die neuen Machthaber geworden ist?
Zuschrift von Charles G., Weißwasser
Wochenpost 5.3.1992

Grenzen
Es gibt viele Grenzen zwischen den Menschen. Aber die wichtigen Grenzen im Lande liegen quer zu denen, die neulich noch von Mauer und Zaun markiert wurden. Sie verlaufen auch nicht mehr zwischen West und Ost ... Und sie liegen schon gar nicht zwischen Ossis und Wessis. Eher schon zwischen Menschen mit Arbeit und ohne ... Die *Wochenpost* wird die Grenzberichterstattung fortsetzen. Sie wird, wie bisher, die Grenzen von heute kritisieren. Und die von morgen nicht vergessen.
Mathias Greffrath
Wochenpost 17.7.1991

Gewächs, das in keine westdeutsche Schublade paßte. Eine Wochenzeitung fehlte bis dahin auf der Produktpalette des Hamburger Verlagshauses. Die Unsicherheit der neuen Besitzer zeigte sich in den wechselnden »Beratern«, die in der Chefredaktion saßen und die mal klügere, mal abenteuerlichere Vorschläge machten, wie die Zeitung umstrukturiert werden könne. Dabei ging es oftmals weniger um den Inhalt als um kleinere oder größere Kästchen auf der Titelseite. Wo der neue Besitzer aber hätte schnell aktiv werden können, bei der Anzeigenakquisition und – mehr noch – beim Vertrieb, da versagte er kläglich. Wenn Brigitte Zimmermann in Hamburg größere Aktivitäten auf diesen Feldern anmahnte, kamen die Antworten in genau der Tonlage, wie wir sie früher schon von anderen vernommen hatten.

So blieb uns zunächst nur eines: weitermachen, so gut wir eben konnten. »Die *Wochenpost* in ihrer jetzigen Form ist eine Alternative zu den seichten Boulevardblättern«, schrieb im November 1990 Herr M. aus Erfurt. Herr F. aus Lichtenstein meinte: »Wir schätzen vor allem, daß Sie ansprechen, was uns als ehemalige DDR- und neue Bundesbürger bewegt.«

Aber es war klar, früher oder später würde es auch bei uns personelle Konsequenzen geben, denn das Blatt sollte nach dem Wunsch der neuen Eigentümer für den Westmarkt umprofiliert werden. Im März 1991 wurden Mathias Greffrath und Max Thomas Mehr als neue und nunmehr ständige »Berater« vorgestellt. Soviel hatten wir mittlerweile von westdeutscher Verlagspolitik gelernt, daß wir wußten: Dies ist die neue Chefredaktion.

Verglichen mit all den anderen DDR-Medien, in die seit 1990 zum Teil recht rüpelige neue Leute eingezogen waren, hatten wir kein schlechtes Los gezogen. Mathias Greffrath, der künftige

»Ossi« doziert – »Wessi« lauscht? Chefredakteur Mathias Greffrath und der Autor dieses Buches in der Redaktion.

Chefredakteur, ein »68er«, kam von der liberalen Hamburger *Zeit*. Max Thomas Mehr war bis dahin bei der als »linksalternativ« beschriebenen Westberliner *tageszeitung* gewesen. Greffrath unterschied sich von anderen Westkollegen durch seine Fähigkeit, uns zuzuhören. Er interessierte sich für die Geschichte der *Wochenpost*, er legte auf die Meinung der schon bislang in der *Wochenpost* tätigen Journalisten wert.

Mathias Greffrath beschreibt heute seinen Eindruck von der *Wochenpost* des Frühjahrs 1991 als »Mischung von positivistisch präzise, bis zur Gnadenlosigkeit geradlinig moralistisch und intellektuell unraffiniert«. Er bescheinigt der Redaktion »ein großes Maß an Ernsthaftigkeit« und vermerkt einen »relativ gut informierten Einzelheitenjournalismus«. Er fand die Äußerlichkeiten nicht so interessant, etwa »das *Wochenpost*-Büro mit seiner Grünpflanzenkultur; da sah es etwas anders aus als in einer Westredaktion, aber im Grunde auch nicht anders als im Bezirksamt Steglitz«.

Wichtiger sicherlich, was Mathias Greffrath heute über die Arbeit sagt. Seine erste Feststellung: »Es war ganz klar: Die Redaktion wollte den Westen nicht.« Nur »die intellektuell Minderbegabten in der Redaktion« hätten sich schnell gewendet, aber das sei letztlich ohne Belang gewesen, »die haben vorher über Ping-Pong-Bälle geschrieben und hinterher über Ping-Pong-Bälle geschrieben«. Aber er erinnert sich auch an diese Wahrnehmung: Es habe keinen Widerstand gegen die neue Chefredaktion gegeben. Statt dessen gab es so etwas wie Indolenz. »Ich hatte bei allen das Gefühl, die sind total verunsichert und warten immer nur auf Direktiven, was sie denn nun schreiben sollen.« Greffrath findet sogleich eine Erklärung für die »Anweisungs-Erwartungsatmosphäre«, auch für eine von ihm zeitweilig beobachtete »gewisse Trägheit und Gleichgültigkeit«. Es hänge wohl damit zusammen, »daß im Grunde erwartet wurde, demnächst wird das Blatt eingestellt, so daß keiner mehr dran glaubte, daß es sich lohnt«.

Es war jener Sommer des Jahres 1991, als ein großer Teil der alten *Wochenpost*-Redakteure, jene, die das »richtige« Alter hatten, die beim Verkauf des Verlages ausgehandelten Regelungen nutzte und in den Vorruhestand ging. Auch die Chefredakteurin Brigitte Zimmermann mußte gehen, obwohl man ihr, wie ihr Nachfolger es formulierte, bescheinigte, daß sie »mit einem hohen biografischen Einsatz die Sache gemacht« habe.

Mathias Greffrath hat dann fast drei Jahre lang einen Spagat versucht. Alle Beobachter des deutschen Medienmarktes konstatieren, daß sich heute die Lesegewohnheiten in den alten und neuen Ländern stark unterscheiden und daß es demzufolge zwei sehr unterschiedliche Zeitungsmärkte in Deutschland gibt. Greffrath aber hatte konträr zu diesem sich damals bereits abzeichnenden Tatbestand die noble Vorstellung von einem

Nachrufe
Man hat der Zeitschrift von außen nicht angesehen, daß drinnen manchmal Texte standen, die so schön waren, daß man weinen mußte, wenn sie zu Ende gingen.
Alexander Osang, Berliner Zeitung 21./22.12.1996

Die *Wochenpost* ist tot wie der Staat, der sie 1953 unter dem Schock des Aufstandes vom 17. Juni erfand. (...) Historiker schätzen die *Wochenpost* heute als Archiv für die Alltagsforschung.
Frankfurter Rundschau 21.12.1996

Die *Wochenpost* soll als Titel eines Supplements der *Woche* für Ost-Leser überleben. So drastisch ist der Osten bislang noch nie als Sättigungsbeilage des Westens beschrieben worden.
Frankfurter Allgemeine 21.12.1996

Gebündelt
Wenn *Woche* und *Wochenpost* jetzt ihre Kräfte bündeln und damit auch ihre Tugenden, dann wird dies zum Gewinn für alle Leser.
Manfred Bissinger Die Woche 2./3.1.1997

Verschwunden ...
Mit der *Wochenpost*-Beilage verschwindet ein Stück Pressegeschichte vollends. Ob die *Woche* ihr Versprechen einhält, die *Wochenpost*-Themen dauerhaft im normalen Blatt zu bringen, muß sich zeigen.
Berliner Zeitung 4.6.1997

Schneller Wandel im Layout – hin und wieder ein »Relaunch«.
Von oben nach unten die Titelseiten vom
6. Februar 1991
6. Februar 1992
22. Dezember 1993.

anspruchsvollen Blatt für Ost- und Westleser gleichermaßen. Er sah die *Wochenpost* als die »kleine Schwester« der Hamburger *Zeit*. Er wollte die intellektuellen Tugenden der *Wochenpost* bewahren und ausbauen. Die »praktischen« Seiten der *Wochenpost*, der Ratgeberteil beispielsweise, wurden dagegen allmählich zurückgedrängt. Für das ausgeschiedene alte Stammpersonal holte man neue Leute, »Westler«, aber auch bewährte »Ost-Journalisten« wie Fritz-Jochen Kopka, Renate Rauch, Regine Sylvester und Jutta Voigt, die früher vor allem für den *Sonntag* gearbeitet hatten.

Der Chefredakteur konnte seinen »Spagat« nur deshalb versuchen, weil das Hamburger Verlagshaus immer noch nicht wußte, was es mit der *Wochenpost* anfangen sollte. Man begnügte sich mit dem klassischen Rezept »Relaunch«, was mit »Alles neu macht der Mai« übersetzt werden könnte. Beispielsweise wurde nach vielerlei Versuchen das Layout umgekrempelt. Als Erinnerung an die alte *Wochenpost* blieb der – modifizierte – Rand. Aus Hamburg kam die Mitteilung, die grüne Farbe würde bei Zeitungslesern negative Empfindungen auslösen, also druckte man den *Wochenpost*-Kopf ab Februar 1992 in blau. Es gab dazu eine ausführliche theoretische Argumentation. Nach genau drei Jahren befanden die Weisen in Hamburg dann – wiederum mit logischer Argumentation, grün sei doch besser. Indessen wurde auch mehrmals an der Titelzeile herumgezeichnet und das Format verändert.

Als diese Kunstgriffe nicht die erhofften Resultate brachten, als sich nicht genug neue Westleser fanden und nicht genügend alte Ostleser die sich wandelnde Zeitung kaufen mochten, wurde ein neuer Chefredakteur eingesetzt. Mathias Greffraths Nachfolger kam aus dem Vorzimmer des Gruner+Jahr-Chefs Schulte-Hillen. Dr. Mathias Döpfner, bei Amtsantritt neun Jahre jünger als die *Wochenpost,* beendete den Spagat. Die thematische Orientierung auf den potentiellen Leser im Westen und eine mehr und mehr konservative Grundhaltung nahmen viele der verbliebenen Leser übel. Ein Konflikt zwischen Redakteuren und Chefredakteur um die Veröffentlichung einer Anzeige des rechtskonservativen Blattes *Junge Freiheit* machte im Mai 1995 deutlich, wie sehr sich die Redaktionsleitung von Blatt und Lesern entfernt hatte. Sodann: Die Redaktion schrumpfte, die Auflage auch, ergo sanken die Einnahmen. Trotzdem (gesagt wurde: deswegen) war man in fünf Jahren dreimal umgezogen, was ja auch mit hohen Kosten verbunden war, erst vom Alexanderplatz wieder ins alte Stammhaus in der Mauerstraße mit Blick auf den nun verschwundenen Checkpoint Charlie, dann in den Westen, in die Ritterstraße in Kreuzberg, und am Ende in die Oranienstraße.

Gruner+Jahr hatten, wie Eingeweihte versichern, mit der *Wochenpost* alle nur denkbaren Fehler gemacht, nicht aus

Dummheit, aber aus Desinteresse. »Relaunchen«, da sind sich die Experten einig, funktioniert bei Zeitschriften, bei Zeitungen sei es tödlich. Zeitungsleser wollen ihr Blatt immer wiedererkennen können. Das Anzeigengeschäft, bei einem Blatt mit überwiegender Ost-Leserschaft ohnehin kompliziert, wurde von Hamburg aus lustlos mit linker Hand betrieben. Auch den Vertrieb behielt man ohne besonderes Engagement an der Alster.

Geht ein »Relaunch« daneben, wird das Objekt eingestellt. Das ist bei den Großverlagen das gängige Rezept. So gesehen war die *Wochenpost* eigentlich schon klinisch tot, als der Anwalt und Verleger Dietrich von Boetticher, der sich, wie behauptet wurde, schon geraume Zeit für das Blatt interessierte, Ende 1995 die Mehrheit der *Wochenpost* kaufte. Er holte sich zu Jahresbeginn 1996 einen neuen Chefredakteur: Jürgen Busche von der *Süddeutschen Zeitung*. Dessen Anspruch, formuliert in einem Radiointerview: »Ich habe nur den Ehrgeiz, eine handwerklich gute und inhaltlich reiche Zeitung zu machen.«

Wäre die *Wochenpost* noch zu retten gewesen?

Dietrich von Boetticher sei im Zeitungsverlagsgeschäft unerfahren gewesen, lautet eine Erklärung. Er habe den Kapitalbedarf für das Blatt unterschätzt. Er beließ die Anzeigenakquisition bei dem desinteressierten Verlagshaus Gruner+Jahr und desgleichen die Verantwortung für den Vertrieb. Es gibt in den »alten Bundesländern« bekanntlich Wochenzeitungen mit weit niedrigeren Auflagen als sie die *Wochenpost* zuletzt hatte. Aber bei ihnen sind die Besitzverhältnisse anders, sie haben eine andere Kostenstruktur, und ihr Leserkreis beschert ihnen mehr Anzeigen.

Seit Jürgen Busche das Blatt leitete, zeichneten sich Veränderungen im Inhalt ab. Man besann sich alter Tugenden, vor allem wurde zunehmend auf die »Ost-Kompetenz« gesetzt. Eigene verlegerische Bemühungen trugen dazu bei, daß sich die tatsächlich verkaufte Auflage von 60 000 Exemplaren zu Jahresbeginn 1996 auf 80 000 erhöhte. Aber dann warf der Verleger schließlich doch das Handtuch.

Unter den bedauernden Briefen, die nach dem 19. Dezember 1996 die Redaktion noch erreichten, war einer aus Hamburg. Herr G. N. schrieb: »Gerade in den 90er Jahren war mir Ihre Zeitung so etwas wie eine Hilfe in der Informationsflut der Medien. Was mich damals vor allem beeindruckte, war der warme, herzliche Ton der Artikel, der sich durch die ganze Zeitung zog.«

Ein anderer Brief kam aus dem brandenburgischen Gransee. Frau J. D. schrieb: »Seit Jahrzehnten lesen wir in unserer Familie die *Wochenpost*, nie haben wir eine Nummer verpaßt, sie war uns ein zuverlässiger, verständiger Freund und Weggefährte. Die ganze Woche warteten wir auf den nächsten ›Zeugen in dieser Sache‹ von Hirsch mit den Zeichnungen von verschiedenen

23. Dezember 1996:
Die letzte Wochenpost

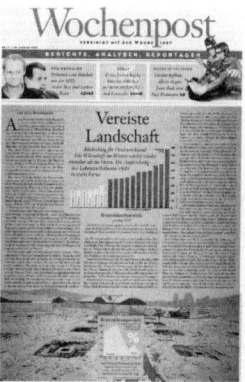

Die Wochenpost als
Beilage zur Woche
(1. März 1997)

Verduftet!
Seit dem Tod der
Wochenpost fehlt jedes
überregionale Medium
ostdeutscher
Selbstverständigung.
Zum Dank verduften die
Ostler gütigst aus der
Bundesrepublik. Wen
stört's denn?
*Christoph Dieckmann in
Die Zeit 20.6.1997*

Geschluckt
Als erstes Ost-Blatt hat es die *Wochenpost* geschafft, die Westkonkurrenz zu schlucken. Zwar spricht man bei der Hamburger *Woche* offiziell von einer »Vereinigung«, aber diese Schönrederei ihres Chefredakteurs Manfred Bissinger ist nur allzu durchsichtig: Sie soll den enttäuschten Hamburgern die Schmach der Unterwerfung erträglich machen.
Eulenspiegel 2/1997

Künstlern, am schönsten waren die von Rosié. (...) Viel Spaß hatten wir am ›Holzauge‹. Und die Patenschaft über die Fünflinge in Danzig hat uns gefreut und auch der Besuch der palästinensischen Kinder. (...) Jutta Voigt kam uns vertraut vor, wie eine Bekannte. Alles in Ihrer Zeitung war so sauber, geistreich und gewissenhaft gemacht – es ist einfach nicht zu fassen, daß es nun aus ist. Es schreibt Ihnen eine Leserin seit 1963. Ich bin oder war Gärtnerin, nicht eine von denen, die ein Privileg hatten. Nun bin ich um vieles ärmer, geht doch mit der *Wochenpost* ein Stück Lebensqualität unwiederbringlich dahin.«

So ging die Geschichte der *Wochenpost* fast auf den Tag genau nach 43 Jahren zu Ende. Die erste *Wochenpost* war am 22. Dezember 1953 ausgeliefert worden, die letzte – Nummer 1/1997 – am 23. Dezember 1996. In der Zwischenzeit sind 2 244 Ausgaben erschienen mit 72 144 Druckseiten. Davon entfielen 1 905 Ausgaben mit 56 576 Seiten auf die DDR-Zeit.

Am 30. Mai 1997 enthielt *Die Woche* zum letzten Mal eine Beilage mit der Titelzeile *Wochenpost*.

Danksagung

Ich möchte mich bei all jenen Kollegen bedanken, die mir ihre Zeit geopfert haben und mit Handreichungen, Hinweisen, mit Kritik und Anregungen bei der Arbeit an diesem Manuskript geholfen haben, namentlich:

Erika Bach, Axel Bertram, Gerhard Desombre, Herbert Gast, Mathias Greffrath, Rudolf Hirsch, Horst Hoffmann, Klaus Hurrelmann, Heinz Knobloch, Christa Otten, Ingrid und Rolf Pfeiffer, Hans Pollak, Rosemarie Rehahn, Lotti Röhr, Wolfhard Schmidt, Rosemarie Schuder, Elfriede Steyer, Dieter Wende, Brigitte Zimmermann.

37 Jahre Zeitungsgeschichte waren nur verkürzt auf den Seiten dieses Buches unterzubringen. So kann es nicht ausbleiben, daß zahlreiche Kollegen bis hierher nicht erwähnt wurden, obwohl sie es unbedingt verdient hätten. Denn auch sie haben zwischen 1953 und 1990 zu dem großen Erfolg der *Wochenpost* beigetragen. Viele von ihnen leben nicht mehr. Mit den meisten verbinden sich für die Leser wie für mich angenehme Erinnerungen. So seien sie alle wenigstens an dieser Stelle genannt, vom Redakteur bis zum Boten, vom Kraftfahrer bis zum Chefredakteur, von der Sekretärin bis zum Grafiker:

Ruth Amme, Elisabeth Arlt, Hilde Arnold, Ingrid Aulich, Ev Aurich, Erika Bach, Klaus Baltzer, Benno Barasch, Friedel Beetz, Erwin Bekier, Ilse Bellmann, Sabine Bergmann, Herbert Bergner, Heinz Biskup, Marion Bläsche, Erich Böhm, Hermann Bohm, Martin Böttcher, Anne Braun, Heinz Brause, Edmund Brettschneider, Heinz Brünnig, Gertrud Budach, Siegfried Burkhardt, Lissy Busch, Wolfgang Carlé, Werner Cassbaum, Wolfgang Clausner, Ingrid Cohnen, Sigurd Darac, Franz Demuth, Karl-Heinz Deregoski, Gerhard Desombre, Gisela Deuse, Ingeborg Dietzel, Annelise Döpke, Sybille Eberlein, Fredy Eitner, Gerhart Eisler, Hilde Eisler, Margot Ewert-Zielinski, Vera Fenn, Dieter Findeisen, Eva Förster, Helga Förster, Lucie Förster, Erich Friedländer, Ursula Frölich, Alfred Fromm, Helga Garcon, Günter Gast, Herbert Gast, Inge Geiseler, Christa Geith, Margrit Gensicke, Ursula Gerber, Manfred Gneckow, Peter Göbel, Margot Gorille, Annemarie Görne, Hannelore Göring, Ursula Graubner, Ruth Großpietsch, Michael Grüning, Katarina Grüttner, Uta Grüttner, Barbara Gumlich, Janine Hacker, Regine Halentz, Bärbel Hamann, Heinz Hanisch, Liane Hanisch, Günter Hansens, Werner Hantke, Albert Hartmann, Dr. Christian

Wochenpost-Serien, aus denen Bücher wurden (eine Auswahl)

Rudolf Hirsch:
Als Zeuge in dieser Sache (1958)
Zeuge in vielen anderen Sachen (1962)
Zeuge in Sachen Liebe und Ehe (1963)
Zeuge mit weinendem und lachendem Auge (1964)
Zeuge in Ost und West (1965)
Rechtsbrecher – Rechtsprecher (1971)
Junge Leute und ihre Nöte vor Gericht (1979)
Um die Endlösung (1982)
Die merkwürdigsten Fälle des R. H. (1986)

Heinz Knobloch:
Herztöne und Zimmermannsplitter (1962)
Die guten Sitten (1964)
Du liebe Zeit (1966)
Täglich geöffnet (1970)
Bloß wegen der Liebe (1971)
Stäubchen aufwirbeln (1974)
Das Lächeln der Zeitung (1975)
Herr Moses in Berlin (1979)
Zur Feier des Alltags (1986)

Heinz Knoblochs autobiografische Beobachtungen »Mit beiden Augen. Mein Leben zwischen den Zeilen« erscheinen im Oktober 1997 (Transit Verlag, Berlin).

»Letzte Instanz«
Gruppenbild der Wochenpost-Redaktion nach »Ankunft im Westen«

Irina Liebmann:
Das Mietshaus (1982)

Kurt Neheimer:
Der Mann, der Michael Kohlhaas wurde (1979)

Siegfried Meißgeier / Günter Linde:
Sibirien ohne Geheimnis (1960)

Hartmut Moreike / Hans Pollak:
Impressionen an der Oder (1977)

Klaus Polkehn
Kalifen, Fez und Morgenstern. Zeitbilder aus alten Städten im Vorderen Orient (1979)

Heermann, Werner Hellmuth, Wilhelm Hempel, Sabine Herklotz, Rudolf Hirsch, Christel Hirschfelder, Christian Hoebbel, Eleonore Hoffmann, Horst Hoffmann, Edith Hohlbein, Bernhard Hönig, Ursula Höntsch, Dagmar Hupke, Gisela Hupperz, Hannes Hüttner, Inge Janasik, Ronald Jonas, Winfried Junge, Ursula Just, Angela Kaiser, Waltraud Kaiser, Erika Kemper, Dieter Kerschek sen., Dieter Kerschek jun., Heinz Knobloch, Steffi Knop, Charlotte Köhler, Fritz Kolossa, Inge Kornek, Gisela Kraft, Dr. Erich Krauß, Herbert Kreysel, Hans Kubach, Veronika Kühn, Charlotte Kühne, Maren Kühr, Roman Kupko, Sonnhild Kutschmar, Manfred Labahn, Christiane Landgraf, Inge Landt, Cilly Lange, Gert Lange, Sigrid Langguth, Harry Laudien, Inge Laudien, Wolfgang Laukant, Reiner Lidschun, Irina Liebmann, Ruth Lieske, Günter Linde, Werner Lindemann, Käthe Look, Margret Lorf, Klaus Maihorn, Fritz Mammach, Monika Maron, Alfred Marquardt, Birk Meinhardt, Siegfried Meißgeier, Ingrid Milde, Helga Möde (Wollert), Susanne Model, Jochen Moll, Hartmut Moreike, Werner Müller, Heinz Müller-Hanke, Kurt Neheimer, Brigitte Nelkenbrecher, Edith Nell (Schellenberger), Winfrid Neubert, Barbara Nix, Monika Olias, Gisela Ostberg, Christa Otten, Hans Otten, Helmut Paul, Heinz Petersen, Angelika Peth, Helga Pett, Margot Pfannstiel, Ingrid Pfeiffer, Rolf Pfeiffer, Liane Pfelling, Hans Pielemann, Hans Pollak, Constanze Pollatschek (Labahn), Lothar Popp, Ingo Preusker, Erika von Puttkammer, Klaus Rachow, Marina Radunz, Klaus Rebelsky, Bärbel Rechenbach, Rosemarie Rehahn, Michael Rehse, Marga

Reichert, Holger Reischock, Peter Renner, Margot Reuter, Claudia Richter, Margot Riedel, Edith Rißberger, Inge Rohnstock, Lotti Röhr (Ortner), Heinz Romanowski, Hans Ronneburger, Sylvia Rosa, Regina Rückert, Rainer Ruthe, Peter Salender, Ralf Schenk, Dr. Friedrich Schindler, Dietrich Schmidt, Golo Schmidt, Isolde Schmidt, Lore Schmidt, Arno Schmuckler, Siegfried Schröder, Manuela Schulz, Katharina Schulze, Wolfgang Schwabersberger, Werner Schwemmin, Cornelia Schwenkenbecher, Achim Sebastian, Fred Seeger, Hans Smitmans, Karl Smolka, Sigrid Smolka, Inge Sorgenicht, Gisela Sperting, Werner Standfuß, Gabriele Stave (Otto), Johannes Steiger, Elfriede Steyer, Günter Stillmann, Horst Szeponik, Inge Szeponik, Conrad Tenner, Thomas Tenzler, Manuela Thieme, Lilo Tomuschat, Magda Trinkaus-Sendhoff, Irene Tüngler, Wolfgang Türk, Helga Ude, Dorothea Uebrig, Helmut Vogt, Richard Vollbrecht, Hannes Wagner, Brigitte Walther, Heide-Ulrike Walther (Wendt), Käthe Warzinski, Paul Weinreich, Dieter Wende, Thomas Wendt, Rudi Wetzel, Alfred Wilhelm, Petra Woidt, Richard Wolf, Sieglinde Wolff, Claudia von Zglinicki, Dieter Zietz, Georg Zimmer, Brigitte Zimmermann, Gisela Zühlke.

Nun kann ich nur noch hoffen, niemanden übersehen zu haben.

Margot Pfannstiel:
Der Locomotivkönig. Berliner Bilder aus der Zeit August Borsigs (1987)
Die Tulpenkanzel. Bilder aus der Geschichte Freibergs und des Erzbergbaus (1980)
Łódź ... mehr denn je »gelobtes Land« (1979)

Klaus Polkehn / Horst Szeponik
Wer nicht schweigt, muß sterben. Ein Tatsachenbericht über die Mafia (1968)

Dieter Wende
Auf weitem Feld. Aus der Geschichte der Kosaken (1988)

Anmerkungen

1. dpa, 7.2.1994
2. Tagesspiegel, 14.6.1996
3. Frankfurter Rundschau, 20.4.1995
4. Frankfurter Rundschau, 4.5.1994
5. Freitag, 4.10.1991
6. Tagesspiegel, 28.4.1994
7. Frankfurter Allgemeine, 17.3.1993
8. Horizont, 1.11.1991
9. Stiftung Archiv der Parteien und Massenorganisationen der DDR im Bundesarchiv (SAPMO-BArch), ZPA, NY 4215/53, Bl. 201f.
10. Wladimir S. Semjonow war allerdings zu jener Zeit nicht Botschafter, diese Funktion bekleidete I.I. Iljitschow. Aber Semjonow hatte in seiner Eigenschaft als Politischer Berater des Vorsitzenden der Sowjetischen Kontrollkommission in Deutschland mehr Einfluß als der Botschafter. Am 28. Mai 1953 wurde Semjonow mit der Einleitung des »Neuen Kurses« zum Hohen Kommissar der UdSSR in Deutschland ernannt. Von 1978 bis 1986 amtierte er übrigens als sowjetischer Botschafter in Bonn. Gemeinhin galt Semjonow als einer der erfahrensten sowjetischen Deutschlandpolitiker.
11. Wetzel, Rudi: Die Gründung der *Wochenpost*. Unveröffentlichtes Manuskript vom November 1982. Kopie im Besitz des Autors.
12. SAPMO-BArch, ZPA, NY 4215/53, Bl. 263–274
13. SAPMO-BArch, ZPA, NY 4215/53, Bl. 215, 217
14. SAPMO-BArch, ZPA, DY 30 / J IV 2/3 A-379
15. SAPMO-BArch, ZPA, DY 30 / J IV 2/3 A-385
16. Wetzel, Rudi: Der Mann im Lodenmantel. Geschichten aus den Dreißigern. Berlin 1978
17. Siehe Stillmann, Günter: Berlin – Palästina und zurück. Erinnerungen. Berlin 1989
18. Brief Rudi Wetzel an Günter Stillmann, 7.2.1982. Kopie an Klaus Polkehn und Heinz Knobloch
19. Siehe Knobloch, Heinz: Nase im Wind. Zivile Abenteuer. Berlin 1994
20. Wochenpost 5/1990, S. 3
21. Ebenda
22. Mitter, Armin / Wolle, Stefan: Untergang auf Raten. Unbekannte Kapitel der DDR-Geschichte. München 1995, S. 262
23. SAPMO-BArch, ZPA, DY 30 / J IV 2/2 A-528
24. SAPMO-BArch, ZPA, NY 4717/40
25. Reinhardt, Rudolf: Zeitungen und Zeiten. Journalist im Berlin der Nachkriegszeit. Köln 1988, S. 157f.
26. SAPMO-BArch, ZPA DY 30 / J IV 2/3 A-557
27. Referat des Genossen Albert Norden, in: Die Presse – kollektiver Organisator der sozialistischen Umgestaltung. 3. Pressekonferenz des ZK der SED. Berlin 1959, SS. 12, 33
28. Der letzte Parteisekretär des Berliner Verlages hat sich in in einem Interview ausführlich zu seiner Tätigkeit geäußert. Siehe Zimmermann, Brigitte / Schütt, Hans-Dieter: Noch Fragen, Genossen? Berlin 1994.
29. Abteilung Agitation des ZK der SED: Information über den Parteieinfluß in den Massenmedien, 21.4.1975; SAPMO-BArch, DY 30 vorl. SED 20724
30. Zimmermann, Brigitte / Schütt, Hans-Dieter (Hg.): ohnMacht. DDR-Funktionäre sagen aus. Berlin 1992, S. 241f.
31. Die Presse – kollektiver Organisator der sozialistischen Umgestaltung. 3. Pressekonferenz des ZK der SED, 17. und 18. April 1959 in Leipzig. Berlin 1959, S. 191
34. Andert, Reinhold / Herzberg, Wolfgang: Der Sturz. Erich Honecker im Kreuzverhör. Berlin und Weimar 1990, S. 324f.

35 Abteilung Agitation an den Leiter des Berliner Verlages, 16.8.1976: Die Abteilung Agitation erbittet künftig 30 Andruckexemplare der *Wochenpost* statt bisher 25, und zwar »wie bisher die ersten auslieferungsfähigen Exemplare, ... die unmittelbar nach dem Andruck« direkt an die Abteilung Agitation, Sektor Presse, zu liefern seien. SAPMO-BArch, DY 30 vorl. SED 33922
36 SAPMO-BArch, DY 30 vorl. SED 25949
37 Ebenda
38 Bürger, Ulrich: Das sagen wir natürlich so nicht! Donnerstag-Argus bei Herrn Geggel. Berlin 1990, S. 15
39 Holzweißig, Gunter: Die Presse als Herschaftsinstrument der SED. In: Materialien der Enquete-Kommission »Aufarbeitung von Geschichte und Folgen der SED-Diktatur in Deutschland«, hrsg. vom Deutschen Bundestag. Band II/3. Baden-Baden 1995, S. 1697
40 Siehe Pannen, Stefan: Die Weiterleiter. Funktion und Selbstverständnis ostdeutscher Journalisten. Köln 1992, S. 30. Auch Karl-Heinz Arnold und Otfried Arnold schreiben, die Leiter der Redaktionen seien gehalten gewesen, »die Quelle ihrer Anweisungen nicht zu nennen, sondern sie als ihre persönliche politische Auffassung darzustellen. Da sie aber die Hintergründe der Sache und die Motive der Parteiführung selbst kaum kannten, konnten sie ihre angebliche persönliche Meinung nicht gut begründen und nahmen schließlich doch Zuflucht zu dem Satz: ›Menschenskinder, das ist eine Anweisung.‹ Woher die kam, war jedem klar.« Siehe Modrow, Hans (Hg.): Das Große Haus. Insider berichten aus dem ZK der SED. Berlin 1994, S. 108
41 Zimmermann / Schütt: ohnMacht, S. 249f.
42 Reck, Roland: Wasserträger des Regimes. Rolle und Selbstverständnis von DDR-Journalisten vor und nach der Wende 1989/90. Münster 1996, S. 215
43 Ebenda, S. 216
44 Ebenda, S. 217
45 Ebenda, S. 155
46 Für den »gewöhnlichen Leser«: Den so treffenden Begriff »Witwenschüttler« habe ich erst nach der Wende von westdeutschen Kollegen gehört. Mit ihm benennt man jene skrupellose Spezies von »Journalisten«, die Material für die Skandalpresse sammeln, indem sie beispielsweise die Witwe eines soeben zu Tode Gekommenen aufsuchen, um ihr Fotos oder intime Geständnisse zu entlocken.
47 Vgl. Hertle, Hans-Hermann: Chronik des Mauerfalls. Die dramatischen Ereignisse um den 9. November 1989. Berlin 1996, S. 13
48 Knobloch, Heinz: Mißtraut den Grünanlagen. Berlin 1996, S. 23, sowie *Wochenpost*, 7. August 1991, S. 26
49 Der Tagesspiegel, 27.10.1996
50 Der Tagesspiegel, 13.8.1993
51 Smith, Jean Edward: Lucius D. Clay – An American Life. New York 1990, S. 660
52 Falin, Valentin: Politische Erinnerungen. München 1993, S. 345
53 Der Tagesspiegel, 27.10.1996
54 Falin, S. 346
55 Thesen zur weiteren Vervollkommnung des Profils der ›*Wochenpost*‹ und Bestimmung ihres Platzes im System des sozialistischen Journalismus der DDR, 27. Mai 1968
56 Lamberz, Werner: Rede auf der Zentralvorstandssitzung des VDJ, 17.6.1968; SAPMO-BArch, NY 4205/11 Nr. 33, S. 42f.
57 Zitiert nach Holzweißig, Gunter: DDR-Presse unter Parteikontrolle. Kommentierte Dokumentation. Gesamtdeutsches Institut. Analysen und Berichte 3/1991, S. 134, 136
58 Alle Zahlen und Zitate aus der Umfrage von 1972 sind entnommen aus: Zur politischen Massenwirksamkeit der ›*Wochenpost*‹. Ausarbeitung der

Chefredaktion vom 25. August 1972, sowie dem undatierten Manuskript »*Wochenpost*-Analyse«

59 Strukturen und Einstellungen von Lesern. *Wochenpost.* Berliner Verlag GmbH. Medienforschung Dezember 1990
60 Strukturen und Einstellungen von Lesern. *Wochenpost.* Berliner Verlag GmbH. Medienforschung Februar 1991
61 Institut für Demoskopie Allensbach: Leserstudie *Wochenpost*. Ergebnisse einer repräsentativen Bevölkerungsumfrage in der ehemaligen DDR. Die Umfrage erfolgte im Januar 1991
62 Berten, Oliver Johannes: »Die Darstellung der Lebensbedingungen in den USA in der *Wochenpost,* Wochenzeitung der DDR.« Magisterarbeit. Institut für Publizistik der Freien Universität Berlin 1983, S. 2
63 Ebenda, S. 102–105
64 Ebenda, S. 29
65 Ebenda, S. 30
66 Ebenda, S. 35
67 Ebenda, S. 52
68 Ebenda, S. 103
69 In seinen Tagebuchaufzeichnungen vermerkt Jürgen Kuczynski unter dem 24. Juli 1988: »Modrow soll einen sehr bezüglichen Artikel in der ›*Sächsischen Zeitung*‹ über seine Reise nach China gehabt haben. An sich schon ungewöhnlich ein solcher Bericht, und das auch noch mit Blicken in die SU.« (Kuczynski, Jürgen: Schwierige Jahre – mit einem besseren Ende? Berlin 1990, S. 102). Der Artikel in der *Sächsischen Zeitung* löste wahrscheinlich das Publikationsverbot für die *Wochenpost* aus.
70 Knobloch, Heinz: Mißtraut den Grünanlagen, S. 85
71 Berten, S. 102
72 Ebenda, S. 15
73 Ebenda
74 Was für uns ein außergewöhnliches Ereignis gewesen ist, war für Neues Deutschland tägliche Übung. Karl-Heinz Arnold und Otfried Arnold schreiben, das *ND* »mußte täglich die Spiegel der Seiten mit der Plazierung aller Beiträge der kommenden Ausgabe bei Joachim Herrmann einreichen, der sie meist auch Honecker vorlegte«. Siehe Modrow (Hg.), S. 102
75 Andert / Herzberg. Der Sturz. Berlin 1990
76 SAPMO-BArch, DY 30 vorl. SED 18302, 11.9.1975. Konzeption der Rede bei der Beratung mit den Chefredakteuren am 15.9.1975
77 SAPMO-BArch, DY 30 vorl. SED 20724
78 SAPMO-BArch, DY vorl. SED 32922. Brief des Chefredakteurs der *Wochenpost,* Kurt Neheimer, an den Stellvertretenden Leiter der Abteilung Agitation des ZK, Günther Poetschke, 30.6.1975. Der Brief trägt mit Rotstift den handschriftlichen Vermerk Poetschkes: »Kl. Sorgenicht Kopie geschickt«. Klaus Sorgenicht war Leiter der Abteilung Staat und Recht des ZK und sowohl der *Wochenpost* als auch Rudolf Hirsch gewogen.
79 In dem Aufsatz »Juden und Jüdische Gemeinden in verschiedenen Phasen der SED-Diktatur« von Peter Maser (Materialien der Enquete-Kommission »Aufarbeitung von Geschichte und Folgen der SED-Diktatur in Deutschland«, Band III/3) wird gesagt, »Der gelbe Fleck«, in dem lt. Maser die »primitiv-progagandistische Verwertung des Judenelends aufgegeben und der Blick auf die Geschichte von den Scheuklappen der marxistischen Ideologie zumindest einigermaßen freigehalten« wurde, sei erst 1989 erschienen (Seite 1585). Das Buch wurde im Februar 1986 mit einer Lesung im Theater im Palast der Republik in Berlin vorgestellt. Und, wie gesagt, 1986 in der *Wochenpost* in 1,25 Millionen Auflage. Die handschriftliche Widmung Rosemarie Schuders und Rudolf Hirsch in meinem Exemplar des Buches trägt übrigens das Datum 30.3.1988.

80 Hannoversche Allgemeine, 21.12.1996; Frankfurter Allgemeine, 21.12.1996
81 SAPMO-BArch, DY 30 vorl. SED IV 2/2.037/015 Blatt 71; Geggel an Herrmann, 18.8.1981
82 SAPMO-BArch, DY 30 vorl. SED 20724
83 Zimmermann / Schütt: ohnMacht, S. 236
84 Ein Faksimile dieses Dokuments ist – ohne daß das Datum ersichtlich wäre – veröffentlicht in Bohnsack, Günter: Die Legende stirbt. Das Ende von Wolfs Geheimdienst. Berlin 1997. Der erwähnte Bericht über Gustav Szinda, zuvor Chef der Stasi-Bezirksbehörde Neubrandenburg, der Ende 1986 in der *Wochenpost* erschien, behandelte vor allem Szindas illegale Arbeit für die KPD und seine Teilnahme am spanischen Bürgerkrieg.
85 Was wir nicht wußten: Es handelte sich um die Abteilung Agitation des MfS. In einer Dienstanweisung Erich Mielkes vom 12. Januar 1984 hieß es nämlich:»Zur Wahrung der Konspiration und Geheimhaltung in der Öffentlichkeitsarbeit tritt die Abteilung Agitation außerhalb des MfS gegenüber Massenmedien und anderen Einrichtungen unter der Bezeichnung ›Presseabteilung des MfS‹ in Erscheinung.« (Zit. bei Holzweißig, Gunter: Zensur ohne Zensor. Die SED-Informationsdiktatur. Bonn 1997, S. 91). Wozu diese Tarnung gut sein mochte, ist nicht einzusehen.
86 Berliner Zeitung, 26.9.1995
87 »Die Geheimniskrämer vom MfS ließen sich von niemandem ins Handwerk pfuschen. Als Redakteure der (Ost)Berliner Wochenpost sich ebenfalls zur Schatzsuche berufen fühlten, wurden sie barsch zurückgepfiffen. Sie mußten 1976 ihre Recherche-Unterlagen herausrücken und durften ihre Story nicht veröffentlichen«, schrieb Focus am 28.2.1994
88 Mitter, Armin / Wolle, Stefan (Hg.): Ich liebe euch doch alle. Befehle und Lageberichte des MfS Januar – November 1989. Berlin 1990, S. 150
89 Reck: Wasserträger, S. 149
90 Ebenda, S. 183
91 Pannen: Die Weiterreiter S. 47
92 Alle Zitate aus: Chefredaktion *Wochenpost*: Kollegiumsbeschluß zur Umfrage in der Redaktion, 10.11.1967
93 APO Wochenpost: Übersicht zu Problemen, Vorschlägen, Hinweisen und Kritiken aus den persönlichen Gesprächen, 25.4.1980
94 SAPMO-BArch, IV 2/2.037/016 Bl. 87, Geggel an Herrmann, 23.2.1984
95 Zimmermann / Schütt: ohnMacht, S. 243
96 Zimmermann, Brigitte / Schütt, Hans-Dieter (Hg.): Noch Fragen, Genossen?, Berlin 1994, S. 93
97 Stern, 31.5.1990
98 Zimmermann / Schütt: Noch Fragen Genossen?, S. 87
99 Bürger: Das sagen wir natürlich so nicht!, S. 227
100 Reck: Wasserträger, S. 247
101 Bahrmann, Hannes / Links, Christoph: Chronik der Wende. Berlin 1994, S. 201

Personenregister

(Kursiv gesetzte Seitenangaben beziehen sich auf Abbildungen.)

Abendroth, Hermann 10
Abrassimow, Pjotr 147f.
Adameck, Heinrich 305
Adenauer, Konrad 25, 38, 74
Allende, Hortensia de Bussi *170*
Allende, Salvador 170f., 200, 228
Altmann, Georg 86
Apitz, Bruno 25, 310
Arafat, Yasser *167*
Ardenne, Manfred von 329
Aresin, Lykke 160f., 191, 255f.
Armstrong, Louis 134
Armstrong, Neil 173
Arnim, Bettina von 308, 317
Arnold, Johannes 150

Bach, Erika *169*
Bach, Ernst-Ludwig *121*
Bahr, Egon 329
Bahro, Rudolf 47
Baierl, Helmut 311
Barbarino, Rudolf *55*
Barbarossa (Kaiser) 231
Barnard, Christiaan 160
Bartsch, Rudolf 311
Bassermann, Albert 86
Bastian, Horst 90
Bauersfeld, Karl-Heinz 300
Beater, Bruno 286
Bebel, August 193, 200
Becher, Johannes R. 193
Becher, Lilly 25, *293*
Bechtle, Emil 178f.
Beckmann, Günter 337, 346
Bekier, Erwin 19, 24, 51, 144, 182
Bellmann, Ilse 291
Bellmann, Rita 240, *357*
Benda, Ernst 159
Benjamin, Hilde 44
Bergner, Herbert 22, *26*, 52, 310
Berlau, Ruth 28
Berner, Herbert 45
Bertram, Axel *179*, 184f., 188, 280
Beyer, Frank 97, 119, 132
Bicht, H. (siehe Steiger, Johannes)
Biermann, Wolfgang 226f.
Biskup, Heinz 58
Bissinger, Manfred 361, 364
Blech, Hans-Christian 86
Bobrowski, Johannes 292
Bode, Wilhelm von 238
Boetticher, Dietrich von 359, 363
Bofinger, Manfred 243
Böhm, Erich 18, 22
Bolivar, Simon 129, 291
Borchert, Helga 68
Borsig, August 317
Böttcher, Fred 123
Böttcher, Martin 33, 40f., 44ff.
Brahm, Otto 86
Brandt, Willy 85, 178
Bransch, Bernd 185
Braun, Anne 243, 272, 296, 333
Braun, Günter 106

Braun, Johanna 106
Braun, Volker 333
Braunsdorf (Leserin) 285
Brecht, Bertolt 48, 59, 139, 217, 254, 299, 348
Bredel, Willi 311
Breschnew, Leonid *83*, 205, 220, 322
Brick, Lennart 88
Brockhage, Hans 291
Brundage, Avery 78
Bruno, Giordano 249
Buchholz, Horst 51
Buchmann, Richard 300
Büchner, Georg 338
Budker, Gersch Itzkowitsch 238
Bürger, Annekathrin 97, *293f.*
Busche, Jürgen 363

Canaletto, Giovanni Antonio 154
Carlé, Wolfgang 124f., 137, 154, 231, 291, 293, 317, 356
Carow, Heiner 223, 296
Casperl (Dolmetscher) 45f.
Castleton, J. H. 122
Castro, Fidel 126
Ceaușescu, Nicolae 153
Chabrol, Jean-Pierre 162
Chamisso, Adalbert von 317
Chruschtschow, Nikita 34, 67f., 95, 147
Clausner, Wolfgang 54
Clay, Lucius D. 94
Cremer, Fritz 228
Custine, Adam Philippe 145

D'Alembert, Jean Baptiste 248
Daguerre, Louis 322
Dambrofsky (Leserin) 162, 163
Damm, Sigrid 329
Däniken, Erich von 207
Danz, Tamara 303, *306*
Darwin, Charles 250, 280
Dathe, Heinrich 99, 311
Deregoski, Karl-Heinz 18
Desombre, Gerhard 122, 142, 144ff., *170*, 185, 200, 326, 329
Dickel, Friedrich 79
Diderot, Denis 248
Dieckmann, Christoph 363
Dieckmann, Johannes 38
Dittus, Barbara 299
Dobbertin, Peter 300
Dohlus, Horst 344
Domröse, Angelica 94, 294, 296
Döpfner, Mathias 362
Dorno, Carl 95
Dostojewski, Fjodor 145
Drais, Karl Freiherr von 222
Dubček, Alexander 77
Dudow, Slatan 293
Dulles, John Foster 55, 70
Dumas, Alexandre 145
Durbridge, Francis 137
Dürer, Albrecht 319
Dutschke, Rudi 159f.

Ebert, Friedrich 42
Ebstein, Katja 303
Ehebracht, Karl 152
Ehrenburg, Ilja 68
Eichmann, Adolf 91
Einstein, Albert 15, 238
Eisler, Gerhart 22, 34
Eisler, Hanns 22
Eisler, Hilde 9, 18, 24
Eitel Friedrich, Prinz von Preußen 315
Elias, Gisela 253
Engels, Friedrich 193
Englisch, Lucie 85
Enke, Paul 286
Erpenbeck, John 332
Euler, Leonhard 250
Ewald, Manfred 79
Ewert, Margot 345

Faber, Elmar 343, 348
Falin, Valentin 94ff.
Fallada, Hans 10, 291
Fassdaube, Hans (siehe Stave, John)
Felfe, Heinz 286
Felfe, Werner 281f.
Feuerbach, Paul Anselm von 291
Feyl, Renate 238
Fiebig, Paul 319
Fiedler, Renate 73
Filbinger, Hans 178
Fischer, Veronika 303, *306*
Fiß (Kauenwärterin) 316
Flick, Familie 223
Fonda, Henry 292
Fonda, Jane 292
Forck, Gottfried 288
Forst, Ruth N. 24
Förster, Eva 44
Franchi, Jean 188
Franco, Francisco 170
Frank, Leonhard 31
Frederic, Dagmar 308
Frederic, Maxie-Franziska 308
Friedrich II. 28, 313
Friedrich Wilhelm II. 308
Friedrich Wilhelm III. 308
Friedrich, Caspar David 291
Friedrich, Christian 102
Fröbel, Friedrich 280
Frölich, Ursula 231, 254, 294, 314, 333, *339*
Fühmann, Franz 311

Gadau, Harry 317
Gast, Günter 159
Gast, Herbert 49, 300
Gatti, Armand 86
Gebauer (Lehrer) 309
Geggel, Heinz 62, 80f., 136, 261, 269, 335f., 338f., 347
Geiseler, Inge *121*, 166
Gellert, Peter 200
Gensicke, Margrit 346
Gernreich (Modeschöpfer) 141

Personenregister

Gerson, Simon W. 117f.
Geschonneck, Erwin 294f.
Gilsenbach, Reimar 313
Giordano, Ralph 43
Gißke, Ehrhardt 307
Glatzeder, Winfried 296
Globke, Hans 25, 178
Goebbels, Joseph 13
Goethe, Cornelia 329
Goethe, Johann Wolfgang 193, 293
Gogol, Nikolai 145
Göler, Dr. 106, 114, 258
Gölßenau, Arnold Vieth von 253
Gomułka, Władysław 39, 44
Gorbatschow, Michail 81, 142, 148, 321, 348
Gorki, Maxim 145, 193
Görne, Annemarie 308
Göschen, Georg Joachim 20
Gotsche, Otto 190
Gräfe, Karl-Heinz 123
Grass, Günter 7
Gray, Lorraine W. 244
Greffrath, Mathias 246, 326, 360ff.
Gregorek, Karin 252
Greulich, Emil Rudolf 25
Gromyko, Andrej 95
Grönemeyer, Herbert 187
Grotewohl, Otto 42, 66

Haček, Jaroslav 259
Haas, Leo 87, *140*
Haeckl, Ernst 250
Hagelstein, Peter 187
Hagen, Eva-Maria 53
Hager, Kurt 46, 244f., 332
Hahnemann, Helga 303–306
Haile Selassie 301
Hallé, Maurice 31
Hallstein, Walter 121
Hampton, Lionel 239
Hanke, Erich 290
Hantke, Werner 286
Hauff, Monika 303
Hauser, Jochen 332
Hauser, Kaspar 291
Havemann, Robert 15, 99
Heartfield, John 91, 336
Heermann, Christian 243, 245
Hegen, Johannes (Hannes) 18, 188
Hegenbarth, Josef 18
Heger (ZK-Mitarbeiter) 218
Heine, Heinrich 193
Heiner, Horst 137
Heinke (Gaststättenleiterehepaar) 312
Helms, Karl Heinrich 320
Henkels, Kurt 19
Henkler, Klaus-Dieter 303
Henselmann, Hermann 307
Herbst, Wolfgang 160
Hermlin, Stephan 336f.
Herricht, Rolf 273
Herrmann, Frank-Joachim 61f., 65, 138, 196
Herrmann, Joachim (Historiker) 246
Herrmann, Joachim (Politiker) 243, 282, 332ff., 336f., 349
Herrnstadt, Rudolf 142

Heusinger, Hans-Joachim 178
Heym, Stefan 28, 91, 151, 335ff.
Hirsch, Rudolf 11, 22, 24, 37ff., 68f., 76, 108, 114, 168, 178, 191, 215ff., 219ff., 239, 257f., 292, 311, 316, 363
Hitler, Adolf 21, 185
Hoffmann, Günter 277
Hoffmann, Horst 127, 173, 188, 244, 250f., 253, 280, 329, 343
Hoffmann, Jutta 182
Hoffmann, Sophie 338
Holland-Moritz, Renate 59
Holm, Andreas 223
Hölz, Max 21
Holzweißig, Gunter 136
Honecker, Erich 7, 42, 64, 72, 77f., 84, 102, 130, 137f., 147, 168, 176, 190, 194, 196–199, 205, 271f., 290, 321f., 329, 332f., 336, 341f., 344ff., 348f., 356f.
Honecker, Margot 194, 198, 216, 235
Hönig, Bernhard *169*f., 280, *306*, 308
Honigmann, Georg 27
Höntsch, Ursula 163
Hood, Robin 235
Hoppe, Rolf 300f.
Hörbiger, Paul 85
Humboldt, Alexander von 250
Hüttner, Hannes 143, 177, 275, 332

Ilberg, Werner 68
Iljitschow (Stellvertreter Gromykos) 95
Iwanow, Kolja 145

Jähn, Siegmund 251, 253
Janka, Walter 42
Jaruzelski, Wojciech 280
Jeljan, Eduard 188
Jesus Christus 356
John, Elton 301
John, Otto 283
Joho, Wolfgang 73
Juarez, Benito 129
Just, Gustav 42

Kabus, Andreas 123
Kalina, Jan 39f.
Kant, Uwe 332
Kantarija, Militon *146*
Karl Alexander von Württemberg 137
Kästner, Erich 150
Kaul, Friedrich Karl 24, 191, 218
Kayßler, Friedrich 86
Kennan, George 145
Kennedy, John F. 94, 125
Kerscheck, Dieter 54, 263
Kieling, Wolfgang 159
Kiesinger, Kurt Georg 160
King, Martin Luther 159
Kipphardt, Heinar 10
Kirchhoff, Rudi 160
Kleiber, Erich 28
Klein, Dieter 248
Klein, Willi 207
Kleinschmidt, Otto 10
Kleist, Heinrich von 108
Klemke, Werner 228
Knobloch, Heinz 8, 11, 24ff., 89, 91, 132, 168, 177, 183, 206, *234*, 239, 261,

307, 311f., 317, 323–326, 329, 332
Knop, Steffi 187, 322
Köhler, Charlotte 55, 233
Kohlhaase, Hans 317
Kohlhaase, Wolfgang 297
Kolle, Oswalt 161
Königsdorf, Helga 350
Konjew, Iwan 95
Kopatz (Oberrichter) 218
Kopka, Fritz-Jochen 262, 362
Kornek, Inge 258
Körner, Dietrich 252
Kortner, Fritz 90
Kosojedow, Waleri 261
Kotterba, Paul 311
Kraus, Agnes 299
Krause, Walter 154
Krawczyk, Stephan 303
Kreßner (Leser) 27
Kroboth (Koch) 85f.
Krößner, Renate 298
Krug, Manfred 90, 94, 294, 296
Krupp, Familie 317
Krusche, Werner 194, 196
Krützfeld, Wilhelm 329
Kuhlenkampff, Hans-Joachim 176
Kunert, Günter 48
Kunze, Reiner 66, 75
Kurzinky, Hans 45f.

Labahn, Manfred 338
Lamberz, Werner 61, 77, 109, 121, 123, 136, 194, 202
Landgraf, Christiane *295*
Langer, Walter 119
Langguth, Dieter 337ff.
Langguth, Sigrid 345f.
Laudien, Harry 250
Lauenburger, Erna 314
Laukant, Wolfgang 45
Lehar, Franz 305
Leibnitz, Eberhard 248
Lem, Stanislaw 20
Lenin, Wladimir Iljitsch 34, 39, 182, 193, 206, 237, 240, 274, 319
Leonow, Alexei 251
Lerch, Gösta *245*
Leupold, Hermann 17f.
Leuschner, Bruno 42
Liebknecht, Wilhelm 193, 200
Liebmann, Irina 65, 238, 259
Lightner jun., E. Allan 92f.
Lilienthal, Otto 313
Linde, Günter 24, 44, 144, 146, 235
Lissizyn (General) *144*, 259
Loeser, Franz 200f.
Lollobrigida, Gina 33
London, Jack 228
Lorf, Margret 218, 258
Lozek, Gerhard 248
Lukács, Georg 45
Lukina, Marina 224
Luther, Martin 194
Luxemburg, Rosa 193

Madonna 321
Maffay, Peter 303
Maidana, Antonio 243

Personenregister

Maihorn, Klaus 356
Malinowski, Rodian 95
Mally, Heribert 238, 315
Mamai, Nikolai 70
Mann, Angelika 280
Mann, Otto 123
Mann, Thomas 293
Mansfield, Jayne 85
Mao Tse-tung 10, 157
Mapother, John 94
Marchwitza, Hans 311
Marcos, Fernando 127
Mariam, Mengistu Haile 301
Markert (Generalmajor) 285
Markowitsch, Erich 319
Maron, Monika 65, 186, 212ff., 232, 235f.
Marx, Karl 160, 193, 291
Maschke, Walter 309f.
Masina, Giulietta 292
Maske, Henry 330
Matern, Hermann 42
Matisse, Henri 20
Maxwell, Robert 102, 194, 354, 359
May, Gisela 120
May, Karl 125, 240, 302
McCarthy, Joseph 118
Medwedjew, Roy 356
Mehr, Max Thomas 135, 360f.
Meißgeier, Siegfried 54, 60, 62f., 67, 82, 92, 98, 135, 144, 146, 257
Mengele, Josef 314
Menzel, Adolph 317
Mercouri, Melina 292
Meyenfeld, von (General a. D.) 341
Meyer-Scharfenberg, Fritz 97
Mielke, Erich 42, 285f., 288, 344f.
Milz (Staatsanwalt) 218
Mittag, Günter 64, 277f., 282, 332, 347, 349
Mittenzwei, Ingrid 313
Mittig, Rudi 285
Möde, Helga 208
Modrow, Hans 61, 158, 353
Moese, Willi *59*
Moll, Jochen 177, 318
Monroe, Marilyn 35
Montand, Yves 292
Moreike, Hartmut 238
Mückenberger, Erich 42
Mueller-Stahl, Arnim 94, 141
Müller, Alfred 252, *297*
Musil, Robert 8

Nagy, Imre 39
Nasser, Gamal 46
Naumann, Günter 252
Nedwig (Generalleutnant) 315
Neheimer, Kurt 55ff., 62, 81, 109, 120, 136f., 166, 215, 317, 326
Nell, Edith *26*, 60
Nell, Peter 25
Neumann, Alfred 42, 46
Neutsch, Erik 119
Newton, Robert R. 254
Ngoc Tan 303, 305
Niemöller, Martin 9
Nietzsche, Friedrich 187

Nolte, Claudia 84
Nolte, Ernst 248
Nolze, Kurt 303
Norden, Albert 42ff., 46, 48, 54, 61f., 193
Nordenskjöld, Adolf Erik Frhr. von 243
Nuschke, Otto 10
Nutria, Norbert 225

Oberländer, Theodor 178
Oelßner, Fred 12, 14, 42, 61
Oertel, Heinz-Florian 78
Ofarim, Abio 139
Ofarim, Esther 139
Oistrach, Igor *232*
Osang, Alexander 361
Ossietzky, Carl von 348
Ostberg, Wolfgang 273
Otten, Christa 311, 326
Otten, Hans 50, 52ff., 75
Otto (siehe Waalkes, Otto)

Palmer, Lilli 292
Pankok, Otto 108
Pannen, Stefan 127
Parschau, Harri *236*
Paulus, Friedrich 148
Peter der Große 284
Pfannstiel, Margot 10, 24, 35, 65, 84, 88, 122, 154, 165, 187, 236, 308, 316–320, 359
Pfeiffer, Rolf 65, 186, 224, 231–234, 254, 273, 346
Picasso, Pablo 141
Pieck, Wilhelm 42, 224, 240
Pinochet, Augusto 170
Poche, Klaus 76
Pohl, Herbert 315
Pollak, Hans 153, 284f., 326
Pollatschek, Constanze 132
Polo, Marco 17
Posipal, Jupp 20
Preußker, Ingo 84, 281
Probst (Stadtgerichtsdirektor) 218
Prus, Bolesław 173
Ptolemäus, Claudius 254
Puccio, Osvaldo 171

Quevedo, Nuria 170

Raabe, Wilhelm 30
Rachow, Klaus 127, 235, 253
Rau, Heinrich 42
Rauch, Renate 362
Raum, H. *47*
Reagan, Ronald 321, 343
Rebelsky, Klaus 256, 257
Recknagel, Rolf 228
Rehahn, Rosemarie 24, 28, 85f., 140, 161, 182, 243, 292–299, 327
Reich, Philipp Erasmus 322
Reimann, Brigitte 76
Reinhardt, Max 86
Reinhardt, Rudolf 45
Renn, Ludwig (siehe Golßenau, Arnold Vieth von)
Reschke, Ingrid 161
Richter, Rolf 248
Riehl, Walter 238

Riehl-Heyse, Herbert 7
Ritter, Kurt 210
Röder, Gisela *256*, 256
Rohnstock, Inge 309
Röhr, Lotti 144f., 157, *279*
Römer, Carl Ferdinand 97
Ronneburger, Hans 248, 357
Rosié, Paul 106, *133*, *258*, 364
Rübensam, Erich 281f.
Rubljow, Andrej 272
Rumpf, Willy 119

Sakowski, Helmut 168, 311, 332f.
Santana, Carlos 303
Santayana, George 357
Saphir, Tom (siehe Seeger, Fred)
Schalck-Golodkowski, Alexander 136, 263
Schatrow, Michail 338
Scheibe, Herbert 102
Schellenberger, Edith (siehe Nell, Edith)
Schildkraut, Rudolf 86
Schiller, Friedrich 193, 293
Schindler, Friedrich 58, 246
Schirdewan, Karl 42, 46
Schirmer, Siegfried 223
Schitschalin (Major) 107
Schlesinger, Arnold 301
Schlesinger, Klaus 174, 223
Schleusing, Thomas *215*, *218*, *220*, *250*
Schmeling, Max 241
Schmenkel, Fritz 286ff.
Schmidt, Wolfgang 275
Schmitt, Erich 50
Schmitt, Walfriede 252
Schmuckler, Arno 24f., 34, 37, 51, 144
Schnabl, Siegfried 246f.
Schnitzler, Karl-Eduard von 85
Schöbel, Frank 281
Schoen, Herbert 49
Schorlemmer, Friedrich 356
Schostakowitsch, Dmitrij 18
Schrader, Karl *41*
Schröter, »Moppel« 107
Schubert, Dieter 160
Schubert, G. 67
Schubert, Helga 332
Schuder, Rosemarie 221, 239
Schüler, Max 119
Schulte-Hillen, Gert 354, 362
Schur, Täve 60
Schwabe, Willi 294
Seeger, Bernhard 27
Seeger, Fred 65, 139, 231f., 273, 307
Segner, Klaus 257
Semjonow, Wladimir S. 12ff.
Sewastjanow, Witali 259
Shakespeare, William 215
Shakespeare, William 273
Shaw, Bernard George 31
Shaw, Elizabeth 221
Shukow, Georgi 146
Siegerist, Karl 187, 317
Signoret, Simone 292
Silber, Ya'akov 91
Sindermann, Horst 42, 46, 61, 70
Siria, Machmoud 166
Slánský, Rudolf 22

Smith, Ian 222
Smolka, Sigrid 275
Somoza, Antonio 244
Sonnenberg, Joachim 123, 128
Sönnichsen, Niels 321, 331
Sorge, Hans-Joachim 169
Sorgenlicht, Klaus 269
Sorin, Walerian 55
Spira, Steffi 333
Spohrs, Frieda *80*
Stalin, Josef 10, 21f., 24, 34, 193, 338, 356
Stave, Gabriele 145, 233
Stave, John 231, 233, 305
Steiger, Johannes 16, 108
Stein, Josephine 343
Steinbeck, John 264
Steiner, Sibylle 280
Steinert, Herta 309ff.
Steinhoff, Johannes 178
Steinkühler, Franz 352
Stejskal, Margot 308
Stengel, Hansgeorg 44f.
Steyer, Elfriede 310, 312, 326
Stillmann, Günter 22, 24, *26*, 41, 45, 126
Stoph, Willi 42, 85, 220
Storm, Theodor 259, 329
Strack, Armin 102, 104f., 340
Straßburg, Horst 238
Strauß, Franz Josef 74
Streit, Fritz 262
Strittmatter, Erwin 25, 59f., 119, 294, 310ff., 332
Strittmatter, Eva 168, 172, 312, 332, *339*
Stroessner, Alfredo 243
Süß Oppenheimer, Joseph 137
Süß, Rainer 308
Süßenbach (Leser) 106
Sylvester, Regine 362
Szeponik, Horst 146, 157, 159, 168, 178
Szinda, Gustav 283

Tautenhahn, Gerhard 79
Telegin (General) *144*, 146

Tenner, Conrad 209
Terpe, Frank 357
Thälmann, Ernst 193
Thomsen, Klaus 316
Tisch, Harry 277
Tito, Josip Broz 44
Tolstoi, Lew 145
Traven, B. 228
Treder, Hans-Jürgen 238
Trinkaus-Sendhoff, Magda 45
Tschuchrai, Grigori 86
Tucholsky, Kurt 27, 258, 309
Turek, Toni 20
Turgenjew, Iwan 148

Udowitschenko (Major) 107
Uhland, Ludwig 187
Ulbricht, Lotte 192, 193
Ulbricht, Walter 12, 16, 21f., 34, 41, 44f., 54, 70f., 73ff., 77, 88, 108, 136, 176, 192f.
Ullmann, Liv 292
Ussat (Arbeiter) 319

Victor, Walther 25, 119
Villain, Jean 191, 212
Vinci, Leonardo da 222
Vogt, Helmut 219, 221, 307, 356
Voigt, Jutta 362, 364
Voigt, Wilhelm 313
Voland, Birgit *9*
Voltaire 20, 248
Vondráčková, Helena *223*
Vontra, Gerhard *265*

Waalkes, Otto 314
Wagner (Bergmann) 316
Wagner, Hannes 102, 342
Waldoff, Claire 177
Walter, Fritz 20
Wandel, Paul 46
Warnke, Herbert 42
Waterstradt, Berta 58
Wattenberg, Dietrich 58, 246
Wedding, Alex (siehe Weißkopf, Grete)

Weerth, Georg 322
Wegener, Paul 86
Weißflog (Leser) 20
Weißkopf, Grete 313
Welk, Ehm 13
Wende, Dieter 145, 147, 149
Wendt, Thomas 187, 243
Werner, Petra 291
Werner, Ruth 157, 332
Wetzel, Rudi 12ff., 16ff., 21–26, 34f., 38, 41f., 45ff., 52f., 55, 88, 326
Wicke, Peter 321
Wiechert, Ernst 9
Wiesner, Kurt 319
Winterstein, Eduard von 85f.
Witte (Mediziner) 252
Wochnik, Erna 311
Woidt, Petra 356, 358
Woityla, Karol 155
Wolf, Christa 119, 295f., 331, 333ff., 338, 343, 348f.
Wolf, Konrad 28, 295f., 345
Wolf, Markus 340, 342f., 344ff., 348
Wolff, Sieglinde 65, 157, 182, 229, 237, 252, 321, 328, 332
Wollert, Helga 210
Worobjow (Chefredakteur) 149
Würfel, Wolfgang *239*
Wustmann, Erich 311
Wyzniewski, Arno 296

Zartmann, Jürgen 223
Zglinicki, Claudia von 314, 323, 347
Zglinicki, Simone von 292
Zhou Enlai 157
Zieger, Karl-Heinz 319
Zielinski, Margot 299
Ziller, Gerhard 46
Zimmermann, Brigitte 57, 64, 82, 105, 157, 196ff., 274, 326, 332f., 335f., 338–341, 344f., 351, 353f., 360f.
Zöger, Heinz 42
Zschoche, Herman 297
Zweig, Arnold 16, 24, 85f., 219, 335

Abbildungsnachweis

Neben den historischen Vorlagen aus der *Wochenpost* stellten folgende Archive und Fotografen Abbildungen zur Verfügung:

Archiv des Autors; S. 13, 18, 30, 37, 45, 55, 111, 122, 127, 164 o., 197, 241, 249, 265, 302, 311, 340, 360
Archiv Berliner Zeitung: S. 287
Archiv des Ch. Links Verlages: S. 92, 93
Archiv Wolfhard Schmidt: S. 276
Archiv Helga Wetzel: S. 23, 26
Ernst-Ludwig Bach: S. 121, 167, 169 o., 242, 253, 295
Herbert Blunck: S. 56

Michael Hughes: S. 327
Werner Jagla: S. 165
Andreas Klug: S. 366
Lotti Ortner: S. 55, 110, 114, 144, 146, 155, 157, 169 u., 187, 209, 217, 223, 232, 234, 279, 293, 297, 304, 306, 310, 318, 324, 334, 337, 339, 349, 355
Kurt Schwarz: S. 164 u.
Vera Stark: S. 326

Forschungen zur DDR-Gesellschaft

Falco Werkentin
Politische Strafjustiz in der Ära Ulbricht
Vom bekennenden Terror zur verdeckten Repression
2. Auflage; 432 Seiten; ISBN 3-86153-150-X; 48 DM/sFr.; 351 öS

Roland Berbig u. a. (Hg.)
In Sachen Biermann
Protokolle, Berichte und Briefe zu den Folgen einer Ausbürgerung
2. Auflage; 408 Seiten; ISBN 3-86153-070-8; 38 DM/sFr.; 278 öS

Ilko-Sascha Kowalczuk, Armin Mitter, Stefan Wolle (Hg.)
Der Tag X – 17. Juni 1953
Die »Innere Staatsgründung« der DDR als Ergebnis der Krise 1952/54
360 Seiten; ISBN 3-86153-083-X; 38 DM/sFr.; 278 öS

Inge Bennewitz, Rainer Potratz
Zwangsaussiedlungen an der innerdeutschen Grenze
Analysen und Dokumente
2. Auflage; 312 Seiten; ISBN 3-86153-151-8; 38 DM/sFr.; 278 öS

Rüdiger Wenzke
Die NVA und der Prager Frühling 1968
Die Rolle Ulbrichts und der DDR-Streitkräfte bei der Niederschlagung der tschechoslowakischen Reformbewegung
296 Seiten; ISBN 3-86153-082-1; 38 DM/sFr.; 278 öS

Ulrike Poppe, Rainer Eckert, Ilko-Sascha Kowalczuk (Hg.)
Zwischen Selbstbehauptung und Anpassung
Formen des Widerstandes und der Opposition in der DDR
432 Seiten; ISBN 3-86153-097-X; 38 DM/sFr.; 278 öS

Lothar Müller, Peter Wicke (Hg.)
Rockmusik und Politik
Analysen, Interviews und Dokumente
280 Seiten; ISBN 3-86153-096-1; 38 DM/sFr.; 278 öS

Guntolf Herzberg
Abhängigkeit und Verstrickung
Studien zur DDR-Philosophie
256 Seiten; ISBN 3-86153-110-0; 38 DM/sFr.; 278 öS

Dominik Geppert
Störmanöver
Das »Manifest der Opposition« und die Schließung des Ost-Berliner »Spiegel«-Büros im Januar 1978
208 Seiten; ISBN 3-86153-119-4; 38 DM/sFr.; 278 öS

Ilko-Sascha Kowalczuk
Legitimation eines neuen Staates
Parteiarbeiter an der historischen Front Geschichtswissenschaft in der SBZ/DDR 1945 bis 1961
408 Seiten; ISBN 3-86153-130-5; 48 DM/sFr.; 351 öS

Ehrhart Neubert
Geschichte der Opposition in der DDR 1949-1989
960 Seiten; ISBN 3-86153-130-5; 48 DM/sFr.; 351 öS

Hans-Hermann Hertle, Gerd-Rüdiger Stephan (Hg.)
Das Ende der SED
Die letzten Tage des Zentralkomitees
500 Seiten; ISBN 3-86143-7; 58 DM/sFr; 423 öS

Matthias Judt (Hg.)
DDR-Geschichte in Dokumenten
Beschlüsse, Berichte, interne Materialien und Alltagszeugnisse
600 Seiten; ISBN 3-86153-133-X; 48 DM/sFr; 351 öS

Ch. Links Verlag, Zehdenicker Straße 1, 10119 Berlin